Nederduitsch Taalkundig Woordenboek

Pieter Weiland

Nederduitsch Taalkundig Woordenboek

Pieter Weiland

NEDERDUITSCH

TAALKUNDIG

WOORDENBOEK.

W—Z.

TAALKUNDIG

WOORDENBOEK,

DOOR

P. WEILAND.

W–Z.

TE AMSTELDAM, BIJ

JOHANNES ALLART,

MDCCCXI.

GEDRUKT TER BOEKDRUKKERIJ VAN J. BREEMAN.

VOORBERIGT.

Zie daar, geachte Lezer! het flot van mijn Nederduitsch taalkundig woordenboek, hetwelk ik met denzelfden lust ten einde bragt, waarmede ik het, voor dertien jaren heb aangevangen. Met verlangen hebben velen
het einde van dit werk te gemoet gezien, terwijl sommigen
zich hetzelve nog niet aanfchaften, vreezende, dat het,
uit hoofde zijner uitgeftrektheid, misfchien een onvoltooid
werk zoude blijven. Deze vrees is, bij de uitgave van
dit laatfte deel, verdwenen; en elk voorftander van zijne
fchoone, en boven vele andere talen, in menigerlei opzigt,
verheven moedertaal is nu in de gelegenheid gefteld, om
zich van dit woordenboek te voorzien, hetwelk met vrij al-

ge-

VOORBERIGT.

gemeene goedkeuring ontvangen is, en, onaangezien deszelfs onvolkomenheid, altoos, en onder alle omstandigheden, eene niet geheel onbeduidende bijdrage tot de Neder-
duitsche Taalkunde zal blijven. Ter meerdere volmaking
van het werk, zal ik, wanneer mijn bekrompen tijd mij
zulks toelaat, een aanhangsel op hetzelve geven, bevattende, behalve eene lijst van verdere verkortingen, eenige
overgeslagen woorden en ingeslopen misstellingen.

Rotterdam,   P. W.
17 Novemb. 1811.

W.

W, de een en twintigſte letter van het ABE; zid
INLEIDING, bl. 60, 71 enz.

WAAD, zie *waden* en *gewaad*.

WAADBAAR, bijv. n. en bijw., *waadbaarder*, *waad-
baarst*; van *waden* en *baar*. Waardoor men waden
kan. *De rivier de IJſſel is, op ſommige plaatſen, tegenwoordig, waadbaar*, d. i. kan men te voet over-
trekken.

WAAG, z. n., vr., *der*, of *van de waag*; meerv. *wagen*. Een werktuig om te wegen. *Het moet op de
waag gewogen worden*. Ook de plaats waar zulk een
werktuig gebruikt wordt, weeghuis: *quam Leepoogh
met het vendel op de wage trekken*. HOOFT. Eindelijk
wordt het ook voor gevaar gebezigd: *hen ſtellen in de
waeg van doods en leevensſtrijt*. DE DECK. En van hier
het werkw. *wagen*, zich in gevaar begeven; ook
waaghals, *waagſchaal* enz. Te *waag* ſtellen werd oul.
voor *wagen* gebezigd. Zamenſtell.: *waagdrager*, *waag-
knie*, enz.

WAAGDRAGER, z. n., m., *des waagdragers*, of
van den waagdrager; meerv. *waagdragers*. Van *waag*
en *drager*. Iemand, die in de waag arbeidt. Ook *waagwerker*.

WAAGGELD, z. n., o., *des waaggelds*, of *van het
waaggeld*; meerv. *waaggelden*. Van *waag* en *geld*.
Geld, dat men voor het wegen der waren op de openlijke waag betaalt. *Er moet waaggeld van betaald worden*.

WAAGGEWIGT, z. n., o., *des waaggewigts*, of *van
het waaggewigt*; meerv. *waaggewigten*. Van *waag* en
gewigt. Gewigt dat men op de openlijke waag gebruikt. *Ik zal u de goederen op waaggewigt leveren*.

A   WAAG-

WAAGHALS, z. n., m., *van den waaghals;* meerv. *waaghalzen.* Van *wagen* en *hals.* Iemand die zich, op eene onbezonnene wijze, in een groot gevaar begeeft, een perfoon, die zijnen hals, d. i. zijn leven, waagt. Zie *waag.* Verkleinw. *waaghalsje.* Oud. heeft *waaghalzerij.*

WAAGMEESTER, z. n., m., *des waagmeesters,* of *van den waagmeester;* meerv. *waagmeesters.* Van *waag* en *meester.* Iemand die het opzigt over eene openlijke waag heeft.

WAAGSCHAAL, z. n., vr., *der,* of *van de waagfchaal;* meerv. *waagfchalen.* Van *wagen* en *fchaal.* Schaal in de waag. Van hier het figuurl. *in de waagfchaal ftellen,* aan het gevaar blootftellen: *hij heeft alles in de waagfchaal gefteld. Zijn leven in de waagfchaal ftellen.* Zie *waag.*

WAAGSPEL, z. n., o., *des waagfpels,* of *van het waagfpel;* meerv. *waagfpelen.* Van *wagen* en *fpel.* Een fpel met kaarten of dobbelfteenen, waarbij men zijn geld, zijn fortuin enz. waagt.

WAAGSTUK, z. n., o., *des waagftuks,* of *van het waagftuk;* meerv. *waagftukken.* Van *wagen* en *ftuk.* Eene roekelooze onderneming, eene gewaagde zaak. *Ik verzeker u, het was een waagftuk. Er zijn nog meer zulke waagftukken van hem uitgekomen.*

WAAGWERKER, zie *waagdrager.*

WAAIJEN, bedr. en onz. w., gelijk- en ongelijkvl. *Ik wöei (waaide), heb gewaaid.* Bedr., al waaijende verkoelen: *waai mij eens wat.* Onz., wind maken, ook met de wieken klappen. *Het waaide gisteren zeer hard. Het waait eene ftijve koelte. Zijne wimpel laten waaijen.* Scheepsterm. Figuurl. voor *laten gaan. Ik ben op zijn gezelfchap niet gefteld, ik zal hem maar la:en waaijen,* d. i. ik zal hem niet noodigen om langer te blijven. *Waaijen met alle winden,* beteekent oneigenlijk, de huik naar den wind hangen, falievouwen. *Over het hoofd waaijen,* zegt men van onheilen, die iemand dreigen te treffen: *noit waaide een buij alleen mij over 't hoofd.* Vond. *Het is mij door het hoofd gewaaid,* het is mij ontgaan. Van hier *waaijer, waaijing.* Zamenftell.: *aanwaaijen, afwaaijen, doorwaaijen, inwaaijen, omwaaijen, omverwaaijen, opwaaijen, overwaaijen, uitwaaijen, verwaaijen.*

WAAI-

WAAIJER, z. n., m., *des waaijers*, of *van den waaijer*; meerv. *waaijers*. Verkleinw. *waaijertje*. Van *waaijen*. Eigenlijk iemand die waait. Meest gebruikelijk voor het werktuig zelve, waarmede men waait, en waarvan de vrouwen zich bedienen, om al waaijende het aangezigt te verkoelen. *Met eenen waejer in 't aenzicht waejende.* VOND. *Een vlugge pijl quetst de long, den waejer van 't hart.* DEZELVE. Zamenstell.: *waaijerkooper*, enz.

WAAIJERMAKER, z. n., m., *des waaijermakers*, of *van den waaijermaker*; meerv. *waaijermakers*. Van *waaijer* en *maker*. Iemand die waaijers maakt.

WAAIJERSCHILDER, z. n., m., *des waaijerschilders*, of *van den waaijerschilder*; meerv. *waaijerschilders*. Iemand die waaijers schildert. Van *waaijer* en *schilder*.

WAAK, *wake*, z. n., vr., *der*, of *van de wake*; zonder meerv. Van *waken*. Zekere tusschenruimte van tijd gedurende den nacht, in welken men waakt. *De ouden verdeelden den nacht in vier waken.* Ook figuurl. voor *bezorgdheid. Ende was wel waar, dat zoo veel wederwils, in den boezem van den nieuwen staat, ernstige waake, orde, en tegenzorg vereischte.* HOOFT. *De krijgszorgen slapende, zo hielden die van de minne de waak.* HOOFT. *Stort uw hert in d'eerste wake voor den Heere als water uit.* DE DECKER. Zie verder *wacht*.

WAAKHOND, zie *wachthond*.

WAAKROL, zie *waken*.

WAAKSTER, z. n., vr., *der*, of *van de waakster*; meerv. *waaksters*. Van *waken*. Eene vrouw, die bij eene kraamvrouw, of bij eene zieke, waakt, of dezelve oppast. *Zij is beter eetster dan waakster*.

WAAKTOREN, z. n., m., *des waaktorens*, of *van den waaktoren*; meerv. *waaktorens*. Van *waken* en *toren*. Een toren, waarop men wacht houdt, om de aankomst des vijands te ontdekken.

WAAKZAAM, bijv. n. en bijw., *waakzamer*, *waakzaamst*. Van *waken*. Zie *zaam*. Dit woord wordt meer in eenen figuurlijken dan eigenlijken zin gebezigd, en beteekent, onafgebrokene zorg voor de zekerheid van iemand dragende, of eene onveranderlijke neiging bezittende, om eenen anderen te bewaken en te beschermen: *een waakzame hond. Waakzaam zijn.* Ook bete-

teekent het eene onafgebroken zorg voor iets aan den
dag leggende, als: *zelfs de waakzaamsten worden bedrogen.* Van hier *waakzaamheid.*

WAAL, z. n., vr., *der,* of *van de waal;* zonder
meerv. Zekere rivier: *hierop voerenze de Waal over.*
HOOFT. *Nu zwijg ik van de Wael, die zwart van schepen krielt.* VONDEL. Ook een met palen omgeven kant,
waar de schepen in de zeehaven veilig kunnen liggen.
Van *walen, wellen,* vloeijen. Zamenstell.: *waalredders.*

WAAL, z. n., m., *des waals,* of *van den waal;* meerv.
walen. Een inboreling van het Waalsche, een uit het
Waalsch land. Zamenstell.: *luikerwaal.* WACHTER
leidt, dit woord af van het gr. αλλος, *alienus, pere-
grinus, per prosthesin rs.*

WAALSCH, *walsch,* bijv. n., zonder trappen van vergrooting. Alles, wat op het land der Walen betrekking heeft, of tot derzelver taal en gewoonten behoort:
zij is een Waalsch meisje. De Waalsche taal. Ook wordt
het figuurl. voor *onverstaanbaar* gebezigd, als: *het was al-
temaal waalsch voor mij. Wat schepsel kan dat koeter-
waalsch,* d. i. die brabbeltaal, *verstaan?* Ook wordt het
woord *walsch* voor *fransch* gebezigd, als: *het walsch
Vlaanderen,* d. i. het fransch Vlaanderen. Van daar heet,
bij de vereenigde Nederlanden, de gemeente der hervormde
Franschen, *de walsche gemeente.* Zamenstell.: *waalsch —
walschland.*

WAALWORTEL, z. n., m., *des waalwortels,* of
van den waalwortel; zonder meerv. In sommige streken
adderkruid genoemd, bij LINN. *sijmpithum officinale.*
Misschien van de dikke ronde gestalte des wortels dus
geheeten, naar welke hij aan eenen golf gelijk is.

WAAN, z. n., m., *des waans,* of *van den waan;* zonder meerv. Van *wanen.* IJdele meening, of gedachte.
HOOFT heeft dit vr: *waardoor wij ons de waan ontge-
ven;* en: *gegrond op wankle waan.* Hierin volgt hem
VOLLENHOVE: *waardoor de mensch zich als een waterbel opblaast met ijdele waan van ingebeelde hoogheit.*
Maar MOONEN stelt het mannel., even als VONDEL:
uit geenen ijdelen waen. Zoo ook DE DECKER: *om 't
woeste volk dien waen te praten uit het hoofd.* En M.
STOKE: *na minen waan.* Van hier *waangeloof, waan-
geloovig,* enz.

WAANWIJS, bijv. n. en bijw.; *waanwijzer, waan-
wijst.*

wijst. Van *wanen* en *wijs*. Eigenwijs, laatdunkend. Iemand die zich verbeeldt wijs te zijn: *hij is een waanwijze gek*. Ook wordt het zelfstandig gebezigd, als: *de waanwijzen zijn onverdragelijk*. Van hier *waanwijsheid*, d. i. laatdunkendheid, ingebeeldheid.

WAAR, z. n., vr., *der*, of *van de waar*; meeıv. *waren*. Elke beweegbare levenlooze zaak, in zoo verre dezelve een voorwerp des handels is, d. i. verkocht of *gekocht wordt*. Meest zegt men het van zulke voorwerpen, die door kunst voortgebragt zijn: *houtwaren, ijzerwaren. Alle waar is naar zijn geld. Deze waar prijst zich zelve*, d. i. deze waar wordt door hare eigene deugd aangeprezen, en behoeft, daarom, de aanbeveling des koopmans niet. *Elk koopman prijst zijne eigene waar. Oorlof tot uitvoer dier waare.* Hooft. Zamenstell.: *eetwaar, koopwaar, verfwaar*, enz.

WAAR, bijw. van plaats. In welke plaats. *Waar zijt gij? Waar gaat gij? Ik weet niet waar hij zich bevindt. Van waar komt hij?* d. i. van welk eene plaats. *Waar voelt gij de pijn?* d. i. op welke plaats van uw ligchaam. *Nu weet ik waar hem de schoen wringt. Ik weet somtijds niet, waar mijn hoofd staat. Waar* bekleedt dikwerf de plaats van het betrekkelijke *welke*, doch alleen in zamenstelling met voorzetselen, als: *waaraan, waarbij, waardoor, waarheen, waarin, waarmede, waarna, waarop, waartoe, waaruit, waarvan, waarvoor*, enz.; b. v.: *waaraan ontbreekt het u?* aan welke zaak; *waardoor zijt gij ongelukkig geworden?* door welk voorval; *waaruit maakt gij dit op?* uit welke omstandigheden, enz.

Waar, hoogd. ʋo, bij Otfrid. *waar*, bij Willeram. *wa*, bij Ulphil. *hwar*, nederſ. *waar*, *wor*, zweed. *hwar*, eng. *where*.

WAAR, bijv. n. en bijw. *meer waar*. Echt, zeker, werkelijk. in welke beteekenis het alleen als bijw., en ſlechts in weinige gevallen gebezigd wordt, bijzonder als eene bezwering: *zoo waar ik leef! zoo waar als God leeft! zoo waar ik hier voor uwe oogen sta.* Waartoe het woord *voorwaar* ook schijnt te behooren. — *Een ware vriend, de ware deugd. Den waren God aanbidden. Zijn' waren naam verbergen. Iets voor waar houden. Niet waar?* eene in den vertrouwelijken spreektrant gebruikelijke uitdrukking, voor: *is het niet waar?*

Van hier *waarachtig*, *waarheid*, *waarlijk*. Zamenftell.:
waarheidlievend, *waarborg*, *waarteeken*, teeken van waarheid, kenteeken, *waarzeggen*, enz.

WAARACHTIG, bijv. n. en bijw., *waarachtiger*, *waarach-
tigst*. Van *waar* en *achtig*, voor *haftig*, van het oude *haven*,
hebben; derhalve eigenlijk, waar, of het ware hebbende:
God is waarachtig. Somtijds beteekent *waarachtig* zoo veel
als, *den fchijn van waar hebbende*, of iets minder dan waar:

> Het is WAARACHTIGH *Jan*,
> Gij zijt een eerlick man;
> WAARACHTIGH is het: maer
> Dit is wat min als waer. HUIG.

Van hier *waarachtigheid*, *waarachtiglijk*.

WAARBORG, z. n., m., *des waarborgs*, of *van den
waarborg*; meerv. *waarborgen*. Van *waar* en *borg*.
Borg, onderpand. *Hij is mij een goede waarborg daarvoor*. *Iets tot waarborg aannemen*. *Ik houd dat geld
tot waarborg*. Van hier in het dagelijkfche leven het
werkwoord *waarborgen*, ten waarborg ftellen, ten
waarborg ftrekken: *wilt gij mij daar voor waarborgen?*

WAARBORGEN, zie *waarborg*.

WAARD, z. n., m., *des waards*, of *van den waard*;
meerv. *waarden*. Iemand die een' of meer perfonen,
voor geld, herberging, voedfel en de noodige oppas-
fing verfchaft. *Gij hebt den waard gezien, en hij is
u als een goed man voorgekomen*. Tegen dit *waard*
ftelt men het woord *gaft*, als: *gelijk de waard is, ver-
trouwt hij zijne gaften*. Figuurl. *buiten den waard
rekenen*, d. i. zijne rekening verkeerd maken Waarfchijnlijk komt dit woord van *waren* en *gewaren*. Van
eene vrouw zegt men *waardin*.

WAARD, z. n., m., zonder meerv. Een bedijkt land.
De Bommelerwaard. *De Dordfche waard*, enz.

> Op 't westeijnt van de Bommelerwaert. HOOFT.

WAARD, z. n., m., *des waards*, of *van den waard*;
meerv. *waarden*. Het manuetje van eenen eend.

WAARD, bijv. n. en bijw., *waarder*, *waardst*. Eene
bepaalde aanfpraak op de fchatting van anderen hebbende, in vergelijking met den bekenden graad van fchatting van iets anders. In vergelijking met het geld, den
eenmaal aangenomenen maatftaf van de waarde der dingen, daar alsdan derzelver begrip in den vierden naamval geplaatst wordt. *De ring is tien guldens, het huis
is*

is twee duizend guldens waard. Hoe veel is dat ftuk
goeds waard? Het is veel waard, niets waard. In
vergelijking met elk ander ding van bekende waardering,
daar dit dan of door het omfchrijvende dat uitgedrukt
wordt, als: de zaak is niet waard, dat ik er aan gedenk. Gij zijt niet waard, dat de zon u befchijnt. Hij
was waard, dat men hem kwelde, hij had het verdiend.
Of door middel van een naamwoord, hetwelk dan, gemeenlijk, in den tweeden naamval staat. Het is der
moeite niet waard. Ook beteekent het eenen hoogen
graad van aanfpraak op iemands achting hebbende, als:
mijn beste, waarde vriend. Die zaak is mij zeer
waard. Hij is mij waarder dan zij. Doch van zaken gefproken gebruikt men, in plaats van de trappen
van vergrooting, meer, minder, het meeste, het minfte. Deze zaak is mij meer waard dan die andere. Dit
boek is mij minder waard. Van alle deze zaken is dit
mij het minfte en dat het meeste waard.

Waard, hoogd. werth, reeds bij ULPHIL. vairths,
zweed. värd.

WAARDE, z. n., vr., der, of van de waarde; zonder meerv. De graad van voorrang, met betrekking tot
de fchatting van andere dingen, het denkbeeld van den
voorrang en de deugdelijkheid eener zaak. Eener zaak
eene groote waarde bijzetten. De wetenfchappen behouden hare waarde. Iemand in zijne waarde laten, over
deszelfs waarde niet beflissen. De innerlijke waarde,
de innerlijke deugd, welke bij alle omftandigheden ge-
fchat wordt; in tegenoverftelling der uiterlijke waarde, die van toevallige omftandigheden afhangt, en ook
prijs genoemd wordt. Inzonderheid met betrekking
tot het geld, als den aangenomenen maatftaf der waarde. Honderd guldens aan waarde. Munten van geringe waarde; waar het echter de innerlijke waarde, of
het gehalte beteekent. De waarde voor iets ontvangen,
d. i. de hoegrootheid der waarde naar het geld bere-
kend. In den wisfelftijl fchrijft men: de waarde hiervoor ontvangen. Somwijlen wordt het ook voor prijs
gebruikt, als: in waarde ftijgen. Zamenftell.: gelds-
waarde. Van hier waarderen, fchatten, waardijn,
iemand, die aangefteld is om den aard en de waarde
der metalen, vooral van goud en zilver, te onderzoeken, zoo als in de munt.

Bij OTTFRID., NOTK. enz. *werd, werdt,* nederf. *weerd,* eng. *worth,* pool. *wart.*

WAARDEERBAAR, bijv. n. en bijw., *waardeerbaar-der, waardeerbaarst.* Van *waarderen* en *baar.* Dat gewaardeerd, of op prijs gesteld kan worden, waardeer-lijk: *dat goed is niet waardeerbaar,* d. i. kan niet op prijs gesteld worden. *Waardeerbaar goud.* Zamen-stell.: *onwaardeerbaar, onwaardeerlijk,* enz.

WAARDEERDER, *waardeerster,* zie *waarderen.*

WAARDEERLIJK, zie *waardeerbaar.*

WAARDEREN, bedr. w., gelijkvl. *Ik waardeerde, heb gewaardeerd.* Schatten, op prijs stellen, de waarde der dingen bepalen: *hoe hoog waardeert gij die goederen? Zijn huisraad laten waarderen. Eene boekerij waarderen. Schilderijen zijn niet ge-makkelijk te waarderen. Iets te hoog, te laag waarde-ren. Goud, zilver waarderen; ik heb het bij den zil-versmid laten waarderen.* Figuurl., achten, schat-ten, in waarde houden. *Men moet den mensch niet naar zijn geld, maar naar zijne deugd waarderen. Gij kunt dat mensch niet genoeg waarderen.* Van hier *waardeerder, waardeerster,* schatster — *waardering,* enz. Van *waard,* met den basterduitgang *eren.*

WAARDGELD, bij MEIJER ook *waargeld,* z. n., o., *des waardgelds,* of *van het waardgeld;* meerv. *waard-gelden.* Van *waar, waard* en *geld.* Eene zekere som-me gelds, die men den soldaten op hand geeft. Van hier *waardgelder.*

WAARDGELDER, z. n., m., *des waardgelders,* of *van den waardgelder;* meerv. *waardgelders.* Een sol-daat, die aangenomen wordt en geld trekt, om de stad, derzelver omtrek en, des noods, de kusten te bewaren: *de waardgelders kwamen in de wapenen.* Van het oude *waeren, weren, custodire,* bewaren, waarvan het an-gelf. *ware, cautela.* Hiermede staat ook in verband ons *waard, weerd, custos, hospes.*

WAARDIG, bijv. n. en bijw., *waardiger, waardigst.* Van *waarde.* Die, of dat iets verdient, of waardig is: *deze zaak is uwer niet waardig. Hij is die vrouw niet waardig. Een waardig man. Een waardige gast aan den disch des Heeren. Zich iets waardig maken,* door zijn gedrag iets verdienen. *Hij is dezen lof ten volle waardig.* Zamenstell.: *eerwaardig, hoogeerwaar-dig,*

dig, *lofwaardig*, *roemwaardig*, *ftrafwaardig*, enz. Van hier *waardigheid*, *waardiglijk*. Reeds bij KERO, OTTFRID., en anderen *wirdig*.

WAARDIGHEID, z. n., vr., *der*, of *van de waardigheid*; meerv. *waardigheden*. Van *waardig* en *heid*. Zekere trap van deugd, achtbaarheid, verdiensten. *De waardigheid der zaak vereischt het. Overeenkomftig met de waardigheid van het onderwerp.* Men zegt: *een man fpreekt met waardigheid*, wanneer men wil te kennen geven, dat hij op eene achtbare, edele en met het karakter dat hij bekleedt, of de zaak, waarover hij fpreekt, overeenkomstige wijze, zich uitdrukt. In den zelfden zin zegt men, *met waardigheid te werk gaan. Zijne zaken met waardigheid verrigten. Hij heeft veel waardigheid in zijne manieren.* Ook beteekent het verheffing, onderfcheidende voortreffelijkheid! *De waardigheid van zijnen rang ophouden. Dit ftrookt niet met de waardigheid van zijn karakter.* Het wordt ook voor eene aanzienlijke bediening gebezigd, als: *groote, fouvereine waardigheid. In waardigheid gefteld zijn. Koninklijke, Keizerlijke waardigheid. Kerkelijke waardigheid. Waardigheden* zijn, in fommige Kerken, zekere ambten, waaraan een gedeelte van het Kerkelijk regtsgebied verknocht is, of eenige bijzondere bediening in de Kapittels, als van: Proost, Deken, Schatmeester, Aartsdiaken enz., en in het Koor de bediening van Zanger. Ook wordt het gezegd van perfonen, die zulke bedieningen hebben, als: *er zijn Kerken, waar alle de waardigheden den rooden tabbaard hebben*, enz. Zamenftell.: *eerwaardigheid, hoogwaardigheid, hoogeerwaardigheid, onwaardigheid*, enz.

WAARDIJ, z. n., vr., *der*, of *van de waardij*; zonder meerv. Het denkbeeld van de deugdelijkheid eener zaak, met betrekking tot den prijs: *een uurwerk van groote waardij. Gij zult er de waardij van betalen. Dit is eene zaak, waarvan de waardij naauwlijks is te berekenen. Van geene mindere waardij.* VONDEL.

WAARDIJN, zie *waarde*.

WAARDIN, z. n., vr., *der*, of *van de waardin*; meerv. *waardinnen*. De vrouw van eenen waard, of, die eenen herberg houdt. *Wij hebben daar eene befte waardin getroffen.* Zamenftell.: *hoerenwaardin, kogchelwaardin*.

WAARD-

WAARDSCHAP, z. n., o., *des waardschaps*, of van *het waardschap*; meerv. *waardschappen.* Het beroep van iemand, die een' herberg opheeft. *Waardschap drijven*, d. i. herberg houden. Ook beteekent het gast- of bruiloftsmaal. *Niemant fel mer bidden ter werfchappe.* VAN HASSELT. *Die gekoren zijnde Koning in een waerfchap wetten gaf.* R. VISS.

Dit woord, hetwelk zeer oud is en reeds bij NOTK. en anderen voorkomt, en *wirthfchaft* genoemd is, wordt aldaar voornamelijk voor *gastmaal* gebezigd, van *wirth*, in het nederduitsch *waard*, in zoo verre dit tegen het woord *gast* overstaat. Van hier *waardfchappen*, bij HALMA, gastmaal houden.

WAARDSCHAPPEN, zie *waardfchap.*

WAARGEEST, z. n., m., *des waargeestes*, of van *den waargeest*; meerv. *waargeesten.* Verkleinw. *waargeestje.* Van *waren*, spoken, en *geest.* Een fpook, en wel de geest van eenen afgeftorvenen, welke men, oudstijds, geloofde dat, na de afscheiding van het ligchaam, terug kwam, om in zijne vorige woning, bij zijne bloedverwanten, des nachts te *waren*, of rusteloos heen en weder te loopen.

WAARHEID, z. n., vr., *der*, of *van de waarheid*; meerv. *waarheden.* Van *waar* en den uitgang *heid.* De overeenstemming der verscheidenheden in eene zaak. Zoo is *de waarheid Gods* de volkomenste overeenstemming van alles wat zich in God bevindt. Even zoo fchrijft men in de zedekunde, iemand *waarheid* toe, wanneer zijn gedrag met zijn doelwit ftrokende is. De overeenkomst van eene stelling met andere bekende waarheden, het aanwezen van eenen grond, dien men bewijzen kan; 't welk men met den naam van *redeneerkundige waarheid* pleegt te beftempelen; in tegenoverftelling der dwaling. *De waarheid eener stelling, eener uitspraak, of van een vonnis bewijzen.* Ook beteekent het de overeenstemming met een oorspronkelijk beeld of fchilderij, en in eene verdere beteekenis, met de natuur zelve. Zoo heeft b. v. een afbeeldfel *waarheid*, wanneer het zelve aan het oorspronkelijke beeld volkomen gelijk is. Eene fchilderij heeft *waarheid*, wanneer derzelver voorstelling in alle deelen met de Natuur overeenkomt. Zoo zegt men: *de rol der onverfchilligheid met veel waarheid fpelen*, d. i. overeenkomstig met het

ka-

karakter van een onverschillig mensch. Voorts beteekent het de overeenstemming eener rede zoo wel met de
zaak zelve , als met de gemoedsgesteldheid des spre-
kers, in tegenoverstelling van *onwaarheid*, en in eenen
harderen zin, van *leugen*, welke beteekenis in de zamenleving meest in gebruik is. *Altoos de waarheid be-
minnen. Van de waarheid afwijken. Gij blijft der
waarheid niet getrouw. De waarheid te na komen.
Achter de waarheid komen*, d. i. de waarheid, of de
ware gesteldheid der zaak vernemen. *In waarheid*
wordt ook als eene zwakke bevestiging gebezigd, als:
*in waarheid, ik ben zeer ongelukkig. Ik weet het in
waarheid niet.* Ook de ware gesteldheid eener zaak.
*De waarheid spreken, zeggen, bekennen, der waar-
heid hulde doen. De zuivere waarheid belijden. Om u de
waarheid te zeggen. De waarheid uit iemand krijgen*, de
ware gesteldheid eener zaak, door uitlokken, van iemand
vernemen. *Waarheid* beteekent voorts eene ware stelling,
eene ware oordeelvelling, en wordt, als zoodanig ook in het
meervoud gebezigd. *Wijsgeerige, Godgeleerde waarheden.
Nuttige waarheden leeren. Herschimmige zaken voor
waarheden aannemen. Eene bittere waarheid;* ook met
het meerv.: *Iemand bittere, harde waarheden zeggen.
Iemand de waarheid zeggen*, d. i. hem iets verwijten.
De zamenhang van ware stellingen, het ware leerbe-
grip, zonder meerv. *De waarheid verkondigen. Om
der waarheid wille vervolgd worden. Een getuige der
waarheid.* Zamenstell.: *waarheidspreker, waarheid-
verkondiger, waarheidminnaar*, enz.

Bij NOTKER *waarheit;* voor 't welk, weleer, met andere afleidingslettergrepen, *uuarhiss, uuarniss, uuar-
hafti* en *uuara*, meer in gebruik waren.

WAARLIJK, bijw., voor zekerlijk, in de daad. *Hij is
waarlijk onschuldig. Zij is waarlijk te beklagen. Het
is waarlijk waar.* Van *waar* en den uitgang *lijk.*

Bij OTTFRID. *uuarlich*, die het echter als een bijvoegelijk naamwoord voor *waar* gebruikt.

WAARMAKEN, bedr. w., gelijkvl. *Ik maakte waar, heb
waar gemaakt.* Van *waar* en *maken.* De waarheid aan den
dag leggen: *hij zal mij dat waar maken.* Van hier *waar-
making.*

WAARNEMEN, bedr. w., ongelijkvl. *Ik nam waar,
heb waargenomen.* Van *waar* en *nemen.* Gewaarworden,

den, acht op flaan, bezorgen, onderhouden. *Hij heeft zijnen tijd niet wel waargenomen. Zijnen pligt wel waarnemen. Zijn werk wel waarnemen. Gods geboden waarnemen. De gelegenheid waarnemen. Den vijand waarnemen. Hij heeft haar reeds aan haar venfter waargenomen.* GELL. *Het wild neemt den jager waar, wanneer het hem aanziet. Ik heb eene groote verlegenheid in zijn gelaat waargenomen. Toen hij bij mij kwam, heb ik hem eens regt waargenomen.* Somwijlen beteekent het ook, met de zinnen opvangen als: *een heerlijk gezang, eene aangename reuk waarnemen.* Ook wordt het voor vernemen, befpeuren gebezigd, als: *ik heb uit uwen brief waargenomen,* enz. Van hier *waarnemer, waarneemfter, waarneming.*

Dit woord is oud en luidt reeds bij OTTFRID. en anderen, *uuarneman. Waar* is hier het nog in *gewaarworden* voorkomende woord, 't welk *ziende* beduid heeft. Zie *gewaar.*

WAAROM, bijw. en voegw. van *waar* en *om.* Om welke reden. *Waarom hebt gij dat gedaan? Ik weet niet waarom hij niet komt. Gij zult mij vragen, waarom ik het doe. Hij was dronken; waarom ik hem niet wilde fpreken.*

Daar de oorzaak, naar welke men met *waarom* vraagt, zegt ADELUNG, een oogmerk met bewustheid onderftelt, zoo kan men *waarom* eigenlijk ook alleen dan gebruiken, waar zulk eene bewustheid kan plaats vinden, en derhalve niet van levenlooze dingen, ten zij dezelve als werkende perfonen voorgefteld worden. Men zegt, b. v. zonder eenige bedenking: *waarom zwelt de rivier zoo hoog?* waarvoor men echter liever moest zeggen: *van waar komt het, dat de rivier zoo hoog zwelt?* Dit woord komt ook als zelfftandig in het mannelijke en onzijdige geflacht voor. *Als dan zou men hun den eigentlijken waarom hunner beroepinge openbaren.* HOOFT.
Dan zal men d'oirzaek zien, de reden, den waerom
Van zijn verbolgentheên. VONDEL.
          Mijn vrolijck aengezicht
Sal, vrees ick, den waerom noch brengen in het licht. BRED.
Hoedanige fpreekwijze de Latijnen bezigen, als zij zeggen: *omne quare habet fuum quia,* d. i. er is geen *waarom,* of het heeft zijn *daarom.* DE DECKER heeft het onz.; *'t waerom was eerelijk. Maer wie kan mij*

't waerom en redenen doen hooren. WESTERBAAN.
Dit lang waerom verveelt u overlang. HUIGENS.

WAARSCHAPPEN, zie *waardschappen.*

WAARSCHIJNLIJK, bijv. n. en bijw. Het ware gelijkende, den schijn daarvan hebbende, waarvan men slechts eenige offchoon geene voldoende gronden heeft, om het voor waar te houden. *Het is waarschijnlijk, dat hij komen zal,* wanneer men meer grond heeft om te vermoeden, dat hij komen, dan dat hij niet komen zal. *Eene waarschijnlijke zaak.* Van hier *waarschijnlijkheid.*

WAARSCHOUWEN, *waarschuwen,* bedr. w., gelijkvl. *Ik waarschouwde, heb gewaarschouwd.* Van *waar* en *schouwen.* Dit schijnt zoo veel te beduiden als het ware, een waar gevaar, te voren befchouwen. Ernstig vermanen, bekend maken. *Iemand voor eenig onheil waarschouwen.* HOOFT heeft *waarschuwen het quaad,* voor *van het kwaad. Ik waarschouw u, dat gij het niet doet. Wees gewaarschouwd. Een waarschouwende droom.* Van hier *waarschouwer, waarschouwster, waarschouwing.*

WAARTEEKEN, zie *waar,* bijv. n. en bijw.

WAARTS, oulings *waart,* een uitgang, om eene rigting aan te duiden, welke alleen in de zamenstellingen, die bijwoorden zijn, gebruikt wordt, om deze rigting naauwer te bepalen, als: *opwaarts, nederwaarts, achterwaarts, voorwaarts, boschwaarts, huiswaarts, stadwaarts, herwaarts, derwaarts.*

Dit woord schijnt in eenige betrekking te staan met het engelfche *ward,* een oord, met het hoogduitfche *fahren, fahrt,* en het latijnfche *verfus.*

WAARZEGGEN, onz. w., gelijkvl. *Ik zeide waar, heb waargezegd.* Van *waar* en *zeggen.* Toekomstige dingen te voren zeggen. *Iemand waarzeggen. Zich laten waarzeggen. Uit de kaart, uit het koffijdik waarzeggen.* Van hier *waarzegger, waarzeggerij, waarzegging, waarzegster.*

OTTFRID. gebruikt *uuara zellan* voor te voren zeggen, terwijl *wahrfagen,* elders, de waarheid zeggen beteekent. *Waar* is hier, zonder twijfel, het bijw. *waar;* van waar *waarzeggen,* eigenlijk, toekomstige waarheden te voren zeggen beteekent.

WAAR-

WAARZEGGER, z. n., m., *des waarzeggers*, of *van den waarzegger;* meerv. *waarzeggers.* Iemand, die toekomftige dingen door bijgeloovige middelen wil voorzeggen. *Bij eenen waarzegger gaan. De Itali-aanfche waarzegger.* Ook voor een boek, waarin voor-fpellingen van geluk en ongeluk befchreven ftaan: *in den waarzegger lezen.* Van hier *waarzeggerij.*

WAAS, z. n., o., *van het waas;* zonder meerv. Ze-kere vochtigheid, die zich op vruchten enz. vertoont, aan daauw gelijk: *het waas ligt er nog op. Die rijpe geeltjes met haren waas,* HOOFT. *Sie hoe het verfche waes fit op de Paters pruim.* WESTERB. Figuurl. *En kusfen 't waes af van haer wangen.* ANTONIDES.

WACHT, z. n., vr., *der*, of *van de wacht;* meerv. *wachten.* Van *wachten.* De handeling, waardoor men acht geeft op het gene er omgaat, ten einde niet ver-rast of betrokken te worden. Verder, een zeker getal krijgsknechten, die de wacht houden. Ook enkele fol-daten, die op fchildwacht gefteld worden. Het betee-kent ook de plaats, waar een zeker getal foldaten met eenen officier aan het hoofd zich onthouden, om de alge-meene zekerheid en rust te bewaren, en van waar de posten uitgedeeld worden. *Wacht* wordt ook gebezigd voor een zeker getal burgers of ingezetenen eener plaats, welke, een gedeelte van eene fchutterij of burgermagt uitmakende, op zekere tijden optrekken. *De wacht bezetten.* HOOFT. *Geflotenop de wacht.* VOND *Of ze fchoon de wacht gevelt zien.* DE DECK. *De bedachtzaemheijt fal — de wacht houden.* SALOM. *Wacht houden, de wacht ver-dubbelen, goede wacht houden. De wacht aflosfen. Naar de wacht gaan. Zijne wacht ftaan,* heeft VOND. voor zijne wacht waarnemen: *eenieder flaat zijn wacht, men meet den tijd met glazen. Iemand onder de wacht brengen. De wachten uitzetten. De wacht onderkrui-pen. De wacht zien optrekken. De wacht kwam en nam hem gevangen.* Figuurl. voor *toezigt,* als: *men behoeft bij die vrouw geene wacht te zet-ten.* Ook wordt het van beesten gezegd, b. v. *dat is een beste hond, ik zou geen beter wacht voor mij verkiezen.* Wanneer onder het woord *wacht* een mannelijke perfoon, een waker verftaan wordt, blijft het lidwoord echter vrouwelijk, overeenkomftig
met

met den aard van het woord, maar de daarbij gevoegde betrekkelijke woorden nemen het mannelijke geflacht aan, b. v.: *ik zag de wacht, de fchildwacht, van zijnen post loopen. Wacht te voet, wacht te paard. Stille wacht.* Zamenftell.: *wachtwoord — brandwacht, hellewacht, hofwacht, lijfwacht, nachtwacht, ratelwacht, dagwacht, hoofdwacht, legerwacht, fchildwacht, tempelwacht, veldwacht, voorwacht, buitenwacht, eerewacht, ftoonwacht, torenwacht, kruitwacht, bergwacht,* enz.

WACHTEL, ook *kwakkel,* z. n., m., *des wachtels,* of *van den wachtel;* meerv. *wachtels.* Verkleinw. *wachteltje.* De naam eens trekvogels, welke zich, gedurende den zomer, in het graan ophoudt, en wegens zijne ftem of zijnen flag, merkwaardig is. *De wachtel flaat,* wanneer hij zijne ftem laat hooren, hetwelk geen zingen kan genoemd worden. Zamenftell.: *wachtelfluit, wachtelnet.*

Wachtel, deen. *wachtel,* noorw. *vachtel,* zweed. *vaktel.* Men zou dit woord van *wachten, waken,* kunnen afleiden, dewijl deze vogel ook des nachts flaat; doch waarfchijnlijker nog is zijn naam eene nabootfing van een gedeelte zijnes flags, terwijl deszelfs benaming in andere talen en uitfpraken, op gelijke wijze moet verklaard worden; waartoe het nederduitfche *kwakkel,* eng. *quail,* fr. *caille,* ital. *quaglia,* fpaan. *coalla,* monnik. lat. *quacara,* lat. *coturnix,* fchijnt te behooren.

WACHTEN, bedr. en o., w., gelijkvl. *Ik wachtte, heb gewacht.* In eene zekere houding blijven, tot dat een perfoon, of eene zaak, komt; en in eene verdere beteekenis, in eene gemoedsgefteldheid blijven, tot eene zaak gebeurt: *wacht hier, tot ik wederkome. Ik kan niet lang wachten. Ik heb reeds lang gewacht. Laat mij niet lang wachten. Daar is wel wachten, maar geen vasten naar,* fpreekw. *Aan de deur, voor de ftad wachten. Op iemand wachten; op brieven, op antwoord, op eene goede gelegenheid wachten. Zij laat lang naar zich wachten,* blijft lang uit. *Naar wien wacht gij?* Ook beteekent het menfchen, die men ter maaltijd genoodigd heeft, verbeiden, als: *heden middag wacht ik gezelfchap. Ik zal u*
dan,

dan, volgens afspraak, wachten. Wannéer iemand, of op iemand wachten van levenlooze zaken gezegd wordt, zoo beteekent het figuurl. zoo veel als naderen. *Hem wacht een zware straf. Hem wacht een ambt. Weet gij dan niet, welk een geluk heden op u wacht?* In den zin van verwachten, als: *zijn oom is rijk, hij heeft verbaasd veel te wachten, als de man komt te sterven.* Ook beteekent het hoeden, onthouden. *Gij moet u daar voor wachten. Wacht u voor kwaad gezelschap. Gij behoordet u wat meer te wachten.* Van hier *wachter, wachting, wachtster, wachtsch,* waakzaam, van de honden: *een wachtsche hond.* Zamenstell.: *afwachten, inwachten, opwachten, verwachten,* — *wachthond, wachthuis, wachtmeester,* onderofficier bij de ruiterij — *wachtplaats, wachtschip, wachttoren,* enz. Hoogd. en bij OTTFRID. *warten.*

WACHTER, z. n., m., *des wachters,* of *van den wachter;* meerv. *wachters.* Iemand die de noodige zorg voor iets draagt. *Geenen wachter hebben. De wachter op den toren. Wachters* worden ook zekere sterren aan den Hemel genoemd, als: *de wachters van Jupiter.* Zamenstell.: *boschwachter, deurwachter, houtwachter, huiswachter, sluiswachter, toornwachter,* enz.

WACHTMEESTER, zie *wachten.*

WACHTSCH, zie *wachten.*

WADDE, z. n., vr., *der,* of *van de wadde;* zonder meerv. Eene ondiepte in het water, of de plaats van eene rivier, waar het water zoo laag en de grond zoo hard is, dat men dezelve doorwaden, d. i. te voet doorgaan kan. Van *waden,* door het water loopen. *Over de wadde varen. Hij laat Sergestus op het wadde.* VOND. *Een kracht van nat, als gij in uwe wadde omvat.* ANTON.

WADE, *waaije,* z. n., vr., *der,* of *van de wade;* meerv. *waden.* De kniefchijf: *met zijne afgehouwe waede.* VOND. Ook bezigt men het voor de holligheid boven de kuit, achter de kniefchijf: *ik voelde de pijn in de waden van mijne beenen.*

WADEN, o. w., gelijkvl. *Ik waadde, heb* en *ben gewaad.* Door het water gaan. *De rivier was zoo ondiep, dat men er door kon waden. De geitjes waadden.*

Bij NOTKER *uuaten,* hoogd. *waten,* angelf. *wadan,* eng.

eng. *to wade*. De overeenkomst, welke dit woord *wa-den* met het hoogd. *wasser*, nederd. *water*, heeft, is vermoedelijk slechts toevallig, offchoon velen dit voor het ftamwoord gehouden hebben. Het fchijnt, veel meer, dat het denkbeeld van gaan in dit woord heerfchende is; daar het dan niet het zweed. *vada*, *gaan*, lat. *vadere*, en het gr. βαδειν, βαδιζειν, tot eenen en den zelfden ftam zoude behooren.

WADEN, *bedr. w.*, gelijkvl. *Ik waadde, heb gewaad*. Van *waad*, *wade*; d. i. gewaad. Eenen dooden het lijkgewaad, of doodkleed, aandoen: *een lijk waden*.

WAFEL, z. n., vr., *der*, of *van de wafel*; meerv. *wafelen*. Verkleinw. *wafeltje*. Een zeker gebak van bloem, melk, eijeren, enz., het welk, in een wafelijzer gaargebakken, eene platte gedaante met aan beide zijden kleine vierkante, of ruitachtige, of andere figuren, verkregen heeft. *Wafelen bakken. Dikke wafelen. Dunne wafelen. Geruitte wafelen. Hij heeft ons gisteren op wafelen verzocht.* In de gemeene volkstaal wordt *wafel* ook voor den mond gebezigd: *houd uw wafel*, zwijg ftil. *Ik gaf hem een' flag voor zijne wafel.* Van hier *wafelachtig*. Zamenft.: *wafelbakker, wafelbakfter, wafeldeeg, wafelhuis, wafelijzer, wafelkraam, wafelvormig, wafelwijf*, enz. In den zin van mond brengt WACHT het tot het german. *waffel, os, waffe, facies*.

WAFELBAKKER, zie *wafel*.

WAFELIJZER, z. n., o., *des wafelijzers*, of *van het wafelijzer*; meerv. *wafelijzers*. Verkleinw. *wafelijzertje*. Van *wafel* en *ijzer*. Het werktuig of ijzer, waarmede men wafelen bakt. *Mijn wafelijzer is niet groot genoeg.* Kortheidshalve wordt, in dien zin, het woord *ijzer* wel eens voor *wafelijzer* gebruikt, als: *niet een van mijne wafelijzers is groot genoeg, gij moest mij uw ijzer maar eens leenen.* Ook wordt *wafelijzer* wel eens gezegd van een werktuig om brieven te verzegelen, wanneer er op het zelve figuren, bij wijze van ruitjes ftaan, als: *welk foort van zegel hebt gij? Is het een wafelijzer?*

WAGEN, z. n., m., *des wagens*, of *van den wagen*; meerv. *wagens*. Verkleinw. *wagentje*. Een rijtuig met vier wielen. *Op eenen wagen, in eenen overdekten wagen, rijden. Een' wagen mennen. Op zijnen wagen.* VONDEL: *Door een' vierigen wagen.* VOLLENHOVE.

D Hi

Hi hadde twee paerden in eenen waghen, M. STOKE. *De paarden voor den wagen fpannen. De paarden achter den wagen fpannen*, figuurl., verkeerd werk, iets het voorfte achter doen. Ook beteekent het een zeker gefternte, anders de groote Beer genaamd. Zamenftell.: *boerenwagen, drekwagen, hooiwagen, huurwagen, koetswagen, kordewagen, kruiwagen, lastwagen, legerwagen, luiwagen, mestwagen, postwagen,* anders bolderwagen, *rijwagen, rolwagen, fpeelwagen. triomfwagen, vrachtwagen, vuurwagen, zegewagen, zonnewagen. — wagenaar,* voerman, *wagenas, wagenburg, wagendiffel, wagenhuis,* het dekfel of tent eens wagens, *wagenhuur, wagenkleed, wagenkorf, wagenlens, wagenloon, wagenmaker, wagenmeester, wagenpaard, wagenpad, wagenrad, wagenreep. wagenregt, wagenrenfpel, wagenfchot, wagenfchouw, wagenfchuur, wagenfmeer, wagenfpil, wagenfpoor, wagenftar, wagenvracht, wagenweg, wagenwiel, wagenwijd, wagenzeel,* enz.

WAGEN, bedr. w., gelijkvl. *Ik waagde, heb gewaagd.* Ondernemen, in de waagfchaal ftellen, op het fpel zetten. *Zijn leven, goed en bloed aan iets wagen. Ik durf het niet wagen. Al te veel gelijk wagen Het is te wagen.* Van hier *wager, waagfter, waging.* Zamenftell.: *waaghals, waagftuk,* enz.

WAGENAAR, zie *wagen,* z. n., m.

WAGENREGT, z. n., o., *des wagenregts,* of *van het wagenregt.* Zekere wijze om zijne voeten tufschen die van andere menfchen, met welke men op een en het zelfde rijtuig zit, te fchikken, tot onderling gemak. *Ik houd veel van wagenregt. Wij moeten op het wagenregt bedacht zijn, dan zullen wij gemakkelijker zitten.*

WAGENSCHOT, z. n., o., *des wagenfchots,* of *van het wagenfchot.* Dun gezaagde eiken planken. *Het is van wagenfchot gemaakt. Er wordt, gemeenlijk, wagenfchot toe gebruikt.*

WAGGELBEENEN, onz. w., gelijkvl. *Ik waggelbeende, heb gewaggelbeend.* Van *waggelen* en *beenen.* Het zelfde als flingerbeenen. *Hij gaat waggelbeenen.*

WAGGELEN, onz. w., gelijkvl. *Ik waggelde, heb gewaggeld.* Uit mangel aan de noodige vastigheid heen en weder bewogen worden, heen en weder zwikken: *de tafel waggelt,* wanneer zij niet vast ftaat. *Het huis wag-*

*waggelt door den wind. Een waggelende gang. De ftijl
ftaat waggelend.* Ook figuurl. dreigen te vallen, als:
een waggelende troon; zijn geluk begint te waggelen.
Van hier *waggeling.*

Dit *waggelen* fchijnt met het eng. *to wag* en het lat.
vacillare in een naauw verband te ftaan.

WAK, z. n., o., *des waks,* of *van het wak;* meerv.
wakken. Een gat, eene opening, in het ijs; eene zekere uitgeftrektheid van water, dat niet toegevroren is,
uit hoofde van den wind, of eenige andere beweging:
hij viel in een wak. Er waren vele wakken op de Maas.

WAK, bijv. n., *wakker, wakst.* Vochtig: *wakke
tarw, wak weer.* Van hier *wakheid.*

WAKEN, onz. w., gelijkvl. *Ik waakte, heb gewaakt.*
Zich in dien ftaat van bewustheid bevinden, welke
tegen het flapen en droomen overftaat, d. i. zich in
den ftaat van zamenhangende klare en duidelijke voor-
ftellingen bevinden. *Waken en niet flapen.* Bijzonder
met betrekking tot den tot flapen bepaalden tijd. *Bij
iemand waken. Een uur, den ganfchen nacht waken.
Waken* beteekent ook iets te kennen geven, als: *een
wakende boei* d. i. een *boei,* (blok) die aanwijst, waar
het anker ligt. Figuurl., onafgebrokene zorg voor iets
dragen. *Voor het welzijn van het vaderland, voor zijne
eer waken. De Voorzienigheid waakt zonder ophouden.
Een wakend oog houden.* Zoo ook *het waken,* bijzonder in de eerfte beteekenis, als: *het waken valt mij
moeijelijk.* Van hier *waakfter, waker, waking.* Zamenftell.: *bewaken, ontwaken, — waakhond, waakplaats,
waakrol, waaktoren, waakzaam,* enz.

Bij OTTFRID., TATIAAN enz. *uuachen,* eng. *to wake,* zweed. *vaka,* hoogd. *wachen,* het welk met het
nederd. *waken* overeenkomt.

WAKER, z. n., m., *des wakers,* of *van den waker;*
meerv. *wakers.* Een perfoon, die tot zekerheid of gemak van anderen waakt. *Ik zal den waker eens roepen. Gij zoudt een flechte waker zijn. Waker* wordt
ook van eenen hond gezegd, die de wacht houdt, als:
ik heb een' grooten hond, en wel een' besen waker.
Verder beteekent een *waker,* te fcheep, een' lont, dat tot
gerief van de maats nacht en dag brandt. Zamenftell.:
klapwaker, nachtwaker, enz.

WAKKER, bijv. n. en bijw. *wakkerder, wakkerst.*

B 2 Wa-

Wakend, niet slapend: *wakker worden, wakker zijn, iemand wakker maken. Zich wakker houden.* Ook lustig, kloek, vrolijk: *een wakker karel, een wakker kind, een wakker vrouwmensch. Hij is arbeidzaam en wakker. Een wakker paard,* d. i. een sterk, vlug paard. Als bijw., zeer, sterk: *wakker vloeken, spelen, dansen. Hij heeft hem wakker afgerost.* Ook zegt men, fig., *iets bij iemand wakker maken,* voor de geheugenis van iets verlevendigen: *vergeef mij, dat ik in uw denkbeeld den dag wakker make, die* enz. Somtijds wordt het ook als tusschenwerpsel gebezigd, als: *wakker! sa, lustig mannen, aan het werk!* Van hier *wakkerheid, wakkerlijk.*

WAKKEREN, onz. w., gelijkvl. *Ik wakkerde, ben gewakkerd.* Opsteken, van den wind gesproken, als: *de wind begint te wakkeren.* Ook beteekent het in bloei geraken, als: *de nering wakkert.* Zamenstell.: *aanwakkeren, opwakkeren.*

WAL, z. n., m., *des wals,* of *van den wal;* meerv. *wallen.* Verkleinw. *walletje.* Schans, of bolwerk, dat eene stad omringt, of een dijk, die tegen het water ligt. *Eenen wal opwerpen. Babels hooge wallen. De Trojanen, die den wal manden. Op den afgestormden wal.* VOND. *Mijn voeten nooit den wal der stad passeren.* DE DECK. *Het schip ligt aan den wal. Van den wal afsteken. Langs den wal zeilen. Aan den wal blijven,* aan land blijven. *Voor den wal verschijnen.* Figuurl., *van wal steken,* eenen aanvang met eene zaak maken. *Langs den wal zeilen,* niet te hoog vliegen, of ondernemen. *Het raakt noch kant noch wal,* het heeft geen slot. *Van den wal in de sloot,* van kwaad tot erger. *Aan hooger, aan lager wal zijn,* gelukkig, ongelukkig zijn. *Bij den wal langs.* Ook *bij,* of *langs het walletje,* voorzigtiglijk. Zamenstell.: *burgwal, hoogerwal, lagerwal, opperwal, — waldieper, walgang,* enz.

WALD, zie *waldhoorn.*

WALDENSEN, z. n., m., *der waldensen;* zonder enkelv. De naam van een volk, dat, voornamelijk van de twaalfde eeuw af is bekend geworden, en zich in vele opzigten van de toen heerschende Kerk afzonderde. Gemeenlijk lijdt men dien naam van eenen hunner bekendste leeraren af, met name PETRUS WALDUS, wel-

welke in 1170 leefde. Dan, daar deze naam reeds vroeger voorkomt, zoo wil men denzelven, met meer grond, van *Vallenfes* afgeleid hebben, daar deze lieden, voornamelijk, in de Piemonteesfche valleijen woonden.

WALDHOORN, z. n., m., *des waldhoorns*, of *van den waldhoorn; meerv. waldhooras.* Van *wald*, voor *woud*, en *hoorn;* derhalve eigenlijk *woudhoorn.* Een foort van *jagthoorn*, die, weleer, enkel op de jagt gebruikt werd, doch waarvan men zich ook nu buiten dezelve bedient. *Op den waldhoorn* blazen. Somwijlen zegt men, bij verkorting, alleen *hoorn*, als : *het ontbrak ons aan geene fluiten, maar er waren geene hoorns genoeg.* Van hier het basterdwoord *waldhoornist*, iemand, die den waldhoorn blaast.

WALDIEPER, z. n., m., *des waldiepers*, of *van den waldieper; meerv. waldiepers.* Van *wal* en *dieper.* Iemand, die de grachten van onreinigheden zuivert.

WALEN, onz. w., gelijkvl. *Ik waalde, heb gewaald.* Wellen, zich verfpreiden, van het water gefproken; waarom een *waal* en *wel* een draaikuil kan genaamd worden. Het wordt gezegd van het ebben, en vloeijen, van het tij: *alzoo 't getijde verlagh, dat reeds begon te waalen.* HOOFT. In het gemeen beteekent *walen* ongeftadig zijn: *de naald van het kompas waalt;* d. i. de naald draait heen en weer, houdt geen' ftreek. *Het walen van de naald aan 't luisternaauw kompas.* HOOFT. *De naelt van 't ftaets-kompas wel uit haer ftreeck verdwaalt, zoo volgh een vaste ftar, en geene waelbre naelt.* VONDEL. En ook in eene ruimere beteekenis, voor waggelen, wankelen: *Zoo kan 't geloof des volks, gegrondt op wankle waan, Wel lichtlijk walen, en geraken om te flaan.* HOOFT. *Het brein dat fuft en waalt.* VONDEL. Dit *walen* fchrijft HOOFT ook het gemoed toe, als hij zegt: *door 't waalen van zijn moed.* Dit woord wordt ook den menfchen toegefchreven, als zij zelve niet weten, wat zij willen: *waerom leg je zoo en waalt?* HUIJG. Van hier *waling*, ongeftadigheid, twijfelachtigheid: *de reden van die waling is deze.* A. KLUIT.

WALENDISTEL, z. n., vr., *der*, of *van de walendistel; meerv. walendistels.* Zeker kruid.

WALG, z. n., vr., *der*, of *van de walg;* zonder meerv.

meerv. Afkeer, weerzin: *ik heb er eene walg van. Mij steekt de walg. Waar af, den meester maker zelf de walghe steken moest.* Hooft. Van hier *walgachtig.*

WALGACHTIG, bijv. n. en bijw. *walgachtiger, walgachtigst.* Van het zelfstandige *walg* en den uitgang *achtig.* Het geen walgt: *dit is eene walgachtige spijze.* Figuurl.: *zijne gesprekken werden, ten laatste zoo walgachtig, dat* enz. Van hier *walgachtigheid.*

WALGANG, z. n., m., *des walgangs,* of *van den walgang;* meerv. *walgangen.* Een woord van den vestingbouw.

WALGELIJK, bijv. n. en bijw., *walgelijker, walgelijkst.* Van *walg.* Onaangenaam, walging verwekkende: *hij kwam mij zeer walgelijk voor. Hij voerde eene walgelijke taal.* Van hier *walgelijkheid.*

WALGEN, onz. w., gelijkvl. *Ik walgde, heb gewalgd.* Eenen afkeer hebben, genegen zijn tot braken. Men zegt *dit walgt mij,* en: *ik walg daarvan,* ook: *mij walgt daarvan.* Ook beteekent het kwalijk smaken, als: *mij walgt van zulk eenen kost.* Van hier *walging.*

WALGING, z. n., vr., *der,* of *van de walging;* meerv. *walgingen.* Het zelfde als *walg.* Weerzin: *het verstrekt mij tot walging. Zij is veel met walging gekweld.*

WALKEN, bedr. w., gelijkvl. *Ik walkte, heb gewalkt.* Bij de hoedenmakers gebruikelijk, beteekenende, het haar, of de vilt, door eene stootende en douwende beweging in het rond, vast in elkander werken: *eenen hoed walken.* Van hier *walker, walking.*

Nederf. *walken,* zweed. *valka.*

WALKER, z. n., m., *des walkers,* of *van den walker;* meerv. *walkers.* Iemand, die het walken verrigt, vaardigheid in het walken bezit. Zamenstell.: *hoedenwalker,* enz.

WALLEN, zie *wellen.*

WALLUIS, zie *wandluis.*

WALM, z. n., m., *des walms,* of *van den walm;* meerv. *walmen.* Verkleinw. *walmpje.* Dakstroo, of rietdak. Ook beteekent het damp, als: *daar ging een walm op. Iets een walm,* of *een walmpje, opkoken,* d. i. een weinig opkoken. Van hier *walmachtig.*

WALMEN, onz. w., gelijkvl. *Ik walmde, heb gewalmd.* Zoo veel als wasemen. *Het water begint te walmen.* Van hier *walming, walmte.* Zamenstell.: *bewalmen.*

WALM-

WALMTE, z. n., vr., *der*, of *van de walmte*; meerv. *walmten*. Damp, wasem: *ik ken van de walmte, die in de kamer was, niet zien*.

WALNOOT, z. n., vr., *der*, of *van de walnoot*; meerv. *walnoten*. In den gemeenen spreektraat voor *walsche noot*. Okkernoot, groote noot. *Bolsters van walnoten. Walnoten bolsteren*. Zamenstell.: *walnoten-bolster*, *walnote boom*, *walnotenverkoopster*.

Nederf. *wallnut*, zweed. *valnöt*, ijsl. *walhnit*.

WALRUS, z. n., m., *van den walrus*; meerv. *walrussen*. Van *wal*, kust, oever, (omdat dit dier zich meest aan de oevers laat zien) en *rus*, voor *ras*. Een dier met vier onevenredige voeten., en eenen langen spitsen en gevlamden tand, dat zoo wel in het water als aan de kusten leeft, en van voren, een ros of paard niet ongelijk is; ook zeepaard, meerpaard, door LINN. *rosmarus* genaamd. Zamenstell.: *walrusbeen*, *walrustand*, *walrusvangst*.

WALSCHERM, z. n., o., *des walscherms*, of *van het walscherm*; meerv. *walschermen*. De benedenwal aan eene vesting. *Gelijk de walscherm grimt, ten tijde van vermoorden*. VOND.

WALSCHOT, z. n., o., *des walschots*, of *van het walschot*; zonder meerv. Van *wal* en *schot*, van *schieten*. Zaad van den walvisch.

WALVISCH, z. n., m., *van den walvisch*; meerv. *walvischen*. Een zeer groote visch, die longen en warm bloed heeft, en daarom de bovenlucht niet ontberen kan. Hij houdt zich omtrent Groenland op, is een zeer lomp en log beest, welks visch (van wege zijne vettigheid) *spek* genaamd, en waarvan traan gekookt wordt: *zij hebben vele walvischen gevangen. Het jong van eenen walvisch*. Zamenstell.: *walvischbaarden*, *walvischbeen*, *walvischkinnebak*, *walvischrib*, *walvischspek*, *walvischstaart*, staart van eenen walvisch; ook in de sterrekunde, eene ster van de tweede grootte in den staart van den walvisch. *Walvischtraan*, *walvischvanger*, *walvischvangst*, *walvischvinnen*, enz.

Het is waarschijnlijk, dat het woord *wal* hier het zeer oude en uitgebreide woord *bal*, groot, is, daar toch de grootte dezen visch merkelijk van alle anderen onderscheidt, en van daar ook voornamelijk tot deze bena-

naming gelegenheid kan gegeven hebben. In het lat.
balaena, en het gr. βαλαίνη of Φαλαίνη, waarvan
ons *balein*, fchijnt de eerfte lettergreep even het zelfde
woord te zijn. Op gelijke wijze wordt een ander foort
van groote visfchen *fteur* genaamd, d. i. de groote,
van het oude *fteur*, groot. *Uual* voor walvisch komt
reeds bij TATIAAN voor.

WALVISCHBAARD, zie *walvisch*.

WALVISCHBEEN, zie *walvisch*.

WALVISCHVANGST, z. n., vr., *der*, of *van de
walvischvangst*; zonder meerv. Het vangen der walvi-
fchen. *Hij is op de walvischvangst uit*.

WAM, z. n., vr., *der*, of *van de wam*; meerv. *wammen*. Het flap hangende, huidachtige deel aan den hals,
onder de kin, inzonderheid, bij het rundvee; nederf.
quabbe. Bij de leertouwers worden de buiken aan de
vellen der dieren *wammen* genoemd; zoo ook de open-
gefneden buiken der visfchen, tot onder de keel; waarvan *wamftuk*. Voor *wam* bezigt men anders ook *wraddel*.

WAMBUIS, z. n., o., *van het wambuis*; meerv.
wambuizen. Verkleinw. *wambuisje*. Zeker gedeelte
van een manskleed, het welk men eertijds onder den mantel droeg, en dat het lijf tot aan de heupen bedekt, en mouwen en korte fchooten heeft. *Een
wambuis is nu eene ouderwetfche dragt*. Figuurl., *al-
lengskens in het wambuis komen*, met den tijd zijn oogmerk bereiken. Ook neemt men het, in de gemeenzame verkeering, voor het lijf, of den rug van een
mensch: van hier: *iemand helder op zijn wambuis geven*, afkloppen.

Wambuis, anders *wambais*, of *wambes*, *wammes*,
nederf. *wammes*, hoogd. *wamms*, middeleeuw. lat.
wambafium, *gambefo*, *bombafium*. Het is nog onzeker, of het van *wam*, voor het onderlijf, afftamme,
dewijl het dit, voornamelijk, bedekt, dan of het, als een
uitheemsch woord, van *bombyx*, moet afgeleid worden,
daar het dan elke andere wollen kleeding zoude beteekenen.

WAMMEN, bedr. w., gelijkvl. *Ik wamde, heb ge-
wamd*. Ontweijen, het ingewand uithalen. *Visch wammen*.

WAN, veroud. bijv. n., voor ledig, ijdel: *onder het
ge-*

*gewelf des Hemels is niets wan; de wonder volheijt Godts
het al vervullen kan.* R. VISSCH.

WAN, z. n., vr., *der*, of *van de wan;* meerv. *wannen.* Een werktuig om het koren te wannen.
Zweed. *vanna*, angelf. *fanne*, lat. *vannus*, hoogd.
wanne.

WAN, onfcheidb. voorzetfel, beteekenende ook kwaad,
kwalijk, in: wanbedrijf, *wanbetaling, wangebruik,*
*wangedrocht, wangeloo), wangeluid, wangunst, wan-
hoop, wanhout,* flecht, bedorven hout — *wanorde,*
wanij, enz.

WAND, z. n., m., *des wands,* of *van den wand;*
meerv. *wanden.* Een woord, in het welk het begrip
eener loodregte, of meest loodregte vlakte heerfchende
fchijnt te zijn. In de gewoonlijke beteekenis wordt
wand dat loodregte ligchaam genaamd, het welk zoo
wel eene kamer van een gebouw op zich zelf, als
ook het gebouw zelf van andere gebouwen affcheidt.
Een houten wand, een fteenen wand, welke laatfte onder den naam van *muur* meest bekend is. *De vochtigheid zijperde bij den wand neer. Tegen den wand
leunen. Dies gaat hij flaan fleunen tegens den wandt.*
HOOFT. *Rukt al verbaest den helm van den wandt.*
VONDEL. Ook zegt men, overdragtelijk: *hij kleeft aan
den wand, van morfigheid.*

Reeds bij OTTFRID. *wuant*, nederf. ook *wand.* Ook
bij dit oude woord laat zich de naasteafftamming flechts
gisfen. FRISCH leidde het van *wenden* af; doch toon-
de niet aan, hoe zich beide begrippen daarbij, zonder
dwang laten vereenigen.

WANDEL, z. n., m., *des wandels,* of *van den wandel;* zonder meerv. Van *wandelen,* gaan. Het wordt
flechts in eene figuurlijke beteekenis gebruikt, van de
ganfche inrigting der zedelijke handelingen, en den rang
derzelven, voornamelijk in de Godgeleerdheid, en met
bijvoegel. naamwoorden, welke den aard en de wijze
derzelven aanduiden. *Hij is van eenen deugdzamen, —
flechten wandel. Opregt in zijnen handel en wandel.
Gelijk 't meeste deel der armen van quaade opvoedin-
ge, woesten wandel, en ftout in den bek is.* HOOFT.
Zij verlieten den heiligen wandel, VONDEL. Zoo zegt
men ook: *iemands leven en wandel befchrijven.*

WANDELAAR, z. n., m., *des wandelaars,* of *van
den*

B 5

den *wandelaar*; meerv. *wandelaars*. Van *wandelen*. Een reiziger te voet, meest in den verhevenen dichterlijken fchrijfftijl gebruikelijk. *Sta , wandelaar! bezie dit graf. Hij is een goede wandelaar.*

WANDELBAAR, bijv. n. en bijw. Van *wandelen* en *baar*. Gangbaar, dat te bewandelen is, of bewandeld kan worden : *een wandelbaai pad. Die weg is niet wandelbaar*, kan niet bewandeld of betreden worden.

WANDELEN , onz. w. , gelijkvl. *Ik wandelde , heb* en *ben gewandeld.* Oulings ook *wanderen.* Daarheen treden, kuijeren. *Uit wandelen gaan. Hij is gaan wandelen. Ik houd veel van wandelen* Figuurl. *wandelen* voor verkeeren, zich gedragen. *Welgelukzalig is de man, die niet en wandelt in den raad der Goddeloozen.* BIJBELV. *Naar den vleefche wandelen, naar den geest wandelen.* Van hier *wandelaar, wandeling,* de daad van wandelen. Zamenftell. : *wandelgang , wandellaan, wandelpad , wandelplaats , wandelftok,* een ftok, welken men, wandelende, in de hand heeft, of waar op men wandelende leunt — *wandeltijd, wandelweer, wandelweg.* In het woord *wandelen* ligt, even als in het hoogd. *wandeln, verwandeln*, het denkbeeld van verwisfelen, veranderen, opgefloten ; waarom ons *wandelen* dan zoo veel als den eenen weg voor den anderen verwisfelen beteekent.

WANDELGANG, z. n., m., *des wandelgangs,* of *van den wandelgang;* meerv. *wandelgangen.* Van *wandelen* en *gang.* Een gang, om te wandelen, inzonderheid, met boomen bezet — een wandellaan.

WANDELING, z. n., vr., *der*, of *van de wandeling;* meerv. *wandelingen.* De daad van wandelen. *De wandling behaagt mij zeer. Ik heb eene fchoone wandeling gedaan.* Ook beteekent *wandeling* een' gang, eene laan enz. : *er zijn fraaije wandelingen tufchen dat geboomte.* Voorts wordt *wandeling* ook voor *doorgans*, of gemeenlijk genomen, als: *men noemt hem, in de wandeling, zoo: In de wandeling zijn,* wordt ook gezegd voor, in omloop zijn; als: *daar is veel geld in de wandeling.*

WANDELSTOK, zie *wandelen.*

WANDLUIS, zie *weegluis.*

WANDSCHOOR, z. n., m., *des wandfchoors,* of van
den

den *wandfchoor*; meerv. *wandfchoren*. Van *wand* en *fchoor*. Iets, waarmede men eenen wand fchoort.

WANEN, onz. w., gelijkvl. *Ik waande, heb gewaand.* Zich verbeelden, zich voorſtellen: *waan niet, dat ik het doen zal.* Van hier *waner, waning.* Zie *waan.*

WANG, z. n., vr., *der*, of *van de wang*; meerv. *wangen.* Verkleinw. *wangje, wangetje.* Het vleezige deel des aangezigts onder de oogen, welk woord, voornamelijk in den deftigen ſchrijftrant, in de plaats van het in het dagelijkſche leven gebruikelijke woord *koon* gebezigd wordt. *De blos der gezondheid ligt op zijne wangen. En kuſſen 't waes af van haer wangen.* AN-TON. *De tranen biggelden van hare wangen. Hij kuſt de tranen af en vaegt ze van de wang,* VONDEL. *Met opgekrabde wang en losgeknoopte vlecht.* ROTGANS. In Vriesland zegt het dagelijksch gebruik: *tegen 't wang*, even als, *in 't zin;* doch dit is niet na te volgen. Figuurl. worden in vele gevallen ook zekere zijdſtukken *wangen* genaamd. Zoo ſpreekt men van *wangen* aan eene vrouwenmuts; van *wangen* in een haardijzer; van *wangen* aan den mast van een ſchip, zijnde ſterke houten, waarmede de mast, of iets anders, dat zwak geworden is, belegd wordt, om het te verſterken en vaſter te maken; enz.

Wang, hoogd. *wange*, bij OTTFRID. *uuang*, zweed. *vang*, angelſ. *veng*, ijsl. *vange*, ital. *guanciae*. Het ſchijnt, dat het begrip der verheffing in dit woord heerſchende is.

WANGEBRUIK, z. n., o., *des wangebruiks*, of *van het wangebruik;* meerv. *wangebruiken.* Van het voorzetſel *wan* en *gebruik.* Misbruik, verkeerd gebruik: *die dingen zijn door wangebruik geheel bedorven.*

WANGEDROGT, z. n., o., *des wangedrogts*, of *van het wangedrogt;* meerv. *wangedrogten.* Van *wan* en *gedrogt.* Wanſchepſel, ſchrikdier. *Ik heb een verſchrikkelijk wangedrogt gezien.* Van hier *wangedrogtelijk.*

WANGELOOF, z. n., o., *des wangeloofs*, of *van het wangeloof;* zonder meerv. Van *wan* en *geloof.* Ongeloof, bijgeloof. Van hier *wangeloovig.* Zie *waangeloof.*

WANGELUID, z. n., o., *des wangeluids*, of *van het wangeluid;* meerv. *wangeluiden.* Van *wan* en *geluid.* Een

Een geluid, dat het gehoor kwetst. *Alle muzijk is wangeluid in zijne ooren.*

WANGEN, bedr. w., gelijkvl. *Ik wangde, heb gewangd.* Iets van wangen of zijstukken voorzien. *Eenen mast wangen.* Scheepsw.

WANGSLAG, zie *kinnebakken.*

WANGUNST, zie *afgunst.*

WANGUNSTIG, zie *afgunstig.*

WANHAVENIG, bijv. n. en bijw., *wanhaveniger, wanhavenigst.* Van *wan* en *havenig.* Havenloos, flordig. *Hij is een wanhavenig mensch. Niemand was zoo wanhavenig als zij.* Van hier *wanhavenigheid.*

WANHEBBELIJK, bijv. n. en bijw., *wanhebbelijker, wanhebbelijkst.* Van *wan* en *hebbelijk.* Ongeschikt, flordig. *Een wanhebbelijk kleed. Zij ziet er zeer wanhebbelijk uit. Het mensch kan goed van gedrag zijn, maar hij is zeer wanhebbelijk.* Van hier *wanhebbelijkheid.*

WANHOOP, z. n., vr., der, of *van de wanhoop;* zonder meerv. Van *wan* en *hoop.* De hoogste graad van onlust over de bekende onmogelijkheid van de verbetering zijnes toestands. *Wanhoop en vertwijfeling hebben hem de handen aan zich zelven doen slaan. Zij werden door wanhoop tot het uiterste gebragt.*

WANHOPEN, onz. werkw., gelijkvl. *Ik wankoopte, heb gewanhoopt.* Van het onafscheidb. *wan* en het werkw. *hopen.* Alle hoop op iets verloren geven. *Men moet niet wanhopen, schoon de rampen zwaar zijn. Aan iets wanhopen. Aan iemands verbetering wanhopen. Aan zijn geluk wanhopen.* In de naauwste beteekenis, begint men dan te wanhopen, wanneer men de onmogelijkheid der verbetering zijnes toestands, op het levendigste ondervindt. *Wanhopen onder de folteringen van eene versmade liefde.* Van hier *wanhoop, wanhopig, wanhopend.*

WANHOPIG, bijv. n. en bijw., *wanhopiger, wanhopigst.* Van *wan* en *hopig.* Die geene hoop meer heeft. *Een wanhopig mensch. Iemand wanhopig maken, wanhopig worden.*

WANHOUT, zie *wan,* voorz.

WANKEL, bijv. n. en bijw. Hetzelfde als wankelende, wankelbaar, onzeker, onwis: *het wankele geluk.*

Met

Met wankele fchreden. Wankel ftaan, ligt kunnen
vallen, eigenl. en figuurlijk. Van hier *wankelheid*.

WANKELBAAR, bijv. n. en bijw., *wankelbaarder*,
wankelbaarst. Van *wankelen* en *baar*. Onvast, wankelmoedig, onbeftendig. *Een wankelbaar gebouw*, dat
gevaar loopt van in te ftorten. *Een wankelbaar gemoed, een wankelbaar geluk*, een geluk dat dreigt te
verkeeren. Van hier *wankelbaarheid*.

WANKELEN, onz. w., gelijkvl. *Ik wankelde, heb ge-
wankeld*. Voortdur. w. van *wanken : foo lang de roe
wanckt*. R. Viss. *Wankelen* is zich langzaam heen en
weer bewegen, onvast, onbeftendig zijn. *De aardbeving deed alle de nabijzijnde gebouwen wankelen. In
het gaan wankelen. Zijne wankelende fchreden verra-
den angst en ontftelienis.* Figuurl. *In zijn geloof wankelen. Hij was eerst onverzettelijk, maar nu begint
hij te wankelen.* Van hier *wankeling, wankelbaar.*
Zamenftell. : *wankelmoedig, wankelmoedigheid.*

Bij OTTFRID. en andere oude fchrijvers is het *uuan-
kon*, zweed. *vanka.*

WANKELMOEDIG, bijv. n. en bijw., *wankelmoedi-
ger, wankelmoedigst*. Van *wankelen* en *moedig*. Onbeftendig ten aanzien van het gemoed. *Wankelmoedig
zijn. Een wankelmoedig mensch.* Van hier *wankelmoedigheid.*

WANKEN, zie *wankelen.*

WANLUIDEND, bijv. n. en bijw., *wanluidender*,
wanluidendst. Van *wan* en *luidend*. Kwalijkluidend,
dat eenen wanklank veroorzaakt. *Wanluidende klanken. Eene wanluidende rede. Alles wat hij fpreekt is
wanluidend.* Van hier *wanluidendheid.*

WANLUST, z. n., m., *des wanlusts*, of *van den wanlust ;* meerv *wanlusten*. Van *wan* en *lust*. Ongefchikte of verkeerde lust. *Zij was er begeerig naar,
door eenen zekeren wanlust.* Van hier *wanlustig.*

WANNEER, bijw., van tijd, en voegw. Bijw., te
welken tüde : *wanneer zijt gij er geweest? wanneer ik
u zie, moet ik altoos lagchen*, voor zoo dikwijls enz.
*Ik zal het doen, wanneer ik zal oordeelen het noodig te
zijn. Laat hij komen, wanneer hij wil. Wanneer
vertrekt* de post? Als voegw. : *wanneer het mij aanging.
Gij hadt ook van de partij kunnen zijn, wanneer gij*

er

er geweest waart, voor, in geval, enz. *Wanneer hij de noodige middelen gebruikt had, leefde hij nog.*

Bij ISID. *huanda*, bij KERO *wenne*, bij de ZWABI-SCHE DICHTERS *swenne*, eng. *when*. Het lat. *quando* staat hiermede in verband.

WANNEN, bedr. w., gelijkvl. *Ik wande, heb gewand.* Op eene wan schudden, en daardoor zuiveren: *het koren wannen*. Van hier *wanner, wanning*.

Reeds bij OTTFRIB., NOTKER en anderen *uuannon*, zweed. *vanna*.

WANNIG, veroud. bijv. naamw. IJdel. Van het oude *wan*; bij KIL. *vacuus, vanus*, fr. *vain*, sp. *vano*, eng. *vaine*.

WANORDE, z. n., vr., *der*, of *van de wanorde*. Van *wan* en *orde*. Ongeschiktheid, wanschik: *ik ben een vijand van wanorde. De vijand geraakte in wanorde.* Van hier *wanordelijk*.

WANSCHAPEN, bijv. n. en bijw., *wanschapener*, *wanschapenst*. Van *wan* en *schapen*, voor *geschapen*. Kwalijk, gebrekkig geschapen, gedrogtelijk. *Een wanschapen mensch.* Figuurl.: *een wanschapen gevoelen.* Van hier *wanschapenheid*.

WANSCHEPSEL, z. n., o., *des wanschepsels*, of *van het wanschepsel*; meerv. *wanschepsels*. Van *wan* en *schepsel*. Gedrogt. *Een ijsselijk wanschepsel.*

WANSCHIK, zie *wanorde*.

WANSCHIKKELIJK, bijv. n. en bijw., *wanschikkelijker, wanschikkelijkst*. Van *wan* en *schikkelijk*. Ongeschikt, kwalijk voegende. *Een wanschikkelijk kleed. Dat ding is zeer wanschikkelijk. Wanschikkelijke zeden. Eene wanschikkelijke rede.* Ook *wanschikkig: wanschikkige vaerzen.* OUD. Van hier *vanschikkelijkheid*.

WANSCHIKKIG, zie *wanschikkelijk*.

WANSMAAK, z. n., m., *des wanfmaaks*, of *van den wanfmaak*; meerv. *wanfmaken*. Verkleinw. *wanfmaakje*. Van *wan* en *smaak*. Verkeerde, slechte smaak: *daar is een wanfmaak aan*. Van hier *wanfmakelijk, wanfmakelijkheid*.

WANSMAKELIJK, zie *wanfmaak*.

WANSPRAAK, zie *wantaal*.

WANSTAL, z. n., m., *des wanflals*, of *van den wanflal*. Van *wan* en *flal*. Misflal, kwade, verkeerde gesteldheid. Van hier het volgende.

WAN-

WANSTALLIG, (*wanftaltig*)bijv. n. en bijw., *wanftalliger*, *wanftalligst*. Van *wan* en *ftallig*. Dat wanfchapen of mismaakt is. *Een wanftallig maakfel. Eene wanftallige gedaante.* Van hier *wanftalligheid.*

WANT, voegw. Vermits, naardien.

WANT, z. n., vr., *der*, of *van de want;* meerv. *wanten.* Verkleinw. *wantje.* Zekere handfchoen zonder vingers, doch welke flechts eene opening heeft om den duim in te fteken. Hij had *een paar wanten aan. De boeren en zeeluiden dragen 's winters wanten.*

WANT, z. n., o., *des wants,* of *van het want.* Visfcherstuig. Zamenftell.: *wanthaalder,* enz.

WANT, z. n., o., *des wants,* of *van het want;* zonder meerv. Scheepstuig. *Staand en loopend want.* Zamenftell.: *wantfnijder, wanttalie,* enz.

WANTAAL, z. n., vr., *der*, of *van de wantaal;* zonder meerv. Een misflag tegen de regelen der taal. Zamenftell.: *wantalig: der dingen wantalige* (verkeerde) *toenaming.* OUD.

WANTALIG, zie *wantaal.*

WANTROUW, z. n., vr., *der*, of *van de wantrouw;* zonder meerv. Van *wan* en *trouw.* Achterdocht. *Dat is uit wantrouw gefchied.* Van hier *wantrouwig* enz.

WANTROUWEN, z. n., o., *des wantrouwens,* of *van het wantrouwen;* zonder meerv. Mistrouwen. *Het gewortelt wantrouwen.* HOOFT. Dit woord is eigenlijk het werkwoord *wantrouwen,* zelfftandig genomen.

WANTROUWEN, bedr. w., gelijkvl. *Ik wantrouwde, heb gewantrouwd.* Van *wan* en *trouwen, betrouwen.* Mistrouwen. *Ik wantrouw dat werk. Iemands beloften wantrouwen. Ik heb reden om hem te wantrouwen.*

WANTROUWIG, bijv. n. en bijw., *wantrouwiger, wantrouwigst.* Van *wan* en *trouwig.* Achterdochtig. *Een wantrouwig man. Wat is zij wantrouwig!* Van hier *wantrouwigheid.*

WANTSCHAAR, z. n., vr., *der*, of *van de wantfchaar;* meerv. *wantfcharen.* Van *want* en *fchaar.* Droogfcheerdersfchaar.

WANTSNIJDER, z. n., m., *des wantfnijders,* of *van den wantfnijder;* meerv. *wantfnijders.* Van *want* en *fnijder.* Iemand, die de plunje voor de zeelieden maakt en verkoopt. Zamenft.: *wantfnijderswinkel.*

WANT-

WANTTALIE, z. n., vr., *der*, of *van de wanttalie;* meerv. *wanttalien.* Touw, dat in het want gebruikt wordt.

WANVOEGELIJK, bijv. n. en bijw., *wanvoegelijker, wanvoegelijkst.* Van *wan* en *voegelijk.* Wanschikkelijk. *Hij voerde eene wanvoegelijke taal. Dat staat zeer wanvoegelijk. Hij verrigt zijne zaken wanvoegelijk.* Van hier *wanvoegelijkheid.*

WAPEN, z. n., o., *des wapens*, of *van het wapen;* meerv. *wapenen.* Een werktuig, zoo wel tot verdediging, als om anderen aan te vallen, in welken zin het echter, in het meervoud het gebruikelijkste is. Daar deze werktuigen in de latere tijden zeer veranderd en vermenigvuldigd geworden zijn, en het bij gevolg, duidelijkheidshalve, noodig geweest is, denzelven hunne vaste namen te geven, waartoe, inzonderheid de uitdrukking *geweer* behoort, zoo is de algemeene en dus niet zoo bepaalde benaming *wapenen*, meer en meer in verval geraakt, offchoon dezelve nog niet geheel verouderd is. Men gebruikt dezelve nog van zulke werktuigen, bij perfonen, welke niet tot den krijgsdienst behooren, of die door geen beroep gewettigd worden, om dezelve te dragen; doch flechts als eene algemeene uitdrukking, wanneer men dezelve niet nader bepalen wil. *Doodelijke wapenen bij eenen dief vinden. Verbodene wapenen dragen;* waar men tot opheldering ook wel nog het woord *geweer* pleegt bij te voegen, *geweer en wapenen*, zonder dat juist het eene een werktuig om aan te vallen, en het andere als tot verdediging gefchikt, moet beteekenen. Ook wordt het gebezigd als eene algemeene benaming van dergelijke werktuigen bij zulke volken, die geen eigenlijk fchietgeweer hebben, op welke, gevolgelijk, de nieuwere namen *geweer, gefchut* enz. niet paffen. *Vulkaan fmeedde de wapenen van Mars.* In fommige figuurlijke fpreekwijzen: *de wapenen dragen*, een foldaat zijn. *Zijn regt door de wapenen zoeken. Iets door de wapenen beflisfen. Handhaven met de wapen.* DE DECK. *Zich in de wapenen oefenen. Die gij met de trouwe wapen.* HUIGENS. In het enkelvoud is de fpreekwijs: *te wapen*, als eene aanmoediging, mede zeer gebruikelijk; zoo ook: *te wapen fnellen*, zich ten oorlog toerusten. — *Stilftand van*

van wapenen. Dat de wapenen van den Vorst mogen gezegend worden! Iemand de wapenen tegen zich in handen geven. Hare wapenen waren tranen. In de uitgeſtrektſte beteekenis plegen vele handwerkslieden hunne werktuigen in het algemeen, zelfs wanneer dezelve tot verdediging, of om anderen aan te vallen, ongeſchikt zijn, wapenen te noemen. Zóo moeten de hoedenmaker, de tapijtwerker enz., tot vervaardiging hunner werken, hunne eigene wapenen gebruiken. Zamenſtell.: wapenbroeder, een, die met ons in 't zelfde leger dient — wapenhandel, wapenhuis, wapenknecht, wapenkreet, wapenoefening, wapenplaats, wapenrok, wapenrusting, wapenſchild, wapenſchorſing, wapenſchouw, wapenſchouwing, wapenſmid, wapenſtanderd, wapentuig, enz.

Dit woord is zeer oud, dewijl uuafan voor arma reeds ten tijde van KERO voorkomt. De Nederduitſche en de daaraan verwante ſpraken hebben, in plaats van de zachte f in het midden, naar hare gewoonte, eene p, waartoe het nederſ. wapen, het eng. weapon, het zweed. vapn, en het ijslandſche woon behooren.

WAPEN, z. n., o., des wapens, of van het wapen; meerv. wapenen. Een met figuren beſchilderd ſchild, in zoo verre het zelve een onderſcheidingteeken van enkele perſonen, familien of gezelſchappen is; en in eenen meer bepaalden zin, zulk eene figuur, welke het voornaamſte deel van zulk een ſchild uitmaakt. Op 't Amſterdammer wapen. HOOFT. Een' leeuw in zijn wapen voeren. Figuurl.: zij is grootsch in haar wapen, zij is trotsch. Zamenſtell.: wapenboek, wapenbord, wapenregister, wapenrol, wapenſnijder, wapenveld, wapenvlak, enz.

WAPENBROEDER, zie wapen.

WAPENDRENKEN, ook wapeldrenken, verouderd w. woord, voor in 't water werpen, met water begieten: So wie dat ghewapendrenct weſen ſal. HANDV. VAN DORD.

WAPENEN, bedr. w., gelijkvl. Ik wapende, heb gewapend. Met wapenen voorzien, ook uitrusten. Zich wapenen, wapenen aandoen, in 't geweer komen. Men moet zich, in tijds, tegen zulk een' magtigen vijand wapenen. Zich met ſtokken, ſteenen wapenen. Figuurl., zich tegen de koude wapenen, zich wel tegen de koude

C be-

bezorgen. *Zich met geduld wapenen.* Van hier *wapening.* Zamenftell. : *ontwapenen.*

Bij OTTFRID. *uuafnen,* hoogd. *waffnen.*

WAPENHANDEL, z. n., m., *des wapenhandels,* of *van den wapenhandel;* zonder meerv. Van *wapen* en *handel.* Krijgskunst. *Zich in den wapenhandel oefenen. Een volk in den wapenhandel bedreven.*

• WAPENHUIS, z. n., o., *van het wapenhuis;* meerv. *wapenhuizen.* Van *wapen* en *huis.* Bewaarplaats van allerlei oorlogstuig. *Het Admiraliteits wapenhuis. Het ftads wapenhuis is wel voorzien.*

WAPENKNECHT, zie *wapen.*

WAPENKREET, z. n., m., *des wapenkreets,* of *van den wapenkreet;* meerv. *wapenkreten.* Van *wapen* en *kreet.* Een krijgsgefchreeuw om de wapenen te doen opvatten, of te wapen te fnellen: *een wapenkreet ging op in het leger. De wapenkreet liet zich alom hooren.*

WAPENKUNDE, z. n., vr., *der,* of *van de wapenkunde;* zonder meerv. Van *wapen* en *kunde.* Ervarenheid in de geflachtwapenen. *De wapenkunde was altoos zijn vak.* Van hier *wapenkundig.*

WAPENRUSTING, z. n., vr., *der,* of *van de wapenrusting;* meerv. *wapenrustingen.* Van *wapen* en *rusting.* Oorlogstoebereidfelen; ook een harnas. *Zijne wapenrusting aanfchieten.*

WAPENSCHORSING, z. n., vr., *der,* of *van de wapenfchorfing;* meerv. *wapenfchorfingen.* Van *wapen* en *fchorfing.* Stilftand van wapenen.

WAPENSCHOUW, zie *wapenfchouwing.*

WAPENSCHOUWING, z. n., vr., *der,* of *van de wapenfchouwing;* meerv. *wapenfchouwingen.* Van *wapen,* voor *wapenen,* en *fchouwing.* Monftering. *Eene wapenfchouwing van het voetvolk doen. De wapenfchouwing, of 't optrekken der burgerij van Amfterdam.* Ook *wapenfchouw.*

WAPENTUIG, z. n., o., *des wapentuigs,* of *van het wapentuig;* meerv. *wapentuigen.* Van *wapen* en *tuig.* Oorlogsgereedfchap. *'t Wapentuig van dien Held was vreesfelijk.*

WAPPEREN, onz. w., gelijkvl. *Ik wapperde, heb gewapperd.* Een klanknabootfend woord, beteekenende eene kletterende beweging maken, flingeren, heen en weder flaan. *Met eene vlag wapperen. Het venfter ftaat* flaat te wapperen. *Het fchip doet niet dan wapperen. De zeilen wapperen.* Figuurl.: *in zijn gevoelen wapperen*, d. i. onvast zijn. Van hier *wappering.*

WAR, z. n., vr., *der*, of *van de war; zonder* meerv. Klits. *In de war raken. Het garen is in de war. Dat zijn haer in de war raekte.* J. OUD. *En houdt gij noch dit kluwen in de war.* VONDEL. Figuurl. zegt men eene zaak in de war *ituren*, voor, dezelve bederven. Ook wordt het overdragtelijk gebezigd voor twist, oneenigheid. *De quaataartigheit van dien heer heeft het war alle zijn leven gezocht.* HOOFT. Dit *war* fchijnt zeer naauw verwant te zijn aan het eng. *war*, oorlog.

WARANDE, z. n., vr., *der*, of *van de warande;* meerv. *waranden.* Diergaarde, of opene plaats, waar allerlei wild gedierte bewaard wordt. *De koninklijke warande.* Zamenstell.: *lustwarande.* Dit woord fchijnt van het oude *waren, waranderen*, bewaren, afkomstig te zijn.

WARDIERTJE, z. n., o., *des wardiertjes*, of *van het wardiertje;* meerv. *wardiertjes.* Van *war* en *diertje.* Dezen gemeenfchappelijken naam geeft men aan de zoogenoemde infufiediertjes, de ftijffelaaltjes, enz omdat zij de ftelfels der natuurkenners in verwarring brengen, en men niet weet, of zij onder de dieren gerangfchikt mogen worden, dan niet; en zoo ja, onder welke alsdan.

WARELOOS, zie *waren.*

WAREN, onz. w., gelijkvl. *Ik waarde, heb gewaard.* Gezien worden, verfchijnen, fpoken: *de fchim waart rondom het graf.* Oul., werd het ook bedr. gebezigd, voor zien, toezien, zorgen, bewaren, waarfchuwen, waarborgen, enz., waar van nog *waarloos, wareloos,* ook zelfftandig: *hij is een regte wareloos.* Van hier *waar*, bijv. n., eigenlijk, zigtbaar, klaarblijkelijk, *waar* z. n. ten toon ftaande, en uitgeftalde koopmanfchap, *waarnen*, bij KIL., waarfchuwen, *war* of *wee*, omtuining, en ontuinde plaats, *ward*, ouliings zorg, *warande, waring*, enz. Zamenftell.: *waarborg*, *waarnemen*, *waarfchuwen*, *warmoes*, enz. *Bewaren, kraamwaren, kraamverwaren, verwaren;* enz. Zie voorts *warmoes.*

WAR-

WARGAREN, z. n., o., *des wargarens*, of *van het wargaren*; meerv. *wargarens*. Van *warren* en *garen*. Garen, dat in de war is; en overdragtelijk, evenveel welke verwarde, of ingewikkelde, dingen: *het wargaren der ftaatkunde*. Ook een twist-, of verwarringzoekend mensch: *hij is altoos een wargaren*.

WARGEEST, z. n., m., *des wargeests*, of *van den wargeest*; meerv. *wargeesten*. Van *warren* en *geest*. Anders *warkop*. Iemand, wiens geaardheid en geestgefteldheid hem in verwarring behagen doet hebben: *die wargeest is weer op de been, om twist te ftoken*. Van hier *wargeeftig*.

WARKOP. Zie *wargeest*.

WARKRUID, z. n., o., *des warkruids*, of *van het warkruid*; zonder meerv. Van *war* en *kruid*. Een plantgewas, dat zich als wargaren om andere planten flingert, en als een bijgewas op dezelve geworteld is: *groot warkruid, klein warkruid, westindisch warkruid*.

WARLEN, *warrelen*, bedr. en onz. w., gelijkvl. *Ik warlde, heb* en *ben gewarld*. Anders *dwarlen*. Het voortdurende w. van *warren*. Draaijen, flingeren: *draag zorg, dat gij het niet door elkander warlt. De ftroom warlt*. Van hier *warling*, anders *dwarling* en *dwerling*, maalftroom; eng. *whirlpool*, zie *dwarlen*; en voorts ook *wervelen*. Zamenftell.: *warrelklomp*, voor *chaos*, bij DULL., *warlwind*, anders *dwarlwind* en *wervelwind*; eng. *whirlwind*, hoogd. *wirbelwind*.

WARLING, zie *warlen*.

WARLWIND, zie *warlen*.

WARM, bijv. n. en bijw., *warmer, warmft*, van koude ontdaan, maar echter niet heet: *het wordt hier warm, warme fpijs, een warm bad. Ick ben warm geworden, ick hebbe het vijer gezien*. BIJBELV. Echter verwisfelt men dit woord ook wel eens met *heet: het zal van daag warm zijn*; en in de figuurlijke fpreekw.: *eenen warmen dag hebben*, hevig moeten ftrijden. *Het ging er warm toe*, er werd hevig gevochten. *Iemand het hoofd warm maken*, is, hem eene levendige onrust veroorzaken. *Het bloed werd hem warm*, is, hij werd toornig. Eene *warme verbeelding* is, eene levendige, *warme liefde*, is, vurige, fterke, *warme landen* zijn die, waarop de zonneftraftralen regtftandiger nederdalen, dan op andere. Eene *warme kamer* is eene, waarin de buitenlucht weinig in-dringen kan. Voorts gebruikt men *warm* ook wegens verwarmende kleederen, enz.: *die overrok is heelwarm.* Als bijw. komt het onder anderen voor, in: *zich warm kleeden. Er warm*, of *warmpjes*, *inzitten*, dat, figuurlijk, welgegoed zijn beteekent. Van hier *warmen*, *warmte*. Zamenftell.: *bloedwarm*, enz.

Warm, hoogd., nederf., zweed., eng., ULPHIL. ook *warm*, vries. *waarm*, KIL. *waerm*, NOTK., OTTFRID. *uuarmo*, KERO *uuaram*, aeol. Φεϱμος is een zeer ond woord.

WARMEN, bedr. w., gelijkvl. *Ik warmde*, *heb ge-warmd.* Warm maken: *het bed wordt gewarmd. Het eten warmen. Hij warmde zich. Om hemel, aerde, en elk te warmen op hun pas.* VOND. *Neemt hij daar-van, ende warmter hem bij.* BIJBELV., waar het ook onzijdig voorkomt, in: *'t en fal geen kole zijn, om bij te warmen.* Even onz. was *warmen* in het oudd. Van hier *warming.* Zamenftell.: *opwarmen, verwar-men.*

Warmen, hoogd. *wärmen*, TATIAN. *uuerman*, KIL. *waermen*, vries. *waarmje*, komt van *warm.*

WARMOES, z. n., o., *van het warmoes;* zonder meerv. Tuinmoes: *zij hakte warmoes, 't welk haer man noch daeghs voorheenen in 't kleene hofken plukte en fneet.* VOND. *Het is beter, ghenoot te zijn tot war-moes mit minnen, dan met hatijen tot eenen vetten cal-ve.* BIJB. 1477., waar het een kost van tuinmoes bereid aanduidt. Van hier *warmoezier, warmoezier-fter.* Zamenftell.: *warmeeshof, warmoeskruid, war-moesland, warmoestuin*, enz. *Knolwarmoes, koolwar-moes*, enz.

Warmoes komt van *moes*, en *war*, *weer*, eene om-tuining, en omtuinde plaats, een tuin, van *weren*, oudd. *warden, garten*, fr. *garder*, ital. *guardare*, waarvan het hoogd. *garten*, en het fr. *jardin*, ook afftammen.

WARMTE, z. n., vr., *der*, of *van de warmte;* zon-der meerv. De gefteldheid van iets, dat warm is, in de verfchillende beteekenissen van dit woord: *de warm-te van het land. Iemands natuurlijke warmte. Sij deckten hem met kleederen, doch hij en kreech geene*

warm-

warmte. BIJBELV. *De winter gansch berooft van warm-te.* VOND. *Dat sint Jan ons de gewoonlijke warmte zoude leveren.* HOOFT. *De warmte van dat kleed. Met al de warmte van zijne verbeeldingskracht.*

Warmte, vries. *waarmte,* KIL. *waermte,* neders. *wärmde,* NOTK. *uuermi,* opperd. *wierm,* KERO *uualm,* hoogd. *wärme,* komt van *warm.*

WARREN, bedr. en onz. w., gelijkvl. *Ik warde, heb geward.* Bedr., in de war brengen: *gij zult dat garen warren.* En, op zich zelf, verwarring stichten: *hij is steeds op warren en twisten uit.* Onz., in de war geraken: *de zijde wart ineen.* Van hier *gewar, war, warlen.* Zamenstell.: *wargaren, wargeest, warkop, warziek, warzucht, warzuchtig,* enz. *Ontwarren, verwarren,* enz.

Warren, hoogd., OTTFRID. *wirren,* komt van het oude *wiren,* zweed. *wira,* lat. *gyrare,* gieren, ronddraaijen, het welk de eigenlijke beteekenis van *warren* ook is, waarvan het voortdurend *warlen* de zijne heeft.

WARS, bijv. n., zonder vergrootingstrappen. Verwant aan *dwars.* Ergens van afgekeerd, afkeerig: *wars van zulken lof.* Ook zonder voorzetsel: *ik ben het wars. Wordt gij dien kost niet wars?*

WARSTRUIK, z. n., vr., *der,* of *van de warstruik;* meerv. *warstruiken.* Van *war* en *struik.* Een heestergewas: *gladde, wollige, warstruik.*

WARTAAL, z. n., vr., *der,* of *van de wartaal;* zonder meerv. Van *war* en *taal.* Verwarde taal, rede: *hij spreekt niets, dan wartaal.*

WARZOEKER, z. n., m., *des warzoekers,* of *van den warzoeker;* meerv. *warzoekers.* Van *war* en *zoeker.* Een zoeker van verwarring, twist en tweedragt — een warziek, warzuchtig, mensch: *die hatelijke warzoeker!*

WAS, z. n., o., *van het was;* zonder meerv. De stof, waaruit de bijen hare honigraten bereiden: *hoe de korven meer van onnut wasch gezuivert zijn.* VOND. *Gelijk het wasch voor 't vuur versmelt.* L. D. S. P. *Mijn herte is als was.* BIJBELV. *Om dat franfijn, dat wasch, als poppen in 't vuur te werpen.* HOOFT. Van hier *wassen.* Zamenstell.: *wasbleekerij, wasboom, waskaars, waslicht, wasstok,* enz. *Stopwas, zegelwas,* enz.

Was,

Was, vries. *waachs*, hoogd., KIL. *wachs*, zweed.,
eng. *wax*, nederf. *wasz*, flavon. *wesk*, WILLER.
uuahs, is van eenen onzekeren oorfprong.

WASBOOM, z. n., m, *des wasbooms*, of *van den wasboom*; meerv. *wasboomen*. Van *was* en *boom*. Een
Amerikaansch en Kaapsch heestergewas, dat was voortbrengt: *de wasboom zweemt veel naar eenen Mijrten-
boom*.

WASCH, z. n., vr., *der*, of *van de wasch*; meerv.
wasschen. Verkleinw. *waschje*. Van *wasschen*. D
daad van wasschen: *de wasch hebben, aan de wasch
zijn*. De kleederen enz., die men wasschen wil, *wascht*,
of pas gewasschen heeft, en verder in orde brengt: *de
natte wasch, de drooge wasch*. De wasch *tellen, bloe-
ken, ftijven, ftrijken*, enz. Zamenftell.: *waschlijst,
waschmand*, enz. *Kinderwasch*, enz.

WASDOM, z. n., m., *des wasdoms*, of *van den wasdom*; zonder meerv. Van *vasfen*. Aanwas, groei:
het beneemt den boom zijnen wasdom. *Den wasdom des
lichaams bekomt*. BIJBELV. *Indien zulke telgen haren
wasdom bereikten*. VOND. *Tot den wasdom van Amsterdam*. HOOFT.

WASEM, z. n., m., *des wasems*, of *van den wasem*;
meerv. *wasems*. Een vochtige damp, die ergens uit op-
klimt: *de ketel begint al meer en meer wasem op te geven*. *Hij braadt zich aan den heeten wasem*. *Van gloeien-
digen waasem tot ftikkens toe benaauwt*. VOND. Van
hier *wasemen, waseming*.

Wasem, nederd. *wasen*, is verwant aan *waas*, aan-
flag van vruchten, enz., nederf. *wees*, vochtigheid, ijsl.
veisa, zweed. *väsa*, flavon. *wuza*, een moeras, en
voorts ook aan het hoogd. *wasser*, water, zie *water*.

WASKAARS, zie *waslicht*.

WASLICHT, z. n., o., *des waslichts*, of *van het waslicht*; meerv. *waslichten*. Van *was* en *licht*. Eigenlijk, licht, dat uit brandend was ontftaat. Voorts
evenveel, als *waskaars* en *wasftok*: *met brandende waslichten in de hand gingen zij rond*.

WASSCHEN, bedr. w., ongelijkvl. *Ik wiesch, heb gewasschen*. Al wrijvende, en kletfende, door middel
van water zuivéren: *zij houdt veel van wasschen en
plasschen*. *Sij wiesschen hare kleederen*. BIJBELV. Ook
in ander vocht op dezelfde wijze bewegen: *hij wascht*

sijn

sijn kleet in den wijn. BIJBELV. Evenveel hoe door middel van water zuiveren: *zich wasschen en baden. Hi was bezweet en zeer verhit, en wilde wasschen sine lede.* M. STOK. *Hij wascht de handen rein, om aen den disch te treen:* VOND. *De handen in onschuld wasschen,* is, zijne onschuld betuigen: *ik wasch, aan u verpand, in onschuld mijne hand.* L. D. S. P. Bekend is de uitdrukking van: *in bloed wasschen: dwelc ghi ghewasschen hebt van sinen sonden in u bloet reene.* A. BIJNS. *De handen in iemands bloed wasschen,* hem vermoorden. Voorts is *wasschen* met behulp van water schiften en zuiveren: *de graankoopers wasschen het koren.* En men bezigt het werkw. *wasschen* wegens eene bijzondere manier van teekenen: *het is met Oostindische inkt gewasschen.* Spreekw.: *ik zal dat varken wel wasschen,* die bekommerde zaak wel volvoeren. *Iemand wasschen,* of *iemand het hoofd wasschen,* hem doorstrijken. *Als de eene hand de andere wascht, zijn zij beide schoon,* als men elkanderen voorthelpt, bevoordeelt men zich onderling. Van hier *gewasch, wasch,* enz. — *waschster, wasscher, wasscherij, wassching.* Zamenstell.: *waschbank, waschbekken, waschblouwel,* KIL. — *waschdag, waschdoek, waschhuis, waschketel, waschkeuken, waschkuip, waschmeid, waschtobbe, waschvat, waschvrouw, waschwater,* enz. *Afwasschen, bewasschen, doorwasschen, herwasschen, uitwasschen, verwasschen, voortwasschen, wegwasschen,* enz.

Wasschen, hoogd. *waschen,* nederf. *wasken,* zweed. *väska,* KERO. *uuasken,* TATIAN. *uuasgan,* OTTFRID. *uuasganne,* eng. *wasch,* ontleent van zijnen klank zijne beteekenis.

WASSEN, onz. w., ongelijkvl. *Ik wies, ben gewassen,* Groeijen, tieren, vermenigvuldigen: *that ther ana wassen thie meijston thruvo.* WILLERAM. *Die vruchte, die God jaerlix weder laet wassen.* MAT. DER SOND. *Zijn hairshoren steil gewassen op het hoofd,* VOND. *Wasset en 'e menich oudicht.* BIJBEL, 1477. De maan *wast,* als haar licht zich in omtrek uitbreidt. Van hier *gewas, wasdom, wassing* en *wassenaar,* zóó het stamhuis van Wassenaar zijnen naam van de halve maan, die het in zijn wapenschild voert, ontleend heeft; want dan moet deze naam oulings evenzeer eene wassende maan beteekend hebben, als bij CATS, in: *'k wensch,*

wensch, dat uw wassenaar nog lange wassen mag! Zamenstell.: aanwassen, bewassen, toewassen, uitwassen, verwassen, voortwassen, enz.

Wassen, ijsl. *waxa*, zweed. *vaxa*, angels. *weaxan*, vries. *waachsje*, ULPHIL. *wahsjan*, OTTFRID. *uuahsan*, hoogd. *wachsen*; verschilt grootelijks van *wasschen*, waarmede het intusschen wel eens verward wordt.

WASSEN, bedr. w., gelijkvl. *Ik waste, heb gewast.* Van *was*. Met was bestrijken; iemands laarzen wassen. *Gewast linnen.*

WASSEN, bijv. n.; zonder vergrootingstrappen, en onverbuigelijk. Van was: *een wassen beeld*. En figuurlijk, is *een wassen neus* iets, dat men naar zijn believen draait en wringt. Dit woord luidt in het opperd. *wachsen*, hoogd. *wachsern*, en komt van *was*.

WAT, vragend en betrekkelijk voornaamwoord, het onzijdig geslacht van *wie*. *Alles, wat ik u zeg, is waar.* Ook wordt het bij mannelijke en vrouwelijke zelfstandige naamwoorden, in het meer- en enkelvoud, gebezigd; het zij regtstreeks, of anderzins, vragende: *wat gasten krijgt gij? Wat wijn zal ik u zenden? Wat mensche onder u — ofte wat vrouwe —?* BIJBELV. *Wat gaef uw hart behaege.* VOND. *Tot wat steden wij komen sullen.* BIJBELV. *In wat stad ik mijn verblijf hield.* Ook wordt *wat*, in het onzijdig geslacht, vaak, in eenen regtstreeks, of anderzins, vragenden zin voor *wat ding* gebruikt: *wat is het? Ik weet niet, wat het is;* en in eenen betrekkelijken zin, achter *zoo*: *het sal hem gewerden, so wat hij zegt.* BIJBELV.; achter *al*: *ik weet al, wat er gebeurt;* en voor *ook*: *wat er ook gebeure*; ja met weglating van *ook*, in: *wat er gebeure. Wat winden dat er ruischen. Wat regen dat er plast.* KAMPHUIJS.; en met weglating van *al*, of *zoo*: *wat met golven noch stus bedekt lagh.* VOND. *Verkoopt, wat ghij hebt, ende geeft het den armen.* BIJBELV.; waar dit woord voorts meermalen de plaats van *het gene dat*, of *het gene*, bekleedt; zoo als in: *wat ghij backen soudet, dat backt, ende siedet, wat ghij sieden soudet.* Overigens wordt het onzijdige *wat* door middel van *voor* aan allerlei naamwoorden verbonden, in: *watvoor een man? Watvoor eene vrouw heeft hij? Ik weet niet meer, watvoor een paard ik hem gegeven heb.*

C 5   Wat-

Wat voor dingen zijn het ? En op zich zelf beteekent *wat*, bijwoordelijk, op welk eene verregaande wijze: *wat heeft hij mij bedrogen! Wat ben ik ongelukkig!*

Wat, hoogd. *was*, Ottfrid. *uuas*, Kero *huuaz*, eng. *what*, vries. *het*.

WAT, een onveranderlijk voornaamwoord, van het onz. geslacht, dat ook als bijw. gebruikt wordt, en aan *iets* beantwoordt: *geef mij ook wat! Hij heeft hem wat te boodschappen.* Bijbelv. Als bijw.: *ik moet wat rusten. Blijf nog wat! Best dat men 't wat vertrekk.* Vond. *Vrij wat* is merkelijk; *heel wat* grootelijks, wanneer men het als bijw. gebruikt; en anders iets groots: *hij schijnt heel wat te zijn.* Dit woord is eene verkorting van het oude *ietwes*, hoogd. *etwas*, Vond. en anderen *ietwat*, in den omgang *ietewat*, Halma *iet of wat*, lat. *aliquid;* zie *iets;* of het is een der punten van overeenstemming tusschen het Hollandsch en het Grieksch, waarin men τι op soortgelijk eene wijze bezigt.

WAT, *watje*, zie *watte*.

WATER, z. n., o., *des waters;* of *van het water;* meerv. *wateren.* Soortgelijk eene vloeibare stof, als er zich in onzen dampkring vormt, en daaruit in druppels nederkomt: *een dronk waters. Dewijlze een lange wijl geen bron noch water nutte.* Vond. *Het water en de lucht hebt ghij om niet.* Spiegh. *Ick doope u wel met water.* Bijbelv. *De rots gaf water door Gods hand.* L. D. S. P. *De zee is sonder duijn, haar water sonder strant.* Cats. Verscheidene vloeibare stoffen, die in kleur en vloeibaarheid met het eigenlijke water overeenkomen, in de zamenstell.: *guldewater, oogwater,* enz.; en als men zegt: *de oogen staan hem vol water. Hij loost zijn water. Iemands water naar den Doktor brengen. Iemand het water aftappen. Het water hebben. Aan het water sterven,* enz. Eene verzameling van water: *val niet in het water. Door zijn eigen schijn in 't water, zonder vlek, bekoort.* Vond. In dezen zin heeft het woord een meerv.: *allerlei wateren doorsnijden het land. Hij keerde hare wateren in bloet.* Bijbelv.; waar dit meerv. intusschen meermalen, in navolging van het hebr., eenen vloed van water aanduidt, zoo als in: *daar vloeijden wateren uit, die gingen door de dorre plaatsen, als een riviere.* En

de

de vloeibare bouwstof van onderscheidene hemelligcha-
men, in: *daer zij een uijtspansel in 't midden der wateren, ende dat make scheijdinge tusschen wateren ende
wateren.* Het enkelv. beteekent ook de golving, die er
op verscheidene stoffen gedrukt wordt: *het water van
die taf is zoo fraai niet, als dat van die andere;* en de
waterglans van parels, diamanten, enz.: *het water van
dien steen is niet zuiver. Te water* is op, of over, zeeën, rivieren, enz.: *hij reist te water. Kan dat goed
hier niet te water komen?* In het water: *de hond ging
te water. Gaarne te water gaan,* is, veel van het nat
houden. *Te water uit* is buiten het water, bij VOND.
in: *een deel bezweint het diep, een deel te water uit op
rotsen zit. Te water en te brood zitten,* is, gevonnisd
zijn, om in eene gevankenis van enkel water en brood
te leven. *Zich tot water schreijen,* is, geweldig schreijen. *Zich tot water zweeten,* geweldig zweeten. *Onder water zijn,* op de gewone plaatsen niet verschijnen. *Boven water zijn,* behouden zijn, niets meer te
vreezen hebben. *Tusschen water en wind drijven,* tusschen beide blijven hangen, onverschillig zijn. *Gods
water over Gods akker laten gaan,* zich om niets be-
kommeren, of bekreunen. *Water ergens om vuil maken,* zich deswegens eenige moeite geven. *Water in
zee dragen,* verloren arbeid doen. *Water in zijnen
wijn mengen,* zich inbinden. *In troebel water visschen,*
zijn voordeel met eene plaats grijpende verwarring doen.
Hoog water, is een hooge vloed in zee, of nabij dezelve, maar ook wel eens aandrang tot loozing van water. *Pijn op het water,* is pijn op de wegen, langs
welke hetzelve zich ontlast. *Het breken van het water,* bij kraamvrouwen, is de ontsluiting der baarmoe-
der. *Op elkanderen gelijken, als twee droppels water,*
is, grootelijks. *Een leven, als dat van een vischje in
het water,* zie visch. *Veel water trekken,* is, diep
gaan, van een schip gesproken. *Stille waters hebben
diepe gronden,* gebrek aan levendigheid is geen bewijs
van eenvoudigheid. *In zulke waters vangt men zulke
visschen,* zulke bedrijven hebben zulke gevolgen. *Dat
is water op mijnen molen,* dat dient mij in mijnen kraam.
Het water loopt mij om de tanden, ik ben flaauwhartig
van honger, ik watertand naar eenige spijs. *Het water komt ons aan de lippen,* de nood klimt tot op het
hoog-

hoogfte. *In het water liggen*, zich daarin bevinden, en bijzonderlijk bij ongeluk daarin geraakt zijn. *In het water zetten*, daarin doen uitweeken. *Onder water zetten*, daarmede overdekken. *Onder water loopen*, met water overdekt worden. Van hier *waterachtig, wateren, waterig, waterloos, waterschap*. Zamenftell.: *waterader, wateralf, waterandoorn, waterappel, waterbaars, waterbak, waterbal, waterbeek, waterbeestje, waterbekken, waterbekkig, waterbel, waterberg, waterbezie, waterblaas, waterblaasjes, waterblaauw, waterblad, waterblazer, waterbobbel, waterbokje, waterboog, waterboom, waterbouwkunde, waterbrems, waterbreuk, waterbrij, waterbuik, waterbuis, waterdamp, waterdier, waterdigt, waterdraagfter, waterdrager, waterdrinker, waterdrinkfter, waterdrop, waterdroppel, wateremmer, watereppe, waterflesch, watergal, watergang, watergat, watergeregt, watergetij, watergezwel, waterglas, watergod, watergodin, watergolf, watergoot, watergracht, watergroef, waterhagedis, waterheer, waterhoen, waterhond, waterhoofd, waterhoos, waterkaars, waterkan, waterkanker, waterkant, waterkeer, waterkeering, waterkers, waterkervel, waterkleur, waterkleurig, waterkom, waterkoning, waterkoud, waterkruik, waterkuip, waterlaars, waterland*, enz., — *waterleeuw, waterleiding, waterlelie, waterlins, waterlisch, waterlook, waterloop, waterloopig, waterloot, waterloozing, waterluis, watermalrouw, waterman, watermeloen, watermolen, watermug, watermunt, watermuur, waternavelbreuk, waternavelkruid, waternimf, waternikker, waternoot, waterorgel, waterpaard, waterpaardenftaart, waterpas, waterpeil, waterpeper, waterpijp, waterpimpernel, waterpiffebed, waterplaats, waterpoel, waterpok, waterpomp, waterpoort, waterpot, waterproef, waterpuist, waterput, waterputter, waterraaf, waterrad, waterradijs, waterraket, waterrat, waterrijk, waterroos, waterrups, waterfalade, waterfalamander, waterfcheerling, waterfcheut, waterfchildpad, waterfchip, waterfchipper, waterfchorpioen, waterfchout, waterfchouw, waterfchuit, waterfchuw, waterflang, waterfnep, watersnood, waterfpel, waterfpin, waterfpoor, waterfpreeuw, waterfprong, waterfpuit, waterfaat, waterftad, waterfteen, waterftoom*,

wa-

waterstraal, waterstroom, waterstruik, watertanden, watertandig, watertogt, waterton, waterter, watertreder, watertuin, wateruiltje, wateruurwerk, waterval, watervang, watervat, watervaren, watervee, waterveil, waterveld, waterverf, waterverwig, waterverhoveling, watervijver, watervijzel, waterriool, watervisch, watervlieg, watervlier, watervlies, watervliet, watervloed, watervloo, watervogel, watervrees, waterweegbree, waterweegkunde, waterwel, waterwerk, waterwilg, waterzak, waterzalm, waterzoo, waterzucht, waterzwaluw, waterzwijn, enz. *Aluinwater, anijswater, badwater, bakwater, bergwater, binnenwater, brenwater, buitenwater, doopwater, fonteinwater, galwater, gerstwater, gootwater, graswater, guldewater, handwater, honigwater, kalkwater, kaneelwater, knolwater, lavendelwater, ledewater, lekwater, leschwater, loogwater, maagwater, maaswater, meerwater, oogwater, oranjewater, poelwater, pompwater, putwater, regenwater, reukwater, rivierwater, roozenwater, schotelwater, smidswater, sneeuwwater, spawater, theewater, toewater, twistwater, vaarwater, vaatwater, venkelwater, vischwater, weegbreewater, woelwater, woudwater, wijwater, zeepwater, zeewater,* enz.

Water, nederf. ook *water*, ULPHIL. *wate*, zweed. *vatn*, angelf. *waeter*, vries. *wetter*, hoogd. *waffer*, ISID. *uuarfar*, OTTFRID. *uuazar*, gr. ὑδωρ, is verwant aan *wafem*, en komt van een oud noordsch stamwoord, waarvan men in het lat. *udus*, flav. *woda*, zweed. *vat*, nederf. *wees*, vries. *wtet*, nat, vochtig, fporen vindt.

WATERACHTIG, bijv. n. en bijw., *waterachtiger, waterachtigst*. Van *water* en *achtig*. Aan water gelijkende, naar water fmakende, vol water: *een waterachtig land. Waterachtige melk.* Van hier *waterachtigheid.* Dit woord komt in beteekenis allezins met *waterig* overeen.

WATERADER, z. n., vr., *der, of van de waterader;* meerv. *wateraderen* en *wateraders.* Van *water* en *ader.* In de Ontleedkunde, weiäder, lat. *vafa lijmphatica.* Voorts ook aders van water in het ingewand der aarde: *zij boorden, tot dat zij eene waterader vonden.*

WATERALF, z. n., m., *des wateralfs, of van den wa-*

wateralf; meerv. *wateralfen.* Van *water* en *alf.* Bij
. Kil. evenveel, als *waternecker,* eene onteerende benaming van eenen *watergod,* of *waterheer,* zoo als de gewaande befchermgeesten der wateren anders heeten.

WATERANDOORN, z. n., m., *des waterandoorns,*
of *van den waterandoorn;* zonder meerv. Van *water* en
andoorn. Een plantgewas, dat veel naar den zoogenoemden wolfspoot zweemt. Anders *watermalrouw.*
Hoogd. *wasferandorn,* en *fumpfandorn.*

WATERAPPEL , z. n., m., *des waterappels,* of *van
den waterappel;* meerv. *waterappelen.* Van *water* en
appel. De vrucht van den waterappelboom , en ook
wel eens die boom zelf, die in Amerika langs het water
groeit, en tot de zoogenoemde Annonas behoort.

WATERBAARS, zie *waterzoo.*

WATERBAL, zie *waterkaars.*

WATERBEESTJE, z. n., o., *van het waterbeestje;*
meerv. *waterbeestjes.* Van *water* en *beestje.* Een tor-
retje , van het geflacht der doodgravers: *het waterbeestje wordt in de wateren omftreeks Parijs gevonden.*

WATERBEKKEN, onz. w., gelijkvl. *Ik waterbekte,*
heb *gewaterbekt.* Van *water* en *bek.* Bij Kil. evenveel, als *watertanden;* het welk bij hem voorts door
waterbekkig en *waterloopig zijn* wordt uitgedrukt. *Hij
waterbekt er van. Watertanden* is in algemeen gebruik:
wie zou niet watertanden naer aertfche lekkernij. Vond.

WATERBERG, z. n., m., *des waterbergs,* of *van den
waterberg;* meerv. *waterbergen.* Van *water* en *berg.*
Een hoogftijgende golf : *elcke waterbergh hun dreight
den jongften dagh.* Vond.

WATERBEZIE, z. n., vr., *der,* of *van de waterbezie;* meerv. *waterbeziën.* Van *water* en *bezie.* Een
plantgewas, dat in ftilftaande wateren, en op moeras-
fige gronden , groeit, dus naar deszelfs vrucht genoemd.

WATERBLAASJES, meerv. *van waterblaasje,* en gebruikelijk wegens eene aaneenfchakeling van vliezige
zakjes, met waterachtig vocht opgevuld, in het hoofd,
de borst, enz. van eenen mensch, die daaronder geweldig lijdt.

WATERBLAZER, z. n., m., *des waterblazers,* of
van den waterblazer; meerv. *waterblazers.* Van *water* en *blazer.* Bij Kil. alle flag van groote zoogdieren ,

ren, dat, in het water levende, uit een of meer blaas-
gaten water uitſpuit.

WATERBOKJE, z. n., o., *des waterbokjes*, of *van
het waterbokje*; meerv. *waterbokjes*. Van *water* en
bokje. Een inſekt van verſchillende kleuren met eenen
koperigen weerſchijn: *het waterbokje is een der ſchoon-
ſte inſekten van ons werelddeel*.

WATERBOOM, z. n., m., *des waterbooms*, of *van
den waterboom*; meerv. *waterboomen*. Van *water* en
boom. Een Amerikaansch boomgewas: *de waterboom
groeit midden in het water*.

WATERBOUWKUNDE, z. n., vr., *der*, of *van de
waterbouwkunde*; zonder meerv. Van *water* en *bouw-
kunde*. De kunst, om aan, of in, het water te bou-
wen, en allerlei werken aan te leggen: *de Hollanders munten in de waterbouwkunde uit*. Van hier *waterbouwkundig*.

WATERBREMS, z. n., vr., *der*, of *van de waterbrems*; meerv. *waterbremſen*. Van *water* en *brems*.
Een bijzonder ſlag van bremſen, dat zich aan en op het
water onthoudt, anders *watermug* en *watervlieg*.

WATERBREUK, z. n., vr., *der*, of *van de waterbreuk*; meerv. *waterbreuken*. Van *water* en *breuk*.
Eene tegennatuurlijke verzameling van wei, in den rok
van den balzak: *eene waterbreuk is wel dikwijls onge-
neesſelijk, maar niet doodelijk*.

WATERBUIK, zie *waterzak*.

WATERDIGT, bijv. n., zonder vergrootingstrappen.
Van *water* en *digt*. Zoo digt, dat er geen water doer-
dringt: *uwe laarzen ſchijnen niet waterdigt*.

WATEREN, bedr. en onz. w., gelijkvl. *Ik waterde,
heb gewaterd*. Bedr., met water beſproeijen, bewateren: *dat land moet beter gewaterd worden*. *Ghij ſult
zijn als een gewatert hof*. BIJBELV. Te water leiden,
water geven: *de ruiterij waterde de paarden*. *So be-
gheerden ſi haers Vaders ſcepen* (ſchapen) *te wateren*.
BIJB. 1477. Met water mengen: *die wijn is rijkelijk
gewaterd*. Verſchillende ſtoffen van derzelver gewone
golving voorzien: *weet gij, hoe men het grein watert?*
Onz., met waterachtig vocht bedekt worden: *hoe watert uw linkeroog zoo? De tanden wateren hem daarnaar*; zie *waterbekken*. Zijn water loozen: *laat het
kind eens wateren*. Van hier *watering*. Zamenſtell.:
bewateren, doorwateren, inwateren, verwateren, enz.
WA-

WATERFLESCH, z. n., vr., *der*, of *van de water-flesch*; meerv. *waterflesschen*. Van *water* en *flesch*. Eene flesch, waarin men water doet: *waar is de water-flesch? Met eene waterflesch aan de voeten.* Zie voorts *waterzak*.

WATERGANG, z. n., m., *des watergangs*, of van den *watergang*; meerv. *watergangen*. Van *water* en *gang*. Anders *waterloop*. Evenveel welke gang voor water: *bleven sij staen bij den waterganck des oppersten mejers.* BIJBELV.; en bijzonderlijk die gene, die men langs de zijboorden der meeste schepen aanlegt: *hij viel van den watergang in zee.*

WATERGAT, z. n., o., *des watergats*, of van het *watergat*; meerv. *watergaten*. Van *water* en *gat*. Een gat, waardoor water vloeijen kan; en een gat, dat vol water is. Overdragtelijk eene slechte plaats, die rondom in het water ligt, of daarmede opgevuld is: *het was voor dezen een akelig watergat.*

WATERGEZWEL, z. n., o., *des watergezwels*, of van het *watergezwel*; meerv. *watergezwellen*. Van *water* en *gezwel*. Eene ophooping van wei in hare vaten, of elders: *de moeijelijke genezing van een kwaadaardig watergezwel.*

WATERGOD, zie *wateralf*.

WATERGODIN, zie *waternimf*.

WATERHAGEDIS, z. n., vr., *der*, of *van de waterhagedis*; meerv. *waterhagedissen*. Van *water* en *hagedis*. Een vergiftig slag van hagedissen, dat zich in het water ophoudt. In het hoogd. *wassereidechse*.

WATERHALEN, onz. w., enkel in de onbepaalde wijze als z. n. gebruikelijk; bijzonderlijk wegens het opdoen van water door schepelingen: *zij werden onder het waterhalen overvallen.* Van hier *waterhaalder*.

WATERHEER, zie *wateralf*.

WATERHOOFD, z. n., o., *des waterhoofds*, of van het *waterhoofd*; meerv. *waterhoofden*. Verkleinw. *waterhoofdje*. Van *water* en *hoofd*. Een hoofd, dat uit ophooping van stoffen gezwollen is, zoo als dat van kinderen, die de Engelsche ziekte hebben: *dat kind heeft een vreeselijk waterhoofd.* Voorts geeft men dezen naam ook wel eens aan iemand, wiens hoofd zoo gezwollen is.

WATERHOOS, z. n., vr., *der*, of *van de waterhoos*; meerv.

meerv. *waterhoozen*. Van *water* en *hoos*. Een bekend luchtverfchijnfel: *eene opklimmende waterhoos*.

WATERIG, zie *waterachtig*.

WATERING, z. n., vr., *der*, of van de *watering*; meerv. *wateringen*. Van *wateren*. De daad van wateren; en het gene dient, om een land te bewateren, een kanaal, dat door hetzelve loopt, anders *wetering*! *Wateringen heeft* zijnen naam zekerlijk *van watering*.

WATERKAARS, z. n., vr., der, of *van de waterkaars*; meerv. *waterkaarfen*. Van *water* en *kaars*. Zeker flag van vuurwerk, dat op het water drijft, en voortbrandt; anders *waterbal*.

WATERKANKER, z. n., m., *des waterkankers*, of *van den waterkanker*; zonder meerv. Zekere ziekte van, of gebrek in den mond: *hij heeft den waterkanker*.

WATERKANT, z. n., m., *des waterkants*, of *van den waterkant*; meerv. *waterkanten*. Van *water* en *kant*. De kant van den weg, of wal, aan het water: *Zij liep naar den waterkant. Langs den waterkant wandelen*.

WATERKEER, z. n., m., *des waterkeers*, of *van den waterkeer*; meerv. *waterkeeren*. Van *water* en *keer*. Al wat dient, om water te keeren, en af te weren: *waterkeeren en fluizen openzetten*. Anders *waterkeering*.

WATERKEERING, zie *waterkeer*.

WATERKERS, z. n., vr., *der*, of *van de waterkers*; zonder meerv. Van *water* en *kers*. Een plantgewas, waarvan men zeven en twintig foorten telt: *gemeene waterkers, wilde waterkers, tweeflachtige waterkers*, enz.

WATERKERVEL, z. n., vr., *der*, of *van de waterkervel*; zonder meerv. Van *water* en *kervel*. Een plantengeflacht, van tweederlei foort: *gemeene waterkervel, zwitferfche waterkervel*.

WATERKOUD, bijv. n. en bijw.; zonder trappen van vergrooting. Van *water* en *koud*. Vochtig koud, koud door vochtigheid: *het is waterkoud*.

WATERLAARS, z. n., vr., *der*, of van de *waterlaars*; meerv. *waterlaarzen*. Van *water* en *laars*. Eene laars, die tegen het water beftand, en waterdigt, is: *een paar goede waterlaarzen*.

D   WA-

WATERLAND, z. n., o., *des waterlands*, of *van het waterland;* zonder meerv. Van *water* en *land*. Een land, dat vol van water is: *het is een regt waterland*. De eigennaam van een oord tegen over Amſterdam: *het rijke Broek in Waterland.* Van hier *waterlander*, *waterlandsch*.

WATERLANDER, z. n., m.., *des waterlanders*, of *van den waterlander;* meerv. *waterlanders.* Van *waterland.* Een bewoner van Waterland: *eene ſchuit vol Waterlanders.* Oneigenlijk, een traan: *de waterlanders liepen hem over de oogen. Er beginnen waterlanders te komen.*

WATERLOOP, zie *watergang.*

WATERLOOPIG, zie *waterbekken.*

WATERLOOS, bijv., n., zonder vergrootingstrappen. Van *water* en *loos.* Van water ontbloot: *ſij ſijn waterloofe wolcken.* BIJBELV. Van hier *waterloosheid.*

WATERLOOT, z. n., vr., *der*, of *van de waterloot;* meerv. *waterloten.* Van *water* en *loot* Eene onnutte loot van eenen boom, die denzelven zijne ſappen onttrekt. Bij KIL. *waterſcheut, onderghewas.* Hoogd. *wasſerreis, wasſerſchosz, wasſerſchusz.*

WATERLOZING, z. n., vr., *der*, of *van de waterlozing;* meerv. *waterlozingen.* Van *water* en *lozing.* De daad van water lozen: *de waterlozing gaat bij hem nog ſteeds van pijn verzeld.* De weg, langs welken, of de opening, waardoor, men water loost: *de nieuwe waterlozing van Rhijnland, bij Katwijk op zee.*

WATERLUIS, zie *watervloo.*

WATERMALROUW, zie *waterandoorn.*

WATERMAN, z. n., m., *des watermans*, of *van den waterman;* meerv. *watermannen.* Van *water* en *man.* Een man, die water verkoopt, zoo als te Amſterdam. Een der ſterrenbeelden van den dierenriem: *de zon is in den waterman.*

WATERMOLEN, z. n., m., *des watermolens,* of *van den watermolen;* meerv. *watermolens.* Van *water* en *molen.* Een molen, die door het water gedreven wordt, of een molen, door middel waarvan men water weg maalt: *de buitenlandſche watermolens verſchillen veel van onze Hollandſche.*

WATERMUG, zie *waterbrems.*

WATERMUUR, z. n., vr., *der*, of *van de watermuur;*

muur; zonder meerv. Van *water* en *muur*. Een plantengeflacht, waarvan men twee foorten telt: *paarbladige
watermuur*, *kransbladige watermuur*, anders ook *waterpaardenstaart* genoemd.

WATERNAVELBREUK, z. n., vr., der, of *van de
waternavelbreuk*; meerv. *waternavelbreuken*. Van *water* en *navelbreuk*. Een toeval van de waterzucht: *hij
kreeg eene waternavelbreuk.*

WATERNAVELKRUID, z. n., o., *des waternavel-
kruids*, of *van het waternavelkruid*; zonder meerv.
Van *water* en *navelkruid*. Een plantgewas van vijf
verfchillende foorten: *gemeen waternavelkruid vindt
men in Frankrijk, Holland, enz.; de andere foorten
behooren tot andere werelddeelen.*

WATERNIKKER, zie *wateralf.*

WATERNIMF, z. n., vr., der, of van de waternimf;
meerv. *waternimfen*. Van *water* en *nimf*. Een denk-
beeldig wezen, van denzelfden aard, als de *wateralf*,
uitgezonderd, dat dit een mannetje, en de *waternimf*
een wijfje is, dat anders *watergodin*, *zeegodin*, *vliet-
godin*, *ftroomgodin*, *ftroomnimf*, *vlietmaagd*, *vliet-
nimf*, of *zeenimf* heet: *de dichters droomen fteeds van
blonde waternimfen met rieten pruiken.*

WATERNOOT, z. n., vr., der, of *van de waternoot*; meerv. *waternoten*. Van *water* en *noot*. Een
plantgewas, dat digt aan het water groeit, en welks
vruchten naar kaftanjes zweemen: *de waternoot draagt
ook den naam van minkijzer.*

WATERPAARD, z. n., o., *des waterpaards*, of *van
het waterpaard*; meerv. *waterpaarden*. Van *water* en
paard. Anders *rivierpaard* en *Nijlpaard*. Een der
grootfte zoogdieren, dat zich veel in het water ophoudt:
het gedrochtelijke waterpaard van den Nijl.

WATERPAARDENSTAART, zie *watermuur.*

WATERPAS, bijv. n. en bijw., zonder trappen van
vergrooting. Van *water* en *pas*. Dezelfde ftrekking
hebbende, als de oppervlakte des waters: *eene zoldering waterpas maken*. Als bijw., in de ftrekking der
oppervlakte van het water: *de vloer ligt niet waterpas.*
Van hier het volgende.

WATERPASSEN, zie *waterpas.*

WATERPAS, z. n., o., van het waterpas; meerv.
waterpasfen. Een werktuig, waarvan men zich bedient,

D 2

dient, om iets waterpas te rigten: *het waterpas der landmeters verfchilt van dat der metfelaars en verdere handwerkslieden.* Van hier het bedr. w. *waterpasfen,* met het waterpas beproeven, of onderzoeken.

WATERPLAATS, z. n., vr., *der,* of *van de waterplaats;* meerv. *waterplaatfen.* Van *wateren* en *plaats.* Eene plaats, waar men paarden, enz. watert: *de fteile oevers boden ons nergens eene voegzame waterplaats.*

WATERPOK, zie *waterpuist.*

WATERPROEF, z. n., vr., *der,* of *van de waterproef;* meerv. *waterproeven.* Van *water* en *proef.* Bij KIL. *waterordeel.* Eene beproeving van gewaande tooverhekfen, enz., die men in de bijgeloovige middeleeuwen in het water wierp, of eenen fteen met de hand uit kokend water halen liet: *de wreede uitvindingen van waterproef en vuurproef.*

WATERPUIST, z. n., vr., *der,* of *van de waterpuist;* meerv. *waterpuisten.* Van *water* en *puist.* Anders *waterpok.* Eene kleine blaar, die fchielijk komt en verdwijnt: *zijn ganfche lijf was vol van waterpuisten.*

WATERRAAF, z. n., vr., *der,* of *van de waterraaf;* meerv. *waterraven.* Van *water* en *raaf.* Anders *zeeraaf.* De benaming van een vogelengeflacht: *de waterraven behooren tot de kropganzen.*

WATERRAD, z. n., o., *des waterrads,* of *van het waterrad;* meerv. *waterraden.* Van *water* en *rad.* KIL. *watermeulenrad.* Dat rad van eenen door water gedrevenen watermolen, waarop het water werkt: *het op het water werkend rad van eenen Hollandfchen watermolen noemt men, in tegenoverftelling van een zoogenoemd waterrad, een fcheprad.*

WATERRIJK, bijv. n., *waterrijker, waterrijkst.* Van *water* en *rijk.* Wel bewaterd: *een waterrijk oord. Uit het waterrijcke lant van Israel.* BIJBELV.

WATERSCHAP, z. n., vr., *der,* of *van de waterfchap;* meerv. *waterfchappen.* Van *water;* zie *fchap.* Bij KIL. evenveel, als *waterleiding;* en voorts oulings gebruikelijk, in plaats van *heemraadfchap: die gheërft fijn, ende gefeten, in der waterfchap van fparendam.* v. HASS.

WATERSCHEERLING, z. n., m., *des waterfcheerlings,* of *van den waterfcheerling;* zonder meerv. Van *water* en *fcheerling.* Eene bijzondere foort van fcheerling,

ling, van welke men driederlei flag aantreft : *vergiftige waterfcheerling, boldragende, en gevlakte, waterfcheerling.*

WATERSCHEUT, zie *waterloot.*

WATERSCHIP, z. n., o., *des waterfchips*, of *van het waterfchip;* meerv. *waterfchepen.* Van *water* en *fchip.* Anders *waterfchuit.* Een fchip, dat tot aanvoer van water dient: *het ijs weerde de waterfchepen van Amfterdam.* Van hier *waterfchipper.*

WATERSCHORPIOEN, z. n., m., *des waterfchorpioens*, of *van den waterfchorpioen;* meerv. *waterfchorpioenen.* Van *water* en *fchorpioen.* Een infektengeflacht, dat twee foortgelijke nijpers, als de fchorpioenen, aan den kop heeft, en waarvan men zeven foorten telt: *groote waterfchorpioen*, enz.

WATERSCHOUT, z. n., m., *des waterfchouts*, of *van den waterfchout;* meerv. *waterfchouten.* Van *water* en *fchout.* Een onderfchout, die de orde onder het fcheepsvolk en de fchepen houdt, welke voor Amfterdam en Rotterdam liggen: *het werd bij den waterfchout aangebragt.*

WATERSCHOUW, z. n., vr., *der*, of *van de waterfchouw;* zonder meerv. Van *water* en *fchouw.* Onderzoek, of vaarten, en andere wateren, in behoorlijken ftaat zijn: *hij wordt bij elke waterfchouw bekeurd.*

WATERSCHUIT, zie *waterfchip.*

WATERSCHUW, bijv. n. en bijw., zonder trappen van vergrooting. Van *water* en *fchuw.* KIL. *waterfchouwigh.* Bevreesd voor water, of bezet met de *watervrees* van dolle honden: *zoo dra hij waterfchuw werd, wierp men hem onverhoeds in het water.*

WATERSNOOD, z. n., o., *des watersnoods*, of *den watersnood;* meerv. *watersnooden.* Van *water* en *nood.* Nood, die door opbruifing van den Oceaan, of andere wateren, veroorzaakt wordt: *om den jongften watersnood t'ontvlien.* VOND.

WATERSPIN, z. n., vr., *der*, of *van de waterfpin;* meerv. *waterfpinnen.* Van *water* en *fpin.* Eene der grootfte foorten van fpinnen, die in het water huishoudt: *de waterfpin vormt zich een horentje tot haar verblijf.*

WATERSPOOR, z. n., o., *des waterfpoors*, of *van het waterfpoor;* meerv. *waterfporen.* Van *water* en *fpoor.*

fpoor. Bij de Dichters het pad, de weg des waters: *de baren in de zee gefcheurt op 't waterfpoor vast ruifchen.* VOND. *En volgt langs 't waterfpoor dus zijn fortuin.* POOT. In overeenftemming hiermede wordt ook *zee-fpoor* gebruikt.

WATERSPUIT, z. n., vr., *der,* of *van de water-fpuit;* meerv. *waterfpuiten.* Van *water* en *fpuit.* Anders blootelijk *fpuit.* Een werktuig, om water te fpui-ten: *men voert de waterfpuit te ftade bij der hant.* VOND.

WATERSTAAT, z. n., m., *des waterftaats,* of *van den waterftaat;* meerv. *waterftaten.* Van *water* en *ftaat.* De gefteldheid van het water, of van een land, met betrekking tot het water: *Rijnlands waterftaat is merkelijk verbeterd.* Aanleg en onderhoud van water-werken: *Directeur van den waterftaat.* Een ambt bij den waterftaat is een ambt, waarin men den gezegden Directeur ten dienfte ftaat.

WATERSTAD, z. n., vr., *der,* of *van de waterftad;* meerv. *waterfteden.* Van *water* en *ftad.* Het gedeelte van eene ftad, dat aan het water ligt: *oock heb ick de waterftadt ingenomen.* BIJBELV.

WATERTANDEN, zie *waterbekken.*

WATERTOR, z. n., vr., *der,* of *van de watertor;* meerv. *watertorren.* Van *water* en *tor.* Een torren-geflacht, waarvan men vijftien foorten telt: *de water-tor houdt zich in het water op.*

WATERTREDER, z. n., m., *des watertreders,* of *van den watertreder;* meerv. *watertreders.* Van *water* en *treder.* Iemand, die, met behulp van eenen toeftel van kurk, het water betreedt: *een watertreder oefende zijne kunst.*

WATERUILTJE, z. n., o., *des wateruiltjes,* of *van het wateruiltje;* meerv. *wateruiltjes.* Van *water* en *uiltje.* Een bijzonder flag van infekten, waarvan men zéventien foorten telt: *de wateruiltjes gelijken fterk aan Motuiltjes.*

WATERUURWERK, z. n., o., *des wateruurwerks,* of *van het wateruurwerk;* meerv. *wateruurwerken.* Van *water* en *uurwerk.* Een werktuig, waaruit bin-nen eenen bepaalden tijd eene berekende hoeveelheid van water liep, en dat oulings tot een uurwerk verftrekte: *men*

men bediende zich oulings, in plaats van zandloopers,
vaak van wateruurwerken.

WATERVELD, z. n., o., *des watervelds*, of *van het*
waterveld; meerv. *watervelden.* Van *water* en *veld.*
De oppervlakte des waters, welke door de dichters elders als een tuin, en weiden, met watervee van Neptunus opgevuld, befchouwd wordt: *rinkeſt op het waa-*
terveld. Six v. Chand.

WATERVERHEVELING, z. n., vr., *der*, of *van*
de waterverheveling; meerv. *waterverhevelingen.* Van
water en *verheveling.* Dezen naam geeft men aan waterachtige dampen in de lucht, en andere daaruit ont-
ſtaande, verhevelingen: *ſneeuw, hagel, en meer ſoort-*
gelijke waterverhevelingen.

WATERVIJZEL, z. n., m., *des watervijzels*, of *van*
den *watervijzel;* meerv: *watervijzels.* Van *water* en
vijzel. Het werktuig, door middel waarvan zoogenoemde vijzelmolens het water opvijzelen. In het hoogd.
waſſerſchraube, waſſerſchnecke.

WATERVISCH, zie *waterzoo.*

WATERVLIEG, zie *waterbrems.*

WATERVLIER, z. n., vr., *der*, of *van de water-*
vlier; zonder meerv. Van *water* en *vlier.* Een heestergewas van tweederlei ſoort: *watervlier met platte,*
en met bolronde, bloemtroſſen.

WATERVLIES, z. n., o., *van het watervlies;* meerv.
watervliezen. Van *water* en *vlies.* Een plantengeſlacht, tot de wieren behoorende, en uit vijftien verſchillende ſoorten beſtaande: *genaveld watervlies, darm-*
achtig watervlies, enz.

WATERVLOO, z. n., vr., *der*, of *van de watervloo;*
meerv. *watervlooijen.* Van *water* en *vloo.* Een inſek-
tengeſlacht, dat uit negen ſoorten beſtaat, waarvan
eene den naam van *viſchluis*, en eene den naam van
waterluis, voert: *de grootſte van alle watervlooijen,*
de Molukſche krab, wordt door de Hollanders meerma-
len zeeluis genoemd.

WATERVREES, zie *waterſchuw.*

WATERWEEGBREE, z. n., vr., *der*, of *van de*
waterweegbree; zonder meerv. Van *water* en *weegbree.*
Een plantengeſlacht, waarvan men acht ſoorten telt:
gele waterweegbree, geſternde waterweegbree.

WATERWEEGKUNDE, z. n., vr., *der*, of *van de*

D 4 *wa-*

waterweegkunde; zonder meerv. Van *water* en *weeg-*
kunde. Eene wijsgeerige befchouwing van de zwaarte
en werkkracht van water en andere vochten: *Archime-*
des was een voornaam beoefenaar van de waterweegkun-
de. Van hier *waterweegkundig.*

WATERZAK, z. n., m., *des waterzaks,* of *van den*
waterzak; meerv. *waterzakken.* Van *water* en *zak.*
Zulk een lederen zak, als waarin de Oosterlingen op
reis water medevoeren. Voorts geeft men den naam
van *waterzak* ook wel eens aan iemand, die veel water
drinkt, en dien men anders *waterbuik* noemt: *het is*
een regte waterzak.

WATERZALM, zie het volgende.

WATERZOO, z. n., vr., *der,* of *van de waterzoo;*
in plaats van het meerv. gebruikt men dat van het verkleinw. *waterzootje.* Van *water* en *zoo.* Eene hoeveelheid van visch, die uit het water gegeten, en daarom *watervisch, waterbaars, waterzalm,* enz. genoemd wordt: *bezorg ons eene goede waterzoo!* Voorts
is, *met eene waterzoo te huis komen,* ook wel eens, in
het water gelegen hebben en doornat zijn.

WATERZUCHT, z. n., vr., *der,* of *van de water-*
zucht; zonder meerv. Van *water* en *zucht.* Eene bekende krankheid: *het wort gehouden den wiſſen voorbo*
van een bolle waterzucht. VOND. Van hier *waterzuch-*
tig.

WATERZWIJN, z. n., o., *des waterzwijns,* of *van*
het waterzwijn; meerv. *waterzwijnen.* Van *water* en
zwijn. Een Zuidamerikaansch zoogdier, dat zich even
als het Nijlpaard in het water ophoudt: *men brengt*
den Tapir, onder den naam van waterzwijn tot dezelf-
de klaſſe van dieren, als het waterpaard.

WATJE, zie *watte.*

WATTE, z. n., vr., *der,* of *van de watte;* meerv.
watten. Door middel van lijmwater, tot een los vilt
zamengewerkte wol, zijde, of katoen, waarmede men
kleederen voert: *het is met watten gevuld.* Voorts ook
de flechtfte zijde, wol, enz. die men tot watten gebruikt. Eene kleine hoeveelheid daarvan zamen ge-
pakt, wordt *watje* genoemd: *men ſteekt een watje met*
warme melk in het oor tegen de oorpijn.

Watte, fr. *ouatte,* hoogd. *watte,* eng. *wad,* komt
van

van een oud *wad*, *watt*, bij OTTFRID. en anderen, een weeffel.

WEB, *webbe*, z. n., o., *des webs*, of *van het web*; meerv. *webben*. Verkleinw. *webbetje*. Een weeffel, geweven doek, en bijzonderlijk eene zekere hoeveelheid daarvan: *een nieuw web ontginnen*. *Dewijl 't web niet fcheen te gapen*. HOOFT. Bij VONDEL is niet alleen *web* in *fpinneweb*, en *paradijsweb*, onzijdig, maar ook *webbe*, in: *het webbe* opzetten; even als in: *ick hebbe mijn leven afgefneden, gelijk een wever fijn webbe*. BIJBELV. Maar elders is het vrouwelijk: *zoo weeft de tijdt in 't eint de webbe uws levens af*. ANTONID. De groote *webbe is af*. HUIJGH. Zamenftell.: *webboom*, *weversboom*, KIL., *webdraad*, *webgaren*, *webfcheren*, *webfpin*, KIL., enz. *Linnenweb*, — *paradijsweb*, bij VOND., een web, dat in het paradijs geweven is, en van Engelen gezoomt met zuiverlijcke parlen, — *fpinneweb*, enz.

Web, *webbe*, hoogd. *webe*, komt van *weben*, oud opperd. *weban*, weven. Zie dit *weven*.

WEB, z. n., o., *des webs*, of *van het web*; meerv. *weben*. Een verouderd woord, dat nog in den DUITSCHEN BIJBEL voorkomt. Want daar is, het gene in den STATENBIJBEL luidt, *beweeghdefe ten beweeghoffer*, *webete eine webe*. Bij VOND. *offerweb*, in: *hoe durf een worm dan 't offerweb beginnen?* Dit woord ftamt, even als het voorgaande, af van *weben*, *weban*, dat oulings onz., wemelen, en bedr., bewegen, aanduidde, en aan ons *zweven*, en het lat. *vivere*, verwant fchijnt.

WEB, z. n., o., *des webs*, of *van het web*; meerv. *webben*. Bij KIL. een gordel, windfel, oulings, bijzonderlijk een hoofdwindfel, eene kroon; in welken zin *waib* bij ULPHILAS voorkomt, van *waiban*, zweed. *vefva*, omgeven.

WEBBE, zie het eerfte *web*.

WEBSCHEREN, onz. w., enkel in de onbepaalde wijze gebruikelijk, wegens het aanleggen der fchering van een web: *ik ga aan het webfcheren*. Van *web* en *fcheren*.

WED, z. n., o., *des weds*, of *van het wed*; meerv. *wedden*. Eigenlijk evenveel, als *wad*, eene waadbare plaats in een water: *de ruiters zijn door 't wed gevolgt*.

D 5   HOOFT.

Hooft. *Zoo dra de hinde kwam, en lobberde in dit wedt.* Vond. Bijzonderlijk, een paardenwed: *hij is met het paerd naar 't wed gereden.* Halma. *Breng de paarden, naar het wed. Eñ hij ghinc over dat wedde iaboth.* Bijb. 1477.

Wed, hoogd. *wat,* fr. *gue,* ital. *guado,* lat. *vadum.* Zie *wad.*

WED, z. n., vr., *der,* of *van de wed;* zonder meerv. Weddenschap, wedtrijd: *daar ze in de wed zongen.* Vond. Zamenſtell.: *wedijveren, wedloopen,* enz., *wedprijs, wedſpel, wedſtrijd,* enz. Dit woord komt van *wedden.*

WEDDE, z. n., vr., *der,* of *van de wedde;* meerv. *wedden.* Anders *jaarwedde.* Geld, dat voor diensten, of anderzins, aan iemand toegelegd wordt: *hoe veel bedraagt uwe wedde? De kleenheit zijner wedde.* Hooft, die elders intusſchen ſchreef: *het wedde zijner doorlugtigheit.* Dit woord is verwant aan het lat. *vades,* geld, dat tot onderpand gegeven wordt, welke beteekenis, en die van verwaarborging, *wedde* bij Kil. heeft, en aan het lothar. *voidgi, vouadgi,* te pande geven, aan het angelſ. *weddian,* borgtogt geven, boete, of ſtraf, ondergaan, enz., en aan *wizi,* en *wizzi,* bij Ottfrid. en Kero, ſtraf, boete, welke beteekenis Kil. aan *wedde, weddegheld,* geeft. Zie voorts *wedden.*

WEDDEN, onz. w., gelijkvl. *Ik weddede, hob gewed.* Eigenlijk, affspreken, bedingen. Van hier voldingen: *off ſijn onſchult te wedden.* v. Hass. Geld bij affspraak toeleggen, als eene wedde; zie *wedde;* of als een onderpand, welke beteekenis *wedden* bij Kil., het angelſ. *weddian,* en het lothar. *voidgi,* hebben; of eindelijk eene weddenſchap aangaan: *ik wed, om al, wat gij wilt. Honderd tegen een wedden. Tegen,* of *met, iemand wedden. Weddet doch met mijnen heere, den Koninck.* Bijbelv. Van hier *wed, wedde, weddenſchap, wedder, wedding, wedſter.* Zamenſtell.: *verwedden,* enz.

WEDER, *weer,* z. n., o., *des weders,* of *van het weder;* zonder meerv. Luchtsgeſteldheid: *het is dijzig weder. Tegens het natte weder.* Vond. *'t Goed weder van de voorlede week.* Hooft. *Segt ghij: ſchoon weder, want de hemel is rood.* Bijbelv. Bijzonderlijk, on-

onweder: *het weder*, of *weer*, *is er in geslagen. Zijt gij bang voor het weder?* De schadelijke invloed van eene vochtige lucht op verschillende dingen: *wat zijn die glazen vol weer! Het weer is in de gordijnen. Maoi weder*, of *weer, ergens mede spelen*, is, zich op eene weelderige, en verkwistende, wijze daarvan bedienen. Zamenstell.: *wedermaeckster*, tooverkol, KIL., *wedermaend*, KIL., *wedervoghel*, KIL., *weerafleider, weerglas, weerhaan, weerhuisje, weerlicht, weerplaat, weerslag, weertafel, weervoorspeller, weerwijs, weerwijzer, weerziek*, enz. *Verweeren*, enz.

Weder, weer, KIL. ook *wedder*, vries. *waar*, eng. *weather*, OTTFRID. *wetar*, WILLERAM. *wetere*, het gene bij NOTK. ook bijzonderlijk stil weder aanduidt, is verwant aan het slavon. *witr, weter*, wind, en aan het gr. αιθηε.

WEDER, z. n., m., zie *weer*.

WEDER, *weer*, bijw. Eigenlijk, bij terugkeering; en voorts, daar men bij terugkeering eene rigting aanneemt, welke tegen de vorige overstaat, oulings ook, als voorzetsel, tegen: *di nu loveden, sworen weder mi.* v. HASS. *Dat wi oerloghende worden weder enighen Heren.* v. MIERIS. Dezelfde beteekenis heeft *weder* in verscheidene zamenstellingen. En van deze beteekenis van *weder* komen *wederen, wederig*, en *wedering*, bij KIL. Als bijw., beteekende het oulings vaak bij onderlinge tegenoverstelling: *weeder dat hi den pacht ghave, jof enne dede.* v. HASS. Zoo leest men elders: *hine wiste, weder-t was broed, sawleesch. Weder voren ofte na. Weder weip, noch der man. Deen weder*, en *no weder*, waren oulings, een van beiden, en geen van beiden, ja bij KIL. is *weder* wat van beiden. Oul. werd het ook als ontkennend, voor *noch*, gebezigd: *weder lopen noch ontgaen.* M. STOK. In den eigenlijken zin van bij terugkeering komt het voor in *heen en weder*; bij voorbeeld, in: *hij loopt heen en weder. Een stier die heene en weder klavert en weit.* VOND. *Hij swerft henen ende weder om broot.* BIJBELV. In *ginds en weder: gelijck de sprinckhanen gins ende weer huppelen.* BIJBELV. En in *weder en voort*, dat oulings voor achteruit en vooruit, en dus aan alle kanten, gebezigd werd: *men mochte sien al in de port van den werke weder en vort.* M. STOK. Si

sa-

fagen op , *fi fagen dale*; *fi gingen weder*, *fi gingen vord*. SPIEG. HISTOR. Denzelfden zin heeft *weder* in deze en gene zamenftell. meermalen; zoo als in *wederkomen*, als men zegt: *ik kom ftraks weder*; maar als men zegt: *ik zal wcl eens wederkomen*, heeft *weder* in deze zamenftell., even als in meer andere, de kracht van bij herhaling, die het ook op zich zelf oefent, zoo als in: *fal ick weder genaken ten ftrijde*. BIJBELV. *Wat aerdsch gebroet weer klavert ten berreghftapel op*. VOND. En elders beantwoordt het aan op nieuw: *fij was weder als fijn ander vleesch*. BIJBELV. *De zee krijght weder ftrant*. VOND. Eindelijk oefent *weder* eene bijzondere kracht in foortgelijke gezegden, als : *hij maakt het weder*, dat is, hij brengt het, door het te maken, op nieuw in den vorigen ftaat, als men *maakt* met nadruk uitfpreekt; want als men zulks ten aanzien van *weder* doet, beteekenen de gezegde woorden, hij maakt het bij herhaling. In beide gevallen blijft *weder* van het werkw. afgefcheiden.

Weder, *weer*, vries. *wer*, eng., in eene der voorgemelde beteekenisfen, *whether*, nederf. *wedder*, zweed. *veder*, hoogd. als bijw., *wieder*, als voorz. *wider*, NOTK. *widar*, ULPHIL. *vithra*, fchijnt verwant aan het lat. *iterum*, en *iterare*, aan *it*, in *itporan werdan*, wedergeboren worden, en *itlon*, wedervergelding, bij WILLERAM., aan *id*, in het zweed. *idisla*, herkaauwen, aan *ed*, in het angelf. *edgijldan*, wedervergelden, aan het eng. *ijet*, nog, bij herhaling, en het vriesch *jit*, *jitte*, dat hetzelfde beteekent, en misfchien ook aan *et*, in ons *etgroen*, nieuw groen, vries. *nij ges*, in ons *etmaal*, dat dan een geftadig herhaald tijdperk van 24 uren aanduidt, en in ons *etcelijk*, waarin het denkbeeld van herhaling ook duidelijk heerscht, en welks *et* geene zoodanige verbastering van *eet* kan zijn, als de eerfte lettergrepen van *etgroen* en *etmaal* fchijnen te wezen.

WEDERANTWOORD, z. n. , o. , *des wederantwoords*, of *van het wederantwoord*; meerv. *wederantwoorden* Van *weder* en *antwoord*. Een antwoord, 't welk men op een ander antwoord geeft: *ik kreeg van hem op mijn antwoord dit wederantwoord*.

WEDERANTWOORDEN, bedr. w., gelijkvl. *Ik antwoordde weder*, *heb weder geantwoord*. Van *weder* en

        ant-

antwoorden. Op het gegevene antwoord van iemand anders van zijnen kant antwoorden: *wat antwoordt gij weder? Sij en konden hem daerop niet weder antwoorden.* BIJBELV.

WEDERBAAUWEN, o. w., gelijkvl. *Ik wederbaauwde, heb wederbaauwd.* Van *weder* en *baauwen.* Wedergalmen: *terwijl d'olijven wederbaeuden.* MOON.

WEDERBAREN, zie *wedergeboren.*

WEDERBARSTIG, zie *weerbarstig.*

WEDERBEDING, z. n., o., *des wederbedings,* of *van het wederbeding;* zonder meerv. Van *wederbedingen.* De daad van wederbedingen: *onder wederbeding van het geleende.*

WEDERBEDINGEN, bedr. w., ongelijkvl. *Ik bedong weder, heb wederbedongen.* Van *weder* en *bedingen.* Bedingen, dat men iets weder ontvangen zal: *als gij dat nieuwspapier gelezen hebt, beding ik het weder.* Van hier *wederbeding.*

WEDERBEGEEREN, bedr. w., gelijkvl. *Ik begeerde weder, heb wederbegeerd.* Van *weder* en *begeeren.* Begeeren, dat men iets terug ontvange: *ik vrees, dat hij het wederbegeeren zal.* Van hier *wederbegeering.*

WEDERBEKOMEN, bedr. w., ongelijkvl. *Ik bekwam weder, heb wederbekomen.* Van *weder* en *bekomen.* Op nieuw in bezit krijgen: *hoe bekom ik het verlorene weder.* Met het anz., *bekomen* wordt *weder* niet zamengevoegd: *ik bekwam weder, ben weder bekomen,* tot zich zelven komen, herstellen: *hij zal wel weder bekomen.*

WEDERBIEDEN, bedr. w., ongelijkvl. *Ik wederbood, heb wederboden.* Van *weder* en *bieden.* Bij KIL. door bieden, gebieden, wederstaan, of verhinderen, en dus verbieden; even als *wederbod* bij hem aan verbod beantwoordt.

WEDERBRENGEN, bedr. w., ongelijkvl. *Ik bragt weder, heb wedergebragt.* Van *weder* en *brengen.* Terug brengen: *wij hebben 't selve wedergebracht in onse hant.* BIJBELV. Van hier *wederbrenger, wederbrenging, wederbrengster.*

WEDERBRUILOFT, zie *weerbruiloft.*

WEDERDIENEN, bedr. w., gelijkvl. *Ik diende weder, heb wedergediend.* Van *weder* en *dienen.* Dienst
met

met dienst beantwoorden: *ik wenschte, dat ik u ergens mede wederdienen kon.* Van hier *wederdienst.*

WEDERDOOP, z. n., m., *des wederdoops,* of *van den wederdoop;* zonder meerv. Van *weder* en *doop.* Een herhaalde doop: *de wederdoop is niet meer in gebruik, als voordezen.*

WEDERDOOPEN, zelden gebruikelijk, dan in de onbepaalde wijze, als z. n., voor het herdoopen, de wederdoop. Van hier *wederdooper,* al wie reeds gedoopte menfchen herdoupt, *wederdooperij, wederdoopfter,* enz.

WEDERDOOPER, zie *wederdoopen.*

WEDEREISCHEN, bedr. w., gelijkvl. *Ik eischte weder, heb wedergeeischt.* Van *weder* en *eifchen.* Wederkeerig eifchen: *als hij maar niets wedereischt.* Terug eifchen: *ik eisch het geleende weder.* Van hier *wedereisch.*

WEDEREN, zie *weren.*

WEDERERLANGEN, zie *wederkrijgen.*

WEDERGA, zie *wedergade.*

WEDERGAAF, z. n., vr., *der,* of *van de wedergaaf;* zonder meerv. Van *weder* en *gaaf, gave.* Anders *wedergave.* Teruggaaf: *bij de wedergaaf van het geleende.*

WEDERGADE, z. n., vr., *der,* of *van de wedergade;* zonder meerv. Van *weder* en *gade.* Anders *wederga, weerga, weergade,* en bij KIL. en HALMA, *wederpaar.* Even als *ega,* en *ga,* of *gade,* een van twee aan elkander verbondene levende wezens, en bijzonderlijk de vrouw in tegenoverftelling van den man: *de weerga haet heur gade.* VOND. Voor den man genomen, zou het mannelijk zijn; doch het wordt dus hedendaags niet gebruikt. Voorts, een van twee dingen, die gezamenlijk een paar uitmaken: *waar is de wedergade van dien handfchoen?* En, daar de wederzijdfche beftanddeelen van een paar aan elkanderen gelijken, al, wat aan iets anders gelijkt, en hetzelve evenaart: *ik wenschte zijne wedergade wel eens te zien. Het is een paard zonder weerga.* Voor een verwonderingwekkend ding wordt het gebruikt, in: *wat weerga is dat! wel de weerga!* enz. Van hier *weergadeloos,* of *weergaloos.*

WEDERGALM, zie *weergalm.*

WE-

WEDERGAVE, *weergave*, het zelfde als *teruggave*.

WEDERGEBOORTE, z. n., vr., *der*, of *van de we-dergeboorte;* zonder meerv. Van *weder* en *geboorte.* Eene inwendige herſchepping, of verandering, door de vernieuwing des gemoeds, in de Godgeleerdheid: *waar-om wordt de doop het bad der wedergeboorte genoemd?*

WEDERGEBOREN, bijv. n., zonder trappen van ver-grooting. Eigenlijk, een oud deelw. van *wederbaren.* Door de wedergeboorte inwendig veranderd: *die na fij-ne groote barmharticheijt ons heeft wedergeboren.* BIJ-BELV. *Hij telt zich onder de wedergeborenen.*

WEDERGELDEN, bedr. w., ongelijkvl. *Ik weder-gold, heb wedergelden.* Van *weder* en *gelden.* Bij KIL. evenveel, als *vergelden,* en *wedervergelden. Want het is licht voer Gode weder te ghelden,* enz. BIJB. 1477. Van hier *wederghelder,* BIJB. 1477, *wedergheldinghe,* KIL.

WEDERGEVEN, bedr. w., ongelijkvl. *Ik gaf weder, heb wedergegeven.* Van *weder* en *geven.* Terug ge-ven: *als hij het boek toegedaen, ende den dienaer we-dergegeven, hadde.* BIJBELV.

WEDERGLANS, zie *weerglans.*

WEDERGLOED, z. n., m., *des wedergloeds,* of *van den wedergloed;* zonder meerv. Van *weder* en *gloed.* We-derkeerige gloed, in dichterlijke taal, bij voorb.: *zijn liefdebrand verwekt bij haar een' wedergloed.*

WEDERGROET, z. n., m., *des wedergroets,* of *van den wedergroet;* zonder meerv. Van *weder* en *groet.* Een wederkeerige groet: *trotfchelijk weigert men mij allen wedergroet.*

WEDERGUNST, z. n., vr., *der*, of *van de weder-gunst;* meerv. *wedergunsten.* Van *weder* en *gunst.* Wederkeerige gunst: *ik verlaat mij op uwe wedergunst.* Wederkeerig gunstbewijs: *verwacht van daar geene we-dergunsten.*

WEDERHAAK, zie *weerhaak.*

WEDERHALEN, bedr. w., gelijkvl. *Ik haalde weder, heb wedergehaald.* Van *weder* en *halen.* Terug ha-len: *ik kom het geleende boek wederhalen.* Terug doen komen: *dewijle de Koninck fijnen verftootenen niet we-derhaelt.* BIJBELV. Van hier *wederhael.* KIL. — Hoogd. *wiederhohlen.*

WEDERHELFT, z. n., vr., *der*, of *van de weder-helft;*

helft; meerv. *wederhelften.* Van *weder* en *helft.* Eene
vleijende benaming van eene echtgenoote: *hij verloor*
zijne dierbare wederhelft.

WEDERHOORIG, bijv. n. en bijw., *wederhooriger,*
wederhoorigst. Van *weder* en *hoorig.* Weerbarftig:
een wederhoorig ende wederfpannig geflachte. BIJBELV.
Hij gedraagt zich fteeds even wederhoorig. Bij HALMA
ook wederkeerig: *gij moet hem eene wederhoorige liefde*
betuigen. Van hier *wederhoorigheid.*

WEDERHOPEN, bedr. w., gelijkvl. *Ik hoopte weder,*
heb wedergehoopt. Van *weder* en *hopen.* Terug hopen te ontvangen: *leent fonder tjet weder te hopen.*
BIJBELV.

WEDERHOUDEN, bedr. w., ongelijkvl. *Ik weder-*
hield, heb wederhouden. Van *weder* en *houden.* Anders ook *weerhouden.* Terug houden, oneigenlijk:
wederhielden fij nauwlijcks de fcharen. BIJBELV. *Weer-*
houdt de vruchtbaerheit, en fluit de baermoer toe.
HOOGVL. Van hier *weerhouding,* bedwang, intooming.

WEDERHOUDING, zie *wederhouden.*

WEDERKAATSEN, bedr. w., gelijkvl. *Ik kaatfte we-*
der, heb wedergekaatst. Van *weder* en *kaatfen.* Terug kaatfen, oneigenlijk: *de brandfpiegel van Archime-*
des kaatfte de zonneftralen weder. Van hier *wederkaat-*
fing.

WEDERKAAUWEN, zie *weerkaduwen.*

WEDERKANT, z. n., m., *des wederkants,* of *van*
den wederkant; meerv. *wederkanten.* Van *weder* en
kant. Tegenoverftaande kant, tegenzijde, wederzijde:
aan den wederkant van het gebergte. Van hier *aan*
weerskanten, en *van weerskanten,* van beide zijden: *als*
de genegenheid niet van weerskanten komt.

WEDERKEER, z. n., m., *des wederkeers,* of *van*
den wederkeer; zonder meerv. Van *weder* en *keer,* of
van *wederkeeren.* De daad van wederkeeren: *bij den*
wederkeer der fchoone lente. Van hier *wederkeerig,*
enz. Hoogd. *wiederkehr.*

WEDERKEEREN, onz. w., gelijkvl. *Ik keerde weder,*
ben wedergekeerd. Van *weder* en *keeren.* Terug keeren: *roep hem, dat hij wederkeere. Keer weer, keer*
eindlijk weder! Zie op mijn onheil neder. L. D. S. P.
Keert dezelve met een vloot van dertigh fchepen weder,
VOND. Van hier *wederkeer,* enz. *wederkeering.*

WE-

WEDERKEERIG, bijv. n. en bijw., *wederkeeriger*, *wederkeerigst*. Van *wederkeer*. Zie *ig*. Aan weerskanten plaats grijpende, van weerskanten komende, enz.: *hunne wederkeerige genegenheid*. *Wederkeerige dienstbewijzen*. Van den kant, waarheen, iets anders, als gerigt is, komende: *ik beantwoordde zijn geschenk met een wederkeerig geschenk*. Als bijw.: *al, wien gij haat, zal u wederkeerig haten*. Van hier *wederkeerigheid, wederkeeriglijk*.

WEDERKLAGE, zie *wedertigt*.

WEDERKLANK, zie *weerklank*.

WEDERKOMEN, onz. w., ongelijkvl. *Ik kwam weder, ben wedergekomen*. Van *weder* en *komen*. Terug komen; zoo eigenlijk, als oneigenlijk: *komt gij haast weder? Sij sullen uijt des vijants lant wederkomen*. BIJBELV. *Nu zal de koorts niet wederkomen*. Voor andermaal komen fchrijft men *weder komen*, niet aaneen: *wanneer komt hij weder hier?* Van hier *wederkomst*.

WEDERKOOPEN, bedr. w., onregelm. *Ik kocht weder, heb wedergekocht*. Van *weder* en *koopen*. Bij koop op nieuw in zijne magt krijgen: *toen men zijn goed verkocht, kocht hij het meestal weder*. *Voor iemand wederkoopen*, is, bij koop wederom in deszelfs handen brengen: *hij liet het voor zich wederkoopen*.

WEDERKRIJGBAAR, bijv. n., *wederkrijgbaarder* y *wederkrijgbaarst*. Van *wederkrijgen*; zie *baar*. Anders *wederverkrijgbaar*, en *wederkrijgelijk*, bij KIL. Dat wederbekomen worden kan: *de verloopen tijd is niet wederkrijgbaar*. HALMA.

WEDERKRIJGEN, bedr. w., ongelijkvl. *Ik kreeg weder, heb wedergekregen*. Van *weder* en *krijgen*. Evenveel als *wedererlangen*, terug bekomen: *gij zult het verlorene nooit wederkrijgen*. Iemand op weg inhalen: *ik kreeg hem weder ten halve wege*. HALMA. Van hier *wederkrijgbaar, wederkrijgelijk*.

WEDERLEGBAAR, bijv. n., *wederlegbaarder, wederlegbaarst*. Van *wederleggen*, zie *baar*. Anders *wederleggelijk*, KIL. Hoogd. *widerleglich*. Dat wederlegd worden kan: *hij waant, dat zijn begrip niet wederlegbaar is*. Van hier *wederlegbaarheid*. Zamenftell.: *onwederlegbaar*.

WEDERLEGGEN, bedr. w., gelijkvl. *Ik wederleide*,

E

heb

heb wederleid, of *wederlegd*. Van *weder* en *leggen.*
Als ongegrond tegenfpreken: *ik heb al zijne drogrede-*
nen wederleid. Met tegenfpraak te keer gaan: *weder-*
leght, beftraft, vermaent. BIJBELV. Oock den hard-
neckigften kloeckmoedig 't hooft geboon, beftreen, en we-
derleijt. WESTERB. Van hier *wederlegbaar, weder-*
leggelijk, wederlegger, wederlegging, wederlegfter.

WEDERLEVEREN, bedr. w., gelijkvl. *Ik leverde*
weder, heb wedergeleverd. Van *weder* en *leveren.*
Wederom in iemands handen brengen: *om hem den*
vlugteling weder te leveren. Hem vrolijck zijnenfpits-
broederen wederleverde. VOND.

WEDERLIEFDE, z. n., vr., der, of van de *weder-*
liefde; zonder meerv. Van *weder* en *liefde.* Anders
wedermin. Wederkeerige liefde: *om hare wederliefde*
te winnen.

WEDERLOON, oul. hetzelfde als *vergelding.*

WEDERMAAKSTER, zie *weder*, z. n.

WEDERMAALTIJD, zie *weerbruiloft.*

WEDERMAAND, zie *wiedemaand.*

WEDERMIN, zie *wederliefde.*

WEDERMOEDS, bijw., oul. gebruikelijk, voor met
tegenzin, in 't fr. *malgré: feg ik, dat hun ook niet*
gelust en heeft te liegen, welwetens, wedermoeds. H.
DE GR.

WEDERNEMEN, bedr. w., ongelijkvl. *Ik nam we-*
der, heb wedergenomen. Van *weder* en *nemen.* Door
nemen op nieuw in zijn bezit brengen: *fal haer eerfte*
man haer niet mogen wedernemen. BIJBELV. Als *we-*
der nemen op nieuw, of bij herhaling, nemen aanduidt, wordt het niet aaneen gefchreven: *men zag hem*
hetzelfde voedfel weder nemen.

WEDERNOODEN, *wedernoodigen,* bedr. w., gelijkvl.
Ik noodde weder, heb wedergenood. Van *weder* en *noo-*
den. Wederkeerig nooden: *op dat ook defelve u niet*
t'eeniger tijt weder en nooden, ende u vergeldinge en
gefchiede. BIJBELV. Van hier *wedernooding.*

WEDEROM, bijw. Van *weder* en *om,* dat, ter verfterking van
weder, achter hetzelve geplaatst wordt. Ook *weerom.* Bij
herhaling: *hij deed het wederom.* Bij omkeering van
den ftaat van zaken: *tot dat ik ook een as werd, en we-*
derom verrees, en dubbel wel te pas werd. HUIGH.
Wederkeerig: *hij zal ons wel eens weerom verzoeken.*

Vraag

Vraag het hem *wederom*. Terug: *hij keert wederom,*
of *weerom*. *Wederom zijn*, is, op zekere plaats terug
gekomen zijn: *is de knecht nog niet weerom van die bood-*
schap? Ook beteekent *wederom* wel eens, als onz.
z. n., een wederkeerig, of herhaald, onthaal: *ik wacht*
op zijn weerom. Vijant gespaart op geen zoo goet weer-
om. HOOFT. Zamenstell: *wederomreis,* of *weerom-*
reis, terugreis, weeromſtuit, enz.

WEDEROMREIS, zie wederom.

WEDEROPREGTEN, bedr. w., gelijkvl. *Ik regtte*
weder op, heb wederopgeregt. Van *weder* en *opregten.*
Eigenlijk, iets dat gevallen is, of nederligt, weder in
zijnen vorigen ſtand brengen: *zij viel, en ik regtte haar*
weder op. Wijders, herſtellen. Van hier *wederopreg-*
ter, wederopregting.

WEDEROPREGTING, z. n., vr., der, of *van de*
wederopregting; zonder meerv. Van *weder* en *opreg-*
ting. Herſtel: *tot de tijden der wederoprechtinge alier*
dingen. BIJBELV.

WEDEROPSTANDING, z. n., vr., der, of *van de*
wederopſtanding; zonder meerv. Van *weder* en *opſtan-*
ding. Verrijzenis, opſtanding: *wederopſtanding des*
vleeſches. Of ick eenighſins moge komen tot de wederop-
ſtandinge der dooden. BIJBELV.

WEDERPAAR, zie *wedergade.*

WEDERPARTIJ, z. n., vr., der, of *van de weder-*
partij; zonder meerv. Van *weder* en *partij.* Ook *weer-*
partij. Hoogd. *widerpart.* Tegenſtrever, bijzonderlijk voor het geregt: *doet mij recht tegen mijne weder-*
partie. BIJBELV. Van hier *wederpartijder, wederpar-*
tijdig. KIL.

WEDERPARTIJDER, z. n., m., *des wederpartij-*
ders, of *van den wederpartijder;* meerv. *wederpartij-*
ders. Van *wederpartij.* Ook *weerpartijder.* Tegenſtrever, vijand: *mijn wederpartijder ſcherpt ſijne oogen*
tegen mij. BIJBELV. *Dat luid geroep van all' uw weer-*
partijders. L. D. S. P.

WEDERPIJN, zie *weerpijn.*

WEDERREGTELIJK, bijv. n. en bijw., *wederregte-*
lijker, wederregtelijkst. Van *weder* en *regtelijk,* van
regt. Tegen het regt aanloopende: *welk een wederreg-*
telijk bedrijf! Men heeft hem wederregtelijk veroor-
deeld. Van hier *wederregtelijkheid.*

WEDERROEP, zie *wederroeping*.

WEDERROEPELIJK, bijv. n., *wederroepelijker, wederroepelijkst*. Van *wederroepen*. Zie *lijk*. Dat wederroepen worden kan: *zulk een bevel is niet wederroepelijk*.

WEDERROEPEN, bedr. w., ongelijkvl. *Ik wederriep, heb wederroepen*. Van *weder* en *roepen*. Eene gedane verklaring, een gegeven bevel, enz. herroepen, of intrekken: *men dwong hem, om het gestelde te wederroepen*. *Het schrift en is niet te wederroepen*. BIJBELV. Van hier *wederroep, wederroepelijk, wederroeping*. Hoogd. *widerrufen*.

WEDERROEPING, z. n., vr., *der*, of *van de wederroeping*; zonder meerv. Van *wederroepen*. De daad van wederroepen: *door wederroeping van zijn gevoelen*. Bij KIL. ook *wederroep*, hoogd. *widerruf*.

WEDERSCHELDEN, bedr. w., ongelijkvl. *Ik schold weder, heb wedergescholden*. Van *weder* en *schelden*. Wederkeerig schelden: *die, als hij gescholden werd, niet wederschold*.

WEDERSCHIJN, zie *weerschijn*.

WEDERSCHULD, z. n., vr., *der*, of *van de wederschuld*; meerv. *wederschulden*. Van *weder* en *schuld*. Eens anders schuld aan ons, die tegen onze schuld aan hem overstaat, of onze wederkeerige schuld aan hem, die ons iets verschuldigd is: *heb ik schulden, hij heeft wederschulden*. Voor vergelding wordt het gebruikt in: *wat wederschult verdient so trouwen pandt*. VLAERD. REDENR.

WEDERSMAAK, zie *weersmaak*.

WEDERSPALT, z. n., vr., *der*, of *van de wederspalt*; zonder meerv. Van *weder* en *spalt*. Muiterij, wederspannigheid: *de stichters der wederspalt*. Van hier *wederspaltig, wederspaltigheid*.

WEDERSPANNELING, z. n., m., *des wederspannelings*, of *van den wederspanneling*; meerv. *wederspannelingen*. Van *wederspannen*, bij KIL. tegenstreven; zie *ling*. Een muiter, oproereling: *de wederspannelingen bedwingen*. Als het wegens eene vrouw gebruikt wordt, is het vrouwelijk.

WEDERSPANNEN, zie *wederspanneling*.

WEDERSPANNIG, bijv. n. en bijw., *wederspanniger, wederspannigst*. Van *wederspannen*, zie *ig*. Muitende,

de, oproerig, wederfpaltig, weerbarftig: *een weerfpan-*
nig kind. Is 't wederfpannig hart verneerd door zwaa-
righeden. L. D. S. P. *Want fij zijn wederfpannig te-*
gen u. BIJBELV. *De plaage dreigt alom het weder-*
fpannig land. BAKE. Van hier *wederfpannigheid*, *we-*
-derfpanniglijk. Dit woord luidt in het opperd. *wider-*
fpännig, hoogd. *widerfpanftig.*

WEDERSPANNIGHEID, z. n., vr., *der*, of *van de*
wederfpannigheid; zonder meerv. Van *wederfpannig.*
Muiterij, of muitzucht, wederhoorigheid, wederfpalt,
weerbarftigheid: *de wederfpannigheid van dat kind je-*
gens zijnen vader. Ick kenne uwe wederfpannicheijt,
ende uwen harden necke. BIJBELV.

WEDERSPEL, z. n., o., *des wederfpels*, of *van het*
wederfpel; zonder meerv. Van *weder* en *fpel.* Oulings,
even als het hoogd. *widerfpiel*, tegendeel: *foo, im wi-*
derfpil, onfe burgers, enz. v. HASS. Van hier *weder-*
fpels, het achterfte voor, bij KIL.

WEDERSPOED, z. n., m., *des wederfpoeds*, of *van*
den wederfpoed; meerv. *wederfpoeden.* Van *weder* en
fpoed; zie *rampfpoed.* Tegenfpoed, onfpoed: *ende al*
hadde Julius veel wederfpoets onder weghen. v. HASS.
Van hier *wederfpoedig.*

WEDERSPRAAK, z. n., vr., *der*, of *van de weder-*
fpraak; zonder meerv. Van *wederfpreken.* De daad
van wederfpreken: *hij gehoorzaamde zonder wederfpraak.*
Zij werd, onder zijne wederfpraak, al meer verbit-
terd. Het gene men wederfpreekt: *die bitfe weder-*
fpraak. Onderlinge tegenftrijdigheid: *de wederfpraak*
van het eene tegen het andere. Dit woord luidt bij NOTK.
en in het hoogd. *widerfpruch.*

WEDERSPREKELIJK, bijv. n., *wederfprekelijker,*
wederfprekelijkst. Van *wederfpreken;* zie *lijk.* Dat
wederfproken worden kan. Dit woord wordt zelden
gebruikt, dan in de zamenftell.: *onwederfprekelijk.*

WEDERSPREKEN, bedr. w., ongelijkvl. *Ik weder-*
fprak, heb wederfproken. Van *weder* en *fpreken.*
NOTK. *widerfprehhen*, hoogd. *widerfprechen.* Tegenfpreken: *een teecken, dat wederfproken fal worden.*
BIJBELV. *Het wederfpreekt zich zelf*, is, het ftoot zich
zelf door inwendige tegenftrijdigheid omver. Van hier
wederfpraak, wederfpreekfter, wederfprekelijk, weder-
fpreker, wederfpreking.

WEDERSTAAN, onz. w., onregelm. *Ik wederflond, heb wederflaan.* Van *weder* en *flaan.* Wederfland bieden: *ik kan uw aanzoek niet langer weerflaan. Wederflaet den duijvel, ende hij fal van u vlieden.* BIJBELV, Dit woord luidde oulings *wederflanden: lettel Ridderen, entie ghebuere, hebbenfewederflanden.* M. STOK. OTTFRID., NOTK. *widerflan,* hoogd. *widerflehen.* Van hier *wederfland, wederflandelijk, wederflander; weerflaanbaar,* of *wederflaanbaar.*

WEDERSTAANBAAR, zie *weerflaanbaar.*

WEDERSTAND, z. n., m., *des wederflands,* of *van den wederfland;* zonder meerv. Van *wederflanden, wederflaan.* Tegenfland, tegenflreving, tegenweer: *zij boden geenen wederfland. Hoe 't volk onnutten weerflant dede.* VOND. Oneigenlijk zegt men, dat iets wederfland biedt, als het zich niet laat doorboren, verdrijven, enz.: *zoo lang de koorts aan alle dranken weerfland biedt. Hun harnas bood eenen zwakken wederfland aan het fnorrend lood uit het vijandelijk musket.*

WEDERSTANDELIJK, bijv. n., *wederflandelijker, wederflandelijkst.* Van *wederflanden, wederflaan;* zie *lijk.* Weerflaanbaar; doch bijkans niet gebruikelijk, dan in *onwederflandelijk.*

WEDERSTOOT, z. n., m., *des wederfloots,* of *van den wederfloot;* zonder meerv. Van *weder* en *floot.* KIL. terugfloot. Oulings ook wederfland: *dat mens hem doe wederfloot.* M. STOK. *Tegens alle gheval van flercken wederfloot.* HOOFT. En tegenspoed: *hier of quam een wederfloot, deden Grave was te groot.* M. STOK. *Ghebeurt hem verdriet, of wederfloot.* BOETH. *Zoo dat die fladt befchermt was voor wederfloot.* v. HASS.

WEDERSTREVEN, bedr. en onz. w., gelijkvl. *Ik wederflreefde, heb wederflreefd.* Van *weder* en *flreven.* Onz., tegenflreven: *fij wederflreven tegen mij.* BIJBELV. *Dit wederflreeft gheheel der menfchen heillust teghen.* SPIEGH. Bedr., wordt het in denzelfden zin genomen: *niets wederflreefde 't hoog bevel des grooten Gods.* L. D. S. P. *Bleef lange wederflreven haer vrijen Boreas.* VOND. Van hier *wederflrever, wederflrevig, wederflreving.* Hoogd. *widerflreben.*

WEDERSTREVIG, bijv. n. en bijw., *wederflreviger, wederflrevigst.* Van *wederflreven;* zie *ig.* Tegensporrelig: *deze was woelachtig ende wederflrevich.* BIJBELV.

Er

Ergens tegen aandruifchende: *wederftrevige gevoelens*. HALMA. Van hier *wederftrevigheid*.

WEDERSTUIT, zie *weeromftuit*.

WEDERTAAL, z. n., vr., *der*, of *van de wedertaal*; zonder meerv. Van *weder* en *taal*. Bij KIL. antwoord en tegenfpraak; en *wedertaelen* is bij hem antwoorden en tegenfpreken.

WEDERTICHT, z. n., vr., *der*, of *van de wedertichf*; meerv. *wedertichten*. Van *weder* en *ticht*. Bij KIL. evenveel als *wederklaeghe*, hoogd. *wiederklage*, wederkeerige betichting van den gedaagden tegen den klager voor het geregt: *wedertichf doen*. KIL.

WEDERTOON, z. n., m., *des wedertoons*, of *van den wedertoon*; zonder meerv. Van *weder* en *toon*. Bij KIL. weerklank; en *wedertoonen* is bij hem weergalmen.

WEDERVAREN, onz. w., ongelijkvl. *Het wedervoer is wedervaren*. Van *weder* en *varen*. Bejegenen: *fulke dingen zijn mij wedervaren*. Als onz. z. n., beteekent het lotgeval, ontmoeting: *iemand zijn wedervaren verhalen*. *De zee kan overzien van al mijn wedervaren*. VOND.

WEDERVERGELDEN, zie *wedergelden*.

WEDERVERGELDING, z. n., vr., *der*, of *van de wedervergelding*; meerv. *wedervergeldingen*. Van *wedervergelden*. Bij KIL. *wedergelding*. Vergelding: *beef, monfter! voor eene gewiffe wedervergelding*.

WEDERVINDEN, bedr. w., ongelijkvl. *Ik vond weder, heb wedergevonden*. Van *weder* en *vinden*. Al vindende op nieuw in bezit krijgen: *ik heb het verlorene wedergevonden*.

WEDERWAARDIG, bijv. n., *wederwaardiger*, *wederwaardigst*. Van *weder* en *waardig*, van *waard*, waarvan *waarts* afftamt. KIL. *Wederwerdig* en *wederwordig*, hoogd. *widerwärtig*; en *widerwartiu* zijn bij KERO tegenftrijdige dingen, *widarwert* is bij OTTFRID. een tegenftrever. Tegenftrevend: *bij den rebellen und wederwertigen*. v. HASS. Verfmadelijk: *eene wederwaardige bejegening*. HALMA. Van hier *wederwaardigheid, wederwaardiglijk*.

WEDERWAARDIGHEID, z. n., vr., *der*, of *van de wederwaardigheid*; meerv. *wederwaardigheden*. Van *wederwaardig*. Volgens FESTUS, in het oud lat. *vid-*

ver-

vertas. Ramp, tegenspoed: *hij verhaalde mij zijne wederwaardigheden. Veel wederwaardigheen, veel rampen, zijn des vroomen lot.* L. D. S. P. Smaad, verachting; *met wederwaerdigheid ontvangen.* HALMA.

WEDERWAARDIGLIJK, bijw. Van *wederwaardig.* Verachtelijk: *iemand wederwaerdiglijk bejegenen.* HALMA.

WEDERWIL, z. n., m., *des wederwils,* of *van den wederwil;* zonder meerv. Van *weder* en *wil.* Anders *weerwil.* Hoogd. *widerwil.* Bij KIL. tegenstreving, en tegenspoed. Hedendaags niet gebruikelijk dan in de uitdrukking van *in weerwil van,* dat aan ondanks, niet tegenstaande, beantwoordt: *in weerwil van al mijn pogen.* Eenigzins anders leest men bij VOND.: *uwe Godtheit ten wederwille.* Van hier, bij KIL. *wederwillig,* wederspannig, en rampspoedig.

WEDERWILLIG, zie *wederwil.*

WEDERWOORD, z. n., o., *des wederwoords,* of *van het wederwoord;* zonder meerv. Van *weder* en *woord.* Bij KIL. tegenspraak. Hedendaags wederkeerig woord: *ik kreeg van hem woord, noch wederwoord.*

WEDERWRAAK, z. n., vr., *der,* of *van de wederwraak;* zonder meerv. Van *weder* en *wraak.* Eigenlijk, wederkeerige wraak, maar, in het gebruik, wraak over het algemeen: *hij onthield zich van alle wederwraak.*

WEDERZAAK, z. n., m., *des wederzaaks,* of *van den wederzaak;* meerv. *wederzaken.* Oulings tegenstrever: *op dat mijn wedersake die viant geen macht en hebben tegen mi.* v. HASS. *Maer dese en conste niet bedwingen sijn wedersaken.* v. VELTH. *Ende hij sal sijn hulpe wesen teghens sijn wedersaken.* BIJB. 1477.
Wederzaak, KIL. *wedersaecke,* KERO, NOTK. *widersachcho,* angels. *withersacco,* is verwant aan het hoogd. *widersacher,* KIL. *wedersaecker,* dat van *wedersaken,* zweed. *vedersaka,* tegenstreven, afstamt.

WEDERZEGGEN, onz. w., gelijkvl. *Ik wederzeide, heb wederzeid,* of *wederzegd.* Van *weder* en *zeggen.* Afwijzen: *wederzegt niet mijn liefde.* CONST. DER MINN. Oulings, tegenspreken: *soe wie scepenen wederseit in gebanre vijerscaren.* v. MIERIS. Ook: *ik zeide weder, heb wedergezeid,* of *wedergezegd.* Herzeggen.

WEDERZENDEN, bedr. w., ongelijkvl. *Ik zond weder, heb wedergezonden.* Van *weder* en *zenden.* Terug

rug zenden: *ik zond hem den brief weder.* Van hier
wederzending.

WEDERZIEN, bedr. w., onregelm. *Ik zag weder, heb
wedergezien.* Van *weder* en *zien.* Na eenig afwezen
op nieuw zien: *ik hoop u in goeden welstand weer te zien.*
Tot wederziens, is, tot dat wij elkanderen zullen wederzien. Voorts is *wederzien,* bij KIL., geen aanzien
waardig keuren, verachten: *wederfien ende veracht.*
KIL.

WEDERZIJDE, z. n., vr., *der,* of *van de wederzijde;* meerv. *wederzijden.* Van *weder* en *zijde.* Wederkant, tegenkant, tegenzijde: *aan de wederzijde van
het blad. Langs de wederzijde van het huis. Van wederzijde* is van weerskanten: *van wederzijde groeit de
liefde wakker aen.* VOND. Ook *van wederzij: waerop
van wederzij de holle baren breeken.* VOND. En *wederzijds,* of *weerzijds,* bij KIL. ook *wederfijdens: het
werd wederzijds bepaald en afgesproken.* Van hier *wederzijdsch.*

WEDERZIJDS, zie *wederzijde.*

WEDERZIJDSCH, bijv. n., zonder trappen van vergrooting. Van *wederzijde.* Dat van weerskanten gedaan wordt, of aan weerskanten plaats grijpt: *een wederzijdsch verdrag. Hunne wederzijdsche genegenheid.*

WEDERZIN, z. n., m., *des wederzins,* of *van den
wederzin;* zonder meerv. Van *weder* en *zin.* Wederkeerige zin, of beteekenis: *in den wederzin genomen.*
In overeenstemming hiermede is *wederzins,* of *weerzins,*
op beiderlei wijze: *het kan wederzins, of dus, of zoo,
worden opgevat.* Maar voorts is *wederzin,* of *weerzin,*
tegenzin, mishagen: *ik krijg er eenen geweldigen weerzin in.*

WEDERZINS, zie *wederzin.*

WEDIJVEREN, onz. w., gelijkvl. *Ik wedijverde, heb
gewedijverd.* Van *wed* en *ijveren.* Om strijd ijveren:
zij wedijverden met elkanderen in naarstigheid.

WEDLOOP, z. n., m., *des wedloops,* of *van den wedloop;* meerv. *wedloopen.* Van *wedloopen.* Een loopstrijd, of kamp van lieden, die om strijd loopen: *de
wedloopen der oude Grieken.*

WEDLOOPEN, onz. w. Van *wed* en *loopen.* Enkel in
de onbepaalde wijze gebruikelijk, als z. n., voor het
kampen in eenen loopstrijd: *toen nam het wedloopen eenen*

aan-

aanvang. Van hier *wedloop*, *wedlooper*, *wedloop-fter.*

WEDSPEL, z. n., o., *des wedspels*, of *van het wed-fpel*; meerv. *wedfpelen.* Van *wed* en *fpel.* Wedden-fchap: *ik ging een wedfpel met hem aan.* Ook wel eens evenveel als *wedftrijd*, een fpel, waarin men om ftrijd liep, worftelde, enz.: *de wedfpelen op het lijkfeest van Anchifes.*

WEDSTRIJD, zie *wedfpel.*

WEDUWE, z. n., vr., *der*, of *van de weduwe*; meerv. *weduwen.* Ook *weduw* en *weeuw.* Verkleinw. *weeuw-tje.* Eene vrouw, aan welke haar man door den dood ontroofd is: *de verzorger der weduwen. Wiens ontfer-ming de droeve weeuw is toegezeid.* L. D. S. P. *An-dromache*, *Hektors weduwe.* VOND. Van hier *wedu-wenaar*, *weduwfchap.* Zamenftell.: *weduwenbeurs, weduwenfonds*, *weduwenjaar*, *weduwenkleed*, *weduw-geld*, *weduwgift*, *weduwfchat*, *weduwftaat*, *weduw-vrouw*, *weeuwkrop*, *weeuwplant*, enz.

   Weduwe, ULPHIL. *widuwe*, OTTFRID. en and. *witua*, *witeua*, *wituwa*, hoogd. *witwe*, *wittib*, ne-derf. *wedewe*, angelf. *wuduwa*, eng. *widow*, vries. *widdow*, flavon. *wdowa*, ital. *vedova*, fp. *viuda*, lat. *vidua*, fr. *veuve*, komt van een oud woord van de-zelfde beteekenis van deelen, als het lat. *videre* in *di-videre*, en het oud Toskaansch *iduare*, verwant aan het wallis. *guith*, echtfcheiding. Het doelt dus even-zeer op het eenzame leven der weduwen, als het zweed. *enka*, dat evenzeer aan ons *enkel*, alleen, verwant is, als het zweed. *enkling*, een weduwenaar.

WEDUWENAAR, z. n., m., *des weduwenaars*, of *van den weduwenaar*; meerv. *weduwenaars*, of *wedu-wenaren.* Van *weduwe.* Een man, waarmede het, omgekeerd, zoo gelegen is, als met eene weduwe: *dien bedrukten weduwenaar beklaag ik in mijn hart.* Dit woord luidt bij KIL. ook *weduwer*, eng. *widower*, hoogd. *wittiber*, en *witwer*, fr. *veuf*, lat. *viduus*, en in de kantteekening van den STATENBIJBEL, *wedu-waer.*

WEDUWGIFT, z. n., vr., *der*, of *van de weduw-gift*; meerv. *weduwgiften.* Van *weduw* en *gift.* Geld, of goed, dat men voor eene vrouw vastftelt, ingevalle zij weduwe wordt: *het gene de Franfchen douai-*

re noemen, heet bij ons *weduwgift*, of *weduwfchat*, en
in het hoogd. *witwengehalt*.

WEDUWSCHAP, z. n., o., *des weduwfchaps*, of *van
het weduwfchap*; zonder meerv. Van *weduw*. Zie *fchap*.
Anders *weduwftaat*, KIL. *weduwelicken ftaet*. De ftaat
van eene weduwe: *zij wenscht haar eenzaam weduwfchap met eenen nieuwen echt te verwiffelen. Doe leijde
fij de kleederen harer weduwfchap van haer af*. BIJ-
BELV.; waar dit woord te onregt vrouwelijk is.

WEDUWSCHAT, zie *weduwgift*.

WEDUWSTAAT, zie *weduwfchap*.

WEE, tusfchenwerpfel, dat eene hevige fmert aanduidt:
*het was er vol ach en wee. De Kalidonfche vrouw kermt
luide, o wee! o wach!* VOND. *O wee! wat ramp komt
mij befpringen!* L. D. S. P. Voorts is het met eenen
derden naamval achter zich eene uitroeping, waardoor
men onheil aankondigt: *wee hem! wee haar! wee den
bevruchten ende den foogenden vrouwen in die dagen.*
BIJBELV. Met *het*, of *een*, wordt het een z. n.: *een
wee over hen uitroepen. Het tweede wee is wechgegaen,
fiet het derde wee komt haest.* BIJBELV., waar het een
onheil aanduidt, dat met de uitroeping van *wee* aange-
kondigd was. Zamenftell.: *weeklagen*, enz.

Wee, hoogd. *wehe*, *weh*, fr. *hé*, wallis. *gwae*, gr.
ουαι, eng. *wo*, *woe*, angelf. *wa*, *we*, lat. *vae*, UL-
PHIL. *vae*, is eene natuurlijke uiting van fmart.

WEE, z. n., o., *van het wee*; meerv. *weeën*. Eigenlijk hetzelfde woord, als het vorige, dat als z. n. gebezigd wordt, om de fmart uit te drukken, welke eene
uitroeping van *wee* kenmerkt: *de boschdraek dol van
wee.* VOND. *Noch ftillen 't wee in 't hart.* HOOFT.
Drinkt iemant felden 't wee der doot in met venijn.
POOT. *Smerten ende weeën fullen haer aengrijpen. Sij
fullen bange zijn.* BIJBELV. *Terftont verdween 't on-
draagbaar wee uit zijn benepen hart. So feide 't kint
tot finen vader ic heb wee in mijn hooft.* BIJB. 1477.
Bijzonderlijk de fmart van eene barende vrouw: *zij
krijgt wee op wee. Hare weeën braken telkens af. Iemand wee doen*, is, hem fmart veroorzaken, zoo als
in: *het dede de Koningin feer wee.* BIJBELV. Van hier
weedom. Zamenftell.: *darmwee*, *heimwee*, *nawee*,
nierwee, *zijdewee*, enz. *Weedagh*, *weewijte*, en *wee-
wite*, bij KIL.

WEE,

WEE, bijv. n., zonder trappen van vergrooting. Flaauwhartig: *wat ben ik wee om mijn hart!* Van dit woord
komt *weemoed*, enz.; en *weewater*, dat de Vries in de
uitdrukking: *het weewater loopt mij om de tanden*,
bezigt.

WEEDASCH, z. n., vr., *der*, of *van de weedasch*;
zonder meerv. Beantwoordt bij HALMA aan *potasch*,
die intusschen niet verward worden moet met de volgende

WEEDASCH, z. n., vr., *der*, of *van de weedasch*;
zonder meerv. Asch, die bij de bleekers, verwers,
zeepzieders, enz., in gebruik is: *Poolsche, Moscovi-
sche, weedasch*. Zamenstell.: *weedaschton*, enz.

Weedasch, KIL. *weedasschen, weijdas'chen*, hoogd.
waidasche, fr. *guedasse*, wordt dus genoemd, niet om
dat zij van weede gebrand, maar om dat zij door de
verwers te gelijk met de *weede* gebezigd wordt.

WEEDE, z. n., vr., *der*, of *van de weede*; zonder
meerv. Eene plant van vier verschillende soorten: *gemeene weede, Portugesche, Armenische, Egyptische,
weede*. En de verfstof, welke men uit die plant vervaardigt: *men bedient zich van de weede, om blaauw te verwen*. Zamenstell.: *weedasch, weedebloem*, enz.

Weede, hoogd. *waid*, eng. *woad*, fr. *guede*, ital.
guado, komt van het lat. *guastum*, zoo als men bij
PLINIUS, in plaats van *glastum*, lezen moet; en dit
was, volgens hem, eigenlijk een Gallisch woord.

WEEDOM, z. n., m., *des weedoms*, of *van den weedom*; zonder meerv. Van *wee*, z. n.; en genoegzaam
evenveel, als dit woord: *ghijlieden sult schreeuwen van
weedom des herten*. BIJBELV. *Zij worstelden met dus
eenen weedom*. HOOFT. *Zoo veel gevoelijcker is 't weedom en de last*. VOND.; die dit woord te onregt onzijdig maakt.

WEEFGETOUW, z. n., o., *des weefgetouws*, of *van
het weefgetouw*; meerv. *weefgetouwen*. Van *weven* en
getouw. Ook *weeftouw*. Het getouw van eenen wever: *de Fransche landlieden begeven zich van den veld-
arbeid aan het weefgetouw*.

WEEFKUNST, zie *weven*.

WEEFSEL, z. n., o., *des weefsels*, of *van het weefsel*; meerv. *weefsels*. Van *weven*. Zie *sel*. Het gene
geweven wordt, of is: *welk een fraai weefsel*. De
wij-

wijze, waarop iets geweven wordt, of is: *da: ftuk is beter van ftof en weeffel.*

WEEG, zie *weg.*

WEEG, zie *weegluis.*

WEEGBLAD, zie *weegbree.*

WEEGBOONTJE, z. n., o., *des weegboontjes*, of *van het weegboontje*; meerv. *weegboontjes.* Van *wegen* en *boontje.* Een boontje, waarvan de Indianen zich in het wegen bedienen: *het weegboontje voert, naar zijne bonte kleur, ook den naam van weesboontje en in het Indisch dien van zoga.*

WEEGBREE, z. n., vr., *der*, of *van de weegbree;* zonder meerv. Anders ook *weegblad*, in het hoogd. *wegebreit*, en *wegerich.* Een plantengeflacht, waarvan men twintig verfchillende foorten telt: *het vlookruid is een bijzonder flag van weegbree.* Zamenftell.: *waterweegbree*, enz. *Weegbreeblad, weegbreewater*, enz.

WEEGGLAS, z. n., o., *van het weegglas;* meerv. *weegglazen.* Van *wegen* en *glas.* Een glas, waarvan men zich bedient, om vochten te wegen: *de natuuronderzoekers bedienen zich daartoe van een weegglas.*

WEEGLUIS, z. n., vr., *der*, of *van de weegluis;* meerv. *weegluizen.* Van *luis* en *weeg*, dat oulings eenen wand aanduidde; zoo als in: *hieven den anderen weech ontwee.* M. STOK. Anders *wandluis.* Een fchadelijk infekt: *de walgelijke weegluis maakt eene der vijf en tachtig foorten van het geflacht der wantfen uit.*

WEEGSCHAAL, z. n., vr., *der*, of *van de weegfchaal;* meerv. *weegfchalen.* Van *wegen* en *fchaal.* Eene fchaal, waarvan men zich bedient, om iets te wegen: *toen het op de weegfchaal lag.* Een paar weegfchalen, met derzelver evenaar: *die daerop fat, hadde eene weegfchale in fijne hant.* BIJBELV. Oneigenlijk, al, wat dient, om iets te wikken en te wegen: *met de weegfchaal van uw kiesch oordeel.*

WEEGSTEEN, z. n., m., *des weegfteens*, of *van den weegfteen;* meerv. *weegfteenen.* Van *wegen* en *fteen.* Een fteen, waarmede men oulings de plaats van gewigt vervulde: *met eenen fack van bedriechlijke weegfteenen.* BIJBELV.

WEEK, zie *weeken.*

WEEK, z. n., vr., *der*, of *van de week;* meerv. *weken.* Verkleinw. *weekje.* Een tijdperk van zeven t-
g :n:

gen: *wie keert den snellen loop van uuren, dagen, weken?* Poot. *Van d'eene aen d'andre week.* Vond. *Vervult de weke van deze, dan sullen wij u oock die geven.* Bijbelv. *Bij de week*, is, met een verdrag, dat van week tot week vernieuwd wordt. *Door de week*, is, niet op Zondag, maar op eenen anderen dag. *In de week* beteekent genoegzaam hetzelfde. *Week voor week*, is, in elke week. Van hier *wekelijks, wekelijksch.* Zamenstell.: *weekblad, weekgeld, weekmarkt, weekschrift*, enz. *Kermisweek, proefweek, trouwweek*, enz.

Week, Kil. *weke*, vries. *wike*, zweed. *wik, vka*, angelf. *vca, wuca*, eng. *week*, nederf. *weeke*, hoogd. *woche*, Isidor., Kero, en and. *wecha, wechchu, wehho*, schijnt verwant aan het slavon. *veca, wec, wik*, evenveel welk tijdperk, aan *wiko*, bij Ulphil. eene rei, of reeks, en aan het lat. *vices*, beurten.

WEEK, bijv. n. en bijw., *weeker, weekst.* Al wat niet hard is, en voor eenen onderganen druk wijkt, zonder zijnen zamenhang te verliezen: *week brood, wecke boter, weeke eijeren, week hout, week ijs*, enz. *Week koken*, is, zoo koken, dat het week worde, of blijve: *gij kookt het al te week.* Overdragtelijk is *een week hart*, dat ligt getroffen wordt, en voor evenveel welke indrukken vatbaar is: *u herte en worde niet weeck, en vreest niet, nochte en beeft niet.* Bijbelv. *Iemand*, of *iemands hart, week maken*, is, hem met aandoeningen vervullen: *wat doet ghij, dat ghij weent, ende mijn herte weeck maeckt!* Bijbelv. *Week van gestel*, is, onbestand tegen ongemak: *hij is heel week van gestel. Een week gestel*, is, een vertroeteld. In het onz. geslacht is *week*, als z. n., het weekste gedeelte van een ding: *het week van het brood. In 't week van den buik.* Hooft. Van hier *weekachtig, weekelijk, weeken, weekheid, weekjes, weekigheid.* Kil. Zamenstell.: *weekbakken, weekbeenig, weekdarm, weekhartig, weekhoevig, weekmoedig*, zie *weemoed*, enz.

Week, Kil. ook *weijck*, hoogd., Isid., Ottfrid. *weich*, zweed. *vek*, vries. *wek*, angelf. *wac*, schijnt verwant aan *zwak* en *wak*, eene weeke plek in het ijs.

WEEKACHTIG, zie *weekelijk.*

WEEKBAK, z. n., m., *des weekbaks*, of *van den week-*

weekbak; meerv. *weekbakken*. Verkleinw. *weekbakje.*
Van *weeken* en *bak*. Anders *weekkuip*. Een houten
bak, of kuip, waarin men ftokvisch, zoutevisch, enz.
te weeken legt: *de weekbak begint te lekken.*

WEEKBAKKEN, bijv. n. en bijw., *weekbakkener, weekbak-*
kenst. Van *weeken bakken*, voor *gebakken*. Dat week gebakken is: *dat brood is al te weekbakken.* Overdragtelijk, week van geftel: *die weekbakkene helden.* Als
bijw.: *hij ziet er zoo weekbakken uit.*

WEEKBEENIG, bijv. n., *weekbeeniger, weekbeenigst.*
Van *week* en *beenig*, van *been*, zie *ig.* Week van beenderen: *het kind is nog te weekbeenig, om het zoo veel te*
vergen. De eene mensch is weekbeeniger, dan de an-
dere. Van hier *weekbeenigheid.*

WEEKBLAD, z. n., o., *des weekblads*, of *van het*
weekblad; meerv. *weekbladen.* Verkleinw. *weekblaad-*
je. Van *week* en *blad*. Anders *weekfchrift.* Een blad,
dat eens, of, ten hoogfte, tweemalen, in elke week
uitgegeven wordt: *dat weekblad wordt alom gelezen.*
Zamenftell.: *weokbladdrukker, weekbladfchrijver*, enz.

WEEKDARM, z. n., m., *des weekdarms*, of *van den*
weekdarm; meerv. *weekdarmen.* Van *week* en *darm.*
Een bijzonder flag van darmen: *het vet, dat daeraen*
is, dat op de weekdarmen is. BIJBELV.

WEEKELIJK, bijv. n. en bijw., *weekelijker, weeke-*
lijkst. Van *week*, zie *lijk.* Even als *weekachtig*, vaak
evenveel als *week: zulk weekelijk ijs is al te gevaarlijk.*
Voorts ook week van geftel: *het is een weekelijk mensch-*
je. Weekelijk opvoeden is vertroetelen. Van hier *wee-*
kelijkheid.

WEEKELING, z. n., m. en vr., *des weekelings*, of
van den weekeling; en der, of van de weekeling; meerv.
weekelingen. KIL. *weeckelinck*, hoogd. *weichling.*
Een vertroeteld mensch: *zulk een weekeling deugt ner-*
gens toe.

WEEKEN, bedr. en onz. w., gelijkvl. *Ik weekte, heb*
geweekt. Van *week*. KIL. ook *weijcken*, hoogd.
weichen, KERO *uueichan*. Bedr., week doen worden: *gij*
hebt de boonen niet lang genoeg geweekt. In het water zetten,
en daardoor de zoutdeelen ontnemen: *de zoutevisch moet*
geweekt worden. Onz.: *hoe lang heeft het vleesch geweekt?*
Het ftaat te weeken, het welk ook wel eens door *het ftaat in*
de week, of *te week*, uitgedrukt wordt. Van hier *week*,

H 6 *ge-*

weeking. Zamenstell.: *weekbak,* '*weekkuip*, enz. *Door-* *weeken, uitweeken,* enz.

WEEKGELD, z. n., o., *des weekgelds,* of *van het weekgeld;* meerv. *weekgelden.* Verkleinw. *weekgeldje.* Van *week* en *geld.* Geld, dat men iemand wekelijks geeft: *ik heb zijn weekgeld een weinig verhoogd.*

WEEKHARTIG, bijv. n. en bijw. *weekhartiger, weekhartigst.* Van *week* en *hartig,* van *hart;* zie *ig.* Genoegzaam evenveel, als *weekmoedig,* ligt aangedaan: *een wondarts dient niet weekhartig te zijn. Hij sprak ons zoo weekhartig aan.* Van hier *weekhartigheid, weekhartiglijk.*

WEEKHOEVIG, bijv. n., *weekhoeviger, weekhoevigst.* Van *week* en *hoevig,* van *hoeve;* zie *ig.* Week van hoeven: *een weekhoevig paard,* of *ander dier.*

WEEKKUIP, zie *weekbak.*

WEEKLAGE, *weeklagt,* z. n., vr., *der,* of *van de weeklage;* meerv. *weeklagen.* Van *wee* en *klage.* Gejammer: *eene weeklage aanheffen. Alle uwe liederen in weeklage veranderen.* BIJBELV.

WEEKLAGEN, onz. w., gelijkvl. *Ik weeklaagde, heb geweeklaagd.* Van *wee* en *klagen.* Jammeren: *zij weeklaegden, ende weenden, ende vasteden.* BIJBELV.

WEEKLAGT, zie *weeklage.*

WEEKMARKT, z. n., vr., *der,* of *van de weekmarkt;* meerv. *weekmarkten.* Van *week* en *markt.* Eene markt, die wekelijks gehouden wordt: *behalve de jaarmarkt, houdt men er ook eene weekmarkt.*

WEEKMOEDIG, zie *weekhartig.*

WEEKSCHRIFT, zie *weekblad.*

WEELDE, z. n., vr., *der,* of *van de weelde;* zonder meerv. Eigenlijk, welgesteldheid, en daaruit voortvloeijende dartelheid, en brooddronkenheid: *hij leeft in weelde en overdaad. D'ijdle spotternij van weeld' en hovaardij.* L. D. S. P. Wulpsche, en vertroetelende, leefwijze: *ijder, maar meest de Vorst, moet hem wachten van geweckt te worden door de weelde.* HOOFT. Zinnelijke geneugte: *wentelende in weelde elkander zacht omarmde.* VOND. Volgens KIL. oulings ook, even als het eng. *wealth,* vermogen, rijkdom. *Iets uit geene weelde doen,* is, door behoefte daartoe gedrongen zijn. *Weelde* is ook meermalen pracht in kleeding, huisraad, enz.: *de weelde bevordert menige nering en han-*

hantering. *Die u kleedde met fcharlaken, met weel-*
den. BIJBELV. Van hier *weeldelijk,* prachtig uitge-
dost: *Agaguu ginck tot hem weeldelick.* BIJBELV.
weelderig, weeldig.

Weelde, KIL. *welde,* eng. *wealth,* van 't aloude *we-*
la, voorfpoed, rijkdom.

WEELDELIJK, zie *weelde.*

WEELDERIG, zie *weeldig.*

WEELDIG, bijv. n. en bijw., *weeldiger, weeldigst.*
Van *weelde,* zie *ig.* Anders *weelderig,* en, bij KIL.
welderigh en *weldigh.* Vol weelde: *omarmt in 't weel-*
digh badt. VOND. Dartel, brooddronken: *dat paerd*
is al te weeldig. De weeldige jongeling maakt zich aan
veel euvelmoed fchuldig. Als z, n., iemand, die in
weelde leeft: *onfe fiele is veel te fat des fpots der weel-*
digen. BIJBELV. Als bijw.: *hij is te weeldig opgevoed.*
Hier zijn weeldigh twee tot een gefmolten door het vier.
VOND. En ook wel eens evenveel, als *welig: het wiert*
tot eenen weeldich uijtloopenden wijnftock. BIJBELV.
Van hier *weeldigheid.*

WEEMOEDIG, bijv. n. en bijw., *weemoediger, wee-*
moedigst. Van *wee* en *moedig.* Mistroostig, en teer-
hartig, ligt aangedaan: *dat kind is al te weemoedig;*
weemoedigheid, weemoediglijk. Het wordt ook voor
weekmoedig genomen.

WEENE, zie *weening.*

WEENEN, onz. w.; gelijkvl. *Ik weende, heb geweend.*
Tranen ftorten, fchreijen: *draegt u als ellendige, ende*
treurt, ende weent. BIJBELV. *Die vast weende, en*
noch veel zeggen wou. VOND. *Ik zit met weenend' oogen,*
en kwiin, en vast. L. D. S. P. Van hier *geween,*
weene, weener, weening, weenfter. Zamenftell.: *be-*
weenen, uitweenen, enz.

Weenen, hoogd. *weinen,* OTTFRID. *weinan,* ijsl.
weina, ULPHIL. *queinen,* angelf. *vanian,* zweed.
wenga, fchijnt zijne beteekenis aan zijnen klank
verfchuldigd te wezen.

WEENEN, z. n., o., *des weenens,* of *van het wee-*
nen; zonder meerv. De eigennaam der hoofdftad van
Oostenrijk. Van hier *weener.* Dit woord luidt in het
hoogd. *wien,* fr. *vienne,* lat. *vienna,* en *vindobona.*

WEENER, z. n., m., *des weeners,* of *van den wee-*

ner; meerv. *weeners.* Van *weenen.* Een inwoner van
Weenen: *de Weeners verheugden zich dáárover groote-*
lijks. Ook wordt het als bijv. naamw. gebezigd: *de*
weener bank.

WEENER, z. n., m., *des weeners,* of *van den wee-*
ner; meerv. *weeners.* Van *weenen.* Al wie weent.
Wegens eene vrouw bezigt men *weenster.*

WEENIGTE, zie *weinigte.*

WEENING, z. n., vr., *der,* of *van de weening;* zonder meerv. Van *weenen.* Anders *geween,* en bij KIL.
ook *weene.* De daad van weenen: *daer fal weeninge*
zijn, ende knersfinge der tanden. BIJBELV.

WEENSTER, zie *weener.*

WEEPSCH, bijv. n. en bijw., *weepscher, weepschst.*
KIL. ook *wepsch.* Smakeloos, laf: *die kost is mij te*
weepsch. Wat smaakt het weepsch! Van hier *weepsch-*
heid.

WEER, z. n., m., *des weers,* of *van den weer;* meerv.
weeren. Eigenlijk, een ram. Bij KIL. *weder, weer-*
ram. In het gebruik een gesneden ram, een hamel:
weder, weer, haemel, KIL. *Dat ijemant hadde fcapen,*
weeren, verckens, rammen. v. HASS. Een ooilam:

> *Ik leg mijn offer neer*
> *Voor uwe voeten,*
> *Geen ram of weer;*
> *Maar lofgezangen, die u groeten.* MOON.

Zamenstell.: *weerenbout, weerennat, weernat, wee-*
renvleesch, weerlam, een jonge ram. KIL.

Weer, weder, angelf. *wether,* eng. *weather,* zweed.
väder, yädur, NOTK. *vider,* hoogd. *widder,* komt
van het oude *wedan,* weiden, leiden, om dat de kud-
den veelal door eenen ram geleid worden, die bij NOTK.
der leite der fcaffo heet.

WEER, z. n., vr., *der,* of *van de weer;* zonder meerv.
De daad van weren, verweren: *na eenige weere.*
HOOFT. *Waarom stelt gij u niet te weer?* Werkzame
beweging: *wat is hij in de weer! Tegens elkanderen in*
de weer. HOOFT. *Dapper in de weer met zwaert en*
knods. VOND. *Hij doet er veel weers toe,* hij geeft
zich daartoe veel moeite. Wapentuig, en andere middelen van verdediging: *weer, weijr, gheweer,* KIL.
Mit hoeren harnasch ende weer. v. HASS. Een aarden
wal,

wal, muur, enz., waarachter men zich verdedigt;
en voorts ook gevlochten rijswerk, waarmede men een
water voor de visschen sluit, om ze in de daar tusschen
geplaatste fuiken te doen loopen: op ijeder weer twee
rijcksdaalders, ende op ijeder korf- ofte fuijck sonder
weer. v. Hass. Zamenstell.: borstweer, landweer,
noodweer, strijkweer, tegenweer, enz.

Weer, Kil. ook weijr, en were, hoogd. wehr, oud
opperd. wer en wara, komt van weren. Van hier is
het zamengestelde weregeld afkomstig, zijnde de prijs,
dien men oudtijds aan de Naastbestaanden van iemand,
welken men gedood had, moest betalen; en deze vrij-
kooping zelve werd freda genoemd.

WEER, z. n., o., zie weder.

WEER, bijw., zie weder.

WEER, z. n., o., des weers, of van het weer; zonder meerv. Bij Kil. eelt. Van waar, bij denzelfden
Kil., weerachtig, eeltig, en weeren, vereelten.

WEERACHTIG, zie weer, z. n., o., eelt.

WEERBAAR, bijw. n. en bijw., weerbaarder, weer-
baarst. Van weren, verweren, zie baar. In staat om
zich te verweren: alle weerbare manschap werd opge-
roepen. Hij ziet er niet heel weerbaar uit. Van hier
weerbaarheid. Zamenstell.: onweerbaar.

WEERBARSTIG, bijw. n. en bijw., weerbarstiger,
weerbarstigst. Van weer, bijw. en barstig. Wederhoorig, tegensporstelig: welk een weerbarstig volk.
Weerbarstig graauwt zij mij toe. Van hier weerbar-
stigheid.

WEERBRUILOFT, z. n., vr., der, of van de weerbruiloft; meerv. weerbruiloften. Van weer, bijw. en
bruiloft. Een maaltijd, welken men aan jong getrouw-
den geeft, wier bruiloft men heeft bijgewoond: toen
wij bij hem op de weerbruiloft waren. Wederbruijdloft,
naebruijdloft, bij Kil., bij wien wedermaaltijd, in overeenstemming hiermede, eenen wederkeerigen maaltijd,
bij Halma weerreis, aanduidt.

WEERDRUK, z. n., m., des weerdruks, of van den
weerdruk; zonder meerv. Van weer, bijw. en druk.
Het gene aan de wederzijde van een vel, tegen over den
schoondruk, gedrukt wordt: er zijn op den weerdruk
eenige letters uitgevallen.

WEEREN, zie weer, z. n., o.

F 2

WEER-

WEERGA, zie *wederga*.

WEERGADELOOS, *weergaloos*, bijv. n. en bijw.; *weerga-deloozer*, *weergadeloost*. Van *weer*, of *wedergade*, en *loos*. Zonder weerga: *het is een weergadeloos mensch — een weergaloos paard. Dat hebt gij weergaloos fraai geschreven*.

WEERGALM, z. n., m., *des weergalms*, of *van den weergalm*; zonder meerv. Van *weer*, bijw., en *galm*. Een terugstuitende galm: *drie werf herhaalde de Echo den weergalm van het geschut*.

WEERGALMEN, onz. w., gelijkvl. *Ik weergalmde*, *heb weergalmd*. Van *weer*, bijw., en *galmen*. Met een terug gekaatst geluid klinken: *het gedonder van het geschut weergalmt van het gebergte*. Eenen galm herhalen: *de Echo doet het gebergte weergalmen. Ergens van weergalmen*, is, met den klank daarvan opgevuld worden: *mijne ooren weergalmen gestadig van hunne klagten. Gantsch Europa weergalmt van zijnen lof*. HALMA.

WEERGLANS, zie *weerschijn*.

WEERGLAS, z. n., o., *van het weerglas*; meerv. *weerglazen*. Van *weer* en *glas*. Een Barometer, of Thermometer, of beide gezamenlijk op een houten bord vereenigd: *hij loopt met weerglazen te koop*. Zamenstell.: *weerglazenkoop*, *weerglazenmaker*, enz.

WEERHAAK, z. n., m., *des weerhaaks*, of *van den weerhaak*; meerv. *weerhaken*. Verkleinw. *weerhaakje*. Van *weer*, bijw., en *haak*. Een haak, waardoor een puntig ding, als het ergens ingedrongen is, daarin terug gehouden wordt: *de weerhaken van den pijl beletteden het uitrukken daarvan uit de wonde*.

WEERHAAN, z. n., m., *des weerhaans*, of *van den weerhaan*; meerv. *weerhanen*. Verkleinw. *weerhaantje*. Van *weer* en *haan*. Een wind- en wederwijzer, die veelal de gedaante van eenen haan heeft: *ik zie den weerhaen draeijen*. VOND.

WEERHUISJE, z. n., o., *des weerhuisjes*, of *van het weerhuisje*; meerv. *weerhuisjes*. Van *weer* en *huisje*. Een weerglas, in de gedaante van een huisje: *als het wijfje buiten het weerhuisje komt, is het doorgaans goed weder*.

WEERKAAUWEN, onz. w., gelijkvl. *Ik weerkaauwde*, *heb weerkaauwd*. Van *weer*, bijw., en *kaauwen*.

Her-

Herkaauwen: *zie het beest eens weerkaauwen.* In het hoogd. *wiederkäuen.*

WEERKLANK, z. n., m., *des weerklanks,* of *van den weerklank;* meerv. *weerklanken.* Van *weer*, bijw., en *klank.* Een terug gekaatste klank: *wederklanck der stemme.* KIL. *Het is de weerklank van 't geluid, die de Echo vormt.*

WEERKLINKEN, onz. w., ongelijkvl. *Ik klonk weder, heb wedergeklonken.* Van *weer,* bijw., en *klinken.* KIL. *wederklinken,* hoogd. *wiederklingen.* Met een terug gekaatst geluid klinken; doch hiervoor gebruikt men doorgaans *weergalmen.*

WEERLICHT, z. n., o., *des weerlichts,* of *van het weerlicht;* zonder meerv. Van *weer* en *licht.* Geflikker van blikfem zonder donder: *met de snelheid van het weerlicht.* Zie voorts *weerlichtsch.* Van hier *weerlichten, weerlichts,* en *weerlichtsch.*

WEERLICHTEN, onperf. w., gelijkvl. *Het weerlichtte, heeft geweerlicht.* Van *weerlicht.* Blikfemen, zonder dat zulks door donder gevolgd wordt: *zoo lang het weerlichtte.*

WEERLICHTS, zie *weerlichtsch.*

WEERLICHTSCH, bijv. n., zonder vergrootingstrappen. Van *weerlicht.* In den mond van ruwe lieden gebruikelijk, om iemand te verwenfchen: *die weerlichtfche vent !* In overeenkomst hiermede is het bijw. *weerlichts* zoo veel als vervloekt: *hij heeft mij weerlichts bedrogen.* En men bezigt hetzelfde woord als een tusfchenwerpfel: *vel weerlichts!*

WEERLOOS, bijv. n. en bijw., *weerloozer, weerloost.* Van *weer,* z. n., vr., en *loos.* Zonder weer, van verdedigingsmiddelen ontbloot: *het weerlooze fchaap. Dat mans een weerloos kint, zoo veelen een alleen, bedriegen.* VOND. Van hier *weerloosheid.*

WEEROM, zie *wederom.*

WEEROMREIS, zie *wederom.*

WEEROMSTUIT, z. n., m., *des weeromstuits,* of *van den weeromstuit;* zonder meerv. Van *weerom* en *stuit.* Een stuit, die door terugkaatsing veroorzaakt wordt: *bij den weeromstuit van dien bal. Het raakt mij enkel door den weeromstuit,* is, evenveel, als niet regtstreeks. Elders luidt dit woord ook *wederstuit* en *weerstuit: door den weerstuit.* VOND.

F 3   WEER-

WEERPARTIJ, zie *wederpartij*.

WEERPIJN, z. n., vr., *der*, of *van de weerpijn*; meerv. *weerpijnen*. Van *weer*, bijw., en *pijn*. Pijn in een ander deel des ligchaams, dan gewond, of anderzins lijdende, is: *die zwerende vinger veroorzaakt mij weerpijn in den schouder*.

WEERPLAAT, z. n., vr., *der*, of *van de weerplaat*; meerv. *weerplaten*. Van *weer* en *plaat*. De plaat op een weerglas: *men kan op zulke weerplaten weinig af*.

WEERREIS, zie *weerbruiloft*.

WEERSCHIJN, z. n., m., *des weerschijns*, of *van den weerschijn*; zonder meerv. Van *weer*, bijw., en *schijn*. Anders *weerglans* en *weerschijnsel*. Glans, schijn, bij terugkaatsing: *de weerschijn der zon in het water*. De flikkering van eene kleur op eene andere: *die infekten zijn groen met eenen gouden weerschijn*.

WEERSCHIJNEN, onz. w., ongelijkvl. *Ik scheen weer*, *heb weergeschenen*. Van *weer*, bijw., en *schijnen*. Flikkering bij terugkaatsing verwekken: *daar de zon in het water weerscheen*.

WEERSCHIJNSEL, zie *weerschijn*.

WEERSLAG, z. n., m., *des weerslags*, of *van den weerslag*; meerv. *weerslagen*. Van *weer* en *slag*. Donderslag, in welken zin dit woord, in den mond van ruwe lieden, even als weêrlicht, gebruikt wordt; terwijl *weerslags* en *weerslagsch* aan *weerlichts* en *weerlichtsch* beäntwoorden.

WEERSLAG, z. n., m., *des weerslags*, of *van den weerslag*; zonder meerv. Van *weer*, bijw., en *slag*. Slag bij terugkaatsing: *het geweer gaf eenen weerslag tegen den muur*. Terugkaatsing: *de weerslag van het licht*. Wederkeerige slag: *hij zocht den weerslag af te keeren*. Van hier *weerslagtig*, weerschijnend: *een weerslagtig licht*. HALMA.

WEERSLAGTIG, zie *weerslag*.

WEERSMAAK, z. n., m., *des weersmaaks*, of *van den weersmaak*; zonder meerv. Van *weer*, bijw., en *smaak*. Walging, afkeer: *ik heb er eenen weersmaak in. Uit eenen weersmaak*. HOOFT.

WEERSPANNIG, zie *wederspannig*.

WEERSTAAN, zie *wederstaan*.

WEERSTAANBAAR, bijv. n., *weerstaanbaarder*, weer-

veerftaanbaarst. Van *weerftaan.* Zie *baar.* Dat weerftaan worden kan: *dat geweld is niet weerftaanbaar.*
Zamenftell.: *onweerftaanbaar,* enz.

WEERSTAND, zie *wederftand.*

WEERSTROOM, zie *weertij.*

WEERSTUIT, zie *weeromftuit.*

WEERTAFEL, z. n., vr., *der,* of *van de weertafel;*
meerv. *weertafelen,* of *weertafels.* Van *weer* en *tafel.*
Anders *weervoorfpellende tafel.* Eene verzameling van
voorfpellingen aangaande het weder: *wat zegt uwe weertafel daarvan?*

WEERTIJ, z. n., o., *des weertijs,* of *van het weertij;* meerv. *weertijen.* Van *weer,* bijw., en *tij.* Anders *weerftroom.* Tegentij, verandering van tij: *als
het weertij komt, zullen wij moeten ankeren. Alle tij
heeft zijn weertij,* is, alle dingen zijn aan beurtwiffe-
ling onderhevig. *Het geluk heeft zijn tij en weertij,*
voor- en tegenfpoed wiffelen onderling af.

WEERWERK, z. n., o., *des weerwerks,* of *van het
weerwerk;* zonder meerv. Van *weren* en *werk.* Werk,
waarmede men zich weren kan en moet, of waaraan
men eene werkzame bezigheid vindt: *ik wenschte, dat
ik weerwerk had. Hij vind daar geen weerwerk.* HALMA.

WEERWIJS, bijv. n.; zonder trappen van vergrooting. Van *weer* en *wijs.* Kundig ten aanzien van het
weder, bedreven in het vooruitzigt van deszelfs veranderingen: *ik ben in geenen deele weerwijs.*

WEERWIJZER, z. n., m., *des weerwijzers,* of *van
den weerwijzer;* meerv. *weerwijzers.* Van *weer* en *wijzer.* Een wijzer op een weerglas ter aanduiding
van het weder: *geftadig raadpleegt hij zijnen weerwijzer.*

WEERWIL, zie *wederwil.*

WEERWOLF, z. n., m., *des weerwolfs,* of *van den
weerwolf;* meerv. *weerwolven.* Een mensch, die in eenen
wolf veranderd is, zoo als men waande dat de toove-
naars zich daarin veranderden; terwijl de tooverhekfen
de gedaante van katten aannamen: *weerwolf beteekent
zoo veel als menschwolf.* Voorts ook een wrevelig mensch:
het is een regte weerwolf van een vent.

    Weerwolf, KIL. ook *wederwolf, weijrwolf* en *waer-
wolf,* nederf. *waarwulf,* hoogd. *währwolf,* eng. *were-
wolf,*

wolf, fr. *loupgarou*, middeleeuw. lat. *gerulphus*, is zamengefteld uit *wolf*, en het oude *war*, lat. *vir*, goth. *wair*, angelf. *wer*, een man, verwant aau het nederf. *waarte*, en ons *waard*, een mannetjes eend.

WEERWOORD, zie *wederwoord*.

WEERWRAAK, zie *wederwraak*.

WEERZANG, z. n., m., *des weerzangs*, of *van den weerzang*; meerv. *weerzangen*. Van *weer*, bijw., en *zang*. Tegenzang: *den weerzang aanheffen*.

WEERZIEK, bijv. n., *weerzieker*, *weerziekst*. Van *weer* en *ziek*. Door zulk eene ongefteldheid aangedaan, als die van lieden, nopens welke men zegt, dat het weer hun door de leden rijdt: *ik ben zoo weerziek, dat het niet om te zeggen is*.

WEERZIJDSCH, zie *wederzijdsch*.

WEERZIN, zie *wederzin*.

WEERZOORIG, bijv. n., *weerzooriger*, *weerzoorigst*. Bij HALMA, hard, ruw, ftribbelig: *eene weerzoorige huid*. *Een weerzoorig mensch*. Van hier *weerzoorigheid*.

WEES, z. n., m. en vr., *des weezen*, of *van den wees*, en *der*, of *van de wees*; meerv. *weezen*. Verkleinw. *weesje*. Een ouderloos kind: *verftoot die arme wees toch niet! Een vader der weefen, ende een richter der weduwen*. BIJBELV. *Doet recht aan armen en aan weezen*. L. D. S. P. Zamenftell.: *weesbezorger*, *weesbezorgfter*, *weesdiaken*, *weesheer*, *weeshuis*, *weesjongen*, *weeskamer*, *weeskind*, *weeskleed*, *weesmeester*, *weesmeisje*, *weesmoeder*, *weesvader*, *weesverdrukker*, *weezengeld*, *weezengoed*, *weezenkas*, enz. *Burgerwees*, *ftadswees*, enz.

Wees, KIL. *weefe*, nederf. *wefe*, hoogd. *waife*, OTTFRID. *uueifo*, is eigenlijk een bijv. n., verwant aan het lat. *viduus*, en daarmede van denzelfden oorfprong, als *weduwe*; zie dit laatfte woord.

WEESHEER, z. n., m., *des weesheeren*, of *van den weesheer*; meerv. *weesheeren*. Van *wees* en *heer*. Anders *weesmeester*. Een lid van de *weeskamer*, die de goederen van weezen beheert; *hij is mede tot weesheer verkoren*.

WEESKAMER, zie *weesheer*.

WEESMEESTER, zie *weesheer*.

WEES-

WEESMOEDER, z. n., vr., *der*, of *van de wees-moeder*; meerv. *weesmoeders*. Van *wees* en *moeder*. Verschilt van *moeder der weezen*, dat eene verzorgster, weldoenster, van dezelve aanduidt; *weesmoeder* beteekent eene zoogenoemde *moeder* in een weeshuis; zoo als *weesvader* den zoogenoemden *vader* van een weeshuis aanduidt. Van hier *weesmoederschap*, *weesmoedersplaats*, enz.

WEESVADER, zie *weesmoeder*.

WEET, z. n., vr., *der*, of *van de weet*; zonder meerv. Verkleinw. *weetje*. Van *weten*. De daad van weten, wetenschap, kennis: *bi minre weet*, bij mijn weten. M. STOK. *Zijn weetje weten*, is, niet van kennis misdeeld zijn: *hij weet zijn weetje heel wel*. De *weet ergens van krijgen*, is, daarvan verwittigd worden. *Iemand de weet ergens van doen*, is, hem er van verwittigen: *dat men den gekoorlingen zoude weet doen*. HOOFT. Van hier dat *weet* voor aankondiging genomen wordt: *hij is met eene openbaare weet aan de stads poorten ingedaagd*. HALMA. *Ergens geene weet van hebben*, is, geen besef, geen gevoel. Eindelijk beteekent, *het is maar eene weet*, of *een weetje*, het is maar een ding, waaromtrent men slechts behoeft te weten, hoe het gedaan wordt, om het zelf ook te kunnen doen. Zamenstell.: *weetgierig*, *weetgraag*, *weetlust*, *weteloos*, *wetelustigh*. KIL.

WEETAL, z. n., m., *des weetals*, of *van den weetal*; meerv. *weetallen*. Van *weten* en *al*. Iemand, die zich verbeeldt, dat hij alles weet: *die hatelijke weetal*.

WEETGIERIG, bijv. n. en bijw., *weetgieriger*, *weetgierigst*. Van *weet* en *gierig*, begerig, zie *gierig*. Ook *weetgraag*, KIL. *wetelustigh*. Begerig naar wetenschap, en kennis van zaken: *hij is zeer weetgierig*. *Zoo weetgierig vorscht hij alles na*. Van hier *weetgierigheid*, *weetgieriglijk*.

WEETGRAAG, zie *weetgierig*.

WEETLUST, z. n., m., *van den weetlust*; zonder meerv. Van *weet* en *lust*. Weetgierigheid, lust tot navorsching en onderzoek van zaken: *zijn weetlust is onbeperkt*. Van hier bij KIL. *wetelustigh*, weetgierig.

WEETNIET, z. n., m., *des weetniets*, of *van den weetniet*; meerv. *weetnieten*. Van *weten* en *niet*. Iemand,

mand, die niets weet, een onkundig mensch: *het is een regte domoor en luije weetniet.*

WEEUW, zie *weduwe.*

WEEUWKROP, zie *weeuwplant.*

WEEUWPLANT, z. n., vr., *der*, of *van de weeuwplant*; meerv. *weeuwplanten*. Van *weeuw* en *plant*. Eene faladeplant, welke andere planten overleeft, daar zij uit derzelver midden weggenomen wordt, op dat men ze den winter over beware, en tot eene zoogenoemde *weeuwkrop* uitdijen doe: *ik heb dien broeibak met weeuwplanten opgevuld.*

WEG, wegge, zie *wegge.*

WEG, z. n., m., *des wegs*, of *weegs*, en *van den weg*; meerv. *wegen.* Verkleinw. *wegje.* De ftreek, langs welken een ding zich beweegt, of bewogen wordt: *de vogel nam eenen anderen weg, dan ik vermoed had. Ontmoet eene dwaalfter een ander hemelligchaam op haren weg.* Dezelfde beteekenis heerscht in de fpreekwijzen: *in den weg zijn, ftaan, liggen,* en *leggen*, die overdragtelijk wegens hindernisfen gebezigd worden: *nu zijn de rocken in den weegh.* HUIJGHENS. Voorts is *weg* eene ftreek van den aardbodem, langs welke men zich gevoegelijk van de eene plaats naar de andere begeven kan: *ik ontmoette hem op den weg. De weg loopt langs dat dorp. Den bequaamften wegh misfen.* HOOFT. *Datze eenen langen wegh bewandelt.* VOND. *De wech foude voor u te veel zijn.* BIJBELV. *De weg van een ding,* is, die gene, welke daar langs, of daar door, loopt, of welke daar henen leidt: *de weg van den Haag. Ik ga den weg van Gouda. Om te bewaren den wech van den boom des levens.* BIJBELV. *Op weg gaan, zich op weg begeven,* is, eenigen togt aanvangen. *Onder weg,* beteekent, terwijl men op weg is: *onder weg fchoot het mij in den zin.* Oulings ook *over weg: die in bedevaerden nae Rome treckende over wech geftorven zijn.* ALDEGOND. *Op weg zijn,* is, op reis. *Op den weg,* op het pad, langs 't welk men reist: *mijn paard viel op den weg neder. Over den weg,* is, aan de andere zijde van den weg: *hij woont over den weg. Met iemand over weg kunnen,* is, genoegelijk met hem omgaan kunnen. *Uit den weg gaan,* is, eenen omweg nemen. *Voor iemand uit den weg gaan,* beduidt, eigenlijk, of oneigenlijk, voor hem wijken: *hij wou geenen voet voor mij*

mij uit den weg gaan. Zijns weegs gaan beduidt, zich
van menfchen, of zaken, waarbij men zich bevond,
verwijderen: *ftuiven elck zijns weeghs.* VOND. *Zijnen
weg vervolgen*, is, daarop voortgaan. *Een end weegs
gaan*, is, eenig gedeelte van eenen weg ten einde gaan.
Overdragtelijk, is, *den weg van alle vleesch gaan*, fterven, dat elders, dus omfchreven wordt: *den wegh, van
aenbegin, ons allen voorgefchreven, den fterfwegh trede
ik in.* DE DECK. *Op den regten weg zijn*, is, zich
wel gedragen. *Van den regten weg afdwalen*, *verkeerde wegen inflaan*, enz. anders handelen, dan men moest.
Iemand den regten weg wijzen, *hem daarop brengen*,
terug brengen, enz., hem tot eene gepaste handelwijze
vermanen en noopen. *De regte*, *de beste*, *weg tot eenig
ding*, beteekent, de gefchiktfte middelen daartoe. Ook
wel eens *de weg van zulk een ding*: *den weg der zaligheid betreden*. Anders is *de weg van* een ding, eene
daarmede ftrookende handelwijze: *betreed den weg der
deugd*. *Den weg van regten inflaan*. *De weg van een
mensch*, is, zijn gedrag, of zijn lot: *let op het einde
van uwen weg! Mijn weg is vol van duisternis. De
wegen der voorzienigheid* zijn hare fchikkingen. *Gods
wegen* zijn intusfchen ook wel eens het zedelijk gedrag,
dat hij voorfchrijft: *wil mij*, *o God! uw rechte wegen
leeren*. L. D. S. P. Eindelijk is *allerwegen*, aan alle kanten, alomme: *men vindt het allerwegen*. Van
hier *wegen*, KIL. Zamenftell.: *weegbree*, *wegdistel*,
wegedoorn, *wegenfchender*, enz. *weggeld*, *weggras*,
wegkant, *wegkorting*, *weglage*. KIL., *wegfcheiding*,
wegfchouw, *wegfchouwen*, *wegfchouwer*, *wegvaardig*,
wegvaart, KIL., *wegwijzer*, *wegzijde*, enz. *Achter-
weg*, *binnenweg*, *buitenweg*, *doolweg*, *dwaalweg*, *hee-
renweg*, *kleiweg*, *kruisweg*, *landweg*, *melkweg*, *mid-
delweg*, *modderweg*, *omweg*, *osweg*, *rijweg*, *fcheid-
weg*, *trekweg*, *voorweg*, *wagenweg*, *zandweg*, *zon-
denweg*, *zonneweg*, enz.

Weg, hoogd., OTTFRID. ook *weg*, ULPHIL. *wigs*,
lat. *via*, eng. *waij*, vries. *wei*, zweed. *väg*, angelf.
waeg, ijsl. *vegur*, komt van het tusfchenwerpfel *weg*.
WEG, bijw. en tusfchenwerpfel, legt den wensch van
eene fnelle verwijdering aan den dag, welke door den
klank zelven aangeduid wordt: *weg, Karel! weg van
mij!* En eene verregaande verachting: *weg, ijdel wereldsch*

reldsch goed! Wech purper 't welck de borften der Ko-
ningen bedeckt. VOND. *Weg met hem!* is, dat men
hem wegvoere! Als bijwoord komt het voor in: *voor*
iemand weg, *voor iemands oogen weg*, *voor iemands aan-*
gezigt weg, *bij iets weg*, *van iets weg*, daarvan verwijderd; en wordt het met *voort* en *heen* verwisseld,
zoo op zich zelf, in: *hij fchrijft maar weg*, *flecht*
weg, *langzaam weg*, enz., als in zamenftelling met eene
reeks van werkwoorden; waarmede het echter niet,
dan fcheidbaar, vereenigd wordt; gelijk als wij zulks
mede ten aanzien van *heen*, *henen*, hebben opgemerkt.
In fommige zamenftell. beteekent het ook te zoek. Van
hier voorts *weg*, z. n., *wege*, *wegen*, *bewegen*, enz.

WEGARBEIDEN, bedr. w., gelijkvl. *Ik arbeidde weg*,
heb weggearbeid. Van *weg* en *arbeiden.* Door arbeid
verwijderen: *ik laat het puin wegarbeiden.*

WEGASEMEN, bedr. w., gelijkvl. *Ik afemde weg*,
heb weggeafemd. Van *weg* en *afemen*, dat hier de plaats
van *ademen* vervangt, zoo als *afem* vaak voor *adem* genomen wordt. Door afem doen verdwijnen: *gij hebt*
al den glans van het gefchuurde koper weggeafemd.

WEGBAGGEREN, bedr. w., gelijkvl. *Ik baggerde*
weg, *heb weggebaggerd.* Van *weg* en *baggeren.* Door
baggeren verwijderen: *al het veen is reeds weggebag-*
gerd.

WEGBANNEN, bedr. w., gelijkvl. *Ik bande weg*, *heb*
weggebannen. Van *weg* en *bannen.* Door verbanning,
of anderzins, doen verdwijnen: *alle luije lediggang*
moet uit dit land weggebannen worden.

WEGBERGEN, bedr. w., ongelijkvl. *Ik borg weg*, *heb*
weggeborgen. Van *weg* en *bergen.* Derwijze bergen,
dat het aan het oog onttrokken worde: *ik ga het ftraks*
wegbergen.

WEGBEUKEN, zie *wegrammeijen.*

WEGBIJTEN, bedr. en onz. w., ongelijkvl. *Ik beet*
weg, *heb* en *ben weggebeten.* Van *weg* en *bijten.* Bedr.,
door bijten verwijderen: *de groote hond beet den anderen*
weg. *Middelen*, *om het vuile vleesch weg te bijten.*
Onz., door bijtende middelen weggenomen worden:
het zal wel wegbijten.

WEGBLAZEN, bedr. w., ongelijkvl. *Ik blies weg*, *heb*
weggeblazen. Van *weg* en *blazen.* Door blazen ver-
wij-

wijderen: *maer ghij foudt het konnen wechblafen.* Bijbelv.

WEGBLIJVEN, onz. w., ongelijkvl. *Ik bleef weg, ben
weggebleven.* Van *weg* en *blijven.* Zich ergens niet
vervoegen, er niet aan komen: *om dat hij weggebleven
was.* Niet terug komen: *meid! is dat wegblijven?*
Hier of daar niet geplaatst worden: *laat het uit den tweeden druk wegblijven.*

WEGBLIKSEMEN, bedr. w., gelijkvl. *Ik blikfemde
weg, heb weggeblikfemd.* Van *weg* en *blikfemen.* Als
met de fnelheid en kracht van den blikfem doen verdwijnen: *de Pruiffifche legermagt werd ganfchelijk weggeblikfemd.* In dezen zin ook wel eens *wegdonderen.*
Voorts niet alleen hetzelfde, als dit woord; zie *wegdonderen;* maar ook door middel van blikfemende blikken doen verdwijnen: *hij blikfemde hen met zijne ver-
gramde blikken weg.*

WEGBOEGSEREN, bedr. w., gelijkvl. *Ik boegfeerde
weg, heb weggeboegfeerd.* Van *weg* en *boegferen.* Aan
een zoogenoemd fleeptouw wegflepen: *het Admiraal-
fchip werd uit den flag weggeboegfeerd.*

WEGBOENEN, bedr. w., gelijkvl. *Ik boende weg,
heb weggeboend.* Van *weg* en *boenen.* Al boenende
verwijderen: *ik heb het vuil weggeboend.* Oneigenlijk,
op eene onzachte wijze verdrijven: *als hij weerkomt,
zal ik hem nog anders wegboenen.*

WEGBOOMEN, bedr. w., gelijkvl. *Ik boomde weg,
heb weggeboomd.* Van *weg* en *boomen.* Al boomende
verwijderen: *het vaartuig werd aanftonds weggeboomd.*

WEGBORSTELEN, bedr. w., gelijkvl. *Ik borftelde
weg, heb weggeborfteld.* Van *weg* en *borftelen.* Anders *wegfchuijeren.* Door borftelen wegnemen: *gij
moet die poeijer beter wegborftelen.*

WEGBRADEN, bedr. en onz. w., ongelijkvl. *Ik bried
(braadde) weg, heb en ben weggebraden,* Van *weg* en *braden.* Bedr., door braden doen verdwijnen: *gij braadt al het
vet weg.* Onz., al bradende verdwijnen: *al het vet zal
wegbraden.*

WEGBRANDEN, bedr. en onz. w., gelijkvl. *Ik brandde weg, heb* en *ben weggebrand.* Van *weg* en *branden.*
Bedr., door vuur wegnemen: *de Noormannen brandden ftad bij ftad weg.* Onz., al brandende verdwijnen: *er brandden verfcheidene huizen weg.*

WEG-

WEGBREKEN, bedr. en onz. w., ongelijkvl. *Ik brak weg, heb* en *ben weggebroken.* Van *weg* en *breken.* Bedr., door afbraak doen verdwijnen: *men brak al die huizen weg, om het uitzigt van het paleis ruimer te maken.* Onz., al brekende wijken: *het ijs brak overal weg, waar men zijne voeten daarop zettede.*

WEGBRENGEN, bedr. w., ongelijkvl. *Ik bragt weg, heb weggebragt.* Van *weg* en *brengen.* Van eene plaats naar elders brengen: *hij bracht mij weêr in een woestijne.* BIJBELV. Ten zijnen dienste vervoeren: *ghij fult aengrijpen, maer niet wechbrengen.* BIJBELV. Te zoek maken: *het kind heeft mijnen tandenstooker weggebracht.* HALMA; bij wien men ook *wegbrenging* vindt.

WEGBRUIJEN, bedr. en onz. w., gelijkvl. *Ik bruide weg, heb* en *ben weggebruid.* Van *weg* en *bruijen.* Bedr., weggooijen, wegfmijten: *waarom hebt gij het weggebruid?* Onz., henengaan: *hij bruide weg.*

WEGBUIGEN, bedr. en onz. w., ongelijkvl. *Ik boog weg, heb* en *ben weggebogen.* Van *weg* en *buigen.* Bedr., van zich af buigen: *hij boog het weg.* Onz., al buigende wijken: *de plank boog weg.*

WEGCIJFEREN, bedr. w., gelijkvl. *Ik cijferde weg, heb weggecijferd.* Van *weg* en *cijferen.* Door kunftige redeneringen als doen verdwijnen: *hij tracht zijn aandeel aan de fchuld weg te cijferen.*

WEGDANSEN, bedr. en onz. w., gelijkvl. *Ik danste weg, heb* en *ben weggedanst.* Van *weg* en *danfen.* Bedr., al danfende doen verdwijnen: *zij heeft hare gezondheid weggedanst.* Onz., al danfende verdwijnen: *Vestris danste van het tooneel weg.*

WEGDISTEL, z. n., m., *des wegdistels*, of *van den wegdistel;* meerv. *wegdistelen* en *wegdistels.* Van *weg* z. n. en *distel.* Eene bijzondere foort van zaagblad, anders *ftekel* genoemd: *een land vol wegdistels verraadt de luiheid van den boer, die ze niet uittrekt.*

WEGDOEN, bedr. w., ongelijkvl. *Ik deed weg, heb weggedaan.* Van *weg* en *doen.* Niet meer houden, of gebruiken: *ik heb het vuile linnen weggedaan. Doe die lorren maar weg! Sult ghij den fuurdeech wechdoen uijt uwe huijfen.* BIJBELV. Van hier *wegdoening.* HALMA.

WEGDOLEN, zie *wegdwalen.*

WEGDONDEREN, bedr. en onz. w., gelijkvl. *Ik don-*

donderde weg, heb :en *ben weggedonderd*. Van *weg* en *donderen*. In den mond van ruwe lieden evenveel, als *wegbruijen*: *donder het maar weg*. *Hij is met de anderen weggedonderd*. Zie voorts *wegbliksemen*.

WEGDOOIJEN, onz. w., gelijkvl. *Ik dooide weg*, *ben weggedooid*. Van *weg* en *dooijen*. Al dooijende verdwijnen: *al het ijs is reeds weggedooid*.

WEGDOUWEN, zie *wegduwen*.

WEGDRAAIJEN, bedr. en onz. w., gelijkvl. *Ik draaide weg*, *heb* en *ben weggedraaid*. Van *weg* en *draaijen*. Bedr., al draaijende verwijderen: *hij draaide den bijbel weg*. *Iets voor zich wegdraaijen*, is, het zoo draaijen, dat men het niet meer voor zich hebbe. Onz., zich al draaijende verwijderen: *de lessenaar draaide voor mij weg*.

WEGDRAGEN, bedr. w., ongelijkvl. *Ik droeg weg*, *heb weggedragen*. Van *weg* en *dragen*. Al dragende verwijderen, en uit het gezigt brengen: *sij droegen wech de steenen van Rama*. BIJBELV. Behalen: *den prijs wegdragen*. Van hier *wegdraging*. Zie voorts *wegtorschen*.

WEGDRAVEN, onz. w., gelijkvl. *Ik draafde weg*, *ben weggedraafd*. Van *weg* en *draven*. Zich al dravende verwijderen: *hij is, zonder eenig antvoord af te wachten, weggedraafd*.

WEGDRIBBELEN, onz. w., gelijkvl. *Ik dribbelde weg*, *ben weggedribbeld*. Van *weg* en *dribbelen*. Zich al dribbelende verwijderen: *daarop dribbelde zij weer weg*.

WEGDRIJVEN, bedr. en onz. w., ongelijkvl. *Ik dreef weg*, *heb* en *ben weggedreven*. Van *weg* en *drijven*. Bedr., al drijvende verwijderen, wegjagen: *hij dreef se wech van den rechterstoel*. BIJBELV. *Broght de wechgedreve ossen, en den verzworen roof, voor den dagh*. VOND. Onz., ergens van daan drijven: *al het hout dreef weg*. Van hier *wegdrijving*.

WEGDRINGEN, bedr. en onz. w., ongelijkvl. *Ik drong weg*, *heb* en *ben weggedrongen*. Van *weg* en *dringen*. Bedr., door dringen verwijderen: *men drong ons weg*. Onz., zich al dringende verwijderen: *hij zocht door de menigte henen weg te dringen*.

WEGDRINKEN, bedr. w., ongelijkvl. *Ik dronk weg*, heb

heb weggedronken. Van *weg* en *drinken.* Al drinken-
de verdoen: *hij heeft zijn verstand weggedronken.*

WEGDROOGEN, onz. w., gelijkvl. *Ik droogde weg,*
ben weggedroogd. Van *weg* en *droogen.* Door droogte
weggedreven worden: *het water der beek was wegge-*
droogd. Van hier *wegdrooging.*

WEGDRUIPEN, onz. w., ongelijkvl. *Ik droop weg,*
ben weggedropen. Van *weg* en *druipen.* Bij druppels
wegvloeijen: *de wijn droop uit het lekke vat weg.* Zich
stil wegmaken: *zaagt gij hem wel wegdruipen?*

WEGDRUKKEN, bedr. w., gelijkvl. *Ik drukte weg,*
heb weggedrukt. Van *weg* en *drukken.* Al drukkende
verwijderen: *het ontvlamde buspoeder drukt den kogel*
weg. Al drukkende aan het gezigt onttrekken: *druk*
de kurk niet weg. In: *hij drukt maar weg, lustig weg,*
enz., moet *weg* van *drukken* afgescheiden blijven.

WEGDUIKEN, onz. w., ongelijkvl. *Ik dook weg, ben*
weggedoken. Van *weg* en *duiken.* Zich al duikende
aan het oog onttrekken: *toen er op hem geschoten werd,*
dook hij weg.

WEGDUWEN, *wegdouwen,* bedr. w., gelijkvl. *Ik*
duwde weg, heb weggeduwd. Van *weg* en *duwen.* Al
duwende verwijderen: *waarom duwt gij mij weg?*

WEGDWALEN, *wegdolen,* onz. w., gelijkvl. *Ik*
dwaalde weg, ben weggedwaald. Van *weg* en *dwalen.*
Zich al dwalende aan het gezigt onttrekken: *hij is van*
hier weggedwaald.

WEGDWEILEN, bedr. w., gelijkvl. *Ik dweilde weg,*
heb weggedweild. Van *weg* en *dweilen.* Anders *weg-*
feilen. Al dweilende verwijderen: *gij dweilt het water*
wel weg, maar gij dweilt het niet op.

WEGE, een woordje, dat eigenlijk de daad van *wegen,*
bewegen, schijnt aan te duiden, maar enkel gebruikt
wordt in *te wege,* of *te weeg, brengen,* in beweging,
werkzaamheid, dadelijkheid, brengen, in *van wege,*
dat met *wegens* verwisseld wordt; zie *wegens;*
en als achterzetsel in *van mijnentwege, onzent-*
wege, uwentwege, zijnentwege, harentwege, hun-
nentwege, waar het aanduidt, dat iets van mij,
ons, u, hem, haar en hen, komt: in *van ambtswege,*
enz. of in *van 's Koningswege,* in den STATENBIJBEL
van 's Konincks wegen, enz., waar *wege* van het vooraf-
gaand z. n. afgescheiden blijft, maar eveneens beteekent,

kent, dat de beweging van iets harer oorfprong bij *den Koning*, enz. neemt. De naaste oorfprong van dit woordje ligt in *wegen;* de verdere in het tusfchenwerp-fel *weg.*

WEGEDOORN, z. n., m., *des wegedoorns, of van den wegedoorn;* meerv. *wegedoornen.* Van *weg*, z. n. en *doorn.* Een plantgewas, waarvan men zeven en twintig foorten telt: *buikzuiverende wegedoorn, kruipende wegedoorn,* enz.

WEGEN, bedr. en onz. w., ongelijkvl. *Ik weeg, heb gewogen.* Eigenlijk, *bewegen;* maar het tegenwoordige gebruik bepaalt zich tot de wiegende beweging van eene balans, waarmede men de zwaarte van iets navorscht, en tot deze navorfching: *wilt gij weten, hoe zwaar het is, weeg het. Abraham woech Ephron het gelt.* BIJBELV. *Die niets en weeght, dat niet de tongh het huijsjen haelt.* WESTERB. Overdragtelijk, is, *iets wel wikken en wegen,* het rijpelijk overdenken, overwegen:

Weeght eens met bedachte finnen,
Wat de fchoonheijdt is van binnen. GESCHIER.
Onz., is *wegen* zulk of zulk eene zwaarte hebben: *het woog nog geen vijf pond. Hoe zwaar weegt gij? Zwaar bij iemand wegen* is bij hem in achting en vertrouwen zijn: *de eene broeder weegt bij mij zwaarder, dan de andere. Dat het zwaarfte is moet het zwaarfte wegen,* beteekent, het gewigtigfte moet het meeste in aanmerking komen. *Hij weegt niet zwaar,* hij heeft niet veel verftand. Van hier *weegfter, wege, wegen, of wegens, weger.* Zamehftell.: *weegboontje, weegglas, weeg-fchaal, weegfteen,* enz. *Afwegen, bewegen, herwegen, nawegen, opwegen, overwegen, toewegen, uitwegen, voortwegen,* enz.

Wegen, hoogd., nederf. *wägen*, angelf. *waegan*, zweed. *vaga*, luidt bij KIL. ook *wegghen*, en is volgens hem het zelfde woord, als *wagen*, van waar *waag, wagen* en *gewagen.* Het is voorts verwant aan *waken*, van waar *wacht, wakker*, enz.; aan het lat. *vigilare;* aan *wekken*, aan *wikken, wiggen*, van waar *wigge, wigt*, enz. en aan *wiegen*, met deszelfs afftammelingen.

WEGEN, bedr. w., dat bij KIL. op weg brengen of geleiden aanduidt: *weghen ende wijfen temanden,* iemand ten gids verftrekken, KIL. Bij M. STOK. is *hem we-ghen,*

G

ghen, zich begeven, in: *Grave Willam was onblide als de hem waer en wiste weghen*, als die niet wist, waarheen hij zich begeven zou. Van *weg*, z. n.

WEGEN, zie *wegens*.

WEGENS, voorzetfel. Het beteekent, uit aanmerking, uit hoofde, van: *wegens dat bedrijf kan ik hem niet achten*. Aangaande: *hij fprak mij wegens die zaak*. In de zamenleving zet men er dikwijls *van* voor; *van wegens die zaak*. In den STATENBIJBEL vindt men enkel *van wegen*, en bij KIL. *van wege*. In het hoogd. bezigt men *wegen*, dat meermalen derwijze met z. n. zamengefteld wordt, als ons *wege*, in *pligtswege*, enz., en *wegens*, in *deswegens*, *dieswegens*, *weswegens*. Zoo naauw zijn *wege*, *wegen*, en *wegens*, aan elkanderen verwant. Zij komen gezamenlijk van *wegen*; en het ftamwoord is *weg*. Zie *wege*.

WEGENSCHENDER, z. n., m., *deswegenschenders*, of *van den wegenschender*; meerv. *wegenfchenders*. Van het meerv. *wegen* en *fchender*. Een ftraatroover, ftruikroover: *ik zag mij door eenen wegenschender aangerand*. Van hier *wegenschenderij*.

WEGETTEREN, onz. w., gelijkvl. *Ik etterde weg, ben weggeëtterd*. Van *weg* en *etteren*. Al etterende verdwijnen: *het zal wel wegetteren*. Van hier *wegettering*. Anders *wegzweren*.

WEGFEILEN, zie *wegdweilen*.

WEGFROMMELEN, bedr. w., gelijkvl. *Ik frommelde weg, heb weggefrommeld*. Van *weg* en *frommelen*. Ineen gefrommeld wegfteken: *wat frommelt gij daar weer weg?*

WEGGAAN, onz. w., onregelm. *Ik ging weg, ben weggegaan*. Van *weg* en *gaan*. Henengaan: *haer verlatende ginck hij wech*. BIJBELV. *Begosten d'offen in het wechgaen te loeien en te bulcken*. VOND. Van hier *weggang*.

WEGGALOPPEREN, onz. w., gelijkvl. *Ik galoppeerde weg, ben weggegaloppeerd*. Van *weg* en *galopperen*. Op eenen galop wegrijden: *hij galoppeerde fts aks weer weg*.

WEGGE, z. n., vr., *der*, of *van de wegge*; meerv. *weggen*. Verwant aan *wigge*; in het hoogd. *weck*. Bij KIL., en HALMA, in Vriesland, Gelderland en 't Kleeffche, nog hedendaags, een wittebrood van eene bij-

zon-

zondere gedaante: *snijd mij een stuk van die wigge.*
Voorts is *wegghe boters*, en *boterwegghe*, bij KIL., een
klomp boters, hoogd. *butterweck*, om dat zulk een
klomp de gedaante van eene dubbele wigge heeft, even
als het gezegde brood nog hedendaags in Duitschland,
en hier te lande zekerlijk oulings ook. Het komt intusschen vrij wel overeen met het phrygische Βεκκος.

WEGGEESELEN, bedr. w., gelijkvl. *Ik geeselde weg,
heb weggegeeseld.* Van weg en *geeselen.* Al geeselende
wegjagen : *ik heb hem weggegeeseld.* Vries. *weigie-
selje.*

WEGGELD, z. n., o., *des weggelds*, of *van het weggeld*; zonder meerv. Van weg, z. n., en geld. Geld,
dat tot onderhoud der wegen opgebragt wordt: *het weggeld betaal ik niet ongaarne.* Vries. *weijild.*

WEGGETOGEN, zie *wegtiegen.*

WEGGEVEN, bedr. w., ongelijkvl. *Ik gaf weg, heb
weggegeven.* Van weg en *geven.* Aan anderen geven:
al zijn goed weggeven.

WEGGEZEL, z. n., m., *des weggezels*, of *van den
weggezel*; meerv. *weggezellen.* Van weg, z. n., en
gezel. Bij KIL. en HALMA, een reisgenoot: *mijn
weggezel verliet mij onder weg.*

WEGGIETEN, bedr. w., ongelijkvl. *Ik goot weg, heb
weggegoten.* Van weg en *gieten.* Uitgieten, om het
niet meer te gebruiken: *ik heb het water reeds weggegoten.*

WEGGLIJDEN, onz. w., ongelijkvl. *Ik gleed weg,
ben weggegleden.* Van weg en *glijden.* Meer dan *ver-
glijden.* Al glijdende verre van zijne plaats geraken: *de
slede gleed langs de helling weg.*

WEGGOOCHELEN, bedr. w., gelijkvl. *Ik goochelde
weg, heb weggegoocheld.* Van weg en *goochelen.* Ook
wegguichelen. Al goochelende te zoek maken: *ik stoot
den ring in de doos, en hij goochelde hem daaruit weg.*

WEGGOOIJEN, bedr. w., gelijkvl. *Ik goeide weg, heb
weggegooid.* Van weg en *gooijen.* Van zich afgooi-
jen: *hij gooide hem een heel eind weg.* Heengooijen,
om het niet meer te gebruiken: *wat hebt gij aan dat weggooijen? Iets verre weggooijen*, is betuigen, dat men
zich daarmede in het geheel niet inlaten wil: *gooi het
zoo ver niet weg!*

WEGGRAS, z. n., o., *van het weggras*; zonder meerv.

Van *weg*, z. n., en *gras.* Een plantgewas, dat in het hoogd. *wegegras*, en *wegetritt*, genoemd wordt: *weggras heet anders varkensgras.*

WEGGRAVEN, bedr. w., ongelijkvl. *Ik groef weg, heb weggegraven.* Van *weg* en *graven.* Al gravende wegnemen: *ik laat alle veenaarde daaruit weggraven.* Van hier *weggraving.*

WEGGRIJPEN, zie *wegpakken.*

WEGGUICHELEN, zie *weggoochelen.*

WEGHAASTEN, onz. en wederk. w., gelijkvl. *Ik haastte weg, heb weggehaast,* en *ik haastte mij weg, ik heb mij weggehaast.* Van *weg* en *haasten.* Zich haasten, om weg te komen: *hij haastte zich weg. Sij haesteden haer wech voor de stemme uwes donders.* BIJBELV. Onz.: *sij werden verschrickt, sij haesteden wech.* BIJBELV. Eveneens wordt *wegspoeden* op twederlei wijze gebruikt.

WEGHAKKEN, bedr. w., gelijkvl. *Ik hakte weg, heb weggehakt.* Van *weg* en *hakken.* Al hakkende wegnemen: *laat het boschje weghakken.*

WEGHALEN, bedr. w., gelijkvl. *Ik haalde weg, heb weggehaald.* Van *weg* en *halen.* Halen, om weg te brengen: *waarom haalt gij hier alles weg?*

WEGHARKEN, bedr. w., gelijkvl. *Ik harkte weg, heb weggeharkt.* Van *weg* en *harken.* Met eene hark weghalen: *het hooi is niet schoon genoeg weggeharkt.*

WEGHEBBEN, bedr. w., ongelijkvl. *Ik had weg, heb weggehad.* Van *weg* en *hebben.* Reeds ontvangen hebben: *hij heeft zijn deel weg. Sii hebben haren loon wech.* BIJBELV. Voorts is *het weghebben,* onpasselijk zijn: *hebt gij het ook al weg?* Anders het spek weghebben: *zij heeft het spek reeds weg.* Vries. *weihabbe.*

WEGHELPEN, bedr. w., ongelijkvl. *Ik hielp weg, heb weggeholpen.* Van *weg* en *helpen.* Maken, dat iemand wegkome, hem daarin behulpzaam zijn: *kunt gij hem niet weghelpen?* Wegjagen: *wacht! ik zal hem weghelpen.*

WEGHINKEN, bedr. en onz. w., gelijkvl. *Ik hinkte weg, heb* en *ben weggehinkt.* Van *weg* en *hinken.* Bedr., in een kinderspel, al hinkende verwijderen: *zij hinkte het houtje nog al verder weg.* Onz., zich zelven
ven

ven hinkende verwijderen: *hij kon naauwelijks weghinken.*

WEGHOOZEN, bedr. w., gelijkvl. *Ik hoosde weg,
heb weggehoosd.* Van *weg* en *hoozen.* Al hoozende
wegnemen: *toen ik het water weggehoosd had.*

WEGHOUDEN, bedr. w., ongelijkvl. *Ik hield weg,
heb weggehouden.* Van *weg* en *houden.* Verholen houden: *houd het weg, dat het kind het niet zie.*

WEGHOUWEN, bedr. w., ongelijkvl. *Ik hieuw weg,
heb weggehouwen.* Van *weg* en *houwen.* Al houwende
wegnemen: *men hieuw zijnen eenen arm weg.*

WEGHUPPELEN, onz. w., gelijkvl. *Ik huppelde weg,
ben weggehuppeld.* Van *weg* en *huppelen.* Zich al huppelende verwijderen: *oogenblikkelijk huppelde zij weer
weg.*

WEGJAGEN, bedr. w., ongelijkvl. *Ik joeg weg, heb
weggejaagd.* Van *weg* en *jagen.* Heendrijven, heen-
jagen: *die hem wechjoegh, dat hij doorginck.* BIJBELV.
Hij werd voor schelm weggejaagd.

WEGKAATSEN, bedr. w., gelijkvl. *Ik kaatste weg,
heb weggekaatst.* Van *weg* en *kaatsen.* Al kaat-
sende te zoek maken: *hij heeft mijnen bal weggge-
kaatst.*

WEGKABBELEN, bedr. en onz. w., gelijkvl. *Ik kab-
belde weg, heb* en *ben weggekabbeld.* Van *weg* en *kabbelen.* Bedr., door gekabbel wegnemen: *dat water
kabbelt zijne oevers weg.* Onz., door gekabbel weggenomen worden: *de oevers kabbelen weg.* Van hier
wegkabbeling.

WEGKAKELEN, bedr. w., gelijkvl. *Ik kakelde weg,
heb weggekakeld.* Van *weg* en *kakelen.* Door gekakel
doen vertrekken: *ik dacht wel, dat ik hem wegkakelen
zou.*

WEGKANKEREN, onz. w., gelijkvl. *Ik kankerde
weg, ben weggekankerd.* Van *weg* en *kankeren.* Door
kanker weggevreten worden: *zijn aangezigt kankert al
meer en meer weg.*

WEGKANT, zie *wegzijde.*

WEGKAPEN, bedr. w., gelijkvl. *Ik kaapte weg, heb
weggekaapt.* Van *weg* en *kapen.* Al kapende wegnemen: *de Britten begonnen alles weg te kapen.*

WEGKEEREN, bedr. w., gelijkvl. *Ik keerde weg, heb*

weg-

weggekeerd. Van *weg* en *keeren.* Zoo veel als afkee-ren; ook wegvegen.

WEGKIJVEN, bedr. w., ongelijkvl. *Ik keefweg, heb weggekeven.* Van *weg* en *kijven.* Door gekijf doen vertrekken: *zijn wijf heeft hem weggekeven.*

WEGKLAAUWEN, bedr. w., gelijkvl. *Ik klaauwde weg, heb weggeklaauwd.* Van *weg* en *klaauwen.* Met een klaauw verwijderen: *hebt gij al het onkruid reeds weggeklaauwd?*

WEGKLAPPEN, zie *wegflaan.*

WEGKLETSEN, bedr. w., gelijkvl. *Ik kletfte weg, heb weggekletst.* Van *weg* en *kletfen.* Ook *wegklisfen.* Luchtig weggooijen: *de jongen kletst alles weg, wat men hem geeft.*

WEGKLISSEN, zie *wegkletfen.*

WEGKLOPPEN, bedr. w., gelijkvl. *Ik klopte weg, heb weggeklopt.* Van *weg* en *kloppen.* Ergens ter dege inkloppen: *gij moet de fpijkers beter wegkloppen.* Al kloppende van zijne plaats verwijderen: *kunt gij dien nagel niet wegkloppen? Iemand wegkloppen,* is, hem door geklop verdrijven.

WEGKLOUWEN, zie *wegkrabben.*

WEGKLUNGELEN, bedr. w., gelijkvl. *Ik klungelde weg, het weggeklungeld.* Van *weg* en *klungelen.* Al klungelende verfpillen: *zij klungelt al haar goed weg.*

WEGKNAGEN, bedr. en onz. w., gelijkvl. *Ik knaagde weg, het weggeknaagd.* Van *weg* en *knagen.* Bedr., al knagende doen verdwijnen: *de hond heeft al het vleesch van het been weggeknaagd.* Onz., door geknaag verteerd worden: *het knaagt alles weg.*

WEGKNAPPEN, onz. w., gelijkvl. *Ik knapte weg, ben weggeknapt.* Van *weg* en *knappen.* Al knappende wegfpringen: *toen de pijpenfteel gloeijend werd, knapte hij weg.*

WEGKNIJPEN, bedr. w., ongelijkvl. *Ik kneep weg, heb weggeknepen.* Van *weg* en *knijpen.* Al knijpende derwijze doen uitvloeijen, dat het verloren ga: *gij knijpt al het fap van den citroen weg.*

WEGKNIPPEN, bedr. w., gelijkvl. *Ik knipte weg, heb weggeknipt.* Van *weg* en *knippen.* Door middel van geknip met de vingers doen wegfpringen: *waarom knipt gij al de kurken weg?*

WEG-

WEGKNORREN, bedr. w., gelijkvl. *Ik knorde weg,
heb weggeknord.* Van *weg* en *knorren.* Door geknor
verdrijven: *als haar man te huis komt, knort zij hem
welhaast wederom weg.*

WEGKOMEN, onz. w., ongelijkvl. *Ik kwam weg, ben
weggekomen.* Van *weg* en *komen.* Voortkomen, wegraken: *ik wist van dat eiland niet weg te komen.* In
eenige onderneming flagen, of uit eenen neteligen toestand geraken: *ik ben zeer wel weggekomen. Gij zijt
daarbij beter weggekomen, dan ik.*

WEGKOOPEN, bedr. w., onregelm. *Ik kocht weg,
heb weggekocht.* Van *weg* en *koopen.* Al koopende
voorkomen, dat het door anderen gekocht worde: *hij
kocht alles weg.*

WEGKORTING, z. n., vr., *der*, of *van de wegkorting*; zonder meerv. Van *weg*, z. n., en *korting.*
Verkorting van den weg, en het gene daartoe dient:
het verschafte mij eene aangename wegkorting.

WEGKRAAUWEN, zie *wegkrabben.*

WEGKRABBELEN, zie *wegkrabben.*

WEGKRABBEN, bedr. w., gelijkvl. *Ik krabde weg,
heb weggekrabd.* Van *weg* en *krabben.* Anders *wegkrabbelen, wegkraauwen, wegkrouwen,* en *wegklouwen.*
Al krabbende van zijne plaats rukken: *hebt gij het roof-
je weer weggekrabd?*

WEGKRAMEN, bedr. en onz. w., gelijkvl. *Ik kraam-
de weg, heb weggekraamd.* Van *weg* en *kramen.* Bedr.,
als eene kraam wegpakken: *gij moogt uwe goederen wel
wegkramen.* Onz., met zijne kraam vertrekken: *ik
zocht hem te doen wegkramen.* Van hier *wegkra-
ming.*

WEGKRENGEN, bedr. w., gelijkvl. *Ik krengde weg,
heb weggekrengd.* Van *weg* en *krengen.* Wegdringen,
ter zijde dringen; van de paarden: *het bijdehandsche
paard krengt het vandehandsche weg.* Eene fpreekwijs,
onder de voerlieden gebruikelijk.

WEGKRIJGEN, bedr. w., ongelijkvl. *Ik kreeg weg,
heb weggekregen.* Van *weg* en *krijgen.* Van zijne
plaats krijgen: *ik kon het niet wegkrijgen.* Doen vertrekken: *ik wenschte, dat ik hem met een zoet lijntje
wegkrijgen kon. Het wegkrijgen,* is, onpaffelijk,
aangedaan, verliefd enz. worden: *aanstonds kreeg hij*

G 4 *het*

het weg. Het spek wegkrijgen, is genoegzaam hetzelfde.

WEGKRUIJEN, bedr. en onz. w., gelijkvl. Ik krui-
de weg, heb en ben weggekruid; en ongelijkvl. ik krooi,
of krood, weg, heb weggekrooijen, of gekraden. Van
weg en kruijen. Bedr, al kruijende vervoeren: gij
kunt dat alles niet op eens wegkruijen. Onz., al kruijende wegdrijven: het ijs kruit reeds wederom weg.

WEGKRUIMELEN, bedr. en onz. w., gelijkvl. Ik
kruimelde weg, heb en ben weggekruimeld. Van weg en
kruimelen. Bedr., tot onbruikbare kruimels vermor-
fen: het kind kruimelt het brood maar weg. Onz., in
zulke kruimels overgaan: het brood kruimelt onder het
snijden weg.

WEGKRUIPEN, onz. w., ongelijkvl. Ik kroop weg,
ben weggekropen. Van weg en kruipen. Heenkruipen:
hij kroop weg. Te zoek kruipen: gij kunt zoo niet wegkruipen, dat ik u niet vinden kan.

WEGKUIJEREN, onz. w., gelijkvl. Ik kuijerde weg,
ben weggekuijerd. Van weg en kuijeren. Heenkuije-
ren: wij kuijerden weg.

WEGKUNNEN, onz. w., ongelijkvl. Ik kon weg, heb
weggekonnen. Van weg en kunnen. In de mogelijk-
heid zijn om weg te raken: ik kon van dat eiland niet
weg. Van iemand niet wegkunnen, is, bij hem moeten blijven, om dat hij zulks verlangt, enz.

WEGKUSSEN, bedr. w., gelijkvl. Ik kuste weg, heb
weggekust. Van weg en kussen. Al kussende wegnemen: door hare tranen weg te kussen. Zorg door voorspoed weggekust. P. MOENS.

WEGKWANSELEN, zie wegtuischen.

WEGKWIJLEN, bedr. w., gelijkvl. Ik kwijlde weg,
heb weggekwijld. Van weg en kwijlen. Ook wegspugen, en wegspuwen. Al kwijlende verspillen: gij
kwijlt uwe beste sappen weg.

WEGKWIJNEN, onz. w., gelijkvl. Ik kwijnde weg,
ben weggekwijnd. Van weg en kwijnen. Al kwijnen-
de wegteren: hij kwijnt al meer en meer weg.

WEGKWISPELEN, bedr. w., gelijkvl. Ik kwispelde
weg, heb weggekwispeld. Van weg en kwispelen. Weggeeselen: ik zal hem duchtig wegkwispelen.

WEGLATEN, bedr. w., ongelijkvl. Ik liet weg, heb
weggelaten. Van weg en laten. Achter laten, niet be-
zi-

zigen, overflaan : *ik zou dat woord weglaten.* Van hier *weglating.*

WEGLAVEREN, onz. w., gelijkvl. *Ik laveerde weg, ben weggelaveerd.* Van *weg* en *laveren.* Al laverende vertrekken : *toen wij weglaveerden.*

WEGLEGGEN, bedr. w., gelijkvl. *Ik leide weg, heb weggeleid,* of *weggelegd.* Van *weg* en *leggen.* Uit het oog der menfchen leggen : *leg uwe beste kleederen weer weg.* Tot zeker oogmerk bewaren : *legge een ijegelijk van u ijet bij hemfelven weg.* BIJBELV. Vries. *weilisfe.*

WEGLEIDEN, bedr. w., gelijkvl. *Ik leidde weg, heb weggeleid.* Van *weg* en *leiden.* Henen leiden : *als zij hem wegleidden.*

WEGLEKKEN, onz. w., gelijkvl. *Ik lekte weg, ben weggelekt.* Van *weg* en *lekken.* Al lekkende verloren gaan : *opdat er toch niets weglekke.*

WEGLOKKEN, bedr. w., gelijkvl. *Ik lokte weg, heb weggelokt.* Van *weg* en *lokken.* Van zijne plaats lokken : *men poogde hem weg te lokken.*

WEGLOODSEN, bedr. w., gelijkvl. *Ik loodfte weg, heb weggeloodst.* Van *weg* en *loodfen.* Al loodfende wegvoeren : *men weigerde ons weg te loodfen.*

WEGLOOPEN, onz. w., ongelijkvl. *Ik liep weg, ben weggeloopen.* Van *weg* en *loopen.* Zich al loopende verwijderen : *hij liep weg.* Zich door heenloopen aan eenigen dienst onttrekken : *mijn knecht is weggeloopen. Er liepen vele foldaten van den vijand weg; en vele liepen tot ons over.* Van hier *weglooper, weglooping,* HALMA, *wegloopfter.*

WEGMAAIJEN, bedr. w., gelijkvl. *Ik maaide weg, heb weggemaaid.* Van *weg* en *maaijen.* Al maaijende wegnemen : *de distels moeten niet weggemaaid, maar uitgetrokken, worden. Iemand het gras voer de voeten weg maaijen,* hem de gelegenheid tot eene nutte of voordeelige werkzaamheid benemen.

WEGMAKEN, bedr. w., gelijkvl. *Ik maakte weg, heb weggemaakt.* Van *weg* en *maken.* Te zoek maken : *wie heeft dat weer weggemaakt? Zich zelven wegmaken,* is, maken dat men wegkome, zich wegpakken : *de fonne opgaende, maken fij fich wech, ende liggen neder in hare holen.* BIJBELV. *Zijn goed wegmaken,* is,

bij KIL. hetzelve verfpillen, of vermaken; bij uiterftem
wille daarover befchikken.

WEGMALEN, bedr. w., gelijkvl. *Ik maalde weg, heb
weggemalen*. Van *weg* en *malen*. Al malende wegnemen: *die molens kunnen het niet wegmalen*.

WEGMARSCHEREN, onz. w., gelijkvl. *Ik mar-
fcheerde weg, ben weggemarfcheerd*. Van *weg* en *marfcheren*. Heen marfcheren: *het voetvolk is ook weggemarfcheerd*.

WEGMEESTEREN, bedr. w., gelijkvl. *Ik meesterde
weg, heb weggemeesterd*. Van *weg* en *meesteren*. Met
hulp van eenen *meester*, geneesmeester, verdrijven:
*zoekt gij de derdendaagfche koorts ook al weg te meeste-
ren?* Vries. *weimasterje*.

WEGMOFFELEN, bedr. w., gelijkvl. *Ik moffelde
weg, heb weggemoffeld*. Van *weg* en *moffelen*. Sluiks-
wijze wegfteken: *wat zoekt gij daar weg te moffelen?*

WEGMOLMEN, onz. w., gelijkvl. *Ik molmde weg,
ben weggemolmd*. Van *weg* en *molmen*. In onnutten
molm vergaan: *die turf molmt geheel weg*.

WEGMOLSEMEN, onz. w., gelijkvl. *Ik molfemde
weg, ben weggemolfemd*. Van *weg* en *molfemen*. In
molfem verkeeren: *dat hout zal wegmolfemen, als gij
het niet in tijds opbrandt*.

WEGNEMEN, bedr. w., ongelijkvl. *Ik nam weg, heb
weggenomen*. Van *weg* en *nemen*. Van zijne plaats nemen: *wie heeft mijnen ftoel weggenomen? Evanders kling
nam, ô Thijmber! u het huoft wegh*. VOND. En meer
oneigenlijk: *dat neemt alle kiespijn weg. Neemt uwe
hand hunn' adem weg, zij fterven* L. D. S. P. *Dit
moet wat fijn verftelt, en dat heel weghgenomen*. WES-
TERB. Gewapenderhand veroveren: *de vijand nam ftad
bij ftad weg. Dat neemt mij veel tijds weg*, beteekent,
het kost mij veel tijds. In den STATENBIJBEL willen
fommige uitleggers het woord *wegnemen*, daar het nopens Enoch gebezigd wordt, tot eenen vroegtijdigen
dood te huis gebragt hebben; maar anderen befchouwen het als eene opneming ten hemel. Van hier *weg-
neming*.

WEGPAKKEN, bedr. w., gelijkvl. *Ik pakte weg, heb
weggepakt*. Van *weg* en *pakken*. Derwijze inpakken,
dat het uit het oog gerake: *alles werd onder in de kist
weggepakt*. Grijpen, om het weg te nemen, ook *weg-
grij-*

grijpen: die jongen pakt alles weg, wat hem voorkomt.
Zich wegpakken, is, zich haastiglijk wegmaken, ook
zich wegscheren: pak u oogenblikkelijk weg! Packt u
wech nae uwe plaetse! BIJBELV. Hoogd. *wegpacken*,
vries. *weipakje.*

WEGPAPPEN, bedr. w., gelijkvl. *Ik papte weg, heb*
weggepapt. Van *weg* en *pappen.* Door middel van
pappen verdrijven: *dat gezwel moet weggepapt worden.*

WEGPLEISTEREN, bedr. w., gelijkvl. *Ik pleisterde*
weg, heb weggepleisterd. Van *weg* en *pleisteren.* Door
middel van pleister aan het oog onttrekken: *gij moet*
die plek in den wand wegpleisteren.

WEGPLUKKEN, bedr. w., gelijkvl. *Ik plukte weg,*
heb weggeplukt. Van *weg* en *plukken.* Al plukkende
wegnemen: *wie heeft die appelen weggeplukt?* Vries.
weiplooitsje.

WEGPRATEN, bedr. w., gelijkvl. *Ik praatte weg,*
heb weggepraat. Van *weg* en *praeen.* Door praat verdrijven: *gij hebt dien vriend weggepraat.*

WEGPRESSEN, bedr. w., gelijkvl. *Ik preste weg,*
heb *weggeprest.* Van *weg* en *pressen.* Al pressende
wegnemen: *al het zeevolk wordt weggeprest.*

WEGPREVELEN, bedr. w., gelijkvl. *Ik prevelde weg,*
heb *weggepreveld.* Van *weg* en *prevelen.* Door gepre-
vel verdrijven: *die tooverdoktor wil de koorts wegpre-*
velen.

WEGRAKEN, onz. w., gelijkvl. *Ik raakte weg, ben*
weggeraakt. Van *weg* en *raken.* Ergens van daan raken: *hoe raak ik nog eens weg? Het schip raakte ein-*
delijk weg. Te zoek raken, verloren worden: *dat er*
toch niets wegrake!

WEGRAMMEIJEN, bedr. w., gelijkvl. *Ik rammeide*
weg, heb weggerammeid. Van *weg* en *rammeijen.* Ook
wegbeuken. Van zijne plaats beuken, of rammeijen:
gij moest dien ouden muur maar laten wegrammeijen.

WEGRAPEN, bedr. w., gelijkvl. *Ik raapte weg, heb*
weggeraapt. Van *weg* en *rapen.* Oprapen, om weg
te nemen: *hebt gij alles reeds weggeraapt?* Wegrukken: *hij sal u wechrapen, ende uijt de tente uijtruc-*
ken. BIJBELV.

WEGREDENEREN, bedr. w., gelijkvl. *Ik redeneer-*
de weg, heb weggeredeneerd. Van *weg* en *redeneren.*
Door

Door middel van redenering wegcijferen: *hij redeneert het Christendom geheel weg.*

WEGREIKEN, bedr. w., gelijkvl. *Ik reikte weg, heb weggereikt.* Van *weg* en *reiken.* Al reikende weggeven: *ik heb al het brood reeds aan de armen weggereikt.*

WEGREIS, zie *wegtogt.*

WEGREIZEN, onz. w., gelijkvl. *Ik reisde weg, ben weggereisd.* Van *weg* en *reizen.* Heenreizen: *is hij reeds weggereisd? Is wechgereijst in een verre gelegen landt.* BIJBELV. Vries. *wetreisje*, hoogd. *wegreisen*, verwant aan *wegrijden*, heenrijden; zie *reizen.*

WEGREKENEN, bedr. w., gelijkvl. *Ik rekende weg, heb weggerekend.* Van *weg* en *rekenen.* Onder de asch rekenen: *al het vuur was weggerekend.* Vries. *weirekkenje.* Voor weg achten, wordt *weg* van *rekenen* afgescheiden: *ik heb het reeds weg gerekend.*

WEGRIJDEN, zie *wegreizen.*

WEGROEIJEN, bedr. en onz. w., gelijkvl. *Ik roeide weg, heb* en *ben weggeroeid.* Van *weg* en *roeijen.* Al roeijende. verwijderen: *men roeit het vaartuig weg.* Onz., zich zelven al roeijende verwijderen: *zij roeiden aanstonds weg.*

WEGROEPEN, bedr. w., ongelijkvl. *Ik riep weg, heb weggeroepen.* Van *weg* en *roepen.* Door geroep van zijne plaats doen komen: *terwijl wij spraken, werd hij weggeroepen.*

WEGROEREN, bedr. w., gelijkvl. *Ik roerde weg, heb weggeroerd.* Van *weg* en *roeren.* Iets al roerende derwijze met iets anders vermengen, dat het onzigtbaar worde: *als gij de eijeren in het beslag doet, moet gij ze geheel wegroeren.*

WEGROESTEN, onz. w., gelijkvl. *Ik roestte weg, ben weggeroest.* Van *weg* en *roesten.* Al roestende bederven en verteren: *al het ijzerwerk is weggeroest.*

WEGROLLEN, bedr. en onz. w., gelijkvl. *Ik rolde weg, heb* en *ben weggerold.* Van *weg* en *rollen.* Bedr., al rollende verwijderen: *kunt gij dien steen niet wegrollen?* Onz., al rollende verwijderd worden: *de steen rolde weg.*

WEGROOVEN, bedr. w., gelijkvl. *Ik roofde weg, heb weggeroofd.* Van *weg* en *rooven.* Al roovende wegnemen: *alles werd weggeroofd.*

WEGROTTEN, onz. w., gelijkvl. *Ik rottede weg, ben*

ben weggerot. Van *weg* en *rotten.* Al rottende verteren: *de appelen rotten weg.*

WEGRUIMEN, bedr. w., gelijkvl. *Ik ruimde weg, heb weggeruimd.* Van *weg* en *ruimen.* Om ruimte te maken, wegnemen: *welhaast was al het puin weggeruimd. Ick ruijmdese wech als flijck der straten.* BIJBELV. Van hier *wegruiming.*

WEGRUKKEN, bedr. en onz. w., gelijkvl. *Ik rukte weg, heb* en *ben, weggerukt.* Van *weg* en *rukken.* Bedr., met eenen ruk wegnemen: *als het schip daarmede wechgeruckt wierd.* BIJBELV. *Tot dat een wind haar wegrukt uit onz' oogen.* L. D. S. P. *Uit den flrijt door Juno wechgeruckt.* VOND. Bijzonderlijk is *weggerukt worden,* onverwacht door den dood aan de zijnen ontrukt worden. *Al mijn fleun is weggerukt,* beteekent, mijn toeverlaat is mij, door den dood, of anderzins, benomen. Onz., is *wegrukken* ijlings wegtrekken: *toen het leger wegrukte.* Van hier *wegrukking.*

WEGSCHAFFEN, bedr. w., gelijkvl. *Ik fchafte weg, heb weggefchaft.* Van *weg* en *fchaffen.* Weggeven, wegdoen: *ik wil dat onnutte meubel weggefchaft hebben.*

WEGSCHAKEN, bedr. w., gelijkvl. *Ik fchaakte weg, heb weggefchaakt.* Van *weg* en *fchaken.* Al fchakende wegnemen; *toen de Sabijnfche maagden door de Romeinen weggefchaakt werden.*

WEGSCHAVEN, bedr. w., gelijkvl. *Ik fchaafde weg, heb weggefchaafd.* Van *weg* en *fchaven.* Door fchaven wegnemen: *die kwast moet weggefchaafd worden.*

WEGSCHEIDING, z. n., vr., *der*, of *van de, wegfcheiding;* meerv. *wegfcheidingen.* Van *weg,* z. n., en *fcheiding.* Bij KIL., *wegfcheede, wegfcheide* Eene fcheiding in den weg, een tweefprong, driefprong, enz.: *bij de wegfcheiding fcheiden wij. Buijten aan de weehfcheijdinge.* BIJBELV.

WEGSCHENKEN, bedr. w., ongelijkvl. *Ik fchonk weg, heb weggefchonken.* Van *weg* en *fchenken.* Ten gefchenke weggeven: *hij fchenkt al weg, wat hij bezit.* Van hier *wegfchenking.*

WEGSCHEPPEN, bedr. w., gelijkvl. *Ik fchepte weg, heb weggefchept.* Van *weg* en *fcheppen.* Al fcheppende wegnemen: *gij fchept al de foep weg.*

WEGSCHEREN, zie *wegpakken.*

WEG-

WEGSCHEREN, bedr. w., ongelijkvl. *Ik schoof weg, heb weggeschoren.* Van *weg* en *scheren.* Al scherende wegnemen: *Scheer mij die haren ook weg.* Vries *weischjërje.*

WEGSCHERTSEN, bedr. w., gelijkvl. *Ik schertste weg, heb weggeschertst.* Van *weg* en *schertsen.* Al schertsende uitdelgen, enz.: *hij schertst bij zijn gezelschap alle godsdienstige indrukken weg.*

WEGSCHEUREN, bedr. en onz. w., gelijkvl.† *Ik scheurde weg, heb* en *ben, weggescheurd.* Van *weg* en *scheuren.* Bedr., al scheurende wegnemen: *hij scheurt het blad weg. Ik zal hem uijt uwe armen wegscheuren.* Onz., al scheurende van zijne plaats gaan: *de lap zal welhaast wegscheuren.*

WEGSCHIETEN, bedr. en onz. w., ongelijkvl. *Ik schoot weg, heb* en *ben weggeschoten.* Van *weg* en *schieten.* Bedr., van zijne plaats schieten: *men schoot den muur weg.* Onz.: *de schietschuit schoot weg.*

WEGSCHIKKEN, bedr. en onz. w., gelijkvl. *Ik schikte weg, heb* en *ben weggeschikt.* Van *weg* en *schikken.* Bedr., door schikkingen doen weggaan: *de bezorgde vader schikte hem weg.* Onz., zich al schikkende verwijderen: *schik nog wat weg!*

WEGSCHILLEN, bedr. w., gelijkvl. *Ik schilde weg, heb weggeschild.* Van *weg* en *schillen.* Te dik schillen: *gij schilt den appel gansch en al weg.*

WEGSCHOFFELEN, bedr. w. gelijkvl. *Ik schoffelde weg, heb weggeschoffeld.* Van *weg* en *schoffelen.* Door middel van schoffelen wegnemen: *schoffel het onkruid weg.*

WEGSCHOPPEN, bedr. w., gelijkvl. *Ik schopte weg, heb weggeschopt.* Van *weg* en *schoppen.* Door middel van schoppen wegnemen: *de sneeuw is nog niet weggeschopt.* Door schoppen met den voet verwijderen: *schop den hond weg.*

WEGSCHOUW, z. n., vr., *der* of *van de wegschouw;* zonder meerv. Van *weg.* z. n., en *schouw;* of van *wegschouwen.* De daad van wegschouwen, toezigt over den weg: *er schijnt weer wegschouw op handen tezijn.*

WEGSCHOUWEN, zie *wegschouwer.*

WEGSCHOUWER, z. n., m., *des wegschouwers,* of *van den wegschouwer;* meerv. *wegschouwers.* Van *wegschouwen.,* dat enkel in de onbepaalde wijze gebruikt wordt. Al wie de wegen schouwt, of helpt schoufchouwen: *de wegfchouwers zullen mij thans niet be-keuren.*

WEGSCHRABBEN, bedr. w., gelijkvl. *Ik fchrabde weg*, *heb weggefchrabd.* Van *weg* en *fchrabben.* Al fchrabbende wegnemen: *fchrab die fchubben ook nog weg!* Al fchrabbende doen verdwijnen, verfchrabben: *hij fchrabt den wortel bijkans weg.*

WEGSCHRAPEN, bedr. w., gelijkvl. *Ik fchraapte weg*, *heb weggefchraapt.* Van *weg* en *fchrapen.* Al fchrapende wegnemen: *die vrekke fchraper fchraapt alles weg, wat onder zijn bereik komt.*

WEGSCHRAPPEN, bedr. w., gelijkvl. *Ik fchrapte weg*, *heb weggefchrapt.* Van *weg* en *fchrappen.* Uit-fchrappen: *ik laat mijnen naam daar onder weg-fchrappen.*

WEGSCHUDDEN, bedr. w., gelijkvl. *Ik fchudde weg*, *heb weggefchud.* Van *weg* en *fchudden.* Al fchuddende verloren doen gaan: *als gij den zak uit-fchudt, fchudt gij immers al dat meel weg.*

WEGSCHUIJEREN, zie *wegborftelen.*

WEGSCHUILEN, onz. w., ongelijkvl. *Ik fchool-weg*, *ben weggefcholen;* en gelijkvl. *Ik fchuilde weg*, *ben weggefchuild.* Van *weg* en *fchuilen*, zich verfchui-len: *toen Adam en Eva wegfcholen.*

WEGSCHUIMEN, bedr. w., gelijkvl. *Ik fchuimde weg*, *heb weggefchuimd.* Van *weg* en *fchuimen.* Al fchuimende wegnemen en verloren doen gaan: *gij zoudt te veel vet met het fchuim wegfchuimen.*

WEGSCHUIVEN, bedr. en onz. w., ongelijkvl. *Ik fchoof weg*, *heb* en *ben weggefchoven.* Van *weg* en *fchuiven.* Bedr., al fchuivende verwijderen: *ik fchoof de flede weg. Terwijl zij het fchip wegfchoven.* Onz., zich al fchuivende verwijderen: *kunt gij niet wegfchui-ven?* Ook van levenlooze dingen: *toen de dijk weg-fchoof.*

WEGSCHUREN, bedr. en onz. w., gelijkvl. *Ik fchuurde weg*, *heb* en *ben weggefchuurd.* Van *weg* en *fchuren.* Bedr., door fchuren doen verdwijnen: *al de roest moet ter dege weggefchuurd worden. Daar het water den wal wegfchuurt.* Onz., door fchuring verteerd worden: *de zandbank fchuurt al meer en meer weg.*

WEG-

WEGSJOUWEN . bedr. w. , gelijkvl. *Ik sjouwde weg, heb weggesjouwd.* Van *weg* en *sjouwen.* Al sjouwende wegbrengen: *ik liet het hout wegsjouwen.*

WEGSLAAN , bedr. en onz. w. , ongelijkvl. *Ik sloeg weg, heb* en *ben weggeslagen.* Van *weg* en *slaan.* Bedr., door slaan van zijne plaats brengen: *sla dien nagel weg.* Ergens ter dege inslaan: *sla de spijkers beter weg.* Even als *wegkloppen*, met eenen klop, of slag verdrijven: *sla die mug eens weg!* Onz., weggeslagen worden: *er sloeg een deel van het havenhoofd weg. Toen de mijn sprong, sloeg het bolwerk weg.*

WEGSLEPEN , bedr. w., gelijkvl. *Ik sleepte weg, heb weggesleept.* Van *weg* en *slepen.* Al slepende wegbrengen: *het lijk werd op eene horde weggesleept.* Te zoek slepen: *de hond heeft het vast weggesleept.*

WEGSLIJPEN , bedr. w. , ongelijkvl. *Ik sleep weg, heb weggeslepen.* Van *weg* en *slijpen.* Al slijpende wegnemen: *slijp de roestvlakken ter dege weg.*

WEGSLIJTEN , onz. w. , ongelijkvl. *Ik slee weg, ben weggesleten.* Van *weg* en *slijten.* Al slijtende vergaan: *dat kleed is geheel weggesleten.*

WEGSLINGEREN , bedr. en onz. w. , gelijkvl. *Ik slingerde weg, heb* en *ben weggeslingerd.* Van *weg* en *slingeren.* Bedr., al slingerende wegwerpen: *toen David den steen wegslingerde.* Onz., te zoek slingeren: *het zal wegslingeren.*

WEGSLINKEN , onz. w. , ongelijkvl. *Ik slonk weg, ben weggeslonken.* Van *weg* en *slinken.* Al slinkende in hoeveelheid afnemen, en meer en meer verdwijnen: *wat is het weggeslonken!*

WEGSLUIPEN , onz. w. , ongelijkvl. *Ik sloop weg, ben weggeslopen.* Van *weg* en *sluipen.* Al sluipende vertrekken: *doe geene moeite, om weg te sluipen.*

WEGSLUITEN , bedr. w. , ongelijkvl. *Ik sloot weg, heb weggesloten.* Van *weg* en *sluiten.* Door opsluiting aan het oog onttrekken, en in veiligheid brengen: *waar hebt gij het weggesloten?*

WEGSMAKKEN , bedr. w. , gelijkvl. *Ik smakte weg, heb weggesmakt.* Van *weg* en *smakken.* Met eenen smak wegwerpen: *gij moet het zoo niet wegsmakken.*

WEGSMELTEN , onz. w. , ongelijkvl. *Ik smolt weg, ben weggesmolten.* Van *weg* en *smelten.* Al smeltende ver-

verteren: *de boter fmelt van de warmte weg. In tra-nen wegfmelten*, is, figuurlijk, fterk fchreijen.

WEGSMIJTEN, bedr. w., ongelijkvl. *Ik fmeet weg, heb weggefmeten.* Van *weg* en *fmijten.* Van zich af-fmijten: *ik fmeet hem weg.* Als onnut wegwerpen: *ik fmijt geene oude fchoenen weg, voor dat ik nieuwe heb.*

WEGSNAPPEN, onz. w., gelijkvl. *Ik fnapte weg, ben weggefnapt.* Van *weg* en *fnappen.* Heenfnappen: *hij fnapte ook weg.*

WEGSNELLEN, onz. w., gelijkvl. *Ik fnelde weg, ben weggefneld.* Van *weg* en *fnellen.* Heen fnellen: *zie hem eens wegfnellen.*

WEGSNIJDEN, bedr. w., ongelijkvl. *Ik fneed weg, heb weg-gefneden.* Van *weg* en *fnijden.* Al fnijdende wegnemen; ook wegfnoeijen: *dat uitwas moet weggefneden worden.* In de gemeenzame verkeering, bezigt men dit woord ook onz., voor weggaan: *hij is ftil weggefneden.*

WEGSNOEIJEN, zie *wegfnijden.*

WEGSPATTEN, onz. w., gelijkvl. *Ik fpattede weg, ben weggefpat.* Van *weg* en *fpatten.* Ergens van af-fpatten: *de gloende fcherven fpatten onder het fmeden aan alle kanten weg.*

WEGSPOEDEN, onz. w., gelijkvl. *Ik fpoedde weg, heb weggefpoed.* Van *weg* en *fpoeden*, fpoedig weg-gaan: *wat fpoedt hij weg.* Ook wederkeeriglijk: *zeg hem, dat hij zich toch wegfpoede.* Vergelijk *weg-haasten.*

WEGSPOELEN, bedr. en onz. w., gelijkvl. *Ik fpoel-de weg, heb* en *ben weggefpoeld.* Van *weg* en *fpoelen.* Bedr., al fpoelende verwijderen: *fpoel dat vuil weg!* Onz., door fpoeling van water weggenomen worden: *het land fpoelt al meer en meer weg.*

WEGSPRINGEN, onz. w., ongelijkvl. *Ik fprong weg, ben weggefprongen.* Van *weg* en *fpringen.* Zich met eenen fprong verwijderen: *de bok fprong weg.* Springende verdwijnen: *toen het fchip wegfprong.*

WEGSPUGEN, zie *wegkwijlen.*

WEGSPUWEN, zie *wegkwijlen.*

WEGSTEKEN, bedr. w., ongelijkvl. *Ik ftak weg, heb weggeftoken.* Van *weg* en *fteken.* Al ftekende weg-nemen: *is al dat veen reeds weggeftoken?* Voorts, iets ergens fteken, waar het verborgen, of wel bewaard,

H is

is: *gij moet uwen buidel beter wegsteken.* Vrief. *weisteke.*

WEGSTELEN, bedr. w., ongelijkvl. *Ik stal weg, heb weggestolen.* Van *weg* en *stelen.* Stelende wegnemen: *draag zorg, dat het niet weggestolen worde! Zich wegstelen,* is, even als het hoogd. *sich wegstehlen,* steelswijze weggaan, wegsluipen: *gelijck als het volck sich wechsteelt, dat beschaemt is.* BIJBELV. Vrief. *weistelle.*

WEGSTERVEN, onz. w., ongelijkvl. *Ik stierf weg, ben weggesterven.* Van *weg* en *sterven.* Heensterven : *ja die met ziel en lijf wechsterven en versmachten.* Z. HEIJNS.

WEGSTEVENEN, onz. w., gelijkvl. *Ik stevende weg, ben weggestevend.* Van *weg* en *stevenen.* Heenstevenen: *het schip is weggestevend. Toen wij wegstevenden.*

WEGSTIEREN, zie *wegsturen.*

WEGSTOFFEN, bedr. w., gelijkvl. *Ik stofte weg, heb weggestoft.* Van *weg* en *stoffen.* Door middel van eenen stoffer wegnemen: *stof het stof ter dege weg.*

WEGSTOMPEN, zie *wegstooten.*

WEGSTOOTEN, bedr. w., ongelijkvl. *Ik stiet weg, heb weggestooten.* Van *weg* en *stooten.* Ook wel eens *wegstompen.* Van zich afstooten: *hij stiet mij weg.* Van zijne plaats stooten: *die mijne voeten denken weg te stooten.* BIJBELV. Vrief. *weistjitte.*

WEGSTOPPEN, bedr. w., gelijkvl. *Ik stopte weg, heb weggestopt.* Van *weg* en *stoppen.* Iets ergens stoppen, waar het verborgen, of wel bewaard, is: *wat stopt gij daar weer weg?* Vrief. *weistopje.*

WEGSTORMEN, bedr. w., gelijkvl. *Ik stormde weg, heb en ben, weggestormd.* Van *weg* en *stormen.* Bedr., al stormende van zijne plaats drijven: *de Noordwestewind stormde ook dien dijk weg. Wij gaan den vijand wegstormen.*

WEGSTOVEN, bedr. en onz. w., gelijkvl. *Ik stoofde weg, heb weggestoofd.* Van *weg* en *stoven.* Bedr., al stovende doen verdwijnen: *gij stooft al het nat weg.* Onz., onder het stoven verdwijnen; *alle vocht stooft weg.*

WEGSTREELEN, bedr. w., gelijkvl. *Ik streelde weg, heb weggestreeld.* Van *weg* en *streelen.* Door gestreel

ſtreel verdrijven: *het kind ſtreelde al deszelfs voorhoofd-fronſels weg.*

WEGSTRIJKEN, bedr. en onz. w., gelijkvl. *Ik ſtreek weg, heb en ben weggeſtreken.* Van *weg* en *ſtrijken.* Bedr., iets van zijne plaats ſtrijken: *ſtrijk het geld maar weg!* Onz., bij KIL. en HALMA, even als het hoogd. *wegſtreichen*, zich wegmaken, anders *ſtrijken: hij ging rekken en wegſtrijken.*

WEGSTROOIJEN, bedr. w., gelijkvl. *Ik ſtrooide weg, heb weggeſtrooid.* Van *weg* en *ſtrooijen.* Iets derwijze ſtrooijen, dat het verloren ga: *waarom ſtrooit gij toch al die ſuiker weg?* Vrieſ, *weiſtruije.*

WEGSTROOPEN, bedr. w., gelijkvl. *Ik ſtroopte weg, heb weggeſtroopt.* Van *weg* en *ſtroopen.* Van zijne plaats ſtroopen; *ſtroop dat vel ook weg!* Al ſtroopende wegnemen: *de ſtroopers hebben alle viſch weggeſtroopt.*

WEGSTUDEREN, bedr. w., gelijkvl. *Ik ſtudeerde weg, heb weggeſtudeerd* Van *weg* en *ſtuderen.* Al ſtuderende verliezen: *hij heeft zijn verſtand weggeſtudeerd.*

WEGSTUITEN, onz. w., gelijkvl. *Ik ſtuitte weg, ben weggeſtuit.* Van *weg* en *ſtuiten.* Zich al ſtuitende verwijderen: *ik zag den bal wegſtuiten.*

WEGSTUIVEN, onz. w., ongelijkvl. *Ik ſtoof weg, ben weggeſtoven.* Van *weg* en *ſtuiven.* Al ſtuivende verdwijnen, of van zijne plaats geraken: *al het ſtof ſtoof weg.* Onſtuimig henengaan: *zaagt gij hem wel weg-ſtuiven?*

WEGSTUREN, bedr. w., gelijkvl. *Ik ſtuurde weg, heb weggeſtuurd.* Van *weg* en *ſturen.* Wegzenden: *ik heb hem weggeſtuurd.* Ergens van afſturen: *ſtuur het ſchip toch weg, bid ik u!* Een ſchip derwijze ſturen, dat het verloren ga: *hij heeft het vaartuig met al de lading weggeſtuurd.* Anders *wegſtieren*, vrieſ. *weiſtjaere.*

WEGSUKKELEN, onz. w., gelijkvl. *Ik ſukkelde weg, ben weggeſukkeld.* Van *weg* en *ſukkelen.* Met geſukkel wegraken: *hij ſukkelde weg, zoo als hij beſt kon.*

WEGTIEGEN, bedr. en onz. w., ongelijkvl. *Ik toog weg, heb en ben weggetogen.* Van *weg* en *tiegen.* Bedr., wegtrekken: *toen hij de hand wegtoog.* Onz., ver-

rei-

reizen: *hij wendde fich, ende teoch wech met grim-micheit.* Bijbelv. *Toen zij ook weggetogen waren.* Zie voorts *wegtijen.*

WEGTIJEN, onz. w., gelijkvl. *Ik tijde weg, ben weggetijd.* Van *weg* en *tijen.* Hoogd. *wegzichen,* vrief. *weitjen.* Evenveel als *wegtiegen* en *wegtijgen.* Ongelijkvl. *Ik teeg weg, ben weggetogen;* van welk woord, en *wegtijen,* en *wegtiegen,* de meeste tijden door die van het gelijkluidende *wegtrekken* vervangen worden.

WEGTIJGEN, zie *wegtijen.*

WEGTIMMEREN, bedr. w., gelijkvl. *Ik timmerde weg, heb weggetimmerd.* Van *weg* en *timmeren.* Door timmeraadje aan het oog onttrekken: *ik laat die deur wegtimmeren.*

WEGTOGT, z. n., m., *des wegtogts,* of van den *wegtogt;* zonder meerv. Van *weg* en *togt.* Anders *wegreis.* De reis, of togt, bij iemands vertrek: *zijn wegtogt was in geenen deele voorfpoedig.*

WEGTOOVEREN, bedr. w., gelijkvl. *Ik tooverde weg, heb weggttooverd.* Van *weg* en *tooveren.* Te zoek tooveren, meest al in eenen oneigenlijken zin: *dat kind heeft het vast weer weggetooverd.*

WEGTORSCHEN, bedr. w., gelijkvl. *Ik torschte weg, heb weggetorscht.* Van *weg* en *torschen.* Wegdragen: *toen Prins Eneas zijnen vader op zijne fchouderen wegtorschte.*

WEGTRAPPEN. Zie *wegtreden.*

WEGTREDEN, bedr. en onz. w., ongelijkvl. *Ik trad weg, heb* en *ben, weggetreden.* Van *weg* en *treden.* Bedr., evenveel als *wegtrappen.* Ergens geheel intreden: *steken er hier of daar stokjes uit den grond, dan moet gij ze wegtreden.* Door trappen en treden wegnemen: *treed uw fpeekfel weg. Zijne voetftappen waren reeds weggetreden. De trappen zijn grootendeels weggetreden.* Iets van zijne plaats trappen, of treden: *de ftruiken, die er ftonden, wegtredende, baande ik voor de anderen een pad.* Onz., heentreden: *toen hij een weinig weggetreden was.*

WEGTREKKEN, bedr. en onz. w., ongelijkvl. *Ik trok weg, heb* en *ben, weggetrokken.* Van *weg* en *trekken.* Bedr., van zijne plaats trekken: *de paarden waren buiten ftaat, om den wagen weg te trekken.* Onz.,

ver-

vertrekken : *fo fullen wij onfe doohter ne.zen , ende wechtrecken.* BIJBELV. Hoogd. *wegziehen.*

WEGTREUREN, onz. w., gelijkvl. *Ik treurde weg, ben weggetreurd.* Van *weg* en *treuren.* Treurende wegkwijnen: *zij zal nog wegtreuren.* Oneigenlljk: *de boom treurt weg.* Ook wederkeerig: *zij treurt zichweg.*

WEGTREUZELEN, bedr. w., gelijkvl. *Ik treuzelde weg, heb weggetreuzeld.* Van *weg* en *treuzelen.* Te zoek treuzelen: *daar hebt gij uwe naald weer weggetreuzeld.*

WEGTRIPPELEN, onz. w., gelijkvl. *Ik trippelde weg, ben weggetrippeld.* Van *weg* en *trippelen.* Heentrippelen: *aanftonds trippelde zij wederom weg.*

WEGTROONEN, bedr. w., gelijkvl. *Ik troonde weg, heb weggetroond.* Van *weg* en *troonen.* Weglokken: *waarom troont gij haar weg, en in haar verderf?*

WEGVAARDIG, zie *wegvaart.*

WEGVAART, z. n., vr., der, of *van de wegvaart;* zonder meerv. Van *weg* en *vaart.* Bij KIL. eene vaart, eene reis, over den weg. Van hier *wegvaardig,* reizende: *weghvaerdighman.* KIL. — *Plunderinge der wegveerdiger koopluijden.* v. HASS.

WEGVAGEN, zie *wegvegen.*

WEGVALLEN, onz. w., ongelijkvl. *Ik viel weg, ben weggevallen.* Van *weg* en *vallen.* Van zijne plaats vallen: *de bramfteng viel weg.* Bijzonderlijk, uit het gelid vallen: *toen mijn nevenman wegviel.* Niet meer mede gerekend worden: *die onkosten vallen weg.*

WEGVANGEN, bedr. w., ongelijkvl. *Ik ving weg, heb weggevangen.* Van *weg* en *vangen.* Al vangende wegnemen: *het wild is weggevangen.*

WEGVAREN, bedr. en onz. w., ongelijkvl. *Ik voer weg, heb* en *ben weggevaren.* Van *weg* en *varen.* Bedr., met vaartuig vervoeren: *wie heeft dat goed weggevaren?* Onz., met vaartuig vertrekken: *toen zij wegvoeren.* Van een fchip, heenvaren: *wanneer zal de fchuit wegvaren?* Ook wel eens heenrijden: *de wagen vaart reeds weg. Wij voeren met den Munfterfchen wagen weg.* Snellijk heenvaren: *als de Engelen van haar weggevaren waren.* BIJBELV.

WEGVEENEN, bedr. w., gelijkvl. *Ik veende weg, heb weggeveend.* Van *weg* en *veenen.* Al veenende wegnemen: *al dat land is reeds weggeveend en tot water.*

WEGVEGEN, bedr. w., gelijkvl. *Ik veegde weg, heb weggeveegd.* Van *weg* en *vegen.* Anders *wegvagen.* Van zijne plaats vegen: *veeg dat ftof beter weg.* Onzacht verdrijven: *uil ik hem eens wegvegen? Hij heeft uwen vijant wechgevaegt.* BIJBELV. *Een vijandelijk leger wegvagen*, is hetzelve ganfchelijk verdrijven.

WEGVIJLEN, bedr. w., gelijkvl. *Ik vijlde weg, heb weggevijld.* Van *weg* en *vijlen.* Met eene vijl wegnemen: *gij moet al het hakige wegvijlen.*

WEGVILLEN, bedr. w., gelijkvl. *Ik vilde weg, heb weggevild.* Van *weg* en *villen.* Al villende wegnemen: *dat lapje moet ook nog weggevild worden.* Vries. *weivilje.*

WEGVINKEN, bedr. w., gelijkvl. *Ik vinkte weg, heb weggevinkt.* Van *weg* en *vinken.* Met het vinkennet wegvangen: *gij moet al de vinken niet wegvinken.*

WEGVISSCHEN, bedr. w., gelijkvl. *Ik vischte weg, heb weggevischt.* Van *weg* en *visfchen.* Met een vischnet, of anderzins, wegvangen: *al wat leeft, is weggevischt.*

WEGVLIEDEN, onz. w., ongelijkvl. *Ik vlood weg, ben weggevloden.* Van *weg* en *vlieden.* Heenvlieden: *hij vlood lafhartig weg. Pomoon, en Bromius, en Ceres, wechgevloden.* VOND. *Zij vlooden weg, verbaasd door fchrik.* L. D. S. P. *Treuringe en de fuchtinge fullen wechvlieden.* BIJBELV. Zie voorts *wegvlieten.*

WEGVLIEGEN, onz. w., ongelijkvl. *Ik vloog weg, ben weggevlogen.* Van *weg* en *vliegen.* Heenvliegen: *haerlieder heerlickheijt fal wechvliegen, als een voghel.* BIJBELV. *Het fchip vloog weg*, is, het zeilde fnellijk weg, of het vloog in de lucht.

WEGVLIETEN, onz. w., ongelijkvl. *Ik vloot weg, ben weggevloten.* Van *weg* en *vlieten.* Heenvlieten: *het water vliet weg.* Oneigenlijk verdwijnen: *u dal is wechgevloten.* BIJBELV., waar: *van wiens aengefichte de aerde ende de hemel wechvloot*, tot *wegvlieden* behoort, zoo als *vlieden* en *vlieten* ook verwisfeld worden in: *voor u en uwen broeder wechvloot.* VOND.; en meermalen elders; zie *vlieden.*

WEGVLIJMEN, bedr. w, gelijkvl. *Ik vlijmde weg, heb weggevlijmd.* Van *weg* en *vlijmen.* Al vlijmende wegnemen: *hij zocht het uitwas weg te vlijmen.*

WEC.

WEGVLOEIJEN, onz. w., gelijkvl. *Ik vloeide weg,*
ben weggevloeid. Van weg en *vloeijen.* Heenvloeijen:
gij laat dat kostelijke vocht wegvloeijen.

WEGVLOEKEN, bedr. w., gelijkvl. *Ik vloekte weg,*
heb weggevloekt. Van weg en *vloeken.* Door vloeken
verdrijven: *hij vloekt al, wie hem nadert, weg.*

WEGVLOTTEN, bedr. w., gelijkvl. *Ik vlottede weg,*
heb weggevlot. Van weg en *vlotten.* In, of op, een
vlot vervoeren: *hout wegvlotten.* *Gij kunt het ook weg-*
vlotten.

WEGVLUGTEN, onz. w., gelijkvl. *Ik vlugtte weg,*
ben weggevlugt. Van weg en *vlugten.* Zich al vlug-
tende verwijderen: *de Trojanen bieden hem den rugh,*
vlughten weg. VOND. *Alle uwe overste zijn te samen*
wechgevlucht. BIJBELV.

WEGVOEREN, bedr. w., gelijkvl. *Ik voerde weg, heb*
weggevoerd. Van weg en *voeren.* Van zijne plaats
voeren: *goederen wegvoeren.* *Toen men hen gevankelijk*
wegvoerde. Van hier *wegvoering.*

WEGWAAIJEN, onz. w., ongelijkvl. *Ik woei weg,*
ben weggewaaid. Van weg en *waaijen.* Van zijne plaats
waaijen: *als gij het niet beter vastmaakt, zal het weg-*
waaijen, en verloren gaan.

WEGWANDELEN, onz. w., gelijkvl. *Ik wandelde*
weg, ben weggewandeld. Van weg en *wandelen.* Heen-
wandelen: *ik zag hen wegwandelen.*

WEGWASEMEN, onz. w., gelijkvl. *Ik wasemde weg,*
ben weggewasemd. Van weg en *wasemen.* In wasem
vervliegen: *alle vocht, dat daarin is, wasemt weg.*

WEGWASSCHEN, bedr. w., ongelijkvl. *Ik wiesch*
weg, heb weggewasschen. Van weg en *wasschen.* Al
wasschende wegdoen: *wat wordt er in de keukens al niet*
weggewasschen!

WEGWENSCHEN, bedr. w., gelijkvl. *Ik wenschte*
weg, heb weggewenscht. Van weg en *wenschen.* Wenschen, dat iemand of iets weg ware: *ik merkte, dat*
men mij wegwenschte.

WEGWENTELEN, bedr. en onz. w., gelijkvl. *Ik*
wentelde weg, heb en ben weggewenteld. Van weg en
wentelen. Bedr., al wentelende verwijderen: *zij wen-*
telden den steen weg. Onz., ergens van afwentelen:
de steen zal wegwentelen.

H 4   WEG-

WEGWERKEN , bedr. w. , gelijkvl. *Ik werkte weg.
heb weggewerkt.* Van *weg* en *werken.* Door werkza-
men arbeid van zijne plaats brengen, van zich verwijderen, of doen verdwijnen: *het laat zi h niet wegwerken. Toen ik die denkbeelden weggewerkt had , voltooide
ik mijn gefchrijf.*

WEGWERPEN , bedr. w. , ongelijkvl. *Ik wierp weg,
heb weggeworpen.* Van *weg* en *werpen.* Weggooijen,
wegfmijten , zoo eigenlijk , als oneigenlijk: *het volk
wierp de wapens weg. Gij fultfe wechwerpen gelijck
een maenftendigh kleet.* BIJBELV. Van hier *wegwerpe-
lijk, wegwerping, wegwerpfel.*

WEGWEZEN, zie *wegzijn.*

WEGWIJKEN, onz. w. , ongelijkvl. *Ik week weg, ben
weggeweken.* Van *weg* en *wijken.* Ergens van afwijken: *de plank week weg. De nijt Ephraims fal wech-
wijcken.* BIJBELV.

WEGWIJZEN, bedr. w. , ongelijkvl. *Ik wees weg, heb
weggewezen.* Van *weg* en *wijzen.* Heenwijzen: *als
hij wederkomt, moet gij hem wegwijzen.*

WEGWIJZER, z. n., m. , des *wegwijzers,* of van den
wegwijzer; meerv. *wegwijzeren,* of *wegwijzers.* Van
weg en *wijzer,* van *wijzen.* Iemand , die den weg
wijst: *wij namen hem tot wegwijzer mede.* Ook oneigenlijk: *leidsman en wegwijzer, op het pad van eer.*
Een paal , waarop de wegen aangeduid worden: *het
ftond evenwel uitdrukkelijk op den wegwijzer te lezen.*

WEGWILLEN, onz. w. , gelijkvl. *Ik wilde weg, heb
weggewild.* Van *weg* en *willen.* Van perfonen, genegen zijn, om te vertrekken: *toen hij volftrekt wegwil-
de.* Van zaken, zich laten verplaatfen: *die fteen wil
nog niet weg.*

WEGWINDEN, bedr. w. , ongelijkvl. *Ik wond weg,
heb weggewonden.* Van *weg* en *winden.* Door middel
van een windas van zijne plaats brengen: *het zal weggewonden moeten worden.*

WEGWIPPEN, onz. w. , gelijkvl. *Ik wipte weg, ben
weggewipt.* Van *weg* en *wippen.* Met eene wip henengaan: *aanftonds wipte dat ding weer weg.*

WEGWISSCHEN, bedr. w. , gelijkvl. *Ik wischte weg,
heb weggewischt.* Van *weg* en *wifchen.* Uitwifchen:
wischt het weg!

WEGWRIJVEN , bedr. w. , ongelijkvl. *Ik wreef weg,
heb*

heb weggewreven. Van *weg* en *wrijven.* Door wrijven verdrijven: *dat ongemak moet weggewreven worden.*
Vries. *weiwrtuwe.*

WEGZAGEN, bedr. w., gelijkvl. *Ik zaagde weg, heb*
weggezaagd. Van *weg* en *zagen.* Al zagende wegnemen: *zaag dien tak ook maar weg.* Door eene zagende
muzijk verdrijven: *zij zaagden mij welhaast weg.*

WEGZAKKEN, bedr. en onz. w., gelijkvl. *Ik zakte*
weg, heb en ben *weggezakt.* Van *weg* en *zakken.*
Bedr., in eenen zak, of in zakken, wegnemen: *men*
heeft zekerlijk van dat banket weggezakt. Onz., van
zijne plaats zakken: *die muur zakt al meer en meer*
weg.

WEGZEILEN, onz. w., gelijkvl. *Ik zeilde weg, ben*
weggezeild. Van *weg* en *zeilen.* Heenzeilen: *toen*
wij wegzeilden. Het schip is reeds *weggezeild.* Vries.
weisile.

WEGZENDEN, bedr. w., ongelijkvl. *Ik zond weg,*
heb weggezonden. Van *weg* en *zenden.* Heenzenden:
de weduwen hebt ghij ledigh wechgesonden. BIJBELV.

WEGZETTEN, bedr. w., gelijkvl. *Ik zettede weg, heb*
weggezet. Van *weg* en *zetten.* Ter zijde zetten, uit
het oog zetten: *giet in alle die vaten, ende dat vol is,*
set wech. BIJBELV.

WEGZEVEN, bedr. w., gelijkvl. *Ik zeefde weg, heb*
weggezeefd. Van *weg* en *zeven.* Anders *wegzif ten.* Al
zevende verloren doen gaan: *met die zeef zeef ik te veel*
weg.

WEGZIFTEN, zie *wegzeven.*

WEGZIJDE, z. n., vr., *der,* of *van de wegzijde;*
zonder meerv. Van *weg,* z. n., en *zijde.* Anders
wegkant. Die zijde van een ding, welke naar den weg
gerigt is: *de boom staat aan de wegzijde van mijnen*
tuin.

WEGZIJGEN, onz. w., ongelijkvl. *Ik zeeg weg, ben*
weggezegen. Van *weg* en *zijgen.* Al zijgende verloren gaan: *veel is, onder het doorzijgen, weggezegen.*

WEGZIJN, onz. w., onregelm. *it was weg, ben weg-*
geweest. Van *weg* en *zijn.* Anders *wegwezen.* Verwijderd, heengegaan, zijn: *hij was naauwelijks weg.*
Weggenomen zijn: *het broot is wech uijt onse vaten.*
*Wat hebben wij?*BIJBELV.Verloren zijn: *het land is weg.*Te

zoek

zoek zijn: *als het weg is, weet ik geenen raad.* Flaauw zijn: *zij is om eenen haverklap weg.*

WEGZIJPELEN, zie *wegzijpen.*

WEGZIJPEN, onz. w., gelijkvl. *Ik zijpte weg, ben weggezijpt.* .Van *weg* en *zijpen.* Anders *wegzijpelen.* Al zijpende wegvloeijen, en verloren gaan: *wat vloeit er een wijn uit dat lekke vat weg!* Vries. *weifipelje.*

WEGZINKEN, onz. w., ongelijkvl. *Ik zonk weg, ben weggezonken.* Van *weg* en *zinken.* Nederwaarts zinken, en al zinkende uit het oog verdwijnen: *de aardbeving deed ganfche velden wegzinken, en in grondelooze poelen verkeeren.*

WEGZWEEPEN, bedr. w., gelijkvl. *Ik zweepte weg, heb weggezweept.* Van *weg* en *zweepen.* Met eene zweep verdrijven: *zweep dien hond eens weg!*

WEGZWEMMEN, onz. w., ongelijkvl. *Ik zwom weg, ben weggezwommen.* Van *weg* en *zwemmen.* Zich al zwemmende verwijderen: *de varkens zwommen weg.*

WEGZWERVEN, onz. w., ongelijkvl. *Ik zwierf weg, ben weggezworven.* Van *weg* en *zwerven.* Zich al zwervende verwijderen: *ick foude verre wechfwerven, ick foude vernachten in de woeftijne.* BIJBELV.

WEGZWEVEN, onz. w., gelijkvl. *Ik zweefde weg, ben weggezweefd.* Van *weg* en *zweven.* Heenzweven: *gelijck eene musfche is tot wechfweven.* BIJBELV.

WEI, zie *weide.*

WEI, z. n., vr., *der,* of *van de wei;* zonder meerv. Anders *hui,* dat bij VOND. vrouwelijk is; zie *hui;* terwijl *wei* daarentegen bij HOOFT onz. is, in: *wel noemt het zoete wei van geiten inne.* Dit woord luidt in het eng. *whaij, wheij,* en beteekent de waterdeelen van geronnene melk: *hij dronk zich rond aan zoete wei.* De waterdeelen van het bloed: *er kwam weinig wei op het bloed, dat ik hem afgetapt had.* Van hier *weiachtig,* dun, als wei, en meer wei, dan andere deelen bevattende. Zamenftell.: *weiboer,* een boer, die wei verkoopt, *weiboter, weikaas, weivat,* enz. *Kaaswei, fchapenwei,* enz.

WEIACHTIG, zie *wei.*

WEICHSEL, zie *weisfel.*

WEIDBOOM, zie *weifchuit.*

WEIDE, *wei,* z. n., vr., *der,* of *van de weide;* meerv. *weiden.* Eigenlijk al, wat tot voeding verftrekt. In de·

dezen algemeenen zin komt *weidu* bij OTTFRID. voor, bezigt men *weide* in het hoogd. meermalen, en schijnt VOND. dit woord ook gebruikt te hebben, in: *met gezonde wei van leeringen te voeden.* Intusschen bepaalt het zich doorgaans bij zulken grond, als waarop het weidvee voor zich voedsel vindt: *de weide der beesten.* HOOFT. *Zee, lucht, en aerde, en weiden.* VOND. Figuurlijk draagt de zee den naam van *weide*, in: *Neptunus groene weiden.* VOND. *Thetis vochte weiden.* DE DECK., bij wien men elders leest: *de mensche treed ook dus de wei in van het leven.* Zamenstell.: *weidebl em, weidegeld (weigeld), weidegraaf, weidegras, weideklaver, weideregter, weigroen,* enz. *Koeweide,* bij HALMA, zoo veel lands, als er noodig is, om eene koe te voeden.

Weide, hoogd. ook *weide,* OTTFRID.*weidu,* NOTK. *weido, wida,* komt van *weiden.*

WEIDE, *wei,* een verouderd woord, in welks plaats men in het nederf. nog *wede* gebruikt, om ingewand aan te duiden. Van hier *geweide, gewei, ingewelde, weiden, uitweiden,* bij KIL., en *ontweiden, ontweijen.*

WEIDE, *wei,* z. n., vr., der, of van de weide; zonder meerv. Een verouderd woord. Bij NOTK. *weido,* zweed. *vide,* de jagt. Van waar bij KIL. *weidener,* een jager,*weidig, weidelick,* en *weidsch,* tot de jagt betrekkelijk; benevens de zamenstell.: *weideling, weidman, weidmes, weidvogel, weidzak, weifchuit, weitasch,* enz.

WEIDEGRAAF, z. n., m., *des weidegraafs,* of *van den weidegraaf;* meerv. *weidegraven.* Anders *weideregter.* Iemand, die het beftuur over eene gemeene weide heeft. Van *weide* en *graaf.*

WEIDELIJK, zie *weide* en *weidsch.*

WEIDELING, zie *weifchuit.*

WEIDEN, bedr. en onz. w., gelijkvl. *Ik weidde, heb geweid.* Eigenlijk voeden: *Ephraim weidt fich met wint.* BIJBELV. In het gwone gebruik bedr., in eene weide onder zijn opzigt houden: *hoe veel witte fchapen ick weide en melcke.* VOND. *Hij fal fijne kudde weijden, gelijck een herder.* BIJBELV. *Zijn fchapen, die hij weidt en voedt.* L. D. S. P. — Onz., van beesten, voedfel zoeken: *de fchaapjes weiden langs den ftroom.* HALMA. *En weit en loeit en fnoeit in 't grazen 't eelfte pit.* VOND.

VOND. De oogen worden gezégd te *weiden*, wanneer zij ergens over uitweiden: *'t zij 't oogh in 't meesterſtuck van binnen weiden gaet, of buiten*. VOND. En als men zijne oogen dus laat uitweiden, wordt men gezegd *die te weiden: weij mijn vrij gezicht de mengſels door en door*. VOND. In den STATENBIJBEL vervangt *weiden* meermalen de plaats van *beſturen*, *regeren*. Van hier *weide, weider, weiderij, weiding*. Zamenſtell.: *weigeld, weiland, weijdveld, weijdſchaep*, KIL. enz. *Afweiden, beweiden, herweiden, uitweiden, verweiden, voortweiden*, enz.

Weiden, *weijen*, hoogd., NOTK. *weiden*, ULPHIL. *vitan*, eng. *feed*, angelf. *fedan*, nederf. *föden*, middeleeuw. lat. *paduire*, is verwant aan *voeden*.

WEIDENER, zie *weide*.

WEIDER, z. n., m., *des weiders*, of *van den weider*; meerv. *weiders*. Van *weiden*. Al wie beesten in de weide hoedt, of hoeden laat. Deze beteekenis heeft het woord in *osſenweider* en *vetweider*; welk laatſte tevens een beest, dat al weidende vet wordt, aanduidt.

WEIDEREGTER, zie *weidegraaf*.

WEIDIG, zie *weide*.

WEIDMAN, z. n., m., *des weidmans*, of *van den weidman*; zonder meerv.; in welks plaats men *weidlieden* gebruikt. Anders *weiman*. Een jager: *een weimans tasch*. HALMA. Dit woord luidt in het hoogd. *weidemann*. Van *weide* en *man*.

WEIDMES, z. n., o., *van het weidmes*; meerv. *weidmesſen*. Een jagersmes. Anders *weimes*. Van *weide* en *mes*, of van dit laatſte woord en *weiden, weijen, ontweijen*.

WEIDSCH, bijv. n. en bijw., *weidſcher, weidschst*. Vol praal en pracht: *een weidsch gebouw*. *Zijn ſtaaiſiekleed was weidsch en rijk*. Als bijw., met praal en pracht: *wat kleedt zij zich weidsch!* Van hier *weidschheid*. Dit woord is misſchien verwant aan *weldelick* bij KIL., uitmuntend, eigenlijk ſterk, hoogd. *weidlich*, WILLERAM. *wathlich*, zweed. *vat, hvat*, angelf. *hwate*, waarin de beteekenisſen van kracht, en uitnemendheid, vereenigd zijn, even als die van kracht en deugd in het lat. *virtus*.

WEIFELAAR, z. n., m., *des weifelaars*, of *van den weifelaar*; meerv. *weifelaars*, of *weifelaren*. Van *weife-*

felen. Zie *aar.* KIL. *weijfeler.* Iemand, die weifelt, en niet regt door zee gaat: *er is op dien weifelaar geen ftaat ter wereld te maken.*

WEIFELEN, onz. w., gelijkvl. *Ik weifelde, heb geweifeld.* Wankelen, tusfchen twee gevoelens hangen: *toen ik hem dit voorstelde, begon hij te weifelen. Zijn tongh zou weifelen en liegen.* VOND. Bij de zeelieden ook laveren. HOOFT bezigt het bedrijv.: *indien hem de gunst eener dikke mist niet geweifelt hadde.* Van hier *weifelaar, weifelachtig, weifelig, weifeling.* Dit woord fchijnt eene bekorting van *twijfelen,* hoogd. *zweifelen,* zie *twijfelen;* of het is een voortdurend werkw. van *weiven,* dat aan *wuiven* en *weven* verwant is, en waaromtrent zie *weven.*

WEIGERAAR, z. n., m., *des weigeraars,* of van *den weigeraar;* meerv. *weigeraars.* Van *weigeren,* zie *aar.* Al wie weigert: *dien onmededoogenden weigeraar van zulk eene geringe bede.*

WEIGERACHTIG, zie *weigerig.*

WEIGEREN, bedr. en onz. w., gelijkvl. *Ik weigerde, heb geweigerd.* Bedr., onwillig afflaan: *weiger mij die gunst niet. Ick en hebbe 't hem niet geweijgert.* BIJBELV. *'k Weigerd' allen troost te hooren.* L. D. S. P. *Hij weigerde geenfins hem netten na te dragen.* VOND. — Onz., ten aanzien van een verzoek, tegenstribbelen: *het vragen ftaat vrij, het weigeren daarbij. Hij weigerde hem feer.* BIJBELV. Een fchietgeweer *weigert,* als eene poging, om daar mede een fchot te doen, mislukt. Van hier *weigeraar, weigerachtig, weigerig, weigering, weigerlijk.*

Weigeren, opperd. van oudsher ook *weigeren,* hoogd. *weigern,* en *wegern,* vries. *wegerje,* zweed. *vägra,* nederd. *weiern,* angelf. *wijrnan,* eng. *wern,* komt van *wegen,* en beteekent eigenlijk eene beweging van hoofd, of hand, waardoor men ongeneigdheid aanduidt.

WEIGERIG, bijv. n. en bijw., *weigeriger, weigerigst.* Van *weigeren.* Zie *ig.* Ook *weigerachtig,* en *weigerlijk.* Ongenegen tot iets, en zulks dadelijk aanduidende: *zij bleef fteeds even weigerig. Stel u zoo weigerig niet aan!*

WEIGERLIJK, zie *weigerig.*

WEIGROEN, bijv. n., zonder trappen van vergrooting.

ting. Van *weide*, *wei* en *groen*. De groene kleur van eene grazige weide hebbende: *een weigroen kleed*. Ook als zelfstandig, o.

WEIKAAS, zie *wei*.

WEILAND, z. n., o., *des weilands*, of *van het weiland*; meerv. *weilanden*. Van *wei*, *weide*, en *land*. Hetzelfde als *weide*.

WEIMAN, zie *weidman*.

WEIMES, zie *weidmes*.

WEINIG, bijv. n. en bijw., *weiniger*, *weinigst*. Het tegenoverstaande van *veel*. Niet veel: *weinige menschen hebben er het regte begrip van*. *Dat maer aen weijnige geleerde mooghe smaecken*. WESTERB. *Hebbe ick met weijnige woorden geschreven*. BIJBELV. *Dat boek zal weiniger aftrek hebben*. *De weinigste reizigers vernachten aldaar*. *Het volk was weinig in getal*. L. D. S. P. *Zij waren weinig in getal, maar dapper*. Even onveranderd, als *weinig* en andere bijv. n. nu blijven, wanneer er een werkwoord tusschen hen, en het naamwoord, of voornaamwoord, komt, waartoe zij behooren; even onveranderd blijft *weinig* ook meermalen elders: *indien het werdt gelaeckt van weijnigh wijse, die het mog'lijck mochten lesen*. WESTERB. *Ghij sult met weijnich menschen overgelaten worden* BIJBELV. Voorts beteekent *weinig* ook gering, klein. In dezen zin komt het voor bij KIL., en in: *ghij waert het weinichste van alle volken*. BIJBELV. *Schijnt het u weinig, dat gij mij dus bedriegt? Het is mij te weinig, om mij er mede te vergenoegen*:

Meermalen komt *weinig* als een z. n. voor, in het mannelijk en vrouwelijk meerv., bij weglating van het z. n., bij voorb. in: *vele zijn geroepen, maer weijnige uijtverkoren*. BIJBELV. Vooral in zamenvoeging met *eenige*: *de achting van eenige weinigen*. Maar nog veel menigvuldiger bezigt men dit woord in het onzijdig enkelv. als z. n., voor eene kleine hoeveelheid, of met veel, op zich zelf, zonder lidwoord: *er wordt weinig aan hem verloren*; met een lidw.: *geef mij ook een weinig*. *Het weinige, dat ik heb, is tot uwen dienst*; en met een z. n. achter zich in den tweeden naamval, zonder lidw.: *dat hij weijnigh gelds uijt sijne handen smijt*. WESTERB.; met een lidw.: *indien 't geluck u loegh, een weijnig wetens waer genoegh*. HUIJGHENS. Of met een

een onverbogen z. n. achter zich: *er is hier weinig wa-*
ter. Een weijnich fuerdeesfem verfuert het gcheele
deegh. BIJBELV. Van dit *weinig* heeft men het verkleinw. *weinigje: geef mij toch ook een weinigje. Mij-*
ne oore heeft een weijnichsken daervan gevat. BIJBELV.;
waar dit verkleinw. ook bijwoordelijk voorkomt, in:
doe ick een weijnichsken voortgegaen was. BIJBELV.
Eveneens gebruikt men *een klein weinigje: blijf*
nog een klein weinigje! En zoo bezigt men
een weinig ook bijwoordelijk : *dat ick mij een*
weijnich verquicke. BIJBELV. *Zet nu een weinig neer*
het u oeden van den krijgh! VOND. Even bijwoordelijk
voegt men *een weinig* bij andere bijw. en bijv. n. in:
een weinig te voren, een weinig eer, een weinig vroeger,
een weinig later. Een weijnich daerna die der ftonden
bijkomende. BIJBELV. *Een weinig hooger,* enz.

Het bloote *weinig* beduidt, als bijw., niet veel: *dat*
voldoet mij weinig. Hij komt weinig in aanmerking.
Zelden: *hij komt hier weinig. Ik ga weinig uit.* Eene
van deze twee beteekenisfen heeft *weinig* ook in *hoe wei-*
nig, zoo weinig, even weinig, enz.: *hoe weijnigh geldt*
het ook! WESTERB. *Zoo weinig zie ik hem,* enz. *Niet*
we nig is veel, grootelijks, of dikwijls: *hij bezoekt ons*
niet weinig. Dat hij oock felfs aen mij niet weijnigh
is verbonden. WESTERB. *Zich ergens weinig aan ge-*
legen laten zijn, is, daarin niet veel belang ftellen.
Er is weinig aan gelegen, het is van weinig belang; anders, *het heeft weinig om het lijf. Veel gefchrei, wei-*
nig wol, zie veel. Ergens weinig om geven, is, zich
daaraan weinig ftoren. Van hier *weinigheid, weijnigh-*
lick, KIL., *weinigte.*

Weinig, hoogd. *wenig,* luidt bij KERO, OTTFRID.,
enz. *weneg, weneck,* en beduidt bij hen meestal klein,
gering, of behoeftig, arm. *Wir wenegon weifon* beteek-
kent, bij OTTFRID. wij arme weezen. Het ftamwoord
is *wen, wah,* zie *wan.*

WEINIGHEID, z. n., vr., *der,* of *van de weinig-*
heid; zonder meerv. Van *weinig.* Geringheid, of
kleinheid in getal, en hoeveelheid: *nae de weijnicheijt*
der jaren fult ghij fijnen koop verminderen. BIJBELV.
Hoogd. *wenigkeit.*

WEINIGTE, z. n., vr., *der,* of *van de weinigte;* zonder meerv. Van *weinig.* Genoegzaam evenveel, als
wei-

weinigheid. *Zij werden om hunne weinigte veracht.*
Met den fchijn der weinigte. HOOFT; die *weenigte*
fchrijft in: *verfmadende de weenigte, die hun 't hooft*
boodt.

WEISCHUIT, z. n., vr., *der*, of *van de weifchuit;*
meerv. *weifchuiten.* Van *weide*, jagt, en *fchuit.* Een
ligt fchuitje, waarvan men zich in het jagen bedient.
KIL. *weidelinck*, hoogd. *weidling*, dat zeer te onregt
door ADELUNG tot *weide*, wilg, KIL. *weidboom*, te huis
gebragt wordt, als of het eigenlijk een fchuitje aanduidde, dat uit eenen wilgenftam vervaardigd was.

WEISSEL, z. n., m., *des weisfels*, of *van den weis-*
fel; zonder meerv. Anders *wijsfel*, *weixel*, en in overeenkomst met het hoogd. *weichfel*, fr. *vistule*, lat. *vis-*
tula. De eigennaam van eene Poolfche en Pruififche rivier:

　　'k Zie den wijsfel uit zijn kanen
　　Schudden tegens hongersnoot
　　In uw opgedanen fchoot
　　Maght van opgeleide granen. VOND.

WEIT, z. n., vr., *der*, of *van de weit;* zonder meerv.
Een bekend flag van granen, dat hier, en in het nederf.
ook den naam van *tarwe* voert: *het is van zuivere weit*
gebakken. Hier en daar ook brood van weitenmeel:
eene witte weit. *Hoe veel kost de lange weit?* In dezen
zin fchijnt het ook bij VONDEL voor te komen, die nopens de Transfubftantiatie zegt, dat zij: *de weite en*
wijn verflint op 's Priesters bede. Voorts ook het plantgewas, dat weit voortbrengt: *die weit ftaat aller-*
fchoonst, en belooft veel. Zamenftell.: *weitebrood,*
weitekoek, weitemeel, weithalm, weitkorrel, weit-
ftroo, enz. *Bakkersweit, winterweit, zomerweit*, enz.
　　Weit, KIL., vries. *weite*, KERO, OTTFRID. *weiz-*
ze, *hweizzi*, zweed. *hvete*, angelf. *hwaet*, eng. *wheat*,
nederf. *weten*, hoogd. *weitzen*, ULPHIL. *waiis*, fchijnt
naauw verwant aan het hoogd. *weisz*, wit.

WEITASCH, z. n., vr., *der*, of *van de weitasch;*
meerv. *weitasfchen.* Van *weide*, jagt, en *tasch.* KIL.
weidtesfche, SIEGENBEEK *weitas.* Eene jagerstasch:
gij hebt nog niet veel in uwe weitasch.

WEK, zie *wak.*

WEKELIJKS, bijw., van *week.* Elke week: *ik geef*
hem wekelijks zijn geld.

WE-

WEKELIJKSCH, bijv. n., zonder trappen van vergrooting. Van *week*. Dat elke week plaats grijpt: *de
wekelijkfche markt.*

WEKKEN, bedr. w., gelijkvl. *Ik wekte, heb gewekt.*
Eene verfterking van *wegen*, bewegen, in beweging
brengen: *dat moet uwe aandacht wekken.* Opwekken,
wakker maken: *de vloeken wekken hem, en bleeke ra-
zernijen.* VOND. Te wege brengen, verwekken: *wekt
een koeltje, en aemt haer aenzicht leven in.* VOND.
Van hier *wekker, wekfter.* Zamenftell.: *wekklok,
wekleven,* enz. *Opwekken, verwekken,* enz.

Wekken, hoogd. *wecken,* OTTFRID. *uuegken,*
NOTK. *uuechen,* WILLERAM. *uuecken,* eng. *awake,*
komt van *wegen.* Het ftamwoord is het tusfchenwerpfel *weg.*

WEKKER, z. n., m., *des wekkers,* of *van den wekker;* meerv. *wekkers.* Verkleinw. *wekkertje.* Van
wekken. Al wie, of wat, wekt: *ó westewind, gij
wekker van het leven.* BROEKHUIS. Bijzonderlijk, een
werktuig in een uurwerk, dat des morgens, op welken tijd men wil, afloopt, en door zijn gerammel menfchen wekt: *zet den wekker op vijf uren.* Zamenftell.:
levenwekker, enz.

WEKLEVEN, zie *leven.*

WEKSTER, z. n., vr., *der,* of *van de wekfter;* meerv.
wekfters. Van *wekken.* Een vrouwelijk wezen, dat
wekt: *mijne wekfter had zich verflapen.* Zamenftell.:
levenwekfter. Zie *leven.*

WEL, z. n., vr., *der,* of *van de wel;* meerv. *wellen.*
Eene plaats, waaruit water opwelt, of eene opwelling
van water: *er zal hier geene wel te vinden zijn. ó
Bruijt, ghij zijt een beſloten hof, eene beflóvene welle!*
BIJBELV. Zamenftell.: *bronwel,* en *welbron,* (welke
beide voor *pleonasmi* gehouden worden) *waterwel,* enz.
Welwater, welgrond, welgat, enz.

Wel, KIL. *welle, walle,* eng. *well,* hoogd. *quelle,*
moet van ons *wellen,* hoogd. *quellen,* worden afgeleid;
zie *wellen.*

WEL, bijw. en tusfchenwerpfel, en als zoodanig het
tegenoverftaande van *wee: wel u! zóó lang gij u wel
gedraagt. Wel hem, die uitleent met ontferming!* L. D.
S. P. Of het beantwoordt aan het fr. *eh bien!* bij
voorbeeld: *wel! Wat hebt gij te zeggen? Wel! wat
komt*

I

komt gij hier doen? In dezen zin gebruikt men ook *wel
nu!* Men zegt: *wel nu! Wat is het?* voor dat hij,
wien men zulks toevoegt, nog iets gesproken heeft; en
dan is het voor hem eene aansporing tot spreken; zoo
als het in de zamenstell.: *welaan* eene aansporing tot
doen is. Maar men voegt hem, die iets gezegd heeft,
ook toe: *wel nu!* en *wel!* om hem te doen voortspre-
ken: *als ik haar roep, is het,* wel! *of* wel nu! *is
plaats van:* wat gelieft u? Daarenboven geeft men door
wel nu zijn genoegen in het gesprokene ook te kennen:
*wel nu! Ik zal eens zien. Wel nu! doe het dan maar!
Wel ja* duidt in tegendeel ongenoegen in het gesprokene aan: *wel ja! Ik zou maar alles vragen!* maar *ja
wel* is zoo veel als *ja, waarlijk: ja wel! was zijn antwoord; ik ben daartoe gansch niet ongenegen.* Voorts
plaatst men *wel* voor de benaming, van hen, die men
op verschillende wijzen aanspreekt: *wel mijn arme man!
Wel ghij goede en getrouwe dienstknecht!* BIJBELV. *Wel
karel! Hoe durft gij het doen? Wel kind! wat zijt gij
mooi!* En op soortgelijk eene wijze bezigt men het voor
uitroepingen van verwondering, verbaasdheid, enz.:
*wel, ontzaggelijk! Wel, vreesselijk! Wel, donder-
dagsch! Wel! wie zou dat gedacht hebben!* HALMA, enz.
De beteekenis van *wel zoo! wel zeker!* laat zich niet genoegzaam omschrijven.

Als bijwoord heeft *wel* de vergrootingstrappen *beter*
en *best*, wanneer het in de beteekenis van op eene goede
wijze genomen wordt, zoo als in: *hij handelt wel en
deugdelijk. Zij leven wel met elkanderen. Sij gaven
het gelt wel gewogen.* BIJBELV. *Voort, voort, mijn
geitjes, die eertijts zoo wel tierde!* VOND. En het wordt
bijzonderlijk met *naar behoeren* verwisseld: *hij bedient
mij wel. Bedenk het wel. Die uw lant mooght behouden, dat u wel voeden kan.* VOND. *De plicht van wel
te leven, en 't oefenen des deughds.* WESTERB. *Alwat
lieflick is, al wat wel luijdt.* BIJBELV. Of met *ter dege: wascht mij wel van mijne ongerechtigheijt.* BIJBELV.
*Geen raetsheer, daer August wel rustigh op moght sla-
pen.* HOOFT. *Wel hardt, in den roock, over den haert,
droogen.* VOND. Soms wordt het met *ter dege* vereenigd: *bekijk het toch wel ter dege. Mijne siele ge-
denkt er wel te degen aen.* BIJBELV. Met *zeer* en *heel:
oock weet mijne siele seer wel.* BIJBELV. *Ik ken hem
heel*

heel wel. Met *wonder*: *zich wonder wel op het heeten*
der paerdegebreken verstaende. VOND. En deze woorden voegt men ook bij *wel*, wanneer het in andere beteekenissen voorkomt: *dat kleed staat u wonder wel.*
Het bevalt mij heel wel. Wij varen alle zeer wel! *zoo*
wel is op zulk eene goede wijze, zoo naar behooren,
enz.; maar *zoo wel als* beteekent dikwijls, niet minder
dan: *hij zoo wel als ik. De wifsheijd geldt daer meer*
so wel als in den staet. WESTERB. *Soo wel slechte, als*
aensienelicke. BIJBELV. *Hoewel* beantwoordt, aaneen geschreven, doorgaans, evenzeer als *alhoewel*, aan *hoe-*
zeer, offchoon. Niet wel is het tegenoverstaande van
wel. Niet al te wel is eenigzins onpasselijk, in: *ik ben*
niet al te wel; vrij rampspoedig, in: *het gaat hem niet*
al te wel; vrij gebrekkig, in: *hij beijvert zich niet al*
te wel. Niet al te wel verforght van 't geen fij fullen
eten. WESTERB. *Nog al wel*, is, zoo wat heen!
het voldoet mij nog al wel. Vrij wel, is, redelijk: *hij*
leeft vrij wel.

Voorts vervangt *wel* meermalen de plaats van *waar-*
lijk, in der daad, enz.: *hebt gij mij wel begrepen? Oock*
weet mijn vader Saul fulx wel. BIJBELV. Of van genoegzaam: *ik ben daartoe wel genegen. Menfchenkint!*
fiet ghij wel, wat fij doen? BIJBELV. *Wel twintig* is
niet minder, dan twintig. *Wel een uur*, niet minder,
dan een uur. *Kan het wel fchikken?* is gevoegelijk:
kunt gij het wel doen? kunt gij het gevoegelijk verrigten? Bij *willen* en *wenfchen* voegt men *wel* in eenen zin,
die zich bezwaarlijk omfchrijven laat: *ik wenfchte wel,*
dat het anders was. Wilt gij dit wel voor mij doen?
Niet fo ick wel wilde, maer fo ick best konde. WES-
TERB. Even moeijelijk is de omfchrijving van het gebruik van *wel* in tegenoverftelling van *maar* en *doch*,
bij voorbeeld, in: *het is wel waar, doch gij kunt het*
niet bewijzen. Het behaagt mij, wel is waar, uitne-
mend, maar anderen denken er anders over. Ik wankel
niet in eeuwigheid, heb ik in voorfpoed wel gezeid —
maar, enz. L. D. S. P. *Sif waren wel van drie rij-*
gen, maer en hadden geene pijlaren. BIJBELV. Somwijlen beantwoordt *wel* genoegzaam aan *reeds*: *hebt ghij-*
lieden dien man wel gesien, die opgekomen is? BIJBELV.
Dezen zin heeft het woordje ook in *veleer.* In *wel*
haast, en *welligt*, daarentegen, veeleer dien van *genoeg*

zaam. En dikwijls is *wel* bijkans geheel overtollig: *ik houd meer van hem, dan wel van u.*

Iets wel hebben, is, het wel vatten, wel verstaan, wel begrijpen: *heb ik het niet wel?* Maar *het wel hebben*, is, er wel aan zijn, wel varen, wel zijn, in gunstige omstandigheden verkeeren: *heeft hij het daar nog al wel? Zich wel bevinden,* is gezond zijn. *Wel te moede zijn,* is, opgeruimd, welgemoed. *Er wel uitzien,* een gunstig voorkomen hebben. *Wel in het vleesch zijn,* of *zitten,* niet mager zijn: *die koe zit wel in het vleesch. Iets staat iemand wel,* als het hem een goed voorkomen geeft. *Iemand wel zetten, wel lijden, mogen,* welgevallen in, en genegenheid voor, hem hebben. *Wel bedacht,* verschilt van *welbedacht;* zie dit laatste, onder de menigvuldige zamenstellingen van *wel,* die hier volgen, en waartoe voorts *alhoewel, evenwel, hoewel,* enz. behooren. *Welgebekt, welgesteld, welgetongd,* enz.

Wel, vries. *wol,* hoogd. *woll, wohl,* KERO, enz. *wola, wela,* ULPHIL. *vaila,* zweed. *wāl,* angelf. *wel,* eng. *wel,* wallis. *gwell,* is een zeer oud woordje.

WELAAN, tusschenwerpsel. Van *wel* en *aan.* Lustig aan: *welaan, mijn lied, span al uwe zeilen tot aan den wimpel uit!* RAMLER. *Wel aen nu, gij rijcke, weent ende huilt.* BIJBELV. Waar *wel* te onregt van *aan* gescheiden wordt.

WELAFLOOPEN, zie *welgelukken.*

WELBEARBEID, zie *welbekookt.*

WELBEBOUWD, zie *welgebouwd.*

WELBEDACHT, bijv. n., zonder vergrootingstrappen. Van *wel* en *bedacht.* Genoegzaam bedacht, bedachtzaam: *het is een welbedacht jongeling.* Vooraf wel overwogen: *met welbedachte taal,* het tegenoverstaande van *onbedachte.* Van hier *welbedachtheid.* In: *dat is niet wel bedacht,* overwogen, verzonnen, beraamd, enz. waarin *bedacht* een deelw. blijft, blijft *wel* er evenzeer van afgescheiden, als van het werkw. *bedenken.*

WELBEHAGELIJK, zie *welbehagen.*

WELBEHAGEN, z. n., o., *des welbehagens,* of van *het welbehagen;* zonder meerv. Van *wel* en *behagen.* Het believen, het goedvinden, de wil: *mijn raet sal be-*

beftaen , ende ick fal al mijn welbehagen doen. BIJ-
BELV. Genoegen, welgevallen : *naar 't welbehaagen,
dat g' in uw volk fteeds hebt betoond.* Van hier *welbehagelijk, welbehagelijkheid*, en de zamenftell.: *Gode-
welbehagelijk , Godewelbehagelijkheid: de deugdelijkheid en Godewelbehagelijkheid uwer daden.*

WELBEKLANT , bijv. n., zonder vergrootingstrappen. Van *wel* en *beklant.* Welvoorzien van klanteu :
het is een welbeklante winkel.

WELBEKOMEN, z. n., o., *des welbekomens.,* of *van
het welbekomen;* zonder meerv. Van *wel*, en de onbepaalde wijze van *bekomen*, die, in vereeniging met *wel*
als z. n. gebezigd wordt. Goede vertering : *nog een
glaasje op het welbekomen van den maaltijd.* Van hetzelfde *wel* en *bekomen* vormt men den wensch van *wel
bekome het u*, wel moge het u bekomen !

WELBEKOOKT, bijv. n., zonder vergrootingstrappen.
Van *wel* en *bekookt*, deelw. van *bekoken*, dat in vereeniging met *wel* als bijv. n., even als *welbearbeid,
welbewerkt, weldoorkneed*, enz., wegens een gefchrift
aanduidt, dat hetzelve niet rompflomp zamengefteld is :
het fchijnt een welbekookt ftuk. Ook noemt men een
weldoordacht ontwerp dikwijls een *welbekookt.*

WELBEMAND, bijv. n., zonder trappen van vergrooting. Van *wel* en *bemand*, bijv. n., van waar ook *on-
bemand.* Van manfchap voorzien : *met eenige welbe-
mande floepen.* Van hier *welbemandheid.*

WELBEMIND , bijv. n., zonder vergrootingstrappen.
Van *wel* en *bemind.* Regt bemind : *zijne welbeminde
echtgenoote.*

WELBEMUURD, zie *welverfterkt.*

WELBERAAMD , bijv. n., zonder vergrootingstrappen. Van *wel* en *beraamd.* Naar behooren beraamd :
zulke welberaamde ontwerpen. Van hier *welberaamd-
heid.*

WELBEREID, bijv. n., zonder vergrootingstrappen.
Van *wel* en *bereid.* Naar behooren bereid : *die welbereide fpijs. Aan eene welbereide tafel.*

WELBERUCHT, bijv. n., zonder vergrootingstrappen. Van *wel* en *berucht.* Ter goeder naam en faam
ftaande : *onbefprokene en welberuchte lieden.*

WELBESPRAAKT, bijv. n., *welbefpraakter, welbe-
fpraaktst.* Van *wel* en *befpraaks.* Wel ter tale : *dien*

wel-

welbefpraakten redenaar. Zij is nog welbefpraakter.
Van hier *welbefpraaktheid.*

WELBEVOEGD, bijv. n., zonder vergrootingstrappen. Van *wel* en *bevoegd.* Genoegzaam bevoegd: *wel-
bevoegde regters.* Van hier *welbevoegdheid.*

WELBEVOLKT, bijv. n., zonder vergrootingstrappen. Van *wel* en *bevolkt.* Anders *welbewoond.* Wel
van inwoners voorzien: *die welbevolkte ftad.* Van hier
welbevolktheid.

WELBEWAAKT, bijv. n., zonder vergrooting. Van
wel en *bewaakt.* Dat wel bewaakt wordt: *eene welbe-
waakte vesting.*

WELBEWALD, zie *welverfterkt.*

WELBEWERKT, zie *welbekookt.*

WELBEWOOND, zie *welbevolkt.*

WELBEZEILD, bijv. n., *welbezeilder, welbezeildst.*
Van *wel* en *bezeild.* Genoegzaam bezeild: *ik ken geen
welbezeilder vaartuig.* Van hier *welbezeildheid.*

WELBEZOCHT, bijv. n., zonder vergrootingstrappen. Van *wel* en *bezocht,* deelw. van *bezoeken,* dat in
vereeniging met *wel* als een bijv. n. gebezigd wordt.
Genoegzaam bezocht: *eene welbezochte herberg. Die
welbezochte kerk.*

WELDAAD, z. n., vr., *der,* of *van de weldaad:*
meerv. *weldaden.* Van *weldoen.* De daad van weldoen: *door mijn weldaed fijn fij ondertuffchen nog ge-
luckig.* WESTERB. *Befcherm mij door uw trouw en
weldaen.* L. D. S. P. *De Koning verftak een groot
getal perfonen van deze weldaat.* HOOFT. *Dankbaer-
heit voor zulk een hemelfche weldaet.* VOND. Van hier
weldadig, enz. Dit woord luidt in het hoogd. *wohl-
that,* OTTFRID., WILLERAM., enz. *woletat, wola-
dat.* Het is naar het lat. *beneficium* gevormd.

WELDADIG, bijv. n. en bijw., *weldadiger, welda-
digst.* Van *weldaad,* zie ig. Tot weldoen genegen,
en werkelijk goeddoende: *dat fij weldadigh zijn, rijcke
worden in goede wercken.* BIJBELV. *G'ontfluit uw hand
ontfermend en weldadig.* L. D. S. P. *Weldadig be-
fchonk hij hem daarmede.* Voordeelig, nuttig, heilzaam:
*dat is een weldadige regen. Zulke rampen zijn vaak
weldadig.* Van hier *weldadigheid, weldadiglijk.* Zamenftell.: *onweldadig,* enz.

WELDADIGHEID, z. n., vr., *der,* of *van de welda-
dig-*

digheid; meerv. *weldadigheden.* Van *weldadig.* Geneigdheid tot weldoen: *weldadigheid bewijzen aan den armen.* HALMA. Dadelijk betoon van die geneigdheid: *benevens het leven hebt ghij weldadigheijt aen mij gedaen.* BIJBELV. In dezen zin kan het woord een meervoud hebben.

WELDIG, bijv. n. en bijw., *weldiger, weldigst.* Van het oude *weld,* dat bij KIL. aan *geweld* beantwoordt, denkelijk van *welden, welten,* hoogd. *walten,* afstamt, en eigenlijk eene plaats aanduidt, waarover men magt oefent; in welken zin *geweld* nog voorkomt, als men zegt: *nu heb ik hem in mijn geweld.* Krachtig, geweldig: *stak er een windt op, zoo weldigh.* HOOFT. Zamenstell.: *alweldig,* almagtig: *ó alweldige hemelsche God.* v. HASS.

WELDOEN, onz. w., onregelm. *Ik deed wel, heb welgedaan.* Van *wel* en *doen.* Naar behooren handelen: *ghij hebt wel gedaen, dat ghij hier gekomen zijt.* BIJBELV. Weldaden verrigten: *mijn hart tot weldoen uitgebreid.* L. D. S. P. *Weldoen bij,* of *aan, iemand,* of *iemand,* in den derden naamval, is, hem weldaden bewijzen: *doet wel bij Zion nae u welbehagen.* BIJBELV. *Vertrouw op God! Hij heeft u welgedaan.* L. D. S. P. Ook wel eens, hem wel behandelen: *ik heb u immers altijd welgedaan.* Van hier *weldaad,* enz., *weldoen,* z. n., *weldoende,* bij HALMA verpligtend, gedienstig, *weldoener, weldoenster.*

WELDOEN, z. n., o., des *weldoens,* of *van het weldoen;* zonder meerv. Eigenlijk de onbepaalde wijs van *weldoen.* Goede behandeling, en weldadigheid: *is dit het loon van al mijn weldoen?*

WELDOENDE, zie *weldoen.*

WELDOENER, z. n., m., des *weldoeners,* of van den *weldoener;* meerv. *weldoeneren* en *weldoeners.* Van *weldoen.* Al wie weldaden bewijst: *ondankbaar jegens weldoeners en vrienden.* Dit woord komt in den STATENBIJBEL, en bij KIL. niet voor. Hoogd. *wohlthater,* opperduitsch *wohlthner.* Wegens eene vrouw gebruikt men *weldoenster.*

WELDOORDACHT, bijv. n., zonder trappen van vergrooting. Van *wel* en *doordacht,* deelw. van *doordenken,* dat, in vereeniging met *wel,* als bijv. n. gebezigd

zigd wordt, voor ter dege doorgedacht: *het is mijn wel-*
doordacht voornemen.

WELDOORKNEED, zie *welbekookt.*

WELEDEL, bijv. n., zonder vergrootingstrappen. Van
wel en *edel.* Genoegzaam evenveel als *edel: den welede-*
len Heer. In de zamenftell.: *weledelgeboren* komt het
als bijw. voor. Van hier voorts *weledelheid.*

WELEER, bijw., van *wel* en *eer.* Voorheen: *het ging*
weleer gansch anders. Weleer getroffen door het wapen
van grootvaer Jupiter. HOOGVL.

WELEERWAARDIG, bijv. n., zonder vergrootingstrappen. Van *wel* en *eerwaardig.* Genoegzaam eerwaardig. Een bekende eertitel. Van waar *weleerwaar-*
digheid, in: *uwer weleerwaardigheids dienstwillige die-*
naar.

WELFSEL, z. n., o., *des welffels,* of *van het welf-*
fel; meerv. *welffelen* en *welffels.* Van *welven*, zie *fel.*
Gewelf: *het befchilderd welffel. Een liefelijcken reuk*
door 't hoflijk welffel fpreit. VOND.

WELGAAN, onperf. w., onregelm. *Het ging wel, het*
is welgegaan. Van *wel* en *gaan.* Als het *met* bij zich
heeft, zich wel fchikken, voorfpoedig gaan, en afloopen: *op dat het daarmede welga. Hoe kan het met zulk*
eene onderneming welgaan? Soms ook eenvoudiglijk:
toen het welging, mengde ik mij daarin niet. En perfoonlijk: *die zaak moet welgaan, als ik er eenig be-*
grip van heb. Daarentegen *gaat het iemand wel*, als hij
gelukkig, voorfpoedig, is: *welgeluckfalich fult ghij*
zijn, ende 't fal u welgaen. BIJBELV. Als de klémtoon
op *gaan* valt, blijft *wel* daarvan afgezonderd: *het zal*
wel gaan, hoop ik. Het gaat wel; maar het is er naar.

WELGAT, z. n., o., *des welgats,* of *van het welgat;*
meerv. *welgaten.* Van *wel,* z. n., en *gat.* Een gat,
waar door water welt: *er fchijnt hier een welgat te we-*
zen. Een gat, dat, door eene wel, in het ijs opengehou-
den wordt: *het ijs is er overal vol van welgaten.*

WELGEBOREN, bijv. n., zonder vergrootingstrappen. Van *wel* en *geboren.* Een eertitel, dien men
oulings aan den adel gaf. Hedendaags noemt men adel-
lijke perfonen *Weledelgeboren,* of *Hoogwelgeboren,* en
geeft men den naam van *welgeborene mannen* aan regters: *de fchepenen zijn er tevens welgeborene mannen.*
Men zou dit woord ook kunnen bezigen nopens een
kind,

kind, dat wel ter wereld gekomen is; maar men noemt
hetzelve intusschen doorgaans *een welgeschapen kind,*
eene welgeschapene dochter, enz.

WELGEBOUWD, bijv. n., zonder vergrootingstrappen. Van *wel* en *gebouwd*, deelw. van *bouwen*, dat,
in vereeniging met *wel*, als bijv. n. gebezigd wordt.
In eenen goeden trant gebouwd: *die welgebouwde stad.*
Daarentegen is *welbebouwd* het gene door bouwlieden
wel behandeld wordt: *welbebouwde landerijen. Wel-*
bebouwde boter.

WELGEDAAN, bijv. n. en bijw., *welgedaner, wel¡e-*
daanst. Van *wel* en *gedaan*, deelw. van *doen*, dat,
in vereeniging met *wel*, als bijv. n. en bijw. gebruikt
wordt. Als bijv. n., gezond van voorkomen, wel in
het vleesch: *een welgedaan kind.* Als bijw., gezond:
hij zag er welgedaan uit.

WELGEGOED, zie *welgesteld.*

WELGEGROND, bijv. n. en bijw., zonder vergrootingstrappen. Van *wel* en *gegrond.* Behoorlijk gegrond, op goede gronden steunende: *eene welgegronde*
onderstelling. Als bijw., bondig: *gij spreekt welge-*
grond. Van hier *welgegrondheid.*

WELGELEGEN, bijv. n., zonder vergrootingstrappen. Van *wel* en *gelegen.* Dat eene goede ligging heeft:
eene welgelegene koopstad. Ook wel eens als z. n., o.,
de eigennaam van eene buitenplaats: *het lommerrijke*
welgelegen. Van hier *welgelegenheid.*

WELGELIJKEND, bijv. n., zonder vergrootingstrappen. Van *wel* en *gelijkend*, deelw. van *gelijken*, dat,
in vereeniging met *wel*, als bijv. n. aan *welgetroffen* beantwoordt: *eene welgelijkende afbeelding.*

WELGELUKKEN, z. n., o., *des welgelukkens*, of
van het welgelukken; zonder meerv. Van *wel* en *geluk-*
ken, dat, in vereeniging met *wel*, als z. n., den goeden uitslag van iets aanduidt, en aan *welafloopen, wel-*
slagen, weluitvallen, enz. beantwoordt: *op het welge-*
lukken van eene onderneming drinken.

WELGELUKKIG, bijv. n., zonder vergrootingstrappen. Van *wel* en *gelukkig.* Genoegzaam evenveel als
gelukkig, en deszelfs plaats vervangende in soortgelijke
uitroepingen, als: *welgelukkig is de man, die sijnen*
pijlkoker met deselve gevult heeft! BIJBELV.

I 5   WEL.

WELGELUKZALIG, bijv. n., zonder vergrootings-trappen. Van *wel* en *gelukzalig*. Genoegzaam even-veel, als dit laatste woord: *elck een, diese vasthoudt, wort welgelucksalich.* BIJBELV.; waar *iemand welge-lukzalig roemen* evenveel is, als deszelfs geluk verhef-fen. Elders wordt dit woord veelal door *welzalig* ver-vangen: *welzalig hij, die naar der boozen raad zijn gang niet rigt.* L. D. S. P. Bij KIL. vindt men geen van beide.

WELGEMAAKT, bijv. n., *welgemaakter, welge-maaktst.* Van *wel* en *gemaakt*, deelw. van *maken*, dat, in vereeniging met *wel*, als bijv. n., wegens schoonheid van gelaat en gestalte gebezigd wordt: *wel-gemaakt van lijf en leden. Welghemaeckt man.* KIL.; waar men ook *welghemaeckt werck* aantreft; zoo als *een welgemaakt kleed* bij HALMA.

WELGEMANIERD, bijv. n., *welgemanierder, welgema-nierdst.* Van *wel* en *gemanierd.* Die goede manieren heeft: *een welgemanierd man.* Van hier *welgemanierdheid.*

WELGEMEEND, bijv. n., zonder vergrootingstrap-pen. Van *wel* en *gemeend*, deelw. van *meenen*, dat, in vereeniging met *wel*, als bijv. n., al wat uit eene goede meening voortkomt, aanduidt: *hij verwierp mij-nen welgemeenden raad. Welmeenend* is, eigenlijk, al wie het wel meent: *een welmeenend man.* Van waar *welmeenendheid.*

WELGEMOED, bijv. n. en bijw., *welgemoeder, wel-gemoedst.* Van *wel* en *gemoed*, verouderd deelw. van het even verouderde *moeden*, dat evenzeer voor zoo, of zoo, te moede maken gebruikelijk moet zijn geweest, als *zinnen*, van waar *gezind* en *welgezind*, voor met zulken, of zulken, zin bezielen. Wel te moede: *zij is daaronder nog welgemoeder, dan ik. Op dat ick oock welgemoet mach zijn.* BIJBELV. *Welgemoed sprak hij ons toe.* Van hier *welgemoedheid.*

WELGESCHAPEN, bijv. n., zonder vergrooting. Van *wel* en *geschapen.* Wel, en zonder gebrek, ter wereld gekomen: *het is een welgeschapen kind.*

WELGESTELD, bijv. n., *welgestelder, welgesteldst.* Van *wel* en *gesteld.* Genoegzaam evenveel als *gegoed, welgegoed, welhebbend.* In eene toereiken-de mate van goederen bedeeld: *het zijn welge-stelde lieden.* Voorts ook wel opgesteld: *ik ontving een*

wel-

welgefteld antwoord daarop. Maar als *gefteld* een deelw. blijft, laat het zich met *wel* niet vereenigen: *wat is dat boek wel gefteld! Was het er nog even wel gefteld?*

WELGETROFFEN, zie *welgelijkend.*

WELGEVAL, zie *welgevallen.*

WELGEVALLEN, z. n., o., *des welgevallens,* of *van het welgevallen;* zonder meerv. Van *wel* en de onbepaalde wijze van *gevallen,* die, in vereeniging met *wel,* als z. n. gebezigd wordt. Welbehagen: *hij fal d'oen nae fijn welgevallen.* BIJBELV.; waar *welgevallen hebben,* even als bij KIL., aan *welbehagen hebben* beantwoordt; fchoon men dit laatfte thans bij voorkeur gebruikt. Voorts bezigt men de onbepaalde wijze van *gevallen* ook in vereeniging met *wel,* in: *hij laat het zich welgevallen. Gij moet het u ook laten welgevallen.* Van hier *welgevallig, welgevalligheid,* en bij KIL. ook *welgeval,* genoegen, welbehagen.

WELGEZETEN, bijv. n., van *wel* en *gezeten.* Die zich in goede uiterlijke omftandigheden bevindt: *een welgezeten man.*

WELGEZIND, bijv. n., *welgezinder, welgezindst.* Van *wel* en *gezind.* Eene goede, gunftige, gezindheid aan den dag leggende: *men bleef er fteeds welgezind. Hij is jegens mij in geenen deele zoo welgezind.* Van hier *welgezindheid.*

WELGROND, z. n., m., *des welgronds,* of *van den welgrond;* meerv. *welgronden.* Van *wel* en *grond.* Een grond, waarin men wellen vindt: *dit fchijnt een welgrond te wezen.*

WELHAAST, bijw., van *wel* en *haast.* Genoegzaam haast, fchielijk, binnen kort: *hij komt welhaast. En zag welhaast mijn droeven galm veranderd in een zegepfalm.* L. D. S. P.

WELHEBBEND, zie *welgefteld.*

WELIG, bijv. n. en bijw., *weliger, weligst.* Anders *weeldig.* Tierig: *dien weligen boom. Bloeide en groeide en weeligh tierde.* VOND. *Welig vleesch,* is, dat buiten eene wonde uitgroeit. Van hier *weligheid.* Dit woord fchijnt, even als *weeldig,* verwant aan *wel,* bijw.

WELK, vragend en betrekkelijk voornaamwoord. Zie *Inleiding,* bl. 119—121 en 123. In eenen vragenden zin laten *welk* en *wat* zich met elkanderen verwisfelen,

en

en zegt men evenzeer *welk*, of *welke*, *man*, als *wat man*, *welke* vrouw, als *wat vrouw*, *welk ding*, als *wat ding*, *welke mannen*, vrouwen, en *dingen*, als *wat mannen*, vrouwen, en *dingen*. Meermalen heeft *welk* achter zich *een*, of *eene*, en bij deszelfs betrekkelijk gebruik voor zich *de* en *het*. Deze laatste lidwoorden verbindt men aan *welk*, en alsdan geeft men aan hetzelve in den eersten naamval van het mannelijke gesla cht steeds den vorm van *welke*, dien het daarentegen nimmer heeft, als het *een* achter zich krijgt; zie *Inleiding*, bl. 120. Intusschen voegt geen van beide bijvoegselen iets wezenlijks bij de kracht van *welk* op zich zelf. *Van welk eenen man hebt gij dat gekregen?* en *van demvelken ik het kreeg*, beantwoorden allezins aan *van welken*. En men bezigt *welk een* in alle verschillende gevallen, waarin men *welk* in het enkelvoud als vragend voornaamwoord bezigt, inzonderheid, wanneer eene verwondering in eene vraag ingekleed wordt : *welk een man!* Men zegt echter ook : *welk een man gaf u dat?* zoo, wanneer men blootelijk naar den persoon, als, wanneer men naar zijne hoedanigheid, vraagt. Daar *welk* evenwel van *een* afgescheiden blijft, bepalen de zamenstell. van dit woord zich bij *welkerhande*, *welkerlei*, *welkerwijze*. *Dewelke*, *hetwelk*, of *hetwelke*.

Welk, nederf. ook *welk*, osnabrug. *wel*, oulings *uuele*, ISIDOR. *welicher*, KERO *huuelich*, ULPHIL. *hweileiks*, zweed. *hvilken*, hoogd. *welcher*, komt van het oude *wa*, dat nog in Vriesland voor *wie* gebruikelijk is, en *lich*, *lijk*, *lk*. Het is dus verwant aan *wat*, dat insgelijks van het gezegde *wa* afstamt.

WELKEN, onz. w., gelijkvl. *Ik welkte*, *ben gewelkt*. Hoogd., OTTFRID. ook *welken*. Volgens KIL. oulings evenveel als *verwelken*, en de wortel van dit woord, en van *welk*, verwelkt, en *welke*, verwelking. Voorts komen van hier *welkig*, *welkerig*, en *welkerigheid*, die nog in sommige oorden gebruikt worden; terwijl men in Vriesland *wilig* en *wiligheid* bezigt.

WELKOM, bijv. n., bijw. en tusschenwerpsel; en als zoodanig eene betuiging van genoegen over iemands aankomst : *welkom*, *mijn vriend! Willecome! spraken* ß. M. STOK.; waar men de boodschap der aannadering van den vijand met deze uitroeping beantwoordt.

Wel-

Welkoom hier! HALMA. *Wel driemaal wellekoom!*
VOND. Bij iemands te huis komst begroet men hem met:
welkom te huis! en hiermede beſtempelt men in Vriesland een geſchenk, dat door den te huis komenden
wordt medegebragt: *hij gaf aan elk eenig welkom te
huis. Ik kreeg het van hem tot welkom te huis. Zij
plaagden mij om welkom te huis koek.* Elders heet zulk
een geſchenk een *welkom: ſoo ſchenk hij mijn een keten
tot eenen wellekom.* BREDEROO. En dit zelfde woord
beduidt elders, als z. n., eene welkomgroet: *waarlijk,
een fraaije welkom! Verwondert van zulk eenen welkoom.* HOOFT. *Ging de bruiloft in met eenen wellekom.* VOND. Oulings ook welkomgeld: *welkom betae-
len.* KIL. — Als bijw. voegt men *welkom* bij zijn, wezen, en *heeten: gij zijt hier welkom. Hij zal er wel-
kom wezen. Ik heet u welkom, vriend!* Als bijv. n.,
zegt men: *een welkome vriend, gast,* enz. Zamenſtell.:
welkombeker, KIL. *welkomgeld,* dat men bij zijne in-
trede in een gezelſchap geeft, om des te beter welkom
te wezen, KIL., *welkomgroet, welkommaeltijd.* KIL.
Voorts komen van hier *welkomen,* welkom *heeten,*
KIL., angelſ. *velcomian,* eng. *welcome,* 't welk VOND.
en SMITS voor *verwelkomen* nemen, *verwelkomen,*
enz.

Welkom, welkoom, wellekoom, wellekom, onlings
willecome, hoogd. *willkommen,* STRIJK. *willechomen,*
zweed. *wälkomma,* eng. *welcome,* vries. *wolkom,* is
zamengeſteld uit *wel,* en *kom,* van *komen.*

WELKOM, z. n., zie *welkom,* bijv. n.

WELKOMEN, zie *welkom.*

WELKOMGELD, zie *welkom.*

WELKOMST, z. n., vr., *der,* of *van de welkomst;*
zonder meerv. Van *welkomen.* De daad van welkomen, verwelkoming: *om zijne welkomst bij te wonen.*
Een maaltijd, of dronk, ter verwelkoming van iemand:
*men had ons ook op zijne welkomst genoodigd. Zij
ſchenken Brandenburgh de welkomst.* DE DECK. Eng.
welcome, nederſ. *willkomst,* middeleeuw. lat. *bonven-
tus,* hoogd. *willkommen,* dat even als het angelſ. *fild-
cumb,* ital. *bilcomo,* eenen beker, waarmede men iemand verwelkomt, KIL. *welkombeker,* aanduidt.

WELLE, zie het tweede *wellen.*

WELLEN, bedr. en onz. w., gelijkvl. *Ik welde, heb*
en *ben geweld*. Hoogd. *quellen*. Bedr., met eenige
perfing voortbrengen, als eene bronwel doen uitvloeijen: *welt oock een fonteijne uijt een felve ader het foet*
ende het bitter? BIJBELV. Onz., als eene bronwel te
voorfchijn komen: *het water welt uit den grond*. HAL-
MA. Van hier *wel, welling*. Zamenftell.: *opwellen*,
uitwellen, enz.

WELLEN, bedr. w., gelijkvl. *Ik welde, heb geweld*.
Ligtjes opkoken: *melk wellen*. Van hier *welletje*. Eene
ligte opkoking: *een welletje*, òf *walletje*, van *wallen*,
waar voor ook *walmpje* in gebruik is, *laten opkoken*.
HALMA. Het woord zelf luidt in het hoogd. *wällen*,
en is het bedr. w. van *wallen*, KIL. *wällen*, en *wel-*
len, in eene golvende beweging zijn, zoo als kokend
water, van waar *welle*, KIL. *welle* en *walle*, golf,
enz., en *welling, walling*, koking, enz. bij KIL. Van
hier *welfel*: *als een welfel van wat melck*. F. V. DORP.
Zamenftell.: *opwellen*, enz.

WELLETJE, zie *wellen*.

WELLEVEND, bijv. n. en bijw., *wellevender, welle-*
vendst. Van *wel* en *levend*, deelw. van *leven*. Al wie
de regelen eener beleefde welvoegelijkheid in acht neemt:
het is een zeer wellevend mensch. Als bijw., naar de gezegde regelen: *hij gedroeg zich allezins wellevend*. Van
hier *wellevendheid*. Zamenftell.: *onwellevend*.

WELLIGT, bijw., van *wel* en *ligt*. Ligtelijk misfchien: *welligt komt hij zelf*.

WELLING, zie *wellen*.

WELLING, z. n., vr., *der*, of *van de welling*; meerv.
wellingen. Van het eerfte *wellen*. De daad van dat
wellen, en voorts eene wel: *doe gaf haer Caleb hooge*
wellingen ende leege wellingen. BIJBELV. Zamenftell.:
waterwelling, enz.

WELLUIDEND, bijv. n. en bijw., *welluidender, wel-*
luidendst. Van *wel* en *luidend*, deelw. van *luiden*.
Al wat wel luidt, of klinkt: *eene welluidende muzijk*.
Als bijw., op eene aangename, en het oor ftreelende,
wijze: *dit klinkt veel welluidender*. Van hier *welluí-*
dendheid. Zamenftell.: *onwelluidend*, enz.

WELLUST, z. n., m., *van den wellust*; meerv.
wellusten. Het zinnelijk genoegen, dat de paring

ring verwekt: *zoo ging Anchifes in een zee van wellust waden.* VOND. *Die naer den wellust hellen.* HUIJGH. Ander zinnelijk vermaak: *door al dien wellust van 't gezicht.* VOLLENH. *Die in heerlicke kleedinge ende wellusten zijn.* BIJBELV. *Door overdaed, door wellust, wijn, en hoeren.* WESTERB. Zedelijk genoegen: *gij drencktfe uijt de beeke uwer wellusten.* BIJBELV. *Dag op dag fmaakt hij den edelen wellust der weldadigheid.* Al wat een of ander opgenoemd flag van genoegens verwekt: *zijn omgang was mijn wellust. De wellust van haren echtgenoot zijnde.* Neiging tot zinnelijk vermaak: *die hare wellusten volgt, die is levende geftorven.* BIJBELV. *In 't hart, dat zich van bleeken wellust fpeent.* VOND.; waar hij den wellust als een bleek wezen van het mannelijke geflacht voorftelt; fchoon men daarvan anders bij perfoonsverbeelding fteeds eene vrouw vormt: *dat dartle wellust u niet in haar ftrikken lok! In wie de wellust hare rol zal fpelen.* VOND. Van hier *wellusteling, wellustig, wellustigheid, wellustiglijk.* Zamenftell.: *wellustloecker.* KIL.

Wellust, hoogd. *wollust*, TATIAN. *wolo*, komt van *wel* en *lust*, en was reeds in de negende eeuw in gebruik; offchoon men in plaats daarvan bij KERO *wunlust* vindt, van *wun*, hoogd. *wonne*, een hooge trap van vermaak en genoegen.

WELLUSTIG, zie *wellust.*

WELMEENEND, zie *welgemeend.*

WELNEMEN, z. n., o., *des welnemens, of van het welnemen;* zonder meerv. Van *wel*, en de onbepaalde wijze van *nemen.* Gunftige opvatting en beoordeeling: *mag ik u, onder het welnemen, vragen?*

WELOPGESCHIKT, zie *welverfiord.*

WELOPGEVOED, bijv. n., *welopgevoeder, welopgevoedst.* Van *wel* en *opgevoed*, deelw. van *opvoeden*, dat, in vereeniging met *wel*, als bijv. n. gebezigd wordt. Die eene goede opvoeding genoten heeft: *een welopgevoed jongeling.*

WELP, z. n., o., *des welps, of van het welp;* meerv. *welpen.* Verkleinw. *welpje.* Het jong van eenen leeuw, beer, en hond, en dat van een hert, enz.: *twee welpen tweelingen van een rhee.* BIJBELV.; waar dit woord ook wegens de jongen van eenen leeuw voorkomt, en fteeds onzijdig is; fchoon HALMA het vr. en PIETERSON het onz. maken. Wegens de jongen van eenen beer wordt het

in

in den THEUERDANK gebezigd. En een jonge hond heet bij OTTFRID. *welf*, zweed. *hwaelp*, ijsl. *hwölpr*, nederf. *wölp*, hoogd. *wolf*. Dit woord luidt ook *wulp*, en is verwant aan *wulp*, z. n., m., *wulpsch*, enz. Zie *wulp*.

WELRIEKEND, bijv. n., *welriekender*, *welriekendst*. Van *wel* en *riekend*, deelw. van *rieken*. Ook *welruikend*. Dat eenen goeden geur van zich geeft: *allerleij welrieckent hout*. BIJBELV.

WELRUIKEND, zie *welriekend*.

WELSEL, zie *wellen*.

WELSPREKEN, z. n., o., *des welsprekens*, of *van het welspreken*; zonder meerv. Van *wel* en de onbepaalde wijze van *spreken*. Sierlijkheid, bondigheid en nadruk in het spreken, anders, tegelijk met begaafdheid daartoe, en bekwaamheid daarin, *welsprekendheid* genoemd: *wijsheid is de echte moeder van het welspreken*. *Cicero, welsprekens groten vader*. VOND. Zamenftell.: *welsprekenskunst*, bij HALMA *welspreekkonst*, of *welspreekkunde*, de kunst van wel te spreken: *dees welsprekenskunst en vindt men niet beschreven*. WESTERB.

WELSPREKEND, bijv. n. en bijw., *welsprekender*, *welsprekendst*. Van *wel* en *sprekend*, deelw. van *spreken*. In staat, om wel te spreken: *een ieder bewonderde dien welsprekenden redenaar*. *Een welsprekende man*. BIJBELV. *Hoe welsprekend droeg hij alles voor*. Van hier *welsprekendheid*, *welsprekentlick*. KIL. Zamenftell.: *onwelsprekend*.

WELSPREKENDHEID, zie *welspreken*.

WELSPREKENSKUNST, zie *welspreken*.

WELSTAAN, onz. w., onregelm. *Ik stond wel, heb welgestaan*. Van *wel* en *staan*. Iemand een goed voorkomen bijzetten: *dat kleed zal u welstaan*. *Ik verlang te zien, of dat bedrijf hem welstaan zal*. Als z. n. komt het voor, in: *om welstaans wil*, *welstaanshalve*. Van hier voorts bij KIL. *welstaande*, en bij HALMA *welstaanlijk*, en *welstaanlijkheid*.

WELSTAANSHALVE, bijw., van *welstaan*, z. n., en *halve*. Om eenen goeden dunk van zich te geven, of denzelven te behouden: *welstaanshalve gaf hij ook iets*. *Hij zeide dat alleen welstaanshalve*. HALMA.

WELSTAND, z. n., m., *des welstands*, of *van den welstand*;

ftand; zonder meerv. De goede gefteldheid van een ding: *des lands welftand.* Bijzonderlijk, gezondheid: *ik kom naar uwen welftand vernemen. Siet nae den welftant van uwe broederen.* BIJBELV. Bij KIL. ook welvoegelijkheid; even als het hoogd. *wohlftand.* Van *wel* en *ftand.*

WELVAART, z. n., vr., *der,* of *van de welvaart;* zonder meerv. Van *wel* en *vaart,* van *varen.* De daad van wel te varen. Heil, geluk, voorfpoed: *'s volks heil en welvaart. Geftemd op welvaarts dankbren toon.* P. MOENS. *Dat fij behartigen de welvaert van het land.* WESTERB. *Gij zoud bezorgen 't nut, de welvaert en 't cieraed van uwen eigen ftaet.* DE DECK. *Tegens de gemeene welvaart aan.* HOOFT.

WELVAREN, z. n., o., *des welvarens,* of *van het welvaren;* zonder meerv. Van *wel* en *varen.* Even-veel als *welvaart,* geluk, voorfpoed: *'s lands welva-ren. Het welvaren van dezen huize. Vrede zij in uwe vestingen, welvaren in uwe paleijfen!* BIJBELV. Van *welvaren.* Gezondheid: *ik kom naar uw welva-ren vernemen.*

WELVAREN, onz. w., ongelijkvl. *Ik voer wel, heb welgevaren.* Van *wel* en *varen.* Verfchilt van *wel va-ren,* met *hebben,* in: *die fchipper heeft wel gevaren;* en met *zijn,* in: *ik ben daarbij wel gevaren;* en be-teekent gezond zijn: *hebt gij fteeds welgevaren?* Van hier *welvaren,* z. n., *welvarend,* enz.

WELVAREND, bijv. n. en bijw., *welvarender, wel-varendst.* Eigenlijk, een deelw. van *welvaren.* Ge-zond: *zijt gij nog welvarend?* Van hier *welvarend-heid.*

WELVEN, bedr. w., gelijkvl. *Ik welfde, heb gewelfd.* Van boven boogswijze digt timmeren, of metfelen: *de kerk is niet gewelfd. Eene gewelfde kelder.* Van hier *gewelf, welffel, welving,* KIL.

Welven, zweed. *hwaelfva,* nederf. *wolven,* hoogd. *wolben,* is verwant aan *wulven,* en misfchien aan het lat. *volvere.*

WELVERBONDEN, bijv. n., zonder vergrootings-trappen. Van *wel* en *verbonden,* deelw. van *verbin-den,* dat, in vereeniging met *wel,* als bijv. n., naauw aaneen gehecht, naauw zamenhangend, aanduidt: *is*

K *het*

het onderling welverbonden? Een welverbondenpaar. Op dezelfde wijze gebruikt men *welvereenigd.*

WELVEREENIGD, zie *welverbonden.*

WELVERSCHANST, zie *welverſterkt.*

WELVERSIERD, bijv. n., zonder trappen van vergrooting. Van *wel* en *verſierd*, deelw. van *verſieren.* Rijkelijk verſierd: *met eenen welverſierden helm.* In overeenkomst hiermede is *welopgeſchikt* rijkelijk opgeſchikt: *eene welopgeſchikte eerepoort.*

WELVERSNEDEN, bijv. n., zonder vergrootingstrappen. Van *wel* en *verſneden*, deelw. van *verſnijden.* Gebruikelijk in *welverſnedene pen*, dat eigenlijk eene pen aanduldt, welke men wel verſneden heeft, maar voorts ook, figuurlijk, de bekwaamheid van eenen ſchrijver: *met zijne welverſnedene pen.*

WELVERSTAANDE, bijw., van *wel* en *verſtaande*, deelw. van *verſtaan.* Behoudens, mids: *ik zal 't geld verſchieten, welverſtaande, dat hij er zijn deel in drage.* HALMA.

WELVERSTERKT, bijv. n., zonder vergrootingstrappen. Van *wel* en *verſterkt*, deelw. van *verſterken.* Door vestingwerken genoegzaam beveiligd: *eene welverſterkte ſtad.* In overeenkomst hiermede is door genoegzame verſchanſingen omringd *welverſchanst*, en door genoegzame wallen, of muren, *welbewald*, en *welbemuurd.*

WELVOEGELIJK, bijv. n. en bijw., *welvoegelijker, welvoegelijkst.* Van *wel* en *voegelijk.* Ook *welvoegzaam.* Betamelijk, oorbaar, welvoegend: *eene welvoegelijke behandeling. Dat is in zulke omſtandigheden niet welvoegelijk.* Als bijw., op eene welvoegelijke wijze: *gedraag u toch welvoegelijker!* Van hier *welvoegelijkheid.* Zamenſtell.: *onwelvoegelijk, onwelvoegelijkheid.*

WELVOEGZAAM, zie *welvoegelijk.*

WELVOORZIEN, bijv. n., zonder vergrootingstrappen. Van *wel* en *voorzien.* Genoegzaam verzorgd, van voorraad opgevuld, enz.: *welvoorziene korenſchuren. Die welvoorziene tafel.*

WELWEZEN, zie *welzijn.*

WELWIJS, bijv. n., zonder vergrootingstrappen. Van *wel* en *wijs.* Genoegzaam wijs: *zijn welwijs en goed beſtuur.*

WEL-

WELWILLEND , bijv. n. en bijw. , *welwillender* , *welwillendst*. Van *wel* en *willend* , deelw. van *willen* , dat in vereeniging met *wel* , als bijv. n. , voor goedgunftig en toegenegen gebruikt wordt: *die welwillende menfchen onthaalden ons uitnemend*. Als bijw. , op eene goedgunftige wijze : *men gedroeg zich jegens ons zeer welwillend*. Van hier *welwillendheid*.

WELZALIG , zie *welgelukzalig*.

WELZAND , z. n. , o. , des welzands , of van het welzand; zonder meerv. Van *zand* en *welle* , *walle* bij KIL. , Hoogd. *welle* , golf , enz. Zand , dat fteeds in eene golvende beweging is , drijfzand: *men wist het welzand aan den kant der gracht niet tot ftaan te brengen*.

WELZIJN , z. n. , o. , des welzijns , of van het welzijn; zonder meerv. Van *wel* en de onbepaalde wijze van *zijn*. Anders *welwezen*. Een ftaat van geluk en genoegen: *uw welzijn hangt er aan*. *Tot bevordering van het welzijn van den ftaat*. Bijzonderlijk , gezondheid: *ik verheug mij over uw welzijn*.

WEM , z. n. , m. , des wems , of van den wem; meerv. *wemmen*. Ankertand: *daar 't anker vrij langs vreemde kusten den wem in afgronds boezem grift*. P. MOENS.

WEMELEN , onz. w. , gelijkvl. *Ik wemelde* , *heb gewemeld*. Wordt nopens de beweging eener menigte van door elkander kruipende , loopende , vliegende , of zwemmende wezens gebezigd: *zie die mieren eens wemelen*. *Een heir van infekten , dat in de lucht wemelt*. Voorts beteekent: *het water wemelt van vifch* , het is vol van wemelende visfchen. *Het wemelt er van menfchen* , er is eene menigte van wemelende menfchen. Ook wordt het gebezigd voor eene heen- en weergaande beweging: *en drukt het weemlend zout met tonnen fchats*. J. DE MARR. Van hier *gewemel* , *wemeling*.

Wemelen , nederf. *wemmeln* , *wummeln* , ijsl. *wamla*. vries. *wimmelje* , zweed. *wimla* , hoogd. *wimmeln* , is een voortdurend werkw. van het oude *wimen* bewegen; van waar ook *wimpel*.

WEN , voegw. Wanneer: *wen in de zee de baren klotfen*. VOND. *Wen Galathee weer in haar vaderlijken kolk de dagtoorts dooft*. HOOGVL. Ook *wan*: *wan dat Goddelijk vermogen van Venus aengezicht beftraelt haer*

K 2   *fter-*

fterfelijke oogen. VOND. Dit is de wortel van *wanneer.*
Zie *wanneer.*

WEN, z. n., vr., *der,* of *van de wen;* meerv. *wennen.* Verkleinw. *wennetje.* Zeker flag van gezwel, of
uitwas: *die wen moet afgezet, of weggebonden worden.*

WENDELBOOM, zie *windelboom.*

WENDELSTOK, zie *wentelftok.*

WENDELTRAP, zie *wenteltrap.*

WENDEN, bedr. en onz. w., gelijkvl. *Ik wendde, heb
gewend.* Bij KIL. evenveel als *winden.* Draaijen,
keeren: *wend het roer naar ftuurboord! De kiel went
flinx dan rechts.* VOND. *Als een breede ftrael van vier
zich krult en went.* HUIJDECOP. *Ergens van wenden*
is daarvan afkeeren: *die defen Philiftijn flaet, ende
den fmaet van Israël wendet.* BIJBELV. En hier komt
wenden ook voor in den zin van verkeeren, in eenen te-
genoverftaanden ftaat van zaken doen overgaan: *ick fal
haer gevanckenisfe wenden, ende mij harer ontfermen.*
Zich tot iemand wenden verfchilt van *zich naar hem
wenden,* en beteekent, zich om gunst, of anderzins,
bij hem vervoegen: *zoo haast hij ergens gebrek aan
heeft, wendt hij zich tot mij.* Zich als naar hem toekee-
ren, om hem hulp te bewijzen: *wend u gunftig thans
tot mij.* L. D. S. P. Hem toefpreken: *thans wend ik
mij tot u, die het pad der deugd bewandelt.* *Mijne rede wendt zich tot hen,* enz. *Iets keeren en wenden,* is,
het van alle kanten bezigtigen, om daaromtrent een rijp
befluit te nemen. *(Hij weet zich niet meer te keeren,* of
te wenden, hij is geweldig in het naauw. *Het over eenen
anderen boeg wenden,* is andere maatregelen beginnen
te nemen. Onz., zegt men, dat een fchip in het laveren *wendt,* als het van over den eenen boeg over den
anderen valt; en worden dingen gezegd te *wenden,*
waaromtrent men anders het woord *zwenken* bezigt: *de
ruiterij zal naar de linkerhand wenden.* HALMA. *Hoe
het ook draaijen en wenden moge,* is, hoe het uitvallen
moge. Van hier *wender, wendig,* KIL. *wending,
wendfter, wentelen,* enz. Zamenftell.: *wendelgraet,
wendelfteegher, wendelfteen, wendeltrap,* dat bij KIL.
alles evenveel beteekent, *wendelftok, wendijzer,* bij
KIL. het ijzer, waarin het braadfpit draait, enz. *Aanwenden, afwenden, voorwenden,* enz.

Wen-

Wenden, hoogd. ook *wenden*, nederd. *wennen*, oudd. *wentan*, *wendan*, ULFHIL. *wand ja*, zweed. *vända*, is naauw verwant aan *winden*.

WENDIJZER, zie *wenden*.

WENDING, z. n., vr.*, *der*, of *van de wending*; meerv. *wendingen*. Van *wenden*. De daad van wenden: *bij de wending van het schip*. Overdragtelijk, de keer van eene zaak: *toen het pleidooi die wending kreeg*. Een draai, of plooi, van eene rede, een geschrift, enz.: *wat is dat dichtstuk vol van fraaije wendingen*.

WENK, z. n., m., *des wenks*, of *van den wenk*; meerv. *wenken*. Verkleinw. *wenkje*. Van *wenken*. KIL., VOND., enz. ook *wink*, even als in het hoogd. De daad van wenken, eene beweging van oogen, hoofd, hand, enz. om het gene men wil uit te drukken: *Jupijn, die met eenen wenk alles bestiert*. VOND. *Op mijnen wenk*. HOOFT. *Mijn ziel, die op uw' wenken let*. L. D. S. P *Iemand op zijne wenken dienen*, is, zoo bereidwilliglijk, dat men slechts eenen enkelen wenk van hem behoeft te ontvangen, om in beweging te geraken. *Van iemands wenk afhangen*, is, volkomenlijk van hem afhangen. Figuurlijk, is *wenk* eene min of meer geheime en voor anderen onmerkbare aanduiding van het een of ander: *dat gezegde scheen mij een wenk, dat ik heengaan kon. Let op de wenken der Voorzienigheid!* Zamenstell.: *oogwenk*, enz.

WENKBRAAUW, z: n., vr., *der*, of *van de wenkbraauw;* meerv. *wenkbraauwen*. De verzameling van haren onder aan het voorhoofd van een mensch: *zijne regter wenkbraauw zit hooger, dan de linker. Alfronst gij uwe wenkbraauwen ook nog zoo zeer incen.* [De *bruine gitten, die door schalcke winekbraeuw zagen.* VOND.

Wenkbraauw, anders *winkbraauw*, vries. *wienbraauw*, hoogd. *augbraun*, eng. *eijebrow*, en *brow*, komt van *wenken* en *braauw*, verwant aan *brouw*, *breeuw*, en soortgelijk een harig mengsel aanduidende, als waarmede men de schepen *braauwt*, of *breeuwt*.

WENKEN, onz. w., gelijkvl. *Ik wenkte, heb gewenkt*. Met de oogen, het hoofd, de handen, enz. roepen of anderzins onderrigten, nopens het gene men wil: *toen men wenkte. Als hij haer met de handt gewenckt hadde*. BIJBELV. *Ik wenkte hem, dat hij zwijgen zoude*.

K 3

HAL-

HALMA. *Zij wenkte, van neen. Wenckte met de handt tot het volck.* BIJBELV. *'k Heb haar gewenkt, dat ik vooruit zou wandlen.* A. HARTS. Van hier *gewenk, wenk, wenking.* Zamenſtell.: *wenkbraauw,* enz. *Toewenken, voortwenken,* enz.

Wenken, KIL., VOND. ook *winken,* even als in het hoogd. en bij OTTFRID., NOTK. *wincken,* zweed. *wincka,* eng. *wink,* angelſ. *wincian,* nederſ. *wenken,* is verwant aan *wanken;* zie *wanken.*

WENNEN, bedr. en onz. w., gelijkvl. *Ik wende, heb* en *ben gewend.* Bedr., doen wonen, doen blijven: *gij zult dien hond niet wennen.* Zie voorts *gewennen.* Onz., genegen worden, om te wonen, te blijven: *wat ik doe, ik kan hier niet wennen.* Gewoon worden: *ik wende er aan.* Van hier *gewend, gewennen, wennis, wenſel, wenſt.* Zamenſtell.: *aanwennen, afwennen, verwennen,* enz.

Wennen, hoogd. *gewöhnen,* en *gewohnen,* eng. *wont,* is verwant aan *wonen,* hoogd. *wohnen,* eng. *won,* nederſ. *wanen,* vries. *wenje,* holl. ook weleens *weunen,* van waar voorts *gewoon, gewoonte,* ook weleens *geweunte.*

WENNIS, z. n., vr., *der,* of *van de wennis;* zonder meerv. Van *wennen.* Anders *wenſt, wenſel.* Iets, het welk men zich aanwent: *hij heeft eene quaade wennis over zich.* HALMA.

WENSCH, z. n., m., *van den wensch;* meerv. *wenſchen.* Verkleinw. *wenſchje.* Eigenlijk, al wat aangenaam is, vermaak aandoet, enz. Van hier in het gebruik, het gene men verlangt: *hoe kan dat uw wensch zijn? Mijn herder was mijn grootſte wensch, en ik zijn zaligheid.* GELLERT. *Hoe kan een minziek hart zijn lieven wensch vergeten.* POOT. De daad van *wenſchen,* verlangen: *met eenen wensch van wrake.* VOLLENH. *Den wensch van zijn verlangend hart wilt gij niet wederſtreeven.* L. D. S. P. De uiting van het zielsverlangen: *hij deed wensch op wensch.* Het gene men ter uiting van dat verlangen voortbrengt: *ghij hebt den wensch der ſachtmoedigen gehoort.* BIJBELV. *Naar hunnen wensch,* en *naar zijnen wensch,* is bij HOOFT en VOND. naar hun, en zijn, geuit of ongeuit verlangen; maar *naar wensch* is, wel, gelukkig, overvloedig, aangenaam, enz.: *hij ſlaagt naar wensch.* 't
Woud

Woud eeklen gheeft na wensch. SPIEGH. *'t Weer is
naar wensch.* HALMA. Van hier *wenſchen*, enz. Zamenſtell.: *gelukwensch, hartewensch, heilwensch, ker-
miswensch, morgenwensch, nieuwejaarswensch, vloek-
wensch, zegenwensch, zielwensch*, enz.

Wensch, boh. *winſs*, eng. *wish*, KERO *wunsc*,
hoogd. *wunsch*, is eigenlijk een bijv. n. van *wun*,
hoogd. *wonne*, een hooge trap van vermaak en genoegen; van waar *wunilust*; zie *wellust*.

WENSCHELIJK, bijv. n. en bijw., *wenſchelijker,
wenſchelijkst.* Van *wenſchen*, zie *lijk*. Dat zich wenſchen laat, begeerlijk: *het ſchijnt mij eene wenſchelijke
zaak.* Als bijw., naar wensch: *kon het ooit wenſchelijker uitvallen?* Van hier *wenſchelijkheid*.

WENSCHEN, bedr. en onz. w., gelijkvl. *Ik wenschte, heb gewenscht.* Bedr., eenen wensch koesteren, of
uiten: *ende wenschten dat het dagh wierdt.* BIJBELV.
Iĳder wenscht, dat hij het velt behoude. VOND. *Wat
men voort tot dienst en heerlijkheit van eene ſtadt zou
wenſchen.* POOT. Toebidden, met den perſoon in den
derden naamval: *ik wensch u goeden dag. Den vader
hoogh van jaren veel heils te wen:chen ſta.* A. BIJNS.
Onz., verlangen, en zijn verlangen uiten: *daar wensch
ik ook naar. Wenſchen kan niet baten. Het is te wenſchen*, beteekent, het is wenſchelijk. *Het was te wenſchen*, het zou goed, heilzaam, nuttig zijn. *Iemand
krank wenſchen*, is, wenſchen, dat hij krank ware.
Iemand voor ſint Velten wenſchen, hem verwenſchen.
Van hier *gewensch, gewenscht*, bijv. n. en bijw.: *wenſchelijk, wenſcher, wenſching.* Zamenſtell.: *wensch-
brief*, enz. *Toewenſchen, verwenſchen, wegwenſchen*,
enz.

Wenſchen, KIL. ook *wunſchen*, zoo als in het hoogd.,
eng. *wish*, boh. *winsſowati*, zweed. *önska*, OTT-
FRID. *wunsgan*, komt van *wensch*.

WENSEL, zie *wennis*.
WENST, zie *wennis*.
WENTELEN, bedr. en onz. w., gelijkvl. *Ik wentelde, heb en ben gewenteld.* Voortdurend werkw. van
wenden. Bij KIL. *wendtelen.* Bedr., een ding geſtadig
wenden en keeren: *nacht en dagh ghewentelt en ghekeert
ligghen in duighen.* BOETH. Bijzonderlijk, door geſtadig wenden, van zijne plaats brengen: *ſij wentelden
den*

den steen van den mont des puts. BIJBELV. *Wentel het naar mij toe!* Wederkeerig, zich al liggende gestadig om en om wenden: *zie eens, hoe dat paard zich wentelt! Hij, vallende op de aerde, wentelde sich al schuijmende.* BIJBELV. Zich anderzins omdraaijen: *de hemellichamen wentelen zich gestadig om hunne assen.* Onz., zich al wentelende bewegen: *de aarde wentelt jaarlijks eenmaal rondom de zon. Er wentelde een brok van de rots van boven neer.* Van hier *gewentel, wenteling.* Zamenstell.: *wendtelgraedt,* KIL., *wentelroodje,* HALMA, *wentelspil, wentelstok, wentelteefje, wenteltrap,* enz. *Aanwentelen, tegenwentelen, toewentelen, verwentelen, voortwentelen, wegwentelen,* enz.

WENTELGRAAD, zie *wentelen.*

WENTELSPIL, zie *wentelstok.*

WENTELSTOK, z. n., m., *des wentelstoks,* of *van den wentelstok;* meerv. *wentelstokken.* Van *wentelen* en *stok.* Anders *wentelspil.* De spil van een wenteltrap: *de trappen slingeren zich rondom den wentelstok.*

WENTELTEEFJE, z. n., o., *des wentelteefjes,* of *van het wentelteefje;* meerv. *wentelteefjes.* Van *wentelen* en *teefje.* Een gebakje, dat men gestadig om en om wentelt: *men bakt er wentelteefjes.*

WENTELTRAP, z. n., vr., *der,* of *van de wenteltrap;* meerv. *wenteltrappen.* Verkleinw. *wenteltrapje.* Van *wentelen* en *trap.* KIL. *wendeltrap,* enz. Zie *wenden;* hoogd. *wendeltreppe,* zweed. *wändtrappe.* Eene trap, die zich bij herhaling om eenen wendelstok wentelt: *een verhoolen wenteltrap.* HALMA. *Door wendeltrappen ginck men tot de middelste zijdkamer.* BIJBELV.

WERELD, z. n., vr., *der,* of *van de wereld;* meerv. *werelden.* Het heelal: *de groote beheerscher der wereld. Die de werelt gemaeckt heeft, ende alles, dat daerin is.* BIJBELV.; waar dit woord intusschen doorgaans, even als elders, meer bijzonderlijk de aarde aanduidt: *de Koningen der aerde, ende der geheele werelt.* BIJBELV. *De werrelt met een zee van water overtogen.* VOND. *Het nat is sonder drong, de werelt sonder lant.* CATS. *Des grooten Alexanders groothartigheit vint een gantsche weerelt voor zich te naau.* VOLLENH. Evenveel welk gedeelte van het heelal: *hij onderstelt ook eene menigta van werelden.* Een gedeelte der aarde: *de oude,* de, de nieuwe, de bewoonde, wereld. De gezamenlijke bewoners der aarde, de menfchelijke zamenleving: *het bijfter woelen der weerelt.* HOOFT. *Wat fcheelt 's u hoe de werelt host.* POOT. *De waereld doet ter vierfchaar komen.* L. D. S. P. Een bijzonder deel der menfchelijke zamenleving: *wat zal de wereld er van zeggen? Men houw fich, hoe men wil, de wereld is vol gekken.* HUIJGHENS. *Weet ghij niet, dat de heijlige de werelt oordeelen fullen.* BIJBELV. *De groote wereld, de befchaafde wereld, de geleerde wereld,* enz. *De nieuwghevonden wereld meest fonder letters leven.* SPIEGH. De goederen en genoegens der wereld: *de gelukkige heeft de weerelt lief.* HOOFT. *En hebt de werelt niet lief.* BIJBELV. De verkeeringstoon. die onder de menfchen gebruikelijk is: *hij verftaat zijne wereld uitnemend. De wijde wereld intreden,* is, zich midden onder de menfchen begeven. *Ter wereld komen,* is, geboren worden. *Der wereld afsterven,* is, wanfmaak in hare genoegens krijgen, en daaraan niet meer als te voren deelnemen. *De wereld verlaten,* is, in een klooster gaan, of fterven, naar *de andere wereld* verhuizen. *Al de wereld* beteekent, de menfchen over het algemeen: *al de wereld fpreekt kwaadvan hem.* Van hier *wereldlijk, wereldling, wereldsch.* Zamenftell.: *wereldbeheerfcher, wereldbefchrijving, wereldbol, wereldburger, werelddeel, wereldgroote, wereldkennis, wereldkloot, wereldkoning, wereldkundig, wereldminnaar, wereldrond, wereldsgezind, wereldftad, wereldftelfel, wereldwijze,* enz.

Wereld, OTTFRID. *worolt,* zweed. *werld,* hoogd. *welt,* eng. *world,* vries. *wroad,* oudd. ook *weralt,* en *werolt,* werd oulings ook voor tijd, eeuw, gebruikt, en is van het oude *weren,* zijn, worden, duren, afkomftig.

WERELDBEHEERSCHER, z. n., m., *des wereldbeheerfchers,* of van den *wereldbeheerfcher;* meerv. *wereldbeheerfchers.* Van *wereld* en *beheerfcher.* Ook *wereldkoning.* Wordt in den verhevenen ftijl wegens God gebezigd: *de groote wereldbeheerfcher.* En wegens iemand, die deze wereld genoegzaam onder zijn bedwang heeft: *een der Romeinfche Keizers en wereldbeheerfchers.*

WERELDBESCHRIJVER, z. n., m., *der wereldbefchrij-*

fchrijvers, of *van den wereldbefchrijver*; meerv. *we-*
reldbefchrijvers. Van *wereld* en *befchrijver.* Die eene
befchrijving van de wereld geeft. Zoo ook *wereldbe-*
fchrijving, de daad van zulk befchrijven.

WERELDBESCHRIJVING, zie *wereldbefchrijver.*

WERELDBOL, zie *wereldkloot.*

WERELDBURGER, z. n., m., *des wereldburgers,*
of *van den wereldburger*; meerv. *wereldburgeren* en
wereldburgers. Van *wereld* en *burger.* Iemand, die
zich als burger der wereld befchouwt en gedraagt, en
alle menfehen als medeburgeren bemint: *het is een regt-*
fchapen wereldburger, die geenen volkshaat voedt. Van
hier *wereldburgerfchap*, de denkwijze van eenen wereldburger.

WERELDGEBOUW, z. n., o., *des wereldgebouws,*
of *van het wereldgebouw*; zonder meerv. Van *wereld* en
gebouw. Het Heelal.

WERELDGROOTE, · z. n., m., *des*, of *van den we-*
reldgrooten; meerv. *wereldgrooten.* Van *wereld* en
groote. Een groote in eene heerfchappij, die zich genoegzaam over de wereld uitftrekt: *de Romeinfche we-*
reldgrooten.

WERELDKENNIS, z. n., vr., *der*, of *van de we-*
reldkennis; zonder meerv. Kennis van de gefteldheid
van het heelal: *die wereldbefchrijving kan u eene ge-*
noegzame wereldkennis bijzetten. Kennis van de menfchelijke zamenleving: *hij bezit geene wereldkennis.* Van
wereld en *kennis.*

WERELDKLOOT, z. n., m., *des wereldkloots*, of
van den wereldkloot; meerv. *wereldklooten.* · Van *we-*
reld en *kloot.* Anders *wereldbol.* Onze aarde, of een
ander foortgelijk hemelligchaam: *verlicht den gantfchen*
waereldkloot. L. D. S. P. *De wereldkloot van Jupi-*
ter. Een afbeeldfel van eenen wereldkloot, en wel
zulk een, als men eenen Keizer bij deszelfs krooning
in de hand geeft: *den rijksappel, of wereldkloot.*

WERELDKONING, zie *wereldbeheerfcher.*

WERELDKUNDE, zie *wereldkennis.*

WERELDKUNDIG, bijv. n. en bijw., *wereldkundiger, we-*
reldkundigst. Van *wereld* en *kundig.* Die de wereld
kent. De wereld door bekend, ruchtbaar: *gij maakt*
het gebeurde nog wereldkundiger.

WERELDLIJK, bijv. n., zonder vergrootingstrappen.
Van

Van *wereld*. Zie *lijk*. OTTFRID. *woro't lich*, NOTK. *wertlich*, ZWABENSPIEG. , hoogd. *weltlich*. Het tegenoverstaande van *kerkelijk: wereldlijke vierscharen*. Voorts is een *wereldlijk priester* die geen lid van eenige geestelijke orde is. *De wereldlijke regter* wordt tegen eenen Goddelijken, of God zelven, overgesteld.

WERELDLING, zie *wereldsch*.

WERELDMINNAAR, zie *wereldsch*.

WERELDROND, z. n., o., *des wereldronds*, of *van het wereldrond;* zonder meerv. Onze aardbol: *het gansche wereldrond. . Deeden 't siddrend waereldrond davren.* L. D. S. P.

WERELDSCH, bijv. n. en bijw., zonder vergrootings-trappen. Van *wereld*. Tot de wereld behoorende: *al die wereldsche zaken redden zich van zelf. Om wereldsche goederen bijeen te schrapen.* Voorts is *een wereldsch mensch* evenveel, als een *wereldsgezind*, een *wereldling*, of *wereldminnaar.*, die de wereld lief heeft; zie *wereld*.

WERELDSGEZIND, zie *were'd*.

WERELDSTAD, z. n., vr., *der*, of *van de wereldstad;* meerv. *wereldsteden.* Van *wereld* en *stad.* Dezen naam geeft men aan eene stad, die als eene kleine wereld uitmaakt: *de wereldstad Parijs.*

WERELDSTELSEL, z. n., o., *des wereldstelsels*, of *van het wereldstelsel;* meerv. *wereldstelsels.* Van *wereld* en *stelsel.* Eene hoeveelheid van bijeen behoorende wereldbollen: *er zijn vast buiten ons zonnestelsel nog oneindig vele andere wereldstelsels.*

WERELDSTREEK, z. n., vr., *der*, of *van de wereldstreek;* meerv. *wereldstreken.* Van *wereld* en *streek.* Oord der wereld.

WERELDWIJZE, z. n., m., *des*, of *van den wereldwijzen;* meerv. *wereldwijzen.* Van *wereld* en *wijze.* Iemand, die in wereldsche zaken ervaren en wijs is: *de raadslagen der wereldwijzen werden verijdeld.*

WEREN, bedr. w., gelijkvl. *Ik weerde, heb geweerd.* Bewegen, om iets te verrigten: *wat weert hij zich! Gij zult u wat beter moeten weren!* Bewegen, om eenig kwaad van zich te keeren: *hoe dapper hij zich ook weerde.* Keeren, tegenstaan, afweren, ergens buiten houden: *om den vijand uit de stad te weren. Ik kon 't niet weeren,* HALMA. *Uwe sonden weeren dat goede van u lie-*

lieden. BIJBELV.; waar dit woord doorgaans terug houden aanduidt. Van hier *geweer* , *weer* , *weerbaar* ,
weerder , *weerloos* , *wering.* Zamenftell.: *weerwerk* ,
enz. *Afweren* , *beweren* , *verweren* , enz.

Weren , KIL. *weeren* , hoogd. *wehren* , KERO *we-*
ren , angelf. *weran* , ijsl. *veria* , zweed. *varja* , beteekent eigenlijk bewegen, reppen.

WEREN, onz. w., gelijkvl. *Ik weerde* , *heb geweerd.*
Verwant aan ons *wezen* , ijsl. *vera* , zweed. *vara* ,
zijn, en volftrektelijk evenveel als het hoogd. *währen* ,
nederf. *waren* , NOTK., WILLERAM. *uueren* , KIL.
weren en *weeren* , duren, van waar ons *wereld* , en
bij KIL. , *weerachtig* , en *weerigh* , durig, duurzaam.

WERF, z. n., vr., *der* , of *van de werf* ; meerv. *wer-*
ven. Verkleinw. *werfje.* Eigenlijk, aarde, die ergens
opgeworpen wordt, en eene daardoor aan- of op-ge-
hoogde plek gronds. Deze beteekenis is bovenal zigtbaar in het nederf. *warf* , dat eenen heuvel, of eenen
aangehoogden oever, aanduidt; maar ook in ons *werf* ,
dat in het gebruik zoodanig eene plek gronds van het
platte land aanduidt, waarop een huis gebouwd is, en
welke hetzelve omringt, en doorgaans hooger is dan
het omliggende land: *hij ftond op zijne werf. De werf*
wist na te fpeuren , *waar op hij gezeten was.* HOOFT.
Voorts gebruikt men dit woord ten platten lande, en in
de fteden, voor eene fcheepstimmerwerf: *brengenze*
geen fchepen van de werf. VOND., bij wien dit woord,
even als het hoogd. *werft* , ook onzijdig is, in: *pron-*
ken voor 't Oostindisch werf. Zamenftell.: *werfboot* ,
werfgast , *werfklok* , *werfvolk* , enz. *Timmerwerf* , enz.

Werf , nederf. ook *werf* en *warf* , zweed. *hvarf* ,
hoogd. *werft* , is afkomftig van *werpen* , hoogd. *wer-*
fen ; zie *werpen.*

WERF, beantwoordt aan *maal* , in de zamenftell.: *dik-*
werf; driewerf , *tweewerf* , en dat *eenwerf* , *eerstwerf* ,
lestwerf , dat men bij KIL. vindt, enz.

WERFGELD, zie *werven.*

WERING, z. n., vr., *der* , of *van de wering* ; meerv.
weringen. Van *weren.* De daad van weren: *tot wering*
van dat kwaad. Voorts ook het gene tot wering dient.
In dezen zin heeft het woord een meerv.; maar komt
het zelden voor, dan in de zamenftell.: *borstwering* , enz.

WERK, z. n., o., *des werks* , of *van het werk* ; zonder

der meerv. Grove ineen verwarde draden, die uit vlas
of hennip gehekeld worden: *het werk, waermede de
naden gedreven waren.* VOND. Van hier *werken*, onverb. bijv. n., van werk gemaakt: *werken garen,
werken doek*, enz. Zamenſtell.: *hennipwerk, vlaswerk*,
enz. Dit woord is, volgens ADELUNG, zamengetrokken uit *werrich*, van *werren, warren*. Het luidt in
't hoogd. ook *werk*.

WERK, z. n., o., *des werks*, of *van het werk;* meerv.
werken. Verkleinw. *werkje*. Gewrocht: *uw goedheid is verſpreid op al uw werken.* L. D. S. P. *Dat
dit werk gewrocht is van de zienlijke hant Gods.*
HOOFT. Inzonderheid een gebouw: *het ganſche werk
ſtaat op palen.* Een dijk, een wal, eene verſchanſing:
*op het nieuwe werk buiten Rotterdam. De werken van
Nijmegen. Er waren verſcheidene werken voor het leger aangelegd.* Een kunſtig zamenſtel van dingen, die
een geheel uitmaken: *het werk van uw horlogie deugt
niet. Het oude werk werd uit het orgel genomen.* De
wijze, waarop iets gemaakt is: *dat zilver is gansch
anders van werk. Als het werk van den rant eenes be-
kers.* BIJBELV. Al wat aan eenig bijzonder ding te
doen is: *toen zij het werk gedaan had, ſloot zij de kamer. Alſoo wert het werck der pilaren volmaeckt.* BIJ-
BELV. Een geſchrift van eenigen omvang: *het wordt
een geheel werk, dat gij daar ſchrijft.* De celletjes,
die de bijen in hunne korven maken: *zoo als de nijvere
bijen haar werk met honig vullen.* Een bedrijf, eene
daad: *iemand niet naar zijne woorden, maar naar zijne werken, beoordeelen. Een werk van liefde en barm-
hartigheid. Ziet dat werk eens aangaan.* BRANDT.
Wij ſtonden dat goede werk aan te zien. Arbeid, moeite: *het kost mij veel werks. Hij dacht, dat er minder
werk aan was. Ik heb er een huis vol werks aan. Aan
het werk tijgen,* is, aan den arbeid gaan. *Iemand te werk
ſtellen*, is, hem gelegenheid tot arbeid verſchaffen, anders ook hem *werk geven. Iets te werk ſtellen*, is,
daarmede werkzaam zijn, of worden: *ſtelt bloetdors-
tigh, fel, en boos, zijn aert te werk aen 't vee.* VOND.
Iets in het werk ſtellen, is, hetzelve tot dadelijkheid
brengen. *Bij de werken zijn*, is, in gereedheid, of
bij de hand: *er was geene tang bij de werken.* In
plaats hiervan vordert HOOGSTRAT. *bij den werke*,

ZOO

zoo als men bij HOOFT vindt: *was daatlijk bij den wer-*
ke Goodevaart Monteus. BRANDT fchrijft: *dat de*
vloot met den dag bij de werk zou trachten te weezen.
Maar het eerstgemelde is en wordt, volgens TEN KATE,
het eenige, dat deugt, ontleend van de opzieners over
groote werken, die geftaag daarbij moeten zijn, om telkens met raad en daad toe te fchieten. *Ergens werk*
van maken, is zorg en vlijt daaraa befteden: *hij maakt*
veel werk van haar. Men maakt er weinig werk van
lezen. Gheen werck maecken van eenigh dinck. KIL.
Zoo, of zoo, ergens mede te werk gaan, is, daarmede
zoo of zoo handelen: *lang ging ik zacht te werk.* VOND.
Hij gaet met hooveerdige verbolgentheijt te wercke. BIJ-
BELV. *Hoe kunt gij zoo te werk gaan,* is, zoo onftuimig handelen. *Het is geen werk voor iemand,* of *van*
iemand, het valt hem te zwaar, het gaat zijne krachten of vermogens te boven. Spreekw.: *het werk loont*
zijnen meester, het vergaat iemand naar zijn gedrag.
Er is werk aan den winkel, het is er druk. Van hier
werkachtig, werkelijk, werkeloos, werken, enz. *Werk-*
zaam. Zamenftell.: *werkdadig, werkheilig, werkftel-*
lig, werkverbond, werkwoord, énz. *Aardewerk, ak-*
kerwerk, avondwerk, beeldwerk, bergwerk, binnen-
werk, beuzelwerk, bloemwerk, boerenwerk, bolwerk,
bontwerk, borduurwerk, breidwerk, broddelwerk, bui-
tenwerk, dagwerk, draadwerk, draaiwerk, draal-
werk, futfelwerk, graveerwerk, guitenwerk, hand-
werk, heiwerk, hekfenwerk, horenwerk, houtwerk,
huiswerk, ijzerwerk, kantwerk, kettingwerk, keuken-
werk, kinderwerk, knoeiwerk, koperwerk, kranswerk,
kroonwerk, kunstwerk, lakwerk, lapwerk, latwerk,
lijstwerk, loofwerk, meesterwerk, memoriewerk, met-
felwerk, molenwerk, morgenwerk, muurwerk, naai-
werk, naaldewerk, nachtwerk, paalwerk, poppenwerk,
pronkwerk, prulwerk, puikwerk, radwerk, reukwerk,
reuzenwerk, roosterwerk, fchilderwerk, fchrijnwerk,
flenderwerk, flingerwerk, fpeldewerk, tapijtwerk,
touwwerk, traliewerk, treuzelwerk, uurwerk, vuur-
werk, weerwerk, winterwerk, wonderwerk, zilver-
werk, zomerwerk, enz.

Werk, hoogd., OTTFRID. ook *werk,* KERO *werach,*
WILLER. *wercho,* angelf. *weorc,* eng. *work,* vries.
wurk, fchijnt aan het gr. 'εϛγον, hebr. אךב, verwant,
komt

komt misfchien van *weren*, en beteekent bij Ottfrid.
ook eene zaak, een ding.

WERKACHTIG, bijv. n., *werkachtiger*, *werkachtigst*.
Van *werk* en *achtig*. Bij Kil. ook *werkgierig*. Arbeidzaam: *zij is werkachtig van aard*. Halma.

WERKBAAS, z. n., m., *des werkbazen*, of *van den
werkbaas;* meerv. *werkbazen*. Van *werken* en *baas*.
Opziener over werkvolk: *ik had eenen goeden werkbaas
aan hem*.

WERKDADIG, bijv. n. en bijw., *werkdadiger*, *werk-
dadigst*. Van *werk* en *dadig*, van *daad*. Wordt dan
eens voor *werkelijk*, dan eens voor *werkzaam*, gebruikt. Van hier *werkdadigheid*.

WERKDAG, z. n., m., *des werkdags*, of *van den
werkdag;* meerv. *werkdagen*. Van *werken* en *dag*.
Een dag, waarop men werken mag: *geen zon- offeest-
maar een werkdag. De poorte — fal de fes werckdagen
geflooten zijn*. Bijbelv.

WERKELIJK, bijv. u. en bijw., *werkelijker*, *werke-
lijkst*. Van *werk*, zie *lijk*. Dadelijk, indedaad, en
thans, aanwezig: *de werkelijke regering*. Als bijw.,
wezenlijk, en thans: *hij regeert werkelijk*. Voorts ook
veel werk aanbrengende, of vorderende: *de regering
viel hem te werkelijk*. Van hier *werkelijkheid*.

WERKELOOS, bijv. n. en bijw., *werkeloozer*, *wer-
keloost*. Van *werk* en *loos*. Zonder werk : *zijt gij
thans werkeloos! Hoe zit gij zoo werkeloos!* Van hier
werkeloosheid.

WERKEN, bedr. en onz. w., gelijkvl. en ongelijkvl.
Ik werkte, heb gewerkt, en *ik wrocht*, en *heb gewrocht*.
Onz., in eene werkzame beweging zijn: *hij werkt, om
het fchip voort te krijgen. Waer hebt ghij heden opge-
lefen, ende waer hebt ghij gewrocht?* Bijbelv. Evenveel hoe arbeiden: *hij werkt aan eene verhandeling.
Te werken in gout, ende in filver, ende in koper*. Bijbelv. De verwachte uitwerking ergens op te wege brengen: *het geneesmiddel werkt nog niet. Op het verfland
en hart van zijne hoorders werken*. Gisten: *het bier
werkt nog. Men zegt, dat de wijn werkt, als de wijngaard bloeit*. Halma. Bedr., te wege brengen: *dat
bevel werkt veel goeds*. Verrigten: *hij heeft een goet
werk aen mij gewrocht*. Bijbelv. Van hier *gewerk,
gewrocht, werker, werking, werkfter*. Zamenftell.:
werk-

werkbaas , werkbij , werkdag , werkezel , werkgast , werkhuis , werkkracht , werkkring , werklieden ; werkloon , werkmeefter , werkmiddel , werkmier , werkpak , werkplaats , werkfloof , werkfpelde , werkftuk , werktijd , werktuig , werkvolk , werkvrouw , enz. *Aanwerken , a'werken , bewerken , doorwerken , inwerken , medewerken , nawerken , opwerken , overwerken , tegenwerken , toewerken , uitwerken , verwerken , voortwerken , wegwerken ,* enz.

Werken, nederf. ook *werken*, hoogd. *wirken*, KERO, OTTFRID. *werken, werchon*, ULPHIL. *waarkjan*, eng. *work*, zweed. *ijrka*, komt van *werk*.

WERKEZEL , z. n., m., *des werkezels*, of *van den werkezel; meerv. werkeze!s.* Van *werken* en *ezel*. Iemand, die aan evenveel welken flaaffchen arbeid met lust voortwerkt: *het is een regte werkezel.*

WERKGAST , z. n., m., *van den werkgast ; meerv. werkgasten.* Van *werken* en *gast.* Anders *werkman;* gelijk als men het meervoud *werkgasten* met *werklieden*, en *werkvolk*, verwisfelt. Iemand, die zich met ruw werk geneert : *ik kan nog verfcheidene werkgasten p'aatfen.*

WERKGIERIG , zie *werkachtig.*

WERKHEILIG , bijv. n., *werkheiliger , werkheiligst.* Van *werk* en *heilig.* Dus noemt men iemand, die te veel van goede werken verwacht: *een werkheilig mensch.* Als z. n., is het mannel. en vr., iemand, die werkheilig is. Van hier *werkheiligheid.*

WERKHUIS, z. n., o., *van het werkhuis ;* meerv. *werkhuizen.* Van *werk* en *huis.* Een huis, waar men werkt ; ook rasphuis.

WERKKRING , z. n., m., *des werkkrings*, of *van den werkkring; meerv. werkkringen.* Van *werken* en *kring.* De kring, waarin iemand zijne werkzaamheid met vrucht op woeker zetten kan: *nu is hij in zijnen eigenlijken werkkring.*

WERKLIEDEN, zie *werkgast.*

WERKMAN, zie *werkgast.*

WERKMEESTER, z. n., m., *des werkmeesters*, of *van den werkmeester;* meerv. *werkmeesters.* Van *werken* en *meester.* Een kunftenaar : *ten wercke des werckmeesters , ende der handen des goutfmits.* BIJBELV. Hedendaags veelal enkel de opperfte ontwerper en voltooi-

tooijer van een ding: *al wat ons omringt, en wij ze!-*
ven, moeten door eenen wijzen en goeden werkmeester
voortgebragt zijn.

WERKPLAATS, z. n., vr., *der*, of *van de werk-*
plaats; meerv. *werkplaatſen.* Van *werk* en *plaats.*
Eene plaats, waar men werkt.

WERKSLOOF, z. n., vr., *der*, of *van de werkſloof*;
meerv. *werkſloven.* Van *werken* en *ſloof.* Eene ſloof,
die men onder het werken voorheeft: *doe uwe werkſloof*
nu maar af! Bij HALMA ook eene vrouw, die uit werken gàat, en zich daarmede afſlooft.

WERKSPELDE, z. n., vr., *der*, of *van de werkſpel-*
de; meerv. *werkſpelden.* Van *werken* en *ſpelde.* Een
werktuig van de ſpeldewerkers: *die werkſpelde is te grof*
voor mijn ſpeldewerk.

WERKSTELLIG, bijv.n. en bijw., zonder trappen van vergrooting. Van *werk* en *ſtellig*, van *ſtellen.* Dat in
het werk geſteld wordt: *waarom maakt gij uw ontwerp*
niet werkſtellig? Van hier *werkſtelligheid*, *werkſtellig-*
lijk, HALMA. Zamenſtell.: *bewerkſtelligen*, enz. —
onwerkſtellig.

WERKSTUK, z. n., o., *des werkſtuks*, of *van het*
werkſtuk; meerv. *werkſtukken.* Van *werken* en *ſtuk.*
Een ding, dat met bijzondere kunst, of moeite, vervaardigd is: *een werkſtuk van Gods hand. Het werk-*
ſtuk van Vulkaen. VOND.

WERKTIJD, z. n., m., *des werktijds*, of *van den*
werktijd; meerv. *werktijden.* Van *werk* en *tijd.* Tijd
om te werken, of wanneer men werken moet.

WERKTUIG, z. n., o., *des werktuigs*, of *van het*
werktuig; meerv. *werktuigen.* Van *werken* en *tuig.*
Tuig, gereedſchap, waarvan men zich in het werken
bedient: *een kiſtenmakers werktuig.* HALMA. Al wat
als hulpmiddel tot verrigting van iets verſtrekt: *het tee-*
dere werktuig van het gezigt. Hare handelingen zijn
wercktuijgen van gewelt. Hij was het werktuig der Voor-
zienigheid ter bevordering van den vrede. Van hier
werktuigelijk. Zamenſtell.: *werktuigkunde*, *werktuig-*
kundig, *werktuigmaker*, enz.

WERKTUIGELIJK, bijv. n. en bijw., *werktuigelijker*,
werktuigelijkst. Van *werktuig.* Zie *lijk.* Al wat met even
weinig overleg verrigt wordt, als er bij een werktuig plaats
grijpt: *ik maakte eene werktuigelijke beweging met de*
hand,

L

hand, waaruit mijn afgrijzen bleek. Als bijw., zonder eenig eigen overleg: *de daaden der dieren geschieden, volgens Descartes, werktuiglijk.* HALMA. Van hier *werktuigelijkheid.* Zamenstell.: *onwerktuigelijk.*

WERKTUIGKUNDE, z. n., vr., *der,* of *van de werktuigkunde;* zonder meerv. Van *werktuig* en *kunde.* Kunde van het zamenstel, en de werkkracht, van allerlei werktuigen: *hij is in de werktuigkunde zeer bedreven.* In overeenstemming hiermede is *werktuigkundig* met de gezegde kunde begaafd.

WERKVERBOND, z. n., o., *des werkverbonds,* of *van het werkverbond;* zonder meerv. Van *werk* en *verbond.* Een verbond, 't welk God met den eersten mensch zou hebben aangegaan.

WERKVOLK, zie *werkgast.*

WERKWINKEL, z. n., m., *des werkwinkels,* of *van den werkwinkel;* meerv. *werkwinkels.* Van *werk* en *winkel.* Een winkel, waar men werkt.

WERKWOORD, z. n., o., *des werkwoords,* of *van het werkwoord;* meerv. *werkwoorden.* Van *werk* en *woord.* Een bijzonder deel der rede, waarover zie INLEIDING, bladz. 128 env.

WERKZAAM, bijv. n. en bijw., *werkzamer, werkzaamst.* Van *werk* en *zaam.* Genegen tot werken: *een werkzaam man.* Met werk onledig: *hij blijft nog steeds werkzaam.* Bij de voorstanders van bevindingen, hiermede begunstigd: *die zondaar begint werkzaam te worden.* Als bijw., vlijtiglijk en ijverig: *hij behartigt alles werkzaam en trouwelijk.* Van hier *werkzaamheid,* dat, even als *bezigheid* in het meerv. wel eens voor het gene men verrigt gebezigd wordt: *waarin bestaan zijne voornaamste werkzaamheden?* Zamenstell.: *onwerkzaam.*

WERKZAAMHEID, zie *werkzaam.*

WERP, zie *werpte,* en *werp.*

WERPANKER, zie *werpen.*

WERPDRAAD, zie *werpte.*

WERPEL, zie *werpen.*

WERPELING, z. n., m., *des werpelings,* of *van den werpeling;* meerv. *werpelingen.* Van *werpen.* Zie *ling.* KIL. *werpelinck, worpelinck,* en *verwerpelinck,* en *wederdeege,* in de beteekenis van een jong, dat door de moer verstooten wordt, buiten welke *werpeling* en *wor-*
pe-

peling voorts ook evenveel welk geworpen jong aanduiden: *die werpelingen van de beesten, die ghi hebt in
voedenisse.* v. HASS.

WERPEN, bedr. w., ongelijkvl. *Ik wierp, heb geworpen.* KIL. en elders ook *worpen.* Met hevigheid door
de lucht van zich af drijven: *het werptuig wierp eene
hagelbui van steenen. Men begon al meer en meer bomben te werpen. Die vijerspranckelen, pijlen, ende doodelicke dingen, werpt.* BIJBELV. *De schilder worpt
van spijt de spongie nat van spogh naer 't vaert toe.*
VOND. Met meer of min hevigheid nederwaarts doen
vallen: *de Prins van Parma — werd — op zijn plat
geworpen*, dat is, plat ter aerde neder. HOOFT. *So
wierp sij het kint onder een van de struijcken.* BIJBELV.
Doch wilt ghij tarwe en zware spelte in d'aerde werpen.
VOND. *Ter aarde, in het water, over boord, in het
vuur, op den grond,* enz. *werpen. Iemand omver werpen*, is hem omver doen vallen. *Een huis omver werpen*, is, hetzelve doen neerstorten. *Iemands stellingen,*
enz. *omver werpen*, is, dezelve wederleggen. *Iemand
een gat in het hoofd, de oogen daaruit,* enz. *werpen,*
is, hem, al werpende, derwijze beschadigen. *Zich in
het stof werpen,* beteekent, opzettelijk ter aarde vallen,
om zich ten diepste voor iemand te vernederen. *Zich
in eenen drom van vijanden werpen*, is, daarin dringen. *Volk in eene vesting werpen*, is, hetzelve schielijk daarin doen trekken. *Iemand in de gevangenis werpen*, hem daarin doen sluiten. *Eenen mantel van,* of
om, het lijf werpen, hem van, of aan, het lijf doen.
Jongen werpen, is, dezelve ter wereld brengen: *door
vrees gedrongen, werpen z', in dien nood, haar jongen.* L. D. S. P. *Zijne oogen op iemand werpen*, is
hem beschouwen, verkiezen, begeeren: *hij wierp zijne
oogen op die weduwe. Negen oogen werpen*, is, de dobbelsteenen derwijze werpen, dat derzelver bovenzijden
negen oogen vertoonen. In: *met dobbelsteenen werpen,
met steenen, met scheldwoorden,* enz., *om zich henen
werpen*, is *werpen* steeds onzijdig; maar in: *met steenen,*
enz. *werpen* wordt het vaak bedrijvend, als de werking
tot een voorwerp overgaat, dat men zoekt te treffen:
ik wierp den hond met eenen steen. Spreekw.: *als men
eenen hond werpen wil, vindt men ligt eenen steen,* zie
steen. Van hier *werf, werp,* of *worp, werpel,* of

L 2   *wor-*

worpel, een dobbelfteen, bij KIL. — *werpelick*, KIL., *wer-*
peling, *werper*, *werping*, *werpfel*, *werpte*. Zamenftell.: *werpanker*, *werpdraad*, *werpgaren*, *werpge-*
weer, *werplans*, *werplood*, *werpnet*, *werppijl*, *werp-*
fchicht, *werpfchijf*, *werpfpeer*, *werpfpel*, *werpfpies*,
werptol, *werptuig*, enz. *Afwerpen*, *heenwerpen*, *on-*
derwerpen, *opwerpen*, *tegenwerpen*, *toewerpen*, *uit-*
werpen, *verwerpen*, *voortwerpen*, *wegwerpen*, enz.

Werpen, *worpen*, hoogd. *werfen*, oudopperd. *wer-*
fan, nederd. *warfen*, zweed., ijsl. *varpa*, ULPHIL.
wairpan, middeleeuw. lat. *guerpire*, is van eenen onzekeren oorfprong.

WERPGAREN, zie *werpte*.

WERPNET, zie *werpen*.

WERPSEL, z. n., o., des *werpfels*, of *van het werp-*
fel; meerv. *werpfelen*, en *werpfels*. Van *werpen*. Zie
fel. Het gene geworpen wordt, doch naauwelijks anders gebruikelijk, dan in de zamenftell.: *opwerpfel*, *tus-*
fchenwerpfel, *uitwerpfel*.

WERPTE, z. n., vr., *der*, of *van de werpte*; zonder
meerv. De inflag, die door de fchering geworpen wordt,
en niet die fchering zoo als KIL. wil, die dit woord
met *werp*, *werpdraad*, en *werpgaren* verwisfelt. In
het hoogd. luidt het *werfte*, of *werft*; en het komt van
werpen.

WERVEL, z. n., m., des *wervels*, of *van den wervel*;
meerv. *wervelen* en *wervels*. Eigenlijk, al wat draait;
van hier, bij KIL., een maalftroom, en, even als dit
woord, het water dat in eenen maalftroom rondgedre-
ven wordt, een draaikolk, bij KIL. anders *wervelpoel*.
Voorts bij denzelfden KIL. de nek; en een langwerpig
fchijfje, dat om eenen fpijker ronddraait: *doe den wer-*
vel op de deur! Van waar de fpreekw. van *den wervel*
draaijen, het voornaamfte beftuur van zaken voeren:
geen ftokebrant magh hier den wervel draeien. VOND.
(Voorts verwisfelt men *wervel* ook met *wervelbeen*.) Van
hier *wervelen*. Zamenftell.: *wervelader*, *wervelbeen*,
werveldraaijer, *wervelenhout*, *wervelhoren*, *wervelpoel*,
wervelwind, *wervelziek*, enz. *Lendewervel*, *zijdewer-*
vel, enz.

Wervel, nederf. *warbel*, hoogd. *wirbel*, zweed.
hwirfwel, eng. *whirl*, komt van het oudd. *werben*,
zweed. *hwerfwa*, in eenen kring ronddraaijen, van het
ou-

oude *werven*, omdraaijen, verwant aan het lat. *verte-
re*, en ons *warren*, van waar *warrelwind*.

WERVELBEEN, z. n., o., *des wervelbeens*, of *van
het wervelbeen;* meerv. *wervelbeenderen.* Van *wervel*
en *been.* Een been van de ruggegraat: *het ruggemerg
loopt door de wervelbeenderen.*

WERVELEN, bedr. w., gelijkvl. *Ik wervelde, heb gewerveld.* Van *wervel.* Met den wervel fluiten: *gij
hebt die deur niet goed gewerveld.* Bij KIL. ook draaijen, over het algemeen.

WERVELENHOUT, z. n., o., *des wervelenhouts*,
of *van het wervelenhout;* zonder meerv. Van *wervel* en
hout. De amandelbladige wilg : *omſtreeks Wijk bij
Duurſtede vindt men wervelenhout.*

WERVELHOREN, z. n., m., *des wervelhorens*, of
van den wervelhoren; meerv. *wervelhorens.* Van *wervel* en *horen.* Een horen, die tot het geſlacht der zoogenoemde Tollen behoort: *men vindt den wervelhoren
in de Middellandſche zee.*

WERVELPOEL, zie *wervel.*

WERVELWIND, z. n., m., *des wervelwinds*, of
van den wervelwind; meerv. *wervelwinden.* Van *wervel* en *wind.* Warrelwind, dwarlwind: *gelijck kaf,
dat de wervelwint wechſteelt.* BIJBELV.

WERVELZIEK, bijv. n., zonder vergrootingstrappen.
Van *wervel* en *ziek.* Aan draaijingen in het hoofd lijdende : *ik word wervelziek van al die beweging. Wer-
velſiecke beeste.* KIL. Van hier *wervelziekte.*

WERVEN, bedr. w., ongelijkvl. *Ik wierf, heb geworven.* Oulings met moeite verkrijgen: *uten dieſe ghe-
wervet.* v. HASS. *Alle hare have die ſij geworven hadden.* BIJBELV. *Zij, die de kroone draaght, en hoeft
ze niet te werven.* HOOFT. *Doch wij verworven, 't
geen bij nootlot ſtont te werven.* VOND. *Die ſoo veel
heeft, ofte weet te werven.* R. VISSCHER. Hedendaags bezigt men in dezen zin *verwerven*, en komt *werven* enkel voor in dien van krijgsvolk aannemen: *er
werdt ſterk geworven;* of in dien van leden voor een of
ander gezelſchap bijeen brengen : *hij werft voor
de Maatſchappij* enz. Bij KIL. vindt men nog
meer andere beteekeniſſen, die *werben* in het
hoogd. nog ten deele heeft. Van hier *gewerf, wer-*

L 3 *ver,*

ver, *werving.* Zamenftell.: *werfhuis, werfofficier,* enz. *Aanwerven, verwerven,* enz.

Werven, hoogd. *werben,* nederf. *warben,* ULPHIL. *quairban,* KERO, ISID. *hwerban,* zweed. *verfva,* is verwant aan *wervel,* en beteekent eigenlijk ronddraaijen, in eene geftadige beweging, geftadig werkzaam, zijn.

WERWAARTS, bijw., even als *derwaarts, velerhande,* enz., uit eenen dubbelen tweeden naamval zamengefteld, als uit dien van het oude *we,* dat aan *wie,* welke, enz. beantwoordt; zie *wie;* en uit den tweeden naamval van *waart.* Waarheen, zoo in eenen vragenden zin, als in eenen betrekkelijken: *het land, werwaarts ik hem zond. Werwaarts is hij verhuisd? Werwaarts ik mij wend, ik vind nergens, heul noch troost.*

WESHALVE, voegw. Van het oude *we,* (dat thans evenzeer door *wie* vervangen wordt, als *de,* waarvan *deshalve* en *derhalve,* door *die,*) en *halve.* Alwaarom, om welke reden: *weshalve ik hem voor hield.* In dezen zin gebruikt men nu en dan ook wel eens *weswege,* dat aan *deswege* gelijkvormig is.

WESP, z. n., vr., *der,* of *van de wesp;* meerv. *wespen.* Een bekend infekt, waarvan men zeventien, of achttien, foorten telt: *eene getergde wesp. Mijn volk is van die wesp ook felden hard geleken.* D. DECK. Zamenftell.: *wespenei, wespenhonig, wespennest,* enz. *Akkerwesp, basterdwesp, bladwesp, boschwesp, moerwesp, fteenwesp, veldwesp, wandwesp, werkwesp,* enz.

Wesp, nederf., hoogd., opperd. *wespe,* angelf. *waespe,* eng. *wasp,* deen. *hvespe,* fr. *quespe, quepe,* ital., lat. *vespa,* gr. σφηξ.

WESPENNEST, z. n., o., *des wespennests,* of *van het wespennest;* meerv. *wespennesten.* Van *wesp* en *nest.* Wordt figuurlijk gebruikt, in: *een wespennest verftoren,* een aantal van bittere menfchen tegen zich in beweging brengen.

WEST, bijv. n. en bijw., zonder vergrootingstrappen. Dat tegen Oost overftaat: *de wind is West.* Zie voorts, nopens het bijvoegelijk gebruik van dit woord, *Westewind.* Als bijw.: *het ligt vlak West van ons.* In het onz. geflacht als z. n., 'de westelijke zijde van een ding, anders deszelfs *westkant* en *westzijde: de deur is*

is aan het West van het huis, en het westelijk gedeelte
van eene plaats, een land, enz.: *hij woont daar ginds
in 't West.* Onbepaaldelijk, het westelijk gedeelte der
wereld : *'t Oost, het West, of 't woeste Noord, brengt
geen ftaatsverheffing voort.* L. D. S. P. *Terwijl het
West noch ftarren zag.* BRANDT. *In 't West noch niet
gedaan zijn de bruine grijnzen van des hemels vrolijk
aanfchijn.* HOOFT. *Blies al den neeveligen douw, en
't quaad fenijn met kracht naa 't West.* SIX V. CHAND.
Ook bezigt men *West* als z. n., vr. in: *naar de West,
in de West, uit de West*, naar, in, of uit, Westindie; en in: *om de West*, op de Westkust: *hij woont om
de West*, óf langs die kust: *wij voeren om de West.*
Voorts is *uit den Westen* misfchien een gebogene naamval van een mannelijk *West*, dat aan het mannelijk *Noord*
beantwoordt; zie *noord* en *westen.* Nopens het fpreekw.:
Oost West t'huis best, zie Oost. *West ten Noorden,
Westnoordwest*, en *West ten Zuiden, Westzuidwest*,
wordt van dingen gebezigd, die aan weerskanten van
het West gelegen zijn: *wij zagen land West ten Zuiden van ons. De wind was Westzuidwest.* Voorts
komen van *West, westelijk, Westen, Wester*, enz.
Zamenftell.: *Westewind, Westeinde, Wes falen*, enz.
*Westhoek, Westindie, Westkant, Westkim, Westkust,
Westland, Westvaarder, Westvries, Westvriesland,
Westwaarts, Westzane, Westzaandam, Westzijde*,
enz.

West, hoogd., eng. ook *west*, fr. *ouest.* Vergelijk *Noord* en *Oost*, z. 11.

WESTELIJK, bijv. n. en bijw., *westelijker, weste-
lijkst.* Van *west*, zie *lijk.* In het West gelegen, of
uit het West komende: *de wind wordt nog westelijker.*
Als bijw., aan de westzijde: *het ligt westelijk van ons.*
Van hier *westelijkheid.* Zamenftell.: *Noordwestelijk,
Noordnoordwestelijk, Westnoordwestelijk, Westzuid-es-
telijk, Zuidwestelijk*, en *Zuidzuidwestelijk.*

WESTEN, z. n., o., *des westens*, of *van het westen;*
zonder meerv. Het westelijke gedeelte van evenveel welk
ding: *de toren ftaat gemeenlijk aan het Westen van de
Kerk. Leijddefe recht af beneden 1.ae het westen der
ftadt.* BIJBELV. *De Kananiten uit het Westen van Pa-
lestina.* Onbepaaldelijk, het westelijke gedeelte der

wereld: *drie fiende nae het Noorden, ende drie fiende nae het Westen.* BIJBELV. *Zoo verr' als 't Oost van 't Westen is gelegen. De wind blaast uit den Westen. Dat uit den Westen dan met laauwe blaasjens aamt.* HOOFT.

WESTER, bijv. n. en bijw., zijnde de vergrootende trap van *West*, als *Ooster, Noorder* en *Zuider*, van *Oost, Noord* en *Zuid*. *Oock fal hij den ooster ende wester hoeck hebben.* BIJBELV. *Wester kerk, wester landpale, wester markt, wester toren, wester vleugel*, enz. Dikwerf wordt het ook aan 't zelfftandig naamw. vastgehecht: *van den oosterhoeck, tot den westerhoeck toe.* BIJBELV. En zoo ook *westermarkt, westertoren*, enz. Zie *oost*. Van hier *westersch*, dat tot het Westen betrekkelijk is: *de westerfche volken, het westerfche Keizerrijk.*

WESTERSCH, zie *wester*.

WESTEWIND, z. n., m., *des westewinds*, of *van den westewind;* meerv. *westewinden.* Verkleinw. *westewind-je.* Van *west* en *wind.* De wind, die uit het west waait: *gelijck een korenair van westewint geleckt.* VOND. *Als d'aem des westewints, die elk den fchoot vol vruchten regent.* MOON. — KIL., HALMA, en anderen, fchrijven *westenwind;* en houden *westen* aan het hoofd van dit woord voor eenen gebogenen naamval van het enz. z. n. *west;* maar als men in den eerften naamval *westewind* bezigt, befchouwt men *weste* aan het hoofd van dit woord als bijvoegelijk, en verbuigt men het fomwijlen, even als of het niet met het z. n. *wind* tot een woord vereenigd was; ja men vindt het wezenlijk op zich zelf gelaten in: *eenen feer ftercken westen wint.* BIJBELV. Vergelijk *Oost* bijv. n., en *wekleven.*

WESTFAAL, *Westfaalsch*, zie *Westfalen.*

WESTFALEN, z. n., o., *des Westfalens*, of *van het Westfalen;* zonder meerv. Eigenlijk een hertogdom, dat, even als het naburige graaffchap Recklinchhaufen, aan den Aartsbisfchop van Keulen plagt toe te behooren: *de hoofdftad van Westfalen is Arensberg.* Voorts een der kreitfen van het voormalige Duitfche rijk, eigenlijk *de Westfaaltfche Kreits* geheeten. En thans draagt eene vereeniging van landen ten Oosten van Munfter en Arensberg, den naam van *het Koningrijk van Westfalen.* Van hier *Westfaal*, hoogd. *Westphale*, iemand uit Westfalen; en van daar wederom *Westfaalfch*, dat tot Westfalen behoort, of daaruit afkomftig

ftig is. *Westfaling*, een inwoner van Westfalen, of een van derzelver inboorlingen.

WESTFALING, zie *Westfalen.*

WESTINDIE, z. n., o., *van het Westindië;* meerv. *Westindien.* Van *West* en *Indië.* Anders ook *de West.* Een gedeelte van Amerika en deszelfs eilanden: *hij vaart op Wesindië.* Van hier *Westindisch,* en de zamenftell.: *Westindischvaarder,* anders *Westvaarder.*

WESTKANT, zie *west.*

WESTKIM, z. n., vr., *der,* of *van de westkim;* zonder meerv. Van *west* en *kim.* De westelijke gezigteinder: *tot de nacht, ter westkim opgevlogen, de lucht met zwart bekleedt.* ROTGANS.
't Was avond, en de zon, gehuld met goud en ftralen,
Scheen thands, te Berfeba, ter westkim in te dalen. HOOGVL.

WESTLAND, z. n., o., *des Westlands,* of *van het Westland;* zonder meerv. De landftreek ten Zuidwesten van Delft en den Haag: *een boer uit het Westland.* Van hier *Westlandsch.* Van *West* en *land.*

WESTVAARDER, zie *Westindie.*

WESTVRIES, zie *Westvriesland.*

WESTVRIESLAND, z. n., o., *des Westvrieslands,* of *van het Westvriesland;* zonder meerv. Van *West* en *Vriesland.* Dat gedeelte van Noordholland, waarin Hoorn, Enkhuizen en Medemblik, gelegen zijn: *de ftaten van Holland en Westvriesland.* De inwoners dezer landftreek plagten den naam van *Westvriezen* te voeren, en werden ook wel eens blootelijk *Vriezen* genoemd.

WESTWAARTS, bijw., van *west* en *waarts.* Naar het westen toe: *wij zeilden westwaarts.* Hierbij voegt men dikwijls *heen,* of *henen: hij toog westwaarts heen.*

WESTZUIDWEST, zie *west.*

WESTZIJDE, zie *west.*

WESWEGE, zie *weshalve.*

WET, z. n., vr., *der,* of *van de wet;* meerv. *wetten.* Eene fchriftelijke bepaling van algemeene pligten, die van hooger hand voor een ieder vastgefteld is: *hij, die zich draagt naar 't voorfchrift van uw wet.* L. D. S. P. *Erfgewoonte, en wijze, en wet en fchijn van reden.* VOND. *Het volk kon door geen wetten het ftroopen van des lands gemeene veldt beletten.* HOOGVL. *Geen meerder kracht, van de wet te doen onderhouden, dan de voorgang van den Vorst.* HOOFT. *Al wat God in*

L 5 *de*

de wet voorfchrijft. VOLLENHOVE. *Die de wet ook tot een ftip voldoet.* D. DECK. *Waer geen wet en is, daer en is oock geen overtredinge.* BIJBELV. *Eene wet worden,* is, zoo fterk in zwang geraken, als of het door eene wet aanbevolen ware. *Ergens eene wet van maken,* is, een ieder daartoe verpligten. *De gewoonte maakt eene wet,* men wordt eindelijk verpligt tot opvolging van eene gevestigde gewoonte. *Nood breekt wetten,* ontheft iemand van de verpligting, die er anders op hem ligt. *Iemand de wet ftellen,* of *voorfchrijven,* is, min of meer willekeurig over hem gebieden. In de Godgeleerdheid is *de wet* de Mozaifche: *om na de gewoonte der wet met hem te doen.* BIJBELV. De vijf zoogenoemde boeken van Mozes: *na het lefen der wet ende der Propheten.* BIJBELV. Het eigenlijke wetboek van Mozes: *daerna las hij overluijt alle de woorden der wet.* BIJBELV. De huishouding des O. Verbonds: *onder de wet, zoo wel als onder het Evangelie.* Ook is de *wet* meermalen het opperfte regerings Collegie van eene ftad: *de Heeren van de wet.* Eindelijk wordt *wet* voor gewoonte, mode, genomen:

> *Nu met pluymen licht befet,*
> *Dan heel kael naer de oude wet.* GESCH.

Van hier *onderwets,* zie *oud — wetachtig, wettelijk, weteloos, wettig, wettisch,* enz. Zamenftell.: *wetboek, wetdrager,* oul. voor *wetgever: die here is onfe wetdragher.* BIJB. 1477. — *wetgeleerde, wetgevend, wetgever, wetgeving, wethouder, wetfchender, wetfteller, wetverbreker,* enz. *Grondwet, kloofterwet, krijgswet, oorlogswet, fchoolwet,* enz.

WETACHTIG, zie *wettig.*
WETDRAGER, zie *wetgever.*
WETE, zie *weet.*
WETEN, bedr. en onz. w., ongelijkvl. *Ik wist, heb geweten.* Bedrijvend, met eene duidelijke en zekere bewustheid en kennis omvatten: *ik weet alles reeds, wat gij mij zeggen kunt. Zoo draa daar eefels zijn gefeeten, fe fchijnen alle dingh te weeten.* SIX V. CHAND. *Die de redene en weten niet.* BOETH. *ô Jongman! zijt ge graege om dit te weeten.* VOND. *Ik behoef het niet te gelooven, want ik weet het. Iets niet willen weten,* is, zich daarvan onkundig houden. *Iemand iets doen,* of *laten, weten,* hem daarvan verwittigen. *Iets van iemand*
mand

mand *weten*, is iets, dat hem aangaat, of dat men van
hem vernomen heeft. *Den weg weten*, *een huis we-*
ten, enz. is weten, waar het is: *weet gij mijnen hoed*
niet? Wie weet, of, *men kan niet weten*, *wat er gebeurt*,
beteekent, er kan het een of ander, er kan veel gebeuren, dat dèn ftaat der zaken verandert. *Weet gij wat?*
is eene gemeenzame, en *weet!* eene deftige uitdrukking, om aandacht te verwekken. *Te weten* beantwoordt aan *namelijk;* *wel te weten* is, zoo men alles
wel voor oogen houden en bepalen wil. Voorts is *er-*
gens van weten er ongemak van hebben: *fchoon hij meer*
dan gewoonlijk dronk, *hij wist er niets van.* Er gevoel
van hebben: *hoe weinig weten die kinderen van den dood*
hunner moeder! Er bewustheid, kennis, van hebben:
daar weet ik niets af. Ook onz.: *niemand weet er van.*
Van dien dach ende uijre en weet niemant. BIJBELV.
De noodige kennis, of bekwaamheid ergens toe hebben:
een ijegelick van u wete fijn vat te befitten. BIJBELV.
Veel Griekfe woorden wist te feggen uijt fijn hooft. WES-
TERB. *En wist het hemelsch en het aertsch van een te*
fchiften. VOND. Eindelijk is *dank weten* eene zeer oude fpreekwijze, waarin *weten*, volgens ADELUNG, van
het voorgemelde verfchilt, en, even als *wiffen*, in het
hoogd. *dank wiffen*, met ons *wijzen*, bewijzen, hoogd.
weifen, zweed. *weta*, bewijzen, geven, overeenkomt.
Daarentegen fchrijven fommigen *dank wijten*, waar tegen HUIJDECOPER zich heeft aangekant; fchoon *wij-*
ten ook in eenen goeden zin, voor toebrengen, is gebezigd geworden, en als zoodanig zeer wel bij *dank*
zou voegen. Zelden toch zal men hooren: *wij weten hun*
geen' dank daarvoor, maar wel: *wij wijten* enz. En
nimmer hoort men, in den verleden tijd: *wij wis'en hun*
geen' dank, maar wel: *wij weten* enz. Hiertegen toont
REITZ, dat ons *dank weten* allezins met het Griekfche
χαριν ειδειν ftrookt. Van hier *weet*, *wete*, *weten*, z. n.,
wetenis, *wetentlick*, KIL. — *wetenheid*, *weten-*
fchap, *weter*, *wetigh*, KIL. Zamenftell.: *weetal*, *weet-*
gierig, *weetlust*, *weetniet*, enz.

Weten, eng. *weten*, zweed. *weta*, ijsl. *vita*, UL-
PHIL. *vitan*, oudd. *wiffan*, *wizzen*, hoogd. *wiffen*,
vries. *wite*, gr. ειδειν, fchijnt verwant aan het lat. *vi-*
dere, zien, boh. *wedeti*.

WETEN, z. n., o., *des wetens*, of *van het we'en;*

zonder meerv. De daad van weten: *al ons weten blijft gebrekkig. Naar mijn weten*, is, voor zoo veel ik weet: *er is, naar mijn weten, nog geen schip aangekomen.* Dezelfde beteekenis heeft, *mijns wetens. Naar mijn beste weten*, is, naar al de kennis, die ik er van heb. *Met iemands weten*, is, zoo, dat iemand er van weet: *ik deed het met haar weten.* Anders *met iemands medeweten: ook met medeweten sijnes wijfs.* BIJBELV. *Willens en wetens*, is, met opzet. Zamenstell.: *wetenswaardig*, enz.

WETENSCHAP, z. n., vr., *der*, of *van de wetenschap*; meerv. *wetenschappen.* Van *weten*, zie *schap.* Kennis: *naar mijne beste wetenschap.* `Uit onze zekere wetenschap, en onzen Koninglijken wil schrander en genegen tot vaders wetenschap.* VOND. *Hebt ghij wetenschap van de opwegingen der dicke wolcken.* BIJBELV. Een weetje: *het is geene kunst, maar eene wetenschap. Nu geef ick het u gewonnen met uwe krachtige wetenschap.* VOND. Een voorwerp van kennis en navorsching: *hij legt zich op de wetenschappen toe.* Van hier *wetenschappelijk*, hoogd. *wissenschaftlich*, van *wissenschaft*, nederf. *witskup*, zweed. *wetenskap.*

WETER, z. n., m., *des weters*, of *van den weter;* meerv. *weters.* Van *weten.* Al wie weet. Bijkans niet gebruikelijk dan in de zamenstell.: *betweter*, enz.

WETGEVER, z. n., m., *des wetgevers*, of *van den wetgever;* meerv. *wetgevers.* Evenzeer, als *wetgevend* en *wetgeving*, van het ongebruikelijke *wetgeven*, en daarmede van *wet* en *geven*, afkomstig. KIL. *wetsteller.* Oul. ook *wetdrager*, zie *wet.* Al wie wetten geeft, of dezelve helpt geven, en lid van een wetgevend ligchaam is: *hij werd tot wetgever benoemd. De Mohammedanen vereeren hunnen wetgever buitensporiglijk.*

WETHOUDER, z. n., m., *des wethouders*, of *van den wethouder;* meerv. *wethouderen* en *wethouders.* Van *wet* en *houden.* Een lid van zulk een regeringscollegie, als in sommige steden den naam van *de wet* plagt te voeren: *wethouders en raden in de Vroedschap.* Van hier *wethouderschap.*

WETSCHENDER, zie *wetverbreker.*

WETSTAAL, z. n., o., *des wetstaals*, of *van het wetstaal;* meerv. *wetstalen.* Van *wetten* en *staal.* Een staal, ftaal, waarop de flagers hunne meſſen wetten: *hebt gij geen wetſtaal bij de hand?*

WETSTEEN, z. n., m., *des wetſteens*, of *van den wetſteen*; meerv. *wetſteenen*. Van *wetten* en *ſteen*. Een ſteen, waarop men meſſen, en ander ijzerwerk, wet en fcherpt; en figuurlijk, al wat tot opſcherping van iets dient: *twist is de wetſteen van 't vernuft.*

WETSTELLER, zie *wetgever.*

WETTE, zie *wetten.*

WETTELIJK, zie *wettig.*

WETTELOOS, bijv. n. en bijw., *wetteloozer, wette-loost.* Van *wet* en *loos.* Van wetten onvoorzien, of daaraan geen gehoor gevende: *een wetteloos en ongebonden ras van menſchen.*

WETTEN, bedr. w., gelijkvl. *Ik wettede . heb gewet.* IJzerwerk door heen en weder ſtrijken ſcherpen: *indien ick mijn glintzerende ſweert wette.* BIJBELV. Van hier *wette,* KIL. ook *waete,* OTTFRID. *wasſida,* ſcherpte, verwant aan het oudopperd. *wets, waſs,* zweed. *hvaſs,* KIL. *wettigh, waetigh,* ſcherp. Zamenſtell.: *wetſtaal, wetſteen,* enz.

· *Wetten,* hoogd. *wetzen,* OTTFRID. *wezz♦,* angelſ. *hwettan,* zweed. *hvasſa,* deen. *hvädſe,* wend. *wotſin,* beteekent eigenlijk heen en weder ſtrijken, en ſchijnt die beteekenis aan zijnen klank verſchuldigd te wezen.

WETTIG, zie *wetten.*

WETTIG, bijv. n. en bijw., *wettiger, wettigst.* Van *wet,* zie *ig.* Evenveel als *wettelijk;* en oulings bezigde men ook *wetachtig.* Met de wetten overeenkomſtig: *mijn wettig aandeel aan dat goed. Wettighe huijsvrouwe.* KIL. — Als bijw., naar de wetten, en men voegt bij *wettig* doorgaans *wel: zij zijn wel en wettig getrouwd.* Voorts gebruikt men *wettig* bijzonderlijk wegens een huwelijk: *in eenen wettigen echt vereend. In 't kuisch en wettigh bed met zin en ziel verzaemde.* VOND. Of wegens kinderen, die uit eene wettige verbintenis geſproten zijn: *onterf geen wettig kroost! Ten zij Neptuin zijn wettigh bloet verſchoone.* VOND. Van hier *wettigen,* wettig maken, of verklaren, *wettigheid, wettiglijk.* Zamenſtell.: *onwettig,* enz.

WETTIGEN, zie *wettig.*

WETTISCH, bijv. n. en bijw., *wetliſcher, zeer wettisch.*
. Van

Van *wet*. In de Godgeleerdheid, naar de wet afgemeten: *wettifche geregtigheid*. Een *wettisch mensch* is een werkheilig.

WETVERBREKER, z. n., m., *des wetverbrekers*, of *van den wetverbreker*; meerv. *wetverbrekers*. Van *wet* en *verbreker*, van *verbreken*, dat hier iets van het hoogd. *verbrechen* heeft. Anders *wetfchender*. De overtreder van eene wet: *tergt, als de fnoodfte wetverbreeker, den hoogften wreeker*. L. D. S. P.

WEVEL, z. n., m., *des wevels*, of *van den wevel*; meerv. *wevels*. Van *weven*. Hoogd. *webel*; en daar, even als bij KIL., de werpte, of inflag, van een web, anders *weveldraad* en *wevelgaren*. Voorts beantwoordt *wevel, weveluorm*, bij hem aan *kalander*, aan *boonworm*, enz.

WEVEN, bedr. w., gelijkvl. *Ik weefde, heb geweven*. Eigenlijk, langzaam heen en weer bewegen. In het gebruik, door middel van zulk eene beweging van eenen draad door eene fchering, voortbrengen: *linnen*, enz. *weven*. *De rock nu was fonder naedt van boven af geheel geweven*. BIJBELV. Van hier *geweef, web, webbe, weeffel, weefter, wevel, wever*, enz., *weverij, weving*, de daad van weven; anders *het weven*. Zamenftell.: *weeftouw*, enz. *Aanweven, afweven, doorweven, voortweven*, enz.

Weven, eng. *weave*, angelf. *wefan*, zweed. *väfva*, oudopperd. *weban*, hoogd. *weben*, is verwant aan *zweven*; en men vindt van deszelfs eigenlijke beteekenis hier te lande, maar vooral in het hoogd. nog veel meer andere fporen.

WEVER, z. n., m., *des wevers*, of *van den wever*; meerv. *wevers*. Van *weven*. Al wie weeft, maar inzonderheid, al wie zijn dagelijks bedrijf van het weven maakt: *de wevers van de witte ftoffe*. BIJBELV. Van hier *weverij*, het handwerk of de kunst, van eenen wever. Zamenftell.: *weversboom, weverskam, weversfpoel*, enz. *Koufenwever, lakenwever, linnenwever, lintwever, faaiwever, ftofjeswever, zijdewever*, enz.

WEVERIJ, zie *wever*.

WEVING, zie *weven*.

WEZEL, z. n., vr., *der*, of *van de wezel*; meerv.

we-

wezels. Een zoogdierengeflacht, waarvan men zeven verfchillende foorten telt: *het hermelijntje behoort tot de wezels. Galantis in eenen wezel.* VOND. *Zoo bang als eene wezel* is zeer bang. Zamenftell.: *wezelbont, wezelvangst,* enz. *Hermijnwezel,* enz.

Wezel, hier en daar ook *wezelin!,* nederf. *wefelke,* hoogd. *wiefel,* fr. *fisfeau,* eng. *weefel,* angelf. *wesle,* zweed. *wesla.*

WEZEL, z. n., o., *des wezels,* of *van het wezel;* zonder meerv. Eene ftad, aan den mond van het kanaal, dat den Rhijn met de Oostzee vereenigt: *die wezel innam met een fprong.* VOND. Van hier *wezelsch,* enz.

WEZEN, onz. w., ongelijkvl. *Ik was, ben geweest,* en *gewezen,* dat intusfchen enkel als bijv. n. gebezigd wordt, terwijl de tegenwoordige tijden in geen gebruik meer zijn, en men zich in de gebiedende wijze enkel van *wees* en *weest* bedient. Zijn beftaan genieten, en zoo of zoo beftaan: *eer de wereld was. Als of hun hulp mij waar' van nooden.* L. D. S. P. Van hier *wezen, wezenheid,* KIL. *wezenlijk,* enz. Zamenftell.: *aanwezend, afwezig,* enz.

Wezen, nederf. *wefen,* angelf., ISID., KERO. *wefan,* ULPHIL. *wifan,* vries. *wêfe,* is naauw verwant aan het lat. *esfe,* gr. ἐςϑαι, en aan het zweed. *vara,* ijsl. *vera,* die even hetzelfde beteekenen, ja aan *weren* duren, en de gelijkluidende woorden van andere talen; zie *weren.*

WEZEN, z. n., o., *des wezens,* of *van het wezen;* meerv. *wezens.* Eigenlijk de onbepaalde wijs van *wezen.* Het zijn, het beftaan: *wie fchonk u wezen en beftaan? Die van d'oceaen weleer uw wefen hebt ontvaen.* D. JONKTIJS. *In wezen zijn,* is beftaan genieten: *al wat in wezen is. Voor de formeloofe masf des grooten alls in wefen was.* D. DECK. *Nog in wezen zijn,* is, nog leven: *is uw vader nog in wezen?* of nog in zijnen vorm gebleven zijn: *dat gasthuis is niet meer in wezen, maar in eene fabrijk veranderd. Kinderen laten het gene men hun geeft niet lang in wezen.* Voorts is *wezen* dat gene, 't welk een ding van alle anderen onderfcheidt, en het tot zulk een ding maakt, als het is: *in het wezen der zaak. Gelijk een dochter uit den aert in wezen en*

na

natuur. Vond., bij wien men elders eenigzins anders
leest: *dat dit niet een koeij in 't wezen waer. God is
een in wezen. Onderscheid den schijn van het wezen.*
Bij Kil. ook *wesenheijd*, hoogd. *wesenheit.* Het gelaat: *'t vaderlijcke kroost straelt levende uit uw wezen.*
Vond. *En-kan dat zedigh wezen uw harte niet belezen.*
D. Deck. *Het wesen des aenschts.* Kil. Een bestaand
ding, eene zelfstandigheid: *het opperste wezen. Bemint
terstont een ongelichaemt wesen.* Vond. Aandoening,
gevoel: *hij heeft er geen wezen van.* Deze beteekenis
heerscht ook in *leedwezen*, en deelt aan *wezenlijk* en
wezenloos, eene bijzondere kracht mede. Daarentegen
heeft *wezen* in *financiewezen, krijgswezen, postwezen*,
enz. den zin van al, wat tot een ding behoort. Van
hier *wezenheid, wezenlijk, wezenloos*, enz. Zamenstell.:
*aanwezen, afwezen, bijwezen, financiewezen, jagtwe-
zen, krijgswezen, leedwezen, opperwezen, postwezen,
schoolwezen, voerwezen*, enz.

WEZENLIJK, bijv. n. en bijw., *wezenlijker, wezen-
lijkst.* Van *wezen*, zie *lijk.* Al wat tot dat gene behoort, 't welk een ding van alle anderen onderscheidt, en
het tot zulk een ding maakt, als het is: *de wezenlijke
inhoud van den brief. Verhaal mij slechts het wezen-
lijkste van het voorgevallene.* Bij Kil. ook middelma-
tig; en zedig: *wesenlicke schoonheid.* Hier tegen-
over stond oulings *onwezenlijk: in onweseliker mijnne.*
v. Hass. Hedendaags is *wezenlijk*, vol leven, en vlug
van oogopslag, en verder voorkomen: *het is een wezenlijk kindje.* En niet slechts in schijn, maar dadelijk
bestaande: *de wezenlijke vertroostingen van den Godsdienst. Het is een wezenlijk voorregt.* Als bijw., in
de daad, werkelijk: *zou hij wezenlijk komen? Dat verheugt mij wezenlijk.* Van hier *wezenlijkheid.* Zamenstell.: *onwezenlijk, verwezenlijken*, enz.

WEZENLOOS, bijv. n. en bijw., *wezenloozer, wezen-
loost.* Van *wezen* en *loos.* Van wezen ontbloot: *het
zijn louter wezenlooze hersenschimmen.* Zonder leven,
en blijk van gevoel: *welk een wezenloos mensch! Wat
zit hij daar wezenloos te kijken!* Van hier *wezenloosheid.*

WEZER, z. n., vr., *der*, of *van de wezer*; zonder
meerv. Eene rivier tusschen de Eems en de Elve: *aen
de Wezer gelegen.* Moon. *Tusschen de Weezer en de
heuvelen.* Hooft. Zamenstell.: *wezerstroom.*

WICHT,

WICHT, z. n., o., des wichts, of van het wicht;
meerv. wichten. Verkleinw. wichtje. Eigenlijk, even
als het eng. wight, angelf. wiht, een levend fchepfel,
een dier, een mensch. Bijzonderlijk, even als in het
nederd., een klein kind: onnozel wicht! Naette knechten
en clene wichte. M. STOK. Een mensch: arme wihti,
krumbu wihti, arme lieden, kreupele menfchen. OTT-
FRID. Een flecht en boos mensch: weckt ghij mij? ver-
vloeckte ftoute wichten! VLAERD. REDENR. Dât quâde
wichten liepen daer. M. STOK. Zamenftell.: booswicht,
hellewicht, enz. Oul. werd het woord wichter gebezigd
voor wager, waaghals.

WIE, vragend en betrekkelijk voornaamwoord. Wie is
daar? De man, wiens zaak ik verdedig. Zie wat.
Wie, nederd. we en wer, hoogd. wer, oudd. hwer,
en hwe, angelf. hwa, vries. wa, eng. who, zweed.
ho, hvar, fr. qui, lat. qui en quis.

WIEDBAAS, zie wieden.

WIEDE, z. n., o., des wiedes, of van het wiede; zonder meerv. Van wieden. Eng. weed. Het gene men
uitwiedt, onkruid: ick treck dit wied' op heden uijt.
CATS. Bij KIL. wilg, en wilgenteen, hoogd. weide,
eng. with, withij, gr. Irea, in het oudhollandsch
weidboom. Wiedewinde was oul. klimop: dè beeren ghene-
fen haer fiekte met wiedewinde. MATTH. DE CASTELEIN.

WIEDEMAAND, z. n., vr., der, of van de wiedemaand; meerv. wiedemaanden. Van wieden en maand. KIL.
weijdmaand, weedmaand, wedemaand, en wedermaand.
De maand Junij. Van wieden, weiden, pascere, naardien de weiden dan op het beste zijn; doch naar an-
derer gevoelen, van wieden; en dus de maand,
waarin men het druk met wieden heeft, en het gezaaide van onkruid gezuiverd moet worden: zomermaand
voert bij velen den naam van wiedemaand.

WIEDEN, bedr. en onz. w., gelijkvl. Ik wiedde, heb
gewied. Bedr., van onkruid zuiveren: dat bed moet
nog gewied worden. Onz., onkruid uittrekken: gij
moet meer doen wieden. Figuurlijk: elk heeft in zijnen
eigenen tuin genoeg te wieden, elk heeft met zijne eigene zaken genoeg te ftellen. Van hier wiede, wieder, wieding, wiedfter. Zamenftell.: wiedbaas, die
eenige wieders in zijnen dienst heeft, en de akkers der landlieden door dezelven doet wieden, gemeenlijk wijbaas. —

M.   wie-

wiedemaand, wiedijzer, wiedmes, wiedvolk, enz. Uit-
wieden, voortwieden, enz.

Wieden, eng. *weed*, vries. *wjudje*, hoogd. *jetten*,
is van eenen onzekeren oorfprong.

WIEDEWINDE, zie *wiede.*

WIEG, z. n., vr., *der*, of *van de wieg;* meerv. *wiegen.* Verkleinw. *wiegje.* Het bekende verblijf van jong-
geborene kinderen : *neem het kind uit de wieg! Het
rampzaligh einde des kindermoorders, die Jesus in de
wieg vervolgde.* VOLLENH. *Wij fpoeijen van de wieg
geftadig naar het graf.* D. DECK. *In de wieg niet
fmoren,* is heel oud worden. *In de wieg fmoren,* is,
figuurlijk, in zijnen eerften oorfprong te niet doen loopen: *de Ketterije in de wieg fmooren.* HALMA. *De
misdraght der muiterij in de wieg hete worghen.* HOOFT.
Van de wieg af, is, van jongs af. Eindelijk is de
wieg, figuurlijk, de plaats, het land, waar iets ontftaat, of waar iemand geboren wordt : *Egypte was de
wieg en bakermat der oude fterrekunde. Mijn eilant,
en errefrijk, de wiegh van Jupiter.* VOND. *In 's Gra-
venhaeg, uw wieg en woonplaets.* POOT. Zamenftell.:
*wiegband, wiegkind, wiegkleed, wiegmeisje, wiegtouw,
wiegzeel,* enz.

Wieg, hoogd. *wiege, wauge,* OTTFRID *wagu,*
zweed. *wigij,* vries. *widje,* eng. *wedge,* fr. *fiche,
fiche·on,* komt van *wiegen.*

WIEGELEN, onz. w., gelijkvl. *Ik wiegelde, heb ge-
wiegeld.* Voortdurend werkw. van *wiegen.* KIL.
waeghelen, hoogd. *wiegeln.* Geftadig heen en weer bewegen: *daar mag nu 't eenzaam fcheepje wieglen.* P.
MOENS.

WIEGEN, bedr. en onz. w., gelijkvl. *Ik wiegde, heb
gewiegd.* Bedr., heen en weer bewegen: *het kind
wordt gewiegd. In flaap wiegen,* is, figuurlijk, met
fchoone woorden misleiden, en werkeloos houden.
Onz., zich zelven als eene wieg heen en weder bewegen:
*het fchip begon al meer en meer te wiezen. Terwijl,
daer 't alles wiegt, 't graeu ftof van dijk en ftraet ten
hoogen hemel vliegt.* POOT. Eenen langen riem achter
uit eene floep heen en weder bewegen, om haar voort
te werken: *vruchteloos poogde hij tegen den ftroom in te
wiegen.* Van hier *gewieg, wieg, wiegelen, wieger,
wiegfter,* enz. *Toewiegen, voortwiegen,* enz.

Wie-

Wiegen is verwant aan *wegen* en eene reeks van andere woorden; zie *wegen.*

WIEK, z. n., vr., *der*, of *van de wiek;* meerv. *wieken.* Verkleinw. *wiekje.* Vlerk, vleugel: *de vogel rept zijn wieken. Toen 't oud orakel zweefde op faems doorluchte wiek.* VOND. *Dat het met d'eene wiek maar klept*, in zijne werking zeer gebrekkig is. HOOFT. *Hij is in zijne wiek geslagen*, zie *slaan. Op zijne eigene wieken drijven*, zich zelven besturen. *Iemands wieken korten*, of *snoeijen*, is, hem paal en perk zetten, zijne vleugelen korten. Voorts is *wiek* een der vier vleugels van eenen molen: *de wieken van dien molen worden een voor een ontspannen.* Bij KIL. het lemmet van eene lamp; en nog hedendaags, even als het hoogd. *wieke*, pluksel, dat men in eene wonde steekt, of daarop legt. Zamenstell.: *kortwieken*, *steekwiek*, *vlaswiek*, *wondwiecke.* KIL.

WIEL, z. n., o., *des wiels*, of *van het wiel;* meerv. *wielen.* Verkleinw. *wieltje.* Eng. *wheel*, zweed. *hjul.* Een rad: *sij sullen tegen u komen met karren, wagenen, ende wielen.* BIJBELV. Nopens *eenen stok in het wiel steken.* VOND.; of *een spaak in 't wiel steken: Om een spaak in 't wiel van de wisselen te steken.* HOOFT; zie *spaak.* Bijzonderlijk is wiel een spinnewiel: *spint uit all deez stof op 't wiel van uw gedachten.* D. DECK. Voorts was het oulings evenveel als *wieling;* zie dit woord. Zamenstell.: *wielboor*, *wielboom*, *wieldraaijer*, *wielspaak*, *wielspar*, *wielstok*, *wielwilg*, enz. Spinnewiel, spoelwiel, enz.

WIEL, z. n., vr., *der*, of *van de wiel;* meerv. *wielen.* KIL. *wiele*, *wieldoek*, *wijle*, en bij hem en HALMA, een Nonnensluijer, eng. *vail*, fr. *voile*, sp. *vela*, it. *velo*, lat. *velum;* van waar *wielen*, bij KIL. sluijeren, het hoofd met eenen sluijer bedekken.

WIELEN, zie *wiel.*

WIELING, z. n., vr., *der*, of *van de wieling;* meerv. *wielingen.* Een draaikolk: *daer een beek midden door stroomende met kromme wielingen tegens de scherpe rotsen aenruischt.* VOND. *Met zijn' vloet en zilvre wielingen.* POOT. Van *wiel*, dat oulings hetzelfde beteekende: *een wijel of colc des vuers en zwevels.* MAT. DER SOND.

Dij Leidske laape,
In Harlemmer taape,

M 2   Is

In schiere iel,
Bringt Frieslan ijn e wiel. v. HASS.

WIEME, z. n., vr., *der*, of *van de wieme;* meerv.
wiemen. Bij KIL. en HALMA, een rookhok, waarin
men vleesch rookt, en onbedorven houdt.

WIER, z. n., o., *des wiers,* of *van het wier;* meerv.
wieren, dat enkel nopens verschillende soorten gebezigd
wordt. Schelf, watergras, waarvan men negen soorten telt: *de meeste wieren behooren tot de zeeën. Al-*
leen vindt men in onze stilstaande binnenwateren het zoo-
genoemde zwemmende wier, of vlag. Het lichte wier.
D. DECK. *Wanneer het wier op hare borst breekt.* VOND.
Het wier was aen mijn hooft gebonden. BIJBELV. Van
hier de benaming van het eiland *Wieringen.* Zamenstell.: *wierdijk, wierhoofd,* enz. Zeewier, enz. Dit
woord luidt in het eng. *seawark,* fr. *varech.*

WIERIG, bijv. n. en bijw., *wieriger, wierigst.* Van
het oude *wieren,* bij KIL. met vlugge blikken rondkij-
ken. Vlug van uitzigt, levendig van voorkomen:
welk een wierig kind!

WIEROOK, z. n., m., *des wierooks,* of *van den wie-*
rook; zonder meerv. De rook van zekere uitlandsche
hars: *wolken van wierook.* Figuurlijk, vereerende dingen: *wierook van loftuigingen, dankbetuigingen, gebe-*
den, enz. *Hoe dikwils zwaeide haer mijn hart het wie-*
rook toe. VOND., die het hier te onregt mannelijk
maakt. De hars, waaruit men den voorgemelden rook
verwekt: *wie dan den wierook aen zal steken op d'altae-*
ren. VOND. *Op elcke rijge sult ghij suijveren wieroock*
leggen. BIJBELV. Van hier *wierooken,* wierook offe-
ren, en wierookdamp van zich geven: *toen ze nu d'of-*
fergaven ten wieroockenden outer broght. VOND. — *Wie-*
rooker, wierooking. Zamenstell.: *wierookboom, wie-*
rookdamp, wierooklucht, wierookoffer, wierookvat, wij-
roockkasken, KIL. enz.

Wierook, KIL. *wijroock,* hoogd. *weihrauch,* neders.
wirik, WILLERAM *wiroche,* OTTFRID. *wirouch,* komt
van *rook,* en het oude bijw. *wie, wei, wij, wih,* angels. *wiha, wig,* heilig; van waar *wijen* en *wijnacht.*

WIEROOKEN, zie *wierook.*

WIEWOUWEN, onz. w., gelijkvl. *Ik wiewouwde, heb*
gewiewouwd. Ook *wijwouwen,* zich heen en weder bewegen: *wiewouw toch zoo niet!*

WIE-

WIEWOUTER, zie *vijfwouter.*

WIG, *wigge,* z. n., vr., *der,* of *van de wigge;* meerv. *wiggen.* Verkleinw. *wiggetje.* KIL. ook *wegge,* hoogd. *wecke* en *weck.* Een fpits toeloopend ftukje hout, of ijzer, waarmede men hout vaneen doet fplijten: *hij kloofde 't hout met ijzeren wiggen en eenen meeker.* HALMA. Zamenftell.: *wiggebeen,* een beitelvormig been van het menfchelijke ligchaam, *wigswijze,* in den vorm van eene wig: *de benden werden wigswijze gefchaard.*

WIGCHELAAR, z. n., m., *des wigchelaars,* of *van den wigchelaar;* meerv. *wigchelaars,* en *wigchelaren.* Van *wigchelen,* zie *aar.* Eigenlijk, al wie uit paardengebriesch voorfpellingen afleidt, zoo als de oude Duitfchers plagten te doen. In het gebruik, al wie zulks uit vogelvlugt, of ander bedrijf van vogelen, of uit de ingewanden der dieren, deed: *de Romeinfche wigchelaars waren in groot aanzien. Tolumnius, de wigchelaer.* VOND. Van hier *wigchelarij.* Zamenftell.: *aartswigchelaar,* enz.

WIGCHELEN, onz. w., gelijkvl. *Ik wigchelde, heb gewigcheld.* KIL. *wijchelen, wiechelen,* hoogd. *wicheren.* Eigenlijk, eene klanknabootfende uitdrukking van paardengebriesch, en voorts het afleiden van voorfpellingen daaruit; zoo als de oude Duitfchers plagten te doen. In het gebruik, zulke voorfpellingen doen, als de Romeinfche wigchelaars, uit ingewanden van offerbeesten, of verfchillende bedrijven van vogelen: *hoe de ingewandkijkers ook wigchelden.* Van hier *gewigchel, wigchelaar,* enz. Zamenftell.: *wigchelrok, wigchelroede, wigchelftok,* enz. *Voorwigchelen,* enz.

WIGGEBEEN, zie *wig.*

WIGGELEN, onz. w., gelijkvl. *Ik wiggelde, heb gewiggeld.* KIL. en HALMA, heen en weer fchudden en bewegen; in welken zin het aan *wiegen, wegen,* en *waggelen* verwant is. Bij KIL. ook bedr., evenveel, als *wikkelen, inwikkelen.*

WIGSWIJZE, zie *wig.*

WIGT, z. n., o., *des wigts,* of *van het wigt;* meerv. *wigten.* Eene verkorting van *gewigt,* en veelal evenveel beteekenende; zie *gewigt.* Intusfchen is het, voor de daad van wegen, afweging, genomen, fomwijlen rouwelijk: *dees telt mijn dwalingen, die peiltze bij de wicht.* D. DECK. Van hier *wichte, wichten* KIL.; *wigtig, wigtigheid.* Zamenftell.: *wichtbaerigh*, KIL.

WIGTIG, zie *gewigtig.*

WIJ, meervoudig voornaamwoord van den eerften perfoon, in den eerften naamval, van hetzelfde IJ, of I, gevormd, dat den wortel van *ik, mij, gij, hij*, en *zij*, uitmaakt. ULPHIL. *weis*, opperd. en hoogd. van ouds her *wir*, nederf., deen., zweed. *wi*, eng. *we*, angelf. *wee.*

WIJBISSCHOP, z. n., m., *des wijbiſchops*, of *van den wijbiſchop*; meerv. *wijbiſchoppen.* Van *wijen* en *biſchop.* Hoogd. *weihbiſchof* en *chorbiſchof*, nederf. *wigelbiſchof.* Iemand, die wel tot Biſchop gewijd is, maar geen eigen bisdom heeft: *een wijbiſchop verving als Vicaris de plaats van den biſchop.*

WIJCH, zie *wijg.*

WIJD, bijv. n. en bijw., *wijder, wijdst.* Ver afgelegen: *dat is heel wijd van de waarheid.* HALMA. Als bijw., veraf, verre: *zoo wijd is het met hem gekomen. Niet wijt van Etna ligt een ſtilleſtaende meer.* VOND. *De benaeuwtheden mijnes herten hebben haer wijt uijtgeſtreckt.* BIJBELV. Dezelfde beteekenis heeft het bijw. in *wijd en zijd, wijd en ver: de guure Boreas won Ruſſen, wijt en ver.* VOND. In dit alles vindt men ſteeds duidelijke ſporen van de eigenlijke kracht van *wijd*, die in eene vaneenzetting en uitbreiding van den omvang van een ding gelegen is, en voorts aan het bijv. n. *wijd* de beteekenis van ruim verſchaft: *eenen wijden rok. In een lant wijt van begrip.* BIJBELV. *Wijd, veel inhoudende* KIL. Of van breed: *hij ſpringt over dewijdſte ſloot. Van rivieren, van wijde ſtroomen.* BIJBELV. Als bijw., met eene ſterke vaneenzetting, met verſchaffing van eene groote ruimte: *ik heb — den mond wijd opgedaan, gezwoegd, gehijgd.* L. D. S. P. *De mont Jupijn zoo lief, begint heel wijt te gaepen.* VOND. *De poorten uwes lants ſullen uwen vijanden wijt geopent worden.* BIJBELV. *De deur ſtond wagen — wijd open,* zoo wijd, dat er een wagen door kon rijden. HALMA. *Wijd en breed uitmeten,* is, uitvoeriglijk vermelden. *Wijd ende breed verbreijdt,* bij KIL., is, evenveel, als *wijd en zijd, heinde en verre. Wijd ende woest* is, bij KIL. door verwoesting ontledigd. *De wijde wereld ingaan,* is, de wereld wijd en zijd door

gaan

gaan zwerven. Van hier *wijden*, *wijderen*, *wijders*, *wijdheid*, *wijdte*. Zamenftell.: *wijdbakhuijs*, *wijdbeck*, KIL. — *wijdberoemd*, *wijdloopig*, *wijdluftig*, *wijdvermaard*, enz.

Wijd, hoogd. *weit*, nederf. *wit*, oudopperd. *wito*, eng. *wide*, vries. *wied*, zweed. *vit*, fchijnt verwant aan het fr. *vuide*, en is zijne beteekenis zekerlijk aan zijnen klank verfchuldigd.

WIJDBEROEMD, zie *wijdvermaard*.

WIJDEN, zie *wijen*.

WIJDEN, bedr. w., gelijkvl. *Ik wijdde*, *heb gewijd*. Van *wijd*. Hoogd. *weiten*, eng. *widen*. Wijder maken: *die graften allenthalven tho laeten wijden*. v. HASS. Zamenftell.: *herwijden*, *verwijden*, enz.

WIJDEREN, bedr. w., gelijkvl. *Ik wijderde*, *heb gewijderd*. Van *wijder*, in de beteekenis van verder. Hoogd. *weitern*, nederf. *widen*. Niet gebruikelijk dan in de zamenftell.: *verwijderen*.

WIJDERS, bijw., van *wijder*, in de beteekenis van verder. Evenveel als het bijw. *verder*, zie *ver*.

WIJDING, zie *wijing*.

WIJDLOOPIG, zie *wijdluftig*.

WIJDLUFTIG, bijv. n. en bijw., *wijdluftiger*, *wijdluftigst*. Van *wijd* en *luftig*, van *luft*, hoogd. *lau't*, *lauf*, *loop*. Anders *wijdloopig*, uitvoerig x *die wijdluftige fchrijfirant*. *Hij verhaalde mij alles wijdluftig*. Van hier *wijdluftigheid*, *wijdluftiglijk*.

WIJDTE, z. n., vr., *der*, of *van de wijdte*; meerv. *wijdten*. Van *wijd*. KIL. *wijde*, *wijdde*, elders *wijtte*, hoogd. *weite*, OTTFRID., NOTK. *weiti*, eng. *widenes*. Het wijde van een ding: *wij wisfelden op de wijdte van den weg*. De tusfchenruimte tusfchen den omvang van een ding: *voorts mat hij de wijtte der deure van de poorte*. BIJBELV. *Om de laatfle maat te nemen van de wijtte*. HOOFT. De afftand tusfchen twee dingen: *plaats die boomen op eene behoorlijke wijdte van elkanderen*. Die hoedanigheid van iets, uit hoofde van welke het, in al de beteekenisfen van het woord, *wijd* genoemd wordt: *de rok past mij, uit hoofde van zijne wijdte, geenszins*.

WIJDVERMAARD, bijv. n., zonder vergrootingstrappen. Van *wijd* en *vermaard*. Anders *wijdberoemd*.

M 4 Al-

Alomme beroemd en vermaard : *den wijdvermaarden Hollandſchen geneesheer Boerhaven.*

WIJEN, zie *wieden.*

WIJEN, bedr. w., gelijkvl. *Ik wijde, heb gewijd.* Door Godsdienſtige plegtigheden heiligen: *de Paus beſchonk hem met een zwaard, dat door Z. H. gewijd was. Kapellen, kerkhoven, klokken, kaarſen, water,* enz. *wijen. Men wijde hem tot Priester. Toen men haar tot Nonne ſtond te wijen.* Door zalving, of anderzins, inhuldigen: *zoo haast men den Vorst gewijd had.* Deze beteekenis heeft het woord bijzonderlijk in de benaming van zekeren *wijſteen* te Muiden, waarop men de Drosten inhuldigde. Aan een of ander voorwerp als toeheiligen: *zijn leven aan Vorst en vaderland wijen. Wanneer landouw en lente uw Godheid bloemen wijt.* VOND. Van hier *wijing.* Zamenſtell.: *wijbisſchop, wijbrood, wijkruid,* KIL., *wijwater,* enz. *Inwijen, toewijen,* enz.

Wijen, ook *wijden,* KIL. *wijhen,* hoogd. *weihen,* KERO *wihan,* zweed. *viga,* nederſ. *wigen, wijen,* komt van hetzelfde *wie,* waaruit *wierook* en *wijnacht* zamengeſteld zijn; zie *wierook.*

WIJF, z. n., o., *des wijfs,* of *van het wijf;* meerv. *wijven.* Verkleinw. *wijfje.* Een mensch van het vrouwelijk geſlacht, dat den naam van *meisje,* of dien van *jonge dochter,* ontwaſſen is: *man ende wijf ſchiep hijſe.* BIJBELV. *Doen mans en wijven verdronken moesten blijven.* A. BIJNS. *Dit wijf hilt in haer rechter hant boucken.* BOETH. *Het oude wijf haeste zich met haer ſtramme beenen.* VOND. *Een wijf zadtter, die wt haer ſchoot noten craectc.* E. DE DEENE. In deze voorbeelden ſlaat *die* en *haer* op de kunne van het mensch, dat door *wijf* aangeduid wordt, en niet op het geſlacht van dit woord. En men bezigt insgelijks vrouwelijke voornaamwoorden achter *wijf,* als het bijzonderlijk eene getrouwde vrouw aanduidt: *ſijn wijf Lutgaert, die hi lief had ende waert.* M. STOK. *Loths wijf, die wederom ſagh.* MAT. DER SOND. *Het radelooze wijf broeit moort in haer gepeinzen.* D. DECK. *Toen 't wijf vrij was, gaat ze uitſtel zoeken.* HOOFT; die daarentegen elders ſchrijft: *'t overfors wijf, tot bewijs dat het niet om zijn kindren gaf,* voor: *dat zij niet om hare kinderen gaf.* Inmiddels is ten aanzien van dit woord voorts nog beden-

denkelijk, of hetzelve voor een vrouwelijk wezen, dat
daarmede begroet wordt, ook iets beleedigends influit,
uit hoofde waarvan men doorgaans liever *vrouw* bezigt.
Nu kent dit laatfte aan haar, die men daarmede beftempelt, evenveel gezag toe, als *meester*, of *heer*, aan
den man, dien men dus noemt; zie *vrouw*. En *wijf*
is enkel een vrouwelijk wezen, dat niet jeugdig meer is,
of iemands echtgenoote. Dit blijkt uit M. STOKE, daar
hij fchrijft: *hi, en vrouwe Gheve, fijn wijf. Sijn wijf,
vrouwe Peternelle* enz. Daar *wijf* dus in zijnen oorfprong zoo vereerend niet is, als *vrouw*, geeft men in
onze beleefde dagen dezen laatften naam bij voorkeur
aan een wijf, waaraan men eenigen eerbied bewijzen
wil. Daarentegen bevat het verkleinw. *wijfje* iets lief-
kozends, of minzaams: *wel wijfje, hoe gaat het? Hoor
eens, wijfje lief!* En men geeft aan dieren van het
vrouwelijk geflacht fteeds den naam van *wijfje: het wijfje treurde zich om den dood van het mannetje dood.
Van het vee, dat niet reijn en is, twee, het manneken
ende fijn wijfken.* BIJBELV. Voorts geeft men aan het
vrouwelijk geflacht van dieren, die daarvoor geenen on-
derfcheidenden naam hebben, hunnen algemeenen naam
in vereeniging met den tweeden naamval van *wijfje*, of
vormt men de benamingen van *wijfjesarend, wijfjes-
vos*, enz. Den tweeden naamval van *wijf* voegt men achter *goed*, in: *hij is goed wijfs*. Eindelijk draagt het
grootfte flag van ftokvisfchen den naam van *oud wijf*,
eng. *oldwife*, fr. *vieille*, LINN. *vetula*, en geeft men
dezen naam aan eenen man van een vrouwelijk karakter:
het is een oud wijf van eenen karel. De fpreekwijze:
er blijft geen oud wijf bij het fpinnewiel, beteekent, al
wat leeft, komt op de been, om het een, of ander, te
zien of bij te wonen. Van hier *wijfachtig, wijflick*,
KIL., *wijfsch, wijveloos, wijven*, werkw., *wijverij* en
tweewijverij, veelwijverij, enz. Zamenftell.: *wijven-
beul, wijvenklopper, wijvenpraat, wijvenfmijter*, enz.
Appelwijf, groentwijf, melkwijf, vischwijf, enz.

Wijf, nederf. *wief*, vries. *wiev*, angelf. *wife*, zweed.
vif, oudd. *wip, wib*, hoogd. *weib*, is verwant aan
het fchotfche *oiwe, ovi*, voedfter, voedfel aanbren-
gend.

WIJFACHTIG, bijv. n. en bijw., *wijfachtiger, wijf-
achtigst*. Van *wijf* en *achtig*. De vrouwen genegen,

min-

minziek :- *een wijfachtig man.* Voorts ook evenveel, als *wijfsch*, als van eene vrouw: *eene wijfachti-
ge stem. Een wijfachtig voorkomen. Hij ziet er zeer
wijfachtig uit.* Van hier *wijfachtigheid.*

WIJFSCH, zie *wijfachtig.*

WIJG, *wijch*, z n., m., *des wijgs*, of *van den wijg;*
zonder meerv. Oulings, strijd: *die den wijch beginnen
wilden.* SPIEG. HISTOR. *Wan met scepe den wijch mede.* M.
STOK. Van hier *wiigant, wigant,* een strijder, een reus, KIL.
wijghant, wiegant, wijghlick, KIL. Zamenstell. :
wijghhuijs, KIL., en de eigennamen *wijgbold, wijg-
brand, wijghart,* of *wikhart,* vries. *wiggert.* Dit
woord schijnt verwant aan het eng. *wicked,* het moeso-
got. *wigan, bellum gerere,* en het alem., angelf. en
frankth. *wige, bellum.*

WIJING, *wijding,* z. n., vr., *der,* of *van de wijing;*
meerv. *wijingen.* De daad van wijen: *bij de wijing
van dien Bisschop.* Voorts, even als *wihi* bij OTT-
FRID., de zegen, en het gene men bij de wijing verder
ontvangt: *iemand de wijing toedienen. Wijnghe ontfangen,* KIL. Zamenstell. : *wijingsolie, wijingspleg-
tigheid,* enz. *Kerkwijing, priesterwijing,* enz.

Wijing, wijding, KIL. *wijnghe, wijhinge,* hoogd.
weihung, weihe, OTTFRID. *wihi,* komt van *wijen.*

WIJK, z. n., vr., *der,* of *van de wijk;* meerv. *wijken.*
Van *wijken.* De daad van wijken. Dus is *de wijk nemen,* al wijkende vertrekken: *dies nam ick de wijck, en
ging — naer het geberghte toe.* VOND. *Granvelle aldus de wijk genoomen hebbende.* HOOFT. Toevlugt:
tot wien nam hij de wijk? Bij KIL. eene wijkplaats voor
schepen, een inham, waarin dezelve veilig liggen; en
voor menschen, zoo als eene legerplaats, of eene hoeveelheid van bijeen liggende woningen, waaruit men elkanderen bijstand bieden kan. In deze laatste beteekenis komt het woord in vele Hollandsche eigennamen
voor, even als *wick,* of *wich,* in de Engelfche van
Berwick, Harwich, enz. Vooral ontmoet men het in
die van *de Wijk,* of *de Beverwik,* en *Wijk op zee;*
en in : *de Wijck, daer de Rijsen moedig rijsen.*
HUIJGH. De verschillende gehuchten, aan welker vereeniging menige stad haar aanwezen te danken heeft,
en voorts de verschillende kwartieren van eene stad:
door alle wijken heen, en straten van de stadt. L. BA-
KE.

KE. *In de ftadt ommegaen in de wijcken ende in de ftra-*
ten. BIJBELV. Een afzonderlijk regtsgebied, bij KIL.
ook *wijckbeld: die dwingelanderij pleegt in een anders*
wijk. VOND. Zamenftell.: *wijkmeester, wijkregter,*
wijkswijze, bij Wijken, enz.

WIJKEN, onz. w., ongelijkvl. *Ik week, ben geweken.*
Zich van zijne plaats bewegen: *en wijckt doch niet van*
hier. BIJBELV.; waar *tot iemand wijken,* zich van zijne plaats, of van zijnen weg, naar hem toe bewegen
is: *hij weeck tot haer in de tente.* In eenen anderen
zamenhang is *wijken* zich verwijderen: *wijkt van mij*
af! Wijkt eeuwig uit mijn oogen! L. D. S. P. Weggedrongen worden: *bergen fullen wicken, heuvelen*
wanckelen. BIJBELV. Zijne plaats voor eenen aandrin-
genden vijand inruimen: *niet verwinnende behoeft ook*
niet te wijken. HUIJDECOP. Zijne plaats voor evenveel
wie inruimen: *het krijgsvolck maeckt ruimbaen, en de*
vlam wijckt voor mij. VOND. Elders is *voor iemand*
wijken, voor hem onderdoen: *hij wijkt in bekwaamheid*
voor niemand.. Soms laat men *voor* weg: *de wint in 't*
Zuiden wijkt den Noortwint. VOND. Ja *wijken* werd
oulings ook wel eens bedrijvend, in plaats van doen wijken, gebezigd. Van hier *wijk, wijking.* Zamenftell.:
wijkplaats, wijkfchans, enz. *Afwijken, uitwijken, weg-*
wijken, enz.

Wijken, hoogd., NOTK., WILLERAM. *weichen,* nederf. *weken.* zweed. *väga,* vries. *wike,* fchijnt ons aan
het oude *wegen,* bewegen, evenzeer verwant, als *wik-*
ken, en eene reeks van andere woorden; zie *wegen.*

WIJKWAST, zie *wiwater.*

WIJL, z. n., vr., *der,* of *van de wijl;* meerv. *wij-*
len. Verkleinw. *wijltje.* Een tijdperk van eenige uitgeftrektheid: *het hield eene wijl aan. De gale van Ju-*
pijn had al een wijl dien fpijt geroken. VOND. *Dit flee-*
pen van de wijlen. HOOFT. *Eene goede wijl is een tijd-*
perk van aanmerkelijke duurzaamheid: *het geene zij een*
goede wijl te voren fpelden. VOND. *Een korte wijl,* is
een tijdvak, dat wel kort, maar echter van eenige duurzaamheid, is: *indien mij die een korte wijl geworden*
mogten. HOOFT. *Bij wijlen* is van tijd tot tijd: *floo-*
ren bij wijlen dus haer rust. VOND. *Begost hem bij wij-*
len te drijven. BIJBELV. Nopens *fomwijlen, onderwij-*
len, of *onderwijl, terwijl,* en *dewijl,* zie deze woorden.

den. In het laatfte heeft dezelfde overgang van beteekenis plaats, als in *nademaal*, en het fr. *puisque*. Het is van tijdbepalend redengevend geworden, en beteekent oorfpronkelijk evenveel, als *terwijl*, op de wijl, of de wijl, toen; alwaarom men het hiermede vaak verwisfelt, en het eenvoudige *wijl*, hoogd. *weil*, in beider plaats bezigt: *zo ftrijdenze eeuwig, wijlze in krachten zich gelijken.* Huijdecop. De beteekenis van beurt, welke Kil. aan *wijle* geeft, is evenzeer verouderd, als die van beurtverwisfeling, die hij aan *wijling* toekent. Van hier, behalve de opgenoemde zamenftellingen en *kortswijlen*, enz., ook nog het bijwoord *wijlen*, en *wijlkens*, bij Kil.

Wijl, hoogd. *weil*, en *weile*, Ulphil. *hveila*, Kero *twala*, Ottfrid. *wila*, ĸilu, eng. *while*, zweed. *bile*, pool. *chwila*, komt van *wijlen*, hoogd. *weilen*, zweed. *hvila* en *ila*, angelf. *ildan*, rusten, en voorts verwijlen, dat bij ons enkel in de zamenftell.: *verwijlen*, voorkomt.

WIJLEN, zie *wijl*.

WIJLEN, bijw., Kil. ook *wijlent*, *wijlents*, en *wijleneer*, hoogd. *weiland*, zwab. dicht. *wilent*, elders ĸilen, Ottfrid. *wila*. ĸigenlijk, wijlen geleden, voor wijlen, weleer, en voorts bij Kil. ook fomwijlen; maar hedendaags enkel gebruikelijk voor de benaming van eenen overledenen, om aan te duiden, dat hij, het gene men wegens hem zegt, weleer was, maar nu niet meer is: *wijlen uw heer vader. De bevelen van wijlen onzen monarch. De weduwe van wijlen*, of kortheidshalve, *wijlen N. N.* De geleerde A. Kluit heeft *wijlend: wijlend mijnen geëerden oudoom.*

WIJN, z. n., m., des *wijns*, of van den *wijn*; meerv. *wijnen*. Verkleinw. *wijntje.* ĸigenlijk, toebereid druivenfap: *nieuwe, oude, roode, witte wijn. Den wijn, die 't hart tot vreugd bereidt.* L. D. S. P. *Of olij, of olijf, of vijgh, of druif, of wijn.* Vond. *Beftooven van den wijn.* D. Deck. *Niet tegen den wijn kunnen; Geenen wijn verdragen kunnen; Zijnen wijn uitflapen; Een ftijf glas wijn drinken; Veel van wijntje en Trijntje houden*, enz., zijn zegswijzen, waarin *wijn* zijne eigenlijke beteekenis oefent; even als in de fpreekw. *goede wijn behoeft geenen krans*, goede waar heeft geene aanprijzing noodig. *Als de wijn is*
in

in den man, is de wijsheid in de kan, is de wijndrinker daarvan ontbloot. *Water in zijnen wijn doen*, zijne vorderingen, of beweringen, wat matigen, en verminderen. Voorts geeft men den naam van *wijn* in de zamenſtell.: *aalbeſſehwijn, brandewijn, korenwijn*, enz. aan verſcheidene ſterke dranken, en in die van *wijntros*, enz. aan de wijndruiven. Van hier *wijnachtig*. Zamenſtell.: *wijnappel, wijnazijn, wijnbak, wijnbalg, wijnberg, wijnbezie, wijnblad, wijnbouw, wijnbuik, wijndadel, wijndrager, wijndrinker, wijndroeſem, wijndronken, wijndruif, wijndruppel, wijnedik, wijnflesch, wijngaard*, enz. — *wijngeest, wijngeur, wijngewas, wijnglas, wijngod, wijnhandel, wijnhuis, wijnjaar, wijnkan, wijnkelder, wijnkenner, wijnkoop, wijnkooper, wijnkraan, wijnkrans, wijnkruik, wijnkuip, wijnkuiper, wijnland, wijnlezen*, enz. — *wijnlucht, wijnmaand, wijnmeten*, enz. — *wijnmoer, wijnoogſten*, enz. — *wijnpacht, wijnpeer, wijnpeilen*, enz. — *wijnperſen*, enz. — *wijnpijp, wijnplenging, wijnplukken*, enz. — *wijnpomp, wijnproever, wijnrank, wijnreuk, wijnromer, wijnroetjen*, enz. — *wijnruit, wijnſaus, wijnſchaal, wijnſmaak, wijnſoep, wijnſteen, wijnſtok, wijnſtoop, wijntapper, wijnteelt, wijntint, wijnton, wijntros, wijnvat, wijnverlaten*, enz. — *wijnwerker, wijnzak, wijnzuiper*, enz. — *Aalbeſſenwijn, afſcheidswijn, alantswijn, alikantenwijn, alſemwijn, avondmaalswijn, Bourgognewijn, brandewijn, Bremerwijn, bruiloftswijn, kanariewijn, champagnewijn, Conſtantiawijn, druipwijn, eerewijn, haalwijn, Hogheimerwijn, Johannisbergerwijn, kandeelwijn, kaneelwijn, kermiswijn, korenwijn, lekwijn, Mallagawijn, Medocwijn, Moezelwijn, morellenwijn, morgenwijn, moutwijn, muskaatwijn, Neckarwijn, offerwijn, Pontacwijn, Portwijn, Rhijnwijn, rozijnenwijn, ſcheutwijn, ſpoelwijn, ſteinwijn, tafelwijn, Tokaijerwijn, verbondswijn, vlierwijn*, enz.

Wijn, nederſ. ook *wijn*, hoogd. *wein*, KERO, fr., zweed., angelſ. *vin*, eng., WILLER., TATIAN. *wine*, vries. *wien*, pool. *wino*, wend. *vinu*, walach *ginu*, gr. *οινος*, komt van een Ooterſch ך, verwant aan het hebr. ןיי.

WIJNACHT, z. n., m., *des wijnachts*, of *van den wijnacht*; meerv. *wijnachten*. Kersnacht. KIL. ook *wienacht* en *wijnacht*, ZWABENSPIEG. *wihennacht*, hoogd.

hoogd. *weinachten;* het meerv. in plaats van het enkelv., dat inmiddels in *weihnachtsabend*, enz. voorkomt. Van *nacht*, en dat *wie*, waaruit *wierook* zamengefteld is. Zie *wierook*.

WIJNACHTIG, bijv. n. en bijw., *wijnachtiger, wijn-
achtigst*. Van *wijn* en *achtig*. Op wijn verlekkerd:
Zij is niet wijnachtig. Naar wijn zweemend: *defmaak
van dien wijnappel is niet wijnachtig*. Als bijw.: *wat
fmaakt die meloen wijnachtig!* Van hier *wijnachtig-
heid*. Dit woord luidt in het hoogd. *weinicht*.

WIJNAZIJN, z. n., m., *des wijnazijns*, of *van den wijnazijn;* zonder meerv. Van *wijn* en *azijn*. Verzuurde
wijn; en voorts, in tegenoverftelling van *bierazijn*,
edik, die van andere en krachtiger dingen, dan zuur
bier, gemaakt wordt: *is dat wijnazijn?* Anders *wijnedik*.

WIJNBAK, z. n., m., *des wijnbaks*, of *van den wijnbak;* meerv. *wijnbakken*. Van *wijn* en *bak*. De bak,
waarin de zoogenoemde *perskuip, wijnkuip*, of *wijn-
pers*, ftaat: *er komt nog geen most in den wijnbak.
De druijvetreeder en treedt geenen wijn uijt in de wijn-
backen*. BIJBELV.

WIJNBALG, z. n., m., *des wijnbalgs*, of *van den
wijnbalg;* meerv. *wijnbalgen*. Van *wijn* en *balg*. Bij
KIL. evenveel als *wijnbast*, en *wijnbezie*. De fchil van
de druif, met al wat daarin is, of de fchil op zich zelve. Bij HALMA ook evenveel als *wijnhuik*, een onma-
tige wijndrinker, anders ook *wijnzuiper*.

WIJNBAST, zie *wijnbalg*.

WIJNBERG, z. n., m., *des wijnbergs*, of *van den
wijnberg;* meerv. *wijnbergen*. Van *wijn* en *berg*. Een
berg, die met wijnftokken beplant is: *lafen hare wijnbergen af, ende traden de druijven*. BIJBELV.

WIJNBEZIE, zie *wijnbalg*.

WIJNBLAD, z. n., o., *des wijnblads*, of *van het wijnblad;*
meerv. *wijnbladen*. Van *wijn*, voor *wijngaard*, en *blad;*
want dit woord luidt voluit *wijngaardblad;* en er
heerscht in hetzelve foortgelijk eene bekorting als in *wijkwast*, zie *wijwater*. Een blad van eenen wijngaard:
de fruitmandjes waren met wijnbladen belegd.

WIJNBOUW, z. n., m., *des wijnbouws*, of *van den
wijnbouw;* zonder meerv. Van *wijn* en *bouw*. Anders
wijnteelt, hoogd. *weinbau*. De aankweeking van wijn-
ge-

gevende druiven: *men beſtaat er voornamelijk van den wijnbouw.*

WIJNBUIK, zie *wijnbalg.*

WIJNDADEL, z. n., m., *des wijndadels*, of *van den wijndadel*; meerv. *wijndadel..* Van *wijn* en *dadel.* Zulk een dadel, als waaruit men dadelwijn perst. KIL. *wijndaede* en *wijndaeiie.*

WIJNEDIK, zie *wijnazi n.*

WIJNGAARD, z. n., m., *des wijngaards*, of *van den wijngaard*; meerv. *wijngaarden.* Eigenlijk een gaard, die met wijnſtokken beplant is: *beſoeck den wijngaert.* ALDEGOND. *In alle wijngaerden ſal rouwklage zijn.* BIJBELV. *De edele wijnſtokken, daer Godt zijnen wijngaart zorgvuldig mē beplant heeft.* VOLLENH. Ook wel eens een wijnſtok op zich zelf: *gelijck men den wijngaert ziet waſſen.* B. HOUWAERT. *Gelijk druiven den wijngaert verçieren.* VOND. *De vochte herfst ontbloot den wijngaerd van ſijn troſſen.* D. DECK. Van hier *wijngaardenier.* Zamenſtell.: *wijngaardblad, wijngaardbot, wijngaardknop, wijngaardloof, wijngaardloot, wijngaardmes, wijngaardplanter, wijngaardrank, wijngaardſcheut, wijngaardſtek, wijngaardſnoeijer, wijngaardſtaak, wijngaardſtam, wijngaardſtok,* geheel iets anders, dan *wijnſtok,* en evenveel als *wijngaardſaak,* enz.

Wijngaard, ook wel eens *wijngert,* angelſ. *wingeard,* eng. *vineijard,* WILLERAM. *wingarton,* hoogd. *weinzarten,* komt van *wijn* en *gaard.*

WIJNGAARDBLAD, zie *wijnblad.*

WIJNGAARDSTOK, zie *wijngaard.*

WIJNJAAR, z. n., o., *des wijnjaars,* of *van het wijnjaar;* meerv. *wijnjaren.* Van *wijn* en *jaar.* Een jaar voor den wijn: *het is geen wijnjaar. Een ſlecht wijnjaar. Een uitmuntend wijnjaar.*

WIJNKOOP, z. n., m., *des wijnkoops,* of *van den wijnkoop;* meerv. *wijnkoopen.* Van *wijn* en *koop.* Wijn, die bij het ſluiten van eenen koop, of van een ander verdrag, gedronken wordt: *hoe veel menglen most ter wijnkoop van het hooi van Tijmen zijn gedroncken.* MOON. Voorts ook een verdrag, waarbij die wijn gedronken wordt. In en omſtreeks Groningen zeker ſlag van voorbruiloft, bij den ondertrouw. In het hoogd. *weinkauf.*

WIJN-

WIJNKUIP, zie *wijnbak.*

WIJNLEZEN, onz. w., enkel in de onbepaalde wijze gebruikelijk. Van *lezen* en *wijn*, in de beteekenis van druif; zie *wijn.* Evenveel als *wijnplukken* en *wijnoog-sten.* Druiven inzamelen : *wanneer maakt gij eenen aanvang met wijnlezen ?* Van hier *wijnlezer*, *wijnle-zing.*

WIJNMAAND, z. n., m., *des wijnmaands*, of van den *wijnmaand;* meerv. *wijnmaanden.* Van *wijn* en *maand.* October, door KAREL DEN GROOTEN *win-manoth* genoemd, hoogd. *weinmonath.*

WIJNMETEN, onz. w., enkel in de onbepaalde wijze gebruikelijk. Van *wijn* en *meten.* Verschilt van *wijn-roeijen*, en *wijnpeilen*, waardoor eene wiskundige be-rekening van de hoeveelheid van den wijn, die in een vat is, aangeduid wordt, en beteekent, wijn met eene wijnmaat afmeten: *hij is met wijnmeten bezig.* Van hier *wijnmaat*, *wijnmeetster*, *wijnmeter*, enz.

WIJNOOGSTEN, zie *wijnlezen.*

WIJNPEILEN, zie *wijnmeten.*

WIJNPLUKKEN, zie *wijnlezen.*

WIJNRANK, z. n., vr., *der*, of van de *wijnrank;* meerv. *wijnranken.* Van *wijn* en *rank.* Anders *wijn-gaardrank.* Eene rank, die wijn voortbrengt: *eer gij de vrolijke wijnrank in d'aerde legt.* VOND.

WIJNROEIJEN, zie *wijnmeten.*

WIJNRUIT, zie *ruit.*

WIJNSTEEN, z. n., m., *des wijnsteens*, of van den *wijnsteen;* zonder meerv. Van *wijn* en *steen.* Zamen-stell.: *wijnsteengeest, wijnsteenwater* enz.

WIJNSTOK, z. n., m., *des wijnstoks*, of van den *wijn-stok;* meerv. *wijnstokken.* Van *wijn* en *stok.* Verschilt van *wijngaardstok*, en duidt de plant aan, die druiven voortbrengt: *daer en zijn geen druijven aen den wijn-stock.* BIJBELV. *Den frisschen wijnstok sloeg ter aard.* L. D. S. P. *Den heiligen wijnstok.* VOND.

WIJNTEELT, zie *wijnbouw.*

WIJNTINT, zie *tint.*

WIJNVERLATEN, onz. w., enkel in de onbepaalde wijze gebruikelijk. Van *wijn* en *verlaten*, uit het eene vat in het andere laten loopen. Wijnhandel drijven: *hij wint veel met wijnverlaten.* Van hier *wijnverlater*, enz.

WIJN-

WIJNZAK, z. n., m., des wijnzaks, of van den wijnzak; meerv. wijnzakken. Van wijn en zak. Een lederen zak, waarin men oulings wijn plagt te houden en
te vervoeren: defe ledere wijnfacken die wij gevult hebben. BIJBELV.

WIJNZUIPER, zie wijnbalg.

WIJS, z. n., vr., der, of van de wijs; meerv.
wijzen. Ook wijze, KIL. wijfe, ghijfe, fp., ital.
guifa, fr. guife, eng. ook guife en wife, nederf.,
vries. ook wife, TATIAN. wifa en wis, ISIDOR. vuis,
zweed. vis. Dat dit woord eigenlijk de uiterlijke gedaante van een ding aanduidt, blijkt uit het fr. degui-
fer, eng. disguifs, van zijne uiterlijke gedaante ontdoen, vermommen. Hedendaags gebruikt men het voor
manier van handelen: op menigerlei wijze. Nac de wijfe der gantfcher aerde. BIJBELV. Zoo beraemde ze bij
zich zelve tijt en wijze. VOND. Over de beteekenis van
dit woord in de fpraakkunst, zie Inleiding, bl. 145.
Spreekw.: 's lands wijs 's lands eer, elk volk is aan
zijne bijzondere wijze van doen verkleefd. Van hier
gewijze, wijzigen, enz. Zamenstell.: denkwijze, derwijze, gelijkerwijze, handelwijze, flangswijze, leefwijze, leerwijze, kruiswijze, fchrijfwijze, flangswijze,
fpotswijze, fpreekwijze, fteelswijze, trapswijze, vorms-
wijze, zegswijze, enz.

WIJS, wijze, z. n., vr., der, of van de wijze; meerv.
wijzen. Verkleinw. wijsje. De melodij van een lied:
op de wijze van den honderd acht en dertigften Pfalm.
De wijze van dat lied is mij onbekend. Hij is van de
wijze, hij dwaalt van de melodij van het zangftuk af:
en, figuurlijk, hij dwaalt van het regte fpoor. Niet
op de wijze kunnen komen, de melodij van een zangftuk niet kunnen vatten. Er eene wijze op ftellen, is,
eigenlijk, eene melodij voor een zangftuk bepalen:
figuurlijk, zijn leven regelen: hij ftelt er geene wijse
op. Gij moet er beter wijze op ftellen. Altijd op dezelfde wijze blijven, in eene melodij, op eenen en denzelfden toon, voortzingen. Zamenftell.: zangswijze.

Wijze, hoogd. weife, vries. wife, is verwant aan
het zweed. vifa, een lied, finn. weifan, zingen, oud
zwab. unwife, misklank, en misfchien ook aan ons
bastaatdwoord voois, fr. voix, eng. voice, ital. voce,
lat. vex, en aan het lat. vocare, roepen.

WIJS, bijv. n. en bijw., *wijzer*, *wijst*. Eigenlijk, veel wetend, geleerd, in evenveel welk ding bedreven: *allerleij wijfe lieden in allerlei werck*. BIJBELV. *Die flaegh, om wijs te fijn, fijn in de ploegh gefpannen*. WESTERB. *Te lang, te kort, te wijs, te dom*. VOND. *Wiife moeder, wije vrouwe, vroede vrouwe*, bij KIL. Al wie een regt gebruik van zijne meerdere of mindere kennis maakt: *de onkundigfte is de wiiste van de drie*. *Beftraft den wijfen ende hij fal u liefhebben*. BIJBELV. *Ten dienst van Pallas, een veel wijzer Godtheid, flaen*. VOND. *Janne van Avenes, den wijen Grave*. M. STOK. Als bijw., in overeenkomst met de voorfchriften van het gezonde verftand, en met iemands ware belangen: *gij behoordet wijzer te handelen. Maer wenschte alleen dat ge u in 't eijchen wijzer droeght*. VOND. *De wijste zijn*, is dikwijls, de infchikkelijkfte: *wees gij dan de wijste! Niet wijzer ziin*, is, niet beter weten: *neem het mij niet kwalijk, ik ben niet wijzer Iets wijs worden*, is, hetzelve vernemen: *hij zal het welhaast wijs worden. Iemand iets wijs maken*, is, eigenlijk, hem hetzelve doen vernemen; in het hedendaagfche gebruik, hem eene onwaarheid op de mouw fpelden. Als z. n., m., is *wijze* een verftandig, en welbedreven, of naar de voorfchriften van het gezond verftand handelend, man: *het herte eenes wijfen fal tijt ende wiife weten*. BIJBELV. *Der wijzen levensend, der dwaazen dood*. L. D. S. P. Van hier *wiisdom, wiisheid, wijfelik, wijzeling, wijzen*, enz. Zamenftell.: *wiisbol, wijsgeer*, enz. — *wijshoofd, wijsneus, wijsfot*, KIL. — *wijzeman*, HOOFT, enz. *Letterwijs, naaldewijs, neuswijs, waanwijs*, enz.

    Wijs, hoogd. *weife*, ISID. *uuife*, OTTFRID. *uuiza*, nederf. *witt, wies*, eng. *wife*, zweed. *vis*, komt van *weten*, hoogd. *wisfen*.

WIJSBEGEERTE, zie *wijsgeerte*.
WIJSBOL, zie *wijsneus*.
WIJSDOM, z. n., m., *des wijsdoms*, of *van den wijsdom; zonder meerv. Van *wijs* en *dom*, zie *dom*. Die hoedanigheid, welke iemand tót eenen wijzen maakt. Dezen zin heeft het woord nog bij KIL., even als het eng. *wisdom*, en *wistum, weistuom*, bij WILLERAM. en anderen. Maar hedendaags gebruikt men daarvoor liever *wijsheid*. Intusfchen geeft KIL. aan *wijsdom* nog

de

de beteekenis van gewijsde, regterlijke uitwijzing, in overeenkomst met: *ende met wijsdoeme der Mannen uuten huijse van Breda.* v. HASS. In dezen zin komt het woord van *wijzen.*

WIJSGEER, z. n., m., *des wijsgeers,* of *van den wijsgeer;* meetv. *wijsgeeren.* Elders *wijzeling* en *wijzeman.* Eigenlijk een beminnaar der wijsheid. Voorts een beoefenaar der zoogenoemde wijsgeerte: *er is, volgens Cicero, geen gevoelen zoo dwaas, dat er geen wijsgeer gevonden zij, die het beweerde.* Van hier *wijsgeerig, wijsgeerte,* enz. Het laatste lid van *wijsgeer,* komt van *geer* begeerig, verwant aan *geer,* begeerte, bij M. STOK. en aan *gaarne, gierig,* enz., en afkomstig van het oude *geeren.* Zie *begeeren.* Het eerste lid *wijs* beteekent *wijsheid,* even als in het oude *wijsegghen,* bij KIL., hoogd. *weissagen,* oudopperd. *wizzagan,* waarzeggen. *Wijsgeer* is dus beminnaar der wijsheid, en beantwoordt aan het gr. Φιλοσοφος, waarnaar men het gevormd heeft.

WIJSGEERIG, bijv. n. en bijw., *wijsgeeriger, wijsgeerigst.* Van *wijsgeer,* zie *ig.* Eenen wijsgeer voegende: *zulk eene denkwijze is niet wijsgeerig. Zij denkt wijsgeeriger dan hij.* Tot de zoogenoemde wijsgeerte betrekkelijk: *eene wijsgeerige verhandeling.* Van hier *wijsgeerigheid.* Zamenstell.: *onwijsgeerig,* enz.

WIJSGEERTE, z. n., vr., *der,* of *van de wijsgeerte;* zonder meerv. Van *wijs* en *geerte,* dat men eveneens van *geeren* vormt, als *begeerte* van *begeeren.* HALMA ook *wijsbegeerte.* Eigenlijk, begeerte naar wijsheid. In het gebruik, al wat men anders, in navolging der Grieken, onder den naam van *Philosophie* begrijpt: *De wijsgeerte van Socrates.*

WIJSHEID, z. n., vr., *der,* of *van de wijsheid;* zonder meerv. Van *wijs.* OTTFRID., NOTK. *wisheit,* hoogd. *weisheit.* De hoedanigheid, welke iemand tot eenen wijzen maakt. Anders *wijsdom.* En wetenschap: *overal kraamt hij zijne wijsheid uit.* In den STATENBIJBEL, bij persoonsverbeelding: *ick wijsheijt woone bij de kloecksinnigheijt,* enz. Voorts oulings ook evenveel als *vroedschap.*

WIJSHOOFD, zie *wijsneus.*

WIJSNEUS, z. n., m., *des wijsneuzen,* of *van den*

wijsneus; meerv. *wijsneuzen.* Verkleinw. *wijsneusje.* Van *wijs* en *neus.* Anders *wijsbol, wijshoofd,* enz. Een betweter: *wat zal die wijsneus daar wederom niet op te vitten hebben.* Van hier *wijsneusheid, wijsneuzig, wijsneuzigheid.*

WIJSSELIJK, bijw., van *wijs,* zie *lijk.* Hoogd. *weislich,* OTTFRID., NOTK. *wislicho.* Naar de voorschriften der wijsheid: *gij hebt wijsselijk gedaan. Wijsselijk en wel,* is, met alle naauwkeurigheid en omzigtigheid: *het was wijsselijk en wel bepaald.*

WIJSVINGER, zie *wijzer.*

WIJTE, (z. n., vr., *der,* of *van de wijte;* zonder meerv. Van *wijten.* De daad van wijten, verwijting, en verwijt: *Renard gaf den Bisschop de wijte.* HOOFT.

WIJTEN, bedr. w., ongelijkvl. *Ik weet, heb geweten.* Te laste leggen: *gij behoeft het mij niet te wijten. 't En is haer niet te wijten.* HUIJGHENS. *Dank wijten,* dat men hier en daar vindt, is voor *dank weten;* zie *weten.* Van hier *wijte.* Zamenstell.: *verwijten,* enz.

WIJTING, z. n., vr., *der,* of *van de wijting;* meerv. *wijtingen.* KIL. ook *wittingh,* eng. *whiting,* hoogd. *huitling,* bij óns ook *weeke wijting.* Een zeevisch van het geslacht der kabeljaauwen: *men geeft aan de witte schelvisch den naam van wijting, en weeke wijting.*

WIJVEN, onz. w., gelijkvl. *Ik wijfde, heb gewijfd.* Oulings gebruikelijk voor eene vrouw trouwen: *eener, die buijten wijvet, die magh blijven een jaer.* v. HASS. Zamenstell.: *verwijven,* enz. Het deelw. *gewijfd* wordt als bijv. n. gebruikt.

WIJWATER, z. n., o., *des wijwaters,* of *van het wijwater;* zonder meerv. Van *wijen* en *water.* Gewijd water, waarmede de Roomschen menigerlei dingen besprengen: *hij bood haar het wijwater.* Van hier de zamenstell.: *wijwatersvat, wijwaterskwast,* waarvoor men doorgaans de zamentrekking *wijkwast* gebruikt, *wijwaterquispel,* KIL.

WIJWOUWEN, zie *wiewouwen.*

WIJZE, zie *wijs,* z. n., en *wijs,* bijv. n.

WIJZEN, bedr. en onz. w., ongelijkvl. *Ik wees, heb gewezen.* Eigenlijk, leeren, onderrigten, in welken zin men nog in het hoogd. zegt: *er lässt sich weisen,* en welken zin *wijzen* ook in de zamenstell. *onderwijzen* oefent. Bijzonderlijk, ten aanzien van eenen weg onder-

rig-

rigten, te regt helpen: *iemand ergens heenwijzen. Wijs
hem toch eens te regt!* Van hier heeft het onzijdige *wijzen* den zin van zulk een bedrijf, zulke gebaren, enz.
als waardoor men iemand te regt wijst: *hij wees met den
vinger naar ons. Zij wijst op haren stoet.* VOND. En
het bedrijvende *wijzen* wederom dien van met zulke gebaren aanduiden, onder het oog brengen: *men wees ons
den weg naar het dorp. Ik zal u wijzen, hoe gij doen
moet. Iemand het gat van de deur wijzen*, is, hem,
evenveel hoe, aanduiden, dat hij te vertrekken heeft.
Een vonnis wijzen, is hetzelve vellen. Van hier *ge-
wijs, gewijsde, wijzer, wijzing.* Zamenstell.: *wijsvinger*, enz. *Aanwijzen, afwijzen, bewijzen, nawij-
zen, onderwijzen, uitwijzen, verwijzen*, enz.

Wijzen, hoogd. *weisen*, nederf. *wifen*, vries. *wife*,
zweed. *vifa*, wend. *wefn*, oudopperd. *wifon*, angelf. *wifan* en *witan*, komt van *wijs*, en beteekent eigenlijk wijs maken.

WIJZER, z. n., m., *des wijzers*, of *van den wijzer*;
meerv. *wijzeren* en *wijzers*. Verkleinw. *wijzertje*. Van
wijzen. Al wie, of wat, wijst. Van perfonen gebruikt men het zelden anders, dan oulings voor den
uitwijzer van een vonnis, of eenen regter over het algemeen: *gheweest te hebben een wijfer, nu te weefen een
eifcher.* v. HASS.; en in de zamenftell.: *oordeelwijzer,
wegwijzer*, enz. Onder de zaken, waaraan men den naam
van *wijzer* geeft, is bij KIL. de voorfte vinger, anders
wijsvinger, en het werktuig, dat men anders *uurwij-
zer*, of *minuutwijzer* noemt: *al draeit de wijzer kort
den dag om.* VOND. De verdere zamenftell. zijn: *wij-
zernaald, wijzerplaat*, enz. *Bladwijzer, dagwijzer,
maandwijzer, tijdwijzer, weerwijzer, windwijzer, zonnewijzer*, enz.

WIJZIGEN, bedr. w., gelijkvl. *Ik wijzigde, heb gewij-
zigd.* Ten opzigte van wijze en manier fchikken: *men
poogde alles zoo en zoo te wijzigen. Een befluit wijzigen*
is bepalen, op welke wijze het beflotene uitgevoerd worden zal. Van hier *wijziging.* Van *wijze.*

WIK, *wikke*, z. n., vr., *der*, of *van de wikke*; meerv.
wikken. Anders *vitfe*, fr. *vesce*, eng. *vetch*, lat. *vi-
cia*, gr. βικιον, en Φαχη, middeleeuw. lat. *bex*, zweed.
viker, flavon. *wijkew*, hoogd. *wicke*, verwant aan *vijg*,
en *vijgboon.* Eene peulvrucht van menigerlei foort, en

                                                    het

het plantgewas, waaraan dezelve wast: *men voedert de paarden vaak met wikken, in plaats van met hooi.* Zamenſtell.: *wikkenſtroo.*

WIK, z. n., vr., *der,* of *van de wik;* meerv. *wikken.* Van *wikken,* wegen, volgens HALMA zoo veel, als er op de ſchaal der ſtadswaag in eens gewogen wordt: *elke wik werd afzonderlijk gelegd.*

WIKGELD, zie *wikken.*

WIKKELEN, bedr. w., gelijkvl. Eigenlijk, geſtadig bewegen. Voorts door eene geſtadige beweging ergens om winden: *wikkel het touw er om en om. De ſlang wikkelde hem haren ſtaart om hals en armen.* Iets wordt in iets anders *gewikkeld,* wanneer men dit laatſte met eene geſtadige beweging om het andere heen ſlingert: *ik wikkelde het in een papier. Zich in iets wikkelen,* is, hetzelve als om zich henen ſlingeren. *Zich in eene zaak wikkelen,* is, zich zoo ſterk daarmede inlaten, dat men zich daaraan niet wederom onttrekken kan. *Zich ergens uit wikkelen,* is, zich uit de knellende banden van zoodanig iets los maken; eigenlijk hetzelve door eene geſtadige beweging als van zich af winden: *hoe gelukkig heeft hij zich er wederom uit weten te wikkelen!* Van hier *gewikkel, wikkeling.* Zamenſtell.: *inwikkelen, omwikkelen, ontwikkelen, verwikkelen,* enz.

Wikkelen, hoogd. *wickeln,* is een voortdurend werkw. van *wikken,* en verwant aan *wegen, bewegen,* enz.

WIKKEN, bedr. w., gelijkvl. *Ik wikte, heb gewikt.* Eigenlijk, even als *wegen, bewegen.* Voorts wegen, en bijzonderlijk op, of in, de hand wegen: *wik eens, welk het zwaarſte is.* HALMA. Overdragtelijk is *iets wikken en wegen,* het naauwkeurig en zorgvuldig beoordeelen. Voorts is *wikken* ook wel eens evenveel, als *wigchelen,* voorſpellen. Van hier *gewik, wik, wikker, wikſter.* Zamenſtell.: *wikgeld,* waaggeld, enz.

WIKKER, z. n., m., *des wikkers,* of *van den wikker;* meerv. *wikkers.* Soms evenveel als *wigchelaar,* navorſcher van toekomſtige dingen: *waarop ons noodlotwikkers.* VOLLENH. Elders *wikkelaar: de tong van 's Bloedgodts wikkelaar.* VOLLENH. Van hier *wikkerij,* KIL. Wegens eene vrouw bezigt men *wikſter.*

WIL, z. n., m., *des wils,* of *van den wil;* zonder meerv. Het vermogen van willen: *met verſtand en wil begaafd.* De daad van willen: *betwist mij geenen vrijen wil.*

wil. Het gene men wil, volftrekte begeerte: *dat is mijn wil. Dat ik mijnen wil na zijnen poog te voegen* D. DECK. *Mijn geest, die uwen wil bevroed.* L. D. S. P. Genoegen: *tegen wil en dank. Als 't Godt belieft, met wil of onwil dragen.* BRANDT. *Iemand te wille zijn,* is, hem genoegen geven. *Hierin fullen wij u te wille zijn.* BIJBELV. *Zijnen wil van iets hebben,* daaruit genoegen fcheppen. *Zijnen wil daarmede doen,* daarmede naar zijn genoegen handelen. Oulings beantwoordde *wil* aan euvelmoed: *die fal daeraen wil und gewaldt begaen hebben.* v. HASS. Voorts wordt *wil* gebezigd met *om* voor zich, en een z. n. tufchen beiden in den tweeden naamval, ter aanduiding van den beweeggrond van iets: *om des vredes wil, om Gods wil. Om hares fchoonvaders ende hares mans wille.* BIJBELV. *Om best wil.* En de plaats van het z. n., wordt ook meermalen door een voornaamwoord bekleed: *om wiens wil, om diens wil, om welks wil, om deszelfs wil.* Maar de tweede naamval van perfoonlijke voornaamwoorden wordt door den vierden naamval van bezittelijke voornaamwoorden vervangen, die alsdan eene *t* achter zich heeft: *om mijnent wil, om onzent wil. Om u, om uwent wil,* alleen. VOND. enz. Van hier *gewillig, wilg, willig,* enz. Zamenftell.: *willekeur, wilvaardig,* enz. *Moedwil, onwil,* enz.

Wil, eng. *will,* hoogd. van oudsher *wille,* angelf. *vijlla,* ULPHIL. *willja,* flavon. *wiile, wola, vola,* lat. *voluntas,* komt van *willen.*

WILD, bijv. n. en bijw., *wilder, wildst.* Teugelloos, onftuimig: *welke wilde blikken! Met een wild gefchreuw. Hij kwam gansch ontdaan en wild binnen vliegen. Die wilde knaap.* Van een volk, aan geene maatfchappelijke banden gewoon: *men onderfcheidt de natien in befchaafde, onbefchaafde, en wilde. Er zijn weinige eigenlijke wilden, maar men geeft dezen naam aan vele onbefchaafde volken.* Van een dier, ongetemd: *de tamme olifanten verlokken de wilde, zoo dat zij gevangen en getemd werden. Het wilt gedierte ende alle vee.* BIJBELV. *Het boschzwijn heeft hem omgewroet; het wild gediert' hem afgeweid.* L. D. S. P. Van eene plant, door geene menfchelijke nijverheid aangekweekt, befnoeid, of bedwongen: *wilde aardbezien, wilde appelen,* enz. *Toen zij 't met elzen en wilt boschloof had behan-*

hangen VOND. Zoo is *eene wilde landfreek* die niet bebouwd, en door menfchelijk opzigt geregeld wordt. *Wild vleesch* is vuil vleesch, dat tegen den wil van den heelmeester in eene wonde groeit. *De wilde zee* is bij KIL, de oceaan, die onbeperkt rondom den aardbodem loopt: *het natte gebroetfel der wilde zee, rontom hem hene huppelende.* VOND. *In het wild* is zonder toedoen van menfchen: *die boomen groeijen daar in het wild.* Ongeregeld, en ongeordend: *alles ligt hier in het wild. Nu laet de ftroomgodin het haer in 't wilde fpreien.* VOND. *In het wild loopen,* is. in verwarring geraken: *hij laat alles in het wild loopen.* Of zonder opzigt en orde rond loopen en dwalen: *waarom loopen die kinderen daar zoo in het wild?* Van hier *wild*, z. n., *wildeling*, KIL. — *wildernis, wildheid.* Zamenftell.: *wilde-man, wildkoorn, wildruit, wildvang, wildvreemd, wildzang,* enz. *Verwilderen,* enz.

Wild, zweed., eng., hoogd. van oudsher *wild*, vries. *wield*, is een oorfpronkelijk woord, dat de eerfte der opgenoemde beteekenisfen aan zijnen klank verfchuldigd fchijnt,

WILD, z. n., o., *des wilds,* of *van het wild*; zonder meerv. Eigenlijk, het onz. geflacht van het bijv. n. *wild* In het wild loopende of vliegende dieren, verzamelbaar: *er is hieromftreeks weinig wild. Om het wilt op te fnuffelen.* VOND. *Al 't wild des velds moet op mijn' biiftand wachten.* L. D. S. P. Zamenftell.: *wildachtig, wildbaan, wildbraad, wildfchut,* enz.

WILDACHTIG, bijv. n. en bijw., *wildachtiger, wildachtigst.* Van *wild*, en *achtig.* Aan wild gelijkend, naar wild fmakend; en bijwoordelijk, als wild: *die vogels fmaken wildachtig.* HALMA.

WILDBAAN, z. n., vr., *der,* of *van de wildbaan;* meerv. *wildbanen.* Verkleinw. *wildbaantje.* Eene omtuinde plek gronds, waar men wild bewaart: *de vorftelijke wildbaan van Kleef.* Dit woord luidt in het hoogd. *wildbahn* en *wildbann*, en het laatfte fchijnt het oorfpronkelijke. Dus fchijnt ons *wildbaan* insgelijks eene verbaftering van *wildban*, en uit *wild* en *ban* zamengefteld.

WILDBRAAD, z. n., o., *des wildbraads,* of *van het wildbraad;* zonder meerv. Eetbaar wild: *gaet uijt in 't velt, ende jaegt mij een wildbraet.* BIJBELV. Toe-be-

bereid vleesch .van zulk wild: *zij gaen het wiltbraet en de maeltijt bereiden.* VOND. *Het wiltbraet was nae fijnen mont.* BIJBELV. Dit woord luidt bij KIL. *wildbraed*, nederf. *wildbradt*, zweed. *wildb.äd*, ijsl. *willabrad*, hoogd. *wildbrét* en *wildpret*. Het verfchilt van het hoogd. *wildbraten*, dat een gebraad van wild aanduidt., en kan van *wild* en het ijsl. *brad*, wallis. *praidd*, lat. *praeda*, buit, afgeleid worden, of van *wild* en het eng. *bread*, vries. *bÍeed*, gr. βϱωτος, βϱωτυς, βϱωτον, voor zoo veel dit voedfel over het algemeen aanduidt; zie *brood.*

WILDELING, z. n., m., *des wildelings*, of *van den wildeling*; meerv. *wildelingen.* Van *wild*; zie *ling.* In het hoogd. *wildling.* Bij KIL. een wilde appel. Zamenftell.: *wildelingboom.* KIL.

WILDEMAN, z. n., m., *des wildemans*, of *van den wildeman*; meerv. *wildemannen*, *wildemans.* Van *wild* en *man.* Een wild mensch: *er is een wildeman voor geld te zien.* Een woesteling: *het is een regte wildeman.*

WILDERNIS, z. n., vr., *der*, of *van de wildernis*; meerv *wildernisfen.* In het hoogd. *wildnisz.* Een wild onbebouwd, en onbewoond oord: *wij quamen in eene eenzaame of huilende wildernis.* HALMA *Woestijnen, wildernis, geberghte, en rotfen, zeden en reden, ingeplant.* VOND.

WILDKOORN, z. n., o., *des wildkoorns*, of *van het wildkoorn*; zonder meerv. Van *wild* en *koorn*, of *koren.* Een plantgewas, waarvan men drie verfchillende foorten telt: *moerasfig wildkoorn, waterig wildkoorn, veldig wildkoorn*, enz.

WILDRUIT, z. n., o., *des wildruits*, of *van het wildruit*; zonder meerv. Van *wild* en *ruit.* Een plantgewas van twee foorten: *wildruit met verdeelde, en wildruit met onverdeelde, bladen.*

WILDSCHUT, z. n., m., *des wildfchuts*, of *van den wildfchut*; meerv. *wildfchutten.* Van *wild* en *fchut*, fchutter. Een jager: *het is een voortreffelijke wildfchut.*

WILDVANG, z. n., m., *des wildvangs*, of *van den wildvang*; meerv. *wildvangen.* Van *wild* en *vang.* Een havik, of ander wild dier, dat reeds volwasfen, en dus gansch wild, is, als men hetzelve vangt; in tegenoverftelling **van** *nesteling.* Elders ook gevangen wild: *indien ik uwe altaren met eenig wiltvangk verfierde.* VOND.; waar het onz. is. Voorts neemt men het voor een onftuimig en woest mensch. Hoogd. *wildfang.*

WILDVREEMD, bijv. n., zonder veigrootingstrappen. Van *vreemd* en *wild*, dat in het oude zwabisch ook vreemd aanduidde. ∟Gansch vreemd: *hij is mij wildvreemd.*

WILDZANG, z. n., m., *des wildzangs,* of *van den wildzang;* zonder meerv. Van *wild* en *zang.* De natuurlijke zang van het gevogelte: *mijn kneutertje zingt maar wildzang.* HALMA. Overdragtelijk, flechte muzijk: *het is wildzang.* Wartaal: *er komt niets, dan wildzang, uit zijnen mond.* Somtijds ook een wild roekeloos en onzinnig mensch; in welken zin *wildzang* een meerv. heeft,

WILG, z. n., m., *des wilgs,* of *van den wilg;* meerv. *wilgen.* Verkleinw. *wilgje.* Een boomgewas, waarvan men dertig verfchillende foorten telt: *aen den gebladen wilgh, die over 't water hing.* VOND. *Als de wilgen aen de waterbeken.* BIJBELV. *De harpen aan de wilgen opgehangen.* L. D. S. P. *Gelijk de blonde olijf de taeie wil.h befchaemt.* VOND. Zamenftell.: *wilgenbast, wilgenboom, wilgenhout, wilgenkruid, wilgen oot, wilgenftoof, wilgentak, wilgenteen, wilgenzwam, willighenbosch,* KIL. enz. *Beekwilg, bindwilg, kórfwilg, roofwilg, rijswilg, teenwilg, treurwilg,* enz.

Wilg, KIL. *willighe,* eng. *willow,* fchijnt eene verkorting van *willig;* en men .fchijnt den wilg dus genoemd te hebben, omdat hij zoo uitnemend wel voort wil.

WILHELM, z. n., m., *des Wilhelms,* of *van den Wilhelm;* meerv. *Wilhelmen.* Gemeenlijk *Willem,* eng. *William,* fr. *Guillaume.* Een oudduitfche eigennaam, volgens fommigen zamengefteld uit *helm,* en *wil, vil, vilt,* vel, en dus iemand aanduidende, wiens hoofd met een beeftenvel gedekt was; doch volgens LEIBNITZ, *protector tranquilitatis, quietis,* van *wil, weil,* ruft, en *helm,* befchermer, van *helmen,* befchermen; derhalve zoo veel als befchermer der ruft, of anders ruftbewaarder.

WILLEKEUR, z. n., vr., *der,* of *van de willekeur;* zon-

zonder meerv. Eigenlijk, de keur van den wil; vrij befluit, vrije verkiezing: *het ftaat aan uwe willekeur. Van
jemands willekeur afhangen.* Ook grillige verkiezing,
welke op geene redenen rust: *het is niet dan willekeur,
waarnaar hij handelt.* Oulings in het hoogd.
en holl. ook eene overeenkomst, een verdrag; zoo als
willekeuren, bij KIL. overeenkomen; en bij HALMA
is willekeur nog, even als bij KIL., en in het hoogd.,
eene ordonnantie. Van hier *willekeurig*, enz., *willekeurlijk*, bij HALMA en SIEGENBEEK, evenveel, als
willekeurig.

Willekeur, hoogd. *willekühr*, zweed. *willker*, komt
van *wil* en *keur*.

WILLEKEURIG, bijv. n. en bijw., *willekeuriger*,
willekeurigst. Van *willekeur*, zie *ig*. Ook *willekeurlijk*. Door willekeur beftuurd, daarnaar alleen afgemeten: *het willekeurig gezag. Welk een willekeurig bedrijf!* Uit eigenen wil voortkomende: *de beweging der
dieren is, gansch anders dan die der planten, willekeurig.* Als bijw., naar verkiezing van den wil: *de dieren bewegen zich willekeurig.* Uit eene grillige verkiezing, die op geene redenen gegrond is: *hij handelt
daarin zeer willekeurig.* Van hier *willekeurigheid*, *wil-
lekeuriglijk*. Zamenftell.: *onwillekeurig*, enz.

WILLEKEURLIJK, zie *willekeur*.

WILLEM, zie *wilhelm*.

WILLEN, onz. w., gelijkvl. *Ik wilde, heb gewild*;
ook fomtijds *ik wou*, of *woude*, zoo in de gemeenzame verkeering, als ook elders, blijkens: *ik wou en
kost niet fpreecken — en woude aengeport van minhaer
fnel naftreven.* VOND.; die hierin echter, buiten de
gemeenzame verkeering, evenmin na te volgen is, als
HOOFT, CATS, en andere oudere fchrijvers daarin,
dat zij *hij wilt* voor *hij wil* fchreven; waaromtrent *willen* aan *zullen*, *kunnen* en *mogen* gelijk ftaat. En het
wordt voorts, even als deze woorden, onmiddellijk met
een ander werkwoord zamengevoegd, zonder dat het elders gebruikelijke *te* tuffchen beiden kome. Nu ftrekt
willen, even als *wil*, ter aanduiding van eene volftrekte
begeerte: *dat God ontdecken wilt fal niet verholen blijven.* LANDJUWEEL. *Die met bergh over bergh ten hemel wilden gaen.* HUIJGHENS. *Gij wilt, dat wij in
uwe wegen treeden.* L. D. S. P. Eene min volftrekte

te geneigdheid tot, en verlangen naar, iets: *gordde fijn fweert aen over fijne kleederen, ende wilde gaen.* BIJBELV. *Een, die danfen wil, is haest genoeg gepepen.* CATS. Eene bewilliging in iets: *wilt gij mij wel eenen dienst doen? 'K wil troon en Kercktapijt om uwen luister misfen.* VOND. *Sal den Eenhoorn u willen dienen.* BIJBELV. Het beweren en ftaande houden van iets: *men wil haar met hem hebben zien wandelen. Hij wil het gehoord hebben.* De bedoeling: *wat wilt gij daarmede zeggen?* Gereedheid, om iets te doen: *dat huis wil inftorten. Daer wilt de Duijvel van ftonden aen een Cappelle bijbouwen.* ALDEGOND. Somtijds beantwoordt *willen* genoegzaam aan *zullen: willen wij gaan? Onfeker offe ftaan, dan offe vallen, wilt.* CATS. *Waar wil het geld van daan komen?* Of aan kunnen, vermogen: *doe vrij al wat gij wilt. Wat wil ik aanvangen?* Dikwijls is *willen* gansch overtollig: *wat wil dat zeggen?* wat zegt, wat beduidt, dat? *Wilt niet vreefen!* KIL. Zeer dikwijls verzwijgt men het werkw., dat bij *willen* behoort: *hij wil naar de Kerk,* namelijk *gaan. Het wil niet los,* namelijk *geraken. Doe, wat gij wilt,* namelijk *doen. Dien hij wilde,* namelijk *dooden, doodde hij.* BIJBELV. Somtijds volgt er op *willen, dat,* enz.: *ik wil, dat het gedaan worde.* Vooral, wanneer men *ik wou* voor *ik wenschte wel* gebruikt: *ik wou, dat hij kwam.* Somtijds voegt men bij *willen* ook een z. n., in den vierden naamval: *wat wilt gij toch? Ik wil geenen wijn. Mijne beftraffinge niet gewilt hebbet.* BIJBELV. Dan is *willen* even bedr. als *begeeren.* Van hier het lijdend deelw. *gewild,* dat als bijv. n. gebezigd wordt; zie *gewild.* Voorts bezigt men *willen* ook als z. n.: *alles hangt daarbij van het willen af. Het willen en het volbrengen.* BIJBELV. Van hier het bijw. *willens,* met opzet: *hij deed het willens en wetens. Ik ben willens,* voornemens, van voornemen: *wil ens waert, om nae 't geberghte henen op te trecken.* BIJBELV. *Willens of onwillens,* tegen wil en dank. Van hier *wil,* enz. Zamenftell.: *uitwillen, welwillend,* enz.

Willen, hoogd. *wollen,* vries. *welle,* OTTFRID. *wolan,* flavon. *woli,* gr. βουλομαι, lat. *volo, velle,* KERO *wellan,* ULPHIL. *wiljan,* zweed. *vilja,* eng. *will,* angelf. *willan,* nederf. *willen.*

WILLENS, zie *willen.*

WILLIG, bijv. n. en bijw., *williger*, *willigst*. Van *wil*, zie *ig*. Eenen goeden wil tot iets hebbende, daar-toe bereid en genegen: *hij is tot alles even willig*. *Met een volkomen herte, ende met eene willige siele*. BIJ-BELV. Vrijwillig, ongedwongen: *een willige afstand*. *Door de willige overgave der vesting*. *De vrijgevochte will'ge slaven*. VOND. Gedienstig: *de man is altijd even willig*. *Een willig paard*, is een paard, dat steeds gaarne voort wil. *De boter*, enz. *wordt williger*, als er meer vertier van komt. Oulings was *willig* ook moed-willig: *willich te worden, ende gheweldigh, ende ghe-welt te doen*. v. HASS. Van hier *willigen*, *willigheid*, *williglijk*. Zamenstell.: *bereidwillig, dienstwillig, ei-genwillig, goedwillig, kwaadwillig, moedwillig, onwil-lig, vrijwillig*, enz.

WILLIGEN, onz. w., gelijkvl. *Ik willigde, heb gewil-ligd*. Van *willig*. Williger, meer gewild, worden, in prijs toenemen: *het koorn begint te willigen*, anders ook, *er komt meer willigheid in het koorn*. Bij KIL. is *willighen*, gewillig maken. Gansch anders is de betee-kenis van dit woord wederom in de zamenstell.: *inwil-ligen*.

WILLIGHEID, zie *willigen*.

WILVAARDIG, bijv. n. en bijw., *wilvaardiger*, *wil-vaardigst*. Opperd. *willfertig*, hoogd. *willfährig*, van *willfahren*, iemande wil en verlangen opvolgen. Dus is het verbasterde *wilvaardig* genegen tot vervulling van iemands verlangen: *ik blijf uw wilvaardige dienaar*. Als bijw., met gewilligheid tot vervulling van iemands ver-langen: *men onthaalde ons zeer wilvaardig*. *Zijn wijs bevel wilvaardig gadeslaan*. L. D. S. P.

WIMPEL, z. n., m., *des wimpels*, of *van den wimpel*; meerv. *wimpels*. Eene lange smalle scheepsvaan, wel-ker gedaante haar van eene vlag, en eenen vleugel, on-derscheidt: *die uwen wimpel draagt*. HOOFT. *Grootsch in 't nat zijn wimpel spiegelen*. P. MOENS. *Het boots-volck voert de vlagh en wimpel, zwaeit de zwaerden*. VOND. Voorts bij KIL., even als het oudd. *wimpel*, eng. *wimple*, fr. *guimpe*, een sluijer, anders *wimpel-doeck*. Van hier bij denzelfden KIL. *wimpelen*, be-wimpelen. Zamenstell.: *wimpeldoek*, KIL., *wimpelslok*, enz.

Wimpel, zweed. *wimpla*, middeleeuw. lat. *gimpla*,
im-

impla, hoogd., nederf. *wimpel*, in de beteekenis van
fluijer, eng. *wimple*, fr. *guimpe*, fchijnt, even als het
hoogd. *wimper*, het bovenfte ooglid, verwant aan
wimpoogen, pinkoogen, bij Kil., en aan het hoogd.
wimmeln, wemelen, en voorts door eene geftadige flod-
dering bewogen worden.

WIMPELEN, zie *wimpel*.

WINBAAR, bijv. n., *winbaarder*, *winbaarst*. Van
winnen, zie *baar*. Kil. ook *winnelick* en *winfaem*.
Dat gewonnen worden kan: *eene winbaarder vesting*.
Zamenftell., *onwinbaar*.

WIND, z. n., m., *des winds*, of *vandenwind*; meerv.
winden. Verkleinw. *windje*. Eene min of meer fterke
beweging van de lucht naar den eenen of anderen kant:
de wint van tegens over 't Zuiden. Hooft. *Lang door
ftorm en wind gefold wierd en gedreven*. Huijdecop.
Tot dat een wind haar wegrukt uit onz' oogen. L. D.
S. P. Figuurlijk: *de wind van winst riekt zoet, 't zij
van wat oord hij waeit*. D. Deck. Hiertoe behooren
de fpreekwijzen: *den wind van voren krijgen*, duchti-
ge tegenfpraak vinden. *De huik naar den wind hangen*. Zie *huik*. *Met alle winden waaijen*, wispelturig zijn. *Bij den wind zeilen*, is, den wind van voren langs het zeil doch fchampen. *Voor den wind zeilen*, is den wind vlak achter zich hebben. *Voor den
wind hebben*, *krijgen*, enz. is zulken wind, als waarmede men voor den wind zeilt: *en geef mijn dichtgeest
voor den windt*. Hoogvl. Aan zulken wind geeft men
de benamingen van *eenen*, of zulken en zulken, *voor
den wind: wacht een voor de wind*, *om voort in zee te
fteken*. Antonid. *Met een Noordelijke voor de windt*.
Brandt. *Een ftijve*, *flappe*, enz. *voor de wind*. *Het
gaat iemand voor den wind*, als het hem, evenveel
hoe, voorfpoedig gaat. *Een fchip loopt door den wind*,
als het zich zoo beweegt, dat het den wind aan ftuurboord krijgt, dien het voorheen aan bakboord had.
Onder den wind van een fchip zijn, is, hetzelve tusfchen zich en den wind hebben. *Boven wind zijn*, is
aan de windzijde van een ander fchip, en, overdragtelijk, voorfpoedig zijn. *Zijnen vijand den wind afwinnen*, is, zich tusfchen hem en den wind plaatfen, op
dat de buskruidrook hem belemmere. *De wind fteekt
op*, beteekent, dat hij zich verheft, in tegenoverftelling

ling van *de wind gaat liggen*, hij vermindert zijn geblaas.
Wind vangen, is, den wind op zijnen weg tegenhouden en
zelf daardoor getroffen worden: *die toeftel op u en fchoor-
fteen vangt te veel wind.* Nopens kaf, enz. bezigt men de uitdrukking van: *voor den wind wegftuiven, in den wind ftrooi-
jen, in den wind ftaan*, in de lucht doen vervliegen. *Iemands
woorden in den wind ftaan* is, die nutteloos verloren laten
gaan. *Aan den wind gaan*, is, bij HALMA, optrekken, rinkel-
rooijen. *Wind maken*, ongepaste beweging maken. *Het hoofd
vol winds hebben*, een ijdeltuit zijn. Het is *maar wind*,
nietsbeduidend gezwets. *Wind des daags* is avond-
koelte, in: *wandelende in den hof, aan den wint des
daeghs.* BIJBELV. In: *men kan van den wind niet leven*, heeft *wind* de beteekenis van lucht over het algemeen, even als in: *omhelsde niet dan wint en dunne en
ijdle locht.* VOND. Ook beteekent het beflotene darmlucht:
*dat bier veroorzaakt winden. De winden plagen mij. Win-
den lozen.* Eindelijk was *wind*, even als in het hoogd., oulings ook nog een *windhond*, anders *hazewind* en *hazewind-
hond.* Van hier *windachtig, winderig, windig.* Zamenftell.: *windbier, windbreken, windbreuk, windhui,
windbuidel, windbus, winddroog, windei, windgat*,
een gat in het ijs, — *windgod, windhandel, windhond,
windkant, windkolijk, windmaker, windmolen, windmout, windnegotie, windoven, windpok, windpomp,
windroer, windroos, windfcherm, windfchut, windftil,
windftilte, windftreek, windvaan, windvang, windverwekkend, windvlaag, windwaarts, windwering, windwijzer, windzak, windzeil, windzijde, windzucht*, enz.
*Avondwind, bakftagwind, draaiwind, dwarlwind, hoofdwind,
landwind, noordewind, oostewind, paffaatwind, regenwind,
rukwind, ftormwind, tegenwind, voorwind, warlwind,
wervelwind, westewind, zeewind, zijdewind, zuidewind,
zuidoostewind, zuidwestewind*, enz.

Wind, hoogd., eng., KERO, ULPHIL., enz. *wind*,
vries. *wien*, fr. *vent*, fp., ital. *vento*, lat. *ventus*,
fchijnt van het oudduitsch *wehend*, deelw. van *wehen*,
waaijen, af te ftammen.

WINDACHTIG, bijv. n. en bijw., *windachtiger, windach-
tigst.* Van *wind* en *achtig*, voor *haftig.* Zie *achtig.* Wind
bevattend, door wind beroerd: *die maand is doorgaans
windachtig.* Anders *windig* en *winderig*, welk laatfte intusfchen voorts nog de beteekenis heeft van aan windmakerij

over-

overgegeven: *wat is die man winderig!* terwijl het met *windachtig* deelt in den zin van windverwekkend: *boonen zijn windachtig, of winderig.* Van hier *windachtigheid.*

WINDAS, z. n. o., *van het windas;* meerv. *windasfen.* Van *winden* en *as.* Hoogd. *winde,* eng. *windlasf, windlesf,* fr. *vindas.* Een werktuig van verfchillende gedaante, waarmede men dingen van aanmerkelijke zwaarte op, of weg, kan winden: *wanneer het windas nu rustte en stille stondt.* HUIJDECOP. *Vruchteloos poogde men het windas met den windboom rond te draaijen.* Anders ook *windaas, windasfe* KIL.

WINDBIER, z. n., o., *des windbiers, of van het windbier;* zonder meerv. Eene zamentrekking van *windmout-bier.* Bier van winddroog, of in den wind gedroogd, mout: *men brouwt windbier van windmout.*

WINDBREKEN, onz. w., enkel in de onbepaalde wijze gebruikelijk, voor pogchen, snorken: *hoor hem eens windbreken.* Voorts bedient men zich van het deelw. *windbrekend,* in: *windbrekende middelen;* en bovendien komt van *windbreken, windbreekster, windbreker, windbrekerij.*

WINDBREKER, zie *windbuidel.*

WINDBREUK, z. n., vr., *der, of van de windbreuk;* meerv. *windbreuken.* Van *wind* en *breuk.* Een gezwel in de holte van den onderbuik of aan den navel: *het is flechts eene windbreuk.*

WINDBUI, z. n., vr., *der, of van de windbui;* meerv. *windbuijen.* Van *wind* en *bui.* Eene bui van wind: *eene felle windbui.*

WINDBUIDEL, *windbuil,* z. n., m., *des windbuidels, of van den windbuidel;* meerv. *windbuidels, windbuilen.* Van *wind* en *buidel.* Een winderig mensch, een *windmaker, windbreker.* Hoogd. *windbeutel.*

WINDBUS, zie *windroer.*

WINDDROOG, zie *windbier.*

WINDE, z. n., vr., *der, of van de winde;* zonder meerv. Bij KIL. evenveel als katrol; en in het hoogd. een haspel. KIL. *garenwinde.* Voorts een plantgewas van twee en vijftig foorten. Zamenftell.: *akkerwinde, haagwinde, oeverwinde, patattenwinde,* enz.

WINDEL, z. n., m., *des windels, of van den windel;* meerv. *windelen* en *windels.* Van *winden.* Zie *el.* Een werktuig, om te winden, een zwachtel: *nochte in windelen gewonden.* BIJBELV. Bij KIL. ook een katrol.

Van

Van hier *windelen*, KIL., hoogd. *windeln*, zwachtelen. Zamenstell.: *windelband, windeldoek.*

WINDELEN, zie *windel.*

WINDEN, bedr. w., ongelijkvl. *Ik wond, heb gewonden.* Eigenlijk, even als *wenden*, al draaijende bewegen. Bijzonderlijk met zulk eene beweging ergens om
flingeren, of wikkelen: *wind het touw om den paal.*
Iets windt zich in iets anders, als het dit laatfte door
zijne draaijende beweging om zich heen flingert; en als
men het laatfte om het eerfte windt, *wordt het eerfte in*
het laatfte gewonden: fiet dat is hier gewonden in een
kleet. BIJBELV. *Zich ergens uit winden*, is, hetzelve door eene draaijende beweging als van zich af winden: *hij weet zich overal uit te winden.* *Het eene uit*
het andere winden, is, het laatfte, door eene draaijende beweging van het eerfte, daaruit los maken; maar
voorts is *iets ergens uit winden* ook, hetzelve door middel van het winden van een touw, waaraan het vast is,
om een windas, daaruit brengen: *men wond het fchip*
uit het water. Op foortgelijk eene wijze laten de fpreekwijzen van *iets ergens af*, en *op*, *winden* zich ontle-
den. *Ineen winden* is door eene windende beweging ineen rollen. Van hier *wind, winde, windel*, enz. *win-
der, winding, windfel, windfter.* Zamenstell.: *windas*, *windboom*, *windreep*, *windfpil*, *windzeel*, enz.
Afwinden, *bewinden*, *inwinden*, *onderwinden*, *ontwin-
den*, *opwinden*, *overwinden*, *toewinden*, *uitwinden*,
verwinden, *voortwinden*, *zamenwinden*, enz.

Winden, hoogd. ook *winden*, zweed., eng. *wind*,
KERO *wintan*, vries. *wiene*, is verwant aan *wenden*,
wentelen, *wandelen*, enz.

WINDERIG, zie *windachtig.*

WINDGOD, z. n., m., *des windgods*, of *van den wind-*
god; zonder meerv. Van *wind* en *God.* Een wezen
uit de Griekfche en Romeinfche fabelkunde, anders
Eolus, of *Eool*, genoemd: *Neptuin fliep bij de wind-*
godts dochter. VOND.

WINDHANDEL, zie *windnegotie.*

WINDHOND, zie *wind.*

WINDIG, zie *windachtig.*

WINDMAKER, zie *windbuidel.*

WINDMOUT, zie *windbier.*

WINDNEGOTIE, z. n., vr., *der*, of *van de windne-*

O

go-

gotie; zonder meerv. Van *wind* en *negotie.* Somtijds evenveel, als *windhandel.* Een handel van zulken aard,
als de Tulpenhandel, Actiehandel, enz. Somwijlen ook
een ijdel gezwets: *het is windnegotie, al wat hij vertelt.*

WINDROER, z. n., o., *des windroers,* of *van het
windroer;* meerv. *windroeren.* Van *wind* en *roer.* Anders *windbus.* Een roer, dat, in plaats van met bus-
kruid, met wind, geladen wordt: *toen Otto van Gue-
ricke het windroer uitvond.*

WINDSCHUT, zie *windvang.*

WINDSEL, zie *windel.*

WINDSTER, z. n., vr., *der,* of *van de windster;*
meerv. *windsters.* Eene vrouw, die windt of haspelt,
en zich daarmede geneert: *zijde aan de windsters uit-
geven.* Zamenstell.: *zijdewindster,* enz.

WINDVAAN, zie *windwijzer.*

WINDVANG, z. n., m., *des windvangs,* of *van den
windvang;* zonder meerv. Van *wind* en *vang.* Somtijds
evenveel, als *windschut, windwering,* een toestel ter
opvanging en afwering van den wind. Bij Kil. voorts,
even als het hoogd. *windfang,* een werktuig tot ver-
versching van de lucht der mijngroeven, of het klepje
van eenen blaasbalg. Bij Halma, al wat boven op een schip
voor den wind blootgesteld is: *aan al den windvang.* Hooft.
Ook figuurl.: *met zulk een windvang van woorden.* Hooft.

WINDWERING, zie *windvang.*

WINDWIJZER, z. n., m., *des windwijzers,* of *van
den windwijzer;* meerv. *windwijzers.* Van *wind* en
wijzer. Anders *windvaan* en *weerhaan.* Een werktuig,
dat aanduidt, van welken kant de wind komt: *de windwijzer wijst regtstreeks van den windkant af.*

WINGEWEST, z. n., o., *van het wingewest;*
meerv. *wingewesten.* Van *winnen* en *gewest.* Een
overwonnen gewest: *de wingewesten der Romeinen.*
Lat. *provincia,* maar geheel iets anders, dan ons *Pro-
vincie,* en het fr. *Province,* dat een gewest aanduidt.

WINK, z. n., m., *des winks,* of *van den wink;* meerv.
winken. Kil. *winck, wincke, wencke.* Het wordt bij Kil.
evenzeer met *wenk* verwisseld, als *winken* met *wenken,*
en als men in plaats van *wenkbraauw, winkbraauw*
schrijft, waarvan Kil. *wimpbrauwe, wijnbrauwe,
wijndbrauwe, wijnghbrauwe, winbrauwe* en *wimbrau-
we,* gemaakt heeft; terwijl men in Vriesland *wiembraauw*

be-

bezigt. Voorts fchreef ook Poot: *Elias die Godts winken volgde.* En foortgelijk eene verwisfeling van *e* en *i* grijpt in menig ander woord plaats.

WINKBRAAUW, zie *wink* en *wenkbraauw.*

WINKEL, z. n., m., *des winkels*, of *van den winkel;* meerv. *winkelen* en *winkels.* Verkleinw. *winkeltje.* Een hoek: *in hoecken en winckels houden fi haer fcholen.* A. Bijns. *Ick wil de neering fien in een hoeck of winckel.* Brederod. *Verbergt fijn dieverij in winckels nocht in hoecken.* Vond. *Maar vondt hem in geen winckelen noch hoeken.* L. Bake. Bijzonderlijk noemt men dus het hol van het hoofd, waarin het oog begrepen is: *booren d'oogen uit hun winkels.* Hooft. *D'oogen uit haer winckelen geboort.* Vond. *Blikken, die verwoed fteets heene en weder in de diepe winkels draaijen.* Rotgans. De hoek van een voorhuis, waarin men koopmanfchap, en welke door den zoogenoemden *hoek-* of *toon-bank* afgefloten wordt; en voorts evenveel welke plaats van een huis, waar men zijne nering of handtering eigenlijk drijft: *er is iemand voor in den winkel. Ik gaf het den timmerman mede naar zijnen winkel. In dien winkel gefmeedt.* Vollenh. In ruimeren zin een huis, waar men winkelnering drijft: *de ftraat is vol winkels. Loop eens voor mij naar den winkel, om wat tabak te koopen. Dat onfe winckelen vol zijnde den eenen voorraet za den anderen uijtgeven.* Bijbelv. *Een open winkel, een beflooten winkel.* Winkelnering: *zij doet ook al winkel. Winkel houden. Eenen winkel opzetten,* is winkelnering beginnen. *Uit den winkel fcheiden,* van de winkelnering afftappen. *Eenen winkel uitverkoopen,* zijne winkelgoederen verkoopen, zonder derzelver plaats door andere aan te vullen. *Die winkel verkoopt uit,* of *is uitverkocht,* het is met die zaak gedaan. *Dat is daar een winkel!* een ongeredderde boel. Van hier *winkelen, winkelier,* enz. Zamenftell.: *winkelboek, winkeldeur, winkeldochter, winkeldoos, winkelflesch, winkelgereedfchap, winkelgoed, winkelhaak, winkelhouder, winkeljongen, winkelkamer, winkelknecht, winkelladder, winkellade, winkellamp, winkellei, winkelmaat, winkelmeid, winkelnaad, winkelnering, winkelplank, winkeltand, winkeltrapje, winkelvenfter, winkelwaar,* enz. *Artzenijwinkel, achterwinkel, bakkerswinkel, barbierswinkel, boekwinkel, chitswinkel, fruitwinkel, ga-*

lan-

lanteriewinkel, garenwinkel, groentwinkel, hoedenwinkel, hoerenwinkel, kaartwinkel, kaaswinkel, katoenwinkel, knoopwinkel, koekebakkerswinkel, komenijwinkel, koufenwinkel, kruidenierswinkel, lakenwinkel, linnenwinkel, modewinkel, moffenwinkel, mutfenwinkel, naaldenwinkel, oogwinkel, papierwinkel, prentwinkel, rouwwinkel, fcheerwinkel, fchuilwinkel, flawinkel, fmidswinkel, fnoepwinkel, ftoffenwinkel, tabakswinkel, theewinkel, timmermanswinkel, touwwinkel, verfwinkel, verwerswinkel, vlaswinkel, zijdewinkel, enz.

Winkel, hoogd., nederf. ook *winkel*, OTTFRID. *winkel*, NOTK. *winchil*, lat. *angulus.*

WINKELEN, onz. w., gelijkvl. *Ik winkelde, heb gewinkeld.* Van *winkel.* Winkelnering doen: *gaat gij ook al winkelen? Een huis winkelt wel*, als er met voordeel gewinkeld wordt.

WINKELHAAK, zie *winkelmaat.*

WINKELHOUDER, zie *winkelier.*

WINKELIER, z. n., m., *des winkeliers*, of *van den winkelier*; meerv. *winkelieren* en *winkeliers.* Van *winkel*, zie *ier.* Anders *winkelhouder.* Al wie winkelnering drijft: *hij wordt van winkelier een koopman in het groot.* Wegens eene vrouw gebruikt men *winkelierfter.*

WINKELMAAT, z. n., vr., *der*, of *van de winkelmaat*; meerv. *winkelmaten.* Van *winkel* en *maat.* Anders *winkelhaak*, hoogd. *winkelhaken* en *winkelmasz.* Bij KIL. een bekend werktuig van timmerlieden enz.: *koftelicke fteenen nae de winckelmate gehouwen.* BIJBELV. *Winkelhaak* is, figuurl. ook eene fcheur in laken, doek, enz., in de gedaante eens winkelhaaks.

WINKELNAAD, z. n., m., *des winkelnaads*, of *van den winkelnaad*; meerv. *winkelnaden.* Van *winkel* en *naad*, hoogd. *winkelnaht.* Een naad in de hoofdbeenderen: *de winkelnaad vormt eene V.*

WINKELTAND, z. n., m., *des winkeltands*, of *van den winkeltand*; meerv. *winkeltanden.* Van *winkel* en *tand.* Anders *hoektand*, hoogd. *winkelzahn.* Bij KIL. een der benedenfte hondstanden: *de winkeltanden flaan tegen de oogtanden over.*

WINKEN, zie *wenken.*

WINKET, z. n., o., *des winkets*, of *van het winket*; meerv. *winketten.* Ook *wiket*, eng. *wicket*, fr. *quichet.*

chet. Een klinket: *vliegen naa de roode poort en breken 't winket open.* HOOFT. *Dit wiket flaet al ontploken.* WALEWEIN.

WINNEN. bedr. en onz. w., ongelijkvl. *Ik won, heb gewonnen.* Oulings, het land bearbeiden: *die de aerde wercken of winnen foude.* BIJBEL. 1477. *Zijn lant gaen ackeren en winnen.* BOETH. *Winnen, land winnen,* KIL., bij wien *win, winne, winner* en *landwinner,* eenen landman aanduidt, en *winne* en *hoeve* voorts ook gelijkluidend is. Uit landarbeid, enz. verkrijgen en inzamelen: *hoe veel hooi zoekt gij te winnen? Zaad winnen. De wijnen, die men verleden jaar ge-onnen heeft, vallen zeer flecht.* HALMA. *Bijen, en uitgelezen geur gewonnen op het velt.* VOND. Dezen zin moet het verwante eng. *gain* ook gehad hebben, daar *gainage* en *gainerij* de opbrengst van het land aanduidt, 't welk iemands vaffallen, bij wege van heerendiensten, bearbeiden. Daarentegen is *winnen* ook voortbrengen: *winnende land,* land, dat vruchten geeft, KIL. *Vast opwast, bladers wint,* VOND.., dat is, voortbrengt, of, zoo men wil, verkrijgt, in welken zin *winnen* even gebruikelijk is, als het oude *gewinnen: omdat hi van hem ghewan Walchren.* M. STOK. *Sullen dan die Deken ende dat Capittel eenen anderen Priester winnen.* v. HASS. *Gelukkigh, die Godts blijfchap heeft gewonnen.* VOND. *Zoo wint men eeuwige eer.* POOT. Bijzonderlijk is *winnen* door uitloving van geld verkrijgen: *eenen knecht winnen. Die mughen fij winnen umb ihre penningen.* v. HASS. Door vleijende woorden of handelingen verkrijgen: *hij won hare genegenheid. Winnen de herten van 't volck.* KIL. Door evenveel welken dienst, of anderen arbeid, verkrijgen: *wat wint die knecht bij u? Wat wordt dat broodje zuur gewonnen! Winnen den kost met spinnen ende weuen.* KIL. Door koophandel, of andere praktijk, verwerven: *er wordt thans veel met geldfchieten gewonnen. De eene geneesheer wint meer dan de andere. Won andere vijf talenten.* BIJBELV. *Dat men met woekeren wint, kan niet gedijen.* Door naarijver behalen: *welk paard heeft de zweep gewonnen? Winnen den prijs.* Door wagen, en door middel van het fpel verkrijgen: *hoe veel wint gij reeds? Die yele duizenden van goude kroonen wonnen.* D. DECK. *Ik heb zelden iets met de loterij gewonnen.*

Hij

Hij won het fpel. Van hier *gewonnen fpel: het is een gewonnen fpel;* ook figuurlijk, de onderneming is gelukt. *Iemand gewonnen fpel geven;* ook figuurl., deszelfs overmagt erkennen; hetwelk men ook uitdrukt met *iemand het gewonnen geven.* Al ftrijdende verkrijgen: *Schoon men wingewest bij wingewest wint. David dan noch wan de burght Zions.* BIJBELV. Voorts ook eene plaats bereiken, waarnaar men ftreeft: *het voetvolck d'andre zij door ftadigh trecken wint.* VOND. *Wint eens die duif de ruime velden.* DULLAERT. Iemand door overreding, of overtuiging, tot zijnen aanhang overhalen: *wederom een zieltje gewonnen. Op dat ick er meer foude winnen.* BIJBELV. Even als *gewinnen,* verwekken: *kinderen winnen,* KIL. *En aen haer winnen ging dat overgodlijk zaet.* VOND. *Het winnen,* is, in eenen of anderen kamp de overhand hebben: *het zal mij eens benieuwen, welk paard het winnen zal. Die bezadigst blijft, wint het doorgaans. Het van iemand winn.n,* is, de overhand op hem behalen: *hij won het van den anderen.* Hier is *winnen* eigenlijk ten zijnen voordeele doen of zien uitvallen, even als in: *winnen 't ghedinghe.* KIL. *In 't winnen van den grooten ftrijd.* L. D. S. P. *Ergens op winnen,* of, *ergens aan winnen,* beteekent, door handel daaruit verkrijgen: *ik win er geenen duit op. Wat wint gij wel aan dien tabak?* Onz., ergens voordeel uit behalen: *hij wint er niet op. In plaats van aan de fuiker te winnen, verliest hij daaraan.* Of ergens vordering en verbetering aan vinden: *nu begin ik aan u te winnen. Wij winnen toch aan,* of *op, de wonde.* — Spreekw.: *zoo gewonnen, zoo geronnen,* dat met weinig moeite, of langs oneerlijke wegen, gewonnen wordt, blijft niet lang bijeen. *De winnende hand is mild,* als het iemand welgaat, is hij doorgaans ook weldadig. *Aan de winnende hand zijn,* beginnen te winnen. *Die waagt, die wint,* om wat te winnen, moet men ook iets wagen. Van hier *gewin, win,* KIL. *winbaar, winnelick,* KIL., *winner, winning, winfaem,* KIL., *winst.* Zamenftell.: *winzucht,* enz. *Aanwinnen, afwinnen, gewinnen, herwinnen, inwinnen, ontwinnen, overwinnen, uitwinnen, verwinnen,* enz.

Winnen, bij OTTFRID, *uuinnan, gewinnan,* aannemen, verwerven, zweed. *winna.* Hiertoe behooren ook het fr. *gagner,* in 't middeleeuw. lat. *guadagnare.*

. In

In het zweed. is *gagn*, winst, overwinning, bij UL-
PHIL. *gageigan*, winnen, in het gr. χαινομαι, lat.
vinco, ik overwin.

WINNER, z. n., m., *des winners*, of *van den winner*; meerv. *winneren* en *winners*. Van *winnen*. Al
wie wint: *wie is hier de winner? Als winner van den
strijd*. Bij KIL. ook een landbouwer, zie *winnen*.
Zamenftell.: *broodwinner*, *geldwinner*, *kostwinner*,
landwinner, KIL., enz.

WINNING, z. n., vr., *der*, of *van de winning*;
meerv. *winningen*. Van *winnen*. De daad van winnen: *bij de winning van den prijs. Beurskrackeel en
winninge en verlies*. VOND. Voorts beteekent: *de winning is flecht*, of *de winningen zijn*, of *gaan*, *flecht*,
men wint weinig met zijn onderfcheiden bedrijf. Zamenftell.: *broodwinning*, *kostwinning*, enz.

WINST, z. n., vr., *der*, of *van de winst*; meerv.
winsten. Verkleinw. *winstje*. Van *winnen*. De daad
van winnen: *de winst van dat geld. Koopmanfchap
drijven ende winste doen*. BIJBELV. *Valfche vonden,
tot winst van geld offtaet*. JONKTIJS. Het gene men
wint, voordeel: *ik heb er geene winst op. Om deel
aan de fchijnbaare winst te hebben*. HOOFT. *Op de
winst, die aen de winden zich laet binden*. POOT.
Spreekw.: *eerfte winst is korte winst*, dat men in het
fpel aanvankell'k wint, verliest men welhaast wederom.
Zamenftell.: *winstderving*, *winstgierig*, enz. *Han-
denwinst*, enz.

WINTER, z. n., m., *des winters*, of *van den winter*;
meerv. *winters*. Verkleinw. *wintertje*. De koudfte
helft van een jaar: *ende koude, ende hitte, ende fomer,
ende winter*. BIJBELV. Het koudfte van de vier Jaar-
faizoenen: *vreest gij voor een' harden winter*. VOND.
Beneerftight u om voor den winter te komen BIJBELV.
De koude van dit jaarfaizoen: *in dien vroegen winter.
Daer rijp noch winters niet op hechten*. VOND. Een ongemak, dat uit die koude ontftaat: *de winter, of winters aan de
handen, en in het aangezigt*. Van hier *winterachtig,
winteren*, *wintersch*. Zamenftell.: *winteraardappel,
winterandijvie*, *winterappel*, *winterarbeid*, *winter-
avond*, *winterbloem*, *winterboter*, *winterbui*, *winterdaags*, *winterdag*, *wintereend*, *winterfruit*, *wintergerst*, *wintergewas*, *wintergoed*, *wintergroen*, *winter-

O 4   *haar*,

haar, winterhalfjaar, winterhand, winterhaver, winterhiel, winterhuis, winterkamer, winterkers, winterkeuken, winterkleed, winterknol, winterkoningje, winterkool, winterkoren, winterkost, winterkoude, winterkraai, winterkwartier, winterlage, winterleeuwerik, winterleger, winterling, winterloon, winterlucht, wintermaand, wintermuts, winternacht, winteroofi, winterpeer, winterrogge, winterrok, winterroos, winterfaizoen, winterfalade, winterflaap, winterfpinazie, winterfter, winterftuk, wintertarwe, winteriijd, winterui, winterverbljf, wintervertrek, wintervlaag, wintervleesch, wintervoet, wintervogel, wintervoorraad, wintervracht, wintervreugd, wintervrucht, winterweder, winterwerk, winterwijk, winterwild, winterwoning, winterzeep, enz. Kwakkelwinter, midwinter, nawinter, enz.

Winter, hoogd., nederf., eng., zweed. ook *winter*, KERO *wintar*, ULPHIL. *wintrus*, fchijnt van *wind* gevormd.

WINTERACHTIG, bijv. n. en bijw., *winterachtiger*, *winterachtigst*. Van *winter* en *achtig*. Wordt met *wintersch* verwisfeld, om al wat tot den winter behoort, of aan den winter gelijkt, aan te duiden: *het is een winterfche dag, en winterachtig weder*. Als bijw., in overeenkomst met den winter: *het begint er winterachtig uit te zien*. Van hier *winterachtigheid*.

WINTERDAAGS, bijw., van *winterdag*. Des winters, bij winterdag: *ik kleed mij winterdaags gemeenlijk gansch anders*.

WINTEREN, onperf. w., gelijkvl. *Het winterde, het heeft gewinterd*. Koud zijn: *het begint reeds te winteren*. Zamenftell.: *overwinteren*, waarin *winteren* intusfchen eene gansch andere beteekenis heeft.

WINTERGERST, zie *winterkoren*.

WINTERGROEN, z. n., o., *des wintergroens*, of *van het wintergroen;* zonder meerv. Van *winter* en *groen*. Een plantgewas van zes verfchillende foorten: *rondbladig wintergroen, gekroond wintergroen*.

WINTERHAAR, z. n., o., *des winterhaars*, of *van het winterhaar;* zonder meerv. Van *winter* en *haar*. Dat dikkere haar, waarmede fommige dieren in den winter gedekt worden: *het dikke winterhaar van den beer*.

WIN-

WINTERKERS, z. n., vr., *der*, of *van de winter-*
kers; zonder meerv. Van *winter* en *kers.* Anders *fteen-*
kers en *watermunt.* Zeker flag van munt.

WINTERKONINGJE, z. n., o., *des winterkoning-*
jes, of *van het winterkoningje;* meerv *winterkoningjes.*
Van *winter* en *koningje.* Een vogeltje van het geflacht
der kwikftaarten: *het lieve winterkoningje huppelt over*
de fneeuw.

WINTERKOREN, z. n., o., *des winterkorens,* of
van het winterkoren; zonder meerv. Van *winter* en *ko-*
ren. Allerlei koren, dat den winter door op het veld
ftaat, zoo als *wintergerst, winterrogge, wintertarwe:*
die kwakkelwinter doet mij voor het winterkoren vree-
zen. Hij lijdt als winterkoren op het veld, is, hij lijdt
allergeweldigst.

WINTERLINK, z. n., v., *der* of *van de winter-*
link; zonder meerv. Anders *pijpkruid,* zeker flag van
fcheerling.

WINTERLUCHT, z. n., vr., *der*, of *van de win-*
terlucht; meerv. *winterluchten.* Van *winter* en *lucht.*
Eene dikke, met fneeuw bezwangerde, lucht, zoo als
men op de zoogenoemde *winterftukken* der fchilders
veelal vindt: *hij is fterk in winterluchten.*

WINTERSCH, zie *winterachtig.*

WINTERSLAAP, z. n., m., *des winterflaaps,* of *van*
den winterflaap; zonder meerv. Van *winter* en *flaap.*
De flaap, waarin verfcheidene foorten van dieren den
winter doorbrengen: *men graaft de Marmotten, gedu-*
rende derzelver winterflaap, uit den grond op.

WINTERSTUK, zie *winterlucht.*

WINTERWEDER, z. n., o., *des winterweders,* of
van het winterweder; zonder meerv. Van *winter* en *we-*
der. Het ruwe en koude weder van den winter: *het*
winterweder was gedwee en handelbaar. VOND.

WINZUCHT, z. n., vr., *der*, of *van de winzucht;*
zonder meerv. Van *win, winnen* en *zucht.* Zucht om
te winnen: *hij wordt alleen door winzucht gedreven.*
Van hier *winzuchtig.*

WIP, z. n., vr., *der*, of *van de wip;* meerv. *wippen.*
Verkleinw. *wipje.* Van *wippen.* De daad van wippen,
in de beteekenis van fchielijk, en voor een oogenblik,
ergens henen gaan: *met eene wip ben ik wederom hier.*

O 5 Voorts

Voorts ook de daad van wippen, in den eigenlijken
zin van dit woord: *elke wip veroorzaakte hem nieuwe
pijn.* *Op de wip staan*, is gevaar loopen van gewipt te
worden; en oneigenlijk, van zijn ambt te verliezen,
enz.: *hij staat ook al op de wip. De rest der Gallien
staat op de wip.* HOOFT. Ook kan *op de wip staan*, de
beteekenis hebben van op een werktuig staan, waarmede
de brouwers water putten, en waaraan men den naam
van *wip* eveneens geeft, als aan zeker straftuig, dat anders den naam van *wipgalg* voert. Bij KIL. heeft *wip*
nog meer andere verouderde beteekenissen. Men gebruikt het eindelijk ook wel eens als tusschenwerpsel:
wip! weg was hij!

WIPBRUG, z. n., vr., *der*, of *van de wipbrug;*
meerv. *wipbruggen.* Van *wippen* en *brug.* Eene op-
haalbrug, welke, even als eene wip, op en nederwaarts
bewogen wordt: *de opgehaalde wipbrug werd nederge-
laten.*

WIPGALG, zie *wip.*

WIPKOOI, z. n., vr., *der*, of *van de wipkooi;* meerv.
wipkooijen. Van *wippen* en *kooi.* Bij HALMA evenveel
als *ligtekooi.*

WIPNEUS, z. n., m., *van den wipneus;* meerv. *wip-
neuzen.* Verkleinw. *wipneusje.* Van *wippen* en *neus.*
Een neus, welks uiterfte, zoo als dat van eene wip,
bovenwaarts gerigt is, en opwipt: *zij heeft een aardig
klein wipneusje.*

WIPPEN, bedr. en onz. w., gelijkvl. *Ik wipte, ben en
heb gewipt.* Onz., fchielijk, en voor een oogenblik,
ergens henen gaan: *zij wipte daar heen, om naar de
zaak te vernemen.* En over het algemeen zich fchielijk
verplaatfen: *om over de flooten te wippen.* HOOFT. *En
wipt in eenen boom.* VOND. *Daarmede wipt hij met een
fprong naar beneden.* BRANDT. Voorts zegt men van
dingen, die niet vast leggen, dat zij wippen: *de plank
waarover ik liep, begon te wippen. Ergens af wippen,*
is daaraf kantelen. Bedr., fchielijk op-, en vervolgens wederom nederwaarts bewegen: *hij werd aan de
wipgalg gewipt. Eene brug wippen*, is, dezelve ophalen. *Jonge fpreeuwen wippen*, is, dezelve door
eenen flag op het eene einde van een plankje, op welks
andere einde zij liggen, doen wegvliegen, en ombrengen. *Iemand wippen*, is, hem doen tuimelen, hem van
zijn

zijn ambt, enz. berooven. Van hier *gewip*, *wip*, *wipper*, *wippertje*, *wipping*. Zamenstell.: *wipbrug*, *wipgalg*, *wip-hout*, *wipkooi*, *wipneus*, *wipplank*, een plank, waar-mede twee perfonen aan derzelver einden gezeten, zich op- en neerwippen. *Wipstaart*, KIL., bij wien *wip-steerten* met *wispelsteerten* verwisseld wordt, enz. *Af-wippen*, *opwippen*, enz.

Wippen, hoogd. ook *wippen*, zweed. *wippa*, nederf. *wippen* en *wuppen*, vries. *wipje*, heeft zijne beteekenis aan zijnen klank te danken.

WIPPLANK, zie *wippen*.

WIPSTAARTEN, zie *wippen*.

WIS, bijv. n. en bijw., *wisser*, *wist*. Evenveel als *ge-wis*. Zeker, waarop men ftaat kan maken: *het is eene wisse zaak*. *Om klaer en wis bescheit uit haeren mont te hoo-ren*. VOND. Doeltreffend: *een wisse schoot*. *Met eenen wissen flag*. Als bijw., vastelijk, zekerlijk: *wel wis! Hij komt wis*. Doeltreffend: *wis schieten*. Bedacht-zaam: *hij spreekt altijd even wis*. Van hier *wisheid*, *wisselijk*, *gewis*, enz.

WISCH, z. n., vr., *der*, of *van de wisch*; meerv. *wisschen*. Verkleinw. *wischje*. KIL. *wisse*, elders *wis*. Teen, twijg: *nu breit en vlecht hij hier de Rubiaensche wis*. VOND. Bij KIL. bijzonderlijk eene twijg, waar-mede men brandhout in eenen bundel zamenbindt, en een gedraaide band van teenen, ftroo, enz. Van hier *wis-schen*, van wisch: *een wisschen korfje*, *een teenen mandje*. HALMA. Zamenstell.: *wishout*, anders *wisse-houts*, zoo veel houts, als er in eene wisch gaat. KIL. *Hoofdwisch*, *ftroowisch*, enz.

WISCH, z. n., vr., *der*, of *van de wisch*; meerv. *wis-schen*. Van *wisschen* Iets, waarmede men wischt: *is hier geene wisch?* Zamenstell.: *aarswisch*, enz.

WISCHJEWASCHJE, zie *wisjewasje*.

WISHOUT, *wischhout*, zie *wisch*, twijg, teen.

WISJEWASJE, z. n., o., *des wisjewasjes*, of *van het wisjewasje*; meerv. *wisjewasjes*. Leur, beuzeling: *het kost mij een wisjewasje*. *Loop! wisjewasjes! Wisjewas-jes maken*, is fomtijds twist verwekken: *maak geene wisjewasjes*. Misfchien is dit woord van *wis*, *wisch*, in de beteekenis van ftroowisch, of iets desgelijks van geringe waarde, gevormd. Uit de zamenstelling *ftront-wisjewasje*, zou men opmaken, dat *wisjewasje* eigenlijk

eene

eene *aarswisch* beteekende; en dan zou de ware fpelling *wischjewaschje* zijn, van *wisfchen* en *wasfchen*.

WISKUNDE, zie *wiskunst.*

WISKUNDIG, bijv. n., zonder vergrootingstrappen. Van *wiskunde*, zie *ig.* Verfchilt eenigzins van *wiskunftig.* Dit laatfte is naar de grondregelen der wiskunst afgemeten, of uit. de wiskunst ontleend: *het fteunt op wiskunftige gronden. Een wiskunftig bewijs. Iets wiskunftig betoogen*, is, met bewijzen uit de wiskunst. *Wiskunftig zeker* is zoo zeker, als iets, dat op wiskunftige gronden fteunt. Maar *wiskundig* is tot de wiskunst, of wiskunde, betrekkelijk: *een wiskundig gefchrift.* Voorts wordt dit woord als z. n., m., gebruikt voor eenen beoefenaar der wiskunde, eenen wiskunftenaar: *de wiskundigen maken zich bij de meeste kunsten en handwerken zeer verdienftelijk.*

WISKUNST, z. n., vr., *der*, of *van de wiskunst;* zonder meerv. Anders *wiskunde.* Eene wetenfchap, aan welker onderdeelen men den naam van *meetkunde, ftelkunst*, enz. geeft: *de nuttige wiskunst.* Van hier *wiskunftenaar, wiskunftig, wiskunftiglijk*, enz.

WISKUNSTENAAR, zie *wiskundig.*

WISKUNSTIG, zie *wiskundig.*

WISPELEN, bedr. en onz. w., gelijkvl. *Ik wispelde, heb gewispeld.* KIL., bedr. en onz., fluisteren, hoogd. *flistern, zifcheln*, en *wispeln*, en *wispern*, eng. *whisper*, zweed. *hwiska*, lat. *fibilare.* Voorts, onz., bij KIL., waggelen, heen en weder bewegen; bij HALMA evenveel als *kwispelen.* Van hier *wispeler.* KIL. Zamenftell.: *wispelftaarten, wispelturig* en *wispeltuijte*, een onbeftendig mensch, KIL.

WISPELSTAARTEN, onz. w., gelijkvl. *Ik wispelftaartte, heb gewispelftaart.* Van *wispel* en *ftaarten*, van *ftaart.* Anders *kwispelftaarten*, KIL. *wispelfteerten* en *wipfteerten*, met den ftaart wispelen, of kwispelen.

WISPELTUIT, zie *wispelen.*

WISPELTURIG, bijv. n. en bijw., *wispelturiger, wispelturigst.* KIL. *wispelduerigh.* Wuft, veranderlijk, onbeftendig: *welk een wispelturig mensch! Hij handelt al te wispelturig.* Van hier *wispelturigheid.*

WISSCHEN, bedr. w., gelijkvl. *Ik wischte, heb gewischt.*

wischt. V:gen: *wisch het vuil van de tafel. Sij eet ende wischt haren mont.* BIJBELV. Van hier *gewisch, wisch, wisscher.* Zamenstell.: *wischdoek,* enz. *Afwisschen, uitwisschen,* enz.

Wisschen , hoogd. *wischen ,* nederf. *wisken ,* eng. *whisk.* is verwant aan *wasschen.*

WISSCHER , z. n. , m. , *des wisschers ,* of *van den wisscher ;* meerv. *wisschers.* Van *wisschen.* Al wie, of wat wischt. Bijzonderlijk, een werktuig om het kanon van binnen uit te wisschen: *in plaats van den wisscher greep hij den lepel.* Zamenstell.: *wisscherskios, wisscherstok, wisscherstouw.*

WISSEL , z. n. , m. , *des wissels ,* of *van den wissel ;* meerv. *wissels.* Verkleinw. *wisseltje.* Bij KIL. evenveel als *wisselinghe,* de daad van wisselen, afwisselen. Hedendaags, een fchriftelijk bevel, om zoo of zoo veel aan iemand te betalen. Anders *wisselbrief. Geef mij flechts eenen wissel op N. N. Een wissel op Amsterdam ,* is, een betalingsbevel, waaraan aldaar voldaan moet worden. De *wisselkoers,* of *wisselprijs,* de prijs, waarvoor men de fom, die in zulk een bevel uitgedrukt is, verhandelt: *de wissel op London is te Amsterdam gerezen. Hoe hoog is de wissel op Parijs aldaar ?* Bij HOOFT is dit woord vrouwelijk, in: *de onderhandeling van de wissel.* Zamenstell.: *wisselbank, wisselbrief, wisselgeld, wisselhandel, wisselhandelaar, wisselkoers, wisselprijs, wisselregt, wisselrekening, wisselstijl, wisselzaken,* enz.

Wissel , hoogd. *wechsel,* ISID. *uuexsal,* KERO *wehsal,* nederf. *wessel,* zweed. *växel,* was, voor de uitvinding van den wisselhandel, enkel in de eerstgemelde beteekenis gebruikelijk, en komt van *wisselen.*

WISSELAAR , z. n. , m. , *des wisselaars ,* of *van den wisselaar ;* meerv. *wisselaars* en *wisselaren.* Van *wisselen,* zie *aar.* KIL. *wisseler,* hoogd. *wechsler.* Eigenlijk, al wie iets wisselt. In het gebruik, iemand, die zich met het verwisselen van muntfpecien bezig houdt: *het gelt der wisselaren ftortede hij uijt.* BIJBELV., waar dit woord ook voor bankier, geldfchieter, gebruikt wordt: *foo moest ghij dan mijn gelt den wisselaren gedaen hebben.*

WISSELBAAR, bijv. n. , *wisselbaarder, wisselbaarst.*
Van

Van *wisfelen*, zie *baar*. Dat verwisfeld worden kan:
dat geld is hier niet wisfelbaar. Dat ligt afwisfelt,
veranderlijk, onbeftendig: *een wisfelbaar geluk. De
maen, die wisfelbaer haer licht dan ebben zagh, dan
vloeien.* VOND. Van hier *wisfelbaarheid.* Zamenftell.:
onwisfelbaar.

WISSELBANK, z. n., vr., *der*, of *van de wisfelbank;*
meerv. *wisfelbanken.* Van *wisfelen* en *bank.* Eigenlijk, de bank, waarop een wisfelaar geld verwisfelt;
maar doorgaans, een gebouw, waar men zijn geld tegen bankbrieven, of deze tegen geld, verwisfelen kan.
Anders de *bank*, eng. *bank*, ital. *banco*, fr. *banque*,
hoogd. *wechfelbank.* '*: Zuiden, diep en langk, ontfangt geheel Peru, op zijne wisfelbanck.* VOND. *De
wisfelbank van London.*

WISSELBRIEF, zie *wisfel.*

WISSELEN, bedr. en onz. w., gelijkvl. *Ik wisfelde,
heb gewisfeld.* Bedr., verruilen: *en wisfelt 's vaders
hof om al 't gewas der zomeren van 't graenrijck Pruis-
fen.* VOND. *Wisfelen het gheld.* KIL. Bijzonderlijk,
een groot ftuk gelds tegen ander klein geld verruilen:
ik liet eenen gulden wisfelen. Paarden wisfelen verfchilt van *paarden verruilen;* dit is evenveel als *ver-
tuifchen*, maar het andere beteekent, verfche paarden
nemen. *Tanden wisfelen*, is nieuwe tanden krijgen.
Brieven met elkanderen *wisfelen*, is, dezelve over en
weder fchrijven. *Woorden wisfelen*, met elkanderen
fpreken. *Eenen kogel wisfelen*, een tweegevecht met
piftolen houden. Onz., op elkander volgende veranderingen ondergaan: *daar alles wisfelt en vergaat.* Elkander op weg voorbij rijden: *er is geene ruimte, om
te wisfelen. Van paarden wisfelen*, is, in plaats van
de paarden, die men heeft, andere krijgen. *Van tanden wisfelen*, of enkel *wisfelen*, andere tanden krijgen.
Eindelijk is *wisfelen* het bedrijf van eenen wisfelaar oefenen: *hij wint veel gelds met wisfelen.* Van hier *ge-
wisfel, wisfel, wisfelaar, wisfeling.* Zamenftell.: *wisfelbaar,
wisfelbank, wisfelbrief, wisfelhandel*, handel in wisfels —
*wisfelheer, wisfelhonden, wisfelhuis, wisfelkans, wis-
felkind, wisfelkleed, wisfelkoers*, koers van den wis-
fel — *wisfelkoets, wisfelkoorts, wisfelloon, wisfelpaard,
wisfelplaats, wisfelvallig*, enz. *Afwisfelen, inwisfelen,
uitwisfelen, verwisfelen*, enz.

Wis-

Wisselen, nederf. *wesselen*, hoogd. *wechseln*, TATIAN. *wechslen*, vries. *wichselje*, zweed. *växla*, schijnt verwant aan het lat. *vices*.

WISSELGELD, z. n., o., *des wisselgelds*, of *van het wisselgeld*; zonder meerv. Van *wissel* en *geld*. Het geld, dat iemand in eenen wissel gelast wordt te betalen, in tegenoverstelling van het geld, 't welk men in den handel daarvoor bedingen kan: *zoo veel wisselgeld maakt, volgens den wisselkoers, zoo veel in klinkende munt.* Geld van de wisselbank: *de wisselbank vertelt een' schat van Krezus aen 't gereede wisselgelt.* VOND.

WISSELHANDEL, z. n., m., zie *wisselen*.

WISSELHEER, z. n., m., *des wisselheeren*, of *van den wisselheer*; meerv. *wisselheeren*. Van *wisselen* en *heer*. Een heer, die het opzigt over het wisselen houdt, een bestuurder van de wisselbank: *de wisselheer vooraen* enz. VOND. Hoogd. *wechselherr*.

WISSELING, z. n., vr., *der*, of *van de wisseling*; meerv. *wisselingen*. Van *wisselen*. De daad van wisselen; oulings ook *wissel: de wisseling van al het ondermaansche. Wisseling van paarden, van tanden,* enz. Voorts oulings ook een *wisselkind*, dat tegen een ander verwisseld is, KIL. *wisselinck* en *wisselbalgh*, hoogd. *wechselbalg*, NOTK. *wihseling*, eng. *chanceling*.

WISSELKANS, z. n., vr., *der*, of *van de wisselkans*; meerv. *wisselkansen*. Van *wisselen* en *kans*. Eene wisselende kans: *des oorlogs wisselkans begunstigt hem niet meer.*

WISSELKIND, zie *wisseling*.

WISSELKOERS, zie *wissel*.

WISSELPLAATS, z. n., vr., *der*, of *van de wisselplaats*; meerv. *wisselplaatsen*. Van *wisselen* en *plaats*. De plaats, waar men op reis van paarden wisselt: *er waren aan de wisselplaats geene versche paarden te krijgen.*

WISSELPRIJS, zie *wissel*.

WISSELREGT, z. n., o., *des wisselregts*, of *van het wisselregt*; zonder meerv. Van *wissel* en *regt*. Het regt, volgens 't welk er over geschillen ter zake van wissels wordt beslist: *het Amsterdamsche wisselregt.* Bij dit regt volgt men den *wisselstijl*, of de gewone handelwijze ten aanzien van wissels.

WIS.

WISSELSTIJL, zie *wisselregt.*

WISSELVALLIG, bijv. n. en bijw., *wisselval-liger*, *wisselvalligst.* Van *wisselval*, dat van *wisselen* en *vallen* zamengesteld is, van een wisselend geval afhankelijk. Veranderlijk, ongestadig: *het wisselvallig krijgsgeluk.* Van hier *wisselvallig-heid.*

WIT, z. n., vr., *der*, of *van de wit*; meerv. *witten.* Oulings evenveel als *wet*; van waar *witelick*, *wittelick*, bij KIL. evenveel als *wettelick*, en *onwitte*, bij M. STOK, onregtmatig.

WIT, bijv. n. en bijw., *witter*, *witst.* De helderste van alle kleuren hebbende: *zoo wit als melk, of sneeuw. Roode, bruine, ende witte, peerden.* BIJBELV. *Daer de witte zeilen vaeren.* POOT. *De wol geschooren van een witte schaepevacht.* VOND. Als bijw.: *het is nog niet wit genoeg gebleekt. Wit geverfd, wit bestorven.* Het onzijdig geslacht, als z. n., zonder lidwoord: *zwart op wit*, zwarte letters op wit papier, schrift, schriftelijk bewijs. *Maak, dat gij zwart op wit van hem krijgt! De veeren der snaterende raef van wit in zwart verkeeren.* VOND. *Met haar verschgevlochte krans van roozenroodt en wit.* HOOFT. *Al daer wit aen was, ende het bruijne onder de lammeren.* BIJBELV. Met het bepalend lidwoord: *in 't wit gekleed. Het wit van een ei, van het oog. Het wit der tanden laten zien*, anders *bliktanden. Ontblootende het witte, 't welck aen de roeden was.* BIJBELV. Bijzonderlijk is *wit* een doelwit: *oogende op zijn wit.* VOND. *Naar het wit schieten. Hij trof het wit.* En overdragtelijk, de bedoeling: *als of zijn wit waar, 't landt onder dat juk te brengen.* HOOFT. *Elck ingezeten liefde en vree had tot zijn wit.* VOND. *Op het witst* wordt bijwoordelijk gebruikt: *de leli bloeide op 't witst.* VOND. *Het is witte Flip*, beteekent, groote vriendschap: *wat is het wederom witte Flip tusschen die beiden! Witte donderdag* is donderdag voor Paschen. *Witte vrijdag*, vrijdag voor Paschen. Van hier *witachtig, witheid, itje*, kapelletje, *witte, witten*, enz. Zamenstell.: *witbeen, witbek, witbier, witbont, witgeld, witgoud, witgulden, witharig, without, witkop, witkoppig, witkwast*, een kwast, om muren te witten — *witlijvig, witoog, witpoot, witstaart,*

staart, wittebrood, witvisch, witvlerk, witwerker, enz. Hagelwit, sneeuwwit, enz.

Wit, nederf. witt, vries. wiit, eng. white, WIL- LERAM. uuiz, ULPHIL. hueits, hoogd. weisz, is een zeer oud woord van eenen onzekeren oorsprong.

WITACHTIG, bijv. n. en bijw., zonder vergrootings- trappen. Van wit en achtig. Niet wit, maar daar- naar zweemende: witachtig haar. In het hoogd. weisz- lich, opperd. weiszlet.

WITGELD, zie witje.

WITGOUD, z. n., o., des witgouds, of van het wit- goud; zonder meerv. Van wit en goud. Het edelfte van alle metalen: men kan de Platina gevoegelijk met den naam van witgoud beftempelen.

WITGULDEN, z. n., o., des witguldens, of van het witgulden; zonder meerv. Van wit en gulden. Even als roodgulden, een bijzonder flag van zilvererts: het witgulden fchrapt wit.

WITHOUT, z. n., o., des withouts, of van het wit- hout; zonder meerv. Van wit en hout. Het hout van eenen zeer grooten Amerikaanfchen boom: het harde without van Jamaica is hagelwit. Van hier without- boom.

WITJE, z. n., o., des witjes, of van het witje; meerv. witjes. Een kapelletje: witjes vangen. HALMA. Een ftuivertje, of dubbeltje: er is onder al die duiten geen enkel witje. Soortgelijk eene beteekenis had witte ou- lings, volgens KIL.; en witgeld beteekent, in overeen- komst daarmede, nog fteeds zilveren munt.

WITKWAST, zie wit.

WITTE, zie witje.

WITTEBROOD, z. n., o., des wittebroods, of van het wittebrood; meerv. wittebrooden. Verkleinw. wit- tebroodje. Van wit en brood. Brood van meelbloem, dat witter, dan ander brood, maar echter niet altijd even wit is: dat wittebrood verdient den naam van wit brood niet. Een ftuivers wittebroodje. Een wittebroods- kind, is een vertroeteld mensch, die tegen geene on- gemakken beftand is. Een wittebroodskoekje, een heel klein wittebroodje, of koekje van wittebroodsdeeg.

WITTEN, bedr. w., gelijkvl. Ik wittede, heb gewit. Van wit. Wit maken, met witfel van kalk beftrijken: de muur moet nog tweemalen gewit worden. Van hier

P Wit-

witfel, *witfter*, *witter*, al wie, of wat, wit; bijzonderlijk een *witkwast*.

WITTER, zie *witten*.

WITTIG, bijv. n., *wittiger*, *wittigst*. KIL. ook *wi-
tig*. Van *wit*, oulings evenveel als *weet*, hoogd. *witz*,
eng. *wit*. Kundig. Van hier *wittigen*, KIL., en ver-
wittigen.

WITVISCH, z. n., m., *van den witvisch*; zonder meerv. Van *wit* en *visch*. Wordt voor blei,
voren, enz. gebruikt: *gooi den witvisch weer in 't
water!*

WITWERKER, z. n., m., *des witwerkers*, of *van
den witwerker*; meerv. *witwerkers*. Van *wit* en *werker*. Een fchrijnwerker in dennen, of ander witachtig
hout: *eene witwerkers latafel*.

WOEDE, z. n., vr., *der*, of *van de woede*; zonder
meerv. De daad van woeden: eene opftuiving van toorn,
welke iemand buiten zich zelven voert: *hij geraakt in
woede. Het dier begon van woede te fchuimbekken*. Andere razernij: *dichterlijke woede. Toen de Prophetes
op haren drievoet in woede geraakte*. Bijzonderlijk zoodanig eene als tot wreedheden vervoert, en allerlei vernieling aanrigt: *toen 's vijands woed' ons dreigde met
den dood*. L. D. S. P. *Om de fpaanfche woede te weeren*. HOOFT. Bij VOND. vindt men: *wraeck te nemen
aen den woede, die hem doorfchoot*. Hier is dit *woede*
mannelijk, of het is een ander *woede*, dat, even als het
eng. *wood*, Meklenb. *woode*, eenen woedenden aanduidt. Zamenftell.: *krijgswoede*, *volkswoede*, enz.

Woede, KIL. ook *woed*, nederf. *wood*, oudd. *wot*,
hoogd. *wuth*, wallis. *gwijth*, komt evenzeer van *woeden*, als *woedenisfe* bij KIL., eng. *woodnes*.

WOEDEN, onz. w., gelijkvl. *Ik woedde, heb gewoed*.
Zich aan de geweldigfte bewegingen overgeven: *hij
woedde van gramfchap. De dolheid woedt om 't felfte*.
VOND. *Zij begon op haren drievoet te woeden. De zee
woedt*, als zij zeer onftuimig is. *De vlammen woeden*,
als zij het een of ander met geweldige bewegingen aan-
randen. *De krijg woedt*, als hij zich tot bloedvergieten en vernieling verheft. Zoo *woeden* ook *krijgslie-
den: elk woed om ftrijd, en toont zich onbefchroomd*.
L. D. S. P. *Ick zie er fchmelfing woen des krijgsraets
teng en pit, en ftaeckenbroeck*, enz. VOND. *Tegen zich
zel-*

zelven woeden, is, zich zelven onzinniglijk mishande-
len. Tot verdère opheldering van het gebruik van dit
werkw. diene: *dikwils in het bloed van eijge kinders
woedt.* D. JONKTIJS. *Boven maten tegen haer woeden-
de, hebbe ick se vervolgt.* BIJBELV. *Wat drift be-
heerscht het woedend Heidendom!* L. D. S. P., waar
woedend reeds als bijv. n., kan fchijnen voor te komen,
zoo als meermalen elders, bij voorb. in *t zij werd nog
woedender. De woedendfte van allen.* Als bijw. bezigt men het in: *het stormt woedend.* En men zegt
wel eens boertende: *hij is woedend, of woeijend, gelukkig.* Van hier *woede, woedenisfe.* KIL. *woeder,
woederije,* KIL. *woedig,* enz. Zamenstell.: *uitwoeden,
verwoeden,* waarvan het deelw. *verwoed* alleen gebruikelijk is, *voortwoeden,* enz.

Woeden, hoogd. *wuthen,* NOTK. *wuoten,* fchijnt zijne beteekenis aan zijnen klank verfchuldigd, en heeft
nooit de beteekenis van *zwemmen,* die het register op
HUIJDECOP., M. STOK., daaraan geeft, noch die van
vloeijen, die KIL. daaraan toekent. Deze beide beteekenisfen behooren tot *waden, ik woed.*

WOEDEND, zie *woeden.*

WOEDIG, bijv. n. en bijw., *woediger, woedigst.* Van
woeden, zie *ig.* Woedend, verwoed: *dan door een woedig Vorst.* VLAERD. REDENR. Van hier *woedigheijd,
woedighlick.* KIL.

WOEKER, z. n., m., *des woekers,* of *van den woeker;*
zonder meerv. Gewin, dat men van uitgezet geld trekt:
ick komende hadde hetfelve met woecker mogen eifchen.
BIJBELV. *Met geenen billijken woeker.* HOOFT. *Die
vrij van allen woecker is,* denzelven niet behoeft op te
brengen. VOND. Ook ander gewin: *zijne zielsvermogens op woeker zetten. Ik kreeg den gedanen dienst met
woeker terug. Dat kon den ackerman tot grooten woeker dijen.* VOND. Bijzonderlijk, onregtmatig gewin:
die fijn goet vermeerdert met woecker ende met overwinst.
BIJBELV. *Die nooit zijn geld op woecker geeft.* L. D.
S. P., dat is, op rente, over het algemeen, welke de
Israëllers elkanderen niet afnemen mógten. En het najagen van ongeoorloofde rente: *woeker drijven. Hij
verrijkt zich door kueteren woeker. De wetten tegen
den woeker handhaven.* Oulings was *woeker* ook

zoo veel als dat geen, 't welk wij thands lomberd noemen:

> *Als de bergher voor fijn tanden*
> *In den woecker draeght fijn panden.* GESCH.

Van hier *woekerachtig*, *woekeren*, enz. *woekersch.* KIL. Zamenftell.: *woekergeld*, *woekerhandel*, *woekerwijze*, KIL., *woekerwinst*, enz.

Woeker, KERO*wocher*, OTTFRID.*wuocher*,hoogd.*wucher*, deen. *aager*, zweed.*ocker*, ijsl.*okur*,komt van het verouderde *oeken*,en het oude noordfche werkw.*ōka*,verwant aan het lat. *augere*, en eveneens vermeerderen beteekenende. Dat het eigenlijk gewin over het algemeen aanduidt, blijkt uit: *daz wocher fines ovezes*, het voortbrengfel zijner vruchtboomen. WILLERAM.; en uit *erdewuocher*, aardvruchten, bij NOTK.

WOEKERAAR, z. n., m., *des woekeraars*, of van *den woekeraar*; meerv. *woekeraars*, en *woekeraren*. Van *woekeren*. KIL. *woeckerer*, hoogd. *wucherer*. Een najager van woekerwinst: *na dat Alfius de woeckeraer dit gefproocken hadde.* VOND. Van hier *woekeraarfter*.

WOEKERACHTIG, bijv. n., *woekerachtiger*, *woekerachtigst*. Van *woeker*-en *achtig*, zie *achtig*. Hoogd. *wucherhaft* en *wucherlich*, KIL. ook *woekersch*. Aan woeker gelijk, van den aard van woeker: *woekerachtige winst afnemen.*

WOEKEREN, bedr. en onz. w., gelijkvl. *Ik woekerde*, *heb gewoekerd.* Bedr., door woeker verwerven: *veel gelds bijeen fchrapen en woekeren.* Door woeker maken: *iemand arm woekeren. Hij heeft zich rijk gewoekerd.* Onz., ongeoorloofde winst najagen: *met woecker van eenich dinck, daermede men woeckert.* BIJBELV. Evenveel welk voordeel zoeken: *met zijn talent woekeren.* Verkrijgen, door vlijt bekomen:

> *Gewenschte korenfchuur, daar 't nuttig rijstgewas,*
> *Met zo veel arbeids word gewoekerd uit moeras.* J.
> DE MARR.

Van hier *gewoeker*, *woekeraar*, *woekerij*, KIL. *woekering*. Zamenftell.: *woekergeest*, *woekerwinst*, ongeoorloofde winst — *woekerzucht*, enz. *Afwoekeren*, *uitwoekeren*, enz.

Woekeren, hoogd. *wuchern*, oudd. *wuochern* en *wochern*, komt van *woeker*.

WOEKERGEEST, zie *woekerzucht*.

WOE-

WOEKERSCH, zie woekerachtig.

WOEKERWINST, zie woekeren.

WOEKERZUCHT, z. n., vr., der, of van de woekerzucht; zonder meerv. Van woekeren en zucht. Anders woekergeest. Geneigdheid tot woekeren: tot be-
teugeling van de woekerzucht. Van hier woekerzuchtig.

WOEL, zie woelen.

WOELDIG, zie woelen.

WOELEN, bedr. en onz. w., gelijkvl. Ik woelde, heb
gewoeld. Bedr. vast winden: een touw om den ge-
fcheurden mast woelen. Wroeten: de varkens woelen de
wortels uit den grond. Ook van levenlooze dingen: op
dat de rivier geene gaten in den dijk woele. In dit alles heerscht het denkbeeld van eene geftadige beweging
op of om hetzelfde punt; even als in de onz. beteekenis van de opwelling eener bron, die daar door fteeds
in beweging gehouden wordt. Eene beteekenis, welke
woelen bij KIL. heeft, van welke woeldig bij hem die
van overvloedig ontleent, zoo als woel die van eene
bron: vergelijk woelwater. Ja eene beteekenis, die voor
de eigenlijke van woelen, zoo wel als van wellen en wallen, gehouden worden moet, en de moeder is van de
opgenoemde beteekenisfen van woelen, en de volgende
onzijdige van zich om en om draaijen en wentelen: fla-
peloos lag ik in mijn bed te woelen. Spartelen: het ondier woelt en worftelt lang. VOND. Zich op meer andere wijzen eigenlijk bewegen: krioelt, en woelt, en
vliegt. VOND. Immers woelenfe ijdelijk. BIJBELV.
en oneigenlijk: na zulck een zeeftorm woelt het zeezieck
Brittenlant. VOND. Dat onrustig volk houdt niet op
van woelen. Van hier gewoel, woel, woeldig, woeler,
woelerij, woelig, woeling, woelfel. Zamenftell.: woelgaren, woelgeest, woeltouw, woelwater, woelziek, enz.
Bewoelen, omwoelen, enz.

WOELGAREN, zie woelfel.

WOELGEEST, z. n., m., van den woelgeest; meerv.
woelgeesten. Van woelen en geest. Een onrustig gemoed, dat tot allerlei bewegingen geneigd is: die rus-
telooze woelgeest.

WOELSEL, z. n., o., des woelfels, of van het woelfel; meerv. woelfels. Van woelen. Al wat men ergens
om woelt, om eene breuk daarvan te verhelpen, of alle fchaving daarvan te wefen. Wanneer dit woelfel

uit garen, of uit touw, beſtaat, geeft men daaraan ook de namen van *woelgaren*, of *woeltouw*.

WOELTOUW, zie *woeltel*.

WOELWATER, z. n,, m., *des woelwaters*, of *van den woelwater*; meerv. *woelwaters*. Van *water* en *woelen*, zich in het rond bewegen, als het water, dat geſtadig in eene bron, die daarvan oulings den naam van *woel* bekwam, opwelt. Dus eigenlijk, opwellend en woelend water; maar deze beteekenis, in welke het woord onzijdig zou moeten zijn, is in onbruik. Men bezigt het nog enkel in die van een mensch vol beweging: *dat is een regte woelwater*. En men ziet hierbij op ligchaamswoeling; terwijl men daarentegen die van den geest in aanmerking neemt, als men den naam van *woelgeest* aan iemand geeft.

WOENSDAG, z. n., m., *des Woensdags*, of *van den Woensdag*; meerv. *Woensdagen*. Van *dag* en *woen*, eene verkorting van *Wodan*, den krijgsgod der Noordſche volkeren, wiens naam men eveneens verkortte in *Woenswagen*, zoo als men het geſternte van den wagen noemde, dat bij de Angloſakſen den naam van *Irminswagen* voerde, omdat zij aan *Wodan* den naam van *Irmin* gaven. De vierde dag der week: *Woensdag na Paſchen. Alle Woensdagen is het er weekmarkt*. Van hier *Woensdagsch*, dat op Woensdag plaats heeft. Zamenſtell.: *Woensdagavond*, *Woensdagmorgen*, waarvan men in den tweeden naamval *Woensdagsavonds* en *Woensdagsmorgens* vormt.

WOENSWAGEN, zie *Woensdag*.

WOERD, zie *woard*, z. n., m.

WOERDEN, z. n., o., *woerdens*, of *van het woerden*; zonder meerv. Zekere ſtad in Holland, aan den Rijn gelegen, zijnde eene vesting: *het kasteel van Woerden*. Van hier *Woerdenaar*, *Woerdensch*. BOXHORN zegt, dat *Woerden*, in 't angelf. een ſlot, of eene ſterkte beteekent. Zie verder *woert*.

WOERHAAN, z. n., m., *des woerhaans*, of *van den woerhaan*; meerv. *woerhanen*. Verkleinw. *woerhaantje*. Van *woer* en *haan*. Bij KIL. en HALMA een fazaut, wiens wijfje bij den laatstgenoemden den naam van *woerhen* voert.

WOERHEN, zie *woerhaan*.

WOERT, z. n., vr., *der*, of *van de woert*; meerv.

woer-

woerten. Evenveel als *waart* of *waard*; zie *waard*, z. n., m. Van hier de beraming van de *Hooge woert* te Leide, en misschien ook die van *Woerden*, oulings *Worthen* en *Wordens*

WOEST, bijv. n. en bijw., *woester*, *woestst*. Van levendige dingen, ongetemd, hoogst ongeordend en verwilderd: *een woest mensch. Broghten 't woeste volck tot ootmoedt en ontzagh.* VOND. *Den kop der woest' en felle draaken.* L. D. S. P. Wild, of onstuimig, in: *welk een woest gelaat! Woeste blikken. Een woest geschrei. Om dat zij de eerste dorst door woeste golven streeven.* HUIJDECOP. Als bijw., onstuimiglijk: *hij naderde ons woest en onbescheiden. Met zwaard, houweel en hamer, woest vergruisd.* L. D. S. P. Van eene plaats, of een oord, is *woest*, onbebouwd, en hoogst ongeordend: *het land ligt woest. Dat Jerusalem woest is, ende hare poorten met vijer verbrandt.* BIJBELV. Van hier *woestelijk, woesteling, woesten, woestenij, woestheid, woestijn.* Zamenstell.: *woestaardig,* enz.

Woest, hoogd. *wust,* oudd. *wuost,* is verwant aan het lat. *vastare,* verwoesten, het slavon. *pusti,* woest, en meer andere woorden; zie *woesten.*

WOESTAARDIG, bijv. n., *woestaardiger, woestaardigst.* Van *woest* en *aardig,* van *aard.* Woest van aard: *een woestaardig volk.* Van hier *woestaardigheid, woestaardiglijk.*

WOESTELIJK, bijw., van *woest.* Onstuimiglijk, op eene hoogst ongeregelde wijze: *woestelijk kwam hij binnen stuiven. Het haar hing haar woestelijk om het hoofd.*

WOESTELING, z. n., m., *des woestelings,* of *van den woesteling;* meerv. *woestelingen.* Van *woest,* zie *ling.* Een woest, ongemanierd, of onstuimig, mensch: *het is een regte woesteling.* Als men het van eene vrouw bezigde, zou het vrouwelijk zijn.

WOESTEN, bedr. w., gelijkvl. *Ik woestte, heb gewoest.* Woest maken; welken zin het bij M. STOK. heeft, in: *bereetmen, en woestetse.* KIL. geeft boven dezen zin aan *woesten* nog dien van bannen: *den moirdenaer te woesten.* v. HASS. Zamenstell.: *verwoesten.*

Woesten, hoogd. *wusten,* lat. *vastare,* is aan het ital.

Ital. *guatare*, fr. *gaster*, *gâter*, moeſo-goth. *quis-
tian*, nederſ. *quisten*, verkwisten, naauw verwant,
en komt van *woest*.

WOESTENIJ, z. n., vr., *der*, of *van de woestenij*;
meerv. *woestenijen*. Van *woest*. Anders *woestijn*,
hoogd. *wüsteneij* en *wüste*, oudd. *wuast*, *wuechste*,
woste, *wastuma*, ſlavon. *paust*. *paustina*. Eene woeste landſtreek: *in*-*do*-*re woestenijen*. L. D. S. P. *In
een heide of een woestijn*. VOND. *Het tot nogh toe in
de woestijne gepreekt was*. HOOFT.

WOESTIJN, zie *woestenij*,

WOL, *wolle*, z. n., vr., *der*, of *van de wol*; meerv.
wollen; dat alleen van verſchillende ſoorten gebezigd
wordt. Fijn, kort, kroes, en ineen geſlingerd, haar:
de wol van het hoofd van eenen neger. *Die poedelhond
heeft loutere wol op het lijf*. Soortgelijk eene beteekenis
heeft het woord in *boomwol*. Maar bijzonderlijk gebruikt
men het voor het haar van ſchapen: *wol van Angola*,
IJslandſche wol. Sij ſoeckt wolle ende vlas, *ende werckt
met lust harer handen*. BIJBELV. *Gij verſcheurt en
vilt de kudde en plukt de wol*. D. DECK. *De wol van
eene vacht getrokken*. VOND. *Van de overfijne wolle*.
HOOFT. *Veel geſchreeuw*, *maar weinig wol*, zie ge-
ſchreeuw. *In de wol geverfd*, is eigenlijk wollen ſtof,
die geverfd is, eer zij geweven wordt; oneigenlijk, een
mensch, die zich aan niemand ſtoort. *Wolleken aen
bloemen ende kruijden*, is, bij KIL., het wollig haar,
dat men ſomtijds daaraan vindt. Van hier *wollen*, werkw.
welks deelw. *gewold*, als bijv. n. gebezigd wordt,
wollen, bijv. n., *wollig*. Zamenſtell.: *wolachtig*, *wolbaal*, *wolbeest*, *wolbereiden*, enz. — *woldoorn*, *woldraai-
jer*, *woldrager*, of *woldrig*, voor een ſchaap: *de woldrig*, *dien de ſchrik*, enz. MOON. *De leeuw met woldrig op de jagt*. HOUTAM; even als *vaandrig*, voor
vaandrager. *Wolgras*, *wolhandel*, *wolkaard*, *wolkaarden*, *wolkam*, *wolkammen*, enz. *Wolkooper*, *wolkruid*, *wolplukken*, *wolplukker*, *wolſcheiden*, *wolſpin-
nen*, *wolverwen*, *wolvlok*, *wolzak*, enz. *Boomwol*, *gei-
tenvol*, *ſchapenwol*, enz

Wol, hoogd. *wolle*, NOTK. *wolla*, eng. *wool*, angelſ., nederſ. *wulle*, zweed., ijsl. *ull*, ſlav. *welua*,
ſchlint aan *vel*, het lat. *vellus*, enz. verwant.

WOLACHTIG, bijv. n., *wolachtiger*, *wolachtigst*.
Van

Van *wol* en *achtig*, zie *achtig*. Aan wol gelijkend:
wolachtig haar. Van hier *wolachtigheid.* .

WOLBAAL , z. n. , vr. , *der* , of *van de wolbaal;*
meerv. *wolbalen.* Verkleinw. *wolbaaltje.* Van *wol* en
baal. Anders *wolzak*, hoogd. *wolffack.* Een zak, die
met wol opgevuld is: *een mensch als eene wolbaal*, of
wolzak, een lomp grof mensch.

WOLBEEST , zie *woldragend.*

WOLBEREIDEN , onz. vr. , enkel in de onbepaalde
wijze gebruikelijk. Van *wol* en *bereiden.* Anders *wolkaarden, wolkammen, wolfcheiden*, enz. Van hier *wol-
bereider*, anders *wolkaarder, wolkammer*, enz. *wolbe-
reidfter*, anders *wolkaardfter, wolkamfter*, enz.

WOLDOORN , z. n. , m. , *des woldoorns*, of *van den*
woldoorn; zonder meerv. Van *wol* en *doorn.* Een Oost-
indifche katoenboom: *de gedoornde ftam van den woldoorn is foms wel vijftig voeten hoog.* ·.

WOLDRAGEND , bijv. n. , zonder vergrootingstrappen. Van *wol* en *dragend*, van *dragen.* Wol, in
plaats van haar, op het lijf hebbende: *het woldragend*
vee, waaraan men ook den naam van *wolbeesten* geeft.

WOLDRAGER , zie *wol.*

WOLDRIG , zie *wol.*

WOLF , z. n. , m. , *des wolfs*, of *van den wolf;* meerv.
wolven. Verkleinw. *wolfje.* Een verfcheurend dier van
hetzelfde geflacht, als de honden, voffen, enz. : *als*
lammeren in 't midden der wolven. BIJBELV. *Zoo*
fchuwt het lam den wolf. VOND. *Wat roer ik van den*
wolf? D. DECK. Oneigenlijk, zekere worm in de bijen-
korven: *de bijen hebben den wolf.* Een infekt, dat de
boomen befchadigt: *het geboomte lijdt veel van den zvar-
ten wolf.* Een korenworm: *de wolf is in dat koren.* In
al deze beteekeniffen neemt men *wolf* verzamelbaar.
Voorts geeft KIL. dezen naam, even als men nog fteeds
in Duitschland doet, aan een voortvretend gezwel, fr.
loup, middeleeuw. lat. *lupus. Wolven in fchapenvel-
len*, zijn fchadelijke menfchen, die zich onder een on-
fchadelijk voorkomen vermommen. *Geenen wolf in den*
buik fmoren, is, geen noodeloos geheim van iets maken. *Eten als een wolf*, is heel gulzig. Van hier *wolvin*, het wijfje van eenen wolf. Zamenftell.: *wolfach-
tig, wolfsangel, wolfsbezie, wolfsboon, wolfsch, wolf-
achtig ⸺ wolfsgebit, wolfshond, wolfshonger, wolfshuid,*

huid, *wolfsklaauw*, *wolfskop*, *wolfskruid*, *wolfskuil*, *wolfsmaand*, *wolfsmeek*, *wolfsmuil*, *wolfsmuts*, *wolfspeis*, *wolfspoot*, *wolfsschijn*, *wolfstand*, *wolfswortel*, *wolvejagt*, *wolvenaard*, *wolvenet*, *wolvenprent*, *wolvenspoor*, enz. *Bijenwolf*, *geldwolf*, *korenwolf*, *ietterwolf*, *weerwolf*, enz.

Wolf, eng., hoogd., OTTFRID., NOTK. ook *wolf*, nederf., angelf. *wulf*, ULPHIL. *wulfs*, pool. *wilk*, alban. *ullk*, ijsl. *ulfr*, zweed. *ulf*, fcheen ADELUNG verwant aan het lat. *vulpes*, en afkomftig van het moefogoth. *wilwen*, rooven; maar misfchien is het vermaagfchapt aan het lat. *lupus*, ital. *lupo*, fp. *lobo*, fr. *loup*, en ontleend van het gehuil der wolven; gelijk het zweed. *ulf*, een wolf, van *ulfva*, huilen, af te leiden is.

WOLFSBEZIE, z. n., vr., *der*, of *van de wolfsbezie*; meerv. *wolfsbezien*. Van *wolf* en *bezie*. In het enkelv. een plantgewas, dat de Natuurkenners pariskruid noemen. In het meerv. de vruchten daarvan.

WOLFSCH, zie *wolf*.

WOLFSEINDE, zie *wolvedak*.

WOLFSGEBIT, z. n., o., *des wolfsgebits*, of *van het wolfsgebit*; meerv. *wolfsgebitten*. Van *wolf* en *gebit*. Het gebit van eenen wolf, en een gebit, waardoor men hardgebekte paarden bedwingt. Ook *wolfsbit*.

WOLFSHOND, z. n., m., *des wolfshonds*, of *van den wolfshond*; meerv. *wolfshonden*. Van *wolf* en *hond*. Een hond, die op de wolvenjagt afgerigt is; en een hond, die uit de paring van eene wolvin met eenen hond, of uit die van eene teef met eenen wolf, voortgekomen is.

WOLFSHONGER, z. n., m., *des wolfshongers*, of *van den wolfhonger*; zonder meerv. Van *wolf* en *honger*. Een ongemeen hevige honger: *geeuw-* of *wolfshonger*.

WOLFSKLAAUW, z. n., m., *des wolfsklaauws*, of *van den wolfsklaauw*; meerv. *wolfsklaauwen*. Van *wolf* en *klaauw*. De klaauw van een' wolf. Ook een plantgewas van vijf en twintig verfchillende foorten: *de Franfchen geven aan den wolfsklaauw den naam van* pied de loup, *die beter aan den wolfspoot voegt*.

WOLFSKRUID, zie *wolfswortel*.

WOLFSMAAND, z. n., vr., *der*, of *van de wolfsmaand*;

maand; meerv. *wolfsmaanden.* Van *wolf* en *maand.* Hoogd. *wolfsmonath.* Bij KIL. en HALMA, de naam der laatfte maand van het jaar, wanneer de wolven hieromftreeks oulings het meeste plagten te woeden.

WOLFSMELK, z. n., vr., *der,* of *van de wolfsmelk;* zonder meerv. Van *wolf* en *melk.* Ook *Duivelsmelk.* Een pla... om_gas van velerlei foort, welks melk, of fap, dik ha... aags vergiftig is. Zamenftell.: *bastaardwolfsme...* P. ... ervanander plantengeflacht aanduidt.

WOLFSMUTS, z. n., vr., *der,* of *van de wolfsmuts;* meerv. *wolfsmutfen.* Van *wolf* en *muts.* Eene muts van eene wolfshuid, zoo als *beerenmuts* eene muts, van een beerenvel gemaakt: *een deel bedekt het hooft met een rosfe wolfsmuts.* VOND.

WOLFSPOOT, z. n., m., *des wolfspoo's,* of *van den wolfspoot;* meerv. *wolfspooten.* Van *wolf* en *poot.* De poot van een' wolf. Ook *waterandoorn.* Een plantgewas van twee foorten: *Europifche wolfspoot, virginifche wolfspoot,* enz.

WOLFSTAND, z. n., m., *des wolfstands,* of *van den wolfstand;* meerv. *wolfstanden.* Van *wolf* en *tand.* Eigenlijk, een tand van eenen wolf: *zie daar eenen wolfstand.* KIL een tand achter aan het kakebeen der paarden. Hoogd. een kleine zwarte tand, die de jonge varkens hindert. Bij de Natuurkenners zeker flag van zoogenoemde Tandhorens.

WOLFSWORTEL, z. n., m., *des wolfswortels,* of *van den wolfswortel;* meerv. *wolfswortels.* Van *wolf* en *wortel.* Akoniit. Een plantgewas, waarvan men verfchillende foorten telt, die meestal zeer vergiftig zijn. Men bezigt in deszelfs plaats ook *wolfskruid.*

WOLFVANGER, z. n., m., *des wolfvangers,* of *van den wolfvanger;* meerv. *wolfvangers.* Van *wolf* en *vanger.* Iemand, die wolven vangt. Ook worden dikke, ruige handfchoenen, zonder vingers, *wolfvangers* genoemd, als gefchikt, om op de wolvenjagt te gebruiken.

WOLGRAS, z. n., o., *van het wolgras;* zonder meerv. Van *wol* en *gras.* Anders *katoengras, katoenbloem,* enz. Eene grasplant van vijf foorten: *gemeen wolgras, Alpisch wolgras, virginisch wolgras,* enz.

WOL-

WOLHANDEL, zie *wol*.

WOLK, z. n., vr., *der*, of *van de wolk*; meerv. *wolken*. Verkleinw. *wolkje*. Eene verzameling van vochtige dampen in de lucht: *hoe de wint deze duistere wolk
voortdrijve*. VOND. *Bruine wolken dik van zwaare re-
genvlaagen*. HOOGVL. *Blikfer'flag noch donder fchoot
uit de wolken*. MOON. *Duffel 't vuur brak door de
wolken heen*. L. D. S.ÆPHIL.*iens dubbeltoppen dringen door wolcken hemelwaart.* SPIEGH. Figuurlijk, is
eene *donkere wolk*, een dreigend vooruitzigt van ongeluk: *alzoo dreef over deze donkere wolk*. HOOFT. *Wolken van rook en ftof*, zijn bekende uitdrukkingen, even
als eene *wolk van fprinkhanen*. Eene *wolke van getúi-
gen*, is, in den STATENBIJBEL, eene menigte. *Een
karel als eene wolk*, is, een kloeke en rustige. *Een
wolkje* in een edelgefteente is een donker plekje. Eindelijk bezigt men dit verkleinw. ook wel eens voor een
donker trekje: *er kwam een wolkje op haar aanminnig
gelaat*. Van hier *wolken*, bij KIL. met *wolken bedekken*, of bedekt worden, anders *bewolken*, en *wolkswijze maken*, van waar *gewolkt*, *wolkig*. Zamenftell.:
wolkachtig, *wolkboog*, *wolkbreuk*, *wolkenhemel*, *wolkenkolom*, *wolkgevaarte*, *wolknat*, *wolkswijze*, *wolkzon*,
enz. *Donderwolk*, *morgenwolk*, *onweerswolk*, *opper-
wolk*, *regenwolk*, *rookwolk*, *falpeterwolk*, *ftofwolk*, *wa-
terwolk*, enz.

Wolk, hoogd. *wolke*, OTTFRID. *wolko*, nederf. *wul-
ke*, fchijnt oorfpronkelijk eene opeenpakking aan te dúi-
den, en aan het lat. *bulga*, een knapzak, vermaagfchapt te wezen.

WOLKAARD, z. n., vr., *der*, of *van de wolkaard*;
meerv. *wolkaarden*. Van *wol* en *kaard*, fr. *carde*,
eng. *card*, ital. *fcardasfo*. Zie *kaard*.

WOLKAARDEN, zie *wolbereiden*.

WOLKACHTIG, bijv. n., *wolkachtiger*, *wolkachtigst*.
Van *wolk* en *achtig*, voor *haftig*; zie *achtig*. Anders
wolkig en *bewolkt*. Met wolken bezet: *de lucht is heel
wolkachtig*. Van hier *wolkachtigheid*.

WOLKAM, zie *wol*.

WOLKAMMEN, zie *wolbereiden*.

WOLKBREUK, z. n., vr., *der*, of *van de wolkbreuk*;
meerv. *wolkbreuken*. Van *wolk* en *breuk*. Hoogd.
wol-

wolkenbruch. Een zware plasregen: *er is eene wolk-breuk gevallen.*

WOLKEN, zie *wolk.*

WOLKENKOLOM, z. n., vr., *der*, of *van de wol-kenkolom*; zonder meerv. Van *wolk* en *kolom.* Hoogd. *wolkenfaule*, NOTK. *wolckenfule.* Eene wolk, in de gedaante van eene kolom, die de Israeÿlers in de woestijn van Arabie des daags vooruit trok, en des nachts door eene *vuurkolom* vervangen werd: *fo quam de wolckencolomne nederwaerts.* BIJBELV. *In een wolkkolom.* L. D. S. P.

WOLKIG, zie *wolk.*

WOLKOOPER, zie *wol.*

WOLKRUID, z. n., o., *des wolkruids*, of *van het wolkruid*; zonder meerv. Van *wol* en *kruid.* Hoogd. *wollkraut.* Een plantgewas van velerlei foort: *de bladen van het wolkruid zijn gebaard en harig.*

WOLKZON, z. n., vr., *der*, of *van de wolkzon*; meerv. *wolkzonnen.* Van *wolk* en *zon.* Bij HALMA, eene bijzon: *die wolkzon gaf aanleiding tot vreemde voorfpellingen.*

WOLLEN, zie *wol.*

WOLLEN, onverb. bijv. n., dat van wol is: *wollen ftoffen.* Zamenftell.: *wollennaaijen*, *wollennaaifter*, *wollennaald*, *wollenwever.*

WOLLENNAAIJEN, zie *wollen.*

WOLLENWEVER, zie *wollen.*

WOLPLUKKEN, zie *wol.*

WOLSCHEIDEN, zie *wolbereiden.*

WOLSPINNEN, onz. w., enkel in de onbepaalde wijze gebruikelijk. Van *wol* en *fpinnen.* Garen van bereide, gekaarde, of gekamde, wol vervaardigen: *zij geneert zich met wolfpinnen.* Van hier *wolfpinner*, *wolfpinnerij*, *wolfpinfter*, enz.

WOLVEDAK, z. n., o., *des wolvedaks*, of *van het wolvedak*; meerv. *wolvedaken.* Een dak van eene zekere bijzondere gedaante. Van *dak* en *wolf*, dat hier eene bijzondere beteekenis heeft, even als in *wolfeinde*, het einde van een dak, dat met drie of vier hoeken fchuins afloopt.

WOLVENPRENT, z. n., vr., *der*, of *van de wol-venprent*; meerv. *wolvenprenten.* Van *wolf* en *prent.* Anders *wolvenfpoor.* Een voetftap van eenen wolf: *de*

wol,

wolvenprenten ontdekten ons, waar het ondier zich ver-schoolen had.

WOLVENSPOOR, zie *wolvenprent.*

WOLVERWEN, onz. w., enkel in de onbepaalde wij-ze gebruikelijk. Van *wol* en *verwen*. Bijzondere kleu-ren aan de wol geven, eer zij verfponnen, of verwe-ven wordt: *hij beftaat voornamelijk van wolverwen.* Van hier *wolverwer*, *wolverwerij*, enz.

WOLVIN, zie *wolf.*

WOLZAK, zie *wolbaal.*

WONDARTS, zie *wondheeler.*

WONDBAAR, bijv. n., *wondbaarder*, *wondbaarst*. Van *wonden*, zie *baar*. Die of dat gewond worden kan: *het verfchuiven van den helm maakte zijn voorhoofd*, of *hem aan het voorhoofd*, *wondbaar*. Van hier *wondbaar-heid*. Zamenftell.: *onwondbaar*.

WONDE, z. n., vr., *der*, of *van de wonde;* meerv. *wonden.* Eene kwetfuur des ligchaams: *men bragt hem wonde op wonde toe. Hij ftierf aan zijne wonden. Boet met uw wonde en fmart mijn dootwonde.* VOND. *Het verborgen houden eener wonde.* HOOFT. *Wonde voor wonde, buijle voor buijle.* BIJBELV. Een uitwen-dig gezwel: *de wonde ftaat heel mooi.* Eene fmart-verwekkende aandoening der ziel: *welk eene wonde voor zijn vaderhart! De Koningin voedde die wonde.* VOND. *Balfem voor iemands wonde*, beteekent, opbeurende en troostelijk voor hem. *Eene pleister op iemands wonde leggen*, is, deszelfs leed verzachten. *Iemands won-den opkrabben*, zijn leed vernieuwen. *Die wonde is on-geneeslijk*, aan dat leed is geen verhelpen: *nu in 't end de wonde gansch onzeneeslijk is.* VOND. Oul. fprak men van *achtbare wonden*, d. i., die wegens hare groot-te en diepte, *achting*, of aandacht verdienden, en ge-fchouwd moesten worden. Van hier *wonden.* Zamen-ftell.: *wondarts, wondbalfem, wondheeler, wondijzer, wondkoorts, wondkruid, wondmaal, wond-leister, wondpoeijer, wondteeken, wondwater, wondzalf*, enz. *Doodwonde, hoofdwonde, zielswonde*, enz.

Wonde, hoogd. *wunde*, OTTFRID. en anderen *wun-to*, zweed. *bane*, ijsl. *ban* en *ben*, kan men met ADE-LUNG verwant rekenen aan het hoogd. *wuhne*, een gat.

WONDEN, bedr. w., gelijkvl. *Ik wondde, heb gewond.* Van *wonde.* Kwetfen: *die man floegh hem, flaende en-*

ende wondende. BIJBELV. Ook oneigenlijk: *'k Voel mij door uw gramschap wonden.* L. D. S. P. *Men wondt mij met de tong. Zij wondt het manlijk hart met schichten uit hare oogen.* Van hier *wondbaar, wonding.* Het deelw. *gewond* wordt als bijv. n. gebruikt. Zamenstell.: *doorwonden, verwonden,* enz.

WONDER, bijv. n. en bijw., zonder vergrooting. De gewaarwording van iets ongewoons, of verwondering verwekkend: *veele ongeloofelijke en wondre zaeken.* VOND. *Dat elk zijn' gunst en wondre goedheid loov'!* L. D. S. P. In het onz. geslacht, als z. n., een voorwerp van verwondering: *sij sullen onder u tot een teecken ende tot een wonder zijn.* BIJBELV. *'k Was als een wonder in elks oogen.* L. D. S. P. *Die d'oirzaek van dit wonder hem ontvout.* VOND. *Een wonder van vlugheid,* enz. is iemand, die daarin uitmunt. In den STATENBIJBEL zijn *wonderen* veelal bovennatuurlijke verschijnselen en bedrijven. Voorts is *wonder* als bijw., ongemeen, op eene verwonderingwaardige wijze: *hij is aan uwe les zoo wonder overgeven.* D. JONKTIJS. *Geen wonder,* is, men behoeft zich niet te verwonderen: *geen wonder, dat gij vloodt. Wonder geven,* is, stof tot verwondering: *'t geeft mij gantsch geen wonder.* HALMA. Van hier *wonderen.* Zamenstell.: *wonderbeeld, wonderbloem, wonderboom, wonderdaad, wonderdadig, wonderdier, wonderdoend, wondergroot, wonderheid, wonderkind, wonderkracht, wonderrede, wonderregen, wonderschoon, wonderspreuk, wonderstuk, wonderteeken, wonderwerk,* enz.

Wonder, hoogd. *wunder,* KERO *vuntru,* OTTFRID. *uuntar,* zweed. *under,* ijsl. *undr,* angelf. *wundra,* eng., vries. *wonder,* komt in den STATENBIJBEL, bij KIL., in het hoogd., en elders, enkel als een z. n. voor, en schijnt afkomstig van een natuurlijk geluid, waarmede men zijne verwondering uitte.

WONDERBAAR, bijv. n., *wonderbaarder, wonderbaarst.* Van *wonderen,* zie *baar.* Somtijds ook *wonderbaarlijk;* anders *wonder* en *wonderlijk;* oulings ook *wonderzaam.* Dat bewonderd worden mag en moet: *een wonderbaar geval. Welke wonderbare dingen verhaalt gij mij daar! De kennisse is mij te wonderbaer. Sij is hooge; ick en kan daer niet bij.* BIJBELV. *All' uw geboon zijn heilig, wonderbaar!* L. D. S. P. Van hier

hier *wonderbaarheid* , *wonderbaarlijk* , *wonderbaar-
lijkheid.*

WONDERBLOEM, z. n., vr. , *der*, of *van de wonderbloem*; meerv. *wonderbloemen.* Van *wonder* en *bloem.*
Eene bloemplant van drie verfchillende foorten: *gegaf-
felde wonderbloem, langbloemige wonderbloem*; en de
bloem van die plant.

WONDERBOOM, z. n., m., *des wonderbooms*, of
van den wonderboom; meerv. *wonderboomen.* Van *wonder* en *boom.* Een boom, die met eenen wonderlijken
fpoed te voorfchijn kwam: *Jona verblijdde fich over den
wonderboom.* BIJBELV. Bij de Natuurkenners een plantgewas van velerlei foort: *gemeene wonderboom, kleine
wonderboom*, enz.

WONDERDAAD, zie *wonderwerk.*

WONDERDADIG, bijv. n. en bijw., *wonderdadiger*,
wonderdadigst. Van *wonder* en *dadig.* Gefchikt, om
wonderen te verrigten. Anders *wonderdoend:* met een
wonderdadig vermogen begaafd. Op eene wonderbare
wijze verrigt: *eene wonderdadige genezing.* Van hier
wonderdadiglijk.

WONDERDIER, zie *wonderkind.*

WONDERDOEND, zie *wonderdadig.*

WONDEREN, onperf. w., gelijkvl. *het wonderde, het
heeft gewonderd.* Wonder geven, verwondering baren :
*het wondert mij, dat hij nog niet hier is. Mij wondert,
dochter! wat u hebben magh beweeght.* BREDEROD. Bij
KIL. ook perfoonlijk, verwonderen, even als in het
hoogd. Van hier *wonderbaar*, enz. *wonderlijk*, enz.
wonderfaem. KIL. Zamenftell.: *bewonderen, verwonderen*, enz.

 Wonderen, hoogd. *wundern*, OTTFRID. enz. *wun-
teren, wuntarn*, angelf. *vundrian*, zweed., ijsl. *un-
dra*, eng. *wonder*, komt van *wonder.*

WONDERHEID, z. n., vr., *der*, of *van de wonderheid*; meerv. *wonderheden.* Van *wonder*, zie *heid.* Iets
wonders, een wonder, of wonderwerk: *fullen groote
teeckenen ende wonderheden doen.* BIJBELV.

WONDERKIND, z. n., o., *des wonderkinds*, of *van
het wonderkind*; meerv. *wonderkinderen.* Van *wonder*
en *kind.* Een kind, waaraan iets vreemds te zien is,
zoo als *wonderdier* een dier aanduidt, dat iets wonder-
lijks aan zich heeft: *men vertoont er een onnatuurlijk
won-*

wonderkind. Bijzonderlijk, een kind van ongemeene en bewonderenswaardige zielsvermogens: *dat wonderkind overtreft menigen bejaarden in verstand.*

WONDERKRACHT, z. n., vr., *der*, of *van de wonderkracht;* meerv. *wonderkrachten.* Van *wonder* en *kracht.* Wonderlijke kracht, of wonderdadige, wonderdoende, kracht, — kracht, om wonderen te verrigten: *zijne Goddelijke wonderkracht.*

WONDERLIJK, bijv. n. en bijw., *wonderlijker*, *wonderlijkst.* Van *wonder*, zie *lijk.* Hoogd. *wunderlich*, oudd. *wundarlich*, *wuntarlich.* Dikwijls evenveel, als *wonderbaar* en *wonder;* maar somtijds ook door zulk eene ongesteldheid bevangen, dat men van zich zelven meent te vallen: *wat word ik wonderlijk!* En zonderling, grillig: *het is een wonderlijk mensch.* Als bijw.: *hij gaat daarmede wonderlijk te werk.* Van hier *wonderlijkheid.*

WONDERREDE, zie *wonderspreuk.*

WONDERREGEN, z. n., m., *des wonderregens*, of *van den wonderregen;* meerv. *wonderregens.* Van *wonder* en *regen.* Zulk een regen van bloed, kikvorschen, steenen, enz., als waarvan de oude Jaarboeken der wereld gewagen: *het hedendaagsch onderzoek neemt het onnatuurlijke van menigen wonderregen weg.*

WONDERSPREUK, z. n., vr., *der*, of *van de wonderspreuk;* meerv. *wonderspreuken.* Van *wonder* en *spreuk.* Anders *wonderrede.* Een bevreemdend gezegde, eene ongewone stelling, enz.: *de wonderspreuken van de wijzen der oudheid wekten de aandacht van hunne hoorders en lezers.* Van hier *wonderspreukig.*

WONDERSTUK, z. n., o., *des wonderstuks*, of *van het wonderstuk;* meerv. *wonderstukken.* Van *wonder* en *stuk.* Een bewonderenswaardig werkstuk: *de wonderstukken van Apelles en Phidias. Vernuft verbijsterende wonderstukken.* OUD.

WONDERTEEKEN, z. n., o., *des wonderteekens*, of *van het wonderteeken;* meerv. *wonderteekenen* en *wonderteekens.* Van *wonder* en *teeken.* Een wonderlijk verschijnsel: *alsoo sult ghij hen tot een wonderteeken zijn.* BIJBELV. Bijzonderlijk, zoodanig een, als iets gerekend werd voor te beduiden: *men hield elke komeet voor een vreesselijk wonderteeken.*

WONDERWERK, z. n., o., *des wonderwerks*, of *van het*

Q

het wonderwerk; meerv. *wonderwerken.* Van *wonder*
en *werk.* Een werk, dat op eene bovennatuurlijke wijze verrigt wordt: *de wonderwercken in den lande Chams.*
BIJBELV. Van hier *wonderwerker.*

WONDERZAAM, zie *wonderbaar.*

WONDERZOUT, z. n.; o., *des wonderzouts,* of *van
het wonderzout;* zonder meerv. Van *wonder* en *zout.*
Anders zout van Glauber. Zeker zout in de genees-
kunde gebruikelijk, in 't lat. *fal mirabile Glauberi.*

WONDHEELER, z. n., m., *des wondheelers,* of *van
den wondheeler;* meerv. *wondheelers.* Van *wonde* en
heeler. Anders *wondarts* en *heelmeester.* In tegenoverftelling van *Geneesheer,* iemand die zich op de genezing van wonden, en andere uitwendige ligchaamsge-
breken, toelegt: *vruchteloos beproefden de wondheelers
hun kunstvermogen.*

WONDKRUID, *wondekruid,* z. n., o., *des wondkruids,* of
van het wondkruid; meerv. *wondkruiden,* dat van verfchillende foorten gebezigd wordt. Van *wonde* en *kruid.*
Een plantgewas van dertien foorten: *vierbladig wondkruid, gemeen wondkruid,* enz. Hoogd. *wundkraut.*

WONDMAAL, z. n., o., *des wondmaals,* of *van het
wondmaal;* meerv. *wondmalen.* Van *wonde* en *maal,*
teeken. Hoogd. *wundenmahl.* Bij KIL. evenveel als
wondteeken, likteeken.

WONDTEEKEN, zie *wondmaal.*

WONEN, onz. w., gelijkvl. *Ik woonde, heb gewoond.*
Zijn beftendig verblijf houden, met betrekking tot de
plaats: *dattet een fterck volck is, 't welck in dat lant
woont.* BIJBELV. *Wij wonen in eene en dezelfde ftad.
Dat gedierte woont in onderaardfche holen. Nu wonen-
ze in geen bosch, maer rieten, dak en ftal.* VOND.
Met betrekking tot het gebouw: *de deugd woont meer
in hutten, dan in paleizen. Hij woont naast mij, tegen over mij. Aan het water, in die of die ftraat, op
de markt wonen* Met betrekking tot het gedeelte van
het gebouw: *des zomers wonen wij voor, des winters achter. Welke menfchen wonen er achter u? Boven woont
er wederom ander volk. Bij iemand wonen,* is, bij
hem gehuisvest zijn, of hem dienen: *bij wien woont
zij nu? Wel wonen,* is, eene goede woning hebben:
daar woont gij uitmuntend. Zeker wonen, is, dikwijls voor vijanden beveiligd zijn: *ik falfe tot de plaet-*

fe

fe wederbrengen, ende falfe feker doen woonen. BIJBELV.
In iemand, in een hart, enz. *wonen,* is, daar geves-
tigd zijn: *dat geene Godsvrucht in hem woont.* L. D.
S. P. *Er woont geene ware menfchenliejde in zijn hart.*
Daar vrede woont, woont God, daar ondervindt men
Gods gunst en hoede. Van hier *woning, woon, woonbaar, woonlick.* KIL. Zamenftell.: *woonhuis, woon-
kamer, woonkelder, woonplaats, woonftede, woonver-
trek,* enz. *Bewonen, inwonen, uitwonen,* enz.

Wonen, hoogd. *wohnen,* oudd. *wonan,* nederf. *wanen,* vries. *wenje,* is verwant aan *wennen, gewoon,*
enz. Bij KERO is *du ruhwonan,* volharden, *perfeverare.*

WONING, z. n., vr., *der,* of *van de woning;* meerv.
woningen. Verkleinw. *woningje.* De daad van wonen,
verblijf: *heeft nogthans geen zekere wooninge te verwachten.* VOND. *Het gefchiedde in het begin harer wooninge aldaar.* BIJBELV. *Hij wees het voorts weldaadig
een ftad ter wooning aan.* L. D. S. P. Verblijfplaats,
gebouw, waarin men woont: *om datfe onfe wooningen
hebben omgeworpen.* BIJBELV. *Hoe lieflijk is uw wooning, Heer!* L. D. S. P. Bijzonderlijk, eene boerde-
rij, een boerenhuis: *de woning wordt voor de fchulden
verkocht.*

Woning, TATIAN. *wonunga,* OTTFRID. *wont,*
hoogd. *wohnung,* komt van *wonen.*

WONNE, z. n., vr., *der,* of *van de wonne;* zonder
meerv. KIL. evenveel, als *wunne.* Voorts oulings ook
wonst. Uitnemend genoegen: *de eere geeft, die daer
leeft in d'eeuwige wonfte.* CONST. TH. JUW. Van
wonne komen de zamenftell.: *wonfaem,* genoegelijk,
KIL., en *wonnemaend,* hoogd. *wonnemonath,* eene benaming, die de zoete Meimaand van Karel den Grooten
ontving.

Wonne, wonst, wunne, hoogd. *wonne,* oudd. *wunn,
wunna,* is verwant aan *wensch,* enz. aan het zweed.
unna, verlangen, *ona,* tevreden zijn, en misfchien
ook aan het lat. *bonus* en *venus,* en al wat aan die
laatfte vermaagfchapt is.

WONST, zie *wonne.*

WOON, z. n., vr., *der,* of *van de woon;* zonder
meerv. Van *wonen.* De daad van wonen; enkel gebruikelijk in *met der woon,* of *met ter woon,* met de woning: *dat zij zich met ter woon vervoegen.* D. DECK.

Die

Die wij met der woon beſlaen. F. v. Dorp. Oulings werd het ook voor woning in 't algemeen gebezigd: *daer Caliphus heeft ſijn wone.* Lod. v. Velth.

WOONACHTIG, bijv. n., zonder vergrootingstrappen. Van *woon* en *achtig*, voor *haftig*; zie *achtig*. Woon, verblijf, hebbend, of houdend: *waar is hij woonachtig?*

WOONBAAR, zie *woonlijk*.

WOONLIJK, bijv. n., zonder vergrootingstrappen. Van *wonen*, zie *lijk*. Bij Kil. evenveel als *gewoonlijk*; gelijk als *woonte* bij hem, *woente* en *woenheid*, bij anderen, eng. *wont*, de plaats van *gewoonte* vervangen; en evenveel als *bewoonlijk*, *bewoonbaar*, of *woonbaar*, dat bewoond worden kan; waarvoor men intusschen thans alleenlijk *bewoonbaar* gebruikt.

WOORD, z. n., m., *des woords*, of *van den woord*; meerv. *woorden*. Anders *woerd* en *waard*. Een mannetjes eend; nederſ. *waarte*; verwant aan het oude *war*, lat. *vir*, angelſ. *wer*, goth. *wair*, een man; van waar ook *weer* in *weerwolf*, en misſchien *weer*, een ram, *var*, een jonge ſtier.

WOORD, z. n., o., *des woords*, of *van het woord*; meerv. *woorden*. Verkleinw. *woordje*. Een van de verſchillende deelen der rede, uit eene, of meer dan eene, letter, en lettergreep, beſtaande: *dat woord begrijp ik niet*. *Een woord uit twee of drie andere woorden zamenſtellen*. *Woorden van twee, drie, en meer, lettergrepen*. *Ik kon hem van woord tot woord verſtaan*. *Woord voor woord overzetten*. *Hij kan met drie woorden meer zeggen, dan een ander met tien*. *Een woord is den verſtandigen genoeg*. Voorts ook een gezegde, dat ſomtijds uit meer dan een woord beſtaat: *met een woord!* kortom! *Een woordje met iemand alleen ſpreken*. *Iemand een woordje in vertrouwen zeggen*. *Des Heeren woort geſchiedde tot mij*. Bijbelv. Bijzonderlijk een bevel: *nam ik voor uw woord nooit t'overtreden*. L. D. S. P. *Zwoeren te houdene heren Karels wort, en wat tle Coninc ſeide voert*. M. Stok. Eene toezegging, belofte: *de Godtheid evenwel vertrock haer woort niet langer*. Vond. *'k Heb op uw woord alleen mijn hoop gebouwd*. L. D. S. P. *Ik verlaat mij op uw woord*. *Ik gaf hem mijn woord*. *Houd uw woord!* *Hij herriep zijn woord*. *Wees een man van uw woord!* *Een eerlijk man*

is

*is niet beter dan zijn woord. Een man een man, een
woord een woord. Een goed woord*, is, een vleijend,
streelend : *doe een goed woord voor mij. Een goed
woord vindt eene goede plaats. Een goed woord spreken*, is, bidden, of danken, voor of na den maaltijd,
enz. *Harde woorden* zijn verwijtingen, beftraffingen:
als zij mijne walging met harde woorden hekelt. VOND.
Woorden zijn dikwijls twistwoorden, krakeel: *ik heb
woorden met hem gehad. Zoo dat men tot gevecht en
meſſen quam van woorden.* VOND. *Hooge woorden met
iemand hebben. In hooge woorden vielen.* SCHRIECK.
Het woord is de krijgsleus: *de bevelhebber gaf zijne
onderbevelhebbers het woord.* Bij KIL. het *woordteecken.*
Het woord voor iemand doen, is, deszelfs voorſpraak
zijn. *Het woord hebben, aan het woord zijn*, beteekent, aan de beurt, om te ſpreken. *Het woord voeren*, is, eenigen tijd achtereen ſpreken. *Het hoogſte
woord voeren*, zich den boventoon in een gezelſchap
aanmatigen. *Het laatſte woord willen hebben*, weigeren, om op de gezegden van iemand anders te zwijgen.
Geen woord ſpreken, ftilzwijgen: *het volck ſweeg ſtille*,
*ende en antwoordde hem niet een woort. Een woord op
zijn pas ſpreken;* zie pas. *Woorden onnut den hals
breken*, nutteloos over het een of ander uitweiden.
Zijn woord wel kunnen doen, zich wel weten te verantwoorden. *Iemand te woord ſtaan*, hem gelegenheid tot
een geſprek geven. *Iemand bij zijn woord vatten*, op
de nakoming van een gezegde van hem aandringen. *Iemand in zijne woorden verſtrikken, of vangen*, uit zijne gezegden aanleiding tot beſchuldiging van hem nemen. *Iemand de woorden uit de keel halen*, hem met
moeite tot uiting van de verlangde woorden bewegen.
Ik weet geene woorden te vinden, ik weet mijne gedachten niet uit te drukken. *Van woord tot woord*, woordelijk, geheel. In den STATENBIJBEL heeft *woord* meermalen de beteekenis van ding, voorval: *laet ons ſien
het woort, dat daer geſchiet is.* BIJBELV. En *woord
Gods* is er eene min of meer uitgebreide Goddelijke leering, of openbaring. In overeenkomst waarmede men de openbaring, die in den *Bijbel* vervat is,
Gods woord noemt. Oul. beteekende *iemands woord houden*, voor iemand ſpreken: *hielden ernſtelijk zijn
woordt.* HOOFT. *Ging Echtens woert bij 't hof des he-*

Q 3

mels houden. VOND. Van hier *woordelijk* ; Zamenftell. : *woordafleiding* , *woordbuiging* , *woordenboek* ,
woordenlijst , *woordenpraal* , *woordenrijk* , *woorden-*
fchat , *woordenfpel* , *woordenftrijd* , *woordentwist* , *woor-*
denvitter , *woordenvitting* , *woordenvitterij* , *w ordenwis-*
feling , *woordenzifter* , *woordgronding* , *woordhoudend* ,
woordontleding , *woordoorfpronkelijkheid* , *woordfchik-*
king , *woordfmeder* , *woordfpeling* , *woorduitlating* ,
woordvoeging , enz. *Antwoord* , *bijwoord* , *deelwoord* ,
grondwoord , *gunstwoord* , *hulpwoord* , *jawoord* , *kunst-*
woord , *koppelwoord* , *krijgswoord* , *lapwoord* , *lasch-*
woord , *lasterwoord* , *lidwoord* , *lokwoord* , *naamwoord* ,
fcheldwoord , *fchimpwoord* , *fmaadwoord* , *fpotwoord* ,
fpreekwoord , *ftamwoord* , *ftopwoord* , *tergwoord* , *tijd-*
woord , *toeverwoord* , *vloekwoord* , *voegwoord* , *voornaam-*
woord , *vulwoord* , *wachtwoord* , *weerwoord* , *werkwoord* ,
wortelwoord , *zegswoord* , enz.

Woord , hoogd. *wort* , eng. *word* , vrief. *wud* , UL.
PHIL. *waurd* , is van eenen onzekeren oorfprong.

WOORDAFLEIDING, zie *woordgronding.*

WOORDBUIGING. z. n. , vr. *der* , of *van de woord-*
buiging ; zonder meerv. Van *woord* en *buiging.* De
verbuiging van woorden, die daarvoor vatbaar zijn,
zoo als naamwoorden, lidwoorden en voornaamwoorden : *men geeft aan de woordbuiging* , *wanneer zij om-*
trent werkwoorden plaats heeft , *den naam van vervoe-*
ging.

WOORDELIJK , bijv. n. en bijw., *woordelijker* , *woor-*
delijkst. Van *woord* , zie *lijk.* Woord voor woord
uitdrukkende : *eene woordelijke vertaling.* Als bijw ,
van woord tot woord: *hij verhaalde mij woordelijk al* ,
wat ik u zeg.

WOORDENBOEK , z. n. , o. , *des woordenboeks* , of *van het*
woordenboek ; meerv. *woordenboeken* ; verkleinw. *woorden-*
boekje. Van *woord* en *boek.* Een boek, dat de woorden van
eene taal, ten minfte meerendeels, naar de orde van het
ABE, met, of zonder, verklaring, voorftelt, of de bewoordingen, die tot eenen bijzonderen kring, welken de op-
fteller zich voorfchrijft , betrekkelijk zijn: *taalkundig* ,
huishoudelijk , *historisch* , *aardrijkskundig* , *bijbelsch* ,
zeemans , enz. *woordenboek.* Een boek, of een gedeelte van een boek, dat minder woorden bevat, voert den
naam van *woordenfchat* , of dien van *woordenlijst* : *hij*
heeft

heeft eene woordenlijst achter zijne verhandeling over de spelling. Meijers woordenschat. Zamenstell.: *woordenboekschrijver*, enz. *Handwoordenboek*, enz.

WOORDENLIJST, zie *woordenboek.*

WOORDENPRAAL, z. n., vr., *der*, of *van de woordenpraal;* zonder meerv. Van *woord* en *praal.* IJdele praal met hoogdravende en brommende woorden: *de valsche smaak van onzen tijd onderscheidt zich door hare woordenpraal.*

WOORDENRIJK, bijv. n., *woordenrijker*, *woordenrijkst.* Van *woord* en *rijk.* Rijk in woorden: *de Arabische taal is voorbeeldeloos woordenrijk.* Een mensch is *woordenrijk*, als de woorden hem rijkelijk toevlocijen: *wat is dat vrouwtje woordenrijk.* Van hier *woordenrijkheid.*

WOORDENSCHAT, zie *woordenboek.*

WOORDENVITTER, zie *woord.*

WOORDGRONDING, z. n., vr., *der*, of *van de woordgronding;* zonder meerv. Van *woord* en *gronding.* Anders *woordafleiding* en *woordontleding* De ontleding van een woord tot in deszelfs oorsprong, en deszelfs volkomene doorgronding: *Hemsterhuis en Schultens hebben den weg voor alle woordgronding gebaand.*

WOORDONTLEDING, zie *woordgronding.*

WOORDSCHIKKING, zie *woordvoeging.*

WOORDVOEGING, z. n., vr., *der*, of *van de woordvoeging;* zonder meerv. Van *woord* en *voeging.* De onderlinge zamenvoeging en verbinding van de onderscheidene taaldeelen naar den eisch van eene taal: *de woordvoeging maakt een voornaam gedeelte van de spraakkunst uit.*

WORDEL, z. n., m., *des wordels*, of *van den wordel;* meerv. *wordels.* Bij KIL. en HALMA evenveel als *werdel*, *wervel* en *worvel.* Een been van den ruggegraat. Anders *wervelbeen*, hoogd. *ruckgratwirbel.*

WORDEN, onz. w., anders ook hulpw., onregelm. *Ik werd, ben geworden.* In zekeren toestand geraken, zekere hoedanigheid verkrijgen: *wat wilt gij worden? Een koopman, een geneesheer*, enz. Of zonder lidwoord voor het z. n., dat de hoedanigheid aanduidt: *hij is arts geworden. Toen hij kapitein werd.* Of met een bijw., ter aanduiding van de hoedanigheid: *hij wordt rijk. Toen zij ziek*

Q 4 *werd.*

werd. Gek, enz. *worden. Het wordt koud*, is, wanneer *het* tot eenig bepaald onderwerp betrekkelijk is,
het wordt van zijne warmte ontbloot, maar onperfoonlijk, er ontſtaat koude: *wat wordt het hier koud! Het
wordt vrede*, enz., er ontſtaat vrede. *Het wordt zomer*, enz., de zomer neemt eenen aanvang.–*Het wordt
laat*, het houdt op vroeg te zijn. *Het zal laat worden*, de tijd, waarop men het oog heeft, zal grootendeels verloopen; en, in de volkstaal, er zal veel tijds
verloopen, eer dit, of dat, gedaan wordt, of gebeurt;
het zal niet ligt gedaan worden of gebeuren. Het lijdende deelw. als bijw. bij zich hebbende, vormt *worden*, als hulpw. de zoogenoemde lijdende wijze der
werkwoorden: *ik werd bemind, ik werd bemind*, enz.
Van, of *uit*, *iets worden*, is, daaruit voortkomen:
*uit niets wordt niets. Van water wordt ijs. Van een
kind een man worden*, is, uit den ſtaat van een kind
in dien van een' man overgaan. *Wat zal er van u worden*, hoe zal het met u afloopen! *Daarvan zal niet veel
worden*, of tot ſtand komen. *Tot iets worden*, is,
daarin veranderen: *ſtaet het ſtof der aerde, dat het tot
luijſen werde.* BIJBELV.; waar *tot een ſpreekwoord worden* daartoe verſtrekken is. Van hier *wording*, in *mensch-
wording*, enz. *Geworden, verworden*, enz.

Worden, vries. *wurde*, zweed. *varda*, ijsl. *werda*,
hoogd. *werden*, ULPHIL. *wairthen*, komt miſschien
van het oude *wara*, zijn; zie *wezen*.

WORG, z. n., m., *des worgs*, of *van den worg;*
zonder meerv. Van *worgen*, of *wurgen.* Bij KIL. en
HALMA, benaauwdheid in de keel, welke den lijder als
wurgt: *den worg in de keel hebben.*

WORGEN, zie *wurgen.*

WORK, z. n., m., *des works*, of *van den work;* meerv.
worken. Een bijzonder ſlag van kikvorſchen, dus genoemd naar het geluid, dat zij geven: *hoor dien work
eens razen.*

WORM, *wurm*, z. n., m., *des worms*, of *van den worm;*
meerv. *wormen.* Verkleinw. *wormpje.* Dezen naam
geven de natuurkenners aan een der zes hoofddeelen
van het dierenrijk, waartoe zij alle zoodanige levende
ſchepſelen brengen, die kop noch pooten hebben, zoo
als alle bewoners van horens en ſchelpen, alle plantdieren, de kwallen, zeeſterren, enz., en de dieren, waaraan

aan men in het gemeene leven den naam van *wormen*
geeft. Deze laatste nu zijn van driederlei foort, als
draadwormen, *darmwormen* en *aard-* en *zee-wormen*:
hij fchroomt eenen worm te dooden, die onder zijne voe-
ten krimpt. Wormen hebben, is, van darmwormen ge-
plaagd worden. Oneigenlijk geeft men dezen naam
ook wel eens aan de zoogenoemde maskers van menigerlei infekten: *doe wieffen daer wormen in, ende het wert*
ftinckende. BIJBELV. Bijzonderlijk in de zamenftell.:
korenworm, *kuatworm*, *zijdeworm*, enz.; aan een
infekt zelf, in *glinfterworm* en *oorworm*; aan een bijzonder flag van lampreijen, in *kieuwworm*; aan eene
zenuw onder de tong der honden, door welker weg-
fnijding men hen tegen dol worden waant te beveiligen;
aan eene fcherpte in het bloed der paarden, bij KIL.
worm der peerden; aan zeker zeer aan het hoofd der
kinderen, dat anders den naam van *daauwworm* voert:
de worm heeft zijn aanzigt fchier gantsch opgegeten.
HALMA; aan een wroegend gewiffe: *kunnen niet ont-*
vlughten den worm die 't hart doorknaaght. VOND.;
aan een beklagenswaardig voorwerp: *die arme wormen*
van kinderen. Veracht van vreemden en bekenden, een
worm, geen mensch. L. D. S. P. Van hier *wormen*,
wormig. Zamenftell.: *wormachtig*, *wormarts*, *wormbuis*,
wormgat, *wormgefpin*, bij OUD., *wormkoekie*, *worm-*
koorts, *wormkruid*, *wormmeel*, *wormmiddel*, *wormnest*,
wormflang, *wormfteek*, *wormftekig*, *wormswijze*, *worm-*
ziekte, *wormzweer*, enz. *Aardworm*, *aarsworm*, *boek-*
worm, *bolworm*, *boomworm*, *buikworm*, *daauwworm*,
draadworm, *glinfterworm*, *grasworm*, *haarworm*,
hondsworm, *hoofdworm*, *huidworm*, *kaasworm*, *kieuw-*
worm, *koolworm*, *korenworm*, *kruidworm*, *kwatworm*,
lintworm, *loofworm*, *menfchenworm*, *oorworm*, *paal-*
worm, *papierworm*, *pierworm*, *fchietworm*, *water-*
worm, *zeeworm*, *zijdeworm*, enz.

Worm, nederf., eng. ook *worm*, deen., zweed.
orm, hoogd., NOTK. *wurm*, ULPHIL. *waurm*, lat.
vermis.

WORMACHTIG, bijv. n. en bijw., *wormachti-*
ger, *wormachtigst.* Van *worm* en *achtig.* Eenen
worm gelijk: *een wormachtig dier. De oefter*
ziet er gansch niet wormachtig uit. Als van eenen
worm: *eene wormachtige beweging, die men anders de*

Q 5, *worms-*

wormswijze beweging der darmen neemt. *Wormen hebbende: dat kind schijnt wormachtig. Wormachtige appelen of peren.* Halma.

WORMBUIS, z. n., vr., *der*, of *van de wormbuis;*
meerv. *wormbuizen.* Van *worm* en *buis.* Een geslacht
van schelpdieren, dat zestien verschillende soorten bevat: *rond wormbuisje, driekante wormbuis,* enz.

WORMEN, *wurmen,* onz. w., gelijkvl. *Ik wormde, heb ge-
wormd.* Van *worm.* Op eene armhartige wijze werken: *wat wormen die menschen, om aan den kost te komen! Wormt hij nog al aan dat boek?* Als een worm
wriemelen: *dat wormt mij in het hoofd,* dat maalt mij
door de hersens.

WORMIG, bijv. n., *wormiger, wormigst.* Van *worm.*
Zie *ig.* Aan eene krankheid onderhevig, die den naam
van *worm* voert: *wormigh peerd.* Kil. Van wormen
doorboord: *een wormige stoel.*

WORMKRUID, z. n., o., *des wormkruids,* of *van
het wormkruid;* meerv. *wormkruiden.* Van *worm* en
kruid. Een kruid, dat een hulpmiddel tegen de wormen oplevert. En een eigennaam van de zoogenoemde
Reinvaar, en deszelfs zaad: *wormkruid innemen.*

WORMMEEL, z. n., o., *des wormmeels,* of *van het
wormmeel;* zonder meerv. Van *worm* en *meel.* Stof,
dat door wormen uit houtwerk geboord wordt: *wat
ligt er een wormmeel onder dien stoel!*

WORMNEST, z. n., o., *van het wormnest;* meerv.
wormnesten. Van *worm* en *nest.* Eene verzameling van
kleine darmwormen, met het slijm, waarin zij huis-
vesten: *zij loosde een gansch wormnest.*

WORMSLANG, z. n., vr., *der*, of *van de wormslang;* meerv. *wormslangen.* Van *worm* en *slang.* Eene
slang met verholene oogen, en eenen staart, die dik-
ker is, dan de kop: *staart en kop van de wormslang laten zich niet van elkanderen onderscheiden.*

WORMSTEEK, z. n., vr., *der*, of *van de wormsteek;*
meerv. *wormsteken;* verkleinw. *wormsteekje.* Van *worm*
en *steek.* Eene steek van eenen worm aan ooft, enz.:
die wortelen zijn vol van wormsteken. Van hier *worm-
stekig, wormstekigheid,* en bij Halma *wormstekelig.*

WORMSWIJZE, bijv. n. en bijw. Van *worm* en *wijze.* Op de
wijze van eenen worm: *het beweegt zich wormswijze.*
Ook

Ook gebruikt men dit woord als bijv. n., zie *wormachtig*. In het hoogd. bedient men zich van *wurmformig*,
lat. *vermiformis*.

WORMZWEER, z. n., vr., *der*, of *van de wormzweer*; meerv. *wormzweren*. Van *worm* en *zweer*.
Eene zweer, waarin wormen groeijen: *wormzweren
zijn in koude landen zeldzamer, dan in warme*.

WORP, z. n., m., *des worps*, of *van den worp*; meerv.
worpen. Van *worpen*, of *werpen*. Anders *werp*. De
daad van werpen, in de verfchillende beteekeniffen van
dit woord: *met eene andere fpies herhaalde hij zijnen
worp*. *De zeuge wierp vijftien biggen in eenen worp*,
in eene dragt. *Het vee zijn werp vergroot*. VOND.
Vijf zesthalven in eenen worp fchieten. *Met den uiter-
ften en jongften worp*, van het dobbelfpel. HOOFT.
Zoo veel als er in eenen worp geworpen wordt: *vijf
en twintig worp zesthalven*. *Een worp jonge honden*.

WORPEL, z. n., m., *des worpels*, of *van den worpel*;
meerv. *worpels*. Van *worpen* of *werpen*. Bij KIL. een
dobbelfteen: *met den worpel fpelen*.

WORPEN, zie *werpen*.

WORPPIEK, z. n., vr., *der*, of *van de worppiek*;
meerv. *worppieken*. Van *worpen* of *werpen*, en *piek*.
Anders *werppiek*, *werpfpies*, en *werpfchicht*. Eene
korte piek, die men naar den vijand werpt: *toen hij
den vijand zijne worppiek toegedrild had, trok hij den
fabel*. Bij VOND. te onregt mannelijk, in: *die den
worppiek geworpen heeft*.

WORST, z. n., vr., *der*, of *van de worst*; meerv.
worsten. Verkleinw. *worstje*. Vleesch, of iets anders,
dat in wijde darmen geftopt is; want dat in varkens-
darmen geftopt wordt, draagt den naam van *fauſjs*: *wor-
ften maken*. *Worst ftoppen*. *Het bekomt hem, als den hond de
worst*, is, hij wordt wegens dat genot gekaftijd. Zamenftell.: *worsthorentje*, *worstmaker*, *worstverkooper*, enz.
Bloedworst, *braadworst*, *gortworst*, *hansworst*, *lever-
worst*, *metworst*, *rookworst*, *runderworst*, *varkensworst*, enz.
Worst, hoogd. *wurst*, nederf. *wust*.

WORSTELAAR, z. n., m., *des worftelaars*, of *van
den worftelaar*; meerv. *worftelaars*, en *worftelaren*. Van
worftelen. Zie *aar*. Een beoefenaar van de worftel-
kunft: *de Griekfche worftelaars*.

WORS.

WORSTELEN, onz. w., gelijkvl. *Ik worftelde, heb geworfteld.* Behendigheid en krachten infpannen, om iemand onder te krijgen: *onder het worftelen. Een man worftelde met hem tot dat de dageraat opginck.* BIJBELV. Oneigenlijk, is *met*, of *tegen*, *iemand*, of *iets*, *worftelen*, zich met infpanning daartegen verweren: *vruchteloos worftelde men tegen den geweldenaar. Men zag hem tegen de golven worftelen.* Of geweldiglijk door iets benaauwd worden: *hij worftelt met allerlei rampen. Hij worftelt met den dood*, is, hij is op het punt van fterven. Van hier *worftelaar*, *worfteling*. Zamenftell., *worftelkunst*, *worftelmeester*, *worftelperk*, *worftelplaats*, *worftelfpel*, *worftelftrijd*, enz. *Ontworftelen*, enz.

    Worftelen, vries. *wrachfelje*, eng. *wrestle*, is verwant aan het eng. *wrest*, draaijen, wringen, en luidde, volgens KIL., in het Hollandsch oulings ook *wrastelen*, *wratfelen*: *ghewratzelt deur 't verdriet, ver buijten ijemands meenen.* VLAARD. REDENR.

WORSTELPERK, z. n., o., *des worftelperks*, of *van het worftelperk*; meerv. *worftelperken*. Van *worftelen* en *perk*. Anders *worftelplaats*. Eene afgeperkte plaats voor het worftelfpel: *overwinnaar in het Olijmpifche worftelperk. In het worftelperk treden*, is, oneigenlijk, evenveel welken ftrijd aanvangen: *hij trad tegen mij in het worftelperk*.

WORSTHORENTJE. z. n., o., *des worsthorentjes*, of *van het worsthorentje*; meerv. *worsthorentjes*. Van *worst* en *horentje*. Een werktuig, waarvan men zich in het maken van worst bedient: *het worsthorentje is te wijd voor den darm. Iemand door een worsthorentje*, dat is *heel fchraal, voeden.* HALMA.

WORTEL, z. n., m., *des wortels*, of *van den wortel*, meerv. *wortelen* en *wortels*. Dat gedeelte van eene plant, waarmede zij in den grond bevestigd is, en waardoor zij haar voedfel daaruit trekt: *zoo ras zij 't vocht door haren wortel drinkt.* VOND. *Indien fijn wortel in der aarde veroudert.* BIJBELV. Wanneer de wortel zich in takken verdeelt, geeft men aan elken tak den naam van *wortel: laat de ftamme met hare wortelen in de aarde.* BIJBELV. *Wortelen fchieten*, is, van onderen in den grond uitgroeijen: *de voeten fchieten flux hun wortels in het klaij.* VOND. *Hij heeft zijn wortels uitgefcho-*

fchoten. L. D. S. P. Figuurlijk, zich vestigen: *wel-ke wortelen hoeft de ondeugd in dat hart gefchoten.* Gee-nen *wortel noch tak aan iets laten,* is hetzelve geheel verdelgen, het *met wortel en tak uitroeijen: die hen noch wortel noch tack laten en fal.* BIJBELV. *Om de ketterij met haren wortel uitteroeijen.* HOOFT. Elders is de *wortel* van een ding deszelfs oorfprong: *dat is de wortel des kwaads.* De voornaamfte fteun van een ding: *te zorgen voor den wortel van den ftaat.* HOOFT. Het onderfte gedeelte van een ding: *hij keert de bergen van den wortel om.* BIJBELV. *De wortel van den tand bleef zitten. De wortelen der nagelen.* In de taalkunde is de *wortel* van een woord deszelfs oorfpronkelijkfte gedeelte: *boek is de wortel van boekerij.* In de rekenkunst is de *wortel*, en bijzonderlijk, de *vierkante wortel* van een getal, zoodanig een getal, uit welks vermenigvuldiging met zich zelf dat andere getal voortgekomen is: *de wortel van zes en dertig is zes, en zes maal zes en dertig maakt een getal, waarvan zes de teerlingswortel is Worteltrekken.* Eindelijk geeft men den naam van *wortel* aan langwer-pige aardgewaffen van menigerlei foort: *gele, witte, wor-telen. Het varken mest zich met de wortels der moe-raffen.* Van hier *wortelen, worte'ings.* Zamenftell.: *wortelachtig, wortelboom, wortelkruid, wortelfpruit, worteltafel, wortelwoord, wortelworm,* KIL. enz. *Beet-wortel, graswortel, peperwortel, peterfeliewortel, fmeerwortel, teerlingswortel,* enz.

Wortel, nederf. ook *wortel,* hoogd. van oudsher *wurzel,* komt van het opperd. *wurz,* ULPHIL. *auris,* angelf. *ort,* zweed. *ört,* dat hetzelfde beteekent, maar welks oorfprong onzeker is.

WORTELACHTIG, bijv. n. en bijw. *wortelachtiger, wortelachtigst.* Van *wortel* en *achtig.* Eenen wortel gelijk: *een wortelachtig gewas.* Met wortelen bezet: *wat is de grond hier wortelachtig!*

WORTELBOOM, z. n., m., *des wortelbooms,* of *van den wortelboom;* meerv. *wortelboomen.* Van *wortel* en *boom.* Een Indisch boomgewas, waarvan men acht verfchillende foorten telt: *de wortelboomen groeijen ge-meenlijk aan de zeekusten, of langs de oevers der rivie-ren, in het water.*

WORTELEN, onz. w., gelijkvl. *Ik wortelde, ben ge-worteld.* Van *wortel.* Door middel van eenen wortel,

of

of van wortelen, bevestigd worden: *die boom is flecht geworteld.* Ook oneigenlijk: *hare afgehouwene stamme en wortelt niet in de aarde.* BIJBELV. *De ondeugd is al te diep in hem geworteld.* Van hier *worteling.* Zamenstell.: *inwortelen, ontwortelen,* enz.

WORTELINGS, bijw. Van *wortel.* Bij KIL. met wortel en al, tot den wortel toe.

WORTELKRUID, z. n., o., *des wortelkruids,* of *van het wortelkruid;* meerv. *wortelkruiden.* Van *wortel* en *kruid.* Eigenlijk kruid, waaraan wortelen zitten, of kruid van wortelen, derzelver loof. Bij de Natuurkenners, een plantgewas van vijf foorten; van welks eerfte foort de gemeene gele en witte wortelen een ras zijn, dat door aankweking verbeterd is: *venkelbladig wortelkruid, kervelbladig wortelkruid,* enz.

WORTELSPRUIT, z. n., vr., *der,* of *van de wortelspruit;* meerv. *wortelspruiten.* Van *wortel* en *spruit.* Een takje, of vezeltje, van eenen wortel; en voorts geeft men dezen naam ook aan de asperfies.

WORTELTAFEL, z. n., vr., *der,* of *van de worteltafel;* meerv. *worteltafels.* Van *wortel* en *tafel.* Eene zoogenaamde tafel, waarop men de vierkante, en teerlings-wortels van allerlei getallen uitgerekend vindt: *fla uwe worteltafel flechts op.*

WORTELWOORD, z. n., o., *des wortelwoords,* of *van het wortelwoord;* meerv. *wortelwoorden.* Verkleinw. *wortelwoordje.* Van *wortel* en *woord.* Een woord, dat den wortel, of het oorspronkelijke gedeelte, van eenige andere woorden uitmaakt: *het wortelwoord van bewondering is wonder.*

WORVEL, z. n., m., *des worvels,* of *van den worvel;* meerv. *worvelen* en *worvels.* Wordt bij KIL. even zeer met *wervel* verwisfeld, als *worvelen* met *wervelen,* en *worvelziek* met *wervelziek.*

WOUD, z. n., o., *des wouds,* of *van het woud;* meerv. *wouden.* Verkleinw. *woudje.* Een uitgeftrekt bosch, waar allerlei boomen en ftruiken door elkanderen in het wild groeijen: *'t Hercinier wout.* HOOFT. *Een groeiende en noit afgehouwen wout.* VOND. *Dat dan alle de boomen des wouts juichen.* BIJBELV. *Die 't gediert' in 't eenzaam woud ziet dwaalen.* L. D. S. P. *De wouden* zijn in Vriesland die boschachtige landftreken, die anders den naam van *de Zevenwouden* voeren: *eenboer uit*

uit de wouden, anders een *woudboer*, en *woudjar*. Verder komen van hier de zamenftell.: *woudachtig, woud-anemone, woudbewoner, woudbezie, woudezel, woud-god, woudheer, woudhoen, woudnimf, woudos, woud-raaf, woudflang, woudvogel, woudwachter*, enz.

Woud, wout, hoogd. *wald*, KERO. *vuald*, nederf. *woold*, angelf. *wold, wald, waald*, middeleeuw. lat. *gualdus*, vries. *woad*, eng. *wood*, zweed. *ved.*

WOUDACHTIG, bijv. n. en bijw. *woudachtiger, woudachtigst*. Van *woud* en *achtig*. Met een woud bezet: *een woudachtig oord*. Als bijw.: *het land ziet er overal even woudachtig uit.*

WOUDBOER, zie *woud.*.

WOUDEZEL, z. n., m., *des woudezels*, of *van den woudezel*; meerv. *woudezelen* en *woudezels*. Van *woud* en *ezel*. Een wilde ezel, die in den STATENBIJBEL als volkomen woest afgefchilderd wordt, zoo als in: *hij fal een woudtefel van een menfche zijn, fijn hant fal tegen allen zijn, ende de hant van allen tegen hem*; of liever, volgens de vertaling van MUNTINGHE: *hij fal een woudtefel zijn, een mensch, wiens hant tegen allen is.*

WOUDGOD, zie *woudheer.*

WOUDGODIN, zie *woudnimf.*

WOUDHEER, z. n., m., *des woudheeren*, of *van den woudheer*; meerv. *woudheeren.* Van *woud* en *heer*. De heer, eigenaar, of opziener, van een woud, en bij KIL. ook een woudgod, of fater, bij hem anders *wildewoudt-her, woudtherman*, en *woudthermanneken*, genoemd, terwijl hij dezen laatften naam voorts ook aan eenen huisgod toeeigent. Van hier de eigennaam *wouter.*

WOUDHOEN, z. n, o., *des woudhoens*, of *van het hoen*; meerv. *woudhoenderen* en *woudhoenders*. Van *woud* en *hoen*. Een wild flag van hoenders, waarvan men meer dan eene foort vindt: *het hazelhoen, en meer andere foorten van woudhoenders.*

WOUDNIMF, z. n., vr., *der*, of *van de woudnimf*; meerv. *woudnimfen*. Van *woud* en *nimf*. Anders *woud-godin*. Een gewaand bovennatuurlijk wezen van het vrouwelijk geflacht, en van foortgelijken rang, als de berg- en vliet-nimfen der dichters: *in het digte bosch daar de geile faters de dartele woudnimfen belagen.*

WOUTERMAN, z. n., m., *des woutermans*, of *van den*

den *wouterman*; meerv. *woutermans*. Bij de timmerlieden, een latje, dat men waterpas aan eenen muur, of
eene plank, vastfpijkert, om er het einde van eene plank
op te leggen: *die wouterman is niet breed genoeg.*

WOUW, z. n., m., *des wouws*, of *van den wouw*; meerv.
wouwen. Een roofvogel, kuikendief; *wouwe*, *wouwer*,
kieckendief, bij KIL. — *Ende de wouwe, ende de kraeije,
ende de gier, nae fijnen aert.* BIJBELV. *'t Zij de voo-
ghels verkleumt waaren, oft gejaaght van eenighe wouw.*
HOOFT. Nederf. *wije*, hoogd. *weihe*, NOTK. *wio*.

WOUW, z. n., vr., *der*, of *van de wouw*; zonder
meerv. Een plantgewas, waarvan men zich bedient,
om geel te verwen: *de nutte wouw groeit in het wild.*
Hoogd. *wau*, *waude*, *wied*, kan verwant fchijnen aan
weed, enz.

WRAAK, z. n., vr., *der*, of *van de wraak*; zonder
meerv. Van *wreken*. De daad van wreken: *onthoud u
van alle wraak! Dan fullen wij hem overmogen, ende
onfe wrake van hem nemen.* BIJBELV. *De geneugte van
de wraak duurt een' korten ftond.* HOOFT. Bijzonderlijk eene vergelding van bedreven kwaad: *de wraeck
is gaende en wankt haer taeie roede.* ANTONID. *Zoo
onzacht weckt de wraeck de boosheid alsfe flaept.* VOND.
Zijn wraak, gewekt door uw gedrag. L. D. S. P.
Dat Godt zijne wraak uitvoere naar zijn behagen. VOL-
LENH. In den STATENBIJBEL vindt men *wrake doen*,
wrake geven, *wrake nemen*, *wrake oeffenen* en *wrake
wreken*. Zamenftell.: *wraakgierig*, *wraakgierigheid*,
wraaklust, *wraakneming*, *wraakoefening*, *wraakuur*,
wraakwensch, *wraakziek*, *wraakzucht*, *wraakzuchtig*,
wraakzwaard, het zwaard, waarmede men zich wreekt.
Ook alle werktuigen, waarmede wraak geoefend wordt
— enz. *Weerwraak*, enz.

WRAAKBAAR, bijv. n. en bijw., *wraakbaarder*, *wraak-
baarst*. Van *wraken*; zie *baar*. Dat zich wraken laat:
wrackbaer, *oft wraeckbaer goed*, dat als ondeugend uitgefchoten wordt, bij KIL., die daaraan ook den naam van
wrackgoed, of *wraeckgoed*, geeft. *Een wraakbaar gedrag. Wraakbare getuigen.* Van hier *wraakbaarheid*.
Zamenftell.: *onwraakbaar*, *onwraakbaarheid*.

WRAAKGIERIG, bijv. n. en bijw., *wraakgieriger*,
wraakgierigst. Van *wraak* en *gierig*, voor *geerig*;
zie *gierig*. Anders *wraakzuchtig*, *wraakziek*. Begeerig

rig naar wraak: *een wraakgierig hart.* Van hier *wraak-
gicrigheid*, begeerte naar wraak; anders *wraaklust,
wraakzucht.*
WRAAKGOED, zie *wraakbaar.*
WRAAKLUST, zie *wraakgierig.*
WRAAKZIEK, zie *wraakgierig.*
WRAAKZUCHT, zie *wraakgierig.*
WRAAKZUCHTIG, zie *wraakgierig.*
WRAAKZWAARD, zie *wraak.*
WRADDEL, z. n., m., *des wraddels,* of *van den wraddel;* meerv. *wraddels.* Bij KIL. en HALMA, de kos-
fem van een rund: *zijnen vetten wraddel. Hij hadde
eenen fchoonen dikken hals, aen denwelcken hinck een
welgemaeck:e cosfem oft wraddel.* FLORIAN.
WRAK, bijv. n. en bijw., *wrakker, wrakst.* In een
of ander opzigt gebrekkig, gekneusd, verminkt, enz.
en daarom niet voor goed en duchtig gerekend, maar
als wraakgoed uitgefchoten: *wracken, oft wraecken,
haesinck,* KIL. *Wrak aardenwerk.* HALMA. *Een
wrakke boedel,* is een, die niet wel gefteld is. *Dat
kantoor is wrak. Het zit heel wrak met hem,* beteekent, hij loopt gevaar van bankbreuk. Het onz. geflacht wordt als z. n., gebruikt, voor een befchadigd
en onbruikbaar fchip: *het wrak werkte zich al dieper
en dieper in het zand weg.* Oneigenlijk, een fchip, dat
haast niet meer bruikbaar is: *als dat wrak niet fpoedig
afgekeurd wordt, zal het nog eens met man en muis vergaan.* Volgens KIL. oulings ook fchipbreuk; en, dat
het voor zeevond gebruikt werd, blijkt uit: *id hetten
wrake, oder fehe vund.* v. HASS. Ook werd het oul.
gebezigd voor afbraak, puinhoop: *waar noch een flee-
ne tempelwrak bekeeken word.* SIX V. CHAND. Van
hier *wraken,* enz.

Wrak, nederf. ook *wrak,* is, verwant aan *breken,*
van waar ook *gebrek, gebrekkig.* Het beteekent eigenlijk gebroken, en heeft die beteekenis aan zijnen klank
te danken; even als *breken* de zijne; zie *breken.*
WRAK, z. n., o., zie *wrak,* bijv. n. en bijw.
WRAKEN, bedr. w., gelijkvl. *Ik wraakte, heb ge-
wraakt.* Als gebrekkig en ondeugend befchouwen: *elk
wraakt uw gedrag in dezen.* Als ondeugend verwerpen: *wraecken de ghetuijgen.* KIL. Van hier *wraakbaar*

R

baar, wraking, KIL. — Zamenstell.: *wraakgoed*, *wraakharing*, enz.

WRANG, bijv. n. en bijw., *wranger*, *wrangst*. Zoo scherp en zuur, dat het den mond zamenwringt: *wie kan dien wrangen wijn drinken? Wrangh, wranck van smaeck.* KIL. — Overdragtelijk, hard, scherp: *Neptunus wreeden wrok en wrange wraeck ten doel.* POOT. Van hier *wrangheid.* Zamenstell.: *wrangkruid*, anders *vierkruid.* Dit woord komt van *wrangen* bij KIL., evenveel, als *wringen.*

WRANGE, z. n., vr., *der*, of *van de wrange*; zonder meerv. Bij KIL. schurft; en een kruid, dat zich om boomen, enz. henen wringt; anders *winde.*

WRAT, z. n., vr., *der*, of *van de wrat*; meerv. *wratten.* Verkleinw. *wratje.* Eene rond- en hard-achtige verhevenheid op de huid: *wratten aan de handen. Die elcke wrat, hoe groot zij zijn, met goldt kunt deeken.* HOOFT. *Ofte wratte, ofte drooge schurftheijt.* BIJBELV. Van hier *wratachtig*, vol wratten, of aan eene wrat gelijk, *wrattig.* Zamenstell.: *wrattenkruid*, zeker slag van wolfsmelk. *Kankerwrat*, *melkwrat*, *mierwrat*, enz.

Wrat, KIL. ook *werte*, nederf. *waarte*, angelf. *weart*, eng. *wart*, zweed. *värta*, hoogd. *warze*, fr. *verrue*, ital., lat. *verruca*, stamt, volgens ADELUNG, af van het oude *weer*, dat bij KIL. eelt aanduidt.

WRATACHTIG, zie *wrat.*

WRATSELEN, zie *worstelen.*

WRATTENKRUID, zie *wrat.*

WREED, bijv. n. en bijw., *wreeder*, *wreedst.* Eigenlijk, hard voor het gevoel van den aanraker: *dat linnen is mij al te grof en wreed.* Van iemands geaardheid, hard, onmededoogend: *'k moet voor 't geweld van wreede menschen wijken.* L. D. S. P. *'t Gehuil der wreede wolven.* VOND. *De wreede bloeddorst wordt door 't zuipen niet geslist.* HOOFT. De werktuigen van een wreed gemoed: *slingren 't ingheweijd om dees mijn wreede handen.* BREDEROD. *Door 's legers wreede tenten.* VOND. *Een wreet adderen vergist.* BIJBELV. Het bedrijf van een wreed gemoed: *eene wreede vervolging. Tegen 't wreed geweld.* L. D. S. P. *Al te scherp en wreet voor 't vaderlijk gemoet.* VOND. *De barmharticheden der godtloosen zijn wreet.* BIJBELV.

Als

Als bijw. : *wreed mishandeld en vermoord. Iemand wreed vallen*, is . zich hard, wreed, jegens hem be-tooneu: *wien viel de min oit wreeder?* VOND. *Op het wreedst*, is, met de uiterfte hardheid : *door hen op 't wreedſt' word' omgebragt.* L. D. S. P. *Een wreed uitzigt*, is, een gelaat, dat een wreed gemoed aanduidt. *Hij ziet zo wreed als een fchaap*, beteekent, niets min-der, dan wreed. Het mannelijk en vrouwelijk *wreede* wordt ook als z. n. gebruikt: *ik beef niet voor dien wreeden. Mijne liefde voor die wreede.* Van hier *wreed-aard*, enz. —*wreedelijk*, *wreedheid*, enz. Dit woord is verwant aan het eng. *wrath*, toorn, en *wroth*, toor-nig, en heeft zijne beteekenis aan zijnen klank te danken.

WREEDAARD, z. n., m., *des wreedaards*, of *van den wreedaard*; meerv. *wreedaards.* Van *wreed* en *aard.* Een mensch van eene wreede geaardheid: *ont-menschte wreedaard!* Van hier *wreedaardig*, bijv. n. en bijw., dat evenveel als *wreed* beteekent: *welk een wreedaardig volk! Wreedaardig omgebragt; wreedaar-digheid, wreedaardiglijk, wreedaardij*, bij OUD.

WREEDAARDIG, zie *wreedaard.*

WREEDELIJK, bijw., van *wreed* en *lijk*, zie *lijk.* Op eene wreede wijze : *hij wierd wreedelijk vermoord.* HALMA.

WREEDHEID, z. n., vr., *der*, of *van de wreedheid*; meerv. *wreedheden.* Van *wreed*, zie *heid.* De hoe-danigheid van iemand, of iets, die, of dat, wreed is : *de wreedheid van dat leder. Ik beef voor de wreedheid van zijn uitzigt. Ghij en fult geene heerfchappije over hem hebben met wreetheijt.* BIJBELV. Een wreed be-drijf : *door het plegen van allerlei ſnoode wreedheid.*

WREEF, *wrijf*, z. n., vr., *der*, of *van de wreef*; meerv. *wreven.* Van *wrijven.* Het bovenfte, de krop van den voet: *wrijf des voets.* KIL. *Die fchoen knelt mij op de wreef.*

WREEKSTER, zie *wreker.*

WREKEN, bedr. w., ongelijkvl. *Ik wreekte*, en, oulings, *ik wrak*, *wrook*, *heb gewroken.* Iets, waar-over men gebelgd is, bij den dader t'huis zoeken: *om te wreken alle ongehoerfaemheijt.* BIJBELV. *Harenfca-de wraken de Vriefen fwaer.* M. STOK. *De dood van iemand wreken.* HALMA. *Iemand wreken*, is , het kwaad, dat hem aangedaan is, t'huis zoeken: *(al fe-*

R 3   *ven-*

voudich gewroken worden. BIJBELV. *Op dat zij zich,* *van 't recht geweeken, nooit fproorloos wreeken.* L. D. S. P. *Gherne wrake ic mi, wistic hoe.* FERGUUT. Van hier *wraak*; enz. *wreekfter, wreker, wreking.* Dit woord luidt in het hoogd. *rachen.*

Wreken had oul. in den onvolmaakt verled. tijd regelmatig, ik *wrak*, even als *fpreken, fprak, breken, brak, fteken, ftak;* doch het bedorven gebruik wil nu, dat men voor *wrak* zegge *wreekte,* niettegenftaande wij nog regelmatig zeggen, *gewroken,* gelijk *gefproken, gebroken, gefloken.* Van *wrak* hebben wij *wraak,* even als van *brak* en *fprak, braak* en *fpraak.*

WREKEN, bedr. w., gelijkvl. *Ik wreekte, heb gewreekt.* KIL. ook *wreijcken,* uit de handen wringen, en verrukken: *den vinger gewreket.* v. HASS. Waar men ook *den duum verwreket* vindt. *Aan iets wreken,* is het, al wrikkende, heen en weer bewegen, o.n het uit zijnen ftand te brengen. Dit woord is verwant aan *wrikken.*

WREKER, z. n., m., *des wrekers,* of *van den wreker;* meerv. *wrekers.* Van *wreken.* Al wie wreekt: *de wreker des bloets, die fal den dootflager dooden.* BIJBELV. *Gewetens beudel vrees den Goddelijken wreker.* VOND. Zamenftell.: *bloedwreker,* enz. Wegens eene vrouw gebruikt men *wreekfter.*

WREMELEN, *wriemelen,* onz. w., gelijkvl. *Ik wremelde, heb gewremeld.* Derwijze wemelen, dat zulks kitteling veroorzake: *er wremelt mij iets aan het lijf* In den STATENBIJBEL, wemelen over het algemeen: *de zeen, ende al, wat daarin wriemelt.* Van hier *gewremel, wremeling.* Dit woord fchijnt zijne beteekenis aan zijnen klank verfchuldigd.

WREVEL, bijv. n. en bijw. *wreveler, wrevelst.* Kwaadaardig, met bitterheid bezield: *als wrevelen en fnooden.* L. D. S P. Anders *wrevelig: wrevelige getuijgen ftaender op.* BIJBELV. Als bijw.; *vergeld mij wrevel g kwaad voor goed.* L. D S. P. In het hoogd. *freventlich,* en *frevelhafft.* Behalve dit *wrevelig,* komt van *wrevel* nog *wrevel,* z. n., en *wrevelen,* KIL. *freuelen,* hoogd. *freveln.* Zamenftell.: *wreveldaad, wrevelmoed, wrevelwoord,* enz. De oorfprong van dit woord fchijnt in deszelfs klank gezocht te moeten worden.

WREVEL, z. n., m., *des wrevels,* of *van den wrevel;*

zon-

zonder meerv. Van *wrevel*, bijv. n. Boosaardigheid, bitterheid: *d'aerde was vervult met wrevel*. BIJBELV. *Ik zie en ftad en ftaai van twist en wrevel ingenomen.* L. D. S. P. *En perfen tegen hem en zijnen wrevel aen.* VOND.

WREVELIG, zie *wrevel*, bijv. n.

WREVELMOED, z. n., m., *des wrevelmoeds*, of *van den wrevelmoed*; zonder meerv. Van *wrevel* en *moed*. Wreveligheid: *zijn wrevelmoed vervo rt hem tot de grootfte wreedheden.* Van hier *wrevelmoedig*.

WRIGGELEN, zie *wrikken*.

WRIJFBORSTEL, zie *wrijven*.

WRIJFDOEK, zie *wrijven*.

WRIJFHOUTEN, zie *wrijven*.

WRIJFPAAL, z. n., m., *des wrijfpaals*, of *van den wrijfpaal*; meerv. *wrijfpalen*. Verkleinw. *wrijfpaaltje*. Van *wrijven* en *paal*. Een paal, waaraan de beesten zich wrijven; en, overdragtelijk, een voorwerp van fpot en hekeling: *dat is de wrijfpaal, waaraan zich alle fchurfte ezels plegen te wrijven.*

WRIJFSTEEN, zie *wrijven*.

WRIJFSTER, zie *wrijven*.

WRIJTEN, onz. w., gelijkvl. *Ik wrijtte, heb gewrijt.* Twisten, krakeelen: *hij is nooit wrijtens moe. In fcheuringen te wrijten en te wroeten.* BRANDT. Bij KIL. Draaijen, wringen; even als het eng. *writh*, en het oude *wrijfelen*, dat het voortdurend werkw. van dit *wrijten* is. Van hier *gewrijt, wrijter, wrijtfter*. Dit woord fchijnt zijne beteekenis aan den klank van zijnen wortel verfchuldigd te wezen.

WRIJVEN, bedr. en onz. w., ongelijkvl. *Ik wreef, heb gewreven.* Iets met eene geftadig over hetzelve heen en weder gaande beweging drukken: *is de verf nog niet gewreven? Pluckten aijren, ende atenfe, die wrijvende met de handen.* BIJBELV. *Iets ergens mede wrijven*, is vaak, het al wrijvende met een dun bekleedfel daarvan voorzien: *was, om de ftoelen daarmede te wrijven. Wrijf het jichtige lid met dien balfem. Zich wrijven*, is, zich fchuren: *het varken wrijft zich tegen dien paal. Zich aan iemand wrijven*, is, zich vermaken met hem te befpotten, of te hekelen: *hij zoekt zich aan mij te wrijven. Schrijven en wrijven is zoo veel*, als fchrijven en herfchrijven, nadat men het kwalijk gefchrevene uit-

ge-

gewreven heeft : *hij is onophoudelijk bezig met schrijven
en wrijven. En schrijft en wrijft; de nacht is tot geen
rust geboren* VOND. Van hier *gewrijf*, *wreef*, of
wrijf, —*wrijfbaar*, *wrijfster*, *wrijver*, *wrijving*. Zamenstell.: *wrijfborstel*, *wrijfdoek*, *wrijflap*, *wrijfpaal*,
wrijfsteen, enz. *Aanwrijven*, *inwrijven*, *afwrijven*,
uitwrijven, *verwrijven*, enz.

Wrijven, KIL ook *vrijven*, vries. *wrieuwe*, hoogd.
reiben, eng. *rub*, schijnt zijne beteekenis, even als het
fr. *frotter*, lat. *fricare*, aan zijnen klank te danken te
hebben

WRIJVER, z. n., m., *des wrijvers*, of *van den wrijver*; meerv. *wrijvers*. Van *wrijven*. Bij HALMA een
werktuig, om te wrijven, een stijve borstel. Voorts
ook al wie wrijft: *de wrijvers van de verf*. Wegens
een vrouwelijk wezen gebruikt men *wrijfster*, dat bijzonderlijk iemand aanduidt, die houtwerk gladwrijft:
het is eene goede wrijfster.

WRIJVING, z. n., vr., *der*, of *van de wrijving*;
meerv. *wrijvingen*. Van *wrijven*. De daad van wrijven:
door wrijving van het jichtige been. Bijzonderlijk, scha-
ving van twee dingen tegen elkanderen : *de wrijving
heeft het doen wegslijten. De beweging van den rollen-
den bal wordt door de wrijving verminderd.*

WRIKKEN, bedr. en onz. w., gelijkvl. *Ik wrikte,
heb gewrikt*. Onz., bij HALMA, waggelen. Voorts is
aan iets wrikken pogingen doen, om het uit zijnen stand
te krijgen, zoo als men *aan iets wriggelt*, wanneer men
daaraan eene voortdurende kleine beweging geeft: *wrig-
gel niet langer aan mijnen stoel*. En *wrikken* is bij
HALMA ook, met eenen riem, die achter uit een vaartuig ligt, roeijen. Bedr. is *iets wrikken*, het doen waggelen: *hij wrikt den paal al heen en weder*. Van hier
gewrik, *wrikbaar*, in *onwrikbaar*, — *wrikking*. Zamenstell.: *afwrikken*, *verwrikken*, *voortwrikken*, enz. Dit
woord is verwant aan *wreken*, *wreijcken*, bij KIL., zie
wreken, gelijkvl.

WRINGEN, bedr. w., ongelijkvl. *Ik wrong, heb gewrongen*. Op zich zelf met eene draaijende beweging ineen drukken: *wring den doek ter dege. Zij wrong de
handen van vertwijfeling. Zich in allerlei bogten wringen*, is, gestaag een nieuw voorkomen aannemen, om
zich te redden. *Iets ergens in wringen*, is het met eene

draai-

draaijende beweging daarin drukken: *die laat zich van
een kint den schicht in 't harte wringen.* VOND. *Iets
ergens uit wringen* is het tegenoverstaande: *de schepter
naauw gevat weer wringen uit de hand.* PAFFENROD.
Ter wonde uit wiert gewrongen. VOND. *Hij wrong den
dauw uit het vlies.* BIJBELV. Spreekw.: *elk weet,
waar hem de schoen wringt,* elk weet best, waar het
hem hapert. Als z. n., o., *het wringen,* de verenging
van een schip. Van hier *gewring, wringing, wrong,
wrongel.* Zamenstell.: *ontwringen, toewringen, uit-
wringen, verwringen, voortwringen, zamenwringen,*
enz. Dit woord ontleent zijne beteekenis oogenschijn-
lijk van zijnen klank.

WROCHTEN, bebr. w., gelijkvl. *Ik wrochtte, heb
gewrocht.* Hetzelfde als werken:
*Die kracht, die mijn gebeent met senuwen t' saam verkrochte,
Mijn hert en hersens schiep, de ziele daarin wrochte.*
F. v. DORP.
Nog hoort men dit werkw. *wrochten,* bij het gemee-
ne volk, in Gouda: *ik moet den ganschen dag wroeten
en wrochten*

WROEGEN, bedr. w., gelijkvl. *Ik wroegde, het gewroegd.*
Bij KIL. beschuldigen: *soo wie gewroeght wordt van
valsche mate.* V. HASS. *Zijn geweten begint hem te
wroegen. Indien het hart ons wroegt.* H. D. GR. Daar
nu zulk een wroegen van het geweten iemand inwendig
kwelt, wordt *wroegen* wegens allerlei inwendige kwel-
ling gebezigd: *dit wroeght Jupijn.* VOND. *Eens anders luck
mij niet en wroecht.* ZEEUWS. NACHTEG. Van hier *wroeger,* beschuldiger, bij HOOFT, en *wroeging,* bij KIL., in
den zin van beschuldiging, ook *wroegerschap.*

WROEGER, zie *wroegen.*

WROEGERSCHAP, zie *wroegen.*

WROETEN, onz. w., gelijkvl. *Ik wroette, heb gewroet.* Op soortgelijk eene wijze ergens in boren, als de
varkens in den grond: *hoe gaarne wroeten de kinderen in het
zand. En wroet gelijk de mol sterck.* VOND. *In eigene
ingewanden wroeten,* is, figuurlijk, vijandelijkheden
bedrijven, waardoor men zich zelven benadeelt. *Hij
houdt niet op van woelen en wroeten,* is, hij laat niet
af van openlijke en bedekte onrustige bewegingen.
Werken en wroeten, is, zich met moeijelijken arbeid

R 4
af-

afflooven. *Alles het onderste boven wroeten*, waarin dit woord bedrijvend is, beteekent, alles door gewroet het onderfte boven keeren. Van hier *gewroet, wroet- ter, wroeting, wroetfter.* Zamenftell: *omwroeten, opwroeten, verwroeten, voortwroeten, wegwroeten,* enz. De beteekenis van dit woord fchijnt uit deszelfs klank gefproten.

WROK, z. n., m., *des wroks,* of *van den wrok;* zon- der meerv. Van *wrokken.* De daad van wrokken, of de gezindheid van iemand, die wrokt: *vluchten voor den wrok van broeder Efau.* VOLLENHOVE. *Om tegen mij alleen den wrok des graeus te draeien.* D. DECK. *Door Junoos onverzetbaren wrock.* VOND. *Zonder ou- den wrok.* HOOFT: bij wien dit woord te onregt vrouwelijk is, in: *deze wrok, hoe zij met fchooner ge- laat bedekt werd.* Bij KIL. hebben *wronck* en *wrongh,* eng. *wrong,* even dezelfde beteekenis.

WROKKEN, onz. w., gelijkvl. *Ik wrokte, heb ge- wrokt.* Inwendig haat en wraakzucht voeden: *men kan het hem aanzien, dat hij nog fteeds wrokt. Die noch, om 's grootvaers b'oet, wrockt tegens Oostenrijck.* VOND. Van hier *gewrok, wrok, wrokkig.* Dit woordt duidt door zijnen klank eene opgekropte vijandigheid aan.

WRONG, z. n., vr.; *der,* of *van de wrong;* meerv. *wrongen.* Verkleinw. *wrongje, wrongetje.* Bij KIL. evenveel, als *wrok,* zie *wrok;* en voorts de daad van wringen: *met elke wrong drukte hij er eenen vloed van water uit.* Iets, dat zamengewrongen is: *de das zit hem als eene wrong om den hals. De flangen fluimeren gekrunkelt in een wrong.* VOND. Een zamengewroug ne doek, dien de Oosterlingen om her hoofd dragen: *een wrong zijn hairen drukte.* VOND.; bij wien eene Koninklijke hoofd- wrong den naam van *wrongkroon* draagt, in: *de wrong- kroon voeght dat vet gebalfemt hoo't.* Zamengedraäide haren: *daer fteeckt men langs de wrong een fteel met diamanten.* J. v. D. DOES. Bij KIL. ook een bloem- krans. Van *wringen.*

WRONGEL, z. n., vr., *der,* of *van de wrongel;* zon- der meerv. Van *wrong.* Bij KIL. evenveel als *wrong,* of *wronck,* en voorts bijzonderlijk geftremde melk, die gewrongen en geperst wordt, om er kaas van te maken. Van waar *wrongelen,* ftremmen, tot wrongel worden.

WUFS, zie *wuft.*

WUFS,

WUFT, bijv. n. en bijw., *wufter*, *wuftst*. Ligt van beweging: *het wuft gevogelt*. *Na een heuschen kus springt elck met wuften trede*. VOND. Overdragtelijk, wispelturig, veranderlijk: *de wufte zinnen der onbedachte jeugd*. *Hoe wuft gaat hij te werk*. HOOFT bezigt ook hier voor *wufs*: *een wuffe vreemdeling*. *Betoom uw wuffe tong*. Van hier *wuftelijk*, *wuftheid*. Dit woord schijnt van *wuiven* af te stammen.

WUI, z. n., vr., *der*, of *van de wui; meerv. wuijen*. Verkleinw. *wuitje*. Een werktuig, om schiemans garen op te winden. Bij HALMA ook *wuit*, dat men intusschen ook wel eens voor den mond en de kin gebruikt: *houd uwe wuit*. *Kijk eens, welk een aardig wuitje zij zet!*

WUIVEN, bedr. en onz. w., gelijkvl. *Ik wuifde, heb gewuifd*. Onz., heen en weder slingeren: *de wind houdt op van ruischen, en het geboomte van wuiven*. *Zij begonnen te wuiven*, met den hoed te zwaaijen. *De strandliên wuiven, wenken*. J. DE MARR. Bij HALMA is *iemand wuiven*, bedrijvend, hem met den hoed, of de muts, wenken: *en als dan wuift men, van 't schip, de stoep, naer deze visch toe*. ZORGDRAG. Van hier gewuif, *wuft*, en misschien *weifelen*.

WULP, z. n., m., *des wulps*, of *van den wulp; meerv. wulpen*. Een onbedacht Jongeling: *hij is een jonge en losse wulp*. HALMA. Van hier *wulpsch*. Dit is eigenlijk hetzelfde woord als *wulp*, *welp*, het jong van menigerlei dieren; zie *welp*.

WULPSCH, bijv. n en bijw., *wulpscher*, *wulpschst*. Dartel, zoo als een wulp: *een wulpsche quant*. HALMA. *Gij leeft al te wulpsch en dartel*. Minziek: *te wulpsch, te vroeg gereet*. VOND. Van hier *wulpschelick*, KIL.—*wulpschheid*, dartelheid en minnelust: *'t Gulhartig danssers hart van geile wulpsheit steigert*. VOND. *Zijne jeugdige wulpschheid*.

WULPSCHHEID, zie *wulpsch*.

WURG, zie *worg*.

WURGEN, bedr. w., gelijkvl. *Ik wurgde, heb gewurgd*. Door toewringen van den strot ombrengen: *men wurgde hem op den brandstapel*. Van hier *wurg*, of *worg*, *wurging*. Zamenstell.: *wurgkoord*, *wurgpaal*, enz. *Verwurgen*, enz.

Wurgen, *worgen*, NOTK. *worchen*, hoogd. *würgen*,

gen, schijnt ontleend van het gerogchel van iemand, wiens luchtpijp door den wurg, of anderzins, toegewrongen wordt.

WURM, zie *worm*.

WURMEN, o. w., gelijkvl. *Ik wurmde, heb gevurmd.* Slaven, hard werken: *hij doet niets, dan wurmen.* Zie *wormen.*

X.

X.

Eene onduitfche letter, zie *Inleiding*, *bladz. 72 en 73.* Oulings gebruikte men haar als eene bekorting van ks. Dus vindt men bij M. STOK. *ftrixe*, in plaats van *ftrikfe; — die twee jonxtejegen den ouden*, enz. En zoo fchreef men nog lang *dagelijx*, *naauwlijxs*, *des valx*, *des rijx*, enz. Maar KIL. begreep reeds, dat deze bekorting evenmin eene plaats in ons ABE verdiende, als al die andere bekortingen, die de affchrijvers van oude boeken bezigden; en ook wij gebruiken tegenwoordig, in hollandfche woorden, alleen de *ks*, als: *dagelijks*, *naauwlijks*, *des volks*, *des rijks*, enz. KIL. gebruikte de x enkel op zijne lijst van vreemde eigennamen, waarin de Latijnen haar, in navolging der Grieken, gebezigd hadden; en zoo doen wij ook thands algemeen, fchrijvende *Xanthus*, *Xerxes*, *Artaxerxes*, *Alexander*, *Xenophon*, enz.

XANTHUS, z. n., m., *van den Xanthus;* zonder meerv. De eigennaam van eene rivier: *het zal u aen geenen Xanthus on breken.* VOND.

Y.

Y.

Dit griekſche klankteeken, het welk buiten noodzake, en tegen de oorſpronkelijke inrigting onzer tale, door eene ongepaste navolging der Franſchen, in dezelve doorgedrongen, en voor de enkele *i*, in *arbeyd, beleyd*, enz. gebezigd is geweest, is reeds voorlang uit echtnederduitſche woorden uitgemonſterd; en thands is deze letter geheel uit het Nederd. ABÉ uitgewiſcht; en men bezigt dezelve alleen in eenige eigennamen van perſonen, landen, enz., als: *Cyrus. Asſyrie, Abysſinie. Abydus*, enz. Zie SIEGENB. *Verhandel. over de Nederd. ſpelling*, bl. 75 en verv. En *Inleiding*, bl. 8 en 68.

YSOP, *yzoop*, zie *hijzop*.

Z.

Z.

De twee en twintigfte, en laatfte letter van het Nederduitfche ABE, en de zeventiende der medeklinkers; zij behoorde volgens PLINIUS niet, maar volgens ARISTOTELES al,
tot het Kadmifche ABE der Phoeniciers, dat, lang voor de
uitvinding van eenige andere, daartoe niet behoorende, letters, in Griekenland werd ingevoerd. Hoe het
zij, de plaats, die de z in het Griekfche ABE bekleedt, duidt zelfs aan, dat zij van de Phoenicifche
Zain ontleend werd. En zij had dezelfde kracht van
DS. De Latijnen bezigden haar enkel in Griekfche woorden, die zij overnamen, zoo als *zephyrus*, enz. Bij de
verandering van μαζα in *maſſa*, παρριζω in *patriſſo*,
enz. bezigden zij eene dubbele s in plaats van de z.
De hedendaagfche Grieken, Italianen, Hoogduit-
fchers en Nederfakfen, geven haar den klank van
TS. Wanneer zij in het Fransch uitgefproken
wordt, klinkt zij als eene zachte s. Maar in het
Engelsch en Hollandsch wordt zij nog zachter uitgefproken; waarom de zachte w de eenige medeklinker
is, die haar onmiddellijk voor zich duldt, en zij, zoo
vaak zij de plaats van eene fluitletter bekleeden moet,
in eene s verandert; zie *Inleiding, bladz.* 59, vergelijk *bladz.* 62. De Vriezen daarentegen fpreken de z
zeer fcherp uit. Bij KIL. vindt men in hare plaats de
c of s gebruikt. In den STATENBIJBEL komt zij nog
flechts zeldzaam voor.

ZAAD, z. n., o., *des zaads*, of *van het zaad*; meerv.
zaden. Verkleinw. *zaadje.* Dat voortbrengfel van
eene plant, waaruit als het gezaaid wordt, eene der-

ge-

gelijke plant groeit: *de pitten van het ooft en de fruit maken het zaad uit. Vruchtdragende geboomte, welckes zaet daerin was.* BIJBELV. Bijzonderlijk, het voortbrengfel van veld- en tuingewasfen, waaruit dergelijke gewasfen voortkomen: *wanneer het zaet op den verbranden acker van hitte quijne.* VOND. *Een Homer zaets fal een Epha geven.* BIJBELV. Overdragtelijk, het voortbrengend beginfel van evenveel welk ding: *het zaad van oproer. Tot ftrooien van het eerfte zaadt.* HOOFT. *Eenigh zaedt, dat te zijner tijdt opkomt.* VOND. Het teelvocht van menfchen en dieren, en derzelver kroost: *het manneken ende het wijfken, om zaet levendigh te houden.* BIJBELV. *Zelfs zal hun zaad, met een verheugd gemoed, zich heiligen.* L. D. S. P. In Holland bezigt men **zaad** allerbijzonderst voor koolzaad: *welk een heerlijke akker vol zaad.* Bij KIL. is *faed, faedinghe,* even als het hoogd. *faat,* de daad van zaaijen. Van hier **zaadling,** in **zaadlingshennip,** enz. Zamenftell.: *zaadader, zaadbal, zaadbeentje, zaadbolfter, zaadbreuk, zaaddorfcher, zaadhuisje, zaadkelkje, zaadkleed, zaadknop, zaadkooper, zaadkoopfter, zaadkorrel, zaadleider, zaadloop, zaadpeul, zaadfchieting, zaadvat, zaadvloed, zaadvloeijing, zaadwinkel, zaadzaaijer, zaadzolder,* enz. *Aalbeziezaad, aardbeziczaad,* enz. enz.

Zaad, nederf. *faad* en *faat,* angelf. *faed,* eng. *feed,* vries. *fied,* ijsl. *fäde,* zweed. *fäd,* OTTFRID. *fat,* TATIAN. *fati, fata,* hoogd. *faat* en *fame,* ISID. *fami,* NOTK. *famo,* lat. *femen,* boh. *femeno, fijme,* pool. *fiemie,* dalmat. *fzime,* turk. *fembil,* oud Egypt. *fon* en *djom,* komt van **zaden,** KIL. *faeden.* Zie **zaaijen.**

ZAADBEENTJE, z. n., o., *des zaadbeentjes,* of *van het zaadbeentje;* meerv. **zaadbeentjes.** Van *zaad* en *beentje.* Dezen naam geeft men aan kleine beentjes, die tusfchen de gewrichten van vingeren en teenen zitten: *de zaadbeentjes worden, om hunne gelijkheid aan zaadkorrels, dus genoemd.*

ZAADDORSCHER, z. n., m., *des zaaddorfchers,* of *van den zaaddorfcher;* meerv. **zaaddorfchers.** Van *zaad* en *dorfcher.* Een dorfcher van koolzaad, op een kleed, dat men het **zaadkleed** noemt: *hij dorfcht met andere zaaddorfchers op het zaadkleed.*

ZAAD-

ZAADKLEED, zie zaaddorfcher.

ZAADZAAIJER, z. n., m., des zaadzaaijers, of van den zaadzaaijer; meerv. zaadzaaijers. Van zaad en zaaijer. Eigenlijk, al wie zaad zaait; bijzonderlijk, die perfoon, van wiens verfchillend gezaai de Evangelisten gewagen: de gelijkenis van den zaadzaaijer.

ZAAG, z. n., vr., der, of van de zaag; meerv. zagen. Verkleinw. zaagje. Een werktuig, waarmede men zaagt: metter fage gefaegt. Bijbelv. Het harde ijzer, en de krassende zaegh. Vond. Ik hoor de zaeg door de eicke gaen. D. Deck. Zamenftell.: zaagbek, zaagblad, zaagpeul, zaagswijze, zaagloon, zaagmolen, zaagtand, zaagvijl, zaagvisch, enz. Handzaag, houtzaag, kraanzaag, raamzaag, raspzaag, fchrobzaag, fpanzaag, fteenzaag, trekzaag, tuinzaag, enz.

Zaag, Kil. faeghe, hoogd. fage, oudd. faga, angelf. fagu, fiige, zweed. fög, eng. faw, fr. fcie, ital. fega, komt van zagen.

ZAAGBEK, z. n., m., des zaagbeks, of van den zaagbek; meerv. zaagbekken. Van zaag en bek. Hoogd. fagefchnabler en fager. Een geflacht van watervogels, dat vijf foorten bevat, en waartoe de Duikerganzen behooren: gekapte zaagbek, kleine gekuifde zaagbek.

ZAAGBLAD, z. n., o., des zaagblads, of van het zaagblad; zonder meerv. Van zaag en blad. Een plantgewas van veertien foorten: het zaagblad met zijne zaagswijze getande bladeren. Voorts ook het blad van eene zaag, zoo als zaagtand een tand daarvan is.

ZAAGBOK, z. n., m., des zaagboks, of van den zaagbok; meerv. zaagbokken. Verkleinw. zaagbokje. Van zagen en bok. Een bekend houten ftel, waarop men hout legt, dat men overdwars doorzagen wil. In het hoogd. fagebock en holzbock.

ZAAGKRUID, zie zaagpeul.

ZAAGMEEL, zie zaagfel.

ZAAGMOLEN, z. n., m., des zaagmolens, of van den zaagmolen; meerv. zaagmolens. Van zagen en molen. Een molen tot zagen van hout: eene reeks van zaagmolens geven te Amfterdam den naam aan de zaagmolenspoort. Van hier zaagmolenaar.

ZAAGMOLM, zie zaagfel.

ZAAGPEUL, z. n., vr., der, of van de zaagpeul;
meerv.

meerv. *zaagpeulen*. Van *zaag* en *peul*. Een plantengeflacht, waarvan men flechts eene foort vindt: *men geeft in het Zuiden van Frankrijk aan de zaagpeul den naam van de zaag*. Anders *zaagkruid*, welke naam intusfchen ook wegens het zoogenoemde *fchaarkruid* wordt gebruikt.

ZAAGSEL, z. n., o., des *zaagfels*, of van het *zaagfel*; zonder meerv. Van *zagen*, zie *fel*. De fijne houtdeeltjes, die onder het zagen van het hout vallen. KIL. *facghel*. Anders *zaagmeel*, *zaagmolm*, *zaaglfof*. Hoogd. *fägefpäne*, nederf. *fagefpöne*, opperd. *fägegeift*, oostenr. *fagfchaten*.

ZAAGSTOF, zie *zaagfel*.

ZAAGTAND, zie *zaagblad*.

ZAAGVIJL, z. n., vr., der, of van de *zaagvijl*; meerv. *zaagvijlen*. Van *zaag* en *vijl*. Eene vijl, waarmede men de tanden van eene zaag fcherpt: *reik mij de zaagvijl eens aan*.

ZAAGVISCH, z. n., m., van den *zaagvisch*; meerv. *zaagvisfchen*. Van *zaag* en *visch*. Zeker flag van haaijen, met eene zaag aan den fnuit: *het zaagswijze getande zwaard van den zaagvisch onderfcheidt hem van den zwaardvisch*.

ZAAIBAAR, bijv. n., *zaaibaarder*, *zaaibaarst*. Van *zaaijen*, zie *baar*. Dat gezaaid kan worden: *dat is geen zaaibaar zaad*. HALMA.

ZAAIGOED, zie *zaaikoren*.

ZAAIJEN, bedr. en onz. w., gelijkvl. *Ik zaaide, heb gezaaid*. Bedr., derwijze uitftrooijen, als men het zaad gemeenlijk doet, dat men aan den grond toevertrouwt: *ick falfe onder de volcken zaeijen*. BIJBELV. Dun gezaaid, is, als het ware, fchaars geftrooid. *Hij zaait niet veel goeds*, hij verfpreidt geene goede begrippen onder zijne evenmenfchen. Bijzonderlijk, van eigenlijk zaad: *gelijck een hof 't gene in hem gezaeijt is doet uijtfpruijten*. BIJBELV. *En hoe hij zaes moet zaeien*. VOND. Ook wordt men gezegd datgene te zaaijen, waarvan men het zaad in de aarde werpt: *aardbeziën zaaijen*. *Zaai terwijl vlas en ceres mankop*. VOND. En oneigenlijk, dat gene, tot welks voortkoming men aanleiding geeft: *die onrecht zaeijt, fal moeijte maeijen*. BIJBELV. — Onz., is *zaaijen* zaad in de aarde werpen: *voor Jupijns tijt wisten de huislieden van zaeien noch*

noch maeien. VOND. Hij, die bedrukt met tranen
zaait. L. D. S. P. So moet ick zaeijen, maar een ander eten. Als z. n., onz.: onder het zaaijen. Zaeiens
en maeiens tijt. VOND. Het Deelw. gezaaide wordt
ook als z. n., onz., gebruikt. Voorts komt van hier
gezaai, zaad, zaaibaar, zaaijer, zaaijing, zaailing,
zaaisel. Zamenstell.: zaaigoed, zaaikoren, zaailand,
zaaimaand, zaaitijd, zaaiweder, zaatzak, enz. Be-
zaaijen, bijeenzaaijen, dooreenzaaijen, herzaaijen,
toezaaijen, verzaaijen, voortzaaijen, wegzaaijen,
enz.

Zaaijen, KIL. faeijen, faeden, vries. fjudje, boh.
fijti, zweed. fada en fä, hoogd. fäen, nederf. ook
fäen, faden en faien, NOTK. fahen, TATIAN. fauuen,
angels. fawan, eng. fow, ULPHIL. fajan, pool. fieie,
oud lat. fao, en feo, waarvan fevi, en feia, de godin
van het zaaijen, heeft een geluid, dat eigenaardig met
zijne beteekenis ſtrookt.

ZAAIJER, z. n., m., des zaaijers, of van den zaaijer; meerv. zaaijers. Van zaaijen. Al wie eigenlijk
of oneigenlijk zaait: zaet geven den zaeijer, ende broot
den eter. BIJBELV. De zaaijer van die denkbeelden.
Zamenstell.: boonzaaijer, zaadzaaijer, twistzaaijer,
enz.

ZAAIKOREN, z. n., o., des zaadkorens, of van het
zaadkoren; zonder meerv. Van zaaijen en koren.
Aanders zaaigoed. Koren, dat dient om gezaaid te worden: er was zelfs geen zaaikoren meer voorhanden.

ZAAILING, z. n., m., des zaailings, of van den zaailing; meerv. zaailingen. Van zaaijen, zie ling.
Eene gezaaide plant: is het een zaailing, of een ente-
ling?

ZAAISEL, z. n., o., des zaaisels, of van het zaaisel;
meerv. zaaisels. Van zaaijen, zie fel. BIJBELV.
faedfel. Het gene men zaait: gij treft uitmuntend weder op uw zaaisel.

ZAAK, z. n., vr., der, of van de zaak; meerv. zaken. Verkleinw. zaakje. Eigenlijk, getwist met woorden, in overeenstemming met fakan, bij ULPHIL. en
kifahhan, bij KERO, twisten. Voorts aanklagt, en
geding, voor den regter. Deze beide beteekenissen heeft fack
in de falifche wetten; en die van aanklagt enz. hebben facha en fahha bij OTTFRID., TATIAN., ISIDOR., enz.

S   400

zoo wel als het angels. *fac*, zweed. *fak*, en *fake* in het nederf., waar *faken* nog fteeds klagen is. Ook bij KIL. is *faecke*, *ghedinghe*; en het woord kan deze beteekenis fchijnen te hebben, in: *die fijnes volcks fake twisten fal.* BIJBELV., waar *iemands twist twisten* bij herhaling voorkomt. Maar veel gebruikelijker is het woord in den zin van het onderwerp van eenig geding: *Advocaat van kwade zaken. Dat fij alle groote faken een u brengen, maar dat fij alle kleijne faken richten.* BIJBELV. *Betwist uw zaak! wees onze pleitbeflechter!* L. D. S. P. *In zijne eigene zaak getuigen. Wanneer wordt die zaak eens afgedaan?* Hiertoe behoort ook: *voor de zaak van God en Godsdienst ijveren. Alles voor de zaak van waarheid en geregtigheid veil hebben*, enz. Ook is *iemands zaak* het gene hem voordeelig wezen, of tot eer verftrekken, kan: *verzen maken is zijne zaak niet. Zal het mijne zaak wel zijn, dat ik daar henen ga?* Soortgelijk eene beteekenis heeft dit woord, in: *het is gansch geene zaak, dat hij zulks doet.* Maar *ift faecke, dat ghij dit doet* beantwoordt bij KIL. en elders blootelijk aan, *zoo gij dit moegt komen te doen.* Bij denzelfden KIL. is *faecke oorfaecke*, even als in: *dit was de zake.* M. STOK, en, in: *ter zake van den Godsdienst.* Maar *ter zake*, op zich zelf, beteekent: om tot het onderwerp van eene rede, enz. toe te treden. En zoo is *zaak* menigmalen het onderwerp van iemands bezigheid: *wat is toch eigenlijk zijne zaak? Pas beter op uwe zaken. Het ftaat flecht met zijne zaken. Zijne zaak verftaan. Dat d'een trek tot een zelve zaak heeft, die den anderen tegens het hart fteekt.* VOND. Of, in het algemeen, elk onderwerp, waarvan men fpreekt of handelt: *die zaak raakt mij niet. Dit is de fake, die ghij doen fult.* BIJBELV. *Ziende de zaak dieper in.* HOOFT. Een voorval: *hij verhaalde mij de gansche zaak. Bootfchapten hem van de fake des puts.* BIJBELV. *D'afbeeldinge der zaecken, hem noch onbetwist.* VOND. Het tegenovergeftelde van bloote woorden: *als ik iets lees, zie ik flechts op de zaken. Dat werk is rijk van zaken.* Het tegenovergeftelde van perfoon: *ik haat de zaak, maar vergeefze den perfoon, dieze bedrijft. Geven vordert voor de zaak den vierden, maar voor den perfoon den derden naamval.* Eindelijk beteekent, *dat*, of *het*, *is eene goede zaak*, het is iets aange-
naams,

naams, of nuttigs: *een boek bij morgenthee is een goede
zaak.* GELLERT. Van hier, *zakelijk.* Zamenftell.:
*zaakbezorger, zaakgelastigde, zaakvoerder, zaakwaar-
nemer,* enz. *Evangeliezaak, geldzaak, halszaak,
hoofdzaak, huiszaak, krijgszaak, noodzaak, oorlogs-
zaak, oorzaak, pleitzaak, regtzaak, ftaatszaak,
twistzaak, zeezaak,* enz.

Zaak, KIL. *faecke,* oul. ook *fake,* even als in het
nederf., angelf. *fac,* SAL. WETTEN *fack,* ISIDOR.,
TATIAN., OTTFRID. *fahha, facha,* hoogd. *fache,*
zweed. *fak,* is verwant aan het hoogd. *fage,* het gene
er gezegd wordt, en aan *fagen,* zeggen. Deszelfs overgang van de beteekenis van aanklagt tot de overige ftaat
gelijk aan die van het lat. *caufa,* dat, blijkens *cufare,*
in *accufare,* de gezegde beteekenis ook moet hebben gehad, en welks dochters, het ital. *cofa,* en fr. *chofe,*
evenveel welke zaak beteekenen; en in *ding* is mede
foortgelijk een overgang op te merken.

ZAAKBEZORGER, z. n., m., *des zaakbezorgers,*
of *van den zaakbezorger;* meerv. *zaakbezorgers.* Van
zaak en *bezorger.* Een pleitbezorger, Procureur, en
fomtijds ook evenveel welke *zaakwaarnemer,* die gemag-
tigd is, om iemands zaken te bezorgen: *mijn Advocaat
en zaakbezorger.*

ZAAKGELASTIGDE, zie *zaakvoerder.*

ZAAKVOERDER, z. n., m., *des zaakvoerders,* of van
den zaakvoerder; meerv. *zaakvoerders.* Bij HALMA
een gezant aan vreemde hoven, wiens plaatsvervanger
bij zijn afzijn, den naam van *zaakgelastigde, chargé
d'affaires,* voert: *des Keizers zaakvoerder in Amerika.*
Van hier *zaakvoerderfchap.*

ZAAKWAARNEMER, zie *zaakbezorger.*

ZAAL, z. n., vr., *der,* of *van de zaal;* meerv. *zalen.* Verkleinw. *zaaltje.* Oulings, eene woning over
het algemeen, in overeenkomst met *faljan,* wonen, bij
ULPHIL. en *felida,* een vogelnest, bij TATIAN: *een
fale voor de jongen der ftruijsfen.* BIJBELV Een huis,
even als *felida,* bij OTTFRID, enz.; waarvan *falifuchen,*
in de oude Alemannifche wetten, huiszoeking doen beteekende. Een hof, een paleis: *hi wast daerna karte-
like gefleghen doot in zine zale.* M. STOK. Zoo ook
in: *de oranjezaal;* en deze beteekenis hebben het
zweed. *fal,* eng. *hall,* lat. *aula,* gr. αὐλή. Bij UL-

PHILAS is *alh* een tempel. Maar de gewoonfte b(teekenis is een ruim vertrek in een huis, of ander gebouw: *de zaal van het Stadhuis. Tot fieraadt dezer zaal.* HOOFT. *In de ruime zalen en vertrecken.* VOND. Eindelijk beftempelen de Dichters den hemel fomijlen met den naam *'s hemels hooge,* of *ruime, zalen.* Het Verkleinw. *zaaltje* duidt veelal een klein vertrekje aan. Zamenftell.: *achterzaal, benedenzaal, boekzaal, bovenzaal, eetzaal, oefenzaal, opperzaal, pleitzaal, fchermzaal, fpreekzaal, voorzaal,* enz.

Zaal, *zale,* fr. *fale,* eng. *hal,* ULPHIL. *alh,* lat. *aula,* gr. ἀυλη, OTTFRID. *felida,* ital., fp. *fala,* zweed. *fal,* hoogd. *faal.*

ZAAL, zie *zadel.*

ZAAM, zie *zamelen,* en *zamen.*

ZAAM, en, vrouwelijk, *zame,* is een uitgang van bijvoegelijke naamwoorden, verwant aan het eng. *feem,* lat. *fimilis,* en oulings op zich zelf gebruikt, om eene gelijkheid aan te duiden. *So famo,* is, bij KERO, zoo als. OTTFRID. gebruikt *fama* voor zoo, alzoo, eveneens. Thans duidt het aan, dat iets ergens overeenkomst mede heeft, daartoe gefchikt, of genegen, is. Zoo is *heelzaam* gefchikt, om te heelen, *leerzaam,* gefchikt, en genegen, om te leeren, *genoegzaam* gefchikt, om zich zelven of anderen te genoegen: *het is genoegzaam voor u. Hebbende cost en deckfele, laat ons hiermede ghenoechfaam wefen.* MAT. DER SOND.; *waar gheloeffame ghetughen* geloofwaardige getuigen zijn; zoo als men *eerzaam* voor eerwaardig gebruikt.

ZAAN, bijw. Schielijk: *alfoo faen, als die tot heurder kennisfe gecomen zijn.* v. HASS. *Zo zaen als fi geboren waren.* v. VAERNEW. *Hi fender faen eenen Hertoghe.* M. STOK. Bij DATHEEN komt dit woord ook dikwijls voor. Het luidt in het eng. *foon.*

ZAAN, z. n., vr. *der,* of *van de Zaen;* zonder meerv. Dikke melk, en fchimmel, dat fomtijds boven op het bier drijft, als het ingefchonken is : *faen, oft faenken van 't bier.* KIL., bij wien men de zamenftelling *faenkefe* vindt.

ZAAN, z. n., vr. *der,* of *van de zaan;* zonder meerv. Een watertje van Noordholland, dat in het IJ uitloopt:

aen

aen de Zaen geboren. MOON. Zamenftell. ‹ Zaan-
da ‚ Zaankant, enz. Oostzaan, Westzaan, enz.

ZAANDAM, z. n., o., des Zaandams, of van het
Zaandam; zonder meerv. Van Zaan en dam. Anders Zaanredam, bij omzetting, in plaats van Zaner-
dam. De aaneenliggende dorpen van Oost en West-
Zaandam bij elkanderen genomen: het molenrijke Zaandam. Van hier Zaandammer, die te Zaandam woont,
of van Zaandam is; en van Zaandam: aan den Zaandammer fteiger; ook Zaandamsch. De Zaandamsche
fchuit.

ZAANDAMMER, zie Zaandam.

ZAANKANT, z. n., m., des Zaankants, of van den
Zaankant; zonder meerv. Van Zaan en kant. De oevers der Zaan: hij woont aan den Zaankant.

ZABBEREN, onz. w., gelijkvl. Ik zabberde, heb ge-
zabberd. Bij HALMA kwijlen. Bij KIL. ook kladden,
onhandig fchilderen en ftamelen. Van hier gezabber,
zabberaar, zabbering. Zamenftell.: zabberdoek, enz.

ZACHT, bijv. n. en bijw., zachter, zachtst. Van
een geluid, dat het gehoor flechts ligtelijk, en tevens
aangenaam, treft: het zachte geruisch van dat
beekje. Het fuiffen van eene fachte ftilte. BIJ-
BELV. Als bijw.: u dikwijl al brommende zacht in flaep
fuffen. VOND. Spreek wat zachter! Een ligt en liefelijk geluid verwekkend: met eene zachte ftem. De zachte fluit. Een zachte tonge breeckt het gebeente. BIJ-
BELV. Zich flechts ligtelijk bewegend: met eenen zachten tred. Langs 't vloeijend fpoor der zachte beeken
leiden. L. D. S. P. Ik ga zoo zacht, als mij mogelijk is. Ligte gewaarwordingen verwekkende, of me-
devoerende: een zacht licht. Het is in eenen zachten
trant gefchilderd. Een zacht genoegen. Zachter dood
kon hij niet hebben. Een zach verwijt. Zijn zacht beftuur. Dien harden geest getracht door zachte fmeekin-
gen te morwen. D. DECK. Spreeckt tot ons zachte dingen. BIJBELV. Zijn niet de woorden diens ontaarden,
fchoon zacht als olie, bloote zwaarden. L. D. S. P.
Bijzonderlijk, flechts ligtelijk op het gevoel werkende:
het is zacht weder. Een zachte winter. Een zacht
bed. Kies witte en zachte fchapen. VOND. Ros het
paard wat zachter! Zacht! is, als tuffchenwerpfel, be-
dwing uwe ftem, uwe drift, enz. Van hier zachtelijk,
zach-

zachten, *zachtheid*, *zachtjes*, *zachtigen*, *zachtigheid*, *zachts* Zamenſtell.: *zachtaardig*, enz. *zachtblad*, *zachtmoedig*, enz. — *zachtzedig*, enz. — *zachtzinnig*, enz. — *onzacht*, enz.

Zacht, *zaft*, ook elders *zoft*, KIL. *faecht*, vries. *faaft*, ſomtijds ook *faft*, eng. *foft*, hoogd. *fanft*, KERO, NOTK., WILLERAM. *famft*, *femfte*, oud opperd. *fewft*, *feuft*, ital. *foffice*, nederf. *facht*, zweed. *fakta*, ſchijnt zijne beteekenis aan zijnen klank verfchuldigd te wezen.

ZACHTAARDIG, bijv. n., *zachtaardiger*, *zachtaardigst*. Van *zacht* en *aardig*, van *aard*. Anders *zachtmoedig*, *zachtzinnig*, *zachtzedig*. Zacht van aard: *welk een zachtaardig Jongeling!* Van hier *zachtaardigheid*, *zachtaardiglijk*.

ZACHTBLAD, z. n., o., *des zachtblads*, of *van het zachtblad*; zonder meerv. Van *zacht* en *blad*. Een plantgewas van vier verfchillende ſoorten: *paarbladig zachtblad*, *geſtrekt zachtblad*, enz.

ZACHTELIJK, zie *zachtjes*.

ZACHTEN, bedr. en onz. w., gelijkvl. *Ik zachtte*, *heb*, of *ben gezacht*. Zacht maken, of zacht worden. Weinig anders gebruikelijk, dan in *verzachten*; maar bij KIL. vindt men *faechten* en *faechtighen de ſmerte*.

ZACHTJES, bijw., van *zacht*. Heeft al de beteekeniſſen van het bijw. *zacht*, en wordt met *zachtelijk* verwiſſeld. In den STATENBIJBEL luidt het *fachtkens*: *de wateren van Siloa*, *die fachtkens vloeijen*.

ZACHTIGEN, zie *zachten*.

ZACHTLEVEN, z. n., m., *des zachtlevens*, of *van het zachtleven*; meerv. *zachtlevens*. Van *zacht* en *leven*. Bij KIL. een goedleven, iemand, die zich in zinnelijke geneugten baadt; en een *zacht leven* is bij hem het leven van zoodanig iemand.

ZACHTMOEDIG, zie *zachtaardig*.

ZACHTS, bijw., van *zacht*. Zonder veel bezwaar, ligtelijk: *mij dunkt*, *gij kunt dat zachts doen*.

ZACHTZEDIG, zie *zachtaardig*.

ZACHTZINNIG, zie *zachtaardig*.

ZADEL, z. n., m., *des zadels*, of *van den zadel*; meerv. *zadels* Verkleinw. *zadeltje*. Ook *zaal*. Eigenlijk, evenveel als *zetel*, nederf. *fetel*, angelſ. *fetl*, ULPHIL. *fitl*. Maar in het gebruik, dat ſlag van zetel, dat men op een paard legt: *alle fadel*, *daerop hij*, *die*

die den vloet heeft, fal gereden hebben. BIJBELV.
Schoon hij nooit anders hadt als gulde zael gedragen.
D. DECK., die het hier vrouwelijk maakt; fchoon het
ook bij hem mannelijk is, in: *geworpen uit den zael;*
in overeenkomst met: *Akanteus wort uit den zadel ge-*
licht. VOND.; dit is nu, figuurlijk, hem behendiglijk
verfchalken. *Iemand weer in den zadel zetten,* is, zijne verloopene zaken herftellen; en *in den zadel raken,*
is, bij HOOFT, in gevestigde omftandigheden geraken.
Van hier *zadelen,* enz. Zamenftell.: *zadelbeen, za-*
delboog, zadelboom, zadeldek, zadelhout, zadelkleed,
zadelknop, zadelkuffen, zadelmaker, zadelpaard, za-
delriem, zadeltasch, zadeltuig, enz. *Muilzadel, pak-*
zadel, rijzadel, vrouwenzadel, enz.

   Zadel, nederf., zweed. *fadel,* ijsl. *fadul,* angelf.
fadol, fadl, eng. *faddle,* wallis. *fadell,* krain. *fedlu,*
boh. *fedlo,* pool. *fiodlo,* STRIJK., ZWABENSPIEG.
fatil, hoogd. *fattel,* fp. *filla,* ital., lat. *fella,* fr.
felle, komt, door middel van het bijvoegfel *el* van *zad,*
fed, zit, waaruit het lat. *federe* en ons *zitten* gevormd zijn.

ZADELAAR, zie *zadelen.*

ZADELBEEN, z. n., o., *des zadelbeens,* of *van het*
zadelbeen; meerv *zadelbeenen.* Van *zadel* en *been.*
Een been van het menfchelijk ligchaam: *het zadelbeen*
grenst aan het wiggebeen.

ZADELBOOG, zie *zadelboom.*

ZADELBOOM, z. n., m., *des zadelbooms,* of *van den*
zadelboom; meerv. *zadelboomen.* Van *zadel* en *boom.*
Bij KIL. evenveel, als *fadelboge;* de boog van den zadel; hoogd. *fattelbogen* en *fattelbaum.* Bij de natuurkenners, een plantengeflacht, waarvan drie foorten onder de heesters, en de vierde onder de boomen behoort.
Van deze laatfte draagt het hout den naam van *zadel-*
hout.

ZADELEN, bedr. w., gelijkvl. *Ik zadelde, heb geza-*
deld. Van *zadel.* Hoogd. *fatteln,* nederf. *fadeln,*
zweed. *fadla,* eng. *faddle.* Met een zadel beleggen:
een paard zadelen. Sadelen het peerd. KIL., bij
wien *fadeler* aan *zadelmaker* beantwoordt; even als
in: *de fmeden ende de zadelaers.* v. HASS.

ZADELHOUT, zie *zadelboom.*

ZADELPAARD, z. n., o., *des zadelpaards,* of *van*
het

het zadelpaard; meerv. zadelpaarden. Van zadel en paard. Dat paard van een voorſpan, waarop de voorrijder zitten moet: het zadelpaard ſtruikelde.

ZADELTASCH, z. n., vr., der, of van de zadeltasch; meerv. zadeltasſchen. Van zadel en tasch. KIL. ſadeltes'che. Eene tasch, die aan den zadel hangt: hij haalde eene flesch uit zijne zadeltasch.

ZADELTUIG, z. n., o., des zadeltuigs, of van het zadeltuig; zonder meerv. Van zadel en tuig. Al wat tot den zadel behoort: ſij haddeſe in eenes kemels ſadeltuiſch geleijt. BIJBELV. Hoogd. ſattelzeug.

ZAGE, z. n., vr., der, of van de zage; meerv. zagen. Hoogd. ſage, zweed., angelſ., TATIAN., OTTFRID. ſaga, nederſ. ſagge, KIL. ſaeghe, ſegghinghe. Eigenlijk, al wat gezegd wordt. Bijzonderlijk eene fabelachtige vertelling, een leugen: dat nes loghene no zaghe. MAERL. Dat en ſijn ſaghen no droeme. J. v. HEELU. Daer binnen ſit die ſchoone maagt, daar menig ſage van gewaagt. SIX v. CH. Nog gebruikt men dit woord in volkszage.

ZAGEN, bedr. en onz. w., gelijkvl. Ik zaagde, heb gezaagd. Bedr., met eene zaag doorſnijden: hout zagen. Ik laat het tot ribben zagen. Hij zaegdeſe met der ſage. BIJBELV. Door middel van zulk eene doorſnijding daarſtellen: ik heb er latten van laten zagen. Onz., met eene zaag werkzaam zijn: hoe lang zagen zij reeds aan dien ſteen? Wanluidende ſtreken op eene viool, enz. doen: zij zaagden ellendig! Altijd op dezelfde ſnaar zagen, is, altijd van hetzelfde onderwerp handelen. Het deelw. gezaagd wordt als bijv. n. gebruikt, voor met eene zaag bewerkt: gij moet er geene andere, dan gezaagde, balken in leggen. Voorts komt van zagen nog gezaag, zaag, enz. Zaagſel, zager. Zamenſtell.: zaagbok, zaagmeel, zaagmolen, enz. Zaagmelm, zaagſtof, zagelis, enz. Aanzagen, afzagen, bezagen, doorzagen, toezagen, uitzagen, verzagen, voortzagen, enz.

  Zagen, KIL. ſaeghen, hoogd. ſägen, zweed. ſaga, fr. ſcier, eng. ſaw, ital. ſegare, lat. ſecare, ſchijnt zijne beteekenis aan zijnen klank verſchuldigd te zijn.

ZAGELIS, z. n., o., van het zagelis; zonder meerv. Van zagen. Bij HALMA evenveel, als zaagſel: het ligt er overal vol van zagelis.

ZAK, z. n., m., des zaks, of van den zak; meerv.
                              zak-

zakken. Verkleinw. *zakje.* Eene holle, aan den eenen
kant geflotene, ruimte, die uit eene huigzame.ftof vervaardigd is: *eenen efel met broot, ende eenen lederen*
fack met wijn. BIJBELV. Maar aan kleine zakken geeft
men den naam van *zakje, buidel, beurs,* of *tasch.* Alleen behoudt men den naam van *zakken* wegens hollig-
heden in de kleederen, die tot berging van een en ander gefchikt zijn: *fteek het in den zak van uwen rok;*
wegens die van eene biljard- of truktafel: *zijn bal ver-*
liep in dien zak; en in de zamenftell.: *geldzak, haar-*
zak, pleitzak, enz. Voorts is *zak* meermalen zoo veel,
als er in eenen gewonen zak gaat: *een zak aardappe-*
len. Hoe veel kost het koren, de zak? Twee zak zes-
thalven. Zeshonderd guldens maken eenen zak. Eene
plaats, die van achteren evenzeer, als aan weerskanten, geflooten is: *het water wordt door den wind in dien*
zak opgehoopt. Toen ik aan het einde kwam, zag ik,
dat het geene ftraat, maar een zak, was, en moest ik
weer terug. In den STATENBIJBEL een treurkleed
van harde en grove ftof: *fcheurt uwe kleederen, ende*
gordet facken aen, ende weeklaget. Bij KIL. een bijzonder mannenkleed van lateren tijd: *gheen onzen bor-*
ger rok, noch capraen, nochte gheenrehande zac, dra-
ghen en fellen. v. HASS. Soortgelijk eene beteekenis
heeft ook het lat. *fagum.* Hedendaags is *zak* een wijd
vrouwenkleed met eenen fleep; doch in dezen zin bezigt het gebruik de fcherpe s; zie *fak.* Bij KIL.
de maag, even als in het hoogd.: *zijnen zak*
vullen. Daarentegen is *zijne zakken vullen* meermalen,
oneigenlijk, zich verrijken. *Iemand den zak geven,*
is, hem zijne pakkaadje aanreiken, opdat hij vertrek-
ke, hem zijn affcheid geven: *hij gaf dien knecht wel-*
haast den zak. Den zak krijgen, is, weggezonden
worden. *Iemand in zijnen zak hebben,* zijne kunstgre-
pen ontwaar worden: *ik heb hem al in mijnen zak. Met*
pak en zak vertrekken, is, met al het zijne. *Eene kat*
in den zak koopen; zie *kat. Kat in den zak* is een bijzonder flag van linnen. *Hij viel in elkanderen als een*
natte zak, hij viel geheel ineen. Het verkleinw. *zak-*
je, is het beursje, waarmede men in de Kerken rond-
gaat: *fteek het in het zakje,* en menigerlei ander flag van
kleine zakken, van papier, enz. Van hier *zakken.* Zamenftell.: *zakband, zakbijbeltje, zakboekje, zakbor-*
ftel-

stelije, zakbreuk, zakdoek, zakgat, zakgeld, zakgezwel, zakhorologie, zakjesbloem, zakkedrager, zakkuil, zaklinnen, zakmes, zaknet, zakpijp, zakpistool,
zakspiegel, zakvol, zakuurwerk, enz. Aardappelzak,
balzak, beddezak, bedelzak, broekzak, builzak, bultzak, doedelzak, dijzak, geldzak, haarzak, haverzak, hoek-
zak, hopzak, klootzak, knapzak, korenzak, lederzak,
leugenzak, luiszak, meelzak, middelzak, molenzak,
pleitzak, rotzak, strontzak, stroozak, waterzak, wijnzak, windzak, wolzak, zoutzak, enz.

Zak, hoogd. , nederf., eng. *fack*, zweed. *fäck*,
vries. *fek*, pool., fr. *fac*, fp., ital. *facco*, lat. *fac-
cus*, gr. σαxxος, hung. *tfak*, lapl. *tfakes*, hebr. שק.

ZAKBREUK, z. n., vr., der, of van de zakbreuk;
meerv. *zakbreuken*. Van zak en breuk. Eene zoogenoemde breuk aan den balzak: *de zwaarfte zakbreuken
kunnen foms naar binnen worden gebragt*.

ZAKELIJK, bijv. n. en bijw., *zakelijker, zakelijkst*.
Van zaak. Zie *lijk*. Het tegenoverftaande van *woordelijk: de zakelijke inhoud van een boek. Verhaal mij
alles zakelijk*, met eene beknopte opgave der hoofdza-
ken. Zaken bevattende: *zijn dicht zij goed of kwaad,
het is toch zakelijk*. Van hier *zakelijkheid*.

ZAKGAT, z. n., o., *des zakgats*, of *van het zakgat*;
meerv. *zakgaten*. Van zak en gat. De opening van
evenveel welken zak, maar bijzonderlijk van dien van
iemands kleed: *uw zakdoek fteekt uit het zakgat*.

ZAKGEZWEL, z. n., o., *des zakgezwels*, of *van het
zakgezwel*; meerv. *zakgezwellen*. Van zak en *gezwel*.
Een gezwel, welks etter in eenen zak opgehoopt wordt;
in het hoogd. *fackgefchwulst*.

ZAKKEN, bedr. w., gelijkvl. *Ik zakte, heb gezakt*.
Van zak. In eenen zak, of in zakken, doen: *als de wol
gezakt is. Koren*, enz. *zakken*. In zijnen zak fteken,
wegnemen: *dat men niet opat, werd gezakt. Sacken
ende packen* is, bij KIL., fteelswijze bijeen rapen. Eindelijk heeft het bij KIL. ook de beteekenis van wijn door
zaklinnen laten zijgen; van waar *fackwijn*. Voorts komt
van hier bij hem de zamenftell.: *fackman*, fp. *facoma-
no*, een plunderaar.

ZAKKEN, bedr. en onz. w., gelijkvl. *Ik zakte, heb,
en ben gezakt*. Onz., nederwaarts dalen: *laet zakken*,

ken, *laet de spriet flux zakken! het is tijt.* VOND.
Hij is den stroom afgezakt. Neem eenen doek, en laat
het er door zakken! Het huis schijnt te zakken; anders
verzakken. Meer oneigenlijk, van eene opstijgende benaauwdheid : *het begint wat te zakken.* Van gramschap: *zijt gij nog even boos, of is het wat gezakt?*
Van den prijs der dingen, derzelver zetting, markt,
enz.: *de prijs van het brood begint wat te zakken. Iets*
laten zakken, is daarop niet meer aandringen: *laat dat*
toch zakken! Gij moet nog meer van uwen eisch laten
zakken. Bedr, doen zakken: *du haddest mij daer neer*
gesmackt, en in den gront der zee gesackt. ALDEGOND.
Van hier *zakking, zakkertje.* Zamenstell.: *afzakken,*
bijzakken, ineenzakken, uiteenzakken, uitzakken, ver-
zakken, wegzakken, enz.

Zakken, hoogd. *sacken*, is, volgens ADELUNG, een
versterkend werkwoord van het hoogd. *siegen,* NOTK.
sigen, ULPHIL. *sigan,* zweed. *siga,* holl. *zijgen,* en
verwant aan *zinken.*

ZAKKERTJE, z. n., o., *des zakkertjes,* of *van het*
zakkertje; meerv. *zakkertjes.* Van het bedr. *zakken.*
Anders een *afzakkertje.* Een kloddertje, dat dient, om iets
anders, 't welk men gedronken, of gegeten heeft, te doen
zakken: *willen wij op die koffij een zakkertje nemen ?*

ZAKKUIL, z. n., m., *des zakkuils,* of *van den zak-*
kuil; meerv. *zakkuilen.* Verkleinw. *zakkuiltje.* Van
zak en *kuil.* De onderste holligheid van eenen zak: *het*
zit onder in den zakkuil.

ZAKNET, z. n., o., *des zaknets,* of *van het zaknet;*
meerv. *zaknetten.* Van *zak* en *net.* Hoogd. *sackgarn.*
Een net, dat de gedaante van eenen zak heeft: *een zak-*
net, om snippen, enz. *te vangen.*

ZAKPIJP, z. n., vr., *der,* of *van de zakpijp;* meerv.
zakpijpen. Van *zak* en *pijp.* Eene pijp, of fluit, aan
eenen zak vast, en met denzelven een speeltuig uitmakende, dat men *doedelzak* noemt: *op zakpijp en schal-*
mei. Van hier *zakpijper,* die op eene zakpijp speelt.

ZAKVOL, z. n., vr., *der,* of *van de zakvol;* meerv.
zakvollen. Van *zak* en *vol.* Een woord, dat HAL-
MA, in overeenkomst met *handvol* gevormd heeft, om
het fr. *sachée* uit te drukken: *in plaats van twee zak-*
vollen, zegt men beter twee zakken vol, koren. Zie *vol.*

ZALF,

ZALF, zalve, z. n., vr., der, of van de zalf; meerv. zalven. Verkleinw. zalfje. Eene fmerige zelfftandigheid, waarmede men wonden beftrijkt: mengende de zalve met het zeer. HOOFT. Oneigenlijk: er is geene zalve aan hem te ftrijken, hij is niet te genezen, niet te verbeteren. Voorts is zalf meermalen een welriekend mengfel: het huis wiert vervult van den reuck der falve. BIJBELV. Hij veeght de welrieckende zalve uit zijne getoide hairen. VOND. En iets verkwikkends en heilzaams over het algemeen: het is een zalfje voor mijne ingewanden. Van hier zalven, zalverig. Zamenftell.: zalfachtig, zalfbus, zalfdoos, zalfkooper, zalfpleifter, zalfpot, zalfwinkel, enz. Brandzalf, lapzalf, luizenzalf, oogenzalf, ruitzalf, tepelzalf, enz.

Zalf, angelf. fealf, nederf., eng. falve, zweed. falva, KERO, OTTFRID. falbu, falbo, hoogd. falbe, is verwant aan het lat. faliva, fpeekfel, kwijl, en aan het fr. fale, oud opperd. fal, fmerig, morfig, nederf. fählen, zieh befmeren, bemorfen.

ZALFACHTIG, bijv. n. en bijw., zalfachtiger, zalfachtigst. Van zalf en achtig. Aan zalve gelijkend: een zalfachtig mengfel. Het ziet er zoo zalfachtig uit. Als van zalf: wat ruikt het hier zalfachtig! Daarentegen is zalverig, van zalf: een zalverig mengfel. Met zalf befmet: wasch uwe zalverige handen! Van zalfachtig komt zalfachtigheid.

ZALIG, bijv. n. en bijw., zaliger, zaligst. Eigenlijk, eenen vollen overvloed bezittende, zoo wel ten kwade als ten goede. Deze beteekenis heeft het als bijvoegfel achter aan een ander woord. Dus is kinderzalig, bij VOND. en elders, evenveel, als kinderrijk, bij HOOFT. Zoo vindt men ook arbeidzalig, eerzalig, gelukzalig, raadzalig, rampzalig, vaartzalig, waanzalig; en armzalig fchijnt eene zamentrekking van armoezalig, Godzalig van Godvruchtzalig. Op zich zelf is zalig hoogstgelukkig: u mag men zalig heeten! L. D. S. P. Heilig, zalig, Betlehem. Het zaligfte genoegen. Hij leeft er vergenoegd en zalig. Deelgenoot van eenen eeuwigen gelukftaat: de zalige burgers des hemels. Toen mijn zalige vader overleed. Welcke wil, dat alle menfchen falich worden. BIJBELV., waar falich maecken intusfchen evenveel als behouden is, in: hij falfijn volck falich maecken van hare fonden. Zalig fpreken, is, als ge-

gelukkig verheffen, en roemen: *zulk eene maatschappij mag men zalig spreken. Van nu aen sullen wij salich spreken*, enz. BIJBELV. In den mond van ruwe lieden is *zalig* somtijds wezenloos van dronkenschap; en een *zalig* gelaat een effen. Van hier *zaligen*, enz. *zaligheid*, *zaliglijk*. Zamenstell.: *zaligmakend, zaligmaker, zaligmaking, zaligspreking, zaligvruchtig*, KIL., enz. *Arbeidzalig, armzalig, eerzalig, gelukzalig, onzalig, rampzalig, welgelukzalig, welzalig*, enz. enz.

Zalig, KIL., OTTFRID., zweed. *salig*, hoogd., neders. *selig*, eng. *selij*, angels. *saeli*, ijsl. *säll*, is verwant aan het zweed. *säll*, gelukkig, opperd. *selde*, lat. *salus*, heil, en *sel*, goed, bij ULPHILAS.

ZALIGEN, bedr. w., gelijkvl. *Ik zaligde, heb gezaligd*. Van *zalig*. Zalig, hoogst gelukkig maken: *door die genoegens gezaligd en verrukt*. Deelgenoot van een eeuwig geluk maken: *hij kwam, om het zondige menschdom te zaligen*. Van hier *zaliger, zaligster*.

ZALIGER, zie *zaligmaker*.

ZALIGER, wordt achter den naam van eenen overledenen gezet, om zijn overlijden aan te duiden: *uw vader zaliger. Zijne vrouw zaliger*.

ZALIGHEID, z. n., vr., *der*, of *van de zaligheid*; meerv. *zaligheden*. Van *zalig*, zie *heid*. De toestand van iemand, die hoogstgelukkig is: *onuitsprekelijk was zijne zaligheid*. Het gene dient, om iemand zoo gelukkig te maken, de genoegens, die hem verschaft worden: *de zaligheid van dat huwelijk. O vrede! ik zing uw zaligheden*. P. MOENS. Bijzonderlijk, de eeuwige gelukstaat van het toekomend leven: *om der gene wille, die de salicheijt beërven sullen*. BIJBELV.; waar dit woord ook voor *behoudenis* enz. gebezigd wordt; even als in: *heeft Danaus zijn dochteren gheinformeert waert, dat sij sijn salicheijt wilden achten*. M. V. VAERNEW. Dit woord luidt bij NOTK. *saligheit*, OTTFRID. *salida*, ISID. *salidhom*, hoogd. *seligkeit*. Bij KIL. heeft het ook den zin van ellende en pest.

ZALIGMAKEND, bijv. n., zonder vergrootingstrappen. Van *zalig* en *makend*, van *maken*. Met de kracht begaafd, om iemand deelgenoot der eeuwige zaligheid te maken: *het ware zaligmakende geloof. De salichmakende genade Godts is verschenen*. BIJBELV.

ZALIGMAKER, z. n., m., *des Zaligmakers*, of *van den*

den *Zaligmaker*; meerv. *Zaligmakers*. Van *Zalig* en
maker. Hetzelfde als *zaliger*, van *zaligen*. In den
STATENBIJBEL een eernaam van Jezus: *dat u heden geboren is de falichmaker*; en van God zelven: *den alleen wijfen Godt onfen falichmaker*. BIJBELV.

ZALM, z. n,, m., *des zalms*, of *van den zalm*; meerv.
zalmen. Verkleinw. *zalmpje*. Een bekende visch:
verfche, gerookte zalm. *Het neusje van den zalm*, is,
overdragtelijk, het beste van zijne foort: *die flandplaats houdt men voor het neusje van den zalm*. Zamenftell.:
zalmachtig, zalmforelle, zalmgraat, zalmkop, zalmmoot, zalmnet, zalmftaart, zalmvangst, zalmvisfcher, zalmvisfcherij, enz.

Zalm, KIL., hoogd. *falm*, eng., fp. *falmon*, ital.
falmone, lat. *falmo*, fr. *faumon*, is van eenen onzekeren oorfprong. Of wil men den zalm naar zijn fpringen, lat. *falire*, dus genoemd achten?

ZALUW, bijv. n., zonder vergrootingstrappen. Bleek-
geel, tanig, morfig, als vuil linnen: *eene zaluwe tronie*. Van hier *zaluwachtig*. Dit woord is verwant aan
het fr. *fale*, morfig.

ZALVE, zie *zalf*.

ZALVEN, bedr. w., gelijkvl. *Ik zalfde, heb gezalfd*.
Van *zalf*. Met zalf beftrijken: *gij moet de wonde flechts dunnetjes zalven*. Met zalfolie overgieten: *met heilig' olie ftraks gezalfd tot Isrels Koning*. L. D. S. P. Met
zulken geest bedeelen, als Saul bij zijne zalving ont-
ving, en als naderhand, toen David in Sauls plaats ge-
zalfd werd, op David overging: *hoe hem Godt gefalft heeft met den Heijligen geest ende met kracht*. BIJBELV.;
waar *zich zalven* evenveel is, als zijn hoofd met een
welriekend mengfel bevochtigen: *oock en falfde ick mij gantsch niet*. *Zijnen buik, zijne darmen, zalven*, is,
dezelve met verkwikkelijk voedfel vullen. *Iemands handen zalven*, hem dezelve met een gefchenk vullen: *had ick maer wat van dat goed, daer men de handen mee falven*.
BREDEROD. Het deelw. *gezalfd, gezalfde*, wordt als z. n.
gebezigd, om het hebr. *Mesfias*, en het gr. *Christus*,
uit te drukken. Voorts komen van hier *gezalf, zalving*. Zamenftell.: *zalfheren, zalfolie*, enz.

ZALVERIG, zie *zalfachtig*.

ZALVING, z. n., vr., *der*, of *van de zalving*;
meerv.

meerv. zalvingen. Van zalven. De daad van zalven:
bij 's hoogepriesters zalving. L. D. S. P. Laatste zalving.

ZAMELEN, bedr. w., gelijkvl. Ik zamelde, heb geza-
meld. Voortdurend werkw. van zamen, stamw. van
zamt, Isid., Ulphil. enz. samen, Kil. saemen,
dat bij hem hetzelfde beteekent, en ook samlen, sam-
melen luidt, in overeenkomst met het hoogd. sammlen,
of sammeln. In het zweed. is het samla en samna, fr.
sembler, in assembler, Willer. samelen, Ottfrid.
samanon, angelf. samnian, oudd. sammnen. Nu is
zamelen, of zamen, tot eene zaam, zam, of som, maken, bijeenbrengen, schatten zamelen, of verzamelen.
Van hier zamelaar, zameling. Zamenstell.: zamelplaats. Het stamwoord is zaam, of zam, verwant aan
het oudd. sam, gr. άμα, lat. simul, Notk. samose,
tegelijk, en vooral aan het lat. summa, en ons som.
Zie voorts zamen.

ZAMELPLAATS, z. n., vr., der, of van de zamelplaats; meerv. zamelplaatsen. Van zamelen en plaats.
Plaats waar men zich, of iets, zamelt, of verzamelt:
hij verscheen niet tijdig genoeg op de zamelplaats.

ZAMEN, zie zamelen.

ZAMEN, bijw., ook somwijlen te zamen, of te samen, en t'samen, ja ook t'saam. Dit zamen, te zamen, Ottfrid. zisa-
mane, cesamine, hoogd. zusammen, en bei sammen, beantwoordt aan bijeen, in vereeniging met elkanderen: wij
zullen zamen daarover spreken. Wilt t'samen accoor-
den. C. v. Ghist. Zij slaepen t'zaemen in een zelle-
ve spelonk. Vond. Versamelt u, ende komt, tredet
hier toe te samen. Bijbelv. Gij Koningen en richters
t'saam. L. D. S. P., waar men dit t'saam ook aan het
hoofd van woorden vindt, die anders zamen, voor
zich hebben: de Vorsten zijn vermetel t'saamgekomen.
Den dwaazen waan der t'saamverbonden volken; in plaats
waarvan men hedendaags enkel zaamverbonden, schrijven zou. Het wordt aan naamwoorden en werkwoorden vastgekoppeld, als: zamenbinding, zamenstellen,
enz. Eenigen der gebruikelijksten dezer zamenstellingen
zullen hier opgegeven worden.

ZAMENBINDEN, bedr. w., ongelijkvl. Ik bond zamen, heb zamengebonden. Van zamen en binden. Door
bin-

binden vereenigen: *ik heb de pennen zamengebonden.*
Van hier *zamenbinder, zamenbinding, zamenbindfel.*

ZAMENBINDER, z. n., m., *des zamenbinders,* of
van den zamenbinder; meerv. *zamenbinders.* Van *zamen* en *binder,* van *binden.* Al wie iets zamenbindt:
de zamenbinder van die fchoof. Ook figuurlijk: *kinderen zijn vaak de zamenbinders der ouderlijke harten.
Den eenen hebbe ick genoemt Liefflickheijt, ende den anderen 't famenbinders.* BIJBELV. Wegens een vrouwelijk wezen gebruikt men *zamenbindfter.*

ZAMENBINDING, z. n., vr., *der,* of *van de zamenbinding;* zonder meerv. Van *zamen* en *binding,*
van *binden.* Ook *het zamenbinden.* Onderlinge vereeniging, door banden, of anderzins: *door zamenbinding van het eene met het andere.* Het gene tot zulk
eene vereeniging dient: *door de t'famenvoegfelen, ende
t'famenbindingen.* BIJBELV.

ZAMENBINDSTER, zie *zamenbinder.*

ZAMENBRENGEN, bedr. w., ongelijkvl. *Ik bragt
zamen, heb zamengebragt.* Van *zamen* en *brengen.*
Bijeen brengen: *zij hebben veel geld zamengebragt.*
Van hier *zamenbrenger, zamenbrenging, zamenbreng-
fter.*

ZAMENBUIGEN, bedr. w., ongelijkvl. *Ik boog zamen, heb zamengebogen.* Van *zamen* en *buigen.* Door
buigen vereenigen, of tot elkander brengen: *takken zamenbuigen.*

ZAMENBUIGING, z. n., vr., *der,* of *van de zamenbuiging;* zonder meerv. Van *zamen* en *buiging.* Onderlinge vereeniging door buiging: *de zamenbuiging van
het lood vereenigt deszelfs uiteinden.*

ZAMENDOEN, bedr. en onz. w., onregelm. *Ik deed
zamen, heb zamengedaan.* Van *zamen* en *doen.* Bedr.,
vereenigen, bijeen doen: *gij moet al die vochten zamendoen.* Onz., in vereeniging met iemand doen: *willen
wij zamendoen?*

ZAMENDRAGEN, bedr. w., ongelijkvl. *Ik droeg zamen, heb zamengedragen.* Van *zamen* en *dragen.* Bijeen dragen: *zij hebben alles zamengedragen.*

ZAMENDRUKKEN, (zamenduwen) bedr. w., gelijkvl.
Ik drukte zamen, heb zamengedrukt Van *zamen* en
drukken. Door drukking vereenigen: *gij moet het alles
zamendrukken.* Van hier *zamendrukking.*

ZA-

ZAMENDUWEN, zie zamendrukken:

ZAMENGIETEN, bedr. w., ongelijkvl. *Ik goot za*men, *heb zamengegoten.* Van *zamen* en *gieten.* Bijeen gieten: *al die vochten moeten in een en hetzelfde vat za*mengegoten worden. Van hier *zamengieting.*

ZAMENHALEN, bedr. w.; gelijkvl. *Ik haalde za*men, *heb zamengehaald.* Van *zamen* en *halen.* Bijeen halen: *zij haalden alles zamen, om ons genoegen te geven.* Van hier *zamenhaling.*

ZAMENHANG, z. n., m., des *zamenhangs,* of van den *zamenhang;* zonder meerv. Van *zamen* en *hang,* van *hangen.* Onderling verband: *er is geen zamenhang tusschen die dingen.* Voorts ook het gene onderling verbonden is: *de zamenhang begint met,* enz. *Dé zamenhang van iets, is, het gene daarmede zamenhangt: de zamenhang van den tekst moet tegelijk met denzelven worden opgehelderd.*

ZAMENHANGEN, onz. w.; ongelijkvl. *Het hing za*men, *heeft zamengehangen.* Van *zamen* en *hangen:* Onderling verbonden zijn: *men zorge, dat zijne redenen zamenhangen.*

ZAMENHANGEND, bijv. n. en bijw.; zonder vergrootingstrappen; zijnde het deelw. van *zamenhangen:* Aaneenhangend: *dat geschrift is zoo zamenhangend niet, als het andere. Gij spreekt niet zamenhangend.*

ZAMENHECHTEN, bedr. w., gelijkvl. *Ik hechtte za*men, *heb zamengehecht.* Van *zamen* en *hechten.* Aaneen hechten: *de lippen der wonde moeten zamengehecht worden.* Van hier *zamenhechting.*

ZAMENHOOPEN, bedr. w.; gelijkvl. *Ik hoopte za*men, *heb zamengehoopt.* Van *zamen* en *hoopen.* Opeenhoopen: *wie zal die steenen zamenhoopen?* Van hier *zamenhooping.*

ZAMENKNOOPEN, bedr. w., gelijkvl. *Ik knoopte za*men, *heb zamengeknoopt.* Van *zamen* en *knoopen.* Aan elkander knoopen: *gij moet de einden van het touw za*menknoopen. Van hier *zamenknooping.*

ZAMENKOMEN, onz. w., ongelijkvl. *Ik kwam za*men, *ben zamengekomen.* Van *zamen* en *komen.* Bijeenkomen: *wanneer wij weder zamenkomen.*

ZAMENKOMST, z. n., vr.; der, of van de *zamen*komst; meerv. *zamenkomsten.* Van *zamen* en *komst,* van *komen.* De daad van bijeenkomen: *bij hunne ze-*

men-

menkomst. Voorts ook eene vergadering: *Overften der vergaderinge, de geroepene der t'famenkomfte*. Bij-
BELV.

ZAMENKOOPER, z. n., m., *des zamenkoopers*, of *van den zamenkooper*; meerv. *zamenkoopers*. Van *za-men* en *kooper*, van *koopen*. Bij KIL. een opkooper van allerlei goed en uitdrager.

ZAMENKOPPELAAR, z. n., m., *des zamenkoppe-laars*, of *van den zamenkoppelaar*; meerv. *zamenkop-pelaars*, en *zamenkoppelaren*. Van *zamen* en *koppe-laar*, van *koppelen*. Al wie zamenkoppelt: *de zamen-koppelaar van dat paar volks*. Wegens een vrouwelijk wezen gebruikt men *zamenkoppelaarfter*, en *zamenkop-pelfter*.

ZAMENKOPPELAARSTER, zie *zamenkoppelaar*.

ZAMENKOPPELEN, bedr. w.; gelijkvl. *Ik koppelde zamen*, heb *zamengekoppeld*. Van *zamen* en *koppelen*. Aan elkander koppelen: *paarden zamenkoppelen* Fi-guurl.: *hij zal die twee jonge lieden wel weer zamen-koppelen*. Van hier *zamenkoppelaar, zamenkoppelaar-fter, zamenkoppeling*.

ZAMENLEGGEN, bedr. w., gelijkvl. *Ik leide zamen, heb zamengelegd*, of *zamengeleid*. Van *zamen* en *leg-gen*. Bijeenleggen, ineenleggen: *zij leggen hunne han-den zamen*. Van hier *zamenlegging*.

ZAMENLEVEN, zie *zamenwonen*.

ZAMENLEVING, z. n., vr., *der*, of *van de zamen-leving*; zonder meerv. Verkeering met anderen: *men ziet dit in de zamenleving*.

ZAMENLIJMEN, bedr. w., gelijkvl. *Ik lijmde za-men*, heb *zamengelijmd*. Van *zamen* en *lijmen*. Aan-eenlijmen: *gij moet die twee houten zamenlijmen*. Van hier *zamenlijming*.

ZAMENLOOP, z. n., m., *des zamenloops*, of *van den zamenloop*; meerv. *zamenloopen*. Van *zamen* en *loop*, van *loopen*. Het ineenloopen: *beekjes vormen door hun-nen zamenloop rivieren*. Voorts ook de plaats, waar verfchillende dingen ineenloopen: *Koblentz ligt aan den zamenloop van Rhijn en Moefel*. In dezen zin heeft het woord een meerv.: *de zamenloopen der wegen*. Fi-guurl., vermenigvuldiging: *een zamenloop van omftan-digheden*.

ZAMENLOOPEN, onz. w., ongelijkvl. *Ik liep zamen*, ben

ben zamengeloopen. Van *zamen* en *loopen.* Met elkander loopen: *die paarden moeten altoos zamenloopen.* Ineenloopen: *de wegen loopen daar zamen.* Stremmen:
al de melk loopt zamen. Figuurl.: *er liepen zoo vele om-*
standigheden zamen. Zie *zamenloop.*

ZAMENPLAKKEN, bedr. w., gelijkvl. *Ik plakte za-*
men, heb zamengeplakt. Van *zamen* en *plakken.* Aan-
eenplakken: *die bladen moeten zamengeplakt worden.*
Van hier *zamenplakking.*

ZAMENRAAPSEL, z. n., o:, *des zamenraapsels,* of
van het zamenraapsel; meerv. *zamenraapsels.* Van zamen en *raapsel,* van *rapen.* Al wat men zamenraapt:
waartoe dat zamenraapsel! Met dat zamenraapsel van
volk.

ZAMENRAPEN, bedr. w., gelijkvl. *Ik raapte zamen,*
heb zamengeraapt. Van *zamen* en *rapen.* Bijeenra-
pen: *gij moet al die stukken en brokken zamenrapen.* Figuurl.: *wie heeft al die logens zamengeraapt?* Van hier
zamenraping.

ZAMENRAPING, z. n., vr., *der,* of *van de zamen-*
raping; zonder meerv. Van *zamen* en *raping,* van *ra-*
pen. Bijeenraping: *de zamenraping van eenig hout.*
Ook oneigenlijk: *bij de zamenraping van dat volk.*

ZAMENRIJGEN, bedr. w., ongelijkvl. *Ik reeg zamen,*
heb zamengeregen. Van *zamen* en *rijgen.* Aaneenrij-
gen: *al die koralen moeten zamengeregen worden.* Van
hier *zamenrijging.*

ZAMENRIJGING, z. n., vr., *der,* of *van de zamen-*
rijging; zonder meerv. Van *zamen* en *rijging,* van
rijgen. Digtrijging: *de zamenrijging van haar keurs-*
lijf.

ZAMENROTTEN, o. w., gelijkvl. *Ik rotte (rottede)*
zamen, heb zamengerot. Van *zamen* en *rotten.* Bij-
eenrotten, troepswijze bijeenkomen: *zoodra zij zamen-*
rotten. Van hier *zamenrotting.*

ZAMENROTTING, z. n., vr., *der,* of *van de za-*
menrotting ; meerv. *zamenrottingen.* Van *zamen* en
rotting, van *rotten,* in rotten bijeenloopen. De daad
van zamenrotten: *bij de zamenrotting der menigte.*
Een oproerige zamenloop: *alle zamenrottingen uiteen-*
drijven. Eenige t'samenrottinge des volcks. BIJBELV.

ZAMENSCHAKELEN, bedr. w., gelijkvl. *Ik scha-*
kelde zamen, heb zamengeschakeld. Van *zamen* en *scha-*

kelen. Bijeenfchakelen: *men moet die kettingen zamen-fchakelen.* Van hier *zamenfchakeling.*

ZAMENSCHIKKEN, bedr. w., gelijkvl. *Ik fchikte zamen, heb zamengefchikt.* Van *zamen* en *fchikken.* Bijeenfchikken: *gij moet al uwe papieren zamenfchikken.* Van hier *zamenfchikking.*

ZAMENSCHOLEN, onz. w., gelijkvl. *Ik fchoolde zamen, heb zamengefchoold.* Van *zamen* en *fcholen.* Bijeenfcholen: *de visfchen fcholen doorgaans zamen.* Van hier *zamenfcholing.*

ZAMENSCHOLING, z. n., vr., *der,* of *van de zamenfcholing;* meerv. *zamenfcholingen.* Van *zamen* en *fcholing,* van *fcholen.* De daad van zamenfcholen: *behoefte dringt den mensch tot zamenfcholing.* Eene zamenfcholende menigte: *hunne zamenfcholingen dragen den naam van Kralen.*

ZAMENSPANNEN, bedr. en onz. w., ongelijkvl. *Ik fpande zamen, heb zamengefpannen.* Van *zamen* en *fpannen.* Bedr., bijeenfpannen: *men moet die paarden zamenfpannen.* Onz., zich tot zeker iets verbinden: *zij fpannen zamen, om mij te verderven.* Van hier *zamenfpanning.*

ZAMENSPRAAK, z. n., vr., *der,* of *van de zamenfpraak;* meerv. *zamenfpraken.* Verkleinw. *zamenfpraakje.* Van *zamen* en *fpraak,* van *fpreken.* Somtijds evenveel als *zamenfpreking,* en *het zamenfpreken.* De daad van zamenfpreken: *zij werden door hunne zamenfpraak met elkanderen bevredigd.* Voorts ook het gene men zamenfpreekt: *hunne zamenfpraak wordt gedrukt.* Een verzierd gefprek van twee of meer perfonen met elkanderen: *de onfchatbare zamenfpraken van Erasmus bevorderden de hervorming grootelijks.*

ZAMENSPREKEN, onz. w., ongelijkvl. *Ik fprak zamen, heb zamengefproken.* Van *zamen* en *fpreken.* Onderling fpreken: *zoo lang zij zamenfpraken, zweeg ik.* Van hier *zamenfpreking.*

ZAMENSTEL, z. n., o., *des zamenftels,* of *van het zamenftel;* meerv. *zamenftellen.* Verkleinw. *zamenftelletje.* Van *zamen* en *ftel,* van *ftellen.* De daad van zamenftellen: *het zamenftel van dat woordenboek.* Voorts ook iets, het welk zamengefteld wordt: *een Godgeleerd zamenftel.* In dezen zin heeft het woord een meerv. *Een zamenftel van Godgeleerdheid,* is een werk, waar-

waarin die wetenschap ordelijk in haar geheel voorgedragen wordt, een *systema.*

ZAMENSTELLEN, bedr. w., gelijkvl. *Ik stelde zamen, heb zamengesteld.* Van *zamen* en *stellen.* Zamenzetten, vervaardigen: *dat werktuig is uit verscheidene dingen zamengesteld. Een zamengesteld woord.*
Opstellen: *wie heeft die verhandeling zamengesteld?* Van
hier *zamensteller, zamenstelling.*

ZAMENSTELLER, z. n., m., *des zamenstellers,* of
van den zamensteller; meerv. *zamenstellers.* Van *zamen* en *steller,* van *stellen.* Al wie iets zamenstelt:
de zamensteller van dat boek. In het vr. geslacht bezigt
men *zamenstelster.*

ZAMENSTELLING, z. n., vr., *der,* of *van de zamenstelling;* meerv. *zamenstellingen.* Verkleinw. *za-
menstellingje,* dat, even als het meerv., enkel gebezigd wordt, als men *zamenstelling* voor een zamengesteld woord gebruikt. Voorts beantwoordt het aan *za-
menstel* en *het zamenstellen;* zie *zamenstel.*

ZAMENSTELSTER, zie *zamensteller.*

ZAMENSTOOTEN, bedr. w., ongelijkvl *Ik stiet zamen, heb zamengestooten.* Van *zamen* en *stooten.* Onder elkander stooten, of stampen: *men moet het alles
zamenstooten.* Van hier *zamenstooting.*

ZAMENSTRENGELEN, bedr. w., gelijkvl. *Ik stren-
gelde zamen, heb zamengestrengeld.* Van *zamen* en
strengelen. Onderling vaststrengelen: *het een en ander
moet zamengestrengeld worden.* Van hier *zamenstren-
geling.*

ZAMENTREKKEN, bedr. en onz. w., ongelijkvl.
Ik trok zamen, heb en *ben zamengetrokken.* Van *zamen* en *trekken.* Bedr., met *zijn:* bijeentrekken: *dat
trekt mij de lippen zamen. Hij zal beide zijne legers
zamentrekken.* Onz.: *beide legers trokken zamen.* Van
hier *zamentrekking.*

ZAMENTREKKEND, bijv. n., zonder vergrootingstrappen; zijnde het deelw. van *zamentrekken.* Eene
kracht om zamen te trekken bezittend: *de koortsbast
is heel zamentrekkend.*

ZAMENTREKKING, z. n., vr., *der,* of *van de zamentrekking.* Van *zamentrekken.* Ook *het zamentrekken.* Het ineentrekken: *de zamentrekking van den knoop.*

Het

Het bijeentrekken: *na de zamentrekking van die hen-den, kwam hij op ons af.*

ZAMENVLECHTEN, bedr. w., ongelijkvl. *Ik vlocht zamen, heb zamengevlochten.* Van *zamen* en *vlechten.* Bijeen, en onderling vastvlechten: *ik zal die draden zamenvlechten.* Van hier *zamenvlechting.*

ZAMENVLECHTSEL, z. n., o., *des zamenvlecht-sels,* of *van het zamenvlechtsel;* meerv. *zamenvlecht-sels.* Van *zamen* en *vlechtsel,* van *vlechten.* Al wat men zamenvlecht: *een zamenvlechtsel van zijden koord.*

ZAMENVLOED, z. n., m., *des zamenvloeds,* of *van den zamenvloed;* meerv. *zamenvloeden.* Van *zamen* en *vloed,* van *vloeden,* of *vloeijen.* Somtijds, even als *het zamenvloeijen, zamenvloeijing, het zamenvlieten,* de daad van zamenvloeijen: *door den zamenvloed van het water.* Maar somtijds ook eene hoeveelheid van za-menvloeijende dingen: *die zamenvloed van water. Een zamenvloed van denkbeelden.* In dezen zin heeft het woord een meerv.

ZAMENVLOEIJEN, onz. w., gelijkvl. *Ik vloeide za-men, ben zamengevloeid.* Van *zamen* en *vloeijen.* Bij-eenvloeijen: *twee waters vloeiden zamen.* Van hier za-menvloeijing.

ZAMENVOEGEN, bedr. w., gelijkvl. *Ik voegde za-men, heb zamengevoegd.* Van *zamen* en *voegen.* Bij-eenvoegen: *die stukken moeten weer zamengevoegd wor-den.* Van hier *zamenvoeging, zamenvoegsel.*

ZAMENVOEGING, z. n., vr., *der,* of *van de za-menvoeging;* meerv. *zamenvoegingen.* Van *zamen* en *voeging,* van *voegen.* Somtijds evenveel, als *het za-menvoegen.* De daad van zamenvoegen: *de zamenvoe-ging der deelen van eene rede;* somtijds ook dat gedeel-te van zamengevoegde dingen, waarmede zij aan elkan-deren vast zijn: *een voorsnijder moet de zamenvoegin-gen der beenderen weten te vinden.* In dezen zin heeft het woord een meerv. En het beteekent verband, za-menhang, in: *wat t'zamenvoeginge heeft de tempel Godts met de afgoden?* BIJBELV.

ZAMENVOEGSEL, z. n., o., *des zamenvoegsels,* of *van het zamenvoegsel;* meerv. *zamenvoegsels, zamenvoegselen.* Van *zamen* en *voegsel,* van *voegen.* Al wat tot zamenvoe-ging van het een en ander dient: *de verdeelinge der zie-le,*

*le, ende des geests, ende der t'samenvoeghselen, ende
des merchs.* BIJBELV.

ZAMENWEEFSEL, z. n., o., *des zamenweefsels,* of
van het zamenweefsel; meerv. *zamenweeffelen,* of *za-
menweeffels.* Van *zamen* en *weeffel,* van *weven.* Al
wat zamengeweven wordt, of is: *een zamenweeffel van
linnen en katoenen garen.* Ook oneigenlijk: *een zamenweeffel van bedrog.*

ZAMENWEVEN, bedr. w., ongelijkvl. *Ik weefde zamen, heb zamengeweven.* Van *zamen* en *weven.* On-
dereen, bij elkander weven: *zijde en garen zamenweven.* Van hier *zamenweeffel, zamenweving.*

ZAMENWEVING, z. n., vr., *der,* of *van de zamenweving;* zonder meerv. Van *zamen* en *weving,* van
weven. De daad van aan en onder elkander weven;
ook de vervaardiging door weven: *de zamenweving dier
stof.*

ZAMENWONEN, onz. w., gelijkvl. *Ik woonde zamen, heb zamengewoond.* Van *zamen* en *wonen.* Bijeen wonen, zamenleven: *vele huisgezinnen gaan thands
zamenwonen.* Van hier *zamenwoning.*

ZAMENZETTEN, bedr. w., gelijkvl. *Ik zette (zettede) zamen, heb zamengezet.* Van *zamen* en *zetten.*
Hetzelfde als *zamenstellen.* Van hier *zamenzetting.* Zie
zamenstellen.

ZAMENZWEERDER, z. n., m., *des zamenzweer-
ders,* of *van den zamenzweerder;* meerv. *zamenzweer-
ders.* Van *zamen* en *zweerder,* van *zweren.* Een deel-
hebber aan eene zamenzwering: *er is wederom een zamenzweerder gevat.*

ZAMENZWEREN, onz. w., ongelijkvl. *Ik zwoer zamen, heb zamengezworen.* Van *zamen* en *zweren.* Met
eenen eed zamenspannen: *zij hadden zamengezworen.*
Van hier *zamenzweerder, zamenzwering.*

ZAMENZWERING, z. n., vr., *der,* of *van de zamenzwering;* meerv *zamenzweringen.* Van *zamen* en
zwering, van *zweren.* Zamenspanning met eenen eed:
welk eene heillooze zamenzwering! Evenveel welke verbintenis tegen eenen Vorst, of Staat: *de tallooze deel-
hebbers aan die zamenzwering. De zamenzweringen
vermenigvuldigden.*

ZAMT, veroud. bijw., zijnde eene verkorting van *ge-*

zamt, hoogd. *gefammt*, als *faementlick*, bij KIL., en *gezamenlijk*, zie *zamen*. De eigenlijke beteekenis is, medegerekend, medegenomen. Van hier, dat *zamt* veelal de plaats van *met* vervangt: *zamt al het overige. Zamt zijne heerlijkheid.*

Zamt, KIL. *famt*, hoogd. *fammt*, NOTK. *fament*, ULPHIL. *famath*, is een afgeknot deelw. van het verouderde werkw. *zamen*; zie *zamelen*.

ZAND, z. n., o., des *zands*, of van het *zand*; meerv. *zanden*. Verkleinw. *zandje*. Eene bijzondere aardfoort, die uit zeer kleine deeltjes beftaat, tusfchen welke er geen zamenhang is: *een fteen is fwaer, ende het zant gewichtich.* BIJBELV. *Die het zandt in den wint fchrapt.* VOND. *'k Zou veeleer 't getal der korten zands bepaalen.* L. D. S. P. Somtijds bijzonderlijk eene zandbank, of zandplaat, in het water: *de daer laghen lancs den fande.* M. STOK. In dezen zin heeft het woord een meerv.: *tufchen de zanden door.* Het verkleinw. beteekent een zandkorreltje: *er is een zandje in mijn oog geraakt. Iemand zand in de oogen werpen,* is, figuurlijk, hem, evenveel hoe, verblinden; hem het regte inzigt in eenig ding benemen. *Aaneenhangen als droog zand,* is, van allen zamenhang ontbloot zijn: *die preek hangt aaneen, als droog zand. Als het zand der zee,* is meermalen, in eene onberekenbare hoeveelheid: *gevleugelt gevogelte als zant der zeen.* BIJBELV. Van hier *zanden, zandig.* Zamenftell.: *zandaal, zandachtig, zandbad, zandbak, zandbakje, zandbank, zandberg, zandduin, zandgoed, zandgraver, zandgroef, zandgrond, zandheuvel, zandhok, zandhoop, zandkar, zandkoker, zandkorrel, zandkuil, zandlooper, zandman, zandmummie, zandoever, zandpad, zandplaat, zandraap, zandregen, zandruiter, zandfchipper, zandfchuit, zandfteen, zandweg, zandwoeftijn, zandwolk, zandzak, zandzee,* enz. *Drijfzand, duinzand, goudzand, kezelzand, plaatzand, fchulpzand, fchuurzand, ftuifzand, voetzand, welzand,* enz.

Zand, KIL., hoogd., nederf., zweed., eng. *fand*, OTTFRID., enz. *fant*.

ZANDAAL, z. n., m., des *zandaals*, of van den *zandaal*; meerv. *zandalen*. Verkleinw. *zandaaltje*. Van *zand* en *aal*. Een klein flag van alen, dat zich in het

zand

zand der ſtranden ophoudt. Hoogd. *ſandwal* en *ſan-dälz.*

ZANDACHTIG, bijv. n. en bijw. , *zandachtiger*, *zand-achtigſt.* Van zand en *achtig.* Aan zand gelijkende: *een zandachtig bezinkſel. Het ziet er zandachtig uit.* Van hier *zandachtigheid.*

ZANDBAD, z. n., o., *des zandbads,* of *van het zand-bad;* meerv. *zandbaden.* Van zand en *bad.* Eene koeſtering van het ganſche ligchaam; of van een lid, in warm zand: *er werd hem een zandbad voorgeſchre-ven.*

ZANDBAK, z. n., m., *des zandbaks,* of *van den zand-bak;* meerv. *zandbakken.* Van zand en *bak.* Een bak, waarin men zand doet: *er ſtaat een zandbak om daarin te kwijlen.* Het verkleinw. *zandbakje* wordt dikwerf voor *zandkoker* genomen: *ik greep den inktko-ker,* in plaats van het *zandbakje.*

ZANDBAKJE, zie *zandbak.*

ZANDBANK, zie *zandplaat.*

ZANDEN, bedr. w., gelijkvl. *Ik zandde, heb gezand.* Van zand. Met zand beſtrooijen, of bedekken: *gij moet die tuinpaden beter laten zanden.* Van hier *zan-der, zanding.* Zamenſtell.: *verzanden,* enz.

ZANDGOED, z. n., o., *des zandgoeds,* of *van het zandgoed;* zonder meerv. Van zand en *goed.* Ook *zurdgoed.* Tabaksbladeren, die het naaſte aan den grond gegroeid zijn: *ik hob eene partij zandgoed ge-kocht.*

ZANDGROND, z. n., m., *des zandgronds,* of *van den zandgrond;* meerv. *zandgronden.* Van zand en *grond.* Een zandige grond: *het anker viel in eenen goeden zandgrond. Op eenen zandgrond bouwen,* is, eigenlijk, op eenen zandigen grond, en figuurlijk, op eenen loſſen grond, of op loſſe grondſlagen, bou-wen, zijne hoop op bedriegelijke gronden veſtigen: *bouw toch niet langer op zulken zandgrond!*

ZANDIG, bijv. n., *zandiger, zandigſt.* Van zand, zie *ig.* Vol zand, of uit zand beſtaande: *die groen-ten zijn heel zandig. Een zandige grond.* Van hier *zandigheid.*

ZANDKOKER, zie *zandbak.*

ZANDLOOPER, z. n., m., *des zandloopers,* of *van den zandlooper;* meerv. *zandloopers.* Verkleinw. *zand-*

T 5 *loo-*

loopertje. Van *zand* en *looper.* Een in het midden naauw toeloopend glas, waardoor zand loopt, om den tijd, namelijk een uur, half uur enz., aan te wijzen: *ik heb eenen zandlooper van een uur. Aan den zandlooper schudden,* fig, wenfchen, dat de tijd al om ware.

ZANDMAN, z. n., m., *des zandmans,* of *van den zandman;* meerv. *zandmannen.* Verkleinw. *zandmannetje.* Meermalen evenveel, als *zandfchipper,* iemand, die zand aanvoert en verkoopt: *zeg den zandman, dat hij aankome! Het zandmannetje komt,* is, hier en daar, eene boertige aanduiding van den flaap, die iemand, als het ware, zand in de oogen werpt, of hem verblindt.

ZANDMUMMIE, z. n., vr., *der,* of *van de zandmummie;* meerv. *zandmummien* en *zandmummies.* Van *zand* en *mummie.* Een menfchelijk ligchaam, dat in eene zandwoeftijn van onder het zand gehaald wordt, en, uit hoofde van zijne indrooging, aan eene gebalzemde mummie gelijkt: *vele zandmummies worden voor andere verkocht.*

ZANDPLAAT, z. n., vr., *der,* of *van de zandplaat;* meerv. *zandplaten.* Verkleinw. *zandplaatje.* Van *zand* en *plaat.* Ook *zandbank.* Eene zandige droogte, in zee, of in andere wateren: *het fchip raakte op eene zandplaat vast.*

ZANDREGEN, z. n., m., *des zandregens,* of *van den zandregen;* meerv. *zandregens.* Van *zand* en *regen.* Zand, dat door den wind in de lucht opgeheven wordt, daar eene zoogenoemde *zandwolk* vormt, en voorts als regen op de aarde nederftort: *een zandregen overviel en begroef het heer van Cambyfes.*

ZANDRUITER, z. n., m., *des zandruiters,* of *van den zandruiter;* meerv. *zandruiters.* Van *zand* en *ruiter.* Iemand, die van zijn paard in het zand valt: *draag zorg, dat gij geen zandruiter wordt!* Voorts is *een zandruiter worden* ook, over het algemeen, van zijn paard vallen.

ZANDSCHIPPER, zie *zandman.*

ZANDSTEEN, z. n., m., *des zandfteens,* of *van den zandfteen;* meerv. *zandfteenen.* Verkleinw. *zandfteentje.* Van *zand* en *fteen.* Een bijzonder flag van fteenen: de *zandfteen* beftaat uit zamenhangend zand. *Hij*

heeft mijne tanden met zantßeenkens verbrijselt. Bij-
BELV.

ZANDWEG, z. n., m., des zandwegs, of van den
zandweg; meerv. zandwegen. Verkleinw. zandwegje.
Van zand en weg. Een zandige weg: die zandweg
viel de paarden moeijelijk. Mijn karretje rijdt op een
zandwegje, beteekent, het gaat mij naar mijnen zin,
ik word door geene rampen geschokt.

ZANDWOESTIJN, z. n., vr., der, of van de zandwoestijn; meerv. zandwoestijnen. Van zand en woestijn.
Ook zandzee. Eene woestijn, welker grond uit louter
zand bestaat, waarop genoegzaam niets groeit: de
zandwoestijn van Nubie.

ZANDWOLK, zie zandregen.

ZANDZAK, z. n., m., des zandzaks, of van den zandzak; meerv. zandzakken. Verkleinw. zandzakje. Van
zand en zak. Een zak, die met zand opgevuld is: men
verschanste zich met wolbalen en zandzakken. Figuurlijk, een log mensch: het is een regte zandzak.

ZANDZEE, zie zandwoestijn.

ZANG, z. n., m., des zangs, of van den zang; meerv.
zangen. Verkleinw. zangje, zangetje. De daad van zingen;
met snarenspel en zang. Zij korten de moeijelijkheit des
wegs met hunnen zang. VOND. Het gene er gezongen
wordt: men loof met zangen d'Opperheer! L. D. S. P.
Zoo ras zij dezen zang met spelen heffen op. HOOFT.
De kikvorschen in de sloot zongen al borrekickende den
ouden zangk. VOND. Koekoek, den ouden zang, zegt
men wegens alle eentoonig geluid, en behandeling van een
en hetzelfde onderwerp. Zamenstell.: zangboek, zangspel,
zangstuk, zangswijze, zangtoon, zangwijze, enz. Bovenzang, bruiloftszang, feestzang, geboortezang, herderszang,
kerszang, koekoekszang, koorzang, lierzang, lijkzang,
lofzang, maatzang, minnezang, morgenzang, nazang,
tegenzang, triomfzang, tusschenzang, vogelenzang,
voorzang, vreugdezang, wildzang, zegezang, zwanezang, enz.

Zang, KIL. sangh, sanck, VOND. zangk, hoogd.
sang, OTTFRID. sango, eng. song, komt van zangen, oulings evenveel als zingen; zie zingen.

ZANGBOEK, z. n., m., des zangboeks, of van het
zangboek; meerv. zangboeken. Verkleinw. zangboek-
je.

je. Van *zang* en *boek.* Een boek met zangen, of gezangen: *zij schreef dat zangboek af.*

ZANGER, z. n., m., *des zangers,* of *van den zanger;* meerv. *zangers.* Al wie het zingen verstaat, en de zangkunst gestadig oefent: *oock lieten sich de sangers hooren.* BIJBELV. *Dees schaduw plaght den zanger te bezwaren.* VOND. Aan zingende vogelen geeft men den naam van *de liefelijke zangers des wouds;* en *zangeressen,* of *zangsters,* zijn alle vrouwen, die de zangkunst verstaan en oefenen. Van *zanger* komen de zamenstell.: *koorzanger, voorzanger,* enz.

Zanger, KIL. *sangher,* hoogd. *sanger,* KERO *sangari,* vries. *sjonger,* eng. *songster,* dat ook eene zangster aanduidt. ISIDOR. *sangheri,* dat ook voor Psalmdichter gebezigd wordt, komt van *zangen,* oulings evenveel, als *zingen.*

ZANGERES, zie *zanger.*

ZANGERIG, bijv. n. en bijw., *zangeriger, zangerigst.* Van *zangen,* dat oulings niet slechts met *zingen,* maar ook met *zengen,* verwisseld werd, eng. *singe* en *sindge.* Een weinig gezengd, aangebrand: *zangerige brij.* Als bijw.: *die soep smaakt zangerig.* Van hier *zangerigheid.*

ZANGERIG, zie *zangzoet.*

ZANGGODIN, z. n., vr., *der,* of *van de zanggodin;* meerv. *zanggodinnen.* Van *zangen* of *zingen,* en *godin.* Ook *zangheldin, zangnimf,* en *zangster.* De gewaande begunstigster van het zangvermogen van eenen dichter: *o zanggodin, erinner mij d'oirzaecken.* VOND. De gezamenlijke negen begunstigsters van de verschillende soorten van dichters dragen den naam van *de zanggodinnen: Apollo, met de zanggodinnen de rechtbanck spannende.* VOND. *De zanggodinnen vereeren,* is, zich op de dichtkunst toeleggen. Van hier *zanggodinnendom.*

ZANGHELDIN, zie *zanggodin.*

ZANGKUNST, z. n., vr., *der,* of *van de zangkunst;* zonder meerv. Van *zangen,* of *zingen,* en *kunst.* De kunst van zingen: *de verrukkende zangkunst.* Van hier *zangkunstenaar.*

ZANGBERG, z. n., m., *des zangbergs,* of *van den zangberg;* het meerv. is niet in gebruik. Van *zang, zangen, zingen* en *berg.* De gewaande berg, waar Apollo met de negen zang-

go-

godinnen zijn verblijf houdt; anders *helikon*. *De top van den zangberg is moeijelijk te beklimmen.* Verder een dichtgenootfchap: *de haagfche zangberg* ,enz. Zamenftell.: *zangbergfichter* , enz.

ZANGMEESTER, z. n., m., *des zangmeeflers*, of *van den zangmeefler*; meerv. *zangmeeflers*. Van *zang* en *meefler*. Hoogd. *fangmeifter*, dat bij NOTK. ook eenen meefterlijken zanger aanduidt; vries. *fjengmafter*. Al wie onderwijs in het zingen geeft: *muzijkmeefler en zangmeefler afdanken*. In den STATENBIJBEL ook de voorzanger van een koor, in *opperzangmeefler*. Van hier *zangmeefterfchap*.

ZANGNIMF , zie *zanger* en *zanggodin*.

ZANGSLEUTEL, z. n., m., *des zangfleutels*, of van den *zangfleutel*; meerv. *zangfleutels*. Van *zangen*, of *zingen*, en *fleutel*. Een der zoogenoemde fleutels van zang en muzijk: *naar welken zangfleutel moet die pfalm gezongen worden?*

ZANGSWIJZE, bijv. n. en bijw., van *zang* en *wijze*. Op de wijze van eenen zang: *men befchreef de daden der helden oulings zangswijze.* Verfchilt van *zangwijze*, of *zingwijze*, z. n., vr., de wijze, waarop een zang gezongen worden moet.

ZANGVOGEL, z. n., m., *des zangvogels*, of van den *zangvogel*; meerv. *zangvogelen* en *zangvogels*. Van *zangen* of *zingen*, en *vogel*. Eene der verfchillende foorten van vogels, die zich door den zang onderfcheidt: *het talrijke geflacht der lieve zangvogels.*

ZANGWIJZE, zie *zangswijze*.

ZANGZOET, bijv. n., *zangzoeter, zangzoetst*. Van *zoet*, in den zin van begeerig naar, verzot op; zie *zoet*; en *zangen*, of *zingen*. Verzot op, begeerig om te, zingen; inzonderheid van de vogelen: *het zangzoet fijsje*. Anders ook *zangerig: het zangerig koor* (zingende vogelen) *doet bosch en veld weergalmen*.

ZARK , zie *zerk*.

ZAT, bijv. n. en bijw., *zatter, zatst*. Als bijv. n., met fpijze opgevuld, zoo dat alle eetlust bevredigd is: *mijne zatte gasten rezen op.* Overdragtelijk, van verdere begeerte naar iets ontheven: *out ende des levens fadt.* BIJBELV.; waar *zat van dagen* afgeleefd is. Of iets moede: *mijn ziel, der tegenheden zat, is moedeloos.* L. D. S. P. *Iets zat zijn*, of *worden*, is het moe-

moede zijn, of worden: *hij wordt het fpelen zat. Ik ben het lang zat. Zich zat eten, drinken*, enz. is, zich daarvan verzadigen. *Zich ergens aan zat kijken*, het tot zijn volle genoegen toe bekijken. Somtijds is *zat* ook dronken en vol: *is hij al weer zat?* Somtijds beantwoordt het aan *genoeg: ik heb boeken zat;* in de gemeenzame verkeering, ook *zatter*, dat hier aan *zat* gelijk ftaat: *gij zult er zatter aan hebben.* Eindelijk is *fatt* in het hoogd. van verwe verzadigd, en leest men ook bij KIL. *fatte oft hooghe verwe.* Van hier *zaden, zadigen,* van waar *zaadzaam*, en *verzaden, verzadigen, zat,* z. n., *zatheid, fattaerd* en *fatterick,* bij KIL.

Zat, *fat, fadt, fatt,* hoogd., nederf. *fatt,* NOTK., OTTFRID. *fat,* lat. *fat, fatur,* eng. *faïed,* vries. *fed,* ULPHIL. *fad,* pool. *fijt,* boh. *fijtij,* fr. *faoul,* foul en *fou.*

ZAT, z. n., o., waarvan men geene verbuigingen bezigt. Eigenlijk het onz. geflacht van het bijv. n. *zat.* Voldoening: *dat Chastillon den foldaat zijn zat toeliet van dootflagh en gewelt.* HOOFT. *Op zijn zat,* is, ten volle: *als ik geladen ben op mijn zat, fchiet ik tot Bommel in de ftadt,* was weleer het opfchrift van een ftuk gefchut te 's Hertogenbosch.

ZATE, z. n., vr., *der,* of *van de zate;* meerv. *zaten.* Bij KIL. zitplaats: *bijna afgheruckt van gheduldicheijts fate.* CONST. TH. JUW. In Vriesland is *fathe,* in tegenoverftelling van *ftate,* een landgoed, waarop een onedele eigenerfde gezeten is: *die fathe wordt geveild.* Dezelfde beteekenis heeft het woord in *Havefate,* of *Avefate.* Daarentegen beduidt *zaat* eenen ingezetenen, in *landzaat, Rhijnzaten,* van waar *Rhijnzaterwoude, burgzaten,* enz. Van hier oul. *zaten (faten),* neerzetten, doen bedaren: *om defe tweedrachticheit te faten.* V. HASS.; en *fatigh* bij KIL. bedaard, ingetogen; van waar bij hem *fatigheijd, fatighlick.*

Zate, vries. *fathe,* KIL. *fate,* hoogd. *fitz, fasfe,* NOTK. *gefazze,* OTTFRID. *fez,* nederf. *fitt, fete,* eng. *feat,* zweed. *fäte,* gr. ἕδος, is verwant aan *zeet, zeetje,* en aan *zetel, zadel,* enz. en komt van *zitten.*

ZATURDAG, z. n., m., *des Zaturdags,* of *van den Zaturdag;* meerv. *Zaturdagen.* De laatfte dag der

week:

week: *alle Zaturdagen betaal ik mijn werkvolk. Des Zaturdags*, is, op den Zaturdag. *Des Zaturdags morgens*, en *des Zaturdags avonds*, is zoo veel, als *des Zaturdags 's morgens*, en *des Zaturdags 's avonds*, want men zegt niet *Zaturdagsmorgen*, en *Zaturdagsavond*, maar *Zaturdagmorgen*, en *Zaturdagavend*. Voorts komt van hier *Zaturdagsch* dat tot den Zaturdag behoort: *het Zaturdagsche werk*; en ongelukkig of verwenscht, omdat men den Zaturdag voor ongelukkig houdt: *dat is een Zaturdagsch werk. Een Zaturdagsch kind*. Het bijw. *Zaturdags* duidt misnoegen aan: *hij heeft mij Zaturdags gefopt*. Ook wanneer men het als tusschenwerpfel bezigt: *wel Zaturdags!* in plaats waarvan men ook *wel de Zaturdag!* zegt.

Zaturdag, KIL. *faterdagh*, eng. *faturdaij*, vries. *faterdei* en *fneun*, is eene vertaling van het lat. *dies faturni*; maar het hoogd. *famftag*, oudd. *fammeftag*, OTTFRID. *fambazdag*, fr. *famedi*, komen van *fabbatdag*, ital. *fabbato*, lat. *fabbatum*, gr. σαββατον, hebr. שבת, zie *fabbat*.

ZAVEL, z. n., o., *des zavels*, of *van het zavel*; zonder meerv. Zand: *de grond is hier en daar doormengd met zavel*. Van hier *zavelig*. Zamenftell.: *zavelachtig*, *zavelgrond*, *zavelkuil*, enz.

ZAVELBOOM, z. n., m., *des zavelbooms*, of *van den zavelboom*; meerv. *zavelboomen*. Verkleinw. *zavelboompje*. Anders *zavenboom*, *zevenboom*, hoogd. *fabenbaum*, *fevenbaum*, *fieberbaum*, enz., eng. *favintree*, fr. *fabine*, *favinier*, ital., fp., lat. *fabina*. Zeker flag van Jeneverboom. Een heeftergewas van het zuidelijk Europa: *de bladeren van den zavelboom hebben eenen fterken onaangenamen reuk, eenen fcherpen fmaak, en eene afdrijvende kracht*.

ZAVENBOOM, zie *zavelboom*.

ZEBRA, z. n., m., *van den zebra*; meerv. *zebraas*. Een wilde ezel, die fraai geftreept is: *men geeft aan den zebra, hier te lande, den naam van Kaapfchen ezel, fchoon men hem ook in het noorden van Afrika in menigte vindt*.

ZEDE, z. n., vr., *der*, of *van de zede*; meerv. *zeden*. Eigenlijk, de wijze, waarop een kleed iemand zit; en voorts de meerdere, of mindere, behagelijkheid, welke iemands wijze van doen hem bijzet. In

het

Het gebruik, iemands wijze van doen: *bevallig van ze-*
den en manieren. Mijn zeden haer ook aengename zijn.
C. v. GHISTEL. *Heeft ontrent den tijt van veertigh*
jaren hare zeden verdragen in de woeftijne. BIJBELV.
Gewoonte, gebruik, inftelling: *in hunne zede.* VOND.
Dede hi hem hulden, na den zede. M. STOK. *Het es*
onze zede in dit lant. WALEWEIN. *Moest gij de ftreng-*
heit ook der Roomfche zede fmaken? D. DECK. *Sij ver-*
kondigen zeden, die ons niet geoorloft en zijn aen te
nemen. BIJBELV. *Die zeden van den autaer.* BIJB. 1477.
Handelwijze ten aanzien van wezenliike verpligtingen: *de*
bedorvene zeden der groote menigte. Quade t' famenfprekin-
gen verderven goede zeden. BIJBELV. *Zijn zeden, zijn*
daaden zijn vol fnoode fpoorloosheden. L. D. S. P.
o Tijden! o Zeden. Bijzonderlijk, een goed gedrag, en geneigdheid daartoe: *eene ernftige aan-*
beveling van deugd en zeden. Van hier *fedebaer*, bij KIL.
Zedelijk, zedeloos, zedig. Zamenftell.: *zedekunde,*
enz. *Zedeleer, zedeleeraar, zedeles, zedemeefter, ze-*
denbeder f, zedenrijk, zedefpreuk, zedevoogd, zedewet, enz.

Zede, KIL. *fede,* NOTK., WILLER. *fito,* hoogd.
fitte, oudd. *fidde* en *fid,* zweed. *fed,* ijsl. *fidr,* angelf. *fida* en *fitha,* komt overeen met *fiton,* plegen, handelen, fchikken, bij NOTK. en OTTFRID.
In het ijsl. luidt *zede* ook *oete,* en in het gr. ϑος,
dat door WACHT., IHRE, enz. voor het ftamwoord
gehouden wordt.

ZEDEBAAR, zie *zedig*.

ZEDEKUNDE, z. n., vr., der, of *van de zedekun-*
de; zonder meerv. Van *zede* en *kunde.* Kunde van de
zedeleer: *hij oefent zich in de zedekunde.* Van hier *ze-*
dekundig.

ZEDELEER. z. n., vr., der, of *van de zedeleer;*
meerv. *zedeleeren.* Van *zede* en *leer.* Eene leer nopens des menfchen handelwijze ten aanzien van wezenlijke verpligtingen: *de Heidenfche zedeleer. De zede-*
leer van het Evangelie.

ZEDELEERAAR, z. n., m., *des zedeleeraars,* of *van*
den zedeleeraar; meerv. *zedeleeraars* en *zedeleeraren.*
Van *zede* en *leeraar.* Een onderwijzer in de zedeleer:
Socrates was een uitmuntend zedeleeraar.

ZEDELES, z. n., vr., der, of *van de zedeles;* meerv.
zedelessen. Verkleinw. *zedelesje.* Van *zede* en *les.*
Eene

Eene les, onderrigting, of vermaning, ten aanzien van des menschen handelwijze nopens wezenlijke verpligtingen: *zijne geschiedenis is vol van heerlijke zedelessen.*

ZEDELIJK, bijv. n. en bijw., zonder vergrootingstrappen. Van *zede* en *lijk*, zie *lijk*. Tot des menschen handelwijze nopens wezenlijke verpligtingen betrekkelijk: *uw zedelijk gedrag. Des menschen zedelijke smaak, ter onderscheiding van het geen zedelijk goed en kwaad is. De mensch is een zedelijk wezen*, beteekent, hij kan inachtnemen, wat wezenlijke verpligtingen hem voorschrijven, of verbieden; *zijn zedelijke aanleg* stelt hem daartoe in staat. *Zedelijk onmogelijk*, is, het gene door andere, dan uitwendige, stoffelijke, beletselen verhinderd wordt; in tegenoverstelling van *physiek onmogelijk.* Van hier *zedelijkheid*. Zamenstell.: *onzedelijk.*

ZEDELIJKHEID, z. n., vr., *der*, of *van de zedelijkheid;* zonder meerv. Van *zedelijk* en *heid*. De hoedanigheid van al wat zedelijk is; en voorts ook geneigdheid tot goede zeden: *er valt op zijne zedelijkheid niet veel te roemen.*

ZEDELOOS, bijv. n. en bijw., *zedeloozer, zedeloost.* Van *zede* en *loos*, zonder goede zeden: *welk een zedeloos volk! Beiden handelden even zedeloos.* Van hier *zedeloosheid*, gebrek aan goede zeden: *de zedeloosheid vernielt een volk.*

ZEDEMEESTER, z. n., m., *des zedemeesters*, of *van den zedemeester;* meerv. *zedemeesters.* Van *zede* en *meester.* Ook *zedevoogd.* Opziener over de zeden: *de Romeinsche zedemeesters.*

ZEDESPREUK, z. n., vr., *der*, of *van de zedespreuk;* meerv. *zedespreuken.* Van *zede* en *spreuk.* Eene spreuk ter bevordering van de vervulling van wezenlijke verpligtingen: *de zedespreuken van den wijsten der Koningen.*

ZEDEVOOGD, zie *zedemeester.*

ZEDIG, bijv. n. en bijw., *zediger, zedigst.* Van *zede*, zie *ig.* Hoogd. *sittig* en *sittsam*, OTTFRID. *sizzam*, KIL. *sedebaer.* Welgevallig, welvoegelijk, ingetogen: *welk een zedig Jongeling!* Van hier *zedigheid, zediglijk.*

ZEE, z. n., vr., *der*, of *van de zee;* meerv. *zeeën.* Eene dier groote verzamelingen van water, die gemeen-

ſchap met den zoogenoemden Oceaan hebben: *de zwar-*
te zee, *de witte zee*, *de Middellandſche zee*, *de Roode*
zee. De oppervlakte van zulk eene verzameling van
water: *de maan regeert de toevallen der zee*. Hooft.
Bruiſch zee, *met alles*, *wat uw' ſtranden omvatten*.
L. D. S. P. *De zee brandde zoo hardt aan*. Brandt.
Hoe dat Leander verdronc in de zee. Colijn. v. Rijs.
Slinger de lichamen over de zee hene. Vond. Ook
wel eens eene andere verzameling van water, die van
rondom door het land ingeſloten is: *de Caspiſche zee*,
de zee van Mexico. *Wandelende bij de Galileeſche zee*.
Bijbelv. En *de zee van Geneve*, *van Conſtantz*, in
navolging der Duitſchers, die den naam van *ſee* aan zulke wateren geven, als bij ons dien van *meer* voeren,
en dezen wederom aan de wateren, die wij *zeeën* noemen. En die wateren, die door ons anders met den
naam van *Oceaan* beſtempeld worden: *de Atlantiſche*
zee, *de Indiſche zee*, *de ſtille zee*. Eene groote baar,
of golf: *er gingen hemelhooge zeeën*. *De zeeën ſpoel-*
den alles van het verdek. *Een geweldige zee waters*
ſlaet voor zijne oogen het ſchip — over den boegh.
Vond. *Eene zee van water*, is, eene groote menigte:
de werrelt met een zee van water overtogen. Vond.
Zoo ook *eene zee van bloed*: *daar wierd een bare zee*
van bloed in zee vergoten. J. Six. *Eene zee van tra-*
nen: *al d'aerde zonk in eene zee van tranen*. Poot.
Eene zee van vuur, *van vonken*, *van zorgen*, *van we-*
derwaardigheden enz., is eene menigte daarvan. Zelfs, in de
gemeenzame verkeering, zegt men van iemand, die rijk is:
hij heeft een zee van geld. — *In volle zee*, is van alle ſtrand en
kust verwijderd. *Zee kiezen*, *in zee gaan*, *in zee ſteken*, is eene
zeereize aanvangen. *Met iemand diep in zee gaan*, is zich
ſterk met hem inlaten: *ik verkies zoo diep niet met hem in*
zee te gaan. *De diepte der zee*, is, het diepe van eene
of andere der voorgemelde verzamelingen van water:
dat hij verſoncken ware in de diepe der zee. Bijbelv.;
waar *het hart der zee* haar midden is: *uwe lantpalen*
zijn in 't herte der zeen; en waar zee ook voor een
groot watervat gebezigd wordt: *de twaelf runderen on-*
der die zee. *Regt door zee gaan*, is, zich van alle
flinkſche omwegen onthouden: *ga ſteeds regt door zee!*
Van hier *zeesch* in *overzeesch*. Zamenſtell.: *IJszee*,
Noordzee, *Oostzee*, *Schelfzee*, *Zandzee*, *Zoutzee*,
Zui-

Zuiderzee, Zuidzee, enz. *Zeeaal, zeebaar, zeegat, zeeboek,* en eene reeks van andere zamenstell., waarvan de voornaamste hier volgen. Het bij de Dichteis gebruikelijke *wereldzee* wordt met regt afgekeurd, dewijl alle zeeën *wereldzeeën* zijn. Men verkiest liever *levenszee.*

Zee, hoogd., nederf. *feo,* angelf., eng. *fea,* zweed. *fjo,* tartar. *fui, fu,* Notk., Ottfrid. *fe* en *feuue,* Ulphil. *faiws,* bij ons oulings ook *zeeuw, zeewe, zewe,* ftaat gelijk aan *meer,* dat in zuidelijker gewesten deszelfs plaats vervangt. Het ftamwoord is *ee,* dat nog in Vriesland zeker water aanduidt, verwant aan *ij, aa, ahe* en het fr. *eau,* water, met voorvoeging van *s,* of *z,* de fuizing der *zee* nabootfende.

ZEEAAL, z. n., m., *des zeeaals,* of van den *zeeaal;* meerv. *zeealen.* Verkleinw. *zeeaaltje.* Van *zee* en *aal.* Zeker flag van alen, dat in zee gevonden wordt: *men vindt niet flechts meer- maar ook zee-alen, anders ook lampreijen genoemd.*

ZEEAAP, z. n., m., *des zeeaaps,* of van den *zeeaap;* meerv. *zeeapen.* Van *zee* en *aap.* Ook *zeevos.* Zeker flag van haaijen: *de ftaart der zeeapen is langer, dan hun lijf.*

ZEEADDER, zie *zeenaald.*

ZEEAJUIN, z. n., m., *des zeeajuins,* of van den *zeeajuin;* meerv. *zeeajuinen.* Van *zee* en *ajuin.* Eene der verfchillende foorten van fquille: *de zeeajuin wast langs zandige zeeoevers.* Ook *zeelook.*

ZEEALSEM, z. n., m., *des zeealfems,* of van den *zeealfem;* zonder meerv. Van *zee* en *alfem.* Bij Halma evenveel als het lat. *feriphium,* gr. σεϱιϕιον, dat van het *feriphium* der hedendaagfche Kruidkenners verfchilt.

ZEEANEMONE, zie *zeeangelier.*

ZEEANGELIER, z. n., m., *des zeeangeliers,* of van den *zeeangelier;* meerv. *zeeangelieren.* Verkleinw. *zeeangeliertje.* Van *zee* en *angelier.* Een bijzonder flag van zeenetelen, waartoe de *zeeanemonen, zeeafters,* en *zeezonnebloemen,* behooren: *de zeeangelier is een genoegzaam rolrond, en hoekig geftreept, waterinfekt.*

ZEEAPPEL, z. n., m., *des zeeappels,* of van den *zeeappel;* meerv. *zeeappelen,* en *zeeappels.* Van *zee* en *appel.* Een flag van waterinfekten, dat anders ook den

V 2 naam

naam van *zeeëgels* voert, en behalve de *zeeklitten*, *zee-kroopen*, *zeekogels*, *zeepannekoeken*, *zeerealen*, en *zee-fchijven*, nog ten minſte elf andere verſcheidenheden bevat: *zeeappelen met en zonder pennen.*

ZEEAREND, z. n., m., *des zeearends*, of *van den zeearend;* meerv. *zeearenden.* Van zee en *arend.* Een bijzonder ſlag van arenden, dat zich aan zee ophoudt: *de zeearend moet in grootte voor den geduchten ſteen-arend wijken.* Voorts ook een bijzonder ſlag van roggen.

ZEEARM, z. n., m., *des zeearms*, of *van den zeearm;* meerv. *zeearmen.* Van zee en *arm.* Eene ſtreek van de zee, die tuſchen het vaste land inloopt: *aan den fcheeprijken zeearm van het Y.*

ZEEASTER, zie *zeeangelier.*

ZEEATLAS, z. n., m., *van den zeeatlas;* meerv. *zee-atlaſſen* Van zee en *atlas.* Eene verzameling van zee-kaarten: *die zeeatlas is niet volledig.*

ZEEBAAK, z. n., vr., *der*, of *van de zeebaak;* meerv. *zeebaken.* Van zee en *baak.* Een baken, of eene baak, aan, of in, zee: *de zeebaken ſpoelen daar geſtadig weg.*

ZEEBAAR, zie *zee.*

ZEEBAARS, z. n., m., *van den zeebaars;* meerv. *zeebaarzen.* Van zee en *baars.* Een baars, die in de Middellandſche zee en op de kust van Noorwegen gevangen wordt: *de zeebaars overtreft den rivierbaars in fchoonheid van kleuren.*

ZEEBAL, zie *zeewier.*

ZEEBARBEEL, zie *zeekoning.*

ZEEBEER, z. n., m., *des zeebeers*, of *van den zeebeer;* meerv. *zeebeeren.* Van zee en *beer.* Een beer, die zich aan en in zee ophoudt: *de zeebeeren van Kam-fchatka verfchillen evenzeer van de landbeeren, als van de zoogenoemde ijsbeeren.*

ZEEBEURS, zie *zeeblaas.*

ZEEBEWIND, z. n., o., *des zeebewinds*, of *van het zeebewind;* zonder meerv. Van zee en *bewind.* Het be-ſtuur van de zeezaken: *hij voert er het zeebewind.* De gezamenlijke bewindhebbers over de zeezaken: *Hol-lands Erfadmiraal was aan het hoofd van het zeebewind.* Zamenſtell.: *zeebewindhebber*, thans gemeenlijk *zeepre-fect.*

ZEE-

ZEEBEWINDHEBBER, zie *zeebewind.*

ZEEBEZEM, zie *zeeheester.*

ZEEBIES, zie *zeeheester.*

ZEEBLAAS, z. n., vr., *der,* of *van de zeeblaas;* meerv. *zeeblazen.* Van *zee* en *blaas.* Een geflacht van waterdieren, waarvan men negen verfchillende foorten telt, en waartoe de *zeebeurzen* en *zeefpoken* behooren: *trillende zeeblaas, ongekamde zeeblaas,* enz.

ZEEBLOEM, zie *zeerui.*

ZEEBLUTSTAK, zie *zeeheester.*

ZEEBOEK, zie *zee.*

ZEEBOEZEM, z. n., m., *des zeeboezems,* of *van den zeeboezem;* meerv. *zeeboezems.* Van *zee* en *boezem.* Ook *zeebogt.* Een inham van de zee: *de zeeboezem, waaraan Embden gelegen is.*

ZEEBOGT, zie *zeeboezem.*

ZEEBOOM, zie *zeeheester.*

ZEEBOON, z. n., vr., *der,* of *van de zeeboon;* meerv. *zeeboonen.* Van *zee* en *boon.* Dezen naam geeft men aan zeker flag van ftuipboomen, en aan de vruchten van dat plantgewas, dat aan zee groeit: *de zeeboonen worden ook purgeerboonen genoemd, en St. Thomasboonen, naar het eiland St. Thomas.*

ZEEBOUWER, zie *zeevaarder.*

ZEEBRAND, z. n., m., *des zeebrands,* of *van den zeebrand;* zonder meerv. Van *zee* en *brand.* De branding der zee: *dwars door den zeebrand henen.* Bij HALMA ook weerlicht zonder donder.

ZEEBRASEM, z. n., m., *des zeebrafems,* of *van den zeebrafem;* meerv. *zeebrafems.* Van *zee* en *brafem.* Een visfchengeflacht, waarvan men twee en twintig verfchillende foorten telt: *vergulde zeebrafem, geringde zeebrafem, gemarmerde zeebrafem, Galileefche zeebrafem,* enz.

ZEEBRIEF, z. n., m., *des zeebriefs,* of *van den zeebrief;* meerv. *zeebrieven.* Van *zee* en *brief.* Dezen naam geeft men aan de gezamenlijke papieren, waarvan een koopvaardijfchipper voorzien wordt: *de kaper vorderde hem zijne zeebrieven af.*

ZEEBUIT, zie *zeeroof.*

ZEEBURG, z. n., m., *des zeeburgs,* of *van den zeeburg;* meerv. *zeeburgen.* Van *zee* en *burg.* Fenevesting, of een kafteel, aan zee: *er wordt aan de Helder een-*

eindelijk een zeeburg aangelegd. Bijzonderlijk geeft men dezen naam aan een groot gebouw tusfchen Amfterdam en Muiden aan het Pampus.

ZEECITROEN, zie *zeefcheede.*

ZEECIPRES, zie *zeeheefter.*

ZEEDENNE, zie *zeerui.*

ZEEDENNEBOOM, zie *zeeheefter.*

ZEEDIENST, z. n., m., *van den zeedienst;* zønder meerv. Van *zee* en *dienst.* Krijgsdienst ter zee: *hij verkoos den zeedienst boven den landdienst.*

ZEEDIER, z. n., o., *des zeediers,* of *van het zeedier;* meerv. *zeedieren.* Van *zee* en *dier.* Onder dezen naam begrijpt men allerlei foorten van dieren, die zich in zee ophouden, zoo zoogdieren, als visfchen, kraakbeenige dieren, infekten, en wormen: *van tijd tot tijd ontdekt men al meer en meer zeedieren. Beijde der kruijpende, ende der zeedieren.* BIJBELV.

ZEEDIJK, z. n., m., *des zeedijks,* of *van den zeedijk;* meerv. *zeedijken.* Van *zee* en *dijk.* Een dijk ter afwering van de zee: *het onderhoud der zeedijken.*

ZEEDRAAK, z. n., m., *des zeedraaks,* of *van den zeedraak;* meerv. *zeedraken.* Van *zee* en *draak.* Een kraakbeenig zeedier van twee foorten, waarvan de eene den naam van *gedrochtelijke zeedraak* voert: *de zeedraak heeft de luchtgaten niet aan de zijden van den hals, waar men die der haaijen vindt.* In den STATENBIJBEL wederom een gansch ander waterdier: *dien grooten zeedraeck, die in 't midden fijner rivieren leijt.* BIJBELV.

ZEEDRAAKJE, z. n., o., *des zeedraakjes,* of *van het zeedraakje;* meerv. *zeedraakjes.* Van *zee* en *draakje.* Een Oostindisch visfchengeflacht: *de borstvinnen der zeedraakjes gelijken aan de vlerken der Draken.*

ZEEDRIFT, z. n., vr., *der,* of *van de zeedrift;* zonder meerv. Van *zee* en *drift.* Ook *ftrandvond* en *zeevond.* In zee drijvende goederen van verongelukte fchepen: *er is op nieuw vrij wat zeedrift op ftrand aangefpoeld.* H. DE GROOT heeft *zeedriftig,* in: *en hij die heeft gebout foo grooten langen tijt aen een zeedriftig hout.*

ZEEDRUIF, z. n., vr., *der,* of *van de zeedruif;* meerv. *zeedruiven.* Van *zee* en *druif.* Een bloede-
loos

loos zeediertje: *de zeeuruif behoort tot het geflacht der flekken.*

ZEEDUIVEL, z. n., m., *des zeeduivels*, of *van den zeeduivel*; meerv. zeeduivelen en zeeduivels. Van zee en *duivel*. Een visschengeflacht van drie foorten: *de zeeduivel vertoont zich als gearmd.*

ZEEDUIZENDBEEN, z. n., m., *des zeeduizendbeens*, of *van den zeeduizendbeen*; meerv. zeeduizendbeenen. Van zee en *duizendbeen*. Een waterinfekt, waarvan men negen foorten telt: *glinfterende zeeduizendbeen, gebaarde zeeduizendbeen*, enz.

ZEEËEND, z. n., vr., *der*, of *van de zeeëend*; meerv. zeeëenden. Van zee en *eend*. Een bijzonder flag van eenden: *sommige eenden di agen naar hun oponthoud in zee den naam van zeeëenden.*

ZEEËENHOREN, z. n., m., *des zeeëenhorens*, of *van den zeeëenhoren*; meerv. zeeëenhorens. Van zee en *eenhoren*. Anders *eenhorenvisch* en *Narwal*. Een zoogdier, dat zich in zee ophoudt, en uit welks bovenfte kinnebakken een tand vooruitfteekt, die fomtijds tien voet lang is: *de gedraaide voortand van den zeeëenhoren.*

ZEEËGEL, zie *zeeappel*.

ZEEËIK, zie *zeeheefter*.

ZEEËNGEL, z. n., m., *des zeeëngels*, of *van den zeeëngel*; meerv. zeeëngelen en zeeëngels. Van zee en *engel*. Zeker flag van haaijen, welks borstvinnen aan vleugels gelijken: *de verflindende zeeëngel.*

ZEEËNGTE, z. n., vr., *der*, of *van de zeeëngte*; meerv. zeeëngten. Van zee en *engte*. Anders *flraat*. Eene enge gemeenfchap tuffchen twee zeeën: *door de zeeëngte van Gibraltar heengeftevend.*

ZEEF, zeve, z. n., vr., *der*, of *van de zeef*; meerv. zeven. Een werktuig, waarmede men zeeft of zift: *laat het nog eens door uwe fijnfte zeef loopen.* Zamenftell.: zeefachtig, zeefbeen, zeelbij, zeefpoot, zeelfpons, zeker flag van fponfen, enz. *Draadzeef, haarzeef, korenzeef*, enz.

Zeef, KIL. *fef, feue, fift*, nederf. *feve*, eng. *fieve*, angelf. *fife*, OTTFRID. *fib*, hoogd. *fieb*, zweed. *fickt*, komt van *zeven*, dat bij KIL. en nog hedendaags hier en daar, aan ziften beantwoordt.

ZEEF, z. n., vr., *der*, of *van de zeef*; zonder meerv.

Bij HALMA, evenveel, als het fr. *seve*, de bijzondere
en eigenaardige smaak van eenen drank: *de zeef van 't
Luiker bier is aangenaam.* HALMA. *Hij heeft geene
goede zeef van wijn.*

ZEEFBEEN, z. n., o., *des zeefbeens*, of *van het zeefbeen*; meerv. *zeefbeenen.* Van *zeef* en *been.* Een been
van het menschelijk hoofd, dat even als eene zeef doorboord is: *het zeefbeen is met reukzenuwen doorgroeid.*

ZEEFBIJ , z. n., vr., *der*, of *van de zeefbij*; meerv.
zeefbijen. Van *zeef* en *bij.* Anders ook *zeefpoot.* Zeker slag van wespen: *de zeefbijen hebben een zeefachtig
schild aan de schenkels der voorpooten.*

ZEEFPOOT, zie *zeefbij.*

ZEEFSPONS, zie *zeef.*

ZEEG , z. n., vr., *der*, of *van de zeeg*; meerv. *zegen.*
Verkleinw. *zeegje.* KIL. *zeghe, ceghe,* oulings ook
tsege. Het wijfje van eenen reebok: *als de zeeg jongen werpt.
Boevelle, tsegenvelle, hartsvelle*, v. HASS. Van hier
bij KIL. *seghemanneken, ceghemanneken,* een sater.

ZEEGAREN, zie *zeeruit.*

ZEEGAT, z. n., o., *des zeegats*, of *van het zeegat*;
meerv. *zeegaten.* Van *zee* en *gat.* Eene diepte tusschen zandbanken, enz., door welke men van eene ree-
de, of uit eene haven, in volle zee geraken kan: *het
zeegat van het Vlie. De zeegaten van Texel. Hij moet
het zeegat uit*, beteekent, hij deugt tot niets anders,
dan tot de zeevaart.

ZEEGEDROGT, z. n., o., *des zeegedrogts*, of *van het
zeegedrogt*; meerv. *zeegedrogten.* Van *zee* en *gedrogt.*
Ook *zeemonster.* Een wanstaltig , of bijster groot,
zeedier: *walvisschen, en andere zeegedrogten.*

ZEEGEDRUISCH, z. n., o., *van het zeegedruisch*;
zonder meerv. Van *zee* en *gedruisch.* Ook *zeegeklater, zeegeschal.* Het druischen van eene onstuimige zee:
aldus ging al dat zeegedruisch leggen. VOND.

ZEEGEKLATER, zie *zeegedruisch.*

ZEEGESCHAL , zie *zeegedruisch.*

ZEEGEVAAR, z. n., o., *des zeegevaars*, of *van het
zeegevaar*; meerv. *zeegevaren.* Van *zee* en *gevaar.*
Gevaar, dat de zee veroorzaakt, en, in boert, ook
zeevaart: *'t gevaar van 't zeegevaar.*

ZEEGEVECHT, z. n., o., *des zeegevechts*; of *van het
zeegevecht*; meerv. *zeegevechten.* Van *zee* en *gevecht.*
Ook

Ook *zeekamp*, *zeeflag*, *zeeflrijd*. Een gevecht op zee: *het bekende zeegevecht befliste alles.*

ZEEGEWAS, z. n., o., *van het zeegewas*; meerv. *zee-gewaſſen*. Van *zee* en *gewas*. Ook *zeeplant*. Dat gedeelte van het plantenrijk, dat in zee wast, of groeit: *oneindig ziin de verſcheidenheden der zeegewaſſen.*

ZEEGHAFTIG, bijv. n. en bijw., *zeeghaftiger*, *zeeg-haftigst*. Van *zege* en *haftig*. Zegevierend: *het zeeg-haftig leger. Uliſſes zeilde in 't ent zeeghaftig voort van hier.* VOND. Van hier *zeeghaftigheid*, *zeeghaftig-lijk.*

ZEEGIER, z. n., m., *des zeegiers*, of *van den zee-gier*; meerv. *zeegieren*. Van *zee* en *gier*. Een bijnaam van den Fregatvogel: *de zeegier heeft ſomtijds veertien voet vlugt.*

ZEEGOD, z. n., m., *des zeegods*, of *van den zeegod*; meerv. *zeegoden*. Van *zee* en *god*. Een verzierd wezen uit de oude fabelkunde, anders *Neptunus*, en *zee-voogd: de zeegod zwaait den drietand.* Eene der Godheden van minder aanzien, die gerekend werden zich in zee op te houden, zoo als Nereus, Proteus, enz.: *en knevelde den zeegodt zijn handen.* VOND. Wegens vrouwelijke wezens van dien aard bezigt men *zeego-din*, *zeenimf*, enz.

ZEEGODIN, zie *zeegod*.

ZEEGRAS, z. n., o., *van het zeegras*; zonder meerv. Van *zee* en *gras*. Dezen naam geeft men aan een bijzonder flag van ftrandkruid, en aan eene der verfchillende foorten van zeewier.

ZEEGROEN, bijv. n. en bijw., zonder vergrootingstrappen. Van *zee* en *groen*. Ligtgroen, zoo als de zee zich veelal vertoont: *een zeegroen kleurtje. Ik wil het zeegroen geverſd hebben. Het zeegroen*, als z. n., is de zeegroene kleur, of verwe: *het zeegroen van die beſchotten is al te ligt.*

ZEEHAAN, z. n., m., *des zeehaans*, of *van den zee-haan*; meerv. *zeehanen*. Van *zee* en *haan*. De benaming van een visfchengeflacht van verfchillende foorten, waartoe bijzonderlijk ook de vliegende visfchen behooren: *geharnaste zeehaan. Oostindiſche zeehaan*, enz.

ZEEHAAR, zie *zeerui*.

ZEEHAAS, z. n., m., *des zeehazen*, of *van den zee-haas*; meerv. *zeehazen*. Van *zee* en *haas*. Een visch

van het geflacht der fnottolfen; en een zeedier, dat tot
het geflacht der wormen behoort: *gehaarde zeehaas, ge-
kartelde zeehaas.*

ZEEHANDEL, z. n., m., *des zeehandels*, of *van den
zeehandel*; zonder meerv. Van *zee* en *handel.* Handel
in waren, die over de zee gaan, of van over de zee
komen: *zeer gelegen voor den zeehandel.*

ZEEHANDSCHOEN, z, n., m., *des zeehandfchoens*,
of *van den zeehandfchoen*; zonder meerv. Van *zee* en
handfchoen. Een bijzonder flag van fponfen: *de zeehandfchoen zweemt naar eenen handfchoen met opene vingers.*

ZEEHARD, bijv. n., zonder vergrootingstrappen. Van
zee en *hard.* Tegen zeeziekte, of andere ongemakken
der zee, gehard: *jonge lieden worden fpoedig zeehard.*

ZEEHEESTER, z. n., m., *des zeeheesters*, of *van
den zeeheester*; meerv. *zeeheesters.* Van *zee* en *heester.*
Anders *zeeboom*, of *zeeboompje.* Dezen naam geven de
Natuurkenners aan de gezamenlijke koraalgewaffen,
waarvan fommige foorten den naam van *zeebezem, zeebies, zeeblutstak, zeecipres, zeedenneboom, zeeëik*, of
*zeepijnboom, zeeheide, zeetouw, zeeveder, zeewaai-
jer, zeewilg*, enz. voeren: *men telt voornamelijk zeventien verfchillende foorten van zeeheesters.*

ZEEHEIDE, zie *zeeheester.*

ZEEHELD, z. n., m., *des zeehelds*, of *van den zeeheld*; meerv. *zeehelden.* Van *zee* en *held.* Al wie
zich op zee heldhaftig gedraagt: *gij begint een zeeheld
te worden.*

ZEEHERTSHOREN, z. n., m., *des zeehertshorens*,
of *van den zeehertshoren*; zonder meerv. Van *zee* en
hertshoren. Anders *zeekantsweegbree.* Een flag van
weegbree, dat aan den zeekant groeit, en fomtijds als fa-
lade gegeten wordt: *in Westvriesland geeft men aan den
zeehertshoren den naam van krokkeling.*

ZEEHOND, z. n., m., *des zeehonds*, of *van den zeehond*; meerv. *zeehonden.* Verkleinw. *zeehondje.* Van
zee en *hond.* Een dier van het robbengeflacht, dat ook
wel eens *zeekalf* genoemd wordt; en zeker flag van haaijen, die men intusfchen gevoegelijker met den naam
van *hondskop* beftempelt.

ZEEKALF, zie *zeehond.*

ZEEKAMP, zie *zeegevecht.*

ZEE-

ZEEKANTSWEEGBREE, zie *zeehertshoren.*

ZEEKAPITEIN, z. n., m., *des zeekapiteins,* of *van den zeekapitein;* meerv. *zeekapiteinen,* of *zeekapiteins.* Van *zee* en *kapitein.* De benaming van zekeren rang onder de bevelhebbers ter zee, welke aan dien van Kolonel te lande gelijkſtaat: *de ſchout bij nacht met zijne onderhoorige zeekapiteinen.* Verſchilt van *ſcheepskapitein* daarin, dat deze naam den bevelhebber over dit of dat bijzonder ſchip aanduidt: *de ſcheepskapiteinen werden geſeind,* is, de bevelhebbers over de ſchepen der vloot. *Zeg het den ſcheepskapitein,* is, den bevelhebber over uw ſchip.

ZEEKASTEEL, z. n., o., *des zeekasteels,* of *van het zeekasteel;* meerv. *zeekasteelen.* Van *zee* en *kasteel.* Ook *zeeſlot.* Somtijds een zeeburg; maar bij de Dichters ook een groot ſchip: *hij blies het zeekasteel des vijands in de lucht.*

ZEEKAT, z. n., vr., *der,* of *van de zeekat;* meerv. *zeekatten.* Van *zee* en *kat.* Een geſlacht van zeedieren, waartoe de *polijpus* der ouden en. de *ſpaanſche zeekat,* of *inktvisch,* behooren: *kleine zeekat,* enz. Daarentegen duidt het verkleinw. *zeekatje* eenen visch van het geſlacht der beenvisſchen aan.

ZEEKATJE, zie *zeekat.*

ZEEKLIT, zie *zeeappel.*

ZEEKNOOP, zie *zeeappel.*

ZEEKOE, z. n., vr., *der,* of *van de zeekoe;* meerv. *zeekoeijen.* Verkleinw. *zeekoetje.* Van *zee* en *koe.* Somtijds een rivierpaard; maar gemeenlijk, en met meer regt, een zoogdier, dat zich in zee ophoudt: *de zeekoe behoort tot het robbengeſlacht.* Bij VONDEL ook *zeerunt.*

ZEEKOGEL, zie *zeeappel.*

ZEEKONING, z. n., m., *des zeekonings,* of *van den zeekoning;* meerv. *zeekoningen.* Van *zee* en *koning.* Anders *zeebarbeel.* Een barbeel, die in zee gevangen wordt, en, volgens KIL., dus heet, omdat hij alle andere zeevisch overtreffen zou. Hoogd. *meerbarbe.*

ZEEKOUS, z. n., vr., *der,* of *van de zeekous;* meerv. *zeekouſen.* Van *zee* en *kous.* Een bijzonder ſlag van zeenetels: *de zeekous behoort evenzeer tot de waterinſekten, als de zeeangelier, en meer andere ſoorien van zeenetelen.*

ZEEKREEFT, z. n., m., *des zeekreefts,* of *van den zeekreeft;*
meerv.

meerv. *zeekreeften.* Van zee en *kreeft.* In onderfcheiding van *rivierkreeft:* de zeekreeften worden op de kust van Noorwegen gevangen. HALMA.

ZEEKRIJG, zie zeeoorlog.

ZEEKRIJGSRAAD, zie zeeoorlog.

ZEEKUST, z. n., vr., der, of *van de* zeekust; meerv. zeekusten. Van *zee* en *kust.* KIL. *zeekost*, omdat *kust* van het lat. *costa* afftamt; en fomtijds ook enkel *kust*, zie dit woord: *langs de zeekust.*

ZEEL, z. n., o., des zeels, of *van het zeel;* meerv. zelen. Verkleinw. *zeeltje.* Evenveel welke fterke en breedachtige band, waarmede men iets voortzrekt, draagt, vastbindt, enz.: *de muis verlost, knagende 't zeel den leeuw.* HOOFT. *Verheugen zich, datze de handt aen het zeel mogen flaen.* VOND. *Sij lietfe dan neder met een feel door de venfter.* BIJBELV. *Hieuen fi tfeel ten felven ftonden.* M. STOK. Zamenftell.: *hennipzeel, klotzeel, kruizeel, leizeel, trekzeel, wagenzeel, wieg-zeel,* enz.

 Zeel, KIL., nederf. *feel,* hoogd., OTTFRID. *feil,* ULPHIL. *fail,* angelf. *faela, fal,* zweed. *fele,* pool. *fidlo,* HESIJCH σιλλον.

ZEELAND, z. n., o., des zeelands, of *van het zee-land;* meerv. zeelanden. Van *zee* en *land.* Land, dat aan zee gelegen is; maar in het gewone gebruik, bijzonderlijk, een eiland in Denemarken, en een ander hieromftreeks, of een van de weleer zeven vereenigde Ne-derlanden: *welk der beide Zeelanden is het beroemd-fte?* Van hier *Zeelander, Zeelandsch,* welke woorden genoegzaam enkel tot het Deenfche Zeeland behooren; want nopens menfchen, en dingen, die tot ons Zeeland betrekkelijk zijn, bezigen wij veelal *Zeeuw* en *Zeeuwsch.*

ZEELANDER, zie *Zeeland* en *Zeeuw.*

ZEELANDSCH, zie *Zeeland.*

ZEELEEUW, z. n., m., des zeeleeuws, of *van den* zeeleeuw; meerv. zeeleeuwen. Van *zee* en *leeuw.* Een dier van het robbengeflacht; *de zeeleeuwen van Kamfchatka.*

ZEELIEDEN, zie zeeman.

ZEELONG, z. n., vr., der, of *van de* zeelong; meerv. zeelongen. Van *zee* en *long.* Ook *zeevijg.* Een kraakbeenige dierplant, van het geflacht der zeenesten: *de zeelong zweemt naar eene vijg, en wordt in Oostindie gegeten.*

ZEE-

ZEELOOK, zie zeeajuin.

ZEELT, z. n., vr., der, of van de zeelt; meerv. zeelten. Verkleinw. zeeltje. Een visch van het geslacht der karpers: men zegt, dat het slijm der zeelten een heelmiddel voor gekwetste snoeken is.

ZEELUCHT, z. n., vr., der, of van de zeelucht; meerv. zeeluchten. Verkleinw. zeeluchtje. Van zee en lucht. De lucht, die men op zee inademt: de zeelucht is doorgaans fijner, dan de landlucht. Een zeeluchtje scheppen, is, een koeltje aan, of op, zee inademen. Voorts beteekent zeelucht ook een koude damp, die uit zee opstijgt; in welken zin het woord een meerv. heeft: de zeeluchten maken het hier ongezond.

ZEEM, z. n., o., des zeems, of van het zeem; zonder meerv. Bij KIL. evenveel als honigzeem, honig: daer zij den rijken 't zeem mé om de lippen strijken. D. DECK. Met zeem oft suijcker. ED. DE DEENE. Van hier bij KIL. zeemen, van zeem, zeemen, met zeem bestrijken, en zeemken, evenveel als zeemenkoecksken. Zamenstell.: zeemkoeck, zeemhonigh, zeemstrijcken, zeemstrijcker.

ZEEM, niet gebruikelijk, dan in zeemen, dat als bijv. n. voorkomt in: zeemen handschoenen, en zeemen leder, bij KIL. De zamenstell.: zijn zeembereider, zeemeleder, zeemeleér, of zeemleér, zeemtouwer, enz. Het woord beteekent eigenlijk evenveel, als het hoogd. gemse, fr. chamois, eng. chamoij, eene wilde geit. Dus is zeemeleer, of zeemleer, hoogd. gemsenleder, fr. peau de chamois, eng. chamoijleather, en chamoij, fr. chamois, ital. camuccio, eigenlijk evenveel als kamoes, of kamuisleer, zie kamoesleer.

ZEEMAAN, zie zeester.

ZEEMAGT, z. n., vr., der, of van de zeemagt; meerv. zeemagten. Van zee en magt. De gezamenlijke krijgsschepen van een rijk, of eenen staat, met al wat daartoe behoort: tot uitrusting van eene geduchte zeemagt. Hoogd. seemacht, dat ook eene zeemogendheid aanduidt.

ZEEMAN, z. n., m., des zeemans, of van den zeeman; als meerv. bezigt men zeelieden. Van zee en man. Een zeebouwer: een bevaren zeeman. Van hier zeemanschap.

ZEE-

ZEEMANSCHAP, z. n., vr., *der*, of *van de zeeman-schap*; zonder meerv. Van *zeeman*, zie *schap*. Ook *zeevolk*. Manschap, die ter zee vaart, en gewoon is te varen: *de Britten pressen alle zeemanschap*.

ZEEMANSCHAP, z. n., o., *des zeemanschaps*, of *van het zeemanschap*; zonder meerv. Van *zeeman*, zie *schap*. De hoedanigheid van zeeman: *hij laat zich op zijn zeemanschap vrij wat voorstaan*. Het beleid van eenen zeeman: *gij moet zeemanschap gebruiken*, toegeven, waar toegegeven worden moet.

ZEEMEERMIN, zie *zeewijf*.

ZEEMELEDER, zie het laatste *zeem*.

ZEEMEN, zie het laatste *zeem*.

ZEEMEN, zie *zeem*, honig.

ZEEMOGENDHEID, z. n., vr., *der*, of *van de zee-mogendheid*; meerv. *zeemogendheden*. Van *zee* en *mogendheid*. Elke mogendheid, die aan zee gelegen is, en zich, door middel van eene zeemagt, daarop kan doen gelden: *het Russische rijk werd door Peter I tot eene zeemogendheid gemaakt*. In staatspapieren ook meermalen Engeland en Holland, als mogendheden, die meer ter zee, dan te lande, plagten te vermogen: *Pruissen zonderde zich van de zeemogendheden af*.

ZEEMONSTER, zie *zeegedrogt*.

ZEEMUIS, z. n., vr., *der*, of *van de zeemuis*; meerv. *zeemuizen*. Van *zee* en *muis*. Een bijzonder slag van zeerupsen: *men geeft aan de stekelige zeerups den naam van zeemuis*.

ZEEN, zie *zenuw*.

ZEENAALD, z. n., vr., *der*, of *van de zeenaald*; meerv. *zeenaalden*. Van *zee* en *naald*. Anders *naald-visch*. Een visschengeslacht, waartoe ook de *zeepaardjes*, en *zeeadders* behooren: *de zeenaalden ontleenen haren naam van hare dunte*.

ZEENARCIS, z. n., vr., *der*, of *van de zeenarcis*; meerv. *zeenarcissen*. Van *zee* en *narcis*. Zeker slag van trosnarcissen, dat anders den naam van *zeekant-sche narcis* voert: *de zeenarcis groeit op de spaansche zeekusten*.

ZEENEST, z. n., o., *van het zeenest*; meerv. *zeenesten*. Een kraakbeenig zeedierengeslacht, waartoe de *zeelongen*, of *zeevijgen*, behooren: *de Natuurkenners geven aan de zeenesten den latijnschen naam van* alcijonia.

ZEE-

ZEENETEL, z. n., vr., *der*, of *van de zeenetel*; meerv. *zeenetelen* en *zeenetels*. Van *zee* en *netel*. Een flag van waterinfekten, waartoe de *zeeangelier* en *zee-kous* behóoren, en waarvan men in het geheel vijf foorten telt: *joodfche zeenetel*, enz.

ZEENIMF, zie *zeegod*.

ZEEOFFICIER, z. n., m., *des zeeofficiers*, of *van den zeeofficier*; meerv. *zeeofficieren*. Van *zee* en *officier*. Evenveel welke bevelhebber ter zee: *hoogere en lagere zeeofficieren*.

ZEEOORLOG, z. n., m., *des zeeoorlogs*, of *van den zeeoorlog*; meerv. *zeeoorlogen*. Van *zee* en *oorlog*. Ook *zeekrijg*, oorlog ter zee: *die bloedige zeeoorlog*. Van *zeekrijg* is *zeekrijgsraad*.

ZEEP, z. n., vr., *der*, of *van de zeep*; meerv. *zee-pen*, dat van verfchillende foorten gebezigd wordt. Een toebereidfel uit eene vettige zelfftandigheid, en een bij-tend loogzout, dienftig, om evenveel welke dingen van vuil en vet te zuiveren: *zeep zieden*, of *bereiden*. *Groene zeep mag van geene traan gekookt worden. Al wiescht gij u met falpeter, ende naemt u veel zeepe.* BIJBELV. Van hier *zeepen*, enz., *zeeperig*, *zeepig*. Za-menftell.: *zeepaarde*, *zeepappel*, *zeepachtig*, *zeepbak*, *zeepbal*, *zeepboom*, *zeepbrood*, *zeepketel*, *zeepkoker*, *zeepkooper*, *zeepkruid*, *zeepnoot*, *zeeppil*, *zeepfop*, *zeepwater*, *zeepzieder*, enz.

  Zeep, nederf. *fepe*, angelf. *fape*, zweed. *fapa*, lat. *fapo*, gr. σαπων, perf. *faboun*, fr. *favon*, fpan. *xa-bon*, arab. *cabun*, middeleeuw. lat. *cipum*, vries. *fjip-pe*, hoogd. *feife*, eng. *fope*, wallis. *febon*, is eigen-lijk hetzelfde woord, als het lat. *febum*, talk, in het maleisch *fawu*, van waar *fawukaram*, fcherp vet, zeep.

ZEEPAARD, z. n., o., *des zeepaards*, of *van het zeepaard*; meerv. *zeepaarden*. Van *zee* en *paard*. De-zen naam geeft men wel eens aan de Walrusfen; en het verkleinw. *zeepaardje* bezigt men wegens zeker flag van naaldvisfchen, of zeenaalden.

ZEEPÄARDE, z. n., vr., *der*, of *van de zeepäarde*; zonder meerv. Van *zeep* en *aarde*. Anders *vollers aarde* en *volaarde*. Eene vettige aarde, waarvan zich de vollers bedienen: *zeepäarde neemt het vuil van lin-nen en wollen zeer goed weg.*

ZEEP-

ZEEPACHTIG, bijv. n. en bijw., zeepachtiger, zeep-
achtigst. Van zeep en achtig. Aan zeep gelijkend:
volaarde is vettig en zeepachtig. Het ziet er zeepachtig uit.

ZEEPÄPPEL, zie zeepboom.

ZEEPBAL, zie zeepbrood.

ZEEPBOOM, z. n., m., des zeepbooms, of van den
zeepboom; meerv. zeepboomen. Verkleinw. zeepboompe-
je. Van zeep en boom. Een Oost- en Westindische
boom, wiens vruchten den naam van zeepnoten dragen;
en een Afrikaansche boom, wiens appelen de plaats
van zeep bekleeden kunnen.

ZEEPBROOD, z. n., o., des zeepbroods, of van het
zeepbrood; meerv. zeepbrooden. Verkleinw. zeepbrood-
je. Van zeep en brood. Een vierkant stuk spaansche,
of andere, zeep; waarvan men eenen ronden bal eenen
zeepbal noemt.

ZEEPEN, bedr. en onz. w., gelijkvl. Ik zeepte, heb
gezeept. Van zeep. Bedr., met zeep besmeren: dat
linnen is veel te vet gezeept. Onz., zeep zieden, koken, of bereiden: hij heeft veel geld met zeepen gewonnen. Van hier zeeper, een bereider van zeep: anders
zeepkoker, zeepzieder, en zeeperij, anders zeepzuderij.

ZEEPEN, z. n., vr., der, of van de zeepen; meerv.
zeepennen. Van zee en pen. Dezen naam geeft men
aan een geslacht van plantdieren, dat uit zeven verschillende soorten bestaat: pijlachtige zeepen, sprictachtige
zeepen, dradige zeepen, enz.

ZEEPER, zie zeepen, werkw.

ZEEPERIG, zie zeepig.

ZEEPERIJ, zie zeepen, werkw.

ZEEPIETERSELIE, z. n., vr., der, of van de zeepieterselie; zonder meerv. Van zee en pieterselie. Dezen naam en dien van zeeporselein, draagt het sesuvium
der hedendaagsche kruidkenners: de zeepieterselie is een
voortbrengsel van Oost- en West-indie.

ZEEPIG, bijv. n., zeepiger, zeepigst. Van zeep, zie
ig. Ook zeeperig. Met zeep besmeerd: met hare
zeepige handen.

ZEEPIJNBOOM, zie zeeheester.

ZEEPINKSTERNAKEL, z. n., vr., der, of van de
zeepinksternakel; meerv. zeepinksternakels. Van zee en
pinksternakel. Eene soort van stekelkroon: de zeepink-
ster-

fternakel groeit aan den zeekant van Languedoc, en wordt er veel gegeten.

ZEEPKOKER, zie *zeepen*, werkw.

ZEEPKRUID, z. n., o., *des zeepkruids*, of *van het zeepkruid*; meerv. *zeepkruiden*. Van *zeep* en *kruid*. Een plantgewas van acht verschillende foorten: *zeepkruid, met water gewreven, fchuimt als zeep, en kan hare plaats vervangen.*

ZEEPLAATS, z. n., vr., *der*, of *van de zeeplaats*; meerv. *zeeplaatfen*. Van *zee* en *plaats*. Eene plaats, die aan zee gelegen is: *de zeeplaatfen beftaan veelal van fcheepvaart en visfcherij.* Wegens eene ftad, die aan zee ligt, bezigt men ook *zeeftad: Genua, Nizza, Toulon, Marfeille, en meer andere zeefteden van het Zuiden des rijks.*

ZEEPLANT, zie *zeegewas.*

ZEEPNOOT, zie *zeepboom.*

ZEEPORSELEIN, zie *zeepieterfelie.*

ZEEPPIL, z. n., vr., *der*, of *van de zeeppil*; meerv. *zeeppillen*. Van *zeep* en *pil*. Pillen van Jeruzalemfche, of eenige andere, zeep: *men fchreef mij dagelijks eenige zeeppillen voor.*

ZEEPZIEDER, zie *zeepen*, werkw.

ZEEPZIEDERIJ, zie *zeepen*, werkw.

ZEER, bijv. n., *zeerder, z.erst.* Smartelijk, pijnlijk: *zeere oogen. Wat is uw zeerste been?* Gekwetst: *die toten und die feren.* STRIJCK. *Dies de Grave hadde therte zere.* M. STOK. Schurft: *een zeer hoofd:* In het onzijdig geflacht, als z. n.; pijn, smart, en wonde, even als het oudopperd. *feer*, neders. *fehr*, zweed. *for:* *wroetende in het zeer.* HOOFT. *Gij tast mij juist op mijn zeer.* Overdragtelijk, is, *iemand op zijn zeer tasten*, het gevoel van eenig leed bij hem opwekken. *Iemand zeer doen*, beteekent, hem pijn, smart, veroorzaken. *Kwaad zeer* is een befmettelijke uitflag, *fere driven* was oulings rouw drijven; en *feer* was ongelegenheid; *fera* in het middeleeuw. lat. *leed, misdrijf.* HUIJGENS bezigt het in 't meervoud: *wij kennen meest de zeeren.* Van hier *zeerig, zeerigheid, feerlick*, KIL. Zamenftell.: *hartzeer, hoofdzeer, koningszeer*, enz.

Zeer, oudopperd. *sere*, neders. *fehr*, vriess. *feere*

ZEER, z. n.; zie *zeer*, bijv. n.

X   ZEER,

ZEER, bijw. Grootelijks, fterk: *gij bedriegt u zeer.*
Zeer goed, zeer wel. Zeer *pijnelijk.* VOND. *Seer*
gaen, rasch gaen. KIL. *Niet zeer,* is, in geringe
mate: *ik ben er niet zeer mede ingenomen.* Te *zeer,*
en *al te zeer,* is, in eene te groote mate; te fterk: *gij*
verheugt u te zeer. Laat het u niet te zeer bedroeven!
Zoo zeer, is. in zulk eene mate, zoo fterk: *zoo zeer*
benadeeld. Wat beweeghde u zoo zeer? VOND. *Niet*
zoo zeer, of *zoo zeer geen, als wel,* vervangt de plaats
van *minder, dan; het is zoo zeer geene droefheid, als*
wel fpijt. Zoo zeer niet, beteekent weinig: *ik ben er*
nog zoo zeer niet om verlegen. Hoe *zeer,* is, in welk
eene mate, hoe fterk: *hoe feer is hij verheugt over uw*
heijl. BIJBELV. *Hoe zeer ik daarnaar ook verlangde.*
Hoe zeer, of *hoezeer, mijn vijand woeden moog.* Hier
fchijnt *hoezeer* aan *offchoon* te grenzen; maar het verfchilt er echter evenzeer van, als: *gij moogt mij nog*
zoo zeer haten van offchoon gij mij haten moogt. Even-
zeer is in evengelijke mate: *het mishaagt mij evenzeer,*
als u. Eindelijk gebruikt men ook *gansch zeer: ghij*
waert gantsch feer fchoone. BIJBELV.; waar men ook
bovenmaten zeer, en *uittermaten zeer,* aantreft. Van
hier *zeerst,* bijv. n., welks onzijdig geflacht als z. n.
gebezigd wordt, in: *op het zeerst,* op de fterkfte wijze;
en in: *om het zeerst,* om elkanderen te overtreffen: *zij*
beijveren zich om het zeerfte. Om ter feerfte loopen.
KIL.

Zeer, hoogd. *fehr,* ZWABENSPIEG. *fer,* zweed.
fâra, fchijnt verwant aan het angelf. *far,* bij KERO,
ISIDOR. enz. *faar,* fnellijk, oogenblikkelijk, terftond.

ZEEREAAL, zie *zeeappel.*

ZEEREGT, z. n., o., *des zeeregts,* of *van het zee-*
regt; zonder meerv. Van *zee* en *regt.* Het regt,
waarnaar zeezaken beflist worden: *dat ftrijdt tegen het*
zeeregt. Eene vergadering van Kooplieden, die aangefteld zijn, om over fcheepsfchaden en andere zeezaken, den koophandel betreffende, te oordeelen en te
beflisfen: *deze zaak is voor het zeeregt gebragt.* Te
Amfterdam, een gebouw aan het IJ, waar zeevolk gevangen gehouden, en te regt gefteld, plagt te worden:
de waterfchout hield hem op het zeeregt vast.

ZEEREIS, zie *zeetogt.*

ZEE.

ZEERIG, bijv. n., zonder vergrootingstrappen. Van *zeer*, z. n., zie *ig*. Met zeer bezet: *dat zeerig hoofd*. KIL. ook *feerlick*. Oul. beteekende *zeerig* ook droevig, treurig: *een oetmoedich herte, en een zerich aenficht*. BIJB. 1477. Van hier oulings *ferigen*, wonden: *de halskraege geferiget*. v. HASS.; en *zeerigheid*, uitflag, zeer, en hartzeer, droefheid: *hadden ſi alle rouwe groot, en namen den doden met zericheden*. M. STOK.

ZEERIGEN, zie *zeerig*.

ZEERIGHEID, zie *zeerig*.

ZEEROB, z. n., m., *des zeerobs*, of *van den zeerob*; meerv. *zeerobben*. Van *zee* en *rob*. Eigenlijk, een zeedier, van het robbengeflacht; maar voorts noemt men dus evenveel welken zeeman: *een regte zeerob deugt aan den vasten wal niet*.

ZEEROOF, z. n., m., *des zeeroofs*, of *van den zeeroof*; zonder meerv. Van *zee* en *roof*. De daad van ter zee rooven, *het zeerooven: hij leeft van zeeroof. Tuk op zeeroof*. Het gene men ter zee rooft, *zeebuit: den behaalden zeeroof*.

ZEEROOS, zie *zeerui*.

ZEEROOVEN, zie *zeeroof*.

ZEEROOVER, z. n., m., *des zeeroovers*, of *van den zeeroover*; meerv. *zeeroovers*. Van *zee* en *roover*. Anders *zeefchuimer, zeevrijbuiter*. VOND. Al wie, tegen het zeeregt aan, ter zee rooft: *die eerlooze zeeroovers*. Van hier *zeerooverij*.

ZEERST, zie *zeer*, bijw.

ZEERUI, z. n., o., *des zeeruis*, of *van het zeerui*; zonder meerv. Van *zee* en *rui*. Een zeegewas, waaraan men den naam van *wier* meermalen geeft, fchoon het van het zoogenoemde *zeewier* geheel verfchilt; terwijl het anders ook *zeeëik* heet, en, behalve de *zeebloem, zeedenne*, en *zeeroos*, en het *zeevlas*, anders *zeegaren*, of *zeehaar*, ten minste nog vijf en vijftig andere foorten bevat: *kraakbeenig zeerui, korrelig zeerui*, enz.

ZEERUND, z. n., o., *des zeerunds*, of *van het zeerund*; meerv. *zeerunderen*. Van *zee* en *rund*. Anders *zeekoe*, of wel een verzierd flag van zeedieren dat bij de oude dichters de runderkudde van Neptunus uitmaakte: *veelerhande zeerunders op het ſtrant inflaep vielen*. VOND.

ZEERUPS, z. n., vr., *der*, of *van de zeerups*; meerv. *zeerupfen*. Van *zee* en *rups*. Een zeedier, dat anders ook *zeeflak* heet, en waartoe de *zeemuizen* behooren: *de ruwe zeerups, de gefchubde zeerups, de gladde zeerups*, enz.

ZEESCH, bijv. n., zonder vergrootingstrappen. Bij KIL. evenveel als *feewsch*, of *feeuwsch*. Tot de zee betrekkelijk. Hedendaags niet gebruikelijk.

ZEESCHEEDE, z. n., vr., *der*, of *van de zeefcheede*; meerv. *zeefcheeden*. Van *zee* en *fcheede*. Een flag van waterdieren, waarvan men zes verfchillende foorten telt: *lilachtige zeefcheede, darmachtige zeefcheede*, enz.

ZEESCHIJF, zie *zeeappel*.

ZEESCHIP, z. n., o., *des zeefchips*, of *van het zeefchip*; meerv. *zeefchepen*. Verkleinw. *zeefcheepje*. Van *zee* en *fchip*. Eigenlijk een fchip, dat de zee bebouwt. Voorts is, in de gemeenzame verkeering, *een ongemakkelijk zeefchip*, een mensch, waarmede het ongemakkelijk valt om te gaan. *Een mal zeefchip van een wijf*, is, een mal fchepfel. In den dichterlijken ftijl zegt men voor *zeefchip*, ook *zeekasteel*.

ZEESCHUIM, z. n., o., *des zeefchuims*, of *van het zeefchuim*; zonder meerv. Van *zee* en *fchuim*. Eigenlijk, het fchuim der zee: *het zeefchuim met hare borst doorfnijden*. VOND. Voorts ook de vaste deelen der fpaanfche zeekat; bij KIL. *vischbeen*, in het hoogd. *meerfchaum* en *feefchaum*.

ZEESCHUIMER, zie *zeeroover*.

ZEESERPENT, z. n., o., *des zeeferpents*, of *van het zeeferpent*; meerv. *zeeferpenten* Van *zee* en *ferpent*. Een visch van het geflacht der alen, die fomtijds wel zestig pond weegt: *het zeeferpent is oneetbaar, zoo niet vergiftig*.

ZEESLAG, zie *zeegevecht*.

ZEESLAK, z. n., vr., *der*, of *van de zeeflak*; meerv. *zeeflakken*. Van *zee* en *flak*. Dezen naam geeft men fomtijds aan de zeerupfen; maar algemeener aan een bijzonder flag van waterdieren, van vier foorten: *wrattige zeeflak, gladde zeeflak*, enz.

ZEESLANG, z. n., vr., *der*, of *van de zeeflang*; meerv. *zeeflangen*. Van *zee* en *flang*. Een visch van het

het geflacht der alen: *de zeeflangen zijn fomtijds tien voet lang.*

ZEESNOEK, z. n., m., *des zeefnoeks*, of *van den zeefnoek;* meerv. *zeefnoeken.* Van *zee* en *fnoek.* Een visch van het geflacht der baarzen: *de zeefnoek wordt in de Noordzee flechts zelden gevangen.*

ZEESOLDAAT, z. n., m., *des zeefoldaats*, of *van den zeefoldaat;* meerv. *zeefoldaten.* Van *zee* en *foldaat.* Anders *marinier.* Een foldaat, die op een oorlogfchip dient: *de Britten houden hunne gepreste matrozen door middel van hunne welbezoldigde zeefoldaten in toom.*

ZEESPOOK, zie *zeeblaas.*

ZEESTAD, zie *zeeplaats.*

ZEESTER, z. n., vr., *der*, of *van de zeefter;* meerv. *zeefterren.* Van *zee* en *fter.* Een geflacht van waterdieren, dat zestien verfchillende foorten bevat: *de zeezon, en de zeemaan, behooren tot de zeefterren.*

ZEESTOEL, z. n., m., *des zeeftoels*, of *van den zeeftoel;* meerv. *zeeftoelen.* Van *zee* en *ftoel.* Een ftoel, waarvan men zich op de fchepen tot Aftronomifche waarnemingen bedient: *de zeeftoel behoudt, onder alle bewegingen van het fchip, eene en dezelfde rigting.*

ZEESTRIJD, zie *zeegevecht.*

ZEESTUK, z. n., o., *des zeeftuks*, of *van het zeeftuk;* meerv. *zeeftukken.* Van *zee* en *ftuk.* Een fchilderftuk, dat eene zee voorftelt: *ik houd meer van landfchappen, dan van zeeftukken.*

ZEET, z. n., vr., *der*, of *van de zeet;* meerv. *zeten.* Verkleinw. *zeetje.* Verwant aan *zate*, nederf. *fete*, eng. *feat;* zie *zate.* De daad van zitten: *het is, of gij niet ter zeet komen kunt.* Zitplaats: *dat heeft zijne zeet genomen.* HALMA. *Dat de ziel eenig onbedwonge flip was, aen geen deel des lichaems geboeit, maer van alle bepaelde zeet uitgefloten.* OUD. Een klein kamertje, alleen gefchikt om te zitten: *het naaiwerk ligt op de zeet. Wij zaten bij elkanderen op het zeetje.*

ZEETOGT, z. n., m., *des zeetogts*, of *van den zeetogt;* meerv. *zeetogten.* Verkleinw. *zeetogtje.* Van *zee* en *togt.* Ook *zeereis.* Een togt ter zee: *de zeetogten van Cook. Ik had lust tot een klein zeetogtje.*

ZEETON, z. n., vr., *der*, of *van de zeeton;* meerv. *zeetonnen.* Verkleinw. *zeetonnetje.* Van *zee* en *ton.*

Eene

Eene ton, die in zee op zandbanken vastgeketend ligt, om dezelve aan te wijzen; en een zeehorentje van dezelfde geſtalte, dat tot het geſlacht der tollen behoort: *de zeetonnen komen uit Oostindie.*

ZEETOUW, zie *zeeheeſter.*

ZEEUIL, z. n., m., *des zeeuils*, of *van den zeeuil*; meerv. *zeeuilen.* Van zee en *uil.* Een visch van het geſlacht der ſnottolfen: *zeehazen*, *zeeuilen*, *en meer andere visschen van dat ſlag.*

ZEEUURWERK, z. n., o., *des zeeuurwerks*, of *van het zeeuurwerk*; meerv. *zeeuurwerken.* Van zee en *uurwerk.* Een uurwerk, dat door de bewegingen van het ſchip niet gehinderd wordt: *goede zeeuurwerken zijn zeldzaam.*

ZEEUW, z. n., vr., *der*, of *van de zeeuw*; meerv. *zeeuwen.* KIL. *zeeuwe*, ook *ſeewe* en *ſewe*, oulings evenveel als zee, bij OTTFRID. *ſeuue*, ULPHIL. *ſaiws*: *dat leghet an des ſewes cant.* M. STOK. *Bede bi zeewe ende bi lande.* MAERLANT. Van hier *verſeeuwt*, (*verzeeuwd*) zeeziek, bij KIL., *overſeeuwsch.*

ZEEUW, z. n., m., *des zeeuws*, of *van den zeeuw*; meerv. *zeeuwen.* Verkleinw. *zeeuwtje.* Een bewoner van Zeeland: *de dappere zeeuwen. Een zeeuw van geboorte, van afkomst.* Ook een zeeuwſche rijksdaalder: *vijf zeeuwen maken dertien Hollandſche guldens.* Dit woordt vindt men bij M. STOKE niet; maar de zeeuwen heeten bij hem ſteeds *Zeelanders*, of *de van Zeelant.*

ZEEUWSCH, bijv. n. en bijw., zonder vergrootingstrappen. Bij KIL. evenveel, als *zeesch*, van zee, tot de zee betrekkelijk. Bij M. STOK. en nog hedendaags, van Zeeland, tot Zeeland betrekkelijk: *zeeuwſche aardappelen. Tſeuſche here voer bi neffens Duvelant.* M. STOK. *Ik zeg het u goed rond goed zeeuwsch*, is, ronduit. *Het zeeuwsch*, is de bijzondere tongval der zeeuwen. *Op zijn zeeuwsch*, is, in dien tongval.

ZEEVAARDER, z. n., m., *des zeevaarders*, of *van den zeevaarder*; meerv. *zeevaarders.* Van zee en *vaarder*, van *varen.* Ook *zeebouwer.* Al wie gewoonlijk ter zee vaart: *men ſchreef alle zee- en ſtroomvaarders op.*

ZEEVAART, z. n., vr., *der*, of *van de zeevaart*; zonder meerv. Van zee en *vaart*, van *varen.* Vaart ter zee: *het lof der zeevaert.* VOND. *De zeevaart verſtaan*, is, de ſtuurmanskunst verſtaan, en dadelijk in het

het zeevaren bedreven zijn; *hij verstaat de zeevaart genoegzaam.*

ZEEVADER, z. n., m., *des zeevaders*, of *van den zeevader;* meerv. *zeevaders.* Van zee en vader. Op de schepen, inzonderheid, op de oorlogschepen, iemand, die over een' ander, het zij jongen matroos, of onderofficier, het opzigt heeft: *hij is mijn zeevader geweest.*

ZEEVAREN, z. n., o., *des zeevarens*, of *van het zeevaren;* zonder meerv. Van zee en varen, als z. n. gebezigd. Het varen ter zee: *hoe bevalt u het zeevaren?*

ZEEVEDER, zie *zeeheester.*

ZEEVER, z. n., vr., *der*, of *van de zeever;* zonder meerv. Verwant aan het hoogd. *geiffer.* Kwijl, speeksel: *hij liet sijnen seever in sijnen baert afloopen.* BIJBELV. Van hier *zeeveren*, kwijlen, van waar *zeeveraar* en *zeevering.* Zamenstell.: *zeeverbaard, zeeverboezem*, bij KIL. evenveel, als *zeeverdoek, zeevermonden*, bij HUIG., *zeeverwortel*, KIL., *zeeverzaad*, HALMA.

ZEEVERBOEZEM, zie *zeever.*

ZEEVEREN, zie *zeever.*

ZEEVIJG, zie *zeelong.*

ZEEVISCH, z. n., m., *van den zeevisch;* meerv. *zeevisschen.* Van zee en visch. Visch, die in zee gevangen wordt, in tegenoverstelling van *riviervisch.*

ZEEVLAS, zie *zeerui.*

ZEEVOET, z. n., m., *des zeevoets*, of *van den zeevoet;* meerv. *zeevoeten.* Van zee en voet. Enkel gebruikelijk in: *zeevoeten hebben*, te lande niet zeer voort kunnen.

ZEEVOLK, zie *zeemanschap.*

ZEEVOND, zie *zeedrift.*

ZEEVOOGD, zie *zeegod.*

ZEEVOS, zie *zeeaap.*

ZEEVRIJBUITER, zie *zeeroover.*

ZEEWAAIJER, zie *zeeheester.*

ZEEWAARTS, bijw., van zee en *waarts.* Naar zee toe: *zeewaarts gestevend. En voer, als ballingh's lants, zeewaert in.* VOND. Bij M. STOK. *ter zeewaert: so wat hi ter zewaert sochte.*

ZEEWEZEN, z. n., o., *des zeewezens*, of *van het zeewezen;* zonder meerv. Van zee en wezen. Al wat tot de zeemagt van eenen staat betrekkelijk is: *het zeewezen werd er droevig verwaarloosd.*

ZEE-

ZEEWIER, z. n., o., des zeewiers, of van het zeewier ;
meerv. zeewieren, dat van verschillende soorten gebezigd wordt. Van zee en wier. Een gansch ander gewas, dan dat gene, 't welk men ook wel eens wier, maar
onderscheidenlijker zeerui, noemt. Men vindt er drie
soorten van, als gemeen zeewier, of kort af wier, waarvan Wieringen den naam ontleent, Oceaansch zeewier,
en nog eene soort, welker stoelen, met de daaraan zit-
tende wortels, los geraakt, en door de zee gerold en
gewenteld, de zoogenoemde zeeballen vormen, die de
Middellandsche zee opwerpt.

ZEEWIJF, z. n., o., des zeewijfs, of van het zeewijf ;
meerv. zeewijven. Verkleinw. zeewijfje. Van zee en
wijf. Een verzierd wezen, dat anders meermin, en
zeer averegts ook wel eens zeemeermin, genoemd wordt ;
zie meer.

ZEEWILG, zie zeeheester.

ZEEWIND, z. n., m., des zeewinds, of van den zeewind; meerv. zeewinden. Verkleinw. zeewindje. Van
zee en wind. Een wind, die uit zee komt: die zeewind zal ons eerlang regen aanbrengen.

ZEEWOLF, z. n., m., des zeewolfs, of van den zeewolf; meerv. zeewolven. Van zee en wolf. Een zeevisch, die somtijds drie ellen lang is, en op een anker
bijten kan, dat men het niet alleen hoort, maar ook aan
het anker zelf zien kan. Eng. seawolf, hoogd. seewolf,
fr. loup marin, ital. lupasso, LINN. anarichas.

ZEEWOLFSMELK, z. n., vr., der, of van de zeewolfsmelk; zonder meerv. Van zee en wolfsmelk. Een
bijzonder slag van wolfsmelk: de zeewolfsmelk groeit aan
verscheiden zeekusten van Europa in het wild, en is
van daar in de tuinen overgebragt.

ZEEWULK, z. n., vr., der, of van de zeewulk ;
meerv. zeewulken. Verkleinw. zeewulkje. Van zee en
wulk, dat ook in Noordsche wulk, en strandwulk,
voorkomt. Zeker slag van stekelhorens: men vindt de
zeewulk in onze stroomen.

ZEEZAAK, z. n., vr., der, of van de zeezaak ; meerv.
zeezaken. Van zee en zaak. Eene zaak, die tot de
zee betrekkelijk is: commissaris der zeezaken.

ZEEZIEK, bijv. n., zeezieker, zeeziekst. Van zee en
ziek, KIL. ook verseeuwt. Door zulk eene walging
be-

bevangen, als de beweging der zee bij velen verwekt: *zij was nog zeezieker, dan ik.*

ZEEZIEKTE, z. n., vr., *der*, of *van de zeeziekte*; meerv. *zeeziekten*. De ongesteldheid van iemand, die zeeziek is, en elke krankheid, welke door het zeeleven verwekt wordt: *uitnemend weet hij de fcheurbuik, en andere zeeziekten, te behandelen.*

ZEEZON, zie *zeefter.*

ZEEZWALUW, z. n., vr., *dor*, of *van de zeezwaluw*; meerv. *zeezwaluwen.* Van *zee* en *zwaluw.* Dezen naam geven de zeelieden aan menigerlei vogelen; inzonderheid aan meer dan een flag van meeuwen. Eng. *fea-fwallow*, hoogd. *feefchwalme, feefchwalbe, meerfchwalbe*, fr. *hirondelle de mer.*

ZEGACHTIG, bijv. n., *zegachtiger, zegachtigst.* Van *zeggen* en *achtig.* Genegen tot zeggen, tot verpraten van een en ander: *was hij wat zegachtiger, hij zou het mij wel gezegd hebben.*

ZEGE, zie *zeeg.*

ZEGE, z. n., vr., *der*, of *van de zege*; zonder meerv. Verkrijging van de bovenhand in een gevecht: *fpoedt is de moeder der zege.* HOOFT. *Ophuppelende om de zege.* VOND. *Of dat ferini weer gaet met de zege ftrijcken.* ANTONID. *Gij doet hem in den ftrijd geen zege meer bekomen.* L. D. S. P. Somtijds ook *triumf*, zie *zegekar.* Oulings mannelijk: *dat her gije daer hadde gehad den feghe.* M. STOK. *So verloren den zege die viande.* MAERLANT. Zamenftell.: *zeeghaftig, zegeboog, zegebrief*, KIL. — *zegedicht, zegegalm, zegekar, zegekoets, zegekrans, zegelied, zegelof, zegeloon, zegeoffer, zegepraal*, enz. *Zegerijk, zegeftaatfie, zegeftandaard, zegeteeken, zegevaan, zegevechter, zegevieren, zegevuur, zegewagen, zegezang*, enz.

Zege, ook *zeeg*, hoogd. *fieg*, OTTFRID. *figu*, NOTK. *fignunft*, komt van *zegen*, bij KIL. overwinnen, hoogd. *fiegen*, ULPHIL. *figjan*, angelf. *figa*, zweed. *fegra*; en dit fchijnt het zelfde woord, als het ijsl. *figa*, vechten, en *zege* fchijnt van het ijsl. *fig*, ftrijd, niet te verfchillen, maar oorfpronkelijk een gevecht over het algemeen, en vervolgens een gevecht, waarbij men de overwinning behaalt, te hebben aangeduid.

ZEGEKAR, z. n, vr., *der*, of *van de zegekar*; meerv.

zegekarren. Van *zege* en *kar*. Anders *triumfkar*. Eene kar, waarop de romeinfche veldheeren na eene behaalde overwinning in zegepraal rondgevoerd werden: *een fneeuwwit vierfpan trok des veldheers zegekar*. Daarentegen duiden *zegekoets* en *zegewagen* eenen wagen aan, die ten zelfden einde diende; anders *triumfkoets*, *triumfwagen*. In al deze zamenftellingen beantwoordt *zege* aan *triumf*.

ZEGEKOETS, zie *zegekar*.

ZEGEL, z. n., o., *des zegels*, of *van het zegel*; meerv. *zegels*. Een teeken, dat ter bekrachtiging van iets daarop gedrukt, of daaraan gehangen wordt, of door middel waarvan iets derwijze gefloten wordt, dat een ander het niet ongemerkt kan openen: *verzegelt met feven zegelen*. BIJBELV. *De oofterfche vörften drukken een of ander zegel met inkt op hunne befluiten, in plaats van dezelve te onderteekenen. Zijn zegel ergens aan hangen*, of *fteken*, is, overdragtelijk, van zijnen kant daaraan kracht bijzetten; *een drift van God inwendig fteeckt het zegel aen 't werk*. VOND.; bij wien dit woord elders mannelijk is: *wie dezen zegel breekt*; zoo ook in: *duijfentmael bijnae kust u den zeghel zoet*. C. v. GHIST; en in: *het bundel flitfen gegraveert in hunnen zegel*. HOOFT. Ook hier vindt men intusfchen elders weder: *het zegel te voorfchijn gebracht*. En op deze plaats, en de naastvoorgaande, is *zegel* het werktuig, waarin het voorgemelde teeken gegriffeld is, even als in: *het zegel nat gedoopt in traenen*. VOND. *Gelijk men de fegelen graveert*. BIJBELV. Al, wat tot bekrachtiging van iets dient: *het fegel mijnes Apoftelfchaps zijt ghijlieden*. BIJBELV. *Het klein zegel*, of enkel *zegel*, is een merk van het geld, dat men voor papier betaalt, waarop verfchillende dingen gefchreven moeten worden: *van welk jaar is dat zegel?* Het papier, waarop zulk een merk geflagen is: *draag zorg, em dat zegel niet te verfchrijven!* Het geld, dat door het merk wordt aangeduid: *de belasting van het klein zegel*. Van hier *zegelen*, enz. Zamenftell.: *zegelbewaarder*, *zegeldoosje*, *zegelgeld*, *zegelklopper*, *zegellast*, *zegelleem*. BIJBELV. *Zegelmerk*, *zegelpers*, *zegelring*, *zegelfnijder*, *zegelwas*, enz. *ftaatszegel*, *ftadszegel*, enz.

Se-

Segel , nederſ. *ſegel* , eng. *ſeal* , ſp. *ſella* , ital. *ſigillo* , angelſ., oudopperd *ſigel* , hoogd. *ſiegel* , zweed. *ſigill* , komt van het lat. *ſigillum* , het verkleinw. van *ſignum* , een teeken , merk , enz.

ZEGELBEWAARDER , z. n., m., *des zegelbewaarders* , of *van den zegelbewaarder;* meerv. *zegelbewaarders.* Van *zegel* en *bewaarder.* Ook *groot-zegelbewaarder* , en *kanſelier.* De ſtaatsdienaar , die het groote zegel van ſtaat onder zijne bewaring heeft: *den zegelbewaarder werd zijn zegel afgenomen.*

ZEGELDOOSJE, z. n., o., *des zegeldoosjes* , of *van het zegeldoosje ;* meerv. *zegeldoosjes.* Van *zegel* en *doosje.* Een doosje , waarin het groote zegel , dat men aan eenig geſchrift hangt , gemeenlijk beſloten wordt: *een zilveren zegeldoosje.*

ZEGELEN , bedr. w., gelijkvl. *Ik zegelde heb gezégeld.* Van *zegel.* Iets door een zegel , dat men daarop drukt , of daar aanhangt , bekrachtigen , of ſluiten , verzegelen: *de koopbrief moet nog gezegeld worden.* Een zegel op iets ſlaan , of drukken: *papier zegelen.* *Gezegeld papier. Zegel den brief nu maar.* Van hier *zegelaar , zegeling.* Zamenſtell.: *toezegelen , verzegelen* , enz.

ZEGELGELD , z. n., o., *des zegelgelds* , of *van het zegelgeld;* zonder meerv. Van *zegel* en *geld.* Kil. ook *wachsgheld.* Geld , dat men voor de zegeling van een of ander ſtuk , voor de verzegeling van deze of gene goederen , of voor het ſlaan van een zoogenoemd klein zegel op eenig papier door den zegelklopper , betaalt. *Gij moet nu nog het zegelgeld betalen.*

ZEGELKLOPPER , zie *zegelgeld.*

ZEGELRING , z. n., m., *des zegelrings* , of *van den zegelring;* meerv. *zegelringen.* Van *zegel* en *ring.* Een ring , waarop iemands zegel gegraveerd is: *ofſchoon chonia een zegelrinck ware aan mijne rechterhant.* BIJBELV. Het afdrukſel van het zegel van zulken ring: *dit's Priaams zegelringk.* VOND. Figuurlijk , iets , waarvoor men bijzonder bezorgd is: *ick ſal u ſtellen als een zegelrinck.* BIJBELV.

ZEGEN , z. n., vr., *der* , of *van de zegen;* meerv. *zegens.* Een bekend viſchnet: *wij gingen met de zegen viſſchen. Op 't lichten van de ſeghen , wel ſeghen*

in

in der daet, die feghen brengt op feghen. HUIJGHENS.
Zamenftell.: zegenviffcher , enz.

Zegen. KIL. *feghene, faghene, feijne,* fr. *feine,*
eng. *fean,* ital. *fagena,* komt van het lat. *fagena.*

ZEGEN , z. n., m., *des zegens,* of *van den zegen;*
zonder meerv. Een, naar allen aanfchijn, met den
christelijken godsdienst, uit het lat. *fignum,* een teeken, in de duitfche taal ingevoegd woord. Eigenlijk
derhalve, het teeken des kruifes, in zoo ver het met
de hand gemaakt wordt; en een daarmede gepaard
gaand gebed, of wensch, ter bekominge of afweringe
van iets; van waar *den morgenzegen, den avondzegen
uitfpreken;* het welk, in de Roomfche Kerk, van het
teeken des kruifes vergezeld is; vervolgens de plegtige, met het teeken des kruifes verbondene aankondiging der toekomftige genade van God. Van hier *iemand zijnen zegen geven. De flervende vader gaf zijnen kinderen den zegen.* Ook in de kerken, de toewenfching der goddelijke genade, onder het maken van het
teeken des kruifes: *den zegen fpreken.* Figuurlijk,
het uitwerkfel dezes plegtigen zegens; als: vermenigvuldiging van tijdelijk vermogen, het gelukken onzer
ondernemingen, enz.: *van Gods zegen hangt alles af.*
Daar nu aan het bloote teeken des kruifes allerlei bijgeloovige werkingen toegefchreven werden, geraakte
hetzelve bij en na de hervorming, onder de Proteftan-
ten, in onbruik, fchoon het woord zelf, in al de genoemde beteekeniffen, gebleven is. *Iemand heil en
zegen wenfchen. Dat hier het leven en de zegen beftendig blijven.* L. D. S. P. *Plasregens van fegen ful-
lender zijn.* BIJBELV. *Met recht verwelckt die zege
zonder zegen.* VOND. *Gods zegen* zijn voordeelen,
heilgoederen, die men van God ontvangt: *zoo breed
breit hij zijn milden zegen ftaeg uit.* D. DECK.
*Een godtlooze ontfangt Godts gaven, maar een recht-
vaardige alleen zijnen zegen.* VOLLENH. *Wachtend'
op uw' zegen.* L. D. S. P. *De fegen des Heeren die
maeckt rijck.* BIJBELV. *Kinderen zijn een zegen des
Heeren. Ten zegen zijn, flrekken, flellen,* is tot
voordeel: *het zal u tot geenen zegen flrekken,* of *gedijen. God flelde hem ten zegen voor alle volken der aarde.* Maar fomtijds is *zegen* ook een voorbeeld

beeld van allerlei geluk: *weest een fegen.* BIJBELV.
Uw almagt, hem genegen, ftelt eeuwig hem ten ze-
gen. L. D. S. P. Plegtige toewenfching van heil:
voor dat de zegen uitgefproken werd. Met den zegen
in den mont. MOON. *Toen zette de Keizer den Ko-*
ning in zijnen troon, gaf hem zijnen zegen, en ver-
trek. HOOFT. *Dat weer die zegen zij gezegent met den*
zegen. HUIJGHENS. Plegtige aankondiging en toezegging van heil: *om dien fegen daermede fijn vader*
hem gefegent hadde. BIJBELV. Van hier *zegenen.*
Zamenftell.: *zegenrijk, zegenfpreking, zegenwensch,*
enz. *Morgenzegen,* enz.

Zegen, hoogd., nederf. *fegen,* OTFRID. *fegene,* dat
bij hem ook het kruisteeken aanduidt, 't welk men oulings bij eene toebidding van zegen maakte.

ZEGENAAR, z. n., m., *des fegenaars,* of *van den*
zegenaar; meerv. *zegenaars,* en *zegenaren.* Van *ze-*
genen. Al wie zegent, intuffchen bijkans niet anders gebruikelijk, dan in de zamenftell.: *alzegenaar,*
inzegenaar.

ZEGENEN, bedr. w., gelijkvl. *Ik zegende, heb ge-*
zegend. Van *zegen.* Hoogd. *fegnen,* OTTFRID. *fege-*
nen. In overeenkomst met het aangevoerde bij *zegen,*
is *zegenen* in de roomfche kerk, het teeken des kruifes, met de hand, voor zich maken, van waar nog:
zich kruifen en zegenen. Voorts wordt *zegenen,* in
vele verfchillende beteekeniffen gebezigd. Met allerlei heil befchenken: *hij wordt in al zijn doen geze-*
gend. Van omhoog gezegend, liefelijk beregend. L.
D. S. P. *Hij fegentfe, fodatfe feer vermenichvuldi-*
gen. Tot heil doen ftrekken: *al zijn doen wordt geze-*
gend. So fal hij u broot ende u water fegenen. BIJ-
BELV. Met toezegging van heil begunftigen: *man en-*
de wijf fchiep hijfe, ende fegendefe. BIJBELV. *Men*
hield oulängs den zegen van zijnen vader voor eene god-
fpraak, en beefde op het denkbeeld van door hem niet ge-
zegend te worden. Met toewenfching van heil ach-
tervolgen: *zegentze die u vloeken.* Door zulke toe-
wenfchingen worden de namen van aanzienlijke perfonen in de redenen der Oosterlingen eershalve gevolgd.
Van hier, dat iemand zegenen bij hen evenveel werd
als hem vereeren, roemen, loven: *gezegend zij de*
groe-

groote Koning, die ons in 's Heeren naam genaakt.
L. D. S. P. *Uwe gunstgenooten sullen u sogenen.* BIJ.
BELV.; waar *iemand zegenen* ook evenveel is, als
hem vaarwel zeggen, hem alle hulde opzeggen, in: *se-*
gent Godt, ende sterft! en op meer andere plaatsen.
Zelfs lasteren, vloeken, waarschijnlijk, omdat ook
daartoe weleer het kruisteeken misbruikt werd; eene
reeds verouderde beteekenis, welke echter nog in den
STATENBIJBEL voorkomt: *misschien hebben mijne kin-*
deren gesondigt ende Godt in haer herte gezegent. Gij
hebt Godt ende den Koningh gezegent. Voorts is *iets*
zegenen aldaar ook, bidden, dat het ten goede gedije:
seghenen de tafel. KIL. *Hij segent het offer, daerna*
eten de genoodigde. BIJBELV. *Het bruiloftsbed zege-*
nen. HALMA; bij wien men ook *eene Kerk zegenen*
vindt; doch in dezen zin bezigt men liever *inzegenen.*
Zich zelven zegenen, is, zich ergens van te goede
doen: *ik twijfel niet, of gij hebt u daarvan wel ge-*
zegend; of zich door middel van het teeken des kruifes van een dreigend onheil, zoo als men waant, vrij-
waren: *zij kruiste en zegende zich. Seghenen met het*
teecken des kruijs, KIL.; en zich zelven heil toewen-
schen, of toezeggen: *dat hij sich selven segene in sijn*
herte, seggende: ick sal vrede hebben. BIJBELV. Het
deelw. *gezegend* wordt op velerlei wijze gebruikt: *ie-*
mands gezegenden zijn, die door hem gezegend worden: *sijne gesegende sullen de aerde erflick besitten.*
BIJBELV. *Een gezegend land* is een gelukkig. *Een*
gezegende staat is zwangerheid. *Gezegende omstan-*
digheden zijn voorspoedige. *Zich gezegend ergens*
van voorzien, is, zich daarvan rijkelijk bedeelen. Ook
wel eens als tusschenwerpsel: *wel, gezegend! wat*
drinkt gij een water! Van *zegenen* komt voorts *ze-*
genaar, zegening. Zamenstell.: *inzegenen*, enz.

ZEGENING, z. n., vr., der, of van de zegening;
meerv. *zegeningen.* Van *zegenen.* De daad van zegenen: *den gierigaart spreekt hij met zeegning aan.*
L. D. S. P. *Bij de zegening van het brood en den*
wijn. Door zegening van Abrahams kroost. Het heil,
of de voordeelen, die men erlangt, in welken zin het
meerv. gebruikelijkst is: *Gods aardsche zegeningen.*
Ghij komt hem voor met segeningen van het goede.
BIJBELV.

ZEGENRIJK, bijv. n., *zegenrijker*, *zegenrijkst*. Van *zegen* en *rijk*. Rijk in zegen, wel gezegend: *een zegenrijk huwelijk*. Veel zegen aanbrengende: *den zegenrijken vrede*. *Uw zegenrijke fchreden langs veld en wei en woud*. L. D. S. P. Van hier *zegenrijkheid*.

ZEGEPRAAL, z. n., vr., *der*, of *van de zegepraal*; meerv. *zegepralen*. Van *zege* en *praal*. Praal met, of uit hoofde van, eene behaalde zege: *in die zegepraal*. VOND. *Met zegepraal te huis komen*. HALMA. In dezen zin gebruikt men ook *zegeftaatfie*. Maar: zegepraal is voorts ook wel eens de behaalde zege zelve: *zijne ontelbre zegepralen*. Van hier *zegepralen*.

ZEGEPRALEN, onz., w., gelijkvl. *Ik zegepraalde, heb gezegepraald*. Van *zegepraal*. Zegepraal, zegeftaatfie, houden: *terwijl hij te Rome zegepraalde*. Voorts, even als *zegevieren*, dat eigenlijk het vieren van eene zege aanduidt, eene zege behalen: *hij zegepraalde ook over dien vijand*. Het deelw. *zegepralend* wordt als bijv. n. en bijw. gebezigd: *uwe zegepralende legers*. *Hij keerde ook van daar zegepralend weder*.

ZEGEPRALEND, zie *zegepralen*.

ZEGERIJK, bijv. n. en bijw., *zegerijker*, *zegerijkst*. Van *zege* en *rijk*. Rijk in zege, die vele of groote overwinningen behaald heeft. *Eene zegerijke onderneming*. *Men rust zich toe, om zegerijk te pralen*. VOND. *Zo zult gij zegerijk uw voet eens baden in des vijands bloed, op dat uw honden 't lekken*. L.D.S.P.

ZEGESTAATSIE, zie *zegepraal*.

ZEGEVECHTER, z. n., m., *des zegevechters*, of *van den zegevechter*; meerv. *zegevechters*. Van *zege* en *vechter*. Bij KIL. een overwinnaar; gelijk als *zegevechten*, oulings voor overwinnen, of zegevieren, gebezigd werd.

ZEGEVIEREN, zie *zegepralen*.

ZEGWAGEN, zie *zegekar*.

ZEGGE, z. n., vr., *der*, of *van de zegge*; meerv. *zeggen*. Bij KIL. poelgras. Van hier de eigennaam van *zegwaard*, en de benaming van *zegbloem*, die het zinnebeeld van de zegwaardfche rederijkers plagt uit te maken.

ZEG-

ZEGGEN, bedr. w., gelijkvl. *Ik zeide, heb gezeid,* of *gezegd.* Met woorden te kennen geven: *heb ik het u niet gezegd? Toenze dit zeide, verlietze mij, die vast weende, en nog veel zeggen wou.* VOND. *Wat hebben die mannen gefeijt?* BIJBELV. Schriftelijk aanduiden: *als ik gelooven mag, wat die dichter mij zegt.* Op evenveel welke andere wijze aanduiden: *ghij fult mij falven, dien ick u feggen fal.* BIJBELV. *Zo honger mij beving, 'k zou 't u gewis niet zeggen.* L. D. S P. *Wat wilt gij met dat knikken zeggen? Dat wil zeggen,* is, dat beteekent. *Dat wil niet zeggen,* dat beteekent niet. *Dat wil niet veel zeggen,* dat is van weinig beduidenis, van weinig aangelegenheid. *Zes rijksdaalders, wat wil dat zeggen?* is dat van zoo veel aangelegenheid? *Dat is te zeggen,* dat dient, om aan te duiden. *Het is wat te zeggen!* het laat zich bezwaarlijk uiten, uit hoofde van zijne aangelegenheid, en onaangenaamheid: *drie kinderen op eens te verliezen, dat is wat te zeggen! Te zeggen hebben,* is, te bevelen hebben: *hij heeft hier niets te zeggen. Hij feijde tot zijne discipelen, dat een fchipken ftedes omtrent hem blijven foude, om der fcharen wille.* BIJBELV. Bij HALMA is: *hij heeft daar niet te zeggen,* gelijkluidend aan: *hij is daar niet geacht. Iemand iets te zeggen hebben,* is, hem iets willen aanduiden, of verhalen: *wat hebt gij mij te zeggen? Men zegt,* is, men verhaalt; en deze beteekenis, of die van berigten heeft *zeggen* dikwijls; *hij is, zoo als men zegt, wel gegoed. Ik wil u alles zeggen, wat mij overgekomen is. De Koninck fegge fijne knechten den droom.* BIJBELV. *Zegh mij, in wat gewest de Koningsbloemen waffen.* VOND. Voorts beantwoordt *zeggen* aan *uiten: hij zeide al, wat er op zijn hart lag. Gij moet alles zoo niet zeggen, wat gij weet.* Aan *denken,* vooral, wanneer er *bij zich zelven,* of *in zijn hart,* bijgevoegd wordt: *wanneer ick fegge: mijn bedftede fal mij vertroosten.* BIJBELV. *Ik zeide daaromtrent bij mij zelven. Hij zegt in 't hart: geen onheil zal mij kwellen.* L. D. S. P. *Ergens van zeggen,* is, veelal, daaromtrent denken, oordeelen: *wat zegt gij daar nu van? Wat zou ik er van zeggen? Wat zal ik er veel van zeggen,* is, hoe

zal

zal ik mijne gedachten daarover best uitdrukken. Maar *iets ergens van zeggen*, is, eenig berigt daaromtrent geven: *hij heeft mij niets ter wereld daarvan gezegd*. *Tot iemand zeggen*, gebruikt men veelal, als men de eigene woorden aanvoert: *doe seide hij tot mij, verstaet ghij, menschenkint!* BIJBELV. Of men bezigt het enkele *zeggen: toen zeide Anchises, zijn vader: de zielen*, enz. VOND. *Iets ergens op zeggen*, is, het daarop antwoorden, of aanmerken: *wat zegt gij nu daarop?* *Iets ergens op te zeggen hebben*, is, te bedillen hebben. En deze beteekenis heeft *zeggen* ook in: *wat weet gij op mij te zeggen? Er valt niets op hem te zeggen*, enz. *Laat gij u dat zeggen?* beteekent vaak evenveel als: *laat gij u dat verwijten? Zich iets geene tweemalen laten zeggen*, is, het gezegde ten eerste opvolgen. *Zeggen* staat tegen *spreken* over, in: *veel spreken maar weinig zeggen*, weinig beteekenende redenen voeren; en tegen *doen*, in: *ik houd meer van doen, dan van zeggen;* en in het vriesche spreekw.: *het is met zeggen niet te doen*, er worden meer, dan enkele woorden, gevorderd. *Hij is niet veel van zeggen;* beteekent, hij is niet zegachtig. POOT heeft *zeggen voor iemand*, in den zin van borg blijven: *ga, zeg voor iemant nu; maer denk vrij op betalen.* Van hier *gezeg, gezegde, zage, zeg*, of *zegge*, de daad van zeggen, *zeggen*, z. n., *zegger, zegster*. Zamenstell.: *zegachtig, zegslieden, zegsman, zegsvrouw, zegswijze, zegvaardig;* bij HOOFT: *die mij geleert hebt, niet alleen voordachtelijk, maar ook ter ijl zeghvaardig zijn*, enz. *Aanzeggen, afzeggen, gezeggen, goedgelukzeggen;* in deszelfs onbepaalde wijze, *herzeggen, nazeggen, ontzeggen, opzeggen, tegenzeggen, toezeggen, uitzeggen; verzeggen, voortzeggen, waarzeggen, wederzeggen;* enz.

Zeggen, nederf. *feggen;* angelf. *feegan;* wallis. *higaen*, ijsl. *feiga*, eng. *faij*, vries. *fci* en *fizze*, hoogd. *fein, fahn* en *fagen*, ISIDOR. *fagan;* WILLERAM. *gefagan*, zweed. *fäga*, schijnt verwant aan *gateihan*, verkondigen, bij ULPHIL. en met dit woord aan het hoogd. *zeigen*, aanwijzen. HOOFT heeft van *zeggen* het voortdur. w. *zeggelen* gevormd, in den zin van dikwerf zeggen, voorwenden; 't welk bij KIL. niet voor-

Y   komt:

komt: *hij zeggelende, dat men de eere der vrouwen, behoorde te maatighen.* TACIT. heeft *dictitare.*

ZEGGEN, z. n., o., *des zeggens,* of *van het zeggen;* zonder meerv. Eigenlijk de onbepaalde wijze van *zeggen.* De daad van zeggen: *het zeggen van goed geluk.* Een gezegde: *dat is een leelijk zeggen.* Gewijsde, uitfpraak, bij KIL. ook *fegghe,* en *fegghene: naar goeder,* of *goede, mannen zeggen. Men foude up de tijt dat fegghen uten van den dinghe.* M. STOK. *Naar zijn zeggen* is naar zijn berigt. *Naar het algemeene zeggen,* naar het gene men algemeen deswegens verhaalt. Van hier *zeggenfchap,* uitfpraak, bij KIL.

ZEGGER, z. n., m., *des zeggers,* of *van den zegger;* meerv. *zeggers.* Van *zeggen.* Al wie zegt: *zegger van goeder geluk.* HALMA. Wegens eene vrouw gebruikt men *zegfter,* of *zegsvrouw,* zoo als men *zegsman* met *zegger* verwisfelt. Van hier *zeggerfchap,* bij KIL. uitfpraak, even als *zeggenfchap,* van *het zeggen.* Zamenftell.: *goedgelukzegger,* enz.

ZEGSLIEDEN, z. n., wordt als meerv. van *zegsman* en *zegsvrouw* gebezigd, voor de genen, die iets zeggen, verhalen, of berigten: *ik zal u mijne zegslieden opnoemen.* Van het oude *zeg, zegge,* en *lieden.*

ZEGSMAN, zie *zegger,* en *zegslieden.*

ZEGSTER, zie *zegger,* en *zegslieden.*

ZEGSVROUW, zie *zegger,* en *zegslieden.*

ZEGSWIJZE, zie *zegwijze.*

ZEGVAARDIG, zie *zeggen.*

ZEGWIJZE, z. n., vr., *der,* of *van de zegwijze;* meerv. *zegwijzen.* Van *zeggen* en *wijze.* Ook *zegswijze.* De wijze, waarop men iets zegt: *zijne zegwijze is beknopt en krachtig.* Eene bijzondere zamenvoeging van eenige woorden: *in die zegswijze komt het woord wederom anders voor.*

ZEIK, z. n., vr., *der,* of *van de zeik;* zonder meerv. KIL. *feijcke,* hoogd. *feiche.* Van *zeiken.* Het water, dat menfchen en beesten lozen. Zamenftell.: *kattenzeik,* enz.

ZEIKEN, bedr. en onz. werkw., gell.kvl. *Ik zeikte, heb gezeikt.* KIL. *feijcken,* hoogd. *feichen.* Een klanknabootfend woord, dat het geluid van het geloosde water van menfchen en beesten aanduidt. Bedr., eene zekere hoeveelheid van zulk water lozen: *wat heeft*

heeft die kat daar eene plas gezeikt! Onz., het gezegde water lozen: *pas op, dat de kat er niet wederom zei-
ke!* Alles in den laagsten spreektrant. Van hier *gezeik,
zeik, zeiker, zeikster.* Zamenstell.: *zeikmier, zeikpot,
zeikteil,* KIL.

ZEIKER, z. n., m.; *des zeikers,* of *van den zeiker;*
meerv. *zeikers.* Van *zeiken.* Al wie zeikt, vrouwelijk, *zeikster.* Zamenstell.: *bedzeiker, broekzeiker,*
enz.

ZEIKMIER, z. n., vr., *der,* of *van de zeikmier;*
meerv. *zeikmieren.* Hoogd. *seichameise.* Bij KIL. eene
roode mier, die bij haren steek eene vocht achterlaat,
dat men *mierzeik* noemt.

ZEIL, z. n., onz., *des zeils,* of *van het zeil;* meerv.
zeilen. Verkleinw. *zeiltje.* Een grootere of kleinere
lap van zoogenoemd zeildoek, of andere stof, waartoe
men zich tot verschillende einden bedient: *er werd een
zeil over het paveljoen gespannen. Fijn linnen was u
uijtbreijdsel, dat het u tot een zeil ware.* BIJBELV.
*Ik zie den molenaar zijne zeilen oprollen. De zeilen in-
halen, innemen. Strijkt de zeilen voor de winden.*
VOND. *Hael in den schoot, 't zeil neer.* ANTONID.
Zeil en treil, alles wat tot een schip behoort: *de schuijt
mit seil, mit treil, mit riemen, mit bootshaecken.* BRE-
DEROD. Ook een zeilend schip: *wij zagen ten Zuiden
van ons drie zeilen.* HALMA. Op schepen, die meer
dan een zeil voeren, draagt het grootste bij uitsluiting den
naam van *zeil,* de anderen die van *fok, klijfok, kluiffok,
het blinde zeil, het bramzeil,* enz. *Te zeil,* of *onder
zeil, gaan, zich onder zeil begeven,* is het zeil, of de
zeilen, ophijschen, om heen te varen, en figuurl., in
de dagelijksche verkeering, in slaap geraken, zich te sla-
pen leggen: *te elf uren ging ik onder zeil. Weder 't zeil
te gaen en de touwen af te kappen.* VOND. *Met de laatste schepen te zeil gaan,* is, bij HALMA, de gelegenheid verwaarloozen, laat te scheep komen. *Ergens op
te zeil gaan,* is, bij denzelfden, daarop staat maken.
Zeil maken, is, zeilen ophalen, zeilen bijzetten. *Meer
zeil maken,* meer zeilen bijzetten. *Alle zeilen bijzetten,* is, figuurlijk, alle krachten inspannen. *Een schip
met volle zeilen,* is een, dat al zijne zeilen uitgespan-
nen heeft. *Met een opgestreken zeil,* is, figuurlijk, in
grammen moede: *zij kwam met een opgestreken zeil op*

Y 2 *mij*

mij af. *Onder zeil zijn*, is, met opgehaalde zeilen voortstevenen. *Stijf onder zeil zijn*, is, wel voortzeilen, en, figuurlijk, tegen een klein stootje bestand zijn. *Een nat zeil*, is eigenlijk een, dat men nat gemaakt heeft, opdat het den wind beter vatte; maar oneigenlijk is *met een nat zeil loopen*, dronken langs de straat, of den weg, loopen. *Met de zeilen voor den mast leggen*, is, van een schip, bij gebrek van wind niet vorderen, van een mensch, niet voorspoedig in zijne zaken zijn. *Met liggende zeilen vaart maken*, is, voortroeijen. *Het waait hem in zijn zeiltje*, het gaat hem voor den wind, zoo eigenlijk, als figuurlijk. *Het zeil in top zetten*, of *halen*, is, eigenlijk, de zeilen zoo hoog ophalen, als men kan, figuurlijk, veel uitwendige vertooning maken. *Het zeil*, of *de zeilen*, *reven*, zie *reven*. *Zeil minderen*, een, of meer, zeilen strijken, en met de overige voortzeilen. *De zeilen gorden*, dezelve aan de raas vastbinden. *Weinig zeil voeren*, niet veel, of slechts kleine, zeilen gebruiken. *De zeilen strijken*, is, dezelve neerhalen: *ten waer ick, mijn reis ten einde, het zeil streeck, en den boegh naer lant toe zette.* VOND. Maar somtijds beteekent *de zeilen strijken*, bijzonderlijk de raas, waaraan zij vast zijn, laten zakken, tot vereering van andere schepen, en, figuurlijk, voor iemand onder doen. *De zeilen laten vallen*, is, somtijds dezelve strijken, somtijds dezelve ontgorden, ontrollen. *Een oog in het zeil houden*, is, op zijne hoede zijn en blijven: *oogh in 't zeil te houden, komt altijdt wel te pas.* HOOFT. Eindelijk is: *alle zeilen blank spelen*, bij HALMA, alles wegrooven, wat men op zee ontmoet, en beteekent: *onder een staand zeiltje is het goed roeijen*, als men eenige vaste inkomsten heeft, kan men er ligtelijk iets bij winnen, om wel te bestaan. *'t Geluk blaast in het zeil*, is eene wijs van spreken, om eenen gewenschten voorspoed uittedrukken. Van hier *zeilaadje*, *zeilen*, enz. Zamenstell.: *zeilblok*, *zeilboom*, *zeildoek*, *zeilgaren*, *zeilmakersgaren*, *zeilmaker*, *zeilnaald*, een zeilmakers naald, *zeilspanner*, A. HOFFER. — *zeilspriet*, *zeiltang*, *zeilstrijker*, A. HOFFER. enz. *Bezaanzeil*, *bramzeil*, *gaffelzeil*, *hoofdzeil*, *kruiszeil*, *lijzeil*, *marszeil*, *razeil*, *schooverzeil*, *stagzeil*, *topzeil*, enz.

Zeil,

Zeil, vries. *feil*, eng. *fail*, angelf., nederf., hoogd., zweed. *fegel*, OTTFRID. *fegal*, pool. *zagiel*.

ZEILAADJE, z. n., vr., der, of *van de zeilaad-je*; zonder meerv. Van *zeil*. De gezamenlij-ke zeilen van een fchip, met derzelver toebehooren; anders het *zeiltuig : men maakt de zeilaadje reeds klaar*.

ZEILBAAR, bijv. n., *zeilbaarder, zeilbaarst*. Van *zeilen*, zie *baar*. Waarin men kan zeilen: *feijlbaere zee*. KIL. *Da: rak is voor ons niet zeilbaar. Als het flechts zeilbaarder weder worden wil*.

ZEILBOOM, z. n., m., *des zeilbooms*, of *van den zeilboom*; meerv. *zeilboomen*. Van *zeil* en *boom*. Bij KIL., en in het hoogd. oulings ook, de mast; zoo als *zeilftang* bij KIL., en in het hoogd., de ra, en *zeilfpriet*, de fpriet, is.

ZEILEN, onz. w., gelijkvl. *Ik zeilde, ben*, en *heb ge-zeild*. Met *hebben*, door middel van een zeil van plaats veranderen : *het fchip moet hard gezeild hebben*. In te-genoverftelling van *laveren*, voor den wind af drijven : *wij hebben den ganfchen nacht gezeild*. Het hulpwoord *zijn* bezigt men, als de rigting bepaald wordt: *wij zijn meer achteruit, dan vooruit, gezeild. Zij zullen ons voorbij zeilen. Aan den grond zeilen. Daar, of daar, heen zeilen. Uit zeilen gaan*, is een zeiltogtje doen. Eindelijk bezigt men dit woord ook wel eens bedrijvend : *een fchip in den grond zeilen*. Van hier *gezeil, zeil-baar, zeiler, zeilig*, KIL., *zeiling*, HALMA. Zamen-ftell.: *zeilkoers, zeilree, zeilfchip, zeilfchuit, zeilflak, zeilfteen, zeiltogt, zeilvaardig, zeilvaartuig, zeilvoe-rend*, enz. *Afzeilen, bezeilen, doorzeilen, inzeilen, nazeilen, ontzeilen, opzeilen, overzeilen, tegenzeilen, toezeilen, uitzeilen, verzeilen, voortzeilen, wegzei-len*, enz.

Zeilen, nederf. *feilen*, vries. *file*, eng. *fail*, angelf. *feglian*, hoogd. *fegeln*, zweed. *fegla*, komt van *zeil*.

ZEILER, z. n., m., *des zeilers*, of *van den zeiler*; meerv. *zeilers*. Van *zeilen*. Hoogd. *fegeler* en *fegler*. Iemand, die zeilt, die het fchip, al zeilende beftuurt: *hij is een goede zeiler*. Een fchip, dat zoo, of zoo. zeilt: *het is de befte zeiler van de vloot. Het waren alle flechte zeilers*.

ZEILGAREN, zie *zeil*.

ZEILIG, bijv. n., zonder vergrootingstrappen. Van

zeil., zie ig. Zeilvoerend: *feijligh fchip*, *feijlende
fchip*. KIL., bij wien men ook *feijlighe zee* vindt.

ZEILKOERS, z. n., m., *van den zeilkoers*; zonder
meerv. Van *zeilen* en *koers*. De rigting van den loop
van een zeilend fchip: *de paffaatwinden maken*, *dat
men er eenen vasten zeilkoers houden kan*. *Hun verfchillende zeilkoers*.

ZEILMAKER, z. n., m., *des zeilmakers*, of *van den zeilmaker*; meerv. *zeilmakers*. Van *zeil* en *maker*. Iemand, die zeilen
maakt. Van hier *zeilmakerij*. Zamenftell.: *zeilma-
kersknecht*, enz.

ZEILNAALD, zie *zeil*.

ZEILREE, zie *zeilvaardig*.

ZEILSLAK, *zeilflek*, z. n., vr., *der*, of *van de zeilflak*; meerv. *zeilflakken*. Van *zeilen* en *flak*. Een
fchelpdier, welks woning aan een zeilvoerend fchip gelijkt; en 't welk daarmede op zee rondzeilt: *de zeilflak
of zoogenoemde Nautilus*.

ZEILSPANNER, zie *zeil*.

ZEILSPRIET, zie *zeilboom*.

ZEILSTANG, zie *zeilboom*.

ZEILSTEEN, z. n., m., *des zeilfteens*, of *van den
zeilfteen*; meerv. *zeilfteenen*. Van *zeilen* en *fteen*. De
zoogenoemde magneet: *met eenen zeilfteen geftreken*.

ZEILSTRIJKER, zie *zeil*.

ZEILVAARDIG, bijv. n. en bijw., *zeilvaardiger*, *zeil-
vaardigst*. Van *zeilen* en *vaardig*. Gereed, om te
zeilen: *alle zeilvaardige fchepen*. Als bijw., *het fchip
lag zeilvaardig*; anders *zeilrede*, *zeilree*.

ZEIN, zie *zeiffen*.

ZEISSEN, *zein*, z. n., vr., *der*, of *van de zeiffen*;
meerv. *zeiffenen* en *zeiffens*. Een werktuig, waarmede men gras, enz. afmaait: *dat niemant de zeiffen in
de airen fla!* VOND. *De feiffen komt te flaen*. D. DECK.;
bij wien dit woord elders onzijd. is: *voor 't zeiffen van
den tijdt*; fchoon hij *zein* ook vrouwelijk heeft, in:
want in eens anders eer, *of ampt*, *de zein te flaen*, *en
zou mij niet betamen*; even als VONDEL in: *de fpeer in
eene zein herfmeen*. *De zeiffen in eens anders koren
flaan*, is, zich eens anders voordeel aanmatigen, of
eens anders werk op zich nemen. Zamenftell.: *zeis-
fenfmid*, enz.

  Zeiffen, KIL. *feiffene*, *feijsfen*, *fcijn*, *fen*, *feijsfel*
en

en *feijne*, vries. *foine*, nederſ. *feisze*, *feid*, *feed* en
feged, ijsl. *figdur*, OTTFRID. *feche*, angelſ., eng.
fithe, osnabrug. *fist*, oostenr. *fengfe*, hoogd. *fenfe*,
is verwant aan *fikkel*, vries. *figier*, aan het oudd.
fachs, een mes, aan het hoogd. *fech*, en het lat. *fe-
care*.

ZEKER, bijv. n. en bijw., zekerder, zekerst. Zorgeloos, gerust: *tot een ſtil ende feker volk*. BIJBELV.
Veilig: *wie de gene haelt, die in de hant klappen, is
feker*. BIJBELV.; waar zeker *wonen* meermalen voor
in veiligheid gebezigd wordt. Zonder mislukking: *het
gaat langzaam en zeker. Hij zet zijne voeten zoo zeker
neer*. Aan deze beteekenisfen grenst nu wederom die
van verzekerd: *ik ben hier niet zeker van mijn leven,
of mijn leven niet zeker. Daar kunt gij zeker van zijn*.
En uit deze beteekenis vloeit die van gewis, vast: *het
is nog niet zeker*. Voorts noemt men iets *zeker*, waaromtrent men aanduidt, dat men het bepaaldelijk opge-
ven kon, zoo men wilde: *een zekere vriend*, of *zeker
vriend, heeft mij gezegd*; en eindelijk ook iets, waarvan men ſlechts eene onbepaalde opgave doen kan: *ik
hoorde zeker iemand komen, zonder te weten, wie het
was. Te groeien, en allengs een' zekren vorm te winnen*. VOND. In de laatſte beteekenisfen beantwoordt
zeker aan het fr. *certain*. Wijders wordt *zeker*, op
zich zelf, voor eene bevestiging genomen, in: *hebt gij
het zelf gehoord? Zeker!* Van hier *zeker*, bij KIL.
borgtogt, en onderpand, *zekeren*, enz. — *zekerheid*,
zekerlijk. Zamenſtell.: *onzeker, voorzeker*, enz.

Zeker, nederſ. *feker*, zweed. *fäker*, vries. *fiker*,
wallis. *ficer*, hoogd. *ficher*, OTTFRID. *fichor*, KERO
fihhur, fr. *fur*, eng. *fure*, fp. *feguro*, ital. *fecura*,
komt van het lat. *fecurus*, onbezorgd, uit *fe* en *cura*
zamengeſteld.

ZEKEREN, bedr. w., gelijkvl. *Ik zekerde, heb geze-
kerd*. Van *zeker*. Hoogd. *fichern*, KIL. *fekeren*. In
zekerheid brengen; en oulings, bijzonderlijk, verlo-
ven: *ghefekerde maeght*. KIL. *De hem ghefekert was
te voren*. M. STOK. Van hier *fekerer*, *fekeringhe*,
KIL. Zamenſtell.: *verzekeren*, enz.

ZEKERHEID, z. n., vr., der, of van de zekerheid;
zonder meerv. Van *zeker*, zie *heid*. Hoogd. *ficher-
heit*, OTTFRID. *fihurheit*, nederſ. *fekerhed*. De toe-

ftand van iets, dat zeker is, en dus vooreerst veiligﬁ
heid: *het ſchip is thans in zekerheid.* *Tegen het volck,*
dat ruſte heeft, dat in ſekerheijt woont. BIJBELV.
Gij kunt m'in zekerheid doen leeven. L. D. S. P. Ge-
wisheid: *ik heb er geene genoegzame zekerheid van.*
Uit hoofde van de zekerheid zijner komst. Waarborg,
onderpand, bij KIL. ook *zeker: hoe kunt gij meer ze-*
kerheid voor uw geld verlangen? Zekerheidshalve.

ZELDEN, bijw., het tegenoverſtaande van *dikwijls: hij*
lacht zelden. Het gebeurt zelden. De vergrootende
trap *zeldener* komt bij VOND. en anderen voor. Bij
KIL. is het ook een bijv. n. waarvoor wij thands alleen *zeldzaam* bezigen. Van hier bij KIL. ook *zelden-*
heid.

Zelden, nederf. *ſelden,* angelſ. *ſeldan,* eng. *ſeldom,*
zweed. *ſällan,* hoogd. *ſelten,* komt evenzeer van het
angelſ. *ſeld,* als *zeldzaam,* en bij ULPHIL. *ſildalik,*
wonderbaar, *ſildaliken,* bewonderen.

ZELDZAAM, bijv. n. en bijw., *zeldzamer, zeldzaamst.*
Al wat niet dikwijls voorvalt, voorkomt, enz.: *een*
zeldzaam boek. Zijne bezoeken zijn zeldzaam. Vreemd,
wonderbaar: *welk een zeldzaam mensch! Dat zeldzame*
luchtverſchijnſel trok aller oogen naar zich. Allerzeld-
zaamst gedroeg hij zich aldaar. Van hier *zeldzaam-*
heid.

Zeldzaam, hoogd. *ſeltſam, ſeltſen,* nederf. *ſeldſen,*
OTTFRID. *ſeltſan,* STRIJK. *ſalltzeim,* zweed. *ſäll-*
ſam, komt van *zaam,* en hetzelfde *ſeld,* als *zelden.*

ZELF, *zelve,* bijv. n., 't welk bij eigennamen van perſonen, perſoonlijke voornaamwoorden en eenige zelfſtandige naamwoorden geplaatst wordt, om de medewerking van iederen anderen perſoon uit te ſluiten, of
om de perſoonlijkheid nog nader te bepalen. Ook ſchikt
het zich naar het geſlacht der woorden, waartoe het behoort: *ik zelf heb het gezegd. Zij zelve ſprak daar-*
van. Willem zelf is gekomen, ook *willem is zelf geko-*
men. Jozina zelve had het gehoord, ook *Jozina had*
het zelve gehoord. Hij is het zelf. Zij is het zelve.
Zelf moet hij komen, in eigen perſoon. *Ik bedroog mij*
zelven. Zij ſprak van zich zelve. Zie daar de onſchuld
zelve! Zij is de vriendelijkheid zelve. Zij viel van zich
zelve, zeeg in onmagt. *Wij zelven hebben het g'hoord.*
Zij verhaalden het van zich zelven, enz. — *Die zaak*
is,

is, op zich zelve niet kwaad. Het fpreekt van zelf: Het zal van zelf wel gebeuren. Zamenftell.: *dezelve, dezelfde;* zie deze woorden. Nog andere zamenftellingen van *zelf* vindt men bij Hooft, Vond. en anderen, als: *zelfwasfen, zelfmaakte,* enz.

ZELFBEDROG, z. n., o., *des zelfbedrogs,* of *van het zelfbedrog;* zonder meerv. Van *zelf* en *bedrog.* Eigenlijk een bedrog, 't welk men aan zich zelven pleegt; doch figuurlijk, een verkeerd oordeel over zich zelven, zijne voorregten, verdienften, enz.: *het hatelijk zelfbedrog.*

ZELFBEHAGEN, z. n., o., *des zelfbehagens,* of *van het zelfbehagen;* zonder meerv. Van *zelf* en *behagen.* Een onordelijk behagen, 't welk men in zich zelven en zijne eigene voorregten heeft: *'t misleidend zelfbehagen.*

ZELFBEHEERSCHING, z. n., vr., *der,* of *van de zelfbeheerfching;* zonder meerv. Van *zelf* en *beheerfching.* Beheerfching van zich zelven: *door wijze zelfbeheerfching.*

ZELFBEHOUD, z. n., o., *des zelfbehouds,* of *van het zelfbehoud;* zonder meerv. Van *zelf* en *behoud.* De behouding van, of zorg voor ons eigen leven, en al dat geen, wat onze natuur volmaken kan, bijzonderlijk als een zedelijke pligt befchouwd: *de zucht naar zelfbehoud keert alle levensgevaar af. Op zelfbehoud bedacht zijn.*

ZELFBEOORDEELING, z. n., vr., *der,* of *van de zelfbeoordeeling;* zonder meerv. Van *zelf* en *beoordeeling.* Beoordeeling van zich zelven: *wanneer onze zelfbeoordeeling op waarheid gegrond is.*

ZELFBEPROEVING, z. n., vr., *der,* of *van de zelfbeproeving;* meerv. *zelfbeproevingen.* Van *zelf* en *beproeving.* De beproeving van zich zelven: *aanhoudende zelfbeproeving is de naaste weg, om zich zelven te leeren kennen.*

ZELFBEVLEKKING, z. n., vr., *der,* of *van de zelfbevlekking;* zonder meerv. Van *zelf* en *bevlekking.* Die foort van onkuischheid, welke men aan zijn eigen ligchaam oefent: *de zelfbevlekking is eene bron van ontelbare kwalen.* Anders *onanie.*

ZELFBEWUST, bijv. n., zonder trappen van vergrooting.

Y. 5

ting. Van *zelf* en *bewust*. Bewust van zich zelven: *hij sprak, nog zelfbewust*. Van hier *zelfbewustheid*.

ZELFEGGE, zie *zelfkant*.

Z LFEINDE, zie *zelfkant*.

ZELFGEVOEL, z. n., onz., *des zelfgevoels*, of *van het zelfgevoel; zonder meerv. Van zelf en gevoel. Het gevoel, de levendige kennis van zijnen eigenen, inzonderheid zedelijken, toestand: *zijne uitspraak rustte op een' onbedriegelijk zelfgevoel*.

ZELFHAAT, z. n., m., *des zelfhaats*, of *van den zelfhaat*; zonder meerv. Van *zelf* en *haat*. Het haten van zich zelven: *door zelfhaat gedreven*.

ZELFHEID, z. n., vr., *der*, of *van de zelfheid*; zonder meerv. Van *zelf* en *heid*. Een door eenige geheimzinnige schrijveren gebezigd woord, om het afgetrokkene van *zelf*, insgelijks den eigen persoon, aan te duiden: *de vernietiging van den mensch en van zijne zelfheid*, de onderdrukking der heerschende eigenliefde, der eigenzinnigheid en eigenwilligheid.

ZELFKANT, z. n., m., *des zelfkants*, of *van den zelfkant*; meerv. *zelfkanten*. De buitenste kant van laken, linnen enz.: *de zelfkanten worden niet gezoomd*. Anders *zelfegge*, *zelfeinde*.

ZELFKLINKER, z. n., m., *des zelfklinkers*, of *van den zelfklinker*; meerv. *zelfklinkers*. Van *zelf* en *klinker*. In de spraakkunst, eene letter, welke, zonder hulp eener andere letter, en op zich zelve, klinkt. Anders *klinker*, *vokaal*.

ZELFLIEFDE, z. n., vr., *der*, of *van de zelfliefde*; zonder meerv. Van *zelf* en *liefde*. De liefde voor zich zelven — de hebbelijkheid van zich zelven allerlei voorregten waardig te achten, en zijn eigen voordeel te behartigen. En, daar deze liefde zoo wel geoorloofd en pligtmatig, als ongeoorloofd en overdreven kan zijn, zoo is er ook eene *geoorloofde* en *ongeoorloofde zelfliefde*; welke laatste ook *eigenliefde* genoemd wordt.

ZELFMOORD, z. n., m., *des zelfmoords*, of *van den zelfmoord*; meerv. *zelfmoorden*. Van *zelf* en *moord*. De dooding van zich zelven. In de gewone beteekenis, een opzettelijke moord, welken men aan zich zelven begaat: *zich aan zelfmoord schuldig maken*. Van hier *zelfmoordenaar*, *zelfmoorder*, *zelfmoordenares*, iemand, die eenen zelfmoord begaat.

ZELF-

ZELFMOORDENAAR, *zelfmoorder*, zie *zelfmoord*.

ZELFS, bijw., beteekenende *ook*. Het onderfcheid tuffchen het voorgaande *zelf* en dit *zelfs* is uit het volgende voorbeeld kennelijk: *ik zelf heb hem gezien; ja, ik heb zelfs met hem gefproken*.

ZELFSTANDIG, bijv. n. en bijw., zonder trappen van vergrooting. Van *zelf* en *ftandig*, van *ftaan*. Eigenlijk, dat van zich zelf en uit eigene kracht beftaat — dat den grond zijns beftaans in zich zelf heeft; in welken zin God alleen gezegd kan worden *zelfftandig* te zijn. In de fpraakkunst is *zelfftandig* dat geen, 'twelk werkelijk eene zelfftandigheid, of het wezen eener zaak aanduidt: *zelfftandige naamwoorden zijn man, huis, ftoel* enz. Ook dat geen, 't welk alleen als zelfftandig aangemerkt wordt: *tot de zelfftandige naamwoorden behooren ook: waarheid, deugd, liefde, vriendfchap*, enz. Van hier *zelfftandigheid, zelfftandiglijk*.

ZELFSTRIJD, z. n., m., *des zelfftrijds*, of *van den zelfftrijd*; zonder meerv. Van *zelf* en *ftrijd*. Strijd in, en met zich zelven: *Jozefs zelfftrijd*.

ZELFVERHEFFING, z. n., vr., *der*, of *van de zelfverheffing*; zonder meerv. Van *zelf* en *verheffing*. De ongegronde verheffing van zich zelven boven anderen: *door waan en ijdele zelfverheffing*.

ZELFVERLOOCHENING, z. n., vr., *der*, of *van de zelfverloochening*; zonder meerv. Van *zelf* en *verloochening*. De verloochening van zich zelven; de verzaking van tegenwoordig genot, om een grooter en wezenlijker te behouden.

ZELFVERTROUWEN, z. n., onz., *des zelfvertrouwens*, of *van het zelfvertrouwen*; zonder meerv. Van *zelf* en *vertrouwen*. Het vertrouwen op zich zelven.

ZELK, z. n., vr., *der*, of *van de zelk*; meerv. *zelken*. HOOFT befchrijft dit woord: *de anderen nemen voorts de zelk in, een duin van as en vuilnis, zoo hoog opgehoopt*, enz.

ZELLING, z. n., vr., *der*, of *van de zelling*; meerv. *zellingen*. In de fcheepvaart, de plaats in den grond, waar een fchip, of anker, vast gezeten heeft. En in de fteenbakkerijen aan den hollandfchen ijsfel, beteekent het eene verlamde plaats, of inham der rivier, welke aan de kanten met riet begroeid, in hare ruimte, de aarde, de, d. i. het flijk en bezinkfel, of de kleiftof vervat, waarvan de fteenen gevormd worden.

ZELSCHAP, z. n., onz., voorheen in gebruik geweest voor *gezelfchap: buijten zelfchap zoekt uw dagen af te leven.* BROEKH. *Doen kreeg ik 't zelfchap van twee knapen.* FOCQUENBR.

ZEMEL, z. n., vr., *der*, of *van de zemel; meerv. zemelen;* welk meervoud meest alleen gebruikt wordt. De klein gemalen, en door middel des buils, van het meel afgezonderde bast van tarwe of rogge : *in dat brood zijn zemelen gebakken.* Van hier *zemelachtig, zemelig.* Zamenftell.: *roggezemelen, tarwezemelen; — zemelknoopen,* enz.

ZEMELKNOOPEN, onz. w., gelijkvl. *Ik zemelknoopte, heb gezemelknoopt.* Van *zemel* en *knoopen.* Eigenlijk, zemelen aan elkander knoopen, hetwelk bijna onmogelijk is, ten minfte wanneer men het ondernam, zeer moeijelijk, en een werk van tragen voortgang zou wezen; van hier figuurlijk, zoo veel als onnuttig, treuzelwerk verrigten, muggenziften, haarkloven, over niets waardige dingen lang en laf fpreken: *hij is weer verfchrikkelijk aan 't zemelknoopen. Ik kan dat zemelknoopen niet verdragen.* Van hier *zemelknooper,* iemand, die zoo doet; een waauw uitpluizende fijmelaar: *hier heeft geen neuswijs zot, geen zemelknooper tegen.* J. DE DECK.

ZEMELKNOOPER, *zemelknoopfter,* zie *zemelknoopen.*

ZENDBODE, anders *gezant,* zie dit woord.

ZENDBRIEF, z. n., m., *des zendbriefs,* of *van den zendbrief;* meerv. *zendbrieven.* Van *zenden* en *brief.* Eigenlijk, iedere brief, welke aan iemand gefchreven en gezonden wordt; in onderfcheiding van *brief,* in zoo ver weleer hier door iedere oorkonde aangeduid werd. *De zendbrieven der Apostelen.*

ZENDELING, z. n., m. en vr., *des zendelings,* of *van den zendeling, — der,* of *van de zendeling;* meerv. *zendelingen.* Van *zenden,* zie *ling.* Iemand, die gezonden wordt, om het een of ander te verrigten: *wanneer er iets gewigtigs ondernomen moet worden, heeft hij altoos zijne zendelingen gereed.* Afgezondene naar de Heidenen, om onder dezelven de christelijke leer te verbreiden: *hij is onder de zendelingen aangenomen. Onlangs zijn weer verfcheidene zendelingen naar de Hotten-*

*zentotten vertrokken. Wanneer de zendelingen geschikt
waren en in last hadden, om de heidenen eerst in gewone menschelijke zaken te onderrigten, zou het hun gemakkelijker vallen en beter gelukken, dezelven tot Chris-
tenen te vormen.* Zamenſtell.: *zendelingsgenootſchap,*
enz.

ZENDEN, bedr. w., ongelijkvl. *Ik zond, heb gezonden.* Heenſchikken, toeſchikken: *koopwaren van de
eene naar de andere plaats zenden. Iemand eenen brief,
eenen bode, een geſchenk, zenden. Den knecht naar
huis zenden,* ook uit zijnen dienst zetten. In de Godgeleerdheid is *zenden* ook zoo veel als van de noodige
volmagt voorzien. Van hier *zender, zending — de
zending van Jezus, der Apostelen.* Zamenſtell.: *af-
zenden, nazenden, opzenden, toezenden, verzenden,
wegzenden,* enz.

Zenden, hoogd. *ſenden,* KERO, OTTFRID. *ſentan,*
ULPHIL. *ſandjan* en *ſatjan,* eng. *te ſend,* zweed.
ſända, lett. *ſinetu.* WACHT. brengt dit woord tot
het oude *ſinan,* gaan, 't welk nog bij OTTFRID. voorkomt; zoo dat *zenden* eigenlijk doen gaan zoude beteekenen.

ZENEBLAD, z. n., onz., *des zeneblads,* of *van het
zeneblad;* meerv. *zenebladen.* Het blad van den *zene-
boom,* bij KIL. *ſineboom,* hoogd. *ſenesbaum,* die in
Egypte wast, maar ook in Italië en Frankrijk gekweekt
wordt, en eene buikzuiverende kracht heeft; meest in
het meerv. gebruikelijk: *manna, tamarinde en zenebladen.* Bij LINN. *caſſia ſenna;* van het ital. *ſena,*
lat. *ſenna.*

ZENGEN, bedr. w., gelijkvl. *Ik zengde, heb gezengd.*
De harige, of haar gelijkende deelen van iets afbran-
den, ſchroeijen: *geplukte eendvogels zengen. Een hoen
zengen. Zijn haar aan de kaars zengen. Ik heb mijn'
rok gezengd. De hoedenmakers zengen de hoeden,* wanneer zij, door middel van brandend ſtroo, of iets anders, denzelven de langſte haren benemen. Figuurl.:
de gezengde luchtſtreek. Van hier *zenging.* Zamenſtell.: *afzengen, verzengen,* enz.

Zengen, hoogd. *ſengen,* ſchijnt het geluid na te boot-
ſen, 't welk het vuur in dergelijke harige dingen veroorzaakt. Men bezigt daarvoor ook *ſchroeijen.* Men
geve hierbij acht op de overeenkomst van *ſchroeijen* met
ſchrei-

schrijsen, van *zengen* met *zingen*; louter bewijzen, dat aan elkander gelijkende woorden dikwerf zeer onderscheidene dingen aanduiden, wanneer flechts eenige gelijkheid in het geluid dezer dingen plaats heeft.

ZENNIP, verouderd z. n., m., bij KIL. *fennep*, hoogd. *fenf*, lat. *finapi*, beteekenende *mosterdzaad*.

ZENUW, z. n., vr., *der*, of *van de zenuw*; meerv. *zenuwen*. Verkleinw. *zenuwtje*. In het gemeene leven worden alle banden, welke, in de dierlijke ligchamen, tot verbinding der beenderen, of tot fpanning, buiging en uitrekking der ledematen dienen, *zenuwen* genoemd; anders ook *pezen*. Zie *pees*. *Zij heeft het op de zenuwen. Dit vleesch is vol zenuwen. Trekking der zenuwen*. Figuurl., de fterkte, het voornaamfte, de fteun: *de koophandel, de zenuw van den flaat!* Van hier *zenuwachtig, zenuwig*, vol zenuwen: *zenuwachtig vleesch*. Zamenftell.: *zenuwader, zenuwknoop, zenuwkoorts, zenuwloos, zenuwrijk, zenuwwater, zenuwziekte*, enz. Voor *zenuw* zegt men ook *zeen*.

ZENUWACHTIG, *zenuwig*, zie *zenuw*.

ZERK, *zark*, z. n., vr., *der*, of *van de zerk*; meerv. *zerken*. Verkleinw. *zerkje*. Oul. eene grafftede, ook eene houten of fteenen doodkist, even als het hoogd. *farg*: *een fcoen farck, of kiste*. J. V. D. BEEK. Een vierkante, langwerpige graffteen: *er flaat op zijne zerk gefchreven: hier ligt* enz. *De zerken ligten*. — VOND. bezigt het mannel.: *t'overdekken met eenen zerk*. Alle groote vierkante fteenen voor ftoepen en gangen: *er is eene van de zerken in mijne floep geborflen. De tempel opgericht van t'faem gevoeghde fercken*. F. VAN DORP. Zamenftell.: *zerkenligter*.

ZERP, bijv. n. en bijw., *zerper, zerpst*. Zuurachtig, wrang: *gedroogde pruimen hebben eenen eenigzins zerpen fmaak. Daer is foet en daer is ferp*. WESTERB. *Serpe druiven*. KIL. Van hier *zerpheid*. Zamenftell.: *zerpzoet*. Het is verwant aan het hoogd. *herbe*, lat. *acerbus* en ons *zuur*.

ZES, een hoofdgetal, 't welk tuffchen vijf en zeven ftaat, en, bij een zelfftandig naamwoord geplaatst, onveranderd blijft: *zes dukaten. Voor zes weken. Na zes en vijftig jaren. Om dat de Goon bij zes gezusters lagen*. HOOGVL. Is echter het zelfftandig naamwoord weggelaten, dan verandert het in *zesfen*: *ik kan voor*

zes-

zesfen (voor zes uren) *niet komen. Een wagen van zes-fen. Een paard, dat van zesfen* (pooten en oogen) *klaar is* (*pedibus atque oculis integer*). Figuurl. is *van zesfen klaar zijn*, in alle deelen gereed zijn. Ook wordt het als zelfstandig gebezigd, in het vrouwelijke geflacht: *de zes van klaveren*, in het kaartfpel; *twee zesfen gooijen*, met de dobbelfteenen. *Wij waren met ons zesfen.* Van hier *zesde*, *zesderhande*, *zesderlei*, *zestien*, *zestig* enz. Zamenftell.: *zesdraadsch*, dat uit zes draden is zamengefteld, *zeshoek*, *zeshonderdfte*, *zesjarig*, *zeskant*, *zesthalf*, enz.

ZESDAAGSCH, bijv. n., van *zes* en *daagsch*, van *dag*. In overeenftemming met *vijfdaagsch*, *vierdaagsch* enz., dat zes dagen duurt: *eene zesdaagfche gevangenis*. Ook *zesdagig*; doch meest in de beteekenis van zes dagen oud. Zie *vijfwekig*.

ZESDAGIG, zie *zesdaagsch* en *zesjarig*.

ZESDE, bijv. n., van het telwoord *zes*. *De zesde maand. Het gaat thands in het zesde jaar. Onder de regering van Karel den zesden.* Insgelijks met weglating van het zelfft. naamwoord: *ten zesde. Op den zesden* (dag) *dier maand.* Ook wordt het als zelfftandig gebezigd, voor het zesde gedeelte: *gij kunt niet meer, dan een zesde krijgen. Het eene zesde* (gedeelte) *was voor hem, het andere voor mij.* In het meerv. *zesden*: *hij ontving vijf zesden* (zesde gedeelten). In het kaartfpel, zes op elkander volgende kaarten, in het vrouwelijke geflacht: *ik heb eene zesde. Eene zesde van het aas.*

Zesde, in den STATENBIJBEL ook *zesfte*, hoogd. *fechfte*, reeds bij KERO *fehfto*, *fehtu*, angelf. *fexta*, *fixte*, lat. *fextus*, fr. *fixiéme*.

ZESDERHANDE, zie *allerlei*.

ZESDERLEI, zie *allerlei*.

ZESDRAADSCH, zie *zes*.

ZESDUIZENDSTE, zie *zeshonderdfte*.

ZESHOEK, z. n., m., des *zeshoeks*, of *van den zeshoek*; meerv. *zeshoeken*. Van *zes* en *hoek*. Al wat zes hoeken heeft: *het gebouw is eigenlijk een zeshoek. De vesting beftaat in eenen regelmatigen zeshoek.* Van hier *zeshoekig*, bijv. n.

ZESHOEKIG, zie *zeshoek*.

ZESHONDERDSTE, bijv. n., zonder vergrooting. Van *zes* en *hondei dfte*, van *honderd*; derhalve afgeleid

van

van het hoofdgetal *zes honderd*, door middel van den uitgang *fte*. *Na zes honderd jaren moest het gebeuren; en eindelijk kwam het zeshonderdfte jaar.* Zoo ook *zesduizendfte*.

ZESJARIG, bijv. n., zonder trappen van vergrooting. Van *zes* en *jarig*, van *jaar*. Dat zes jaren oud is: *een zesjarig paard*. Ook dat zes jaren duurt: *mijn zesjarig verblijf in die ftad*. Zoo ook *zesmaandig, zeswekig*. Zie *vijfwekig*.

ZESKANT, zie *zeskantig*.

ZESKANTIG, bijv. n., zonder trappen van vergrooting. Van *zes* en *kantig*, van *kant*. Dat zes kanten heeft: *rondom den tuin waren verfcheidene zeskantige bloemperken*. Ook bij zamentrekking *zeskant: een zeskante toren*.

ZESMAAL, bijw., van *zes* en *maal*. Zes verfchillende reizen: *ik ben er zesmaal geweest*. Sommigen fchrijven het afgefcheiden: *zes maal*. Van hier *zesmalig*.

ZESMAANDIG, zie *zesjarig*.

ZESPONDER, z. n., m., *des zesponders*, of *van den zesponder*; meerv. *zesponders*. Van *zes* en *ponder*, van *pond*. Iets, dat zes pond weegt, zoo als een brood van zes pond, enz.: *wat kost thands een zesponder?* Een kogel van zes pond: *hij fchoot alleen zesponders*.

ZESREGELIG, bijv. n., zonder trappen van vergrooting. Van *zes* en *regelig*, van *regel*. Dat uit zes regelen beftaat: *een zesregelig vers*.

ZESTAL, z. n., o., *des zestals*, of *van het zestal*; meerv. *zestallen*. Van *zes* en *tal*, getal. Het getal van zes: *een zestal maken, om er drie uit te kiezen*.

ZESTHALF, bijvoegelijk telwoord, van *zes* en *half*, beteekenende vijf en een half, of de zesde half: *zesthalve ftuiver*. *Ik heb het in zesthalf uur gegaan*. Van hier het zelfftandig naamw. *zesthalf*, eene bekende munt van vijf en een' halven ftuiver: *een zak zesthalven*.

ZESTHALF, z. n., zie *zesthalf*, bijv. telw.

ZESTIEN, telwoord, dat tuffchen *vijftien* en *zeventien* ftaat — van *zes* en *tien*. Het wordt op zich zelf gebruikt, of bij zelfftandige naamwoorden gevoegd, met en zonder lidwoord, en blijft onverbogen: *zestien duiten*. *Tweemaal acht is zestien*. *Zij heeft zestien kinderen*. Men zegt evenwel ook: *wij waren met ons zestienen*. *Iets in zestienen verdeelen*. In dit geval wordt het

het gerekend op zich zelf te ftaan; en in: *neem er dit
zestien nog bij.* Van hier het z. n., o., *zestientje,*
zeker loterijbriefje: *acht zestientjes maken een half lot.*
Zestiende, enz. Zamenftell.: *zestiendaagsch, zestienjarig, zestienmaandig,* enz.

ZESTIENDAAGSCH, zie *zestien.*

ZESTIENDE, bijv. n., van het telwoord *zestien. Zij
gaat in haar zestiende jaar. Lodewijk de zestiende.*
En met weglating van het zelfft. naamw.: *op den zestienden der vorige maand. Het is van daag de zestiende.* Ook als zelfft. naamw., voor een zestiende gedeelte: *hij ontving een zestiende van de nalatenfchap.*
In de loterij, en in de toonkunst: *twee zestienden maken een achtfte.* Voor *eene zesde,* in het kaartfpel,
zegt men ook *eene zestiende: eene zestiende van den
Heer.*

ZESTIENDERHANDE, zie *allerlei.*

ZESTIENDERLEI, zie *allerlei.*

ZESTIENJARIG, zie *zesjarig.*

ZESTIENMAAL, als *zesmaal;* zie dit woord.

ZESTIENMAANDIG, zie *zesjarig.*

ZESTIENTAL, zie *zestal.*

ZESTIG, een telwoord, tot de hoofdgetallen behoorende, en *zesmaal tien* aanduidende. Het wordt, even
als andere telwoorden, of op zich zelf, of bij een
zelfft. naamw. gevoegd. In dit geval blijft het onverbogen: *zestig ftuivers. Zestig duizend gulden. 't Is
heden zestigh jaer.* VOND. Ook blijft het onverbogen,
wanneer het zelfft. naamw. weggelaten wordt: *hij was
een der zestig,* (gemelde perfonen). Nogtans zegt
men ook: *wij waren met — onder ons zestigen.* In de
gemeenzame verkeering zegt men: *hij is zestig,* voor:
hij is al aan 't fuffen. *Zijt gij zestig?* Van hier *zestiger, zestigfte.* Zamenftell.: *zestigerhande, zestigerlei, zestigjarig, zestigmaal, zestigtal,* enz.

 Zestig, hoogd. *fechzig,* bij OTTFRID. *fechszug,*
WILLERAM. *fezzoch, feszoch,* nederf. *fösztig,* angelf. *fixteg.*

ZESTIGER, z. n., m., des *zestigers,* of van den *zestiger;* meerv. *zestigers.* Een uit zestig eenheden beftaand geheel. Een medelid eener vergadering van zestig perfonen: *hij werd tot zestiger verkozen.* Iemand,
die zestig jaren oud is: *ik ben haast een zestiger.* Een

Z oor-

oorlogſchip, dat zestig ſtukken geſchut voert: *twee zestigers zijn in dienst geſteld. Hij is kapitein van een' zestiger.* Wijn, die in het jaar 1760 gewaſſenis: *dat is nog echte zestiger.*

ZESTIGERHANDE, zie *allerlei.*

ZESTIGERLEI, zie *allerlei.*

ZESTIGJARIG, zie *zesjarig.*

ZESTIGMAAL, zie *zesmaal.*

ZESTIGSTE, bijv. n., van het telwoord *zestig: hij gaat in zijn zestigste jaar.* Ook met weglating van het z. lfſt. naamw.: *ik zal juist de zestigste zijn.* Dit woord is in het hoogd. *ſechzigſte,* bij KERO *ſaxzugoſte,* NOTK. *ſechzigos't.*

ZESTIGTAL, zie *zestal.*

ZET, z. n., m., *des zets,* of *van den zet;* meerv. *zetten.* Verkleinw. *zetje.* De daad van zetten: *dat beeld op die hoogte te plaatſen is een heele zet.* In het ſchaak-ſpel: *aan wien is de zet? Als ik nog eenen zet gedaan heb, zal hij ſchaakmat zijn.* Douw, ſtoot: *ik gaf hem een' zet, dat hij viel.* Terſtond, als in een oogenblik: *met een' zet. Dat zes duizent zwitſers met eenen zet derwaerts daelden.* HOOFT. *Hij zet het plondernest met eenen zet in brandt.* DE DECK. Zamen-ſtell.: *inzet, opzet;* doch dit laatſte is onzijd.

ZETEL, z. n., m., *des zetels,* of *van den zetel;* meerv. *zetels.* Verkleinw. *zeteltje.* Eigenlijk, alles, waarop men zit. In het gebruik, iedere verheven en aanzienlijke zitplaats, of eergeſtoelte: *een koninklijke zetel,* of troon. *De aartsbisſchoppelijke zetel.* De verblijfplaats van de opperſte magt des lands, van den Koning of Keizer: *Parijs, de zetel des franſchen rijks. Iemand op den zetel tillen,* in eenen hoogen eerpost plaatſen. *Wij willen onverſult ons in dien zetel zetten.* VOND. *Iemand uit den zetel ſchoppen,* uit zijnen eerpost zetten. Figuurl.: *de zetel des oorlogs in de Nederlanden.* SEWEL. Van hier *zetelen.* Zamenſtell.: *draagzetel,* enz.

Zetel, hoogd. *ſeſſel,* angelſ. *ſitl, ſetol,* eng. *ſettle,* boh. *ſedadlo, ſesle.* Het ſtamt, even als *zadel,* van *zitten* af.

ZETELEN, bedr. en onz. w., gelijkvl. *Ik zetelde, heb gezeteld.* Van *zetel.* Bedr., zetten, doen zitten: *hen zetels op den rug der arbeidzame faem.* MOON.

Hoe

Hoe Godt zich zetelde in uw legertent. M. L. Onz.,
gezeten zijn: *hij zetelt boven lucht en wolken.*

ZETGANG, z. n., m., *des zetgangs,* of *van den zetgang;* meerv. *zetgangen.* Van *zet, zetten,* en *gang.*
Scheepsw. Legger, plank aan boord van een schip,
om er in — en uit te gaan; ook een looze gang, dien
men rondom het schip zet, als men hetzelve bouwt.

ZETHAAK, z. n., m., *des zethaaks,* of *van den zethaak;* meerv. *zethaken.* Van *zet, zetten,* en *haak.*
Letterzetters — en scheepstimmermans werktuig.

ZETHAMER, z. n., m., *des zethamers,* of *van den
zethamer;* meerv. *zethamers.* Van *zet, zetten,* en *hamer.* Zeker soort van hamer, met eenen grooten vier-
kanten kop; in de ijzersmederijen en bij de smeden gebruikelijk.

ZETIJZER, z. n., o., *des zetijzers,* of *van het zetijzer;* meerv. *zetijzers.* Van *zet, zetten,* en *ijzer.*
Zeker werktuig, dienende tot het buigen van de tanden
eener zaag.

ZETPIL, z. n., vr., *der,* of *van de zetpil;* meerv.
zetpillen. Verkleinw. *zetpilletje.* Van *zet, zetten,* en
pil. Een eindje nachtkaars, of een in olie gedoopt gedraaid papiertje, dat bij de jonge kinderen, in de plaats
van een klisteer, gebezigd wordt.

ZETREGEL, z. n., m., *des zetregels,* of *van den zetregel;* meerv. *zetregels.* Van *zet, zetten,* en *regel.*
Grondregel: *dat is zijn zetregel.*

ZETSCHIPPER, z. n., m., *des zetschippers,* of *van
den zetschipper;* meerv. *zetschippers.* Van *zet, zetten,* en *schipper.* Een schipper, welke een schip voert,
dat hem niet toebehoort, — die over het schip van
een' ander als schipper gezet is: *hij vaart als zetschipper.*

ZETSEL, z. n., o., *des zetsels,* of *van het zetsel;*
meerv. *zetsels.* Verkleinw. *zetseltje.* Van *zetten;* zie
sel. Zoo veel als men in eens zet; van thee, kruiden,
enz.: *een zetseltje beste thee. Het eerste zetsel was ster-
ker, dan het laatste. Een zetsel kina op rooden wijn.*

ZETSTER, zie *zetter.*

ZETTEN, bedr. w., gelijkvl. *Ik zette, (zettede) heb
gezet.* Eigenlijk, doen zitten; ook doen staan; en aan
iets eene zekere bepaalde plaats geven.

   1. Doen zitten: *een kind op de tafel, op den schoot,*

in den tafelstoel, enz. zetten. Iemand op een paard zetten. Ook als een wederkeerig werkw., zich zetten: zet u, mijn vriend! zich aan de tafel, op den troon, bij het vuur, enz. zetten. Zich boven aan, onder aan zetten. De vogel zet zich op het dak. Figuurl.: zich zelven op den troon zetten, zich, met geweld, de koninklijke waardigheid aanmatigen. Iemand op den troon zetten, hem tot de vorstelijke waardigheid verheffen. Iemand in den zadel zetten, hem in eene veiligere en betere gesteldheid brengen, dan waar in hij zich te voren bevond. Een schip zet zich op den grond, wanneer het den grond raakt, en strandt. Een vloeibaar ligchaam zet zich, wanneer het dikke op den bodem zinkt.

2. Doen staan. Eigenlijk: het glas op de tafel zetten. Den stok in den hoek, de plank tegen den muur zetten. De kaars op den kandelaar, den kandelaar aan het venster zetten. Den voet op iets zetten. Iemand den voet op den nek zetten, figuurl., iemand onderdrukken, hem gewelddadig behandelen. Ik zal geen' voet meer over zijnen drempel zetten, niet meer in zijn huis komen. Iemand eenen stoel zetten. Boomen zetten, planten. Figuurl., verordenen, bestemmen: tijd of dag zetten, stellen. Geld op iemands hoofd zetten. Den prijs — op prijs zetten. Een huis te huur, te koop zetten. Iemand aan land zetten. Voet aan wal zetten. Gelagen zetten. Op gezette (bepaalde) tijden.

3. Aan iets eene zekere bepaalde plaats geven. Eigenlijk: den hoed op het hoofd zetten. Iemand den degen op de borst zetten. Iemand in de gevangenis, of gevangen, zetten; in de dagelijksche verkeering, enkel: iemand zetten. Visschen in eenen vijver zetten. Zijn goed in den lomberd zetten. Iets te pande zetten. Iemand het hoofd regt zetten, figuurl.—Een stuk doek aan het andere zetten, naaijen. Knoopen aan eenen rok zetten. Geld op renten zetten. Iets ter zijde zetten, niet in aanmerking nemen, oul. ook bezijden zetten, voor verachten: en die geleertheit set men besijden. CONST. D. MINNE. Bij de Boekdrukkers is zetten, de gegoten letters uit de hokjes der letterkassen nemen, en dezelve in lettergrepen, woorden, regels en bladzijden zamenzetten, of bij elkander voegen. — Figuurl.: zijn

gansch

gansch vermogen op eene kaart zetten, aan het fpel wagen. *Verwarde zaken uit elkander zetten*, ordelijk voordragen en duidelijk maken. *Iets uit zijn hoofd, uit zijne gedachten zetten;* daaraan niet meer denken.

Eindelijk wordt dit werkw. nog in eenige bijzondere uitdrukkingen gebruikt, om de voortbrenging eener zekere verandering, eenes zekeren toeſtands, aan te duiden: *een land onder water zetten. Water te koken, kruiden te trekken zetten. Eene kip te broeijen zetten. Zich in den ſtap zetten*, beginnen te ſtappen. *Eene ſtad in rep en roer zetten*, verontrusten, aanhitſen. *In verwondering zetten. Een lied op noten zetten. Iemand iets betaald zetten. Van iets de tering zetten*, krijgen. *De doodverw zetten*, doodelijk bleek worden. *Iemand niet mogen zetten*, dulden, lijden. *Op iemand, of iets gezet zijn*, bezigt men, voor: *op iemand, of iets geſteld zijn. Een gezet man* is een dik, ineen gedrongen man; ook een bedaard man; zie *gezet*. Voor *gezet* bezigt men ook *zet*, in: *zetvisch*, of *zette visch*, visch, die niet krimpt. Van hier *zetſel, zetſter, zetter, zetting*. Zamenſtell.: *aanzetten, afzetten, bezetten, bijzetten, doorzetten, inzetten, nazetten, opzetten, toezetten, verzetten, voorzetten, wegzetten*, enz. — *Zetgang, zethaak, zethamer, zetpil, zetſchipper*, enz.

Zetten, hoogd. *ſetzen*, bij Isidor. en Kero *ſezzan*, Ulphil. *ſatjan*, nederf. *ſetten*, angelf. *ſattan*, zweed. *ſätta*, pool. *ſadze*, eng. *to ſet*, ijsl. *ſeta*. Het gr. σαττειν, en het hebr. שׁוֹת, *zetten*, zijn ongetwijfeld daarmede verwant. En, daar in de eigenlijke beteekeniſſen het denkbeeld van laagte zeer merkbaar is; want wie zich zet, wordt daardoor lager, dan als hij ſtaat, zoo is deszelfs overeenkomst met *zitten* zeer duidelijk.

ZETTER, z. n., m., *des zetters*, of *van den zetter;* meerv. *zetters*. Van *zetten*. Eigenlijk, al wie iets zet. Het gebruikelijkſte is het, bij de Boekdrukkers, om dien genen aan te duiden, welke de letters zet, anders *letterzetter*, om hem van den eigenlijken *drukker* te onderſcheiden: *ſomtijds is een zetter ook wel drukker tegelijk*. Ook wordt het gebezigd voor iemand, die den korendrageren de zakken helpt op het hoofd zetten. Zamenſtell.: *koppenzetter, leaenzetter*, enz. In het vrouwelijke is het *zetſter*, zamenſtell.: *kappen-*

zetfter, anders *kuivenzetter*, — *koppenzetfter*, enz. Zie *kap*, *kop* en *kuif*.

ZETTING, z. n., vr., *der*, of *van de zetting*; meerv. *zettingen*. Van *zetten*. De daad van zetten; doch meest gebruikelijk in *de zetting van het brood*, d. i. de bepaling van den prijs van het brood.

ZEUG, *zeuge*, z. n., vr.; *der*, of *van de zeuge*; meerv. *zeugen*. Een zwijn van het vrouwelijke geflacht, en wel dat reeds geworpen heeft, anders *eene zog*, ook *moederzwijn: eene zeug met zes biggen. De gewasfchene feuge tot de wentelinge in het flijk.* BIJ-BELV. Ook wordt *zeug* voor een pisfebed genomen.

Zeug, bij KIL. *feughe*, *foegh*, hoogd. *fau*, eng. *fow*, angelf. *fugu*, holl. ook *zog*, hebr. *chuz*, gr. *ὓς*, *σῦς*, *σικα*, lat. *fus*, *fucula*. WACHTER vindt, zeer te regt, in eenigen dezer woorden veel overeenkomst met ons *zuigen*; te meer, daar *zeug*, *zog* eigenlijk een *zogend*, *zog* gevend varken is. Van hier noemt men een dik fchommelend vrouwsperfoon ook eene *zeug*, of *zog*.

ZEULEN, b. en o. w., gelijkvl. *Ik zeulde*, *heb gezeuld.* Met kracht voortflepen; bedr.: *ik zeulde het pak van de ftraat in het pakhuis.* Onz., met een net, dat door een paard voortgetrokken wordt, visfchen; ontleend van de flepende en langzame beweging van het zeulen. Figuurl.: *dat moet zoo wat heen zeulen*, zoo wat heen fukkelen. Van hier *zeuler*, *zeuling*, *zeulfter*. Zamenftell.: *afzeulen*, *inzeulen*, *nazeulen*, *verzeulen*, *voortzeulen*, *wegzeulen*, enz. Dit woord fchijnt zijne beteekenis aan den klank verfchuldigd te zijn.

ZEUNIJ, z. n., vr., *der*, of *van de zeunij*; meerv. *zeunijen*. Een varkenstrog, bij KIL. *feunie* en *fuenie*; waarfchijnlijk uit den zelfden ftam met *zwijn. Die een varken aan de zeunij voor zijn blazen voerde.* HOOFT.

ZEUR, z. n., vr., *der*, of *van de zeur*; meerv. *zeuren.* Hetzelfde als *leur: denkt niet, dat ik dit voor eene leur en zeur zal geven.* HALMA.

ZEUREN, o. w., gelijkvl. *Ik zeurde*, *heb gezeurd.* Smerten: *dat zeurt hem. 't En zij hem het quaalijk beflaaghen meer dan 't misdrijf gezeurt heeft.* HOOFT. Lastig vallen: *ergens om zeuren.* Met een eentoonig geluid om iets dwingen, zoo als kinderen doen: *zit zoo*

                                  niet

niet te zeven. Van hier zeurig. Dit woord is waarschijnlijk van den klank ontleend.

ZEVEN, een hoofdgetal, 't welk tusschen zes en acht staat. Met, of zonder zelfstandig naamw., blijft het onveranderd: zeven dagen; voor zeven weken. Zeven en zestig jaren oud. De heldre hierkap straalt met zeven flonkerlichten. HOOGVL. Het is nog geen zeven, de klok heeft nog geen zeven uren geslagen. Ik heb hen alle zeven gezien. Echter zegt men ook: het is reeds over zevenen. Zij waren met hun zevenen. De raad van zevenen, eene raadsvergadering van zeven personen. Meermalen wordt het als een zelfst. naamw. van het vrouwelijke geslacht gebruikt: ik speelde de zeven van klaveren. Gij hebt eene derde van de zeven; maar ik heb drie zevens. Van hier zevende, zevenderhande, zevenderlei, zeventien, zeventig, enz. Zamenstell.: zevendraadsch, dat zeven draden heeft, zevenduizendste, zevengesterute, zevengetijde, zevenhoek, zevenhoekig, zevenjarig, zevenmaal, zevenman, zevensnarig, zevental, zevenvoudig, enz.

Zeven, hoogd. sieben, bij ISIDOR. sibhun, KERO sibun, OTTFRID. sibini, sibbu, ULPHIL. sibun, angels. seofon, eng. seven, nederf. seven, zweed. siu, lat. septem, gr. επτα. WACHTERS onwaarschijnlijke afleiding van σεβομαι, ik vereere, dewijl dit getal altoos is in eere gehouden werd, wordt, onder anderen, ook door het aanverwante hebr. שבע, zeven, genoegzaam wederlegd.

ZEVENBOOM, z. n., m., des zevenbooms, of van den zevenboom; meerv. zevenboomen. Eene soort van boom, welke in Italië, Portugal en het Oosten thuis behoort, wiens bladeren eenen sterken reuk, scherpen smaak, en eene afdrijvende kracht hebben.

Zevenboom, ook savelboom, hoogd. säbenbaum, dat. arbor sabina, bij LINN. juniperus sabina, eng. savin, fr. sabine, savinier.

ZEVENDAAGSCH, zie zesdaagsch.

ZEVENDAGIG, zie zesdaagsch.

ZEVENDE, bijv. n., van het telwoord zeven. Op den zevenden dag. Mijn zoon gaat in zijn zevende jaar. Paus Clemens de zevende. Ook met weglating van het zelfst. naamw.: ten zevende. Den zevenden (dag) der volgende maand zal ik bij u zijn. Insgelijks wordt het

Z 4 als

als zelfstandig gebezigd, voor het zevende gedeelte:
hem viel flechts een zevende der erfenis ten deel. In
het meerv. *zevenden: hij moest er drie zevenden van
hebben.* In het kaartfpel, zeven op elkander volgende
kaarten; in het vrouwel. geflacht: *ik heb eene zevende;*
waarvoor men ook eene *zeventiende* zegt.

Zevende, in den STATENBIJBEL ook *zevenfte*, hoogd.
fiebente, reeds bij KERO *fibunto*, OTTFRID. *fibunto*,
angelf. *feofothon.*

ZEVENDERHANDE, zie *allerlei.*

ZEVENDERLEI, zie *allerlei.*

ZEVENDHALF, bijv. n. Zes en een half, zie *zeshalf.*
Van hier het zelfft. n. *zevendhalfje*, zekere zeeuwfche
munt, van zes en een' halven ftuiver.

ZEVENDRAADSCH, zie *zesdraadsch.*

ZEVENDUIZENDSTE, zie *zeshonderdfte.*

ZEVENGESTERNTE, z. n., o., *des zevengefterntes*, of *van het zevengefternte;* zonder meerv. Van *zeven* en *gefternte.* Een gefternte, dat uit zes of zeven
heldere fterren met vele kleineren beftaat, anders de
beer genoemd, — *pleiades, vergiliae*, bij OTTFRID. *fibunftirri.*

ZEVENGETIJDE, z. n., o., *des zevengetijdes*, of
van het zevengetijde; het meerv. is niet in gebruik. Zeker kruid: *het zevengetijde is eene foort van welriekende
klaver.* Zamenftell.: *zevengetijdekruid.*

ZEVENHOEK, zie *zeshoek.*

ZEVENHOEKIG, zie *zeshoekig.*

ZEVENHONDERDSTE, zie *zeshonderdfte.*

ZEVENJARIG, zie *zesjarig.*

ZEVENMAAL, zie *zesmaal.*

ZEVENMAN, z. n., m., *des zevenmans*, of *van den
zevenman;* meerv. *zevenmannen.* Zeven Overheidsperfonen, bij de Romeinen, die het opzigt hadden over de
offeranden en de maaltijden der opperpriesteren: *een
gewijsde der zevenmannen.* Van hier *zevenmanfchap.*

ZEVENOOG, z. n., vr., *der*, of *van de zevenoog;*
meerv. *zevenoogen.* Eene pijnlijke bloedvin. Zie *negenoog.*

ZEVENSTE, zie *zevende.*

ZEVENSTER, zie *zevengefternte.*

ZEVENTAL, zie *zestal.*

ZEVENTIEN, een telwoord, dat tusschen *zestien* en *achttien* staat. Van *zeven* en *tien*. Het wordt op zich zelf gebruikt; of bij zelfstandige naamwoorden gevoegd, met of zonder lidwoord, en blijft onverbogen: *zeven .en tien is zeventien. Zeventien stuivers.* Somwijlen echter wordt het verbogen: *een van ons zeventienen. De zeventienen* waren, weleer, de bewindhebbers van de Oostindische Maatschappij. Van hier *zeventiende*, enz. Zamenstell.: *zeventiendaagsch, zeventienjarig*, enz. Zie *zestien*.

ZEVENTIENDAAGSCH, zie *zestien*.

ZEVENTIENDE, bijv. n., van het telwoord *zeventien*. Zie *zestiende*.

ZEVENTIENDERHANDE, zie *allerlei*.

ZEVENTIENDERLEI, zie *allerlei*.

ZEVENTIENJARIG, als *zesjarig*. Zie dit woord.

ZEVENTIENMAAL, als *zesmaal*. Zie dit woord.

ZEVENTIENMAANDIG, zie *zesjarig*.

ZEVENTIENTAL, zie *zestal*.

ZEVENTIG, een hoofdgetal, beteekenende zeven tien-maal, of tien zevenmaal genomen. *Zeventig weken. Zeventig duizend pond suiker. De zeventig discipelen. De zeventig overzetters;* ook enkel *de zeventigen*. Zoo zegt men ook: *wij waren met ons zeventigen.* Van hier *zeventiger, zeventigste.*

Zeventig, hoogd. *siebzig*, reeds bij ISIDOR. *sibunzo*, KERO *sibunzog*. OTTFRID. drukt *zeven en zeventig* door *einlif stunton sibini*, d. i. elf maal zeven, uit.

ZEVENTIGER, z. n., m., *des zeventigers*, of *van den zeventiger;* meerv. *zeventigers*. Een uit zeventig eenheden bestaand geheel. Een medelid eener vergadering van zeventig personen. Iemand, die zeventig jaren oud is: *hij is een goede zeventiger*, rijkelijk zeventig jaren oud. Een oorlogschip van zeventig stukken geschut: *hij voert het bevel over een' zeventiger.* Ook wijn, die in het jaar 1770 gewassen is. Zamenstell.: *eenenzeventiger, vierenzeventiger*, enz.

ZEVENTIGSTE, zie *zestigste*.

ZEVENVOUDIG, zie *zeven*.

ZICH, wederkeer. voornaamw. des derden persoons, het welk alleen in de verbogene naamvallen voor handen is, en in het enkel- en meervoud, in alle geslachten onveranderd blijft. Het wordt gebruikt, wanneer

neer van den derden perfoon, of zaak, iets gezegd
wordt, hetwelk deze derde perfoon of zaak niet alleen
zelf doet, maar hetwelk ook tot die zelve terug keert.
*Hij heeft het zich zelven te danken. Zij fchrijft alles
zich zelve toe. Zij hebben zich eindelijk tot de bewuste
zaak bepaald.* Dikwerf wordt *zich*, in navolging van de
Duitfchers, doch verkeerd, voor *elkander* gebezigd; b.v.:
zij hebben zich daar ontmoet, voor *elkander. Zij droegen zich de hartelijkfte vriendfchap toe,* in plaats van:
zij droegen elkander enz. OUDAAN heeft eene bijzondere zamenftelling van dit voornaamw. gevormd, in: *zich-
vlijentheid.*

Zich, hoogd. *fich,* bij ULPHIL. *fk, fis,* zweed.
fig.

ZIEDEN, bedr. en onz. w., ongelijkvl. *Ik zood, heb
gezoden.* Dit woord bootst eigenlijk het fisfend geluid
na, 't welk eene in eene inwendige beweging gebragte
vloeiftof van zich geeft: *hij doet de diepte fieden, gelijk eenen pot.* BIJBELV. Inzonderheid, wanneer eene
vloeiftof, door middel van vuur, tot zulk eene met fis-
fing verbondene opwelling gebragt wordt; anders koken. Onzijd.: *het water ziedt. Ich fie eenen fiedenden
pot.* BIJBELV. Bedrijv.: *visch zieden. Gij fult fijn
vleesch in de heilige plaatfe fieden.* BIJBELV. Gemeenlijk echter bezigt men in plaats hiervan, *koken;* behalve in de fpreekwijze *gezoden en gebraden.* Van hier
zieder, zieding. Zamenftell.: *zeepzieden, zeepzieder,
zeepziederij — ziedharing,* enz.

Zieden, hoogd. *fieden,* KERO *fudan,* OTTFRID.
fueden, eng. *to feeth,* zweed. *fjuda.* Het bootst den
fisfenden klank na van iets dat ziedt; van daar *zeew,*
in 't gr. *fisfen,* bruifchen, en ζυθος, *bier,* een gezoden drank.

ZIEK, bijv. n. en biiw., *zieker, ziekst.* Krank, zwak,
en ongefteld: *eene zieke trouw. Hij is zeer ziek. Ziek
te bed liggen. Zich ziek maken. Zij liggen in hetzelfde gasthuis ziek,* zij hebben het zelfde gebrek. Ook
voor begeerig naar, verzot op, in de zamenftell.: *manziek, fpeelziek,* enz. Als z. n., *de zieke. Zieken bezoeken.* Van hier *ziekachtig, ziekelijk, ziekte.* Zamenftell.: *ziekaard, zieke: den ziekaard fpelen.* Z. N.
Den ziekaard maken, voor zich ziek houden, vinden
wij in de kantteek. van den STATENBIJBEL, — *ziekbed,*

zie-

ziekenbezorger, ziekenhuis, een huis, waar zieken bezorgd en opgepast worden — ziekenkamer, een ftil
vertrek, gefchikt voor zieken — ziekentroost, ziekentrooster, — doodziek, maanziek, manziek, minziek,
naamziek, praalziek, roofziek, fchoolziek, fpeekziek,
twistziek, vensterziek, vrouwziek, wagenziek, wervelziek, woelziek, enz.

Ziek, hoogd. fiech, KERO fiuch, OTTFRID. en
WILLER. fiech, ULPHIL. fiuks, angelf. feoc, eng. fick,
zweed. fiuk, gr. οιχχος. Dit woord fchijnt zijnen oorfprong aan den klaagtoon der zieken verfchuldigd te
zijn.

ZIEKAARD, zie ziek.
ZIEKACHTIG, zie ziek.
ZIEKBED, z. n., o., des ziekbeds, of van het ziek-
bed; het meerv. is niet in gebruik. Van ziek en bad.
Eene langdurige ziekte, bedlegering. Aan het ziekbed
gekluisterd. De Heere fal hem onderfteunen op het fieck-
bedde. BIJBELV.
ZIFKE, z. n., zie ziek.
ZIEKELIJK, bijv. n. en bijw., ziekelijker, ziekelijkst.
Van ziek, zie lijk. Met ziekte behebt, aan ziekte fuk-
kelend: hij heeft een ziekelijk geftel. Zij is altoos even
ziekelijk. Van hier ziekelijkheid.
ZIEKEN, o. w., gelijkvl. Ik ziekte, heb geziekt. Van
ziek. Ziek zijn: dat huisgezin heeft dit jaar verfchrikkelijk geziekt, daar zijn vele zieken geweest.
ZIEKENHUIS, zie ziek.
ZIEKENKAMER, zie ziek.
ZIEKENTROOSTER, z. n., m., des ziekentroosters,
of van den ziekentrooster; meerv. ziekentroosters. Van
zieke en trooster.
ZIEKTE, z. n., vr., der, of van de ziekte; meerv.
ziekten. Van ziek. Krankte, ligchamelijke ongefteldheid: zij heeft eene zware ziekte gekregen. In eene ziek-
te vervallen. Van eene ziekte herftellen. Vallende ziek-
te; zie vallen. Zamenftell.: borstziekte, erfziekte,
keelziekte, landziekte, legerziekte, leverziekte, long-
ziekte, maagziekte, miltziekte, minneziekte, flaapziek-
te, venusziekte, enz.
ZIEL, z. n., vr., der, of van de ziel; meerv. zielen.
Verkleinw. zieltje. Eigenlijk, het leven en de levenskracht van een levend ding; eene der eerste en oudste
be-

beteekenisfen: *foo fult gij geven ziele voor ziele*. BIJ-
BELV. *Want fij zijn geftorven, die de ziele des kinde-
kens foch·en.* BIJBELV. *Dat gij het bloet niet en etet,*
want het bloet is de ziele. BIJBELV. In deze beteekenis
is het bij ons verouderd, behalve in eenige fpreekwijzen, welke daarmède overeenkomen, b. v.: *de zielis*
uit hem gevaren. De ziel is er uit. Bezielen en *ontzie-*
len behooren insgelijks hiertoe. — Wijders het vermogen, de kracht, om gewaar te worden en te begeeren:
de zielen der dieren. Bijzonder dit vermogen in den
mensch, als een mèt *hart* het zelfde beteekenend woord:
de mensch heeft eene redelijke ziel. Mijne ziel is be-
droefd, verheugt zich, enz. *Eene edele, eene flechte,*
lage ziel hebben. Dat fmert mij in de ziel. De houding, *waarmede zij dit berigt ontving, openbaarde mij*
hare geheele ziel. Op mijne ziel. Bij mijne ziel! op
mijne eer, op mijn geweten. — Vervolgens, het wezen, dat in ons denkt, verftand en wil heeft, de met
het ligchaam verbonden geest. Eigenlijk, zoo wel in
vereeniging met het ligchaam, als buiten dezelve: *de*
menfchelijke ziel. De ziel is een wezen, dat verftand
en wil heeft. In iemands ziel zweren, d. i. in zijnen
naam, zoo dat zijne ziel den eed te verantwoorden heeft.
De zielen der afgeftorvenen, der regtvaardigen. Aller
zielen dag, een zekere feestdag in de roomfche kerk.
Figuurl., een met eene redelijke ziel begaafd fchepfel,
een mensch: *ende daer werden, op dien dag, tot haer*
toegedaen omtrent drie duizend zielen. BIJBELV. *Eene*
ftad bevat tien duizend zielen, wanneer zij zoo vele levende inwoners heeft. *Geene ziel* (geen mensch) *zal*
door mij daarvan ooit iets te weten komen. Een vrome
ziel. Het is een ligte, loffe ziel.· Een zieltje (een
mensch) *winnen.* — Ook elk levend wezen, mensch,
of dier: *de aarde brenge levendige zielen vóórt, na ha-*
ren aert. BIJBELV. *Er was geene levende ziel in het*
ganfche huis. — Insgelijks dat geen, 't welk eenig ding
leven, regelmatige beweging en werkzaamheid, mededeelt. Men zegt, b. v.: *iemand is de ziel van het werk,*
wanneer deszelfs behandeling voornamelijk van hem afhangt. *De liefde is de ziel van alle christelijke deug-*
den. In eene meer eigenlijke beteekenis verftonden de
oude wijsgeeren door *de ziel der wereld* een geestelijk
vermogen der ftoffe, om zelve hare veranderingen voort

te

te brengen, het welk zij ook de natuur noemden. — In eenen nog ruimeren zin, het voornaamste, wezenlijkſte deel, de noodzakelijkſte eigenſchap eener zake: *billijkheid is de ziel der wetten. Eene bondige kortheid is de ziel der Oden van Anakreon.* — In Vriesland beteekent *een zieltje* een vrouwen onderrok. Zamenſtell.: *zielangst, zielbraken, zieleleer, zielerust, zielrustig*, bij CAMPH.: *een zielrustig leven,* — *zieleſlaap, zielkracht, zielloos; zielſtreelend: zielſtreelende zoetigheid*, OUD. — *zieltogen, zielverkooper, zielverpestend, zielzoeken*, trachten te moorden, *zielzoeker*, moordpriem, hartvanger, enz.

Ziel, hoogd. *ſeele*, ISID. *ſeulo*, KERO, OTTFR., WILLER. *ſela*, ULPHIL. *ſaivala*, angelſ. *ſavel, ſavul*, eng. *ſoul*, zweed. *ſjäl*, ijsl. *ſoal*. Gelijk levenskracht eene der eerſte beteekeniſſen van dit woord is, even als het lat. *anima*, de ziel, en *animal*, een dier, een levend ſchepſel, woorden van gelijke afkomst zijn, zoo is ons *ziel* zekerlijk ook aan het gr. ζαειν, *leven*, verwant; gelijk het ook met het hebr. שאל, *begeeren*, overeenkomst heeft.

ZIELANGST, z. n., m., *van den zielangst;* zonder meerv. Van *ziel* en *angst.* De angst der ziele, of des gemoeds.

ZIELELEER, z. n., vr., *der*, of *van de zieleleer;* het meerv. is niet in gebruik. Van *ziel* en *leer.* De leer van het wezen en de eigenſchappen der menſchelijke ziel; ook een boek, waarin deze leer voorgedragen wordt; anders, met een griekſch kunstwoord, de *pſychologie.*

ZIELERUST, z. n., vr., *der*, of *van de zielerust;* zonder meerv. Van *ziel* en *rust.* De rust der ziel — de afwezendheid van alle verontrustende, of onaangename gewaarwordingen des gemoeds.

ZIELESLAAP, z. n., m., *des zieleſlaaps*, of *van den zieleſlaap;* zonder meerv. Van *ſlaap* en *ziel.* Die toeſtand der ziel, waardoor zij zich, volgens het gevoelen van ſommigen, na hare ſcheiding van het ligchaam, tot de wedervereeniging met hetzelve, in eenen ſtaat van donkere en onduidelijke gewaarwordingen bevindt.

ZIELESMERT, z. n., vr., *der*, of *van de zieleſmert;* zonder meerv. Van *ziel* en *ſmert.* De ſmertelijke aandoening der ziel.

ZIE-

ZIELEVREUGD, z. n., vr., *der*, of *van de ziele-vreugd; zonder meerv. Van ziel* en *vreugd.* De vreugd, of blijde en aangename aandoening der ziel.

ZIELKRACHT, z. n., vr., *der*, of *van de zielkracht;* meerv. *zielkrachten.* Van *ziel* en *kracht.* De kracht der ziel, het vermogen om veranderingen in zich voort te brengen.

ZIELMIS, z. n., vr., *der*, of *van de zielmis;* meerv. *zielmisfen.* Van *ziel* en *mis, misfe.* In de roomſche kerk, eene mis, welke ter verloſſing van eene, of meer zielen uit het vagevuur, gelezen wordt. *Zielmisfen doen.* In een gemeen ſpreekwoord, komt de zamenſtelling *koperzielmis* voor : *kopergeld, koperzielmis,* zulk geld, zulke waar.

ZIELROEREND, bijv. n. en bijw., *zielroerender, zielroerendst.* Van *ziel* en *roerend,* het deelw. van *roeren.* Het geen de ziel roert, treft, aandoenlijk: *hij hield eene zielroerende lijkrede over den afgeſtorvenen.* Ook wordt het, in de gemeenzame verkeering, ſchertfende, voor ſlecht, niet wel zamengeſteld en belagchelijk gebezigd: *zielroerender aanſpraak hoorde ik nimmer.* Van hier *zielroerendheid.*

ZIELRUSTIG, zie *ziel.*

ZIELSTREELEND, zie *ziel.*

ZIELSVERHUIZING, z. n., vr., *der*, of *van de zielsverhuizing;* meerv. *zielsverhuizingen.* Van *zielen verhuizing.* De overgang van eene en dezelfde menſchelijke ziel van het eene in het andere ligchaam; anders, met een gr. kunstwoord aangeduid, *metempſychoſis;* eene door vele oude wijsgeeren voorgeſtane leer.

ZIELTOGEN, onz. w., gelijkvl. *Ik zieltoogde, heb gezieltoogd.* Van *ziel* en *togen, tiegen,* d. i. trekken, halen; derhalve zoo veel als de laatſte ademhaling doen, op ſterven liggen. *Hij lag te zieltogen. Een zieltogend mensch.* Van hier *zieltoging.*

ZIELVERKOOPER, z. n., m., *des zielverkoopers,* of *van den zielverkooper;* meerv. *zielverkoopers.* Van *ziel,* perſoon, mensch, en *verkooper.* Iemand, die matrozen voor de ſchepen aanneemt, dezelven tot hun vertrek onderhoudt, en voor de reis uitrust; terwijl hij zich uit derzelver maandgelden enz. betaalt. De z. woekerzucht, welke daarmede dikwerf gepaard gaat, heeft aanleiding tot deze hatelijke benaming gegeven.

Hij

Hij is in de handen van eenen zielverkooper gevallen.
Op zijn zielverkoopers handelen, spreekw., slecht,
woekerachtig handelen. Anderen nemen zielverkooper
voor eene verbastering van cedelverkooper.

ZIELZOEKER, z. n., m., zie ziel.

ZIELZORGER, z. n., m., des zielzorgers, of van den
zielzorger; meerv. zielzorgers. Van ziel en zorger.
Een geestelijke, voor zoo ver de zorg voor de welvaart
der ziel zijne voornaamste bezigheid is; een priester,
prediker, kerkleeraar; in het middeleeuw. lat. cura-
tus, fr. curé.

ZIEN, o. en bedr. w., onregelm. Ik zag, heb gezien.
Onzijd., met hebben; eene zekere gestalte, een zeker uitzigt
hebben, 't welk door een bijwoord uitgedrukt wordt:
zuur zien, een zuur gelaat aannemen, vertoonen. Scheel
zien, bleek zien, rood zien, enz. Wat ziet die boter
geel! Ook eene zekere rigting hebben: dit venster ziet
op den tuin. — Bedrijv., schoon het hier ook dikwerf
in de gedaante van een onzijd. w. voorkomt; door middel van het oog gewaar worden. Eigenlijk: ik kan niet
zien. De nevel verhinderde mij te zien. Mijne oogen
zien niet ver. Ik kan uit mijne oogen niet zien. Hij
is het, wanneer ik wel zie. Nu ziet gij uit andere oogen, fig. nu hebt gij een veel beter voorkomen. Door
een glas, door een bril zien. Uit zijne eigene oogen
zien, naar zijn eigen oordeel te werk gaan. Nederwaarts, opwaarts zien. — In eenen meer bedrijvenden zin:
ik zie niets. Dit's 't laatst, dat ik u zie. HOOFT.
Vier oogen zien meer, dan twee. Ik zie het met mijne
oogen, voor mijne oogen, eene nadrukkelijke manier van
spreken. Iets door de vingeren zien, fig., eene zaak
ongemerkt laten voorbijgaan. Er is hier iets te zien.
Zij komen, om te zien, en om gezien te worden. Ik
wil hem wel eens zien, die hier in iets berispenswaardig
vindt, d. i., niemand zal voorzeker daarin iets te be-
rispen vinden. Zijne vreugde, zijn genoegen, zijn
verdriet, aan iets zien, het met vreugde, genoegen,
verdriet aanzien. — Insgelijks met allerlei voorzetselen. Op iets zien, de oogen daar op rigten; fig., het
van belang en waarde rekenen, het in aanmerking nemen: zie niet op de waarde van het geschenk, maar op
mijn hart. Ik zie niet op dat weinigje geld, dat ik
daarmede zoude winnen, maar op het regt, waarmede
ik

ik die penningen vorderen kan. *Iemand op de vingeren zien*, zijne handelingen naauwkeurig gadeslaan. *Iemand in het gezigt zien. Men kan niet alle menschen in het hart zien. Iemand in de kaart zien*, fig., deszelfs geheime zaken opsporen. *Iemand onder de oogen zien*, fig., hem moedig tegentreden, hem te keer gaan. *Iemand naar de oogen zien*, op zijne wenken letten, hem in alles gehoorzamen. *Naar iets zien; naar den hemel zien*; ook fig., zien, of het geen schade lijde, of het wel verzorgd worde: *naar het eten, naar eenen zieken zien. Zij begint reeds naar hare hielen te zien, of om te zien*, fig., zij begint zich reeds beminnelijk voor te doen. *Iemand, of iets, over het hoofd zien*, fig., overslaan, geen acht daarop geven. *Laten zien* beteekent toonen, ten toon stellen, en *zich laten zien* te voorschijn komen, verschijnen: *iets voor geld laten zien. Iemand zijne schatten laten zien. Laat eens zien. Hij zeide, dat zijne vrouw zich na haren dood had laten zien*, verschenen was. *Zich den ganschen dag niet laten zien*, niet onder de menschen komen. *Hij durft zich niet laten zien*, zich niet vertoonen; fig.: *als dat gebeurt, zal ik mij laten zien*, mij daar tegen verzetten, mijn regt laten gelden. De gebiedende wijs *zie* wordt dikwerf gebezigd, zoo om zijne eigene verwondering uit te drukken, als die van anderen op te wekken: *ik stond, en wachtte, en zie daar! hij kwam niet. Zie eens, hoe slecht gij daarin gehandeld hebt.* Het deelw. *ziende* komt als bijw., en als bijv. naamw. voor: *weder ziende worden*, het gezigt weder bekomen. *De blinden ziende maken.* BIJBELV.

Wanneer *zien* een werkw. zonder *dat* bij zich heeft, dan staat dit werkw. zonder *te* in de onbepaalde wijs; eene woordvoeging, welke ook bij de werkwoorden *durven, heeten, helpen, hooren, laten, kunnen, leeren, moeten*, enz. plaats vindt. *Ik zag hem komen. Een' man van kennis en smaak ziet men wel lagchen, maar men hoort hem zelden lagchen. Wij zagen haar lijden, weenen, de handen wringen.* En in de zamengestelde tijden verliest *zien* dan ook het voorvoegsel *ge: men heeft mij zien ronddwalen;* niet *gezien. Wij hebben hen eindelijk nog zien bedelen.* Intusschen kan hier groote dubbelzinnigheid ontstaan, wanneer, namelijk, het andere werkw. zoo wel in eenen bedrijvenden, als

Ij-

lijdenden zin kan genomen worden; welke dubbelzinnigheid men liever, door eene omſchrijving, moet trachten te vermijden; b. v.: *ik zag hem ſlaan, ik heb hem
zien doopen*, liever, wanneer men de lijdende beteekenis bedoelt: *ik zag, dat hij geſlagen — ik heb gezien, dat hij gedoopt werd.*

Figuurl., van verſcheidene werkingen der ziel, welke door het gezigt veroorzaakt worden, en daarmede
verbonden zijn. Onmiddelbaar gewaar worden, door
de zinnen ervaren; doch het naast van de gewaarwording door het zintuig des gezigts. *Men moet zien en
niet zien. Ik zie wel, dat hij mij wil bedriegen. Zij
moesten nog zien, dat men hen verachtte. Het gevaar
voor oogen zien. Gij ziet, de koop is geſloten. Ik wil
het einde der zaak zien. Hoe hartelijk wensch ik, u gelukkig te zien! Iets gaarne zien*, vermaak en genoegen
daarin vinden. *Men ziet u niet gaarne hier;* van hier:
*ergens zeer, weinig, niet gezien zijn. Ik wil toch
zien, hoe die zaak zal afloopen. Wie roemrijk handelt, omdat hij niemand in verdienſte boven zich verheven wil zien, die handelt uit de ſlechtſte neiging, uit
nijd,* goed. GELLERT. — Vervolgens, beſluiten,
oordeelen: *hieruit zie ik, dat* enz. *Hij kan geen
kwaad in zijne kinderen zien. Ik zie het aan uwe oogen. Men ziet het aan zijne kleeding, dat hij weinig
ſmaak heeft. Ik zie maar al te wel, wat dit te beduiden heeft.* Zoo ook beproeven, eene proef nemen: *wij
zullen zien, dat wij hem daartoe bewegen. Om te ſien,
of ick mijn gaeijing hier oock vinden ſou.* BREDER.
*Zie, dat gij hem hier brengt. Ik wil zien, of ik nog
eenige dagen uitſtel kan krijgen.* Wijders, vlijt, moeite, zorg aanwenden: *wij moeten zien, dat wij geld
krijgen. Hij mag zien, hoe hij teregt kome*, hij mag
daar voor zorgen. Inzonderheid; met het voorzetſel
op: op iets zien, zorg dragen, het te bekomen, of te
behouden. *Op zijn eigen voordeel alleen zien. Wij
moeten toch ook een weinig op het uiterlijke zien. Bij
eene goede opvoeding moet voornamelijk daarop gezien
worden, dat jonge lieden met ſmaak en gevoel leeren lezen.* Van hier ziener, *zigt, gezigt, gezien,* ook
voor geacht, *zienlijk* enz. Zamenſtell.: *aanzien, af-
zien, bezien, doorzien, inzien, nazien, opzien, overzien, uitzien, verzien,* enz.

Aa   Zien,

Zien, hoogd. *fchen*, bij Isid., Kero *fchan*, Ulphil. *faighan*, eng. *to fee*, angelf. *feon*, zweed. *fe*,
ijsl. *fia*, in fommige gr. tongvallen σεαειν, Θεαειν,
hebr. רἶשׁ. De onzijdige beteekenis, uitzien, een
zeker voorkomen hebben, is ongetwijfeld de oudfte;
en daar dit een werking des lichts is, zoo blijkt daaruit deszelfs verwantfchap met *fchijn*.

ZIENER, z. n., m., *des zieners*, of *van den ziener;*
meerv. *zieners*. Van *zien*. Iemand, die ziet. Ook
een profeet, iemand, die toekomende dingen, voor-
ziet, en voorzegt, in de Bijbelv.: *fiet, dat is befchreven in de woorden des fienders*.

ZIENLIJK, bijv. n. en bijw., *zienlijker*, *zienlijkst*.
Van *zien*. Dat gezien kan worden, zigtbaar: *de zienlijke fchepfelen*. Halma.

ZIER, z. n., vr., *der*, of *van de zier;* het meerv. is
buiten gebruik. Verkleinw. *ziertje*. Eigenlijk, het
kleinfte infekt:

Al is er maer een enge fcheur,
Al kruipt er maer een fiertje deur. J. Cats.
Wijders, eene kleinigheid, genoegzaam niets: *niet eene
zier*, niet met al. *Hij gaf mij niet eene zier*. Het
verkleinw. *ziertje* wordt voor de geringfte kleinigheid,
voor een ftofje, genomen: *er is mij een ziertje in het
oog gewaaid*.

ZIFT, *zeef*, z. n., vr., *der*, of *van de zift;* meerv.
ziften. Een bekend, van paardenhaar gevlochten, of
van trommelvel vervaardigd werktuig, met gaten voorzien, om drooge, fijne dingen, door fchudden, van
grovere aftezonderen, of ook de fappen van natte waren daar door te laten zijgen: *eene haren zift. Iets door
eene zift laten loopen.* Zamenftell.: *ziftbeen, zeefbeen,*
boven in den neus, een been, dat zoo gatig als eene
zift is, lat. *os cribriforme.*

Zift, zeef, hoogd. *fieb,* Ottfrid. *fib,* nederf. *feve*, angelf. *fijfe,* eng. *fieve.* Het is zijnen oorfprong
verfchuldigd aan de beweging, welke met het ziften gepaard gaat, en is verwant aan het gr. σευειν, σειειν,
fchudden, en aan ons *zaaijen*.

ZIFTBEEN, *zeefbeen*, zie *zift*.

ZIFTEN, bedr. w., gelijkvl. *Ik ziftte, heb gezift.*
Door eene zeef fchudden, met oogmerk, om het fijne
van het grove aftezonderen ▬ met de zift zuiveren:
meel,

meel, koren *ziften*. Erwten *ziften*. Rijst, gierst *zif-*
ten. De ſatan heeft ulieden zeer begeert, om te ſiften
als de tarwe. BIJBELV. Figuurlijk: eene reden, iemands woorden, naauw *ziften*, alles naauw uitpluizen.
Wat is hij weer aan 't *ziften!* Van hier *zifter*, *zifting*,
ziftſel, het gruis, dat uitgezift wordt — *ziftſter*. Zamenſtell.: *bijziften*, *doorzijten*, *uitziften*, *wegziften*,
enz.

Ziften, hoogd. *ſieben*, nederſ. *ſeven*, angelſ. *ſijf-*
tan, eng. *to ſift*, gr. σνθειν.

ZIFTER, z. n., m., des *zifters*, of *van den zifter*;
meerv. *zifters*. Van *ziften*. Iemand, die zift. Van
hier *zifting*. Zamenſtell.: *korenzifter*, *muggenzifter*,
woordenzifter, *woordenzifterij*, enz.

ZIFTSEL, zie *ziften*.

ZIGT, z. n., o., des *zigts*, of *van het zigt*; meerv.
zigten. De daad van zien. Men gebruikt het op zich
zelve nog in den wiſſelſtijl, om aan te duiden, dat de
wiſſel door den genen, op wien dezelve getrokken is,
betaald moet worden, zoo dra deze dien ziet, of op
het eerſte gezigt: *op zigt betalen*. Of zoo veel later,
als daar bij bepaald wordt: *acht dagen na zigt te beta-*
len enz. Het meerv. heeft alleen in ſommige zamen-
ſtellingen plaats. Van hier *gezigt*. Zamenſtell.: *zigt-*
einde, *zigteinder*, *zigteinderlijk*, *zigtkunde*, —
aanzigt, *doorzigt*, *doorzigtkunde*, *dorpzigt*, *inzigt*,
kerkzigt, *landzigt*, *opzigt*, *toezigt*, *torenzigt*, *uitzigt*,
enz. Van *zien*.

ZIGTBAAR, bijv. n. en bijw., *zigtbaarder*, *zigtbaarst*.
Wat gezien, door het gezigt waargenomen kan worden; het tegengeſtelde van *onzigtbaar*. *Zigtbaar zijn*,
worden. Eene *zigtbare zonsverduistering* De zigtbaar toenemende verarming van alle klasſen van menſchen. De *zigtbare kerk*, in de godgeleerdheid, of
de, door eenen voor anderen merkbaren gemeenſchap-
lijken godsdienst met elkander verbondene geloovigen;
in onderſcheiding van *de onzigtbare kerk*, of de verbindtenis van alle enkele met Christus vereenigde perſonen, wier vereeniging niet onmiddelbaar in het oog
valt. *Zigtbaar* wordt ook in den zin van *toonbaar* genomen: *zij was niet zigtbaar*, zij was zoo geſteld, dat
men haar niet mogt zien, of beſchouwen. Van hier
zigtbaarheid, *zigtbaarlijk*.

Aa 2

ZIGT-

ZIGTEINDER, z. n., m., *des zigteinders*, of *van den zigteinder*; meerv. *zigteinders*. Van *zigt* en *einder*, van *einde*; anders *gezigteinder*. Het einde van de oppervlakte der aarde, naar 't welk men heen ziet, wanneer men een vrij en onbelemmerd uitzigt heeft; de horizont, wereldkim. Zie *horizon*. Van hier *zigteinderlijk*, met een basterdw. *horizontaal*.

ZIGTKUNDE, z. n., vr., *der*, of *van de zigtkunde*; het meerv. is niet in gebruik. Van *zigt*, *gezigt*, en *kunde*. Anders *gezigtkunde*, lat. *optica*. Een gedeelte der oefenende wiskunst, welke in de wetenschap der lichtstralen bestaat. Van hier *zigtkundig*, tot de zigtkunde behoorende, op dezelve gegrond. In eene uitgestrektere beteekenis is *zigtkundig* zoo als eene zaak gezien wordt, zoo als zij als aan het oog voorkomt, in tegenoverstelling van de wijze, waarop zij eigenlijk bestaat. Zoo zijn de uitdrukkingen *de zon gaat op*, *gaat onder*, zigtkundige uitdrukkingen en voorstellingen, dewijl de zon *schijnt* op, — en onder te gaan, schoon zij in het middelpunt hares stelsels onbewegelijk is.

ZIGTKUNDIG, zie *zigtkunde*.

ZIGTMAARTKRUID, z. n., o., *des zigtmaartskruids*, of *van het zigtmaartskruid*; het meerv. is niet in gebruik. Hoogd. *siegmannskraut*, *siegmarkraut*, KIL. *sigmaerskruid*. Eene soort van plant, welke bij LINN. den naam van *allium victorial.* draagt, omdat zij, naar het gemeene bijgeloof, onkwetsbaar maken, en de zege, in den strijd, aanbrengen zou. Onze benaming *zigtmaartkruid* is waarschijnlijk eene verbastering van het hoogd. *siegmarskraut*, van het verouderde *siegmann*, *siegmar*, een overwinnaar.

ZIJ, persoonlijk voornaamw. van het *vrouwelijke* geslacht; meerv. *zij*. *Zij is gisteren hier geweest*. *Zij zijn onlangs gestorven*. *Zij*, als meerv., is betrekkelijk tot alle geslachten. Zie de verbuiging, INLEID. bl. 113. *Zij* tegen *hij* overgesteld, beteekent zoo veel als het wijfje onder de dieren, inzonderheid onder de vogelen: *het is geen hij*, *maar eene zij*, geen mannetje, maar een wijfje. Bij KIL. *zijde*. Zie *hij*.

ZIJ, zie *zijde*.

ZIJD, *wijd en zijd*, zie *wijd*.

ZIJD, dus heet de streek onzer hollandsche kust, langs

de.

de noordzee: Van hier *zijdsch : hij spreekt zijdsch.*
Zijdsche boomen, voor *bodemen*, gemeenlijk bij verbastering *bommen* , *zijdsche bommen* , genaamd, zijnde
eene foort van platboomde hoekers.

ZIJDE, *zij*, z. n., vr., *der*, of *van de zijde; meerv.
zijden.* Verkleinw. *zijdje*, zij-tje. Die vlakte van
eenig ding, welke zich naast de achterfte en voorfte
vlakte bevindt. — Eigenlijk, is aan het menfchelijke
ligchaam *de zijde* de vlakte, of de vlakke kant, van de
armen tot de heupen: *pijn in de zijde hebben. Aan
de regter zijde, aan de linker zijde. Aan iemands zijde gaan, zitten. Zich op de zijde leggen. Ik flaap
altoos op mijne regter zijde. Zij zet hare handen in
hare zij. Den vijand op de zijde aangrijpen,* in tegenoverftelling van in den rug, of van voren. *Hij
deed het geweer op zijde,* of *op zij. Eene zijde,* of
*zij, fpek. De zijde van een gebouw. Een fchip op
zijde,* of *zij, halen,* om het te kalefaten. *Iemand op
zijde komen. Van ter zijde,* d. i. *zijdelings: hij gaf
hem een' flag van ter zijde. Aan de andere zijde van
het graf. Aan de andere zijde van de firaat. Op deze
zijde van de gracht. Ik had mijne tasch niet op zij.*
Van hier de figuurlijke, van de zijde des menfchelij-
ken ligchaams ontleende, fpreekwijzen: *aan eene zijde
gaan,* zich verwijderen. *Scherts ter zijde,* wij willen
ophouden te fchertfen, of ons onthouden van fchertfen. *Zijne droefheid ter zijde zetten,* ophouden be-
droefd te zijn. *Iemand ter zijde nemen,* een weinig
van het gezelfchap afleiden, om afzonderlijk met hem
te fpreken. *Ter zijde,* op het tooneel, d. i. ftil, in
zich zelf. *Aan iemands groene zijde zitten.* Zie
groen. Dat is zijne zwakke zijde, daar is hij het zwak-
fte. *Gij weet, dat dit mijne gevoeligfte zijde is,* dat
ik hieromtrent het gevoeligfte ben. *Iemands zijde niet
verlaten,* zich niet van hem verwijderen, bij hem blijven.

Figuurlijk, eene partij, met elkander verbondene perfonen , in tegenoverftelling van eene tegenzijde, gemeenlijk zonder meerv.; eene van den krijg ontleende
figuur, daar die genen, welke het met den Overfte houden, hem ter zijde ftaan. *Op iemands zijde zijn,* tot
zijne partij behooren, het met hem houden, van gelijke
meening en gezindheid met hem zijn. *Iemand op zijne*

zijde hebben. In eene ruimere beteekenis, ook zonder opzigt op *iets*, 't welk daar tegen over ftaat: *van vaders zijde, van moeders zijde. Van zijne zijde* (van hem) *is alles te vreezen Ik wil van mijne zijde* (wat mij betreft) *alles doen, wat ik kan. Aan de eene zijde waren even zoo vele getuigen, als aan de andere.*

Wijders, iedere vlakte van eenig ding, behalve de bovenfte en onderfte: *de zijde eenes bergs. De zijde van een huis, eenen toren* enz. *De voorfte zijde, de achterfte zijde.* Wanneer een ding flechts twee hoofdvlakten heeft, d. i. zich alleen in de lengte en breedte uitftrekt, zonder aanmerkelijke dikte, dan worden ook deze hoofdvlakten *zijden* genoemd: *de regte en verkeerde,* of *averegtfche zijde van linnen, laken* enz. *De zijde van een blad papier. De zijde van een boek,* of *bladzijde.* Figuurlijk, de oord, de ruimte buiten ons, zigteinderlijk, of horizontaal befchouwd: *de oostelijke zijde des hemels. Aan alle zijden pakken onweerswolken zamen.* Vervolgens, de wijs, waarop eene zaak zich door hare uitwerkfelen aan ons voordoet: *zich van eene goede zijde vertoonen. Zou dit hart wel eene flechte zijde hebben?* De wijs, waarop men eenig ding befchouwt: *planten en dieren, welke aan de eene zijde fchadelijk zijn, zijn aan de andere zijde zeer heilzaam.* Van hier *zijdelings,* büw., van ter zijde, *zijdelingsch,* bijv. n., van de zijdlinie. Zamenftell.: *achterzijde, binnenzijde, bladzijde, bovenzijde, overzijde,* enz. *Zijbalk, zijdeblad, zijblad, zijdepijn, zijdeur, zijdewee, zijdgeweer, zijdlinie, zijgang, zijkamer, zijmuur, zijpad, zijraam, zijftuk, zijvenfter, zijweg, zijwind,* enz. SPIEGEL heeft *zijdeloos* (*fije — fijdeloos*) voor onpartijdig.

Zijde, zij, hoogd. *feite,* TATIAN. *fitu,* NOTK. *fitu,* angelf. en eng. *fide,* zweed. *fida,* nederf. *fied, fiede,* frankth. *fita.*

ZIJDE, *zij,* z. n., vr., der, of *van de zijde;* het meerv. is niet in gebruik. Het gewrocht, het fpinfel van de zijwormen: *roode zijde. Fijne zijde. Een ftreng zijde. Gefponnen, geweven, gewerkte zijde. Geene zijde bij iets fpinnen,* fig., geen nut, geen voordeel daarvan hebben. *Met zijde naaijen. Zich in zijde kleeden,* zijden kleederen dragen. Van hier *zijden,* opverbuigb. bijv. n., van zijde gemaakt: *zijden kou-*

kousen. Zamenstell.: *floretzijde , naaizij , stikzij , tee-*
kenzij ; enz. — *Zijdefabrijk , zijdetwijnder , zijde-*
twijnderij , zijdeverwer , zijdeverwerij , zijdewever ,
zijdeweverij , zijdewinkel , zijdeworm , zijworm.

Zijde , zij , hoogd. *seide ,* bij STRIJK. *seide ,* middeleeuw. lat. *seta ,* ital. *seta , seda ,* fr. *soie.* Daar
de zijde een uitlandsch voortbrengsel is, zoo is derzelver naam het vermoedelijk ook. Het is verwant aan
satijn , fr. *satin.* Het eng. *silk ,* zweed. *silke ,* angelf.
seole , schijnen, door wisseling van *r* met *l ,* uit het
lat. en gr. *sericum* gevormd te zijn.

ZIJDELINGS , bijw., van *zijde ,* zie *ling.* Van ter
zijde: *ik heb er niet regtstreeks , maar zijdelings iets*
van gehoord.

ZIJDELINGSCH , bijv. n., zonder trappen van vergrooting. Van *zijde ,* zie *ling.* Dat van ter zijde is:
het was eene zijdelingsche beschuldiging. Van de zijdlinie: *zijdelingsche erfgenamen.*

ZIJDEN , onverb. bijv. n., zie *zijde.*

ZIJDETWIJNDER , zie *zijde.*

ZIJDEUR , z. n., vr., *der ,* of *van de zijdeur ;* meerv.
zijdeuren. Verkleinw. *zijdeurtje.* Van *zij , zijde ,*
en *deur.* Eene deur aan de zijde van een gebouw:
hij kwam de zijdeur in.

ZIJDEWEE , z. n., o., *van het zijdewee ;* het meerv.
is niet in gebruik. Van *zijde* en *wee.* Wee, of smert
in de zijde; steking in de zijde; anders *pleuris. Hij*
is een martelaar van het zijdewee.

ZIJDGEWEER , z. n., o., *des zijdgeweers ,* of *van*
het zijdgeweer ; meerv. *zijdgeweren.* Van *zijde* en ge-
weer. Een geweer, 't welk men aan de zijde draagt ,
gelijk een degen, sabel, enz. is, ter onderscheiding
van een schietgeweer, bajonet, enz. *Hij trok zijn zijd-*
geweer.

ZIJGEN , bedr. en onz. w., ongelijkvl. *Ik zeeg , heb*
en *ben gezegen.* Bedr., eene vloeistof, of een vloeibaar ligchaam, door een ander vast , doch ondigt ligchaam laten loopen, opdat de dikkere stof daar in over-
blijve; het welk in de scheikunde, *filtreren* genoemd
wordt: *een kooksel van kruiden , door een' doek , zij-*
gen. Onzijd., met *zijn ;* nederzinken, in onmagt geraken: *het schot trof hem in de borst , en eensklaps zeeg*
hij op den grond. Zij zeeg in mijne armen. Te kort

schie-

fchieten, deinzen: *als de vijant zich aan 't zijgen zag.*
HOOFT. Van hier *zijging.* Zamenſtell.: *doorzijgen,
nederzijgen, wegzijgen* enz.

Zijgen, hoogd. *feihen,* angelſ. *figan* en *feon,* nederſ. *fijen.*

ZIJKAMER, z. n., vr., der, of *van de zijkamer;*
meerv. *zijkamers.* Verkleinw. *zijkamertje.* Van *zij,
zijde,* en *kamer.* Eene kamer aan de zijde van een
huis: *zij zat in de zijkamer.*

ZIJL, z. n., vr., der, of *van de zijl;* meerv. *zijlen.*
Verkleinw. *zijltje.* Een water; eene waterlozing: *de
zijl, te Leide.* In Gouda een water, dat achter en
onder ſommige huizen loopt: *hij was in de zijl gevallen. Verſmoort in 't water, heet de zile.* M. STOK.
Zamenſtell.: *zijlpoort* (te Leide), *zijlregt, zijlreg-
ters* (te Groningen) — *Blokzijl, Delfzijl,* enz.

Zijl, zijle, bij KIL. *fijle, fille.* Waarſchijnlijk zamengetrokken van *zijgele,* van *zijgen,* als iets, waardoor het water zijgt en afloopt.

ZIJLINGS, zie *zijdelings.*

ZIJN, *zijne,* bezittelijk voornaamw. des derden per-
foons van het mannel. en onzijd. geflacht; dat des
vrouwelijken geflachts is *haar;* want deze voornaamwoorden beteekenen zoo wel het geflacht des bezitters,
als dat der bezitting. Zie INLEID., bl. 117. Het vergezelt, als bijvoegelijk naamw., de zelfſtandige naamwoorden, waarmede het in verband ſtaat: *ieder land
heeft zijne gewoonten. Ik zoek niet mijn maar zijn geluk. Uw raad doet zijne werking.* Eene dikwerf voorkomende feil is de overtollige plaatſing van dit voornaamwoord, in: *mijns broeders zijne vrouw,* voor *mijns
broeders vrouw;* of: *het was mijn broeder zijn goed,*
voor *het was mijns broeders goed.* — Om de bezitting
met nadruk en uitſluitenderwijze aan te toonen, voegt
men bij dit, gelijk ook bij de overige bezittelijke voornaamwoorden, het woordje *eigen: zijn eigen huis.* —
Ook wordt het met de woorden *halve, weg,* en *wil,*
als achtervoegſels, vereenigd, en ontvangt eene *t: zij-
nenthalve, zijnentwege, zijnentwil, om zijnentwil.* —
Dikwerf moet in de plaats van *zijn, deszelfs* geſteld
worden, inzonderheid, wanneer *zijn* dubbelzinnigheid
zou veroorzaken, b. v.: *Hendrik was miſnoegd, omdat Jakob zijn paard verkocht had;* waar het *deszelfs*

moet

moet wezen, dewijl het op *Hendrik* moet flaan. *De landheer ging met den predikant van het dorp naar zijne woning*, waar *zijne* goed is, wanneer de woning van den landheer bedoeld wordt, doch voor *deszelfs* verwisfeld moet worden, wanneer het op die des predikants flaat.

Ook wordt het als een bijw. gebezigd: *de akker is zijn*. *Hij deed in eens een goed bod, en het huis was zijn*. *Zijn was het paard, zoo dra het te koop was*. Van hier *de zijne*, *het zijne*, met het bepaalde lidwoord, en zonder zelfstandig naamw.; fchoon wel daar op betrekking hebbende: *geef hem het zijne*. *Dat zijn niet onze zaken, maar de zijne*. *Hij heeft het zijne gedaan*. *De zijnen*, perfonen, welke aan iemand verwant zijn, of tot denzelven in zekere verbindtenis flaan: *bij heeft er met de zijnen over gefproken*.

Zijn, hoogd. *fein*, bij ULPHIL. *fiens*, ISID. *fin*, nederf. *fien*, zweed. *fin*, *fitt*, lat. *fuus*, gr. σος, ση, σον.

ZIJN, onz. w., onregelm. *Ik was, ben geweest*. Het is uit verfcheidene werkwoorden zamengefteld; gelijk blijkt uit: *ik ben, ik was, wij waren, dat ik zij, ik ben geweest, zal zijn, zoude zijn, zoude geweest zijn*, enz. Het wordt tweeledig gebruikt.

1. Als een op zich zelf beftaand werkwoord, terwijl het de eenvoudigfte betrekking uitdrukt welke tusfchen het onderwerp en voorwerp eener rede kan plaats hebben. Het wordt met bijwoorden en bijvoegelijke naamwoorden gebezigd, die als bijwoorden voorkomen. *Ik ben gezond*. *Gij zijt groot*. *Zij is treurig*. *Wij waren regt vrolijk*. *Wees daarmede tevreden*. *Hij was zeer vermogend*. *Hij was arm en is nu rijk*. *Ik ben van mijne zaak zeker*. *Dat zal ons aangenaam wezen*. *Iemand vijandig zijn*. *Hij is weg*. *Ik was zeer boos op hem*. — Met zelfftandige naamwoorden: *Salomo was een koning*. *Uw broeder is een eerlijk man*. *Ik ben zijn vriend niet*. *Dat is eene ellendige verontfchuldiging*. *Ik ben uw dienaar*. *Dat is geheel iets anders*. Hier wordt *zijn* ook onperfoonlijk gebruikt, zoo dat het woordje *het* de plaats des onderwerps eener rede inneemt: *het is van daag goed weder*, of *weêr*. *Het is hoog tijd*. *Het is reeds dag*. *Het was al te laat*. *Het is de waarheid*.

In vele *gevallen* wordt het voorwerp der rede, *in* plaats van *in* den eersten, in den tweeden naamval gesteld, of door *van* aangeduid: *goeds moeds zijn — hij was altoos goeds moeds. Hij is des duivels*, in de gemeenzame verkeering, voor: *hij is als de duivel. Ik ben voornemens. Hij was willens. Zij is van hooger afkomst, dan hij. Ik was van uwe meening*, enz. — Met voorzetsels: *op het veld, in de stad zijn. Het is aan mij, de beurt is aan mij. Zoo veel in mij is, zoo* ver mijne krachten reiken. *Er is niets van die zaak*, zij is niet waar. *Hij is er slecht aan*, bevindt zich in slechte omstandigheden. *Uit de mode zijn. In gebruik zijn. Alles is tegen hem*, verzet zich tegen hem. *Op zijne hoede zijn. Wat is er van uwen dienst? Zonder vrienden zijn*, geene vrienden hebben. *Nooit zonder geld zijn. Dat is van mij*, behoort aan mij, is van mij afkomstig, enz. — Met werkwoorden; en wel met de enkele onbepaalde wijze: *het is hier goed wonen.* Doch meest met té: *er is wel naar te wachten, maar niet naar te rasten. Wat is nu te doen? Hier is niets te hopen. Aan die zaak is niets te verdienen. Met den dood is niet te spotten. Met zulke menschen is geen medelijden te hebben*, enz. — Met het verleden deelwoord: *dat zij den tijd bevolen. Het is God geklaagd. Laat u dit gezegd zijn.*

Figuurlijk, tegenwoordig zijn, zijne werking aan eene plaats openbaren: *hij is hier, hij is daar; zij waren onder, boven*, enz. *Zij zijn nog in de kerk. Ik was in de stad. Gij waart ook daar bij. Waar zijt gij geweest? Morgen zal ik bij u zijn. Waar ook mijn geest na den dood moog wezen.* In zeer vele gevallen wordt het ook van de gewaarwordingen en den toestand des gemoeds gebruikt, en wel onpersoonlijk, of ten minste in den derden persoon; en vereischt den derden naamval des persoons: *het is mij leed. Het is mij lief.* Voor schijnen: *het is mij, alsof ik iets zie. Dat huis is mij eene gevangenis.* Toebehooren: *wien is dat geld? Hem was het koningrijk.* Ook met *voor: dat is niet voor mij*, enz. — Gesteld, geschapen zijn: *hoe zijn zijne omstandigheden? Men weet, hoe kinderen zijn. Nu ziet men, wie gij zijt.* Ook met bijvoeging van *met: gelijk het met den eenen is, zoo is het ook met den anderen*, enz. — Om den tijd te bepalen, wanneer

eene

eene zaak gefchied is: *het was in den zomer , toen ik hem zag. Het zijn nu reeds tien jaren, dat ik hem niet gezien heb.* — Gefchieden , plaats hebben: *wanneer het zijn moet, dan zij het. Dat kan niet zijn. Het kan zijn, dat ik haar nimmer wederzie. Het zij zoo.* — Werkelijk beftaan, voorhanden zijn: *er is een God. God is van eeuwigheid geweest. Ik denk, derhalve ben ik. Was er ooit een wensch, dien mijn oog verried, en dien gij niet vervuldet ? Gij zult mij, wanneer ik niet meer zijn zal, nog liefhebben en zegenen. Onze vriend is niet meer*, is dood.

2. Als een hulpwoord, waardoor de verledene tijden van fommige werkwoorden gevormd worden. Zie *Inleiding*, bl. 142 en verv. — Zamenftell.: *afzijn, bijzijn, omzijn, voorzijn*, enz.

Zijn, wezen, hoogd. *feyn* , is het onregelmatigfte werkwoord, 't welk wij hebben, maakt zijne ontbrekende tijden gedeeltelijk met zich zelf, gedeeltelijk met *zullen*, en is eigenlijk uit werkwoorden zamengefteld; als: *ik ben*, van het oude *bennen*; — *ik was*, van *wezen*; wij *waren*, van *weren*, duren; *gij zijt* van *zijn*.

ZIJP, z. n., vr., *der*, of *van de zijp*; zonder meerv. Zekere landftreek in Noordholland, zijnde een uitgemalen meer, ten noorden van de ftad Alkmaar: *tot aan de zijpe.* HOOFT. Ook een vaarwater bij Oost-duveland, waarvan bij M. STOK.: *ter zijpe.* Zie het volgende *zijpelen.*

ZIJPAD, z. n., onz., *des zijpads*, of *van het zijpad*; meerv. *zijpaden.* Verkleinw. *zijpadje.* Van *zij, zijde*, en *pad.* Anders *zijweg.* Een pad, 't welk ter zijde af ligt: *het zijpad is veel nader.* Figuurl., afwijking van de deugd: *men ziet, op de baan des levens, den regten weg veelal voorbij en ftaat het een of ander zijpad in.*

ZIJPELEN, *zijpen, zijpern*, onz. w., gelijkvl. *Ik zijpelde , heb gezijpeld.* Langzaam afdruipen, lekken: *de wijn zijpelt (zijpt, 'zijpert) uit het vat. Het bloed zijpelde nog uit de wonde. Zijpende oogen*, bij KIL. *fijpende oogen*, loopende oogen. Van hier *zijp, zijpe*, bij KIL. *fijp, fijpe*, een riool — *zijpeling.* Zamenftell.: *afzijpelen, afzijpen, afzijperen*, enz. — bij KIL. *zijpoog (fijpoogh)*, loopend oog, *zijpoogig.* Het woord is van den klank gevormd.

ZIJ-

ZIJPEN, zie *zijpelen*.

ZIJPEREN, zie *zijpelen*.

ZIJREEDER, z. n., m., *des zijreeders*, of *van den zijreeder*; meerv. *zijreeders*. Van *zij, zijde*, en *reeder*, van *reeden*. Iemand, die zijde reedt, of twijnt, ook *zijdetwijnder*. Van hier *zijreederij*. Zamenstell.: *zijreedersmolen, zijreederswinkel, zijreederszijde*.

ZIJREEDERIJ, zie *zijreeder*.

ZIJSJE, zie *fisje*.

ZIJVERWER, z. n., m., *des zijverwers*, of *van den zijverwer*; meerv. *zijverwers*. Van *zij, zijde*, en *verwer*. Iemand, die zijde verwt. Van hier *zijverwerij*.

ZIJWEG, zie *zijpad*.

ZIJWERK, z. n., onz., *des zijwerks*, of *van het zijwerk*; meerv. *zijwerken*. Van *zij, zijde*, en *werk*. Werk van zijde, dat van zijde gewerkt wordt, of is: *zij heeft een fraai zijwerk onder handen*.

ZIJWIND, z. n., m., *des zijwinds*, of *van den zijwind*; meerv. *zijwinden*. Van *zij* en *wind*. De wind, die van ter zijde komt: *wij hadden zijwind*.

ZIJWORM, *zijdeworm*, z. n., m., *des zijworms*, of *van den zijworm*; meerv. *zijwormen*. Van *zij, zijde*, en *worm*. Worm, die zijde maakt: *de zijwormen spinnen zijde, en leven van moerbezien bladen*.

ZILT, bijv. n. en bijw., *zilter, ziltst*. Hetzelfde als zout, *zult*. *Zilt water, zilte boonen*. Van hier *ziltheid, ziltig, ziltigheid*.

ZILTIG, zie *zilt*.

ZILVER, z. n., onz., *des zilvers*, of *van het zilver*; het meerv. *zilvers* is niet gebruikelijk, dan alleen in de mijnwerken, wanneer van onderscheidene soorten gesproken wordt. Een wit, glansrijk metaal, 't welk voor het edelste na het goud gehouden wordt, en eenen aangenamen, helderen klank heeft. *Gemunt zilver. Geslagen zilver. Gewerkt zilver. Zilver smelten. Een vat van zilver. Met zilver beslagen*. Figuurlijk, zilveren tafelgereedschappen: *zijn zilver in veiligheid brengen. Hij heeft al zijn zilver verkocht. Wij spijsden enkel van zilver*. In den dichterlijken stijl wordt de zilverwitte kleur dikwerf alleen *zilver* genoemd: *het zilver, dat op de vleugelen der kapellen glinstert*. Van hier *zilverachtig, zilveren*, bijv.

bijv. n., van zilver. Zamenstell.: *zilverader, zilverarbeid, zilverbergwerk, zilverbewaarder, zilverblad, zilverblank, zilverboom, zilverdraad, zilverdraadsrekker, zilverdruk, zilvererts, zilvergeld, zilverglans, zilverglid, zilvergoed, zilvergroef, zilverkamer, zilverkas, zilverklank, zilverkleur, zilverklomp, zilverkorrel, zilverkruid, zilverling, zilvermeid, zilvermijn, zilvermunt, zilverplaat, zilverproef, zilverrijk, zilverschoon, zilverschuim, zilverservies, zilversmid, zilverstaf, zilverstof, zilververguld, zilververwig, zilvervloot, zilverwerk, zilverwit, zilverzand,* enz. — *baarzilver, blokzilver, kwikzilver,* enz.

Zilver, hoogd. *silber,* bij Kero *silbar,* Ottfrid. *silabar,* Willer. *silbere,* Ulphil. *silubr,* nederf. *sulver, zulver,* angelf. *seolfer, sulfer,* eng. *silver,* zweed. *silfver.* De glinsterende witte kleur van dit metaal is ongetwijfeld de grond zijner benaming.

ZILVERACHTIG, bijv. n. en bijw., *zilverachtiger, zilverachtigst.* Van *zilver* en *achtig.* Dat naar zilver zweemt: *dat is fraai zilverachtig tin.* In geluid naar den klank van zilver gelijkende: *zij heeft eene zilverachtige stem.* Van hier *zilverachtigheid.*

ZILVERBOOM, z. n., m., *des zilverbooms,* of *van den zilverboom;* meerv. *zilverboomen.* Een boom aan de Kaap de Goede Hoop, wiens bladen met zilverkleurige zijden haren bedekt zijn, en daardoor eenen zilverglans van zich geven; de *protea* bij Linn., behoorende tot de klasse der viermaunige heesters, en bestaande in vijf en twintig soorten.

ZILVERDRAAD, z. n., m., *des zilverdraads,* of *van den zilverdraad;* meerv. *zilverdraden,* wanneer van meer soorten gesproken wordt. Van *zilver* en *draad.* Tot eenen draad getrokken zilver.

ZILVEREN, onverb. bijv. naam. Van zilver: *eene zilveren doos. Zilveren lepels.* Figuurlijk, van verscheidene dingen, waaraan slechts een gedeelte van zilver is: *een zilveren zakuurwerk.* Aan de glinsterende kleur van zilver gelijk: *het vischje speelt in 't zilveren beekje,* in den dichterlijken stijl. *De zilveren haren des grijsaards. De zilveren bruiloft,* de viering eener vijf en twintig jarige echtvereeniging.

Zilveren, hoogd. *silbern,* bij Willeram. *silberen,* angelf. *seolfren,* nederf. *sulvern.*

ZIL-

ZILVEREN, *bedr.* w., *gelijkvl.* *Ik zilverde, heb ge-*
zilverd. *Met* zilver overdekken; waarvoor *verzilveren*
meer *in* gebruik is.

ZILVERERTS, z. n., m., *van den zilvererts;* meerv.
zilverertfen, van meer foorten gefproken. Van *zilver*
en *erts.* Een erts, welke eene aanmerkelijke hoeveelheid zilvers in zich bevat.

ZILVERGELD, z. n., onz., *des zilvergelds,* of *van*
het zilvergeld; het meerv. is niet in gebruik. Van *zil-*
ver en *geld.* Uit zilver geflagen geld, in onderfcheiding van kopergeld en goudgeld: *honderd gulden zil-*
vergeld. Ik heb geen zilvergeld bij mij.

ZILVERKAS, *zilverkast,* z. n., vr., *der,* of *van de*
zilverkas; meerv. *zilverkasfen.* Van *zilver* en *kas.*
Eene kas, waarin zilveren tafelgereedfchappen bewaard
worden. Ook eene kas, waarin zilverwerk ten toon
gefteld wordt, zoo als in de zilverfmidswinkels gebruikelijk is.

ZILVERKLANK, z. n., m., *des zilverklanks,* of *van*
den zilverklank; meerv. *zilverklanken.* Van *zilver* en
klank. In den dichterlijken ftijl, een aan den klank
van zilver gelijke heldere en aangename klank: *ik hoor-*
de den zilverklank harer ftemme.

ZILVERLING, z. n., m., *des zilverlings,* of *van den*
zilverling; meerv. *zilverlingen.* Van *zilver,* zie *ling.*
Eigenlijk, iets van zilver, bijzonder eene munt van
zilver, of zilvermunt. Zeker ftuk zilvergeld bij de oude Joden, het welk men met den *fikkel* van gelijke waarde acht. Bij TATIAN. komt in dezen zin reeds *fila-*
barling voor, fchoon hij de *dertig zilverlingen,* of zilveren penningen, waar voor Judas zijnen meester verried, *thrizzuc pfenningo,* en *thrizzuc fcazo,* noemt.

ZILVERMEID, z. n., vr., *der,* of *van de zilvermeid;*
meerv. *zilvermeiden.* Van *zilver* en *meid.* Eene dienst-
maagd, in een voornaam huis, die het opzigt over het
zilverwerk heeft, en aangefteld is, om hetzelve fchoon
te houden, te bewaren en daar voor zorg te dragen.

ZILVERRIJK, bijv. n. en bijw., *zilverrijker, zilver-*
rijkst. Van *zilver* en *rijk.* Rijk in zilver, veel zilver
in zich bevattend.

ZILVERSERVIES, z. n., onz., *van het zilverfervies;*
meerv. *zilverferviezen.* Verkleinw. *zilverferviesje.* Van
zilver en *fervies;* zie *fervies.* Het bij elkander behoo-
rend

rend tafelgereedſchap van zilver, als een geheel beſchouwd.

ZILVERSMID, z. n., m., *des zilverſmids*, of *van den*
zilverſmid; meerv. *zilverſmeden*. Van *zilver* en *ſmid*.
Een kunſtenaar, die allerlei werk uit zilver vervaardigt.
Zamenſtell.: *zilverſmidsknecht*, *zilverſmidswinkel*.

ZILVERVERWIG, zie *zilverwit*.

ZILVERVLOOT, z. n., vr., *der*, of *van de zilver-*
vloot; meerv. *zilvervloten*. Van *zilver* en *vloot*. De
naam eener vloot van koopvaardijſchepen, welke jaarlijks uit Spanje naar Mexico pleegt te zeilen, en met
het in de nieuwe wereld gewonnen zilver weder naar
Spanje te rug te keeren: *de admiraal Piet Hein nam*
de rijke ſpaanſche zilvervloot, op den 9den van herfst-
maand, 1628.

ZILVERWIT, bijv. n. en bijw., van *zilver* en *wit*.
Zoo wit als zilver. Ook *zilververwig*.

ZIN, z. n., m., *des zins*, of *van den zin*; meerv. *zin-*
nen. Het vermogen van gewaar te worden, inzonderheid die dingen, welke buiten ons plaats hebben, of
de *uitwendige zin*, het uitwendig gewaarwordingsver-
mogen, in tegenoverſtelling van den *inwendigen zin*,
welke dat geen gewaarwordt, 't welk in ons zelven omgaat:
de mensch heeft vijf zinnen; de inſekten hebben deels min-
der, deels veelligt ook meer. Wanneer van eenen dezer zinnen geſproken wordt, bezigt men doorgaans het
woord *zintuig*: *het zintuig (de zin) van het gezigt,*
het gehoor, het gevoel, den reuk en den ſmaak. Figuurlijk, bewustheid van zich zelven, het vermogen,
om zich van andere dingen te onderſcheiden; in eenige
ſpreekwijzen, en alleen in het meerv gebruikelijk: *bij*
zijne zinnen zijn, van zich en van andere dingen buiten zich bewust zijn. *Wel, niet wel, bij zijne zinnen*
zijn. Van zijne zinnen beroofd zijn. Hij is buijten
ſijne ſinnen. BIJBELV. — Het vermogen om te kennen en te beoordeelen, het verſtand; mede in het meerv.:
in dewelcke de Godt deſer eeuwe de ſinnen verblint heeft.
BIJBELV. *Die door de gewoonheijt de ſinnen geoeffent*
hebben. BIJBELV. — Het vermogen om te willen en
zich tot iets te bepalen: *veel hoofden, veel zinnen*; al-
waar het ook meeningen kan beteekenen. *Er kwam*
mij iets in den zin. Dat is mij nimmer in den zin ge-
komen. Iets uit zijne zinnen zetten, daaraan niet meer
den-

denken, daarnaar niet meer trachten. *Iets kwaads in den zin hebben. In den fin hebben te krijgen.* Bijbelv. *Van zin* (niet *vanzins*) *zijn*, voornemens zijn, — *van zin worden : foo wiert hij van finne weder te keeren.* Bijbelv. *Het gaat niet naar mijnen zin. Ik heb er geen' zin in. In iemand zin hebben, krijgen. Iemand zijnen zin geven. Ergens zijn' zin van doen.* — Beteekenis : *de zin eenes woords*, of *eener rede*, dat begrip, 't welk daardoor verwekt moet worden. *De verouderde zin eenes woords. Dat heeft geenen goeden zin. Ende den fin verklarende.* Bijbelv. Van hier *zinnelijk, zinneloos, zinnen,* enz. Zamenftell.: *zinnebeeld, zinnepop, zinnewerk, zinrijk, zinflot, zinfnijding, zinfpel, zinfpelen, zinfpreuk, zinteeken, zintuig, zintwisten, zinuiting,* enz. — *tegenzin, weerzin,* enz.

Zin, hoogd. *finn*, Ottfrid. *finn*, zweed. *finne*, ital. *senno*, lat. *sensus*. Adelung zegt : ,, het is meer
,, dan waarfchijnlijk, dat dit woord van *zien* afftamt.
,, *Het gezigt* heet bij Ottfrid. *gifiun*, en *de verfchij-*
,, *ning* is bij Ulphil. *finus*, zoo als *finnen* bij Notk.
,, *verfchijnen* beteekent. Het gezigt is het eerfte en voor-
,, naamfte zintuig, en heeft daarom zeer wel ter bena-
,, ming van al de zintuigen, en van de daarop gegronde
,, vatbaarheden der ziel kunnen dienen.''

ZINDELIJK, bijv. n. en bijw., *zindelijker, zindelijkst.*
Zuiver, wit: *zij is altoos even zindelijk. Het is er zeer zindelijk in huis. Gij moet uwe kleederen zindelijk houden.* Van hier *zindelijkheid.*

Ten Kate brengt het tot *zin, zinnen,* en heeft voor *zindelijk* ook *zinlijk,* het welk hij omfchrijft, als : *mundus, nitidus, fingulari cura mundatus, politus.*

ZINDELIJKHEID, zie *zindelijk.*

ZINGEN (oul. *zangen*), onz. en bedr. w., ongelijkvl.
Ik zong, heb gezongen. Eigenlijk is *zingen* een onzijd. werkw., hetwelk met het hulpw. *hebben* vervoegd wordt, en een helderklinkend geluid voortbrengen beteekent, welk geluid door dit woord merkbaar nagebootst wordt. Zoo wordt het in het dagelijkfche leven nog dikwerf van zekere dingen gebruikt, welke dit geluid voortbrengen, en dan gezegd worden *te zingen;* b. v. *het water begint te zingen,* wanneer het in een' ketel over het vuur hangt, heet wordt, en haast zal koken.

In

In eene meer gewone beteekenis is *zingen* voor het gehoor aangename buigingen der stemme, of afwisselende toonen, door middel van de stem, voortbrengen. Zoo gebruikt men het van zekere vogelen, die zulke afwisfelende en fchel klinkende toonen doen hooren; waarvoor men ook *flaan* bezigt: *de nachtegaal zingt in de lente.* Gewoonlijkst echter wordt *zingen* van de menfchelijke ftem gebruikt, zoo wel onzijdig als bedrijvend, voor al zingende uitdrukken: *leeren zingen. Schoon, liefelijk, flecht, zingen. Bij de fluit, bij het orgel, bij het klavier zingen. Door den neus, helder uit de borst zingen. Iemand ter eere,* of *ter eere van iemand zingen.* Ook bedrijvend: *een lied, een' pfalm, de mis zingen. Den bas,* de grondftem, den laagften toon, in de muzijk, *zingen.* Den boventoon, ook *den bovenzang, zingen,* overdragt., te boven gaan, overtreffen. Figuurlijk, dichten, verzen maken, een dichterlijk verhaal doen, in den dichterlijken fchrijfftijl: *ik zing den legertoght des pr'incen van oranje.* VOND. In dezen zin zegt men ook *van iets zingen: ik zing van Galathe,* enz. Ongetwijfeld is deze beteekenis van daar ontleend, dat de oudfte Dichters hunne verzen ook zongen. — Van hier *z'nger, zingfter,* en van het oude *zangen, zang, zanger, zangerig, zangfter,* zie *zang.* Zamenftell.: *zinggezelfchap,* ook *zanggezelfchap, zinglas,* enz. Zie verder *zang,* enz. — *bezingen, nazingen, opzingen, voorzingen,* enz.

Zingen, hoogd. *fingen,* reeds bij KERO *fingan, finkan,* OTTFRID. *fingan,* nederf. *fingen,* angelf. *fingan,* eng. *to fing,* zweed. *fjunga.* Oudtijds beteekende het ook lezen.

ZINGER, zie *zanger.*

ZINK, lat. *zinchum,* z. n., vr., *der,* of *van de zink;* zonder meerv. Eene mijnftof, zijnde eene metaalachtige zwavelige zelfftandigheid: *de tinnegieters gebruiken de zink, om het tin blank te maken en te zuiveren.*

ZINKEN, onz. w., ongelijkvl. *Ik zonk, ben gezonken.* Van langzamerhand naar de diepte dalen. Eigenlijk; een fteen, welke in het water geworpen wordt, *zinkt* tot op den bodem, of zinkt naar den grond. Een fchip *zinkt,* of *begint te zinken,* wanneer het te zwaar geladen is, of een lek bekomen heeft, en, in plaats

B b van

van te drijven, naar den grond zakt: *het fchip is ge-*
zonken. In de fneeuw, in het moeras zinken. In on-
magt zinken. In eenen diepen flaap zinken. Figuurlijk; in eenen zekeren graad vernederd worden, in den
deftigen fchrijftrant: *die voorname man is tot eene laag-*
te gezonken, uit welke hij zich niet ligt zal kunnen op-
heffen. Hoe diep zinkt de mensch, die geene fchaamte
meer heeft, en onverfchillig omtrent eer en fchande is
geworden! Langzamerhand afnemen, in inwendige
krachten verminderd worden: *den moed laten zinken.*
— Ook wordt het in eenen bedrijvenden zin gebezigd,
voor laten zakken, fchoon thands veel minder, dan
weleer: *uw vaders zoncken zelfs hun broeder in den put.*
VOND. *En fchoon wij 't lijk in 't zwijgend eergraf zin-*
ken. VOND. *Thans zonken de beleggers een fchip voor*
den boom. HOOFT. HUIJDECOPER teekent aan, dat
zinken in een' werkenden zin zelden voorkomt; doch
voorbeelden hiervan zijn zeer menigvuldig; en behalve
zinken, zijn er in onze taal vele onzijdige werkwoorden, welke in eenen werkenden zin gebezigd worden,
als: *fchrikken, wijken, verdwijnen, vlugten, vlie-*
den, duiken, zwichten en meer andere. — Van hier
zinking, zinkfel. Zamenftell.: *zinklood,* een lood,
dat men met een fnoer laat zinken, om de diepte te pei-
len, *zinknoot,* eene noot, die goed en vol is, *zink-*
roer, zinkton, zinkwater, enz. — *bezinken, verzin-*
ken, wegzinken, enz.

    Zinken, hoogd. *finken,* nederf. *finken,* bij NOTK.
finchan, ULPHIL. *figguan,* zweed. *fjunka. Zakken*
en *zijgen* zijn aan *zinken* naauw verwant.

ZINKING, z. n., vr., *der,* of *van de zinking;* meerv.
zinkingen. Eene bekende kwaal, waarbij kwade vochten naar zeker deel des ligchaams fchieten en hetzelve
pijnlijk aandoen: *fchielijke veranderingen van weder en*
het ras overgaan van hitte tot koude veroorzaken dik-
werf zinkingen. Van hier *zinkingachtig.* Zamenftell.:
zinkingkoorts, zinkingpijn, zinkingpleister, enz.

ZINKLOOD, zie *zinken.*

ZINKNOOT, zie *zinken.*

ZINNEBEELD, z. n., o., *des zinnebeelds,* of *van het*
zinnebeeld; meerv. *zinnebeelden.* Van *zin* en *beeld.*
Een beeld, 't welk ons iets onligchamelijks voorftelt.
Zoo is *een anker,* of deszelfs beeldtenis, *een zinne-*
                        beeld

beeld der hope. In eene ruimere beteekenis is elk ligchamelijk of zinnelijk ding, in zoo ver het iets onligchamelijks aanduidt, *een zinnebeeld.* Zoo is *de adem, de wind*, genoegzaam in alle talen, een beeld, of *het zinnebeeld der ziel;* en de woorden *geest, spiritus, πνευμα*, enz. zijn beeldelijke, of *zinnebeeldige* uitdrukkingen. Van hier *zinnebeeldelijk, zinnebeeldig,* bijv. n. en bijw., een zinnebeeld bevattend, en op eene zinnebeeldige wijze.

ZINNEBEELDIG, zie *zinnebeeld.*

ZINNELIJK, bijv. n. en bijw., *zinnelijker, zinnelijkst.* Van *zin;* zie *lijk.* Dat tot de zinnen, of de onmiddelbare gewaarwording van uiterlijke voorwerpen behoort. *De zinnelijke werktuigen,* dat weefsel van spieren en zenuwen, waardoor wij gewaarworden. *De zinnelijke gewaarwording,* welke door middel der zintuigen geschiedt. *Zinnelijke begeerten, genoegens. Zinnelijke liefde, zinnelijke afkeer;* waar het dikwerf tegen verstandig, op duidelijke kennis, op goed oordeel gegrond, overgeplaatst is. *Een zinnelijk mensch. Hij is altoos even zinnelijk.* Van hier *zinnelijkheid.*

ZINNELOOS, zie *zin.*

ZINRIJK, bijv. n. en bijw., *zinrijker, zinrijkst.* Van *zin* en *rijk.* Rijk in *zin,* in de beteekenis van verstand, schranderheid; geestig, aardig: *zinrijk zijn. Eene zinrijke scherts. Een zinrijk gedicht. Zinrijke spreuken. Eene zinrijke vinding.* Van hier *zinrijkheid.*

ZINSLOT, zie *zin.*

ZINSPEL, z. n., o., *des zinspels,* of *van het zinspel;* meerv. *zinspelen.* Van *zin* en *spel.* Een spel, eene vertooning, welke iets onligchamelijks zinnelijk, d. i. zigtbaar, hoorbaar, enz. voorstelt. Van hier het volgende.

ZINSPELEN, o. w., gelijkvl. *Ik zinspeelde, heb gezinspeeld.* Van *zin* en *spelen.* In spreken, of schrijven op iets doelen, het bedektelijk aanduiden, te kennen geven: *hij zinspeelde daarmede op eene vroegere gebeurtenis.* Van hier *zinspeling.*

ZINSPREUK, z. n., vr., *der,* of *van de zinspreuk;* meerv. *zinspreuken.* Van *zin* en *spreuk.* Eene korte stelling, of spreuk, welke eenen nadrukkelijken zin heeft, of zeker zinnebeeld ten opschrift dient en hetzel-

ve verklaart: *het genootfchap, onder de zinfpreuk: dul-*
ces ante omnia mufae. Zijne zinfpreuk was: *doe wel*
en zie niet om.

ZINTEEKEN, z. n., o., *des zinteekens,* of *van het*
zinteeken; meerv. *zinteekenen, zinteekens.* Van *zin* en
teeken. Schrijfteeken, om den zin nader aan te duiden, of dien onderfcheidenlijk voor te dragen; anders
zinfcheiding, of *zinfcheidingteeken: men moet, om dui-*
delijk te zijn, de zinteekenen, zoo wel in het lezen, als in
in het fchrijven, in acht nemen.

ZINTUIG, zie *zin.*

ZINTWISTEN, onz. w., gelijkvl. *Ik zintwistte, heb*
gezintwist. Van *zin* en *twisten.* Twisten over den
zin eenes woords, eener uitdrukking, enz.; ook twist-
redenen. Van hier *zintwisting.*

ZITBANK, z. n., vr., *der,* of *van de zitbank;* meerv.
zitbanken. Verkleinw. *zitbankje.* Van *zitten* en *bank.*
Eene bank, gefchikt, om daarop te zitten.

ZITDAG, z. n., m., *des zitdags,* of *van den zitdag;*
meerv. *zitdagen.* Van *zit, zitten,* en *dag.* Een dag,
waarop een geregt, hof, of raad, zijne zitting, of vergadering, houdt.

ZITKUSSEN, z. n., o., *des zitkusfens,* of *van het zit-*
kusfen; meerv. *zitkusfens.* Van *zit, zitten,* en *kus-*
fen. Een kusfen, waarop men zit, of hetwelk gefchikt is om op te zitten, in tegenftelling van hoofdkus-
fen, enz.

ZITPLAATS, z. n., vr., *der,* of *van de zitplaats;*
meerv. *zitplaatfen.* Van *zit, zitten,* en *plaats.* Eene
plaats, om te zitten, in tegenoverftelling van ftaan-
plaats: *eene zitplaats in de kerk hebben.*

ZITTEN, onz. w., ongelijkvl. *Ik zat, heb* en *ben ge-*
zeten. Gezeten zijn, in tegenoverftelling van ftaan of
liggen; eigenlijk: *wij zitten reeds. Blijf toch zitten;*
fta niet op. *Op eenen ftoel, op den grond zitten. Op*
een paard zitten. Goed te paard zitten, in het rijden
eene goede houding hebben. *Aan de tafel zitten,* fpijzen. *Bij den haard, aan de deur, in de zijkamer*
zitten. Naast iemand zitten. Aan iemands regter
hand zitten. Boven aan, onder aan zitten. Regt op
zitten. Zich moede zitten. Op eijeren zitten, broeijen. — Figuurlijk, wordt het van zulke verrigtingen
gebezigd, welke zittend gefchieden: *voor den fchilder*
zit-

zitten, zich laten uitfchilderen; dewijl men daarbij gemeenlijk zit. *In het gerigt zitten*, gerigt houden. *In den raad zitten*, lid van den raad zijn. *Aan het roer der regering zitten*, lid der regering zijn. *Op den troon zitten*, Koning of Keizer zijn. Zich in eenen rustigen toeftand bevinden, zich niet bewegen: *altoos te huis zitten*, niet van huis gaan. *Altoos in de boeken zitten*, altoos lezen, zich oefenen. *Hij zit er warm in*, hij is zeer gegoed. *Stil zitten*, niet werkzaam, ledig zijn. *In diepen rouw gedompeld zitten*, zeer treurig zijn. *In de gevangenis zitten*, zich daarin bevinden. *Wegens fchulden zitten*, *vast zitten*, namelijk gevangen. *Op den dood zitten*, uit hoofde eener misdaad, welke den dood verdient. *Laten zitten* beteekent, deels, onwillig terug laten, misfen: *hij heeft veel geld in dien handel laten zitten*; deels, opzettelijk iemands belangen verlaten, en wordt in het bijzonder gezegd van echtgenooten en minnaars, die hunne beloften verbreken: *hij heeft zijne vrouw laten zitten. Zou hij mijne dochter willen laten zitten?* haar tegen zijne belofte niet trouwen.

'k Beleef een' tijd, (en ach die tijd komt ras, mijn
      waarde)
Waar in men 't al verliest, als een, die zich verklaarde,
Voor onzen minnaar, ons ontwijkt en zitten laat. A. HARTS.

Ook na\laten : *hij heeft zijne vrouw wel laten zitten*, haar veel goed nagelaten. *Zitten blijven*, onwillig ongehuwd blijven; van het vrouwelijke gefslacht: *na dat zij hem had afgewezen, is zij blijven zitten.* Overblijven: *na den dood van zijne vrouw bleef hij met zeven kinderen zitten*, bleef hij over, belast met de zorg voor — en opvoeding van zeven kinderen. *Zij bleef in den ganfchen boedel zitten*, was erfgenaam daarvan. — Van levenlooze dingen gebruikt, beteekent het zich aan eene plaats bevinden: *die hoed zit niet vast. De plank zat los. Er zit mij veel flijm op de borst. Hier zit het mij*, hier hapert het mij. Met de bijwoorden *goed, flecht*, enz., duidende de wijs aan, hoe zich iets aan het oog opdoet: *die rok zit zeer goed. Uw kleed zit voortreffelijk. De fpijker zit niet goed. Uw doek, uwe muts, zit niet regt.* Ook met de voorzetfels *aan, in, op*, enz. *Daar zit niet aan*, b. v. geen. vleesch aan het been. *Daar zit niet veel op*, daar is niet veel van te halen, niet veel mede te winnen. *Een gezeten man* is

Bb 3   ie

iemand, die ergens woont, en huis en goed heeft.
Een zittend leven, zittend werk, waarbij men veel zit.

In eenen meer bedrijvenden zin, doch altoos nog als
een onzijdig werkwoord, voor zich zetten, plaatfen:
fittende op het veulen eener ezelinne. BIJBELV. *Sit aan
mijne regter hand.* BIJBELV. *Christus is gezeten aan
Gods regter hand. Ga zitten, zeide zij, en ik was
reeds gezeten.* Ook figuurlijk, *iemand in het haar, in de veren, zitten,* hem in het haar grijpen, zich tegen hem verzetten. Van hier *zitter, zitfter, zitting.* Zamenftell.: *aanzitten,
afzitten, bezitten, bijzitten, doorzitten, inzitten, na-
zitten, opzitten, verzitten, voorzitten,* enz. — *Huis-
zittenarmen, huiszittenhuis,* in Amsterdam — *huiszit-
tend,* enz. — *zitbank, zitkusfen,* enz.

Zitten, hoogd. *fitzen,* reeds bij ISIDOR. en KERO
fitzen, fizzan, ULPHIL. *fitan,* nederf. *fitten,* angelf.
fittan, eng. *to fit,* zweed. *fitta,* flav. *fedeti,* gr.
ἕζευ. lat. *federe.*

ZITTER, zie *zitten.*

ZITTING, z. n., vr., *der,* of *van de zitting;* meerv.
zittingen. De daad van zitten, het zitten. De verzameling eener vergadering, eenes geregts, enz., dewijl
de leden daar zitten: *zitting houden. In de eerfte zitting. Hij heeft zitting in den raad.* Ook voor eene
zitbank, of datgeen, waarop men zit: *ftoelen met
trijpten zittingen.* Eindelijk, de bril van een heime-
lijk gemak, of fekreet.

ZODE, *zood, zoô,* z. n., vr., *der,* of *van de zode;*
meerv. *zoden.* Verkleinw. *zoodje.* Eigenlijk, koking, van *zieden, zood, gezoden,* koken: *het water is
aan de zoô.* Van hier ook, dat het onaangenaam gevoel
van hitte en fcherpheid omtrent de kolk der maag, het
welk fomtijds van walging en braking vergezeld is,
zode genoemd wordt: *wanneer zij bier of andere gegiste
dranken gebruikt, krijgt zij de zode, of zoô.* Verder,
zoo veel, als men in eens kookt, of, als gefchikt is,
om gekookt te worden: *eene zode visch. Eene zode peu-
len, erwten,* enz. *Gij moet mij eene goede zoô geven.
Drie baarzen zijn eene hengelaars zoô.* Een kookfel:
gheef mi van dezer roder fode. BIJB. 1477. Eindelijk beteekent *zode* een met eene fpade afgeftoken ftuk grasland:
*zoden affpitten. Eenen dijk met zoden beleggen. Het
groene zoodje. Brengt hier een groene zode.* VOND.
Hij

Hij bouwde eenen altaar, het zij van fteenen, of van aarde en zoden, enz. J. H. VAN DER PALM. — Spreekw.: *dat brengt geen zoden aan den dijk,* dat brengt niet veel voordeel aan. TEN KATE twijfelt, of dit woord, ook in de laatfte beteekenis, tot *zieden,* koken, of tot *zaaijen* behoore. Anderen brengen het tot het gr. ζωος, *vivus, virens,* groen. Oul. werd *zode,* bij KIL. *fede, foede, foeuwe,* hoogd. *fod,* angelf. *feath,* vries. *fohde,* ook voor eene gegraven bron, wijders voor eenen fekreetput, genomen; waarfchijnlijk ook van het *zieden,* of ruifchen, van het bronwater, en van het gisten der fekreetputten ontleend.

ZOEK, *te zoek,* zie *zoeken.*

ZOEKEN, bedr. w., onregelm., *ik zocht, heb gezocht.* Iets, welks plaats onbekend is, trachten te vinden, of te ontdekken, inzonderheid in zoo ver dit door hier en daar rond te zien gefchiedt.

Eigenlijk: *iets zoeken en het niet vinden. Het verlorene zoeken. Iets in het zand, in het water,* enz. *zoeken. Iemand zoeken. Waar moet ik haar zoeken? Ik zocht u bij uwen vriend. Dat had ik bij hem niet gezocht,* van hem niet vermoed. Figuurlijk: *wat hebt gij hier te zoeken?* te doen, te verrigten. *Ik weet, wat gij daarmede zoekt,* bedoelt. Het verleden deelw. *gezocht* duidt dikwerf de moeite aan, welke iets den uitvinder gekost heeft, waarmede intusfchen zulk eene in het oog loopende moeijelijkheid niet moest gepaard gaan: *die voordragt, die gelijkenis, die uitdrukking is zeer gezocht. Eene gezochte verontfchuldiging.* In eene uitgeftrektere beteekenis, trachten iets te verkrijgen, of een oogmerk te bereiken: *de fchaduw zoeken. Iemands geluk, verderf, zoeken. En wellust aen dat montje zocht.* POOT. *Eene reden, een voorwendfel zoeken. Hulp bij iemand zoeken. Eene gelegenheid zoeken. Een ambt zoeken. Twist zoeken. Vergeving zoeken.* — Ook met de onbepaalde wijs der werkwoorden, en het woordje *te,* voor moeite aanwenden, trachten: *iemand zoeken te benadeelen, te bevoordeelen. Iemand zoeken te behagen. Iemand zoeken om te brengen. Iets zoeken te verhinderen.* Van hier *te zoek,* voor *te zoeken: te zoek zijn,* verborgen zijn, *te zoek raken,* verloren, of gemist worden. *Zich te zoek maken,* zich verwijderen, verbergen. Ook zonder *te: makenze al 't hare zoek,*

Bb 4   enz,

enz. OUD. Wijders *zoeker*, zamenftell.: *baatzoeker*, *bezoeker*, *gewinzoeker*, *goudzoeker*, *twistzoeker*, *vreezoeker*, enz. — *Zoeking*, zamenftell.: *bezoeking*, *doorzoeking*, *huiszoeking*, *nazoeking*, *verzoeking*, enz. Zamenftell.: *aanzoeken*, *bezoeken*, *doorzoeken*, *nazoeken*, *verzoeken*, enz.

Zoeken, hoogd. *fuchen*, bij ISID. en KERO *fuahhan*, ULPHIL. *fokjan*, nederf. *föken*, angelf. *fecan*, eng. *to feek*, zweed. *föka*, pool. *zukam*. IHRE leidt het van het gr. ζητεω af; anderen brengen het tot *zien*.

ZOEKER, zie *zoeken*.

ZOEKING, zie *zoeken*.

ZOEL, bijv. n. en bijw., *zoeler*, *zoelst*. Benaauwd, afmattend warm, van de lucht gefproken, zoo als in den zomer, kort voor een onweer, de lucht pleegt te zijn: *het is heden zeer zoel. Zoel weder. Een zoele dag. Zoele zomerluchtjes.* D. SMIDS. Van hier *zoelheid*.

Zoel, anders ook *zwoel*, hoogd. *fchwül* en *fchwülig*, *fchwülig*, *fchwellig*, nederf. *fwool*, *fwolig*, eng. *fweltrij* en *fultrij*, angelf. *fwilic*. TEN KATE brengt het tot *zwellen*, *wellen*.

ZOEN, z. n., m., *des zoens*, of *van den zoen*; meerv. *zoenen*. Verkleinw. *zoentje*. Eigenlijk, een kus, en wel de kus des vredes; gelijk blijkt uit *verzoenen*, voor bevredigen: *eenen zoen geven*. Ook de kus der liefde; doch, in deze beteekenis, zegt de Heer HUIJDECOPER, klinkt het woord *zoen* veel darteler, dan kus: *en laten 't kapitaal verdienen met een zoen.* H. VERBIEST.

> *Dat ik, naer mijn geval,*
> *Nu eens een zoentje ftal.* POOT.

Zoen, voor *verzoening*, komt voor in de fpreekwijzen: *zoen bieden. Dit deed hij tot zoen zijner misdaad.* HALMA. *Ten zoen van onjoon en van jeen.* MOON. *Dat bloet, dat ons den zoen des hemels koopen moet.* DE DECK. *Gedenk, Heer, aen uw' zoen, en zijnen zoen.* G. BRANDT.

ZOENDING, zie *zoenen*.

ZOENEN, bedr. w., gelijkvl. *Ik zoende, heb gezoend.* Kusfen: *ik zoende haar met een goed hart. Hij heeft het meisje gezoend.* Even als *zoen* ook bevrediging, of verzoening beteekent, zoo wordt *zoenen* mede voor bevredigen of *verzoenen*, genomen:

> *Of iet o ozel bloet en Agamemnons zaet*
> *De felle Hekaté most zoenen en verzachten.* VOND.
> WIL.

WILLERÂM. noemt hierom Christus *ther fuonere*. Van hier *zoener*. Zamenftell.: *zoending*, dat oulings in gebruik geweest is, voor de regtsoefening over den zoen tuschen beleedigden; ook voor de afmaking eener beleediging, door tuschenkomst van goede lieden; *zoengeld*, *zoenoffer*, *zoenofferande*, — *afzoenen*, *verzoenen*, enz.

• ZOET, bijv. n. en bijw., *zoeter*, *zoetst*. Eigenlijk, dat den hoogften graad van aangename gewaarwording, op de fmaakzenuwen veroorzaakt, en tegen zuur en bitter overftaat: *zoo zoet als honig. Die druiven fmaken zeer zoet. Zoete wijn. De geftolen wateren zijn foete.* BIJBELV. *Zoet worden: doe wert het water foet.* BIJBELV. Wijders, wordt het voor niet zuur, niet zout, of ongezouten, gebruikt, als: *zoete melk, room*, in tegenoverftelling van zure. *Zoet water*, in tegenoverftelling van brak, of zout water, zeewater. Wijders, dat eenen hoogen graad van aangename gewaarwording door andere zintuigen veroorzaakt; en wel ten aanzien van het gehoor: *eene zoete ftem. De zoete ftem der vreugde. Zoete klanken*, enz. Zoo ook in opzigt to den reuk: *de roos heeft eenen zoeten reuk.* OTTFRID. zegt: *fuazo fie thir flinkend*, zij rieken aangenaam. Doch meest in den dichterlijken ftijl, terwijl het hier ook dikwerf aangenaam kan beteekenen.

Figuurlijk, voor de inwendige gewaarwording ten hoogfte aangenaam: *zoet flapen. Een zoete flaap. De flaep des arbeijders is foet.* BIJBELV. *Mijn hart fmolt in zoeten weemoed weg. Hoe zoet is 't, waar de vriendfchap woont! Een zoet gezelfchap. Welk eene zoete gedachte! Mijne overdenkinge van hem fal foete zijn.* BIJBELV. *Ik heb u mijne zoetfte wenfchen toevertrouwd. Mangelt mij het een, 't aer fal mij wefen zoet.* BREDER. *Zoete woorden*, vleijende woorden: *iemand zoete woorden geven.* Verder, uit hoofde dezer aangename gewaarwording, naar het zelve fterk hakende, begeerig: *zoet op eer, op wraak*, enz. *Die op dusdanige zinlijkheden zoet zijn.* OUD. Eindelijk wordt het ook voor ftil, zonder gedruis, gebezigd, als: *hij fprak zoo zoetjes, dat men hem niet verftaan kon.* Ook voor langzaam: *wat gaat gij zoetjes! haast u wat.* En van hier voor ftil, gehoorzaam en fchikkelijk, van de kin-

Bb 5   de-

deren fprekende: *het is een regt zoet kind. Zij is van
daag zeer zoet geweest.* Ook wordt het als zelfftandig
gebezigd: *zoet en zuur*, voor- en tegenfpoed. *Men
ondervindt zoet en zuur in het huwelijk.*

    Dus, geliefkoosd vriendental!
    Smaak te minder 's levens gal,
    Om te meer zijn zoet te fmaken. TOLLENS.

Van hier *zoetachtig, zoetelijk, zoeten, zoetheid, zoetjes, zoetigheid,* enz. Zamenftell.: *zoethout, zoetfappig, zoetfprakig, zoetvijl, zoetvloeijend,* enz. *Slui-
merzoet, zangzoet,* enz.

    Zoet, hoogd. *füsz,* bij ISIDOR. *fuuozsf,* KERO;
OTTFRID. *fuazza,* zweed. *föt,* ijsl. *faet,* angelf. *fwe-
te, fwaes,* eng. *fweet;* waarmede ook het lat. *fuavis*
en gr. ηδυς en ξχθος verwant zijn. De eerfte eigenlijke
beteekenis van dit zoo oud woord is onbekend. Dat
echter *zoet* en *zacht* niet zoo ver van elkander verwijderd zijn, als in den eerften opflag wel mag fchijnen,
blijkt uit het zweed. *fijfta,* zoet maken; te meer, daar
f en *ch* dikwerf verwisfeld worden, als: *graft* en *gracht,
zaft* en *zacht.* Ook wordt *zoet* en *zacht* bij elkander
gevoegd, in de gewone fpreekwijs: *zoetjes en zachtjes.*

ZOETELAAR, z. n., m., *des zoetelaars,* of *van den
zoetelaar;* meerv. *zoetelaars, zoetelaren.* Spijs- en
drankverkooper, in het leger; iemand, die de foldaten
met fpijs, drank en andere noodwendigheden, in het leger, volgt, om dezelve aan hen te verkoopen; anders
marketenter, zie dit woord. Van eene vrouw zegt men
zoetelaarfter. Van het werkw. *zoetelen,* waarvan *be-
zoetelen,* om de morfigheid, welke daarbij plaats heeft,
naardien bij een trekkend leger niet veel netheid, of zindelijkheid, kan verwacht worden. *Zoetelen* wordt ook
gebezigd in den zin van fpijs en drank *in het leger* verkoopen; zamenftell. *uitzoetelen: koopmanfchap allengs-
kens uitzoetelen.* HALMA.

ZOETELEN, zie *zoetelaar.*

ZOETELIJK, zie *zoet.*

ZOETEN, onz. en bedr. w., gelijkvl. *Ik zoette, heb
gezoet.* Onzijd.. zijne zoetigheid aan iets anders mededeelen: *fijne fuiker zoet beter, dan grove. Die firoop
zoet niet.* Bedr., zoet maken: *eene fpijs, eene artfe-
nij zoeten.* Zamenftell.: *verzoeten.*

ZOETHEID, zie *zoet.*

                         ZOET-

ZOETHOUT, z. n., o., *des zoethouts*, of *van het zoethout*; zonder meerv. Van *zoet* en *hout*. De wortel eener plant, welke geel van kleur is, eenen aangenamen reuk en zoeten smaak heeft, lat. *glycyrrhiza*. *Een flukje zoethout*. *Drop is het afkookfel van zoethout*.

ZOETJES, zie *zoet*.

ZOETIGHEID, z. n., vr., *der*, of *van de zoe'igheid*; meerv. *zoetigheden*. De eigenfchap van iets, dat zoet is, in de meeste beteekenisfen van het woord, zonder meervoud: *de zoetigheid der fuiker*, *des honigs*, *des flaaps*, enz. — Al wat zoet is, en, in eene figuurlijke beteekenis, een hooge graad van aangename gewaarwording; met een meervoud: *de bije puurt zoetigheid uit alle bloemen*. Ook allerlei zoete fpijs, fuikergebak, enz.: *men moet den kinderen zoo veel zoetigheid niet geven*. *De zoetigheden des levens*. Gewin, voordeel: *daar zal voor u nog eene zoetigheid op zitten*. Insgelijks, vleijerij: *hij zeide haar allerhande zoetigheden*.

  Zoetigheid, anders ook *zoetheid*, hoogd. *füszigkeit*, bij KERO, OTTFRID. en anderen: *fuazze*, *fuoze*.

ZOETSAPPIG, bijv. n. en bijw., *zoetfappiger*, *zoetfappigst*. Van *zoet* en *fappig*. Eigenlijk, zoet van fap: *zoetfappige druiven*, enz. Figuurlijk, laf, walgelijk: *eene zoetfappige redenering*. *Hij mengde zich zoetfappig in het gefprek*. *Zoetfappiger voordragt hoorde ik nimmer*. Van hier *zoetfappigheid*, *zoetfappiglijk*.

ZOETVIJL, z. n., vr., *der*, of *van de zoetvijl*; meerv. *zoetvijlen*. Van *zoet* en *vijl*. Eene fijne vijl, die glad afneemt: *gij moet het met de zoetvijl nog eens overvijlen*. Figuurl., naauwkeurige befchaving en verbetering: *ergens de zoetvijl over laten gaan*. Van hier het volgende.

ZOETVIJLEN, bedr. w., gelijkvl. *Ik zoetvijlde*, *heb gezoetvijld*. In de beide beteekenisfen van het zelfst. *zoetvijl*: *een fluk ijzer zoetvijlen*, met de zoetvijl vijlen, en *eene redevoering zoetvijlen*, befchaven.

ZOETVLOEIJEND, bijv. n. en bijw., zijnde het deelw. van *vloeijen* en *zoet*. Alleen van dicht-klanken, en verzen gebruikelijk: *de zoetvloeijende verzen van* POOT. *Een zoetvloeijend dichtfluk*. Van hier *zoetvloeijendheid*.

ZOG, z. n., vr., zie *zeug*.

ZOG, z. n., o., *des zogs*, of *van het zog*; zonder meerv.

meerv. Moedermelk, vrouwenmelk; ook van dieren *zij heeft weinig zog. Dun zog. Goed, voedzaam zog. De vijantschappen der huizen worden vorstenkinderen in 't zog gegeven.* HOOFT. *Dees huurling onttrekt den lammeren het zog.* VOND. Ook wordt dit woord gebezigd, voor het spoor, dat een schip achterlaat, bij KIL. onder den naam van *sock,* of *sok* bekend (*sulcus maris*), ontleend van de *zuiging in het water,* door een voortgaand schip veroorzaakt. Wanneer dus een schip kort achter een ander schip komt, en in deszelfs *zog* vaart, wordt het door deze zuiging als aangetrokken, en vaart het derhalve veel gemakkelijker: *wij bleven in het zog van het vaartuig, dat voor ons was.* Van hier de figuurlijke spreekwijs: *in iemands zog varen,* hem gemakshalve, of voordeelshalve, volgen. *Geen averechtse stappen misleiden nu de kiel in 't zog van snooden buit.* VOND.

> *Toen mogt ik, op de holle baren,*
> *Der ongemete letterzee,*
> *In 't zog van uwe dichten varen,*
> *En keeren veilig op de ree.* A. V. D. VLIET.

Zamenstell.: *zoggat, zogstukken,* zeew., enz. — *zeezog,* enz.

ZOGELING, zie *zogen.*

ZOGEN, bedr. w., gelijkvl. *Ik zoogde, heb gezoogd.* Van *zog.* Te zuigen geven, laten zuigen, bepaalder in de beteekenis van het aanbieden der borst aan kinderen en dieren. *Een kind zogen. Eene zogende vrouw. Ick stont in den morgen op, om mijnen sone te zoogen.* BIJBELV. *Waerom was ic ghesoghet metten borsten?* BIJB. 1477. *Zij heeft het geluk gehad van alle hare kinderen te kunnen zogen. Eene zogende koe. Een zogend schaap. Dertigh zoogende kemelinnen met hare veulens.* BIJBELV. *Nooit tapte hij het schaep zijn zoogende uiers leeg.* H. DULL. *Zij moesten zogen,* voeden, voordeel aanbrengen, *en willen slechts zuigen,* anderen uitmergelen, en voordeel trekken. Van hier *zogeling,* m. en v.: (*zuigeling*), *zoging, zoogster.* Zamenstell.: *zoogbroeder,* medezogeling, die dezelfde borsten met een' ander zuigt, *zoogdier,* dat borsten of uijers heeft, en de jongen met zog voedt, — *zoogkalf, zoogkind, zooglam, zoogvarken, zoogvrouw,* voedstervrouw, *zoogzuster,* enz.

Zogen, hoogd. *säugen,* reeds bij OTTFRID. *sougen,*

nederf. *fôgen*, angelf. *fican*, eng. *to fuckle*. *Zuigen* en *zogen* zijn even zoo onderfcheiden, als *drinken* en *drenken*.

ZOLDER, z. n., m., *des zolders*, of *van den zolder*; meerv. *zolders*. Verkleinw. *zoldertje*. Het hoogfte vertrek van een huis, of de planken vloer boven de woonvertrekken, of in andere gebouwen: *de wafch hangt reeds op den zolder*. *Ik heb het hout op den zolder laten brengen*. *Bij den opperflen zolder*. VOND. Ook de planken vloer tufchen twee vertrekken: *de kamer is zoo laag van verdieping, dat ik den zolder met de hand kan bereiken*. *Ik doe hem aen den zolder hechten*. DE DECK. Wijders de bovenfte bergplaats in een pakhuis, ftal, enz.: *die goederen liggen op twee zolders*. *Koren op den zolder*, of *op zolder*, *brengen*. *Een zolder vol hooi*. Van hier *zolderen*. Zamenftell.: *appelzolder*, *graanzolder*, *hooizolder*, *houtzolder*, *kleerzolder*, *k renzolder*, *pakzolder*, *rookzolder*, *turfzolder*, *zoutzolder*, enz. — *Zolderkamer*, *zolderluik*, *zolderraam*, *zolderftuk*, *zoldertrap*, *zoldervenfter*, enz.

Zolder, hoogd. *föller*, bij OTTFRID. en TATIAN. *folar*, *foler*, waar het een zaal, fpijskamer beteekent, nederf. *foller*, eng. *follar*, middeleeuw. lat. *folarium*, *folerium*, zweed. *fvale*. Hoogftwaarfchijnlijk is dit woord van het oude *faul*, *fole*, eene plank, afkomftig, en beteekent *zolder* dus eigenlijk een' beplankten vloer.

ZOLDEREN, bedr. w., gelijkvl. *Ik zolderde, heb gezolderd*. Van *zolder*. Op zolder brengen, leggen: *koren*, *vlas*, enz. *zolderen*. Eene zoldering leggen: *eene kamer zolderen*. *Eene opperzale zolderen*. HOOGVL. *Die fijne opperzalen foldert in de wateren*. BIJBELV. *Om de huijfen te folderen*. BIJBELV. Van hier *zoldering*, de verdieping van een gebouw; ook het plankwerk des zolders, of de bovenvloer.

ZOLDERING, zie *zolderen*.

ZOLEN, zie *zool*.

ZOMER, z. n., m., *des zomers*, of *van den zomer*, meerv. *zomers*. Eigenlijk, de warme tijd des jaars, waarin boomen en gewafsen groeijen en tot wasdom komen; in tegenoverftelling van den winter. De oudfte volken kenden flechts deze twee jaargetijden; en in het gemeene leven gebruikt men beide woorden nog dikwerf

in

in dezen zin: *het is*, of *wordt zomer*, zegt men, wanneer het *weder* aangenaam en warm is. Nadat men uit de grenzen, of den afloop, beider jaargetijden twee nieuwe gemaakt heeft, is *de zomer*, in eene bepaaldere beteekenis, dat jaargetij, waarin de zon den kreeft, den leeuw, en de maagd doorloopt: *wij hebben zomer. Den zomer ergens doorbrengen. Een natte, koele zomer. Des zomers*, in den zomer. *Wanneer de westewint den zomer inlokt.* VOND. — Figuurlijk, een jaar; doch alleen in den dichterlijken ftijl: *zij was eerst zestien zomers oud.* Naar eene andere figuur, is *de zomer des levens, der jaren*, de mannelijke ouderdom: *hij ftierf in den zomer zijnes levens. Een fchoone juffer in den zomer van heur jaren*, enz.

> *Laat maar den zomer van uw leven*
>
> *Ook zonder vrucht niet henen zweven.* DE DECK.

Van hier *zomerachtig, zomersch.* Zamenftell.: *zomerbloem, zomerdag*, een dag in den zomer, ook zomertijd — *zomerdijk, zomerdraden, zomerhitte, zomerhuis, zomerkaai, zomerkleed, zomerloon*, loon dat een arbeider des zomers verdient, *zomerlucht, zomermaand*, de maand Junij, *zomertarw, zomertijd, zomerverblijf, zomerweer*, enz. — *nazomer*, de aangename dagen in den herfst, van den 1en tot den 13en November, — *voorzomer*, enz.

Zomer, hoogd. *fommer*, reeds bij KERO *fumar*, nederf. *fommer*, angelf. *fumer, fumor*, zweed. *fommar*, in het ierl. *fam, famrhad.* Sommigen brengen het tot het oude *fommen*, vergaderen, omdat als dan de vruchten vergaderd of verzameld worden. Oul. beteekende *zomer* ook een lastpaard.

ZOMERACHTIG, zie *zomer.*

ZOMERDAG, zie *zomer.*

ZOMERDRAAD, z. n., m., *des zomerdraads*, of van *den zomerdraad*; meerv. *zomerdraden*, welk meerv. meest in gebruik is. Van *zomer* en *draad.* Draden, welke, voornamelijk omtrent den herfsttijd, door de gras- of landworpjes en fpinnetjes over de velden gefponnen, en bij mooi droog weer, door den minften wind, om hunne ligtheid, in de lucht opgeheven en voortgedreven worden. Vele Roomfchen houden deze draden voor overblijffels van het doodkleed, waarmede

de

de Maagd Maria in het graf gelegen is, doch het welk zij, bij hare hemelvaart, heeft laten vallen.

ZOMEREN, onperf. w., gelijkvl., *het zomerde, heeft gezomerd.* Zomer worden, warm worden: *het begint reeds te zomeren.* Van *zomer.*

ZOMERHUIS, zie *zomer.*

ZOMERLOON, zie *zomer.*

ZOMERLUCHT, zie *zomer.*

ZOMERMAAND, zie *zomer.*

ZOMERSCH, bijv. n., van *zomer.* Dat tot den zomer behoort, of daaraan gelijk is: *een zomersche dag. Een zomersche avond.*

ZOMERSPROET, zie *zomervlek.*

ZOMERVLEK, z. n., vr., *der,* of *van de zomervlek;* meerv. *zomervlekken.* Van *zomer* en *vlek.* Kleine gele vlekken in het aangezigt en aan de handen, welke, vooral des zomers, zigtbaar worden: *een beproefd middel tegen de zomervlekken.* Anders *zomersproeten,* ook enkel *sproeten.*

ZOMERWEDER, zomerweer, z. n., o., des zomerweders, of van het zomerweder; het meerv. is niet in gebruik. Van *zomer* en *weder.* Het weder, d. i. de gesteldheid der lucht, in den zomer: ook weder als in den zomer, in tegenoverstelling van *winterweder. Het is thands regt zomerweder.*

ZOMERZIJDE, z. n., vr., *der,* of *van de zomerzijde;* meerv. *zomerzijden.* Van *zomer* en *zijde.* De naar de zon, d. i. naar het zuiden gerigte zijde eenes dings; de zuidzijde. *De zomerzijde van een huis, eenen boom, eene heining,* enz.

ZON, z. n., vr., *der,* of *van de zon;* meerv. *zonnen.* Verkleinw. *zonnetje.* Een altoos lichtend hemelligchaam, hetwelk aan andere donkere ligchamen of de planeten licht en warmte geeft.

Eigenlijk zijn de vaste sterren zoo vele zonnen, waarvan elke de bron des lichts en der warmte voor hare planeten is. In eene meer gewone beteekenis verstaan wij door *de zon* dat lichtend hemelligchaam, hetwelk onzen aardbol licht en warmte mededeelt: *de zon gaat op, onder. De zon schijnt,* wanneer zij gezien wordt. *D'alkoesterende zon vergult der bergen top.* Poot. *Anderen schilderen de zon met houtkole.* Vond. *De opgang, de ondergang der zon. De rijzende, opgaande zon.*

zen. *De rijzende zon aanbidden*, spreekw., zich houden aan, *en* indringen bij de genen, die in voorspoed en groot aanzien geraken. *De zon haalt water*, zegt men, in het gemeene leven, wanneer zij tusschen twee dichte wolken doorschijnt, waarbij men heldere strepen aan den hemel ziet. *De zon schijnt in het water. Ik mag wel zien, dat de zon in het water schijnt*, spreekw., ik mag wel lijden, dat anderen zich ook vermaken. *Met de noorder zon verhuizen*. Zie noorder. *God doet zijne zonne opgaan over boozen en goeden. De sonne gingh op boven de aerde.* BIJBELV. *Soo dat er niet nieuws en is onder de sonne.* BIJBELV. Dikwerf, doch tegen het gebruik, wordt, in den tweeden naamval, *der zonnen*, in plaats van *der zonne* gebezigt: *tegen der sonnen opgangh — van der sonnen ondergangh.* BIJBELV. Zonder bepalend lidwoord nogthans zegt en schrijft men: *voor zonnen opgang, na zonnen ondergang.*

Figuurlijk, verstaat men zeer dikwerf onder het woord *zon*, de zonnestralen: *de zon brandt, steekt. Van de zon verbrand zijn. In de zon gaan*, in tegenoverstelling van in de schaduw. *Iets in de zon leggen, hangen.* Bij de voormalige kampvechters werd de zon onder de strijders gelijkelijk verdeeld, d. i., zij werden zoo geplaatst, dat de zon den eenen niet meer in het aangezigt scheen, dan den anderen. In den Bijbel vinden wij, figuurlijk, gewag gemaakt van *de zon der geregtigheid.* Ook dragen uitmuntende personen, die kennis en verlichting verspreiden, in den verheven schrijftrant, den naam van *zonnen.* En, in de taal der liefde, noemen de Dichters schoone oogen *zonnen*, of *tweelingzonnen.* Zelfs worden bij sommige Dichters *zonnen* voor jaren genomen: *helt Heins, die zestien zonnen pas out*, enz. MOON. Eindelijk worden de aangestoken en ronddraaijende schijven van een vuurwerk *zonnen*, of *zonnetjes* geheeten. Van hier oul. het werkw. *zonnen*, voor in de zon leggen: *haer winterkoren zonnen.* SPIEG. *Zonnig*, bijv. n., voor veel zon hebbend, rijk van zon. Zamenstell.: zondag, zonnebeeld, zonnebloem, zonnecirkel, zonnedaauw, zonnedak, zonneglans, zonnegloed, zonneglas, zonnehoed, zonnejaar, zonnekeerkring, zonneklaar, zonnelicht, zonneloop, zonnemaagd, zonnemeter, zonnepoort, zonnering, zonnescherm, zonneschijf, zonneschijn, zonneschuw, zonnestand, zonnestilstand,

* fand, zonneftoffe, zonneftraal, zonnetaning, (zons-*
verduistering) zonnevlak, zonnevogel, zonnevuur, zon-
newagen, zonneweg, zonnewijzer, enz. *Middagzon,*
morgenzon, veenzon, enz.

Zon, hoogd. *fonne,* reeds bij Kero *funnu,* Ottfrid. *funna,* Ulphil. *funno,* nederf. *funne,* angelf.
funna, funaa, eng. *fun.* Ten Kate betrekt dit
woord tot den wortel van *zenden* en *zinnen;* doch het
is hoogstwaarfchijnlijk een afftammeling van *zien,* dewijl het licht het eigenlijkfte merkteeken van dit hemelligchaam is. *Sun* was weleer voor *zien* gangbaar; zoo
is, b. v., bij Notk. *anafune* het aangezigt. Met
eenen anderen uitgang heet *de zon* in het zweed. *fol,*
deen. *foel,* lett. *faule,* lat. *fol,* fr. *foleil.*

ZONACHTIG, zie *zon* en *zonnig.*

ZOND , z. n., vr., *der,* of *van de zond;* zonder
meerv. Eene zeeëngte tusfchen de noord- en oostzee:
het fluiten der zondt. Hooft. *Ten fteun der zeven lan-*
den en al de rijken van de zont. Vond.

Zond, hoogd. *fund,* eng. *found,* zweed. *fund.*
Verfcheidene gisfingen zijn over den oorfprong van dit
woord gemaakt; doch natuurlijkst wordt het gebragt
tot het oude *fund, fond, zund, zond,* water, zee.

ZONDAAR, z. n., m., *des zondaars,* of *van den zon-*
daar; meerv. *zondaars, zondaren.* Van eene vrouw
zegt men *zondares.* Het is van het verouderde *zonden*
voor *zondigen.* Een overtreder van goddelijke en menschlijke wetten : *een boetvaardige zondaar. Onnoofel,*
onbefmet, afgefcheijden van de fondaeren. Bijbelv.

Zondaar, hoogd. *funder,* bij Notk. en Strijk.
fundar, funder. Kero, Ottfrid. en anderen bezigen daarvoor *funtigo.*

- ZONDAG, z. n., m., *des zondags,* of *van den zondag;*
meerv. *zondagen.* Van *zon* en *dag.* De eerfte dag der
weke, welke in alle christelijke kerken tevens een aan
de openbare Godsvereering toegewijde dag is. *Op aan-*
ftaanden zondag. Des zondags, op zondag. Van hier
zondagsch, dat tot den zondag behoert; of daarmede
overeenkomt. Zamenftell.: *zondagskind,* dat op zondag geboren is, *zondagskleed,* dat men des zondags
draagt, *zondagsletter,* die letter, welke, in den alma-
nak, al de zondagen, het ganfche jaar door, aanduidt, enz. — *Palmzondag,* enz.

Zondag, hoogd. *fonntag*, reeds in de achtſte eeuw *fununtag*, bij OTTFRID. *funundag*, nederſ. *fundag*, bij de ROM. *dies folis*. NOTK. noemt dezen dag *frontag*.

ZONDAGSCH, zie *zondag*.

ZONDAGSLETTER, zie *zondag*.

ZONDARES, zie *zondaar*.

ZONDE, z. n., vr., *der*, of *van de zonde*; meerv. *zonden*. Elke overtreding van goddelijke en menschlijke wetten: *eene zonde begaan. Zich aan eene zonde fchuldig maken. Iets voor eene zonde*, of *voor zonde houden. Foei, het is zonde! Dat is geene zonde. Iemand tot zonde verleiden. Zonde van iets maken*, het voor zonde houden. *Wat is mijne overtreedinge, wat is mijne fonde?* BIJBELV. *Zonde van nalatigheid. Onnatuurlijke zonde*, of *zonde tegen de natuur. In de zonde vallen. Ende hij wandelde in alle de fonden fijns vaders*. BIJBELV. *De vergeving der zonde*. Van hier *zondig*, enz. Zamenſtell.: *zondoffer*, enz.

ZONDER, uitſluitend voorzetſel. *Zonder oorzaak. Zonder moeite. Zonder. twijfel. Zonder u zou het leven voor mij geene waarde hebben*. Ook wordt het fomwijlen als voegwoord gebezigd: *ik zal hem de zaak eenvoudig voorſtellen, zonder van die andere omſtandigheid te fpreken*. Ook *zonder dat: fonder dat er ijemant op let*. BIJBELV. Oul. werd *zonder* ook voor *bijzonder* gebruikt. Van hier *zonderen, zonderheid*, welke alleen in zamenſtelling, als *afzonderen, uitzonderen* en *inzonderheid*, gebezigd worden.

Zonder, hoogd. *fonder*, nederſ. *funder*, bij ULPHIL. *fundro*. Ook hier is het denkbeeld van afzondering het heerſchende. Het lat. *fine* is daaraan verwant.

ZONDERBAAR, *zonderling*, bijv. n. en bijw., *zonderbaarder, zonderbaarst*. Van het verouderde bijv. n. *zonder* en *baar*. Bijzondere en onderfcheidende eigenfchappen aan zich hebbend, *zonder derzelver geſteldheid verder te bepalen*, ook ongewoon, dat zelden gefchiedt: *dat is toch een zonderbaar voorval*. Van hier *zonderbaarheid, zonderbaarlijk*, KIL. Zie *zonderling*.

ZONDEREN, zie *zonder* en *afzonderen*.

ZONDERLING, bijv. n. en bijw., *zonderlinger, zonderlingst*. Genoegzaam hetzelfde, als *zonderbaar*, doch meer in gebruik: *eene zonderlinge zaak. Het is een* eén zonderling mensch. *Hij legt zich altoos toe*, *om zonderling*, anders dan eén ander, *te wezen. Zij is zeer zonderling in hare kleeding. Hij bezit eene zonderlinge welfprekendheid. Eene zonderlinge*, onge-meene, *fchoonheid. Het is zonderling, dat hij mij niet geantwoord heeft. Ik vind daarin niets zonderlings. Hij heeft mij zonderling wel voldaan.* Van hier *zonderlingheid.* De Hoogduitfchen bezigen *zonderling* (*fonderling*) als een zelfftandig naamw.; voor iemand, die zich beijvert, om het tegendeel van dat geen te doen, wat het gebruik, of de aard der omftandigheden vordert, dewijl hij zich daardoor van anderen als af-zondert. En als zoodanig wordt dit woord ook reeds, door fommigen, bij ons gebezigd: *hij is een regte zon-derling.*

ZONDIG, bijv. n., *zondiger, zondigst.* Van *zonde,* zie *ig.* Met zonde befmet, tot zonde geneigd: *wee den jondigen volcke.* BIJBELV. *Eene zondige ziel. Zon-dige werken. Zondige gedachten en begeerten.*

Zondig, hoogd. *fündig.* Dit woord is zeer oud, daar het reeds bij OTTFRID., KERO en anderen voor-komt, die ook *funtigo* voor *zondaar* bezigen.

ZONDIGEN, onz. w., gelijkvl. *Ik zondigde, heb ge-zondigd.* Zonde begaan, in de gewone godgeleerde beteekenis: *geen menfche en is er, die niet en fondigt.* BIJBELV. *Tegen God, tegen zijne naasten, tegen zijn eigen ligchaam,* enz. zoo ook *aan God, aan iemand,* enz. *zondigen,* zijn bijbelfche uitdrukkingen, voor wel-ke men, volgens ADELUNG, liever bezige *zich aan God,* enz. *bezondigen. Hierin hebt gij gezondigd,* eene zonde begaan. Insgelijks: *tegen de wet zondigen,* de wet overtreden. Somwijlen, doch zelden, wordt het als een bedrijv. werkw. gebezigd: *wat heb ik ge-zondigd? Eene zonde zondigen* komt in den BIJBEL voor, in de beteekenis van *grovelijk zondigen.* Ook wordt het in eenen ruimeren zin, voor eenen misflag begaan gebruikt: *tegen de regels der taal zondigen.*

Zondigen, hoogd. *fündigen,* van het verouderde *zonden,* bij KERO en OTTFRID. *funtan,* zweed. *fijn-da,* eng. alleen *finn.*

ZONDOFFER, z. n., o., *des zondoffers,* of *van het zondoffer;* meerv. *zondoffers.* Van *zonde* en *offer.* Bij de oude Joden, een bloedig offer, het welk ter verzoening van God, voor eene begane zonde aangebragt werd; waarom het ook *het zoenoffer* en *fchuldoffer* genoemd werd. Het onder-fcheid, dat eenige uitleggers tusfchen *zondoffer* en *fchuldoffer* maken, als of het eene voor zonde van ver-grijp, en het andere voor zonde van nalatigheid aange-bragt werd, is meer geestig uitgedacht, dan gegrond.

ZONDVLOED, *zundvloed*, z. n., m., *des zondvloeds, of van den zondvloed;* meerv. *zondvloeden.* Van *zond, zund* en *vloed.* Eigenlijk iedere groote en geweldige overftrooming, zoo als nog voor weinige jaren in een gedeelte van ons land heeft plaats gehad, anders watersnood genoemd. In eene meer bepaalde beteekenis verftaat men door *zondvloed* alleen die groote overftrooming, welke ten tij-de van Noach geweest is, en naar de meening van velen, den ganfchen aardbol onder water zou gezet heb-ben: — *tot dat de fundtvloet quam en haer alle wech nam.* BIJBELV.

Zondvloed, zundvloed, hoogd. *fündfluth,* bij NOTK. *fintfluote, finfluote.* Velen leiden de eerfte helft van dit woord, zeer gezocht en geheel verkeerd, van het vori-ge *zonde* af, en verklaren hetzelve door eene, om de zonden der menfchen te weeg gebragte overftrooming. Redelijker en taalkundiger wordt dit woord tot het bo-ven verhandelde *zond, zund,* water, zee, gebragt; zoo dat *zondvloed* eigenlijk niets anders, dan *water-vloed* is.

ZONËKLIPS, zie *zonsverduistering.*

ZONNEBAAN, zie *zonnecirkel.*

ZONNEBEELD, z. n., o., *des zonnebeelds,* of *van het zonnebeeld;* meerv. *zonnebeelden.* Van *zon* en *beeld.* De weerkaatfing der zonne, of het door de breking der lichtftralen in de verdikte lucht voortgebragte beeld der zonne, lat. en gr. *parelion,* ook *bijzon, wolkzon.*

ZONNEBLOEM, z. n., vr., *der,* of *van de zonne-bloem;* meerv. *zonnebloemen.* Van *zon* en *bloem.* Eene plant, wier groote gele bloem de gedaante eener zon heeft; de *helianthus annuus* en *multiflorus* van LINN. Zij behoort in Peru en Mexico te huis, en is uit die landen in onze tuinen overgebragt.

ZONNECIRKEL, zie *zonnekring.*

ZONNEHOED, z. n., m., *des zonnehoeds,* of *van den zonnehoed;* meerv. *zonnehoeden.* Van *zon* en *hoed.*

Een,

Een, met groote randen voorziene hoed, welke de ftralen der zon van het aangezigt afkeert, en dus ter be-
fchutting tegen de zon gedragen wordt.

ZONNEJAAR, z. n., o., *des zonnejaars*, of *van het
zonnejaar*; meerv. *zonnejaren*. Van *zon* en *jaar*. Dat
jaar, het welk naar den loop der zon bepaald wordt,
of de tijd, waarin de zon de twaalf teekenen van den
dierenriem doorloopt. *Het zonnejaar beftaat uit twaalf
zonnemaanden, en bevat drie honderd vijf en zestig dagen, vijf uren en negen en veertig minuten.* Het wordt
tegen het maanjaar en burgerlijk jaar overgefteld.

ZONNEKLAAR, bijv. n. en bijw., zonder trappen van
vergrooting. Zoo klaar als de zon; meest echter in
eenen figuurlijken zin, voor den hoogften graad van dui-
delijkheid en vatbaarheid: *eene zonneklare zaak. Het
is eene zonneklare waarheid. Een zonneklaar bewijs.*

ZONNEKRING, z. n., m., *des zonnekrings*, of *van
den zonnekring*; meerv. *zonnekringen*. Van *zon* en
kring. In de fterrekunde, de kring, dien de zon in
hare eigene beweging fchijnt te doorloopen. Bij de
Dichters wordt zonnekring ook voor een jaar gebezigd:
na dertig zonnekringen, enz.

ZONNELOOP, z. n., m., *des zonneloops*, of *van den
zonneloop*; zonder meerv. Van *zon* en *loop*. De fchijn-
bare beweging der zon om de aarde.

ZONNEMAAND, z. n., vr., *der*, of *van de zonnemaand*; meerv. *zonnemaanden*. Van *zon* en *maand*.
Eene maand, wier during door den loop der zon bepaald wordt — de tijd, waarin de zon een van de
twaalf teekenen van den dierenriem doorloopt. Eene
zonnemaand beftaat uit dertig dagen, tien uren negen
en twintig minuten en vijf fekonden.

ZONNEN, zie *zon*.

ZONNEPAARD, z. n., o., *des zonnepaards*, of *van
het zonnepaard*; meerv. *zonnepaarden*. Van *zon* en
paard. In de fabelleer, de paarden, welke den wagen
der zon trekken:

*Alfpant Kopernikus, door wakkre kunst vertoogen,
En vlijtig onderzoek, de zonnepaarden uit.* POOT.

ZONNESCHERM, z. n., o., *des zonnefcherms*, of
van het zonnefcherm; meerv. *zonnefchermen*. Van *zon*
en *fcherm*. Een fcherm, om de zonneftralen van zich
af te keeren; fr. *parafol*, in onderfcheiding van een re-

genfcherm: *in warme landen zijn de zonnefchermen zeer gemeen.*

ZONNESCHIJF, z. n., vr., *der*, of *van de zonne-fchijf;* meerv. zonnefchijven. Van zon en *fchijf.* In de fterrekunde, de zon, in zoo ver zij eene vlakke fchijf fchijnt te wezen.

ZONNESCHIJN, z. n., m., *des zonnefchijns*, of *van den zonnefchijn;* zonder meerv. Van zon en *fchijn.* Het fchijnen der zon, de toestand, waarin hare ftralen door geene verhindering terug gehouden worden: *wij had-den op reis veel zonnefchijn. Bij klaren zonnefchijn.* VOND.

ZONNESTAND, z. n., m., *des zonnefands*, of *van den zonneftand;* meerv. zonneftanden. Van zon en *fand.* De tijd, wanneer de zon, des zomers, op het hoogst, of, des winters, op het laagst is. Zamen-ftell.: *winterzonneftand, zomerzonneftand.*

ZONNESTOF, z. n., vr., *der*, of *van de zonneflo';* zonder meerv. Verkleinw. zonneftofje. Van zon en *fof.* De in een vertrek omzwervende onmerkbaar klei-ne ftof, welke men alleen dan ziet, wanneer de zon, door eene kleine opening in het vertrek fchijnt. Men gebruikt dit woord dikwerf, om iets onmerkbaar klein aan te duiden.

ZONNESTRAAL, z. n., m., *des zonneftraals*, of *van den zonneftraal;* meerv. zonneftralen. Van zon en *firaal.* De van de zon uitgaande lichtftralen.

ZONNETANING, zie *zonsverduistering.*

ZONNEWAGEN, z. n., m., *des zonnewagens*, of *van den zonnewagen;* zonder meerv. Van zon en *wa-gen.* In de fabelleer, de wagen, waarop de zon ver-beeld wordt te rijden: *de moede zonnewagen faet vracht-loos.* POOT.

ZONNEWIJZER, z. n., m., *des zonnewijzers*, of *van den zonnewijzer;* meerv. zonnewijzers. Verkleinw. zonnewijzertje. Van zon en *wijzer.* Een vlak, waar-op de uren van den dag, door de fchaduw van eenen wijzer in den zonnefchijn, aangetoond worden. *De zonnewijzer faat op één uur. De fchaduw gaet haer gang rondom den zonnewijzer.* VOND. *In de graden van Achaz fonnewijzer.* BIJBELV. *Een zigteinderlijke zonnewijzer. Een toppige zonnewijzer.* Zamenftell.: *zonnewijzersbord, zonnewijzerskunde, gnomonica.*

ZON-

ZONNEZWIJM, *zonnezwijming*, zie *zonsverduistering*.

ZONSVERDUISTERING, z. n., vr., *der*, of *van de zonsverduistering*; meerv. *zonsverduisteringen*. Van *zon* en *verduistering*. De verduistering der zon door de maan, wanneer deze tusschen haar en de aarde treedt, en haar, voor eenen tijd, bedekt.

ZOO, bijw. en voegw. Als bijw. is het van eenen betrekkelijken aard, en slaat het, of op iets, dat voorafgegaan is, of daaronder verstaan wordt, of op iets, dat volgt, en beteekent eigenlijk op deze, of zulk eene wijze, in dezen, of zulk eenen graad. 1. Op iets, dat voorafgegaan is, en wel eenigzins aanwijzend, dewijl men de zaak, waarop het betrekking heeft, als met den vinger aanwijst; in welk geval het den klemtoon ontvangt. *Ik maak daar juist zoo veel werk niet van. Zij waren met hun zoo velen. Zoo moet het niet gaan. Zoo, lieve vriendin! gij verdedigt mij meesterlijk. Zoo had ik het niet gemeend. Ik had wel gedacht, dat het eindelijk zoo komen zou.* Hiertoe behoort ook het verwondering uitdrukkend vraagwoord *zoo?* op deze wijs? is het mogelijk? *Zoo? Hij heeft mijne dochter dan op de spraak willen brengen? Wel zoo? heeft zij dat gezegd?* Insgelijks het in den vertrouwelijken spreektrant gebruikelijke *zoo* en *zoo, zoo*; ook *zoo wat*, om iets twijfelachtigs, iets bedenkelijks, of iets middelmatigs aan te duiden: *het is nu zoo; wat kan het helpen? Hoe maakt hij het thands? Zoo, zoo. Dan dus, dan zoo,* dan op deze, dan op eene andere wijze. *Zal zij van deze ziekte geheel hersteld worden? Dat is zoo wat; waarschijnlijk zullen de gevolgen daarvan haar nog lang, en misschien altoos, bijblijven.* Verder behoort hiertoe het in het gemeene leven gebruikelijke *zoo een,* voor *zulk een. Hebt gij mij voor zoo een vergrijp vatbaar gehouden? Met zoo een been kan ik toch niet op het bal verschijnen.* Somwijlen heeft het meer van het betrekkelijke, dan van het aanwijzende; in welk geval het den klemtoon niet ontvangt: *gesteld, het ware zoo,* als te voren gezegd is. *Ja, het is zoo.* Dikwerf bekomt het, bijzonder in den vertrouwelijken spreektrant, allerlei kleine bijkomende beteekenissen: *gij hebt zoo geheel geen ongelijk. Zoo naauwkeurig heb ik er juist niet op gelet. Zoo terstond kan ik niet komen. Hij spreekt zoo tamelijk fransch.* Ook wordt *zoo* van dat ge-

gevolgd: *ik ben zoo moede, dat ik wat moet rusten. Gij loopt zoo schielijk, dat ik u niet volgen kan.* In de meeste dezer gevallen (welke echter ook door eene uitlating *kunnen* verklaard worden) schijnt *zoo* eene zin versterkende beteekenis te hebben, welke in andere gevallen nog meer kenbaar is: *ik ben zoo dikwerf daar geweest,* d. i. zeer dikwerf. *Hij zal zoo schielijk niet terug komen.*

2. Even zoo dikwerf heeft het betrekking op iets, dat volgt, om den aard en de wijs aan te duiden, welke in het vervolg nader bepaald wordt: *zijt zoo goed en doe het.* Ook met *als*, om eene vergelijking aan te duiden: *zoo helder als de zon.* In eenige gevallen kan *zoo* hier ook verzwegen worden: *schoon, als de godin der liefde.* Dikwerf kan *als* insgelijks hier weggelaten worden: *zoo dra ik kan, zal ik komen. Zoo hoog de hemel is boven de aarde. Zoo veel mijne omstandigheden toelaten. Zoo meester, zoo knecht*, d. i. zoo als de meester is, zoo is de knecht. *Zoo gezegd, zoo gedaan*, d. i. het werd besloten, en terstond uitgevoerd. In den gemeenzamen spreektrant wordt *zoo* ook als een bijw. van tijd, in den toekomenden en verleden tijd gebezigd: *ik zal zoo* (zoo aanstonds) *wederkomen. Hij is zoo* (zoo eventjes) *uitgegaan.*

Als voegwoord, wordt *zoo* gebezigd, om verscheidene deelen der rede aan elkander te knoopen. Voor indien, wanneer: *zoo God met ons is, wie zal tegen ons zijn? Soo sijn sone hem soude bidden om broot.* Bijbelv. *Zoo ik hem wel kenne, is hij een man, wien men alles toevertrouwen kan. Ik zal het doen, zoo gij het begeert.* Wijders, als het gevolg eener voorgaande rede: *zoo ga nu heen in vrede. Zoo is het dan niet waar? Soo is dan de sone des menschen een heere ook van den sabbath.* Bijbelv. *Naardien de zaak reeds overal bekend is, zoo behoeft men daarvan verder geen geheim te maken. Zoo* wordt ook bij *toch* geplaatst, voor echter, evenwel: *schoon een geest geene plaats beslaat, zoo bevindt hij zich toch ergens. En al bleve hij tegen dat huwelijk, zoo zou het ongetwijfeld toch voortgang hebben. Zoo* wordt ook voor schoon, alhoewel, gebezigd: *ik kan mij, zoo oud ik ben, nog wel met kinderlijke spelen vermaken*, d. i. schoon ik reeds oud ben. Ook met *als: zoo arm als ik ben, zou ik mijn stuk brood toch met zulk eenen ellendigen deelen.* En voor ge-

gelijk, gelijk als: *de Keizer zal, zoo ik hoor, dit jaar nog in Holland komen.* Van hier *zoodanig.*

Zoo, hoogd. *ſo,* in de oudſte tijden reeds *ſo, ſam, ſus, ſunst,* eng. insgelijks *ſo,* zweed. *ſd* en *ſom,* angelſ. *ſwa,* pool. *toc.* Dat dit woord uit het oude bijvoegel. voornaamw. *ſo, ſa, ſu,* dezelve, in het zweed. nog *ſom,* ontſtaan is, is hoogstwaarſchijnlijk. Het lat. *ſi* en *ſc* is daarmede verwant. De voorheen ingevoerde onderſcheiding van *zo* voor indien: *zo gij het begeert,* enz., en *zoo* voor eene vergelijking: *zoo groot als, zoo heb ik het niet gemeend* enz., is ongegrond en willekeurig.

ZOOD, *zoô,* zie *zode.*

ZOODANIG, bijv. n. en bijw., diergelijk, zulk: *zoodanige zaken had ik niet verwacht. Soo wie een van ſoodanige kinderkens ſal ontfangen in mijnen name.* BIJBELV. *Zoodanig,* in dier voege, *had ik de zaak niet beſchouwd. Is het daar zoodanig geſteld?* Ook wordt het zelfſt. gebezigd: *de zoodanigen kunnen mijne vrienden niet zijn. Ende hij heeft lust aen de ſoodanigen.* BIJBELV. Insgelijks zegt men *een zoodanig* en *zoodanig een: een ſoodanig menſche.* BIJBELV. *Ende ſoodanig een vertrouwen hebben wij,* enz.

Zoodanig, angelſ. *ſothan,* opperd. *ſothan, ſothanig,* deen. *ſaardann.* Het is zamengeſteld uit *zoo* en *danig,* van *doen.*

ZOODJE, zie *zode.*

ZOOGBROEDER, zie *zogen.*

ZOOGDIER, zie *zogen.*

ZOOGENAAMD, bijv. n. en bijw., zonder vergrooting. Van *zoo* en *genaamd,* van *namen,* nu *noemen.* Genaamd, of genoemd, eigenlijk gezegd: *op aanſtaanden vrijdag, zoogenaamd goeden vrijdag.* Voorgewend, dat zoo niet is: *eene zoogenaamde reden. Wat is hij eigenlijk? een zoogenaamde ſchilder;* ook: *hij is, zoogenaamd, een ſchilder.*

ZOOGVROUW, zie *zogen.*

ZOOL, z. n., vr., der, of van de *zool;* meerv. *zolen.* Verkleinw. *zooltje.* Eigenlijk, de onderſte vlakte van den voet, waarop men gaat; waarom datgeen, hetwelk deze vlakte bedekt, ook zool genoemd wordt: *de zool van eene kous, de zool van eenen ſchoen,* anders *ſchoenzool,* welke gemeenlijk van dik ſterk leder ge-

maakt

maakt is : *een paar halve zolen.* In den verheven en dichterlijken ſtijl wordt het voor het plat van den voet en den voet zelven gebezigd : *de zool geen aarde ſchijnt te roeren.* VOND. *Als hij de zool over den drempel zette.* HOOFT. Dezelve zegt ook : *hebbende 't hard onder de zoolen,* d. i., het harde, het vaste land. *Het hart onder de zolen hebben,* zegt HUIJDEC., is geenen moed hebben, dan om te loopen, en te vlugten. Het dunne hoornachtige gedeelte aan den hoef van een paard, tus- ſchen het onderſte dikke gedeelte, hetwelk het hoefijzer draagt, wordt ook *zool* genoemd : *de zool van een paard.* Daar de zool het voornaamſte eenes ſchoens is, ja de oudſte ſchoenen alleen uit zolen beſtonden, zoo voer- den weleer verſcheiden ſoorten van dezelven den naam van *zolen.* Nog draagt, in de gemeenzame verkeering, zeker plat, en in de gedaante eener ſchoenzool gevormd gebak, den naam van *zool.* Van hier het werkw. *zo- len,* in *verzolen,* enz. Zamenſtell.: *zoolleer,* leer, leder, dat voor ſchoenzolen gebruikt wordt, *zoolriem,* — *ſchoenzool, voetzool,* enz.; en van zeker gebak : *zool- ijzer, ſtroopzool,* enz.

Zool, hoogd. *ſohle;* bij ULPHIL. is *ſuljan* eene pan- toffel; in het fr. *ſoulier* een ſchoen.

ZOOLLEDER, *zoolleér,* zie *zool.*

ZOOM, z. n., m., *des zooms,* of *van den zoom;* meerv. *zoomen.* Verkleinw. *zoompje.* Oudt. was dit woord gebruikelijk voor den uiterſten rand van eenig ding, inzonderheid van een kleed : *tot op den zoom ſijner klee- deren.* BIJBELV. In den zelfden zin ſpreekt men van *den zoom eener rivier. De zoomen van den Nijl.* N. VERSTEEG. Ook eens bergs: *en d'oevers liggen vlot, beneen den zoom des bergs.* VOND. — *Bergen op den Zoom,* anders, *Bergen op Zoom,* eene ſterke ſtad, dus ge- naamd, omdat haar grondveſt een heuvel of bergje is, aan het riviertje *den zoom* gelegen. *Te Berghen an den ſoem.* MELIS ST. En in den dichterlijken ſtijl, vertoont zich aan het uiterſte der vleugelen van ſommi- ge kapellen *een zoom van goud.* Verder, en meer gewoon, is *een zoom* de omgeſlagen rand van linnen, laken, en andere ſlechts eenigzins buigzame dingen. Men maakt *eenen zoom,* wanneer men den rand van een ſtuk linnen enz. omſlaat en vaſt naait. Bij de blikſlagers en ſme- den is *de zoom* insgelijks de omgeſlagen rand van eenig

blik-

blik- of ijzerwerk. *De fpeer klieft den zoom van het pantfer.* VOND.

Zoom, hoogd. *faum*, nederf. *foom*, eng. en angelf. *feam*, zweed. *föm*.

ZOOMEN, bedr. w., gelijkvl. *Ik zoomde, heb gezoomd.* Van *zoom*. Met eenen omgeflagen rand voorzien: *eenen zakdoek zoomen*. Zamenftell.: *zoomwerk*, fcheepswoord.

ZOOMWERK, zie *zoomen*.

ZOON, z. n., m., *des zoons*, of *van den zoon*; meerv. *zoons*, *zonen*. Verkleinw. *zoontje*. Eigenlijk, een perfoon van het mannelijke geflacht, in zoo ver dezelve zijn wezen, door middelbare mededeeling, van anderen, van vader en moeder, ontvangen heeft; even als *dochter* zulk een perfoon van het vrouwlijke geflacht is: *iemands zoon zijn. De jongfte, de oudfte zoon. Van een zoontje bevallen zijn. De eenigfte, de eerstgeboren zoon. Een natuurlijke zoon. Een onechte zoon*, buiten het huwelijk geteeld. In eene ruimere beteekenis, met betrekking tot de vroegfte voorouders; eene in den bijbelftijl en den verhevenen fpreektrant, alleen gebruikelijke beteekenis: *Christus was de zoon van David. De zonen van Adam*, alle van Adam aftammende menfchen van het mannelijke geflacht. Ook een perfoon van het mannelijke geflacht, tufchen wien en een' ander flechts eenige betrekking plaats heeft, zoo ten aanzien van onderhoud, opvoeding, onderwijs enz.: *biechtzoon, fliefzoon*, enz. *Iemand ten zoon aannemen.* Wijders; in den vertrouwelijken fpreektrant, plegen oudere lieden, die genen, welke, naar de jaren, van hen zouden kunnen aftammen, met den naam van *zoon, mijn zoon*, toe te fpreken. In den bijbelfchen ftijl, worden alle redelijke fchepfelen van het mannelijke geflacht, dewijl zij allen hun beftaan van God hebben, *zonen Gods* genoemd. In eene nog ruimere beteekenis is, naar eene oosterfche figuur, in den Bijbel, *een zoon* een mannelijke perfoon, wiens eigenlijke gefteldheid, door een bijgevoegd zelfftandig naamwoord uitgedrukt wordt: *ende indien aldaer een fone des vredes is. Barnabas, 't welk is overgefet zijnde, een fone der vertroostinge. De fone des verderfs.* BIJBELV. *Zonen der vrijheid*, anders; *vrijheidszonen!* Van hier *zoonfchap*, de eigenfchap, de betrekking, waardoor iemand de zoon

zoon van een' ander is. Zamenftell.: *zoonsdochter*, *zoonszoon*, *zoonsvrouw*, fchoondochter. — *Behuwd-zoon*, *broederszoon*, *hoerenzoon*, *kleinzoon*, *moeders-zoon*, *fchoonzoon*, *ftiefzoon*, *voorzoon*, *zusterszoon*, enz.

Zoon, hoogd. *fohn*, bij ISIDOR. *funu*, OTTFRID., KERO en anderen *fun*, nederf. *föne*, ULPHIL. *funus*, angelf. *fune*, flavon. *fin*, ijsl. *fonur*.

Eer de eigenlijke geflachtsnamen gebezigd werden, en iedere perfoon nog zijnen eigen naam voerde, was het zeer gebruikelijk, bij dezen naam dien des vaders te voegen, vereenigd met het woord *zoon*, en zich daardoor van anderen, die denzelfden naam droegen, te onderfcheiden. Deze onder de Joden, Rusfen en Oosterlingen gebruikelijke gewoonte is zeer oud, en komt reeds bij de eerfte volkeren der wereld voor. Zij vond weleer ook in het noordelijke gedeelte van Europa, tot in ons land, bijzonder in Vriesland, plaats. *Jakob Andrieszoon*, *Kasper Dirkszoon*, enz. Door den tijd werd dit *zoon* tot *zen*, of *fen*, *fon*, en eindelijk tot *s* alleen verkort, en dit bij den naam des vaders gevoegd, welke naderhand, op deze wijze, geheel in een' geflacht-naam veranderd werd: *Jakob Andriesfen*, of *Andersen*, voor *Jakob Andrieszoon*, waarvan de tegenwoordige geflachtnaam *Anderson*. *Kasper Dirksen*, ook *Kasper Dirks*, voor *Kasper Dirkszoon*. *Joannes Jakobfen*, voor *Joannes Jakobszoon*, geflachtnaam *Jakobfon*. *Gijsbert Japiks*, voor *Gijsbert Japikszoon*, of *Jakobs-zoon*. En nog bij de Joden: *Simon Nathans*, *Samuel Levij*, anders *Levijs*, voor *Levijszoon*, geflachtnaam *Levifon*. En op dezelfde wijze zijn de namen *Klaas-zoon*, *Maartenszoon*, *Pieterszoon*, of *Peterszoon*, enz. tot de geflachtnamen *Klaasfen*, *Martens*, of *Mertens*, *Meertens*, *Peterfen* en *Peters*, overgegaan. Door eene wet van Keizer Napoleon, zijn de Joden verpligt, een' geflachtnaam aan te nemen.

ZOONSCHAP, zie *zoon*.

ZOOPJE, z. n., o., *des zoopjes*, of *van het zoopje*; meerv. *zoopjes*. Verkleinw. van het veroud. *zoop*, *haustus*, van *zuipen*. Een flokje, teug, van fterken drank: *een zoopje drinken, nemen*. Zamenftell.: *zoop-jesman*, iemand, die fterken drank verkoopt.

ZOOR, bijv. n. en bijw., *zoorder*, *zoorst*. Droog, ruw, ftram: *zoor vel*, *eene zoore huid*. Van hier *zoorheid*.

De

De eigenlijke beteekenis van dit woord schijnt dor, droog, te wezen; gelijk het bij KIL. als zoodanig voorkomt, die ook *fore*, *foore*, voor droogen haring heeft. In het nederf. is *for*, dor, fappeloos: *ein forer ast*, een dorre tak.

ZORG, z. n., vr., *der*, of *van de zorg*; meerv. *zorgen*. Eigenlijk de met zekere onrust verbonden aanhoudende rigting des gemoeds naar de afwending van eenig kwaad, of de verkrijging van eenig goed, en de daarmede gepaard gaande onaangename gewaarwording: *zijn brood met zorgen verkrijgen. De zorgen, die mij kwellen. Zonder zorge, onbekommerd, leven.* In de gemeenzame verkeering zegt men *een hartje zonder zorg*, voor iemand, die onbekommerd leeft. *Vele zorgen hebben. Dat is mijne grootste zorg*, bezorgdheid. *Zijne zorg uitslapen. In zorg en kommer leven. Buiten zorg;* welk opfchrift van tuinen en buitenplaatfen niet moet beteekenen *zonder zorg*, maar wel *zorg*, *wanneer men buiten is*. Doch dit is eene verkeerde aardigheid; want dan moest het *buitenzorg* zijn. In eene ruimere beteekenis, de ernftige oplettendheid, het bekommerd toezigt, de aanhoudende poging, ter verkrijging, bewaring, of afwending van eene zaak; terwijl het alsdan alleen in het enkelvoud gebezigd wordt: *door zonderlinge zorge*. HOOFT. *Goederen, met angftige zorge bewaert.* VOLLENHOVE. *Ik neem de zorg daarvoor op mij. Zorg dragen. Draag zorg voor de ouderloozen. Ik draeg geen mindere zorg.* VOND. Ook wordt het voor een bezorgd mensch gebruikt, in het mannelijke en vrouwelijke geflacht: *hij is een regte zorg. 'k Beval het kind aan haar, als aan eene oude zorg.* Eindelijk draagt, in de gemeenzame verkeering, een arm- of leuningftoel den naam van *zorg*, anders ook *zorgftoel*, als zeer gefchikt, om zich daarin aan zijne zorgvolle bepeinzingen over te geven: *de oude Heer moet in de zorg zitten.* Van hier *zorgachtig, zorgelijk, zorgeloos, zorgen*, enz. Zamenftell.: *zorgvaardig, zorgvuldig*, enz. bij HOOFT.

ZORGELIJK, bijv. n. en bijw., *zorgelijker, zorgelijkst.* Van *zorg*, zie *lijk.* Zorg aanwendend: *gij zijt altoos even zorgelijk.* Zorg veroorzakend: *zij bevindt zich in zeer zorgelijke*, kommerlijke, gevaarlijke, omftandigheden. *Ende als de vaert nu forgelick was.* BIJBELV. Van hier *zorgelijkheid.*

Zor

Zorgelijk, hoogd. *sorglich*, nederf. *sorglik*, Notk. *sorglicho*, *sorgliho*.

ZORGELOOS, bijv. n. en bijw., *zorgeloozer*, *zorgeloost*. Van zorg, zie *loos*. Onbezorgd, zonder zorg: *ik leide mij zorgeloos neder*. Achteloos, onachtzaam: *een zorgeloos mensch*. *Hij is altoos even zorgeloos*. *Want het leger was sorgeloos*. Bijbelv. Van hier *zorgeloosheid*, *zorgelooslijk*.

ZORGEN, onz. w., gelijkvl. *Ik zorgde, heb gezorgd*. Van zorg. Zich aanhoudend, onrustig en onder zeker onaangenaam gevoel, naar de afwending van eenig kwaad, of de verkrijging van eenig goed uitstrekken: *ende in een jaer van drooghte en sorght hij niet*. Bijbelv. *Borgen maakt zorgen*, spreekw. *Hij laat violen zorgen*, spreekw., hij leeft geheel zorgeloos. In eene ruimere beteekenis, *voor iets zorgen*, ernstig daarop bedacht zijn, het trachten te verkrijgen, of te veroorzaken: *laat mij daarvoor zorgen*. *Hoe teeder zorgde zij altoos voor mijn vergenoegen*. Ook zorgen, *dat*, voor veroorzaken, bezorgen: *zorg, dat hij kome*. Een toekomend kwaad als mogelijk, of waarschijnlijk beschouwen, anders, vreezen: *ik zorg, dat het niet zal gebeuren*. *Ik zorg zeer, dat het u berouwen zal*. In een enkel geval wordt het bedrijvend gebezigd en heeft het eenen vierden naamval bij zich: *men zorgt zich eerder oud dan rijk*. Van hier *zorger*, *zorgster*. Zamenstell.: *bezorgen*, *verzorgen*, enz. — *Zorglijn*, roertouw, of een touw, dat de zeelieden aan het roer van het schip vastmaken, uit voorzorg, of uit vrees, dat er iets aan het roer mogt breken; anders ook *roerstrop* genoemd.

Zorgen, hoogd. *sorgen*, Ottfrid. *suorgan*, nederf. *sorgen*, zweed. *sörja*, eng. *to sorrow*, Ulphil. *saurgan*.

ZORGLIJN, zie *zorgen*.

ZORGVULDIG, bijv. n. en bijw., *zorgvuldiger*, *zorgvuldigst*. Van zorg en *vuldig*. Bezorgd, bekommerd: *zij is eene zorgvuldige moeder*. *In alle dingen zeer zorgvuldig zijn*. Vlijtig, naauwkeurig: *een zorgvuldig onderzoek naar iets doen*. *Men make een zorgvuldig onderscheid tusschen die twee zaken*. Van hier *zorgvuldigheid*, *zorgvuldiglijk*.

ZORGZAAM, bijv. n. en bijw., bij Kil. *sorghsaem*, reeds eenigzins verouderd, en hetzelfde als *zorgvuldig*.

ZOT,

ZOT, bijv. n. en bijw., *zotter, zotst.* Dwaas, gek, bij KIL. *fot,* fr. *fot. Dat is eene zotte daad. Het is niet, dan zotte praat, dat men van hem hoort. Men zou er zot van worden. Het gefprek werd hoe langer hoe zotter.* Van hier *zotheid, zottelijk,* op eene zotte wijs, — *zotternij, zottigheid.*

ZOT, z. n., m., *des zots,* of *van den zot;* meerv. *zotten.* Verkleinw. *zotje.* Van eene vrouw *zottin.* Een gek, een dwaas: *hij is een regte zot. Iemand voor den zot,* of *voor het zotje,* houden. Een hansworst, tooneelgek: *hij fpeelt zeer goed voor zot,* anders *tooneelzot;* figuurl. is *voor zot fpelen,* zich zottelijk gedragen. Ook draagt eene fpeelpop der kinderen, welke op de wijze van eenen tooneelzot opgekleed is, den naam van *zot: de kleine fpeelt met zijn zotje.* Zamenftell.: *zotskap, zotfpel, zotftok,* enz.

ZOTHEID, z. n., vr., *der,* of *van de zotheid;* meerv. *zotheden.* Van *zot,* zie *heid.* Dwaasheid, gekheid: *het is eene groote zotheid, zoodanig iets te ondernemen. Hij maakt zich aan allerhande zotheden fchuldig. Zij begaan de eene zotheid na de andere. Erasmus heeft een boek gefchreven, behelzende den lof der zotheid.*

ZOTSKAP, z. n., vr., *der,* of *van de zotskap;* meerv. *zotskappen.* Verkleinw. *zotskapje.* Van *zot* en *kap.* Eene narrekap, eene kap met bellen: *hij zettede eene zotskap op.* Ook voor een' perfoon, die zot is, of zich zottelijk aanftelt, mannel. en vrouwel.: *zij is eene zotskap. Hoor dien zotskap eens kakelen.*

ZOTTELIJK, zie *zot,* bijv. n.

ZOTTIN, zie *zot,* z. n.

ZOUT, z. n., o., *des zouts,* of *van het zout;* meerv. *zouten,* wanneer van onderfcheidene foorten gefproken wordt. In de uitgeftrektfte, doch alleen in de natuurkunde gebruikelijke, beteekenis, ieder droog ligchaam, dat zich in water laat oploffen, en eenen fmaak heeft; in welken zin de fuiker ook *een zout* genoemd wordt. In eene engere en gewonere beteekenis is *zout* een mineraal ligchaam, het welk zich in water laat oploffen, en zijnen eigen fcherpen fmaak heeft, welke zich alleen laat gewaarworden, maar niet befchrijven. Men heeft zeer vele foorten van zout, welke allen tot de drie klaffen van *alkalisch,* of *loogzout, zuurzout* en *middelzout* kunnen gebragt worden. In de gewoonfte be-

tee-

teekenis verftaat men door *zout* dat middelzout, **waar-**
van men *zich tot* bereiding der fpijzen bedient, en het
welk, *ter* onderfcheiding van andere zouten, *gemeen*
zout, tafelzout en *keukenzout* genoemd wordt. Van *dit*
zout zijn twee foorten; de eene is dat zout, het welk
uit de mijnen gegraven wordt, en daarom ook *gegra-*
ven zout en *fteenzout* heet; de andere is datgeen, het
welk men door uitdamping van zeewater, of zout fonteinwater, verkrijgt, en *zeezout*, of *gekookt zout* genoemd wordt. *Zout graven. Zout koken. Met zout*
bereiden. In het zout leggen. Vleesch in het zout leg-
gen. Vleesch in het zout hakken, of in gefchikte ftukken hakken, om in het zout gelegd te worden. *Zout*
en brood, eene benaming van den eenvoudigften kost.
Grof zout, fijn zout. Met zout befprengen, of *beftrooi-*
jen. Met zout inwrijven. Geest van zout, in de apo-
theek, *fpiritus falis.* Figuurl.: *gij zijt het fout der*
aerde, het beste, het noodigfte. Bijbelv. *Uw woort*
zij alle tijd met fout befprenght. Bijbelv. *Er be-*
hoorde nog wel een grijntje zout bij die redenering, zij
is laf. Van hier *zoutachtig*, enz. Zamenftell.: zout-
bak, zoutberg, zoutdal, zoutdrager, zoutgeld, zout-
groef, zouthandelaar, zouthuis, zoutkeet, zoutketel,
zoutkoker, zoutkooper, zoutkramer, zoutkuil, zout-
kuip, zoutmaat, zoutmaker, zoutmoer, zoutmeter,
zoutmijn, zoutpacht, zoutpachter, zoutpan, poel,
waarin zich het zout zet, ook de pan, waarin, in de
zoutkeet, het zout gedroogd wordt, — zoutpakhuis, zout-
pilaar, zoutpot, zoutregter, zoutfchip, zoutfteen,
zoutvat, zoutverbond, zoutverkooper, zoutzak, zoutzee, zoutzolder, enz. — *Bergzout, haringzout, vlug-*
zout, enz.

Zout, hoogd. *falz*, nederf. *folt*, reeds bij Ottfr.
falz, Ulphil. *falt*, eng. *falt*, zweed. en ijsl. *fult*,
lat. *fal*, fr. *fel*, pool. *fol*, boh. *fül*, wallis. *halen*,
gr. αλς. Sommigen brengen het tot het noordfche *fal*,
falt, de zee; anderen ftellen, dat het zijnen naam van
zijnen fcherpen bijtenden fmaak ontleend heeft.

ZOUT, bijv. n. en bijw., *zouter, zoutst.* Dat zout,
en in eene gewonere beteekenis, veel zout bevat, en
zulks door den fmaak verraadt. *Zout fmaken. Te zout*
zijn. Zout water. Zoute boter. Zoute visch. Ook
voor

voor in het zout gelegde, in tegenoverstelling van *verfche visch*. Van hier *zoutheid*, ook *zoutigheid*, zii..gheid.

ZOUTELOOS, bijv. n. en bijw., *zouteloozer*, *zouteloost*. Van *zout*, zie *loos*. Zonder zout; doch meest in eenen figuurlijken zin gebruikelijk, voor *laf*, *walgelijk*: *eene zoutelooze rede*. *Al wat hij zegt, is even zouteloos*. Van hier *zouteloosheid*.

ZOUTEN, bedr. w., ongelijkvl. *Ik zoutte*, *heb gezouten*. Van *zout*. Met zout beftrooijen, met zout toemaken: *vleesch zouten*. *Die spijs is te fterk gezouten*. *Gezouten boter*, in tegenoverstelling van *ongezouten*. *Visch zouten*. Figuurlijk is *iets zouten* duur verkoopen: *ik heb het hem wel gezouten*. Ook: *ik heb het hem wel gezouten verkocht*. Het deelw. *ingezouten* wordt ook figuurl. gebezigd, in de fpreekwijs: *iemand iets ongezouten*, d. i., onvoorbereid, zoo als het op het hart ligt, zeggen: *ik heb het hem ongezouten gezegd*. — Van hier *zouter*, *zouting*, *zoutfter*. Zamenftell.: *inzouten*, *opzouten*, enz.

Zouten, hoogd. *falzen*, bij OTTFRID. *falzan*, TATIAN. *filzan*, nederf. *folten*, ULPHIL. *folton*, zweed. *falta*, angelf. *fijltan*.

ZOUTKEET, z. n., vr., *der*, of *van de zoutkeet*; meerv. *zoutkeeten*. Van *zout* en *keet*. Eene keet, of hut, waar het gemeene keukenzout bereid wordt: *zij werkt in de zoutkeet*.

ZOUTPAN, zie *zout*.

ZOUTVAT, z. n., o., *des zoutvats*, of *van het zoutvat*; meerv. *zoutvaten*. Verkleinw. *zoutvaatje*, het welk meest in gebruik is. Van *zout* en *vat*. Eigenlijk een groot, rond, uit duigen vervaardigd, houten vat, geschikt om zout te bewaren, of te vervoeren. Wijders, een klein rond, of hoekig vaatje, van tin, zilver, glas, enz., om het noodige zout, bij den maaltijd, daarin op de tafel te zetten: *kristallen, verlakte zoutvaten*. *Zet het zoutvat op de tafel*.

ZOUTZAK, z. n., m., *des zoutzaks*, of *van den zoutzak*; meerv. *zoutzakken*. Verkleinw. *zoutzakje*. Van *zout* en *zak*. Een zak om zout in te doen. Wijders, figuurlijk, om de, ineenzakking van het zout in eenen zak, een log, traag mensch: *hij is een regte zoutzak van een' karel. Hij zit, als een zoutzak.* Zoo ook wordt een fchip, met zout geladen, *een zoutzak* genoemd.

ZUCHT, z. n., m., *des zuchts,* of *van den zucht,* meerv. *zuchten.* Verkleinw. *zuchtje.* Diepe ademhaling, verzuchting: *zuchten lozen. Diep geflaakte zuchten.*

Zucht, hoogd. *feufzer,* nederf. *fucht,* eng. *figh,* zweed. *fuck,* ysl. *fitting;* bij NOTK. *fufto.*

ZUCHT, z. n., vr., *der,* of *van de zucht;* meerv. *zuchten.* Een woord, het welk weleer alle ziekte aanduidde, van welken aard die ook ware; in welke beteekenis het reeds bij OTTFRID. voorkomt; en bij KIL. is *zuchte morbus, languor, dolor:* in welken zin het ook in het UTR. PLAKAATB. voorkomt: *hem en lette kenlike zuuchte.* Ook beteekende het Oudgoth. *fauth,* en Zweed. *fjuka,* allerlei ziekte. In deze beteekenis is het bij ons verouderd. Echter wordt nog zekere gezwollenheid, door kwade vochten veroorzaakt, *zucht* genoemd: *hij heeft zucht in de beenen.* Van hier *zuchtig,* met gezwollenheden en kwade vochten bezet; waarvan wij nog eene hiermede overeenkomende fpreekwijs hebben, in: *ziek en zuchtig.* Verder wordt het nog in zamenftelling gebezigd, om zekere ziekten aan te duiden, b. v. *geelzucht, waterzucht, windzucht,* enz. Wijders, zonder meerv., eene aanhoudende, of heerfchende begeerte, en hevige neiging naar iets: *zucht naar geleerdheid. Zucht naar roem, naar het fpel.* Zamenftell.: *baatzucht, eerzucht, geldzucht, gewinzucht, hebzucht, ijverzucht, heerfchzucht, krakeelzucht, leerzucht, leverzucht, longezucht, minnezucht, pleitzucht, praalzucht, regeerzucht, roemzucht, roofzucht, fchrijfzucht, flaapzucht, fpeelzucht, flaatzucht, teelzucht, twistzucht, volgzucht, wraakzucht* enz. En van alle deze zelfftandige naamwoorden worden bijvoegelijke naamwoorden gevormd, welke op *zuchtig* uitgaan; als: *baatzuchtig, eerzuchtig, wraakzuchtig,* enz.

Gemeenlijk ziet men de laatfte beteekenis, die van begeerte, namelijk, als eene figuur van de eerfte, die van ziekte, aan; dewijl aanhoudende hevige begeerten als ziekten der ziel kunnen aangemerkt worden. Intusfchen houd ik het woord *zucht,* begeerte, voor

het-

hetzelfde, als het voorgaande *zucht*, verzuchting; naardien *een zucht* niet zelden een verlangen, eene begeerte te kennen geeft, en de uiting daarvan doorgaans vergezelt.

ZUCHTEN, onz. w.; gelijkvl. *Ik zuchtte, heb gezucht.* Den adem, met een aan de uitspraak van dit woord eigen geluid, naar binnen halen en weder uitbrengen; het welk een verborgen verdriet, of eene stille droefheid, en eenen hoogen graad van verlangen te kennen geeft: *als de godtloose heerscht, zucht het volk.* BIJBELV. *Diep zuchten. Over iemand zuchten*, uit geheimen kommer over het door hem veroorzaakte lijden. *Naar iets zuchten*, uit heet verlangen, om het te verkrijgen. *Tot God zuchten. Wij oock selve suchten in ons selve.* BIJBELV. *Om iets zuchten.* Zuchten en stenen, of steunen, zijn daarin van elkander onderscheiden, dat het laatste eenen hoogeren graad ook van ligchamelijke smerten aanduidt, en het eerste alleen aan stillen onderdrukten kommer eigen is. Van hier *zuchter, zuchting, zuchtster.* Zamenstell.: *verzuchten*, enz.

Zuchten, hoogd. *seufzen*, bij NOTK., OTTFRID. en andere oude schrijvers, *suften, süften*, nederf. *suften* en *zuften*, ook *zuchten*, zweed. *sucka*, bij ULPHIL. *svogjan.*

ZUID, *zuiden*, z. n., o., *van het zuid*, of *zuiden*; zonder meerv. Die hemelstreek, van waar de warme winden komen, of welke aan onze linkerhand ligt, wanneer wij het oosten achter ons, en het westen voor ons hebben; het tegendeel van het noorden. Het wordt als een bijw. gebezigd, in: *de wind is zuid*, d. i. *in het zuiden.* — *De zon is, des middags, in het zuiden.* Ook komt het in het vrouwelijke geslacht voor: *om de zuid varen*, naar de west varen, zeew. Van hier, *zuidelijk, zuider* enz. Zamenstell.: *zuideraspunt, zuiderbreedte, zuiderpool* (*zuidpool*), *zuiderzee*, zekere binnenlandsche zee tusschen Holland en Vriesland — *zuiderwind*, wind, die uit het zuiden komt — *zuiderzon, zuidhoek, zuidkust, zuidpool, zuidoost*, tusschen zuid en oost — *zuidoostelijk, zuidoostewind, zuidwaarts, zuidwal, zuidwest*, tusschen zuid en west — *zuidwestelijk, zuidwestewind*,

Dd 2 *zuid-*

zuidzee, de zee aan de westzijde van Amerika, *zuid-zijde*, *zuidzuidoost*, *zuidzuidwest*, enz.

ZUIDELIJK, bijv. n. en bijw., *zuidelijker*, *zuidelijkst*. Van *zuid*, zie *lijk*. Naar het zuiden gelegen: *eene zuidelijke landstreek*. Spreekw.: *dat is veel zuidelijker*, aangenamer, verkieslijker.

Zuid, hoogd. *süd*, angelf. *suth*, eng. *south*, fr. *sud*, wall. *su*. Volgens ADELUNG, behoort ons *zuid* tot *zieden*, en duidt die luchtstreek aan, waarin de heete landen liggen, en waaruit de warme winden komen. Intusschen geldt dit alleen ten aanzien van onze helft des aardkloots.

ZUIDEN, zie *zuid*.

ZUIDER, onverbuigb. b. v., van het zuiden. Meestal wordt dit woord aan een zelfstandig naamw. vastgehecht: *zuiderzee* enz.

ZUIDERBREEDTE, z n., vr., *der*, of *van de zuiderbreedte*; meerv. *zuiderbreedten*. Van *zuider* en *breedte*. In de sterre- en aardrijkskunde, de zuidelijke breedte, d. i., de afstand, of verwijdering, eener plaats van de zuidpool.

ZUIDERPOOL, *zuidpool*, zie *zuid*.

ZUIDERZEE, *zuidzee*, zie *zuid*.

ZUIDEWIND, zie *zuid*.

ZUIDOOST, zie *zuid*.

ZUIDPOOL, zie *zuid*.

ZUIDWEST, zie *zuid*.

ZUIDZEE, zie *zuid*.

ZUIGELING, z. n., m., en vr., *des zuigelings*, of *van den zuigeling*, — *der*, of *van de zuigeling*; meerv. *zuigelingen*. Verkleinw. *zuigelingje*, *zuigelingetje*. Een nog zuigend kind. *Zij zat met haren zuigeling op haren schoot. Kan oock eene vrouwe hares zuigelings vergeten?* BIJBELV. Figuurlijk: *een zuigeling in verstand*. Ook vindt men: *Apolloos zuigelingen — zuigelingen der zanggodinnen*, voor de dichters. HALMA. Zamenstell.: *medezuigeling*, enz. Het stamt of van *zuigen*, of van *zogen* af. In het laatste geval zou het een kind beteekenen, dat gezoogd wordt.

ZUIGEN, bedr. en onz. w., ongelijkvl. *Ik zoog, heb gezogen*. Bedr., sappen, vloeistoffen, langzaam met den mond in zich trekken: *de sappen uit eenen appel zuigen. De bijen zuigen honig uit de bloemen.* Van hier

hier de figuurlijke, in de gemeenzame verkeering gebruikelijke spreekwijs: *iets uit zijnen vinger zuigen*, het van zich zelven hebben, en ook het verdichten. In eene bepaaldere beteekenis, van jonge kinderen en dieren, de moedermelk uit de borsten in zich trekken: *de borst zuigen*, de melk, welke daarin is, er uit zuigen: *zuigende de borsten mijner moeder.* BIJBELV. *Saligh zijn de borsten, die gij hebt gezogen.* BIJBELV. *Te zuigen geven*, zogen. In eene ruimere beteekenis ook van levenlooze dingen, wanneer zij vloeistoffen, door middel van naauwe openingen, naar zich trekken: *de spons zuigt het water in zich.* — Onzijd. *het kind heeft nog niet gezogen. Op zijn' duim zuigen. De stroom zuigt, trekt, hier geweldig.* Van hier *zuiger*, *zuiging*, *zuigster*. Zamenstell.: *afzuigen, inzuigen, uitzuigen*, enz. — *Zuigglas, zuigkind, zuiglam, zuigminne, zuigpapier*, vloeipapier, *zuigvrouw, zuigster*, die de borsten der kraamvrouwen uitzuigt, om dezelve voor de jonge kinderen gereed (ree) te maken, enz.

Zuigen, hoogd. *saugen*, ISID. *saughan*, TAT., NOTK. en anderen *sugan*, nederf. *sugen*, angels. *sucan*, eng. *to suck*, zweed. *suga*, ijsl. *siuga*, iers. *sugham*, lat. *sugere*, fr. *sucer*. Dit woord is van het met het zuigen gepaard gaande geluid ontleend.

ZUIGER, z. n., m., *des zuigers*, of *van den zuiger*; meerv. *zuigers*. Van *zuigen*, zie *er*. Iets, dat, of iemand, die zuigt: *die jongen is een felle zuiger*. Iemand, die eene wonde zuigt, fr. *suceur*. Een zekere zeevisch, welke zich aan de schepen en andere dingen zoo vast zuigt, dat men hem eerder vaneen rukken, dan daaraf trekken kan; lat. *echeneis*, *remora*. Wijders: *de zuiger van eene pomp*, waarmede het water opgehaald wordt. Verder: zekere huiden, bij de ledertouwers *zuigers* genaamd. Ook zekere wanschapen misdragt. En eindelijk, eene soort van inlandschen tabak: *aardgoed, zandgoed, zuigers*, enz. Zamenstell.: *bloedzuiger*, enz.

ZUIGPAPIER, zie *zuigen*.

ZUIGVROUW, *zuigster*, zie *zuigen*.

ZUIJEN, bedr. w., gelijkvl. *Ik zuide, heb gezuid.* Een geluid maken, als bij het uitspreken van dit woord, gehoord wordt, en daardoor een kind in slaap trachten te krijgen: *gij moet het kind maar in slaap zuijen.* Een

kind

kind ſtil zuijen, door zuijen ſtil maken, doen **zwij-**
gen. Van hier *het*, bij de bakers en minnen gebruikelijke, *zuija, zuija.*

ZUIL, z. n. vr., *der*, of *van de zuil;* meerv. *zuilen.*
Verkleinw. *zuiltje.* In de ruimſte beteekenis, ieder
regt opſtaand ding, dat veel langer, dan dik is. Voornamelijk worden, regtop ſtaande palen *zuilen* genaamd,
inzonderheid, wanneer zij iets dragen. En in de bouw-
kunst, wordt een ſierlijk bewerkte regtop ſtaande
ronde pilaar met dezen naam beſtempeld: *dat gebouw
rust op twaalf zuilen. Eene zuil oprigten.* Figuurlijk
noemt men eenen perſoon, of eene zaak, *eene zuil
van ſtaat, van de kerk, van de familie,* enz., in zoo
ver derzelver behoudenis en zekerheid daarop rust:
*willem de eerſte is de zuil van den ſtaat der vereenigde
Nederlanden geweest.* HALMA. Zamenſtell.: *eerzuil,
rolzuil,* enz. — *Zuiloor,* bij KIL. *ſuijloor,* (ſteil-
oor), *zuilooren,* o. w, *zuiloorig.*

Zuil, hoogd. *ſäulen.* NOTK. *ſiula,* WILLER. *ſu-
le,* STRIJK. *ſeul,* nederſ. *ſüle,* angelſ. *ſijl,* wall.
ſail.

ZUIMACHTIG, bijv. n. en bijw., *zuimachtiger,
zuimachtigst.* Van *zuim, zuimen,* en *achtig;* zie
dit woord. Eigenlijk, langzaam in zijne bewegingen
en verrigtingen; verder, op eene gebrekkige wijze
langzaam, traag, nalatig: *hij is altoos even zuimachtig
in de betaling.* In Drenthe, inzonderheid, is dit
woord nog zeer gebruikelijk: *bij pene, dat de zuim-
achtige van zijn regt zal zijn verſtoken.* KON. COUR.,
26 Junij 1810. Van hier *zuimachtigheid.*

ZUIMEN, o. w., gelijkvl. *Ik zuimde, heb gezuimd.*
Langzaam zijn in eene beweging of handeling; en
verder, nalatig zijn: *hij zuimt te komen. Want hadden
wij niet geſuijmt,* enz. BIJBELV. Dit woord is reeds
eenigzins verouderd; het zamengeſtelde *verzuimen* is
in algemeen gebruik. Zie dit woord.

Zuimen, hoogd. *ſäumen,* bij KERO *ſuuman,* opperd.
ſauman, nederſ. *ſumen,* fr. *chômer,* zweed. *ſuma,*
ijsl. *ſöma.* Dit woord is zeer oud.; reeds in de SAL.
WETT. is *ſonnis* (beter *ſomnis*) verzuim.

ZUINIG, bijv. n. en bijw., *zuiniger, zuinigst.*
Spaarzaam, deun: *eene zuinige huishoudſter. Zuinig
le-*

leven. Van hier *zuinigjes*, *zuiniglijk*, op eene fpaarzame wijze: *zich zuinigjes behelpen.* Van hier verder *zuinigheid.*

ZUINIGJES, zie *zuinig.*

ZUIP, *zuipe*, z. n., vr., *der*, of *van de zuip;* zonder meerv. Bij KIL. *fuijpe*, *fope*, *haustus.* Het zuipen, onmatig gebruik van fterken drank, of wijn: *aan de zuip zijn. Veel van de zuip houden.* In den gemeenen fpreektrant gebruikelijk. Van *zuipen.*

ZUIPACHTIG, zie *zuipen.*

ZUIPBAST, zie *zuipen.*

ZUIPBROEDER, zie *zuipen.*

ZUIPEN, bedr. en o. w., ongelijkvl. *Ik zoop, heb gezopen.* Eigenlijk, een vloeibaar ligchaam, als een gedeelte van zijn voedfel, met den mond, in zich trekken, en wel met fterke en zeker geluid gevende halen; waarom het van de dieren, die met zulk een merkbaar geluid drinken, voor *drinken* gebézigd wordt. *Het vee te zuipen geven. De hond wil geen water zuipen. De leeuw zoop het bloed van den verfcheurden.* Van menfchen, in deze algemeene beteekenis, voor *drinken*, is het alleen in eenen verachtelijken zin gebruikelijk, voor onmatig, gulzig drinken: *dat noem ik niet wijn drinken, maar wijn zuipen. Zich zat en vol zuipen.* Ook als een onzijd. werkw.; de flechte gewoonte hebben van meer te drinken, dan men noodig heeft, en het verftand verdragen kan: *hij zuipt;* anders: *hij is aan den drank. Vreten en zuipen. Den ganfchen nacht door zuipen. Met iemand zuipen.* Van hier *zuiper*, *zuipfter*, iemand, die zuipt, inzonderheid, die zich in het drinken te buiten gaat. Zamenftell.: *zuipbast*, die zijn werk maakt van zuipen — *zuipbroeder*, iemand, die zich in den drank verloopt — *zuiphuis*, een huis, waar gemeenlijk gezopen wordt — *zuiplied, zuiplust*, enz. — *Opzuipen, uitzuipen, verzuipen*, enz.

Zuipen, hoogd. *faufen*, bij KERO *fuuffen*, NOTK. *foufen*, angelf. *fupan*, *fipan*, nederf. *fupen*, zweed. *fupa.* In het hebr. is נסב, *ingurgitavit.* Het woord zelf bootst den klank na van het hoorbaar inzuigen, of influrpen eenes vloeibaren ligchaams, en is daaraan zijne afkomst verfchuldigd.

ZUIPER, zie *zuipen*.

ZUIPHUIS, zie *zuipen*.

ZUIPLIED, z. n., o., des zuiplieds, of van het zuiplied; meerv. zuipliederen. Van *zuip*, *zuipen*, en *lied*. Een lied, het welk in gezelschap gezongen wordt, om den aanwezenden tot sterk drinken aantezetten; in den gemeenen spreektrant alleen gebruikelijk: *het beruchte zuiplied van*.... Anders zegt men *drinklied*.

ZUIVEL, z. n., o., des zuivels, of van het zuivel; het meerv. is niet in gebruik. De stof, waarvan boter en kaas gemaakt wordt: *die kaas is van goed zuivel gemaakt*. Ook de boter en kaas zelve: *schoon men in dat land veel dingen mist, waaraan wij gewoon zijn, heeft men er echter heerlijk zuivel. Dit smijdigh zuivel.* HOOFT. *Dikwijls voert hij met zijn raên grazig zuivel steewaarts aan.* POOT. In eenen uitgestrekten zin verstaat men door het woord *zuivel*, boter, kaas en eijeren: *hij is zoo vol bedrog als een ei vol zuivel.* Sommigen brengen dit woord tot het lat. *sevale*, of *sebale*, van *sevum*, of *sebum*, ongel, smeer, vet; het welk tot het vet van de melk zou overgebragt zijn, waarvan boter en kaas gemaakt wordt.

ZUIVER, bijv. n. en bijw., *zuiverder*, *zuiverst*. Van alle onreinheid bevrijd, en daarbij sierlijk. Eigenlijk, schoon, helder: *een zuiver glas. Zich zuiver en schoon houden.* Figuurl., onvervalscht, onvermengd; ook onbevlekt, in eenen zedelijken zin: *zuiver goud. Eene zuivere maagd. De zuivere leer.* Fijn, zindelijk bewerkt: *een zuiver stuk werks. Een zuiver schrift. Dat staal is niet zeer zuiver.* Onbewolkt: *eene zuivere lucht.* Vrij van gebreken: *een zuivere stijl. Zuiver fransch schrijven, spreken.* Opregt, zonder achterhoudendheid: *zuiver opbiechten.* Van hier *zuiverheid*, *zuiverlijk*. Zamenstell.: *onzuiver*.

Zuiver, hoogd. *sauber*, reeds bij KERO *subro*, nederf. *suver*, angelf. *sifer*. Het staat waarschijnlijk in verband met het lat. *sobrius*.

ZUIVERDRANK, zie *zuiveren*.

ZUIVEREN, bedr. w., gelijkvl. Ik zuiverde, heb gezuiverd. Zuiver maken, van alle onreinheid bevrijden: *de boomen zuiveren*, rupsen, doode takken enz. daar uit wegnemen. *De tanden, de ooren zuiveren.*

De

De stads grachten zuiveren. Een hulpmiddel, om het bloed te zuiveren. Figuurl.: *de zee van roovers zuiveren,* de roovers de zee doen ruimen. *Zich van eene misdaad zuiveren,* zijne onschuld laten blijken. *Eene taal zuiveren,* van taalfeilen bevrijden, versieren. *Zijn gemoed zuiveren,* reinigen, van zedelijke gebreken ontdoen. Van hier *zuivering,* reiniging, ook verantwoording. Zamenstell.: *zuiverdrank,* een drank, om het ligchaam inwendig te zuiveren.

Zuiveren, hoogd. *säubern,* bij NOTK. *scuueren, subern,* TATIAN. *subirin,* neders. *süvern.* Van *zuiver.*

ZULKE, *zulk,* aanwijz. voornaamw., het welk op iets dat voorgaat, of ook op iets dat volgt, betrekking heeft: *alle zulke schriften* (van den te voren genoemden inhoud) *kunnen mij niet behagen. Zulk schreeuwen heb ik nooit gehoord. Zulke heeren, zulke knechts,* spreekw., gelijk de heeren zich gedragen, zoo gedragen zich doorgaans de knechts ook; of de knechts schikken zich naar de zinnelijkheid en de zeden hunner meesters, om die te behagen. *In zulke wateren vangt men zulke visschen,* dat is er het natuurlijke gevolg van. *Zulk schoon weder hebben wij in lang niet gehad,* voor zoo schoon. Ook met *een: wie zou zulk een uiteinde van die zaak vermoed hebben? Zulk eenen man heb ik nimmer ontmoet. Sulck een is mijn vrient.* BIJBELV. In welke gevallen *zulk* als bijw. gebezigd wordt. Ook op zich zelf staande, terwijl het zelfstandig naamw. verzwegen wordt: *geef het zulken, die het verdienen. Der sulcken is het koninckrijck der hemelen.* BIJBELV. *Zulks,* zijnde het bijw. van *zulk,* wordt in den zin van zulk eene zaak, zulk een ding, gebruikt: *ik kan zulks niet verdragen. Zulks heb ik nooit van hem gehoord.* Ook heeft het meermalen de beteekenis van zoo zeer: *maar zij vonden de aarde zulx doorreeghen met hout, dat,* enz. HOOFT. Zamenstell.: *dezulke, overzulks,* enz.

Zulke, hoogd. *solcher, solche,* is vermoedelijk zamengetrokken van *zoo* en *welk,* dat uit *wa, wie,* en *lich, lijk,* of *lk,* bestaat. Deze zamenstelling blijkt uit alle oude vormen van dit woord. Bij KERO, ISID. en OTTFRID., luidt het *solih, sulih,* ULPHIL. *swaleik,* angels. *swilk,* NOTK. *suslih, alsuslih.*

Dd 5   ZUL-

ZULLEN, hulpw., onregelm. Van dit hulpw. is niets
meer in gebruik, dan *ik zal*, *zoude* en *zullen*; en hier-
door worden de toekomende tijden van alle werkwoorden gevormd: *ik zal fchrijven*, *zoude fchrijven*, *te
zullen fchrijven*, enz. *Gij zult mij dienst doen*. *Hij
zoude mij gezegd hebben*. *Zoude het mogelijk zijn!*
Ook wordt het voor mogen, geoorloofd zijn, gebezigd:
ik zeg u, dat gij zulks niet doen zult. *Gij en zult
geen andere goden voor mijn aangezichte hebben.* BIJBELV.

ZULT, z. n., o., *des zults*, of *van het zult*; het
meerv. is niet in gebruik. Verkleinw. *zultje*. Gekookt varkensvleesch, van den kop, met kalfs- en
rundvleesch, wel gepeperd en gezouten, fijn gehakt,
enz., in azijn gelegd, enz. Anders genaamd *hoofd-
vleesch*, omdat het dikwerf enkel van een kalfs-runder-
en varkenskop gemaakt wordt; ook *hoofdkaas*, dewijl
er, na de bereiding, de gedaante van eenen kaas aan
gegeven wordt. *Zult maken*. Van hier *zulten*.

   Zult, hoogd. *fulze*, nederf. *fulte*, zweed. *fijlta*.
Ongetwijfeld ftamt dit woord van *zout*, *zilt*, af, en is
misfchien voor *gezult*.

ZULTEN, bedr. w., gelijkvl. *Ik zultte*, *heb gezult*.
Van *zout*, *zilt*, als. In zout en azijn, of in azijn
alleen, met fpecerijen gemengd, leggen, anders enkel
inleggen genoemd: *boonen zulten*. *Vleesch zulten*, ook
zouten. *Augurkjes zulten*, meer gewoon, *inmaken*,
inleggen. Van hier *zulting*. Zamenftell.: *zultboonen*,
zultfpek, anders *gezouten fpek*, enz.

ZUND, zie *zond*.

ZUNDVLOED, zie *zondvloed*.

ZUNST, *zonst*, bij KIL. *funst*, *fonst*, *fust*. Een reeds
verouderd bijw., in de beteekenis van *anders*. Het
langst is dit woord gebezigd, in de fpreekwijs *om
zunst*, *om zonst*, voor vergeefs, om niet, het welk
nog bij J. DE DEKKER voorkomt: (*de meetkunst*)
*fpeelt met haar pasferen en paslood niet om zunst.
Niemandt doet wat omfunst, 't heeft altijd fijn waerom.* R. VISS.

ZUREN, bedr. en onz. w., gelijkvl. *Ik zuurde*, *heb
gezuurd*. Bedr., zuur maken; *het deeg zuren*, hetzelve de vereischte zuurheid mededeelen. *Die azijn
zuurt niet*, deelt niet genoeg zuur mede. *Gezuurd
brood*, in tegenftelling van *ongezuurd*. Onzijdig, zuur
wer-

worden: *de melk begint te zuren*, zuur te worden. *Het is nog niet in het vat, waarin het zuren moet, die zaak is nog niet ten einde, of ter plaatse, waar zij wezen moet*; spreekw. Van hier *zuring*. Zamenstell.: *ontzuren, verzuren*, enz. *Zuurkool* enz.

Zuren, hoogd. *sauern*, en *säuern*, nederf. *suuren*, angelf. *surigan*. Van *zuur*.

ZURING, z. n., vr., der, of van de *zuring*; het meerv. is buiten gebruik. De daad van zuren, en het zuur worden. Zeker moeskruid met lange spits toeloopende bladen, welke eenen zeer zuren smaak hebben, anders *zurkel*, lat. *rumex acetofa*, hoogd. *sauerampfer*, *säuerling*, nederf. *süring*, deen. *fijre*. *Andijvie met zuring. Ingelegde zuring*. Zamenstell.: *zuringfaas*.

ZURKEL, zie *zuring*.

ZUS, bijw., dus, op deze, of zulk eene wijze: *ik heb er zus over gedacht*. Meest echter wordt het met *zoo* verbonden: *dan werd er zus, dan weder zoo over gesproken. Het stond zus of zoo*, het scheelde weinig. *Zus en zoo*, tusschen beide. HALMA. *Ende doe hij zus al te zeer screijede*. LEVEN J. C. — KIL. heeft heeft *sus*, het welk oul. ook voor *sedent* gebezigd is geweest: *sus langhe vaste*. v. HASS. Ook voor *anders: heere helpt mij, sus moet ick vergaan*. PLANTIJN.

Dit woord is, in den zin van *zoo*, genoegzaam buiten gebruik geraakt, en men bezigt daarvoor *dus*. Het is hetzelfde als het aloude *sus*, in *suslih*, *suslich*.

ZUS, z. n., vr., der, of van de *zus*; meerv. *zussen*. Verkleinw. *zusje*. Eene verkorting van *zuster*, even als *broer* van *broeder*, enz., in de gemeenzame verkeering. Het verkleinw. *zusje* is meest in gebruik: *mijn lieve zusje heeft het voor mij gemaakt. Een fijn zusje*, eene fijnelaarster.

ZUSTER, z. n., vr., der, of van de *zuster*; meerv. *zusters*. Verkleinw. *zustertje*. Eigenlijk, een vrouwelijke perfoon, welke met een ander eenerlei ouders heeft; even als *broeder*, zulk een perfoon van het mannelijke geflacht is. *Zij zijn zusters*, twee zulke perfonen van het vrouwelijke geflacht. *Eene eigen, vleeschlijke, heele, volle zuster, is zulk eene, welke met

met iemand denzelfden vader en dezelfde moeder heeft; ter onderfcheiding van eene *halve zuster*, of *ftiefzuster*, welke eenen anderen vader, of eene andere moeder heeft. Figuurlijk, een vrouwelijke perfoon, welke het naauwfte met een ander verbonden is, heet, in vele gevallen, *eene zuster*, gelijk zulk een mannelijke perfoon *een broeder*. Vertrouwde vriendinnen plegen elkander dikwerf *zusters* te noemen. Vorftelijke perfonen van het vrouwelijke geflacht geven elkander onderling ook den naam van *zusters*. Over het algemeen noemen zulke perfonen van het vrouwelijke geflacht, die eenerlei aard, beroep, geloof en godsdienst hebben, in eenerlei gezelfchap en verbintenis leven, elkander *zusters;* b. v. de nonnen in de kloosters, de vrouwelijke leden der hernhutfche kerk, enz. Ook worden de zanggodinnen *de negen zusters* genoemd. Wijders, een ding van het vrouwelijke geflacht, of dat als vrouwelijk befchouwd wordt, en eenige gelijkheid met iets anders heeft: *o ftad, die boven alle uwe zusteren op ijverige en gefchikte burgers moogt moed dragen.* Eindelijk, zeker gebak: *eene zuster met appelen.* Het verkleinw. *zustertje* wordt meest voor een gebakje gebezigd. Van hier *zusterachtig,* enz. Zamenftell.: *gezusters, zusterlijk, zusterling,* m. en vr., het kind van eene zuster, bij HALMA, en bij MOONEN, de zoon van eene *moederszuster,* — *zusterfchap,* enz. *Kloosterzuster, klopzuster, leekezuster, luisterzuster, fchoonzuster, ftiefzuster,* enz.

Zuster, hoogd. *fchwefter,* reeds bij ULPHIL. *fwiftar;* OTTFRID. *fuefter,* nederf. *fufter;* angelf. *fwiufter,* eng. *fister,* zweed. *fijster,* pool. *fiostra,* boh. *festra,* litt. *fchostro,* lett. *fesfu,* finl. *fifa,* lat. *foror,* fr. *foer.* ADELUNG zegt, dat dit woord, weleer, eene verwante beteekent heeft; *en* dan zou het met het gr. υσερα, *matrix,* overeenkomst hebben.

ZUSTERLIJK, bijv. n. en bijw., *zusterlijker,* zeer *zusterlijk.* Van *zuster,* zie *lijk.* Op de betrekking eener zuster gegrond, eener zuster voegende: *zusterlijke liefde.* Figuurlijk, teeder en vertrouwd, zoo als onder zusters behoort plaats te hebben: *zij verkeeren zeer zusterlijk met elkander.*

ZUSTERLING, zie *zuster.*

ZUSTERSCHAP, z. n., vr., *der*, of *van de zuster-fchap*; meerv. *zusterfchappen*. De betrekking tusfchen twee vrouwelijke perfonen, volgens welke de eene de zuster der andere is; terwijl het echter dan alleen ten aanzien der verbintenis van uitgekozene zusters, d. i. vertrouwde vriendinnen van gelijken stand enz. gebruikt wordt; zonder meervoud. Wijders, verfcheidene, tot een zeker oogmerk op het naauwste vereenigde vrouwelijke perfonen van gelijken stand enz.; in welken zin er zoo wel *zusterfchappen*, als *broederfchappen* zijn.

ZUUR, bijv. n. en bijw., *zuurder*, *zuurst*. Een woord, hetwelk eene foort van gewaarwording ten aanzien van den fmaak uitdrukt, en tegen datgeen, hetwelk zoet is, overstaat. Eigenlijk; *zure azijn*. *Zuur zijn, zuur worden. Zure wijn, zuur bier, zure druiven. Zure melk. Zure appelen. Zure faus.* Wanneer iets, dat zuur is, tevens den mond zamentrekt, heet het *wrang*. Figuurlijk, in eenen hoogen graad bezwaarlijk, vele moeite kostend en veroorzakend: *dat is een zure arbeid. Het viel haar zeer zuur. De zoon verfpilde in weinig jaren alles, wat de vader, in zijn ganfche leven, zoo zuur gewonnen had. Zoet en zuur met elkander deelen.* Norsch, ftuursch: *zuur zien. Een zuur gezigt.* Spreekw.: *hij ziet zoo zuur, als of hij den azijn gepacht had,* d. i. *zeer zuur. Door eenen zuren appel bijten,* zich het moeijelijke laten welgevallen, om het aangename te verkrijgen.

Ook wordt het als een zelfst. naamwoord van het onzijd. geflacht gebezigd, voor azijn: *eenen haas in het zuur leggen. Morellen in het zuur.* Wijders, voor in het zuur gelegde vruchten enz. *Reik mij het zuur eens aan,* dat bij vleesch, als anderzins, gebruikt wordt. Ook voor *het zuur in de maag,* of *de zode: ik heb geweldig het zuur. Het zuur brak mij op;* en van hier de fpreekwijs: *dat zal u zuur opbreken,* daar zult gij voor geftraft worden; het gevolg daarvan zal onaangenaam voor u zijn. Van hier *zuurachtig, zuurheid, zurigheid, zuurtjes,* enz. Zamenftell.: *zuurdeeg, zuurdeefem, zuurmuil, zuurfmoel,* in den gemeenen fpreektrant, een ftuursch mensch, *zuurftel,* waarop het zuur, bij den maaltijd, geplaatst is, enz.

Zuur,

i

Zuur, hoogd. *sauer*, bij OTTFRID. *saar*. nederf.
suur, angelf. *sur*, eng. *sour*, oudfr. *sur*, zweed.
sur, perf. *sciur*, pool. *surowij*, flav. *seruu*. Dit
woord is zijne beteekenis waarfchijnlijk aan zijnen
klank verfchuldigd.

ZUURDEEG, z. n., o., *des zuurdeegs*, of *van het
zuurdeeg*; het meerv. is niet in gebruik. Van *zuur* en
deeg. Zuur gemaakt deeg, anders *zuurdeefem*. *Een
weinig fuurdeeg (fuurdeesfem) verfuert het geheele
deeg*. BIJBELV. *Zuurdeeg aan de voeten leggen*, om
de kwade vochten af te leiden. Figuurlijk: *wacht u
felven voor den fuurdeefem der pharizeen*. BIJBELV.

ZUURDEESEM, zie *zuurdeeg*.

ZUURMUIL, zie *zuur*.

ZWAAB, z. n., m., *des zwaabs*, of *van den zwaab*;
meerv. *zwaben*. Een uit zwaben geboortige perfoon.
Van hier *zwabisch*, uit zwaben afkomftig, tot dat land
behoorende, en daar gebruikelijk.

ZWAAD, zie *zwade*, *zwad*.

ZWAAI, z. n., m., *des zwaais*, of *van den zwaai*;
meerv. *zwaaijen*. De daad van zwaaijen; eigenlijk,
eene fnelle boogswijze beweging: *de flinger van die
klok heeft eenen gelijken zwaai*. Keer, draai, zwenk:
*hij deed het met eenen zwaai. Met eenen geweldigen
zwaai*. VOND. Figuurlijk: *de zaak kreeg eenen anderen zwaai*, nam eenen anderen keer. *Hij nam eenen
zwaaij tot deftiger dingen*. HOOFT.

ZWAAIJEN. onz. en bedr. w., gelijkvl. *Ik zwaai-
de, ben* en *heb gezwaaid*. Onzijd., zich boogswijze bewegen, anders gieren, flingeren. *Zoo zwaait
de flinger eener klok zestig malen in een minuut, van
den eenen naar den anderen kant*. Boogswijze bewogen worden: *de zwaaijende banier*. VOND. Niet regt
hoekig zijn: *de muur zwaait een weinig;* timmermans-
en metfelaarswoord. Daar het flaan, vooral met de
hand, doorgaans eene boogswijze beweging maakt,
zoo heeft men van daar de fpreekwijs ontleend: *er zal
flaag zwaaijen;* anders enkel: *er zal wat zwaaijen.* —
Bedrijvend, met eenen zwaai bewegen: *het vaandel
zwaaijen. Den hoed zwaaijen. Als ick mijn fweert
fal fwaaijen*. BIJBELV. Keeren, wenden: *eenen wagen zwaaijen*. Figuurlijk: *den fchepter zwaaijen*, regeren, heerfchen. Van hier *zwaaijing*. Zamenftell.:
zwaaihaak, zie *zwei*.

Zwaai-

Zwaaijen, hoogd. *fchwingen*, nederf. *fwingen*, zweed. *fwinga*, angelf. *fwijngan*, eng. *to fwing, te fwaij*. Het is met *zwenken* en *zwieren* ten naauwfte verbonden, en drukt de fnelle, maar echter eenigermate zachte zwaaijende beweging zeer duidelijk uit.

ZWAAN, z. n., vr., *der*, of *van de zwaan; meerv.* *zwanen*. Verkleinw. *zwaantje*. De grootfte en fchoonfte der watervogelen, in de gedaante eener gans, uitgezonderd, dat de zwaan grooter is, en eenen zeer langen hals heeft, lat. *cygnus, cycnus*, anders ook *olor*. Deze vogel is geheel wit, en voedt zich met waterkruiden:

> *Zij treën kaisters boert, die wit*
> *Van langgehalsde zwanen zit.* VOND.

Bij de ouden was de zwaan aan Apollo gewijd, en nog is zij een zinnebeeld der dichters; maar het liefelijke gezang, het welk zij voor haar fterven zou laten hooren, is een poëtisch, fchoon zeer oud verdichtfel, het welk echter nog onlangs op nieuw met ernst is beweerd geworden. Van hier worden de dichters dikwerf *zwanen* genoemd: *hij zet zich neffens de dirceefche zwaan*, (Pindarus) *den roem der Grieken*. VOND.; en derzelver laatfte vers hun *zwanezang*. Zamenftell.: *zwanebloem, zwanendons, zwanendrift*, eene drift zwanen, *zwanehals, zwanepen, zwanepoot, zwanefchacht, zwanevel, zwanezang*, enz.

Zwaan, hoogd. *fchwan*, eng., angelf. en zweed. *fwan*.

ZWAAR, bijv. n. en bijw., *zwaarder, zwaarst*. Eigenlijk, is datgeen *zwaar*, het welk eene neiging heeft, om zich loodregt naar een zeker middelpunt te bewegen. In dezen zin zijn alle ligchamen zwaar, dewijl deze neiging eene wezenlijke eigenfchap der ftoffe is. Ook bezigt men dit woord, om den graad dezer neiging te bepalen, of het gewigt aan te duiden. *Iets is twee loed, vier pond enz. zwaar*, wanneer het zoo veel weegt. *Ijzer is zwaarder dan hout*, omdat het eene fterker neiging oefent, om zich naar het middelpunt der aarde te bewegen. In betrekking tot de kracht, welke deze neiging wil overwinnen, het tegengeftelde van *ligt*. *Een zware last. Deze fteen is zeer zwaar Dat is mij te zwaar*. Ook in betrekking tot het gewone gewigt van zekere dingen: *zwaar gefchut*,

fchut, grof gefchut, als kanonnen mortieren enz., in tegenoverftelling van veldftukken, en het kleine geweer: *zwaar gewapende ruiterij. Zwaar geladen fchepen. Zwaar gold*, het welk meer edel metaal heeft, en bij gevolg zwaarder is, dan *ligt geld.*

Figuurlijk, hetgeen veel moeite, de infpanning van vele krachten vordert. *Zwaar van tong, van fpraak, zijn*, wanneer men moeite moet doen, om zich in woorden wel uit te drukken, of verftaanbaar te fpreken: *ick ben fwaer van monde ende fwaer van tonge.* BIJBELV. De fchilder heeft *een zwaar penfeel*, wanneer het voeren van hetzelve hem moeijelijk valt, en deze moeijelijkheid in het fchilderftuk zigtbaar is. Zóo heeft een fchrijver ook *eene zware hand van fchrijven.* Een *zwaar boek* is een, dat niet ligt te verftaan is. *Dat valt mij zeer zwaar*, kost mij veel moeite. In vele gevallen dient *zwaar* tot verfterking van het woord, waarbij het gevoegd wordt: *zijn dood was een zware flag, een zwaar verlies, voor haar. Een zware ftrijd. Eene zware ziekte. Eene zware ftraf verdienen. Zware fchattingen. Zwaar bier*, fterk, krachtig. *Zware wijn*, fterke, krachtige. *Een zware weg*, moeijelijke. In den fpreektrant van den gemeenen hoop hoort men dikwerf ook: *eene zware menigte*, groote menigte. *Ergens zwaar geld bij verliezen*, veel geld. *Ik zal er mij zwaar voor wachten*, zorgvuldig. *Hij heeft mij zwaar bedrogen*, zeer fchandelijk. Eindelijk wordt *zwaar*, van eene vrouw fprekende, voor *zwanger* gebezigd: *zij is reeds zeven maanden zwaar. Swaer van kinde.* CLARE SPIEG. Van hier *zwaarheid, zwaarlijk, zwaarte, zwaren, zwarigheid*, enz. Zamenftell.: *zwaarhoofd*, iemand, die zwaarhoofdig, *zwaarmoedig* is — *zwaarhoofdig, zwaarhoofdigheid, zwaarlijvig, zwaarlijvigheid, zwaarmoedig*, peinzend, droefgeestig, *zwaarmoedigheid, zwaarmoediglijk, zwaarwigtig, zwaarwigtigheid*, enz.

Zwaar, hoogd. *fchwér*, bij KERO *fuarre*, OTTFRID. *fuar*, angelf. *fwaer*, nederf. *fwaar*, zweed. *fvär*. Sommigen brengen het tot het gr. βαρυς, ADELUNG tot *zwerm*; omdat de zwaarte, in de gewone beteekenis, een gevolg van de menigte der deelen is.

ZWAARD, z. n., o., *des zwaards*, of *van het zwaard*; meerv. *zwaarden*. Verkleinw. *zwaardje*. Eigenlijk, een

een groot, breed zijdgeweer: *het zwaard trekken. Een tweefnijdend zwaard*, dat aan beide zijden fcherp is. *Met het zwaard geftraft*, onthoofd, *worden. Iemand ten zwaarde veroordeelen*, vonnissen, om onthoofd te worden. Allerlei zijdgeweer, waarmede men houwen en ook fteken kan: *met vuur en zwaard*, of *te vuur en te zwaard*, *verdelgen*, met branden en bloedvergieten. *Het eene zwaard*, (ook *het eene mes*) *houdt het andere in de fcheede*, gelijke fterkte weerhoudt de uitberfting van vijandelijkheden. *Het zwaard in de fcheede fteken*, uitfcheiden met oorlogen. *Het zwaard aan de heupe gorden*, zich ten ftrijde toerusten, in den verheven ftijl. — *Meester van den fcherpen zwaarde*, titel van den fcherpregter. Figuurlijk, zijn *zwaarden*, van wege de gelijkheid in uiterlijke gedaante, breede borden, die aan de beide zijden van een zeilfchip in het water hangen, en opgehaald, of neergelaten worden, naar mate dit noodzakelijk is, om het fchip voor omflaan te beveiligen: *het zwaard laten vallen.* Zamenftell.: *zwaardkruid*, *zwaardvegen*, zwaarden en degens opmaken, *zwaardveger*, die dit doet, — *zwaardvechter*, *zwaardvisch*, dus genaamd wegens zijn getand zwaard, en daarom ook *zaagvisch* geheeten — *zwaardzijde*; —*flagzwaard*, *ftrafzwaard*, enz.

Zwaard, hoogd. *fchwert*, bij OTTFRID. en WIL-LERAM. *fuert*, nederf. *fchweerd*, angelf. *fweert*, eng. *fword*, zweed. *fyärd*. Ten KATE en ADELING brengen het tot *weren*, *verweren*.

ZWAARDMAGEN, zie *zwaardzijde.*
ZWAARDVEGEN, zie *zwaard.*
ZWAARDVEGER, zie *zwaard.*
ZWAARDVISCH, zie *zwaard.*
ZWAARDZIJ, *zwaardzijde*, z. h., vr., *der*, of *van de zwaardzijde*; zonder meerv. Van *zwaard* en *zijde.* Oul. werd dit woord overdragtelijk gebezigd, in de fpreekwijze: *van zwaardzijde* en *van fpillezijde*, om te beteekenen de afkomst van vaderszijde en van moederszijde: vermits de mannen *het zwaard* ter verdediging, en de vrouwen *de fpil*, bij het fpinnen, behandelen: *de zwaardzij zet hem hoog*; *de fpillezij verneert hem, door de onwettigheid in 't erven.* VOND. Even zoo gebruikte men ook de uitdrukking: *zwaard-*

E e *ma-*

magen en *fpillemagen*, voor verwanten van de mannelijke en vrouwelijke zijde.

ZWAARHOOFD, zie *zwaar*.

ZWAARMOEDIG, zie *zwaar*.

ZWAARTE, z. n., vr., *der*, of *van de zwaaate;* het meerv. is buiten gebruik. De eigenfchap, waardoor iets zwaar is, in de beteekenis van zwaarheid, gewigt, last, moeijelijkheid enz. Zamenftell.: *zwaartekracht, zwaartepunt.*

ZWABBER, z. n., m., *des zwabbers*, of *van den zwabber;* meerv. *zwabbers.* Verkleinw. *zwabbertje.* Een fcheepsdweil, zijnde een bos lappen aan een' ftok vastgemaakt, waarmede men, te fcheep, hetzelfde verrigt, het welk men, in huis, met een' dweil doet: *en verders met zwabbers droog uitgewist.* ZORGDRAG. Dit woord is van den klank der zaak ontleend, welke daardoor aangeduid wordt. Ook draagt een fcheeps-jongen, wiens gewone werk mede het hanteren van den zwabber is, den naam van *zwabber.* Van hier *zwabberen*, met den zwabber opdweilen, ook morfig werk doen; zamenftell.: *opzwabberen.*

ZWABBEREN, zie *zwabber*.

ZWABEN, *zwabisch,* zie *zwaab*.

ZWACHTEL, z. n., m., *des zwachtels*, of *van den zwachtel;* meerv. *zwachtels.* Verkleinw. *zwachteltje.* Een fmal en lang windfel, waarin jonge kinderen ge-wikkeld worden, om hunne zwakheid te onderfteunen; om welke reden TEN KATE het tot *wikkelen* en *zwak* brengt. Ook dergelijk windfel bij de Heelmeesters ge-bruikelijk, om fommige deelen van het menfchelijke ligchaam te omwinden. *Een linnen zwachtel. Den zwachtel oprollen.* Van hier het volgende:

ZWACHTELEN, bedr. w., gelijkvl. *Ik zwachtelde, heb gezwachteld.* Met eenen zwachtel bewinden: *een kind zwachtelen. Zijne beenen werden gezwachteld.* Van hier *zwachteling.* Zamenftell.: *omzwachtelen, om-zwachteling, ontzwachtelen, ontzwachteling,* enz.

ZWAD, zie *zwade*.

ZWADDER, z. n., m., *des zwadders*, of *van den zwadder;* het meerv. is niet in gebruik. Speekfel, of fpog, van flangen, anders flangenfpog: *de vergifti-ge zwadder der flangen.* Figuurlijk, lastering: *hij fpoog zijnen zwadder op mijnen goeden naam.* Ook

wordt

wordt het voor flijm van aal gebezigd. Van hier *zwad-*
derig, bijv. n. en bijw., meest gebruikelijk voor klad-
derig, bemorst, troebel, van *zwadderen*, bij KIL.
fwadderen, *fluctuare*, *turbare aquas*, het water troebel maken: *zwadderig vernis*. Los, flingerend, van
het haar: *locken dicht gekuijft; foo fwadderig over-
hangen* BREDER.

ZWADDEREN, zie *zwadder*.

ZWADDERIG, zie *zwadder*.

ZWADE, zwad, z. n., vr., der, of *van de zwade*;
meerv. *zwaden*. Een regel afgemaaid gras, het welk
aan de linkerhand van den maaijer blijft liggen: *het
gras ligt me: zwaden op het veld*.

Zwade, oul. ook *zwate*, in de beteekenis van een
zeiffen, eng. *fwath*: Het ftaat in een naauw verband
met *zwaai*, even als *madé* met *maai*, *kade* met *kaai*;
waarom het ook voor den *zwaai*, of de ftreek, die
de maaijer met de zeiffen doet, en ook voor den omtrek, welken hij daarmede bereikt, genomen wordt.

ZWAGER, z. n., m.; des *zwagers*, of van den *zwager*; meerv. *zwagers*. Van eene vrouw, *zwagerin*. Oul.
een verwante, inzonderheid door het huwelijk; zoo
dat het niet alleen in de beteekenis van eenen aange-
huwden broeder, maar ook in die van fchoonzoon en
fchoonvader genomen werd; waarom *zwagers* in het
algemeen verwanten beteekenden. Thands wordt dit
woord alleen gebezigd voor den broeder van man of
vrouw, den man van eene zuster, en ook den man van
de zuster der vrouw; terwijl *zwagerin* voor de zuster
van man of vrouw, de vrouw van eenen broeder, en
de vrouw van den broeder des mans, genomen wordt: *fiet
uwe fwagerinne is wedergekomen*, BIJBELV. *Hij is
mijn zwager. Deze wijs ben ik Bruits zwager fchul-
digh*. MOON. Van hier *zwageren*, in *verzwageren*,
door het huwelijk vermaagfchappen: *verfwagert u met
ons, geeft ons uwe dochter*. BIJBELV. *Zwagerfchap*,
verzwagering, verwantfchap door het huwelijk.

Zwager, KIL. *fwagher*, hoogd. *fchwager*, boh.
fswager. Zie over den oorfprong van dit woord,
zweer.

ZWAGERSCHAP, zie *zwager*.

ZWAK, bijv. n. en bijw., *zwakker*, *zwakst*. Eigenlijk, dat zijne behoorlijke vastheid niet heeft; ook dun,
dat

dat zijne behoorlijke dikte, en dus ook zijne behoorlijke sterkte niet heeft: *zwak ijs.* Figuurlijk, is *zwak*, het tegengestelde van *sterk*: *een zwak mensch*, zoo wel ten aanzien van de krachten des ligchaams, als des geestes, des gemoeds. *Een zwak kind. De mensch komt zwakker en hulpeloozer ter wereld, dan alle andere bezielde schepselen. Eene zwakke maag. Een zwak gezigt hebben. Eene zwakke vesting.* En van hier wordt het ook somwijlen van een gering aantal gebruikt, terwijl *sterk* insgelijks op het getal ziet: *het vijandelijke leger was zeer zwak.* — *Eene zwakke stem.* Hierin is *hij zwak*, hier in mist hij de behoorlijke sterkte: *hij is zwak in de maat*, van de muzijk. *In het engelsch is hij het zwakst. Elk heeft zijne zwakke zijde. Iemand op zijne zwakke zijde aangrijpen. Zwak van ouderdom. De zieke begint zeer zwak te worden. Een zwakke pols.* Ook wordt het zelfstandig gebezigd, *het zwak: dat is zijn zwak niet. Het is altoos zijn zwak geweest veel te drinken. De zwakken* zijn zwakke personen, zoo ten aanzien van hunne gebrekkige kennis, als in opzigt tot hunne verkeerde handelwijs. Van hier *zwakheid*, *zwakjes*, *zwakkelijk*, slap, ziekelijk, *zwakken*, *zwakte*, hetzelfde als *zwakheid*, of die toestand eenes dings, waarin het zwak is; enz.

Zwak, hoogd. *schwach*, STRIJK. *swach*, KIL. *swack*, nederf. *swack*, zweed. *svag*. Het is hoogst waarschijnlijk, dat *zwak* tot *week* behoort, te meer, daar ons *wak* en het eng. *weak* zoo wel week als zwak beteekenen, en bij vele woorden, in onze taal, die te voren met *w* begonnen, naderhand tot versterking van het woord, eene z is gevoegd geworden. Bij NOTK. is *weichi* zwakheid.

ZWAKHEID, zie *zwak.*

ZWAKKELIJK, zie *zwak.*

ZWAKKEN, bedr. en o. w., gelijkvl. *Ik zwakte, heb* en *ben gezwakt.* Hoog. *schwächen*, KIL. *swacken*, van *zwak.* Bedrijv., zwak maken: *voorwendende, dat hun gezagh te zeer gezwakt werd.* HOOFT. Onzijd.: *'t lijf zwakt.* SPIEG. Het zamengestelde *verzwakken* is thands in algemeen gebruik.

ZWAKTE, zie *zwak.*

ZWALKEN, onz. w., gelijkvl. *Ik zwalkte, heb gezwalkt.* Drentelend zich bewegen: *Hij doet niets dan*

zoo wat op en neer zwalken. *Wij zwalkten den gan-*
fchen dag op zee; zeew.: Van hier *zwalker.* Zamenftell.: *omzwalken* enz. Waarfchijnlijk van *walken, calca-*
re, met eene voorgevoegde z, *zwalken.*

ZWALP, z. n., m., *des zwalps,* of *van den zwalp;*
meerv. *zwalpen.* Eigenlijk, het geluid van iets, dat
zich golfswijze beweegt. Zoo kan men zeggen *de*
zwalp der baren, der vlammen. Oul. beteekende het
eene baar, eene golf, bij Kil. *fwalp. fluctus, unda.*
Thands bezigt men het in de van hier ontleende beteekenis van gulp: *wij kregen eenen zwalp waters in de*
fchuit. Camphuijsen bezigt het figuurl.: *laat de*
ftroomen des diepen ramps, met vollen fwalp, mij over
't hoofdt niet komen. In den fcheepsbouw dragen zekere planken, tot het timmeren van fchepen gebruikt,
den naam van *zwalpen: vermeerdert dit met zwalpen,*
vlo bij vlot. J. de Marr. Van hier het volgende:

ZWALPEN, o. w., gelijkvl. *Ik zwalpte, heb gezwalpt.*
Golven, vloeijen: *het zwalpend meer.* Vond. *Het*
zwalpend pekelfchuim, de golvende zee, in den dichterlijken ftijl. Gulpen: *de baren zwalpten in de boot.*
Van hier *zwalping, gezwalp.*

ZWALUW, z. n., vr., *der,* of *van de zwaluw;* meerv.
zwaluwen. Een trekvogel, zwart van kleur, fnel van
vlugt, die zich met vliegen en andere infekten voedt,
en van welke verfcheidene foorten zijn: *de zwaluwen*
neftelen onder het dak van mijn huis. Een naakte
zwaluw, zegt men, voor een behoeftig mensch, anders een arme duivel. *Eene zwaluw maakt geenen zomer,*
fpreekw., men kan uit een enkel geval niet tot het geheel befluiten. Zamenftell.: *zwaluwnest, zwaluwftaart,*
zwaluwwortel, gierzwaluw, enz.

Zwaluw, Kil. *fwaeluwe, fwaelm,* hoogd. *fchwalbe,*
bij Notk. *fwaleuu,* nederf. *fwaalbe,* angelf. *fwalewe,*
eng. *fwallow,* zweed. *fwala.* Junius leidt den naam
dezes vogels van het angelf. *fwaloth,* warmte, af, dewijl hij de warmte zoekt; Frisch van het gr. χελιδων.

ZWALUWSTAART, z. n., m., *des zwaluwftaarts,*
of *van den zwaluwftaart;* meerv. *zwaluwftaarten.* Van
zwaluw en *ftaart.* Eigenlijk, de ftaart eener zwaluw.
Bij de timmerlieden, een ftuk hout, in de gedaante van
eenen zwaluwftaart, om twee ftukken vast aan elkander te hechten: *eene kist met zwaluwftaarten voegen.*

ZWAM, z. n., vr., *der*, of *van de zwam*; meerv. *zwammen*, wanneer van verfchillende foorten gefproken wordt. Een plantengeflacht, onder de klasfe der paddeftoelen gerangfchikt, zeer ligt en fponsachtig, en waarvan veertien foorten zijn: *gefteelde en ongefteelde zwam. Tontelige, vuurvattende zwam*, die in plaats van tontel gebruikt wordt, om vuur te maken. *Zwam, die aan de boomen groeit. Ik heb mijne pijp aan een ftukje zwam opgeftoken.* Bij KIL. is *zwam (fwamme)* ook eene vonk. Ook wordt zeker uitwas aan de voorfte pooten der paarden, om de gelijkheid der gedaante, *zwam* genoemd. Van hier *zwamachtig*, enz. Zamenftell.: *zwamflot*, oul. het flot van een geweer, dat door middel van zwam afgefchoten werd: *een vijerflot, daar oock een lont- of fwamflot bij is.* R. VISS. — *zwamfteen*, enz.

Zwam, hoogd. *fchwamm*, bij STRIJK. *fwam*, ULPHIL. *fwam*, nederf. *fwamm*, *fwamp*, zweed *fyamp*, angelf. en ijsl. *fwam.* TEN KATE en ADELUNG brengen het tot *zwemmen*.

ZWANEHALS, z. n., m., *van den zwanehals*; meerv. *zwanehalzen.* Van *zwaan* en *hals.* Eigenlijk, de lange en gekromde hals van eene zwaan. Figuurlijk, een lange, magere hals van een' mensch. *Een paard heeft ook eenen zwanehals*, wanneer deszelfs hals lang en verheven is; waarom men zelfs een met zulk eenen hals voorzien paard eenen *zwanehals* pleegt te noemen. Aan de koetfen en eenige andere rijtuigen is *de zwanehals* een opwaarts omgebogen dik ijzer achter de voorwielen, onder welke dezelve, in het omdraaijen, kunnen doorgaan.

ZWANENDRIFT, zie *zwaan.*

ZWANEPEN, *zwanefchacht*, zie *zwaan.*

ZWANEZANG. zie *zwaan.*

ZWANG, z. n., m., *des zwangs*, of *van den zwang*; zonder meerv. Eigenlijk, de zwankende, of zwenkende beweging van eenig ding; b. v. de gang eener klok; in welken zin *fwanck* nog bij KIL, voorkomt, als van *zwangen*, *zwanken*, *zwenken.* Thands wordt het alleen gebezigd voor gebruik, gewoonte; of voor iets, dat bijna eene algemeene levenswijs wordt: *in zwang gaan. In zwang zijn. In zwang komen. Geveinsde dingen gaan in zwang.* MOON. *In zwang brengen,*
gen,

gen, en *in zwang helpen* komen bij VOND. voor.
HOOFT heeft: *Heeren van den meesten zwang ten hove.*

ZWANGER, bijv. n. en bijw. Van eenen man be-
vrucht; derhalve alleen in betrekking tot het vrouwelijke geslacht. *Eene zwangere vrouw. Zwanger*, be-
vrucht, *zijn.* Anders zegt men ook *in eenen gezegenden staat zijn*, of *zich bevinden. Ende die vrouwe
wert swanger.* BIJBELV. *Hoogzwanger*, wanneer eene
vrouw nabij hare bevalling is. *Van eenen zoon zwanger gaan.* Figuurlijk, zegt men: *van*, of *met*, *iets
zwanger zijn*, of *gaan. Hij gaat van groote ontwerpen zwanger. Zij ging met dat boos voornemen zwanger. Hij is swanger van moeite.* BIJBELV. Van hier
zwangeren, in *bezwangeren*, *zwangerheid*, *zwanger-
schap.*

Zwanger, hoogd. *schwanger*, reeds bij OTTFRID.
suangar. Het behoort, volgens sommigen, tot *zwangen*, *zwingen*, wankelen, waggelen; zoo dat *zwanger*
eigenlijk zoo veel zou zijn, als waggelende van wege
de vrucht. WACHT. brengt het tot het gr. εγκυος, met
voorplaatsing van *zw.*

ZWANKEN, o. w., gelijkvl. *Ik zwankte*, *heb ge-
zwankt.* Buigen, zich op en neer bewegen: *de boomen zwanken*, *van den wind.* Waggelen, wankelen,
struikelen, bij HOOGSTRATEN. Van hier het zamengestelde *zwankroede*, bij KIL. *swanckroede*, eene wip,
om goederen op te ligten en neer te laten, om water
te putten, enz. Zoo ook *zwankvederen*, bij KIL.
swanckvederen, slagvederen, slagwieken. Zie verder
zwenken.

ZWANKROEDE, zie *zwanken.*

ZWANS, z. n, vr., *der*, of *van de zwans*; meerv.
zwansen. Verkleinw. *zwansje.* Eigenlijk, een lang of
kort, dun en beweegbaar deel aan het einde des dierlijken ligchaams, hetwelk het achterste bedekt, en bij
de viervoetige dieren uit de verlengde ruggegraat gevormd wordt. Bij de vogelen bestaat dezelve uit lange vederen, bij de visschen uit lange vinnen. Anders
staart; het welk in algemeen gebruik is. *Hij joegh de
vossen in het koren met vuurwerk in de zwans.* VOND.

Zwans, KIL. *swants*, hoogd. *schwanz*, zweed.
svans. Dit woord komt in de overige verwante talen
niet voor. Intusschen is het zeer waarschijnlijk, dat

het met *zwangen*, *zwanken*, uit eene en dezelfde **bron**
komt, en de *beweegbaarheid* van dit deel uitdrukt.

ZWARIGHEID, zie *zwaar*.

ZWARM, zie *zwerm*.

ZWART, bijv. n. en bijw., *zwarter*, *zwartst*. Eigenlijk, de naam der donkerſte van alle kleuren, en
het meest ſtrijdende met de witte kleur: *een zwart*
kleed. Een zwart paard. Zwart haar hebben. Zwarte
verw. Zwart maken. Van hier de figuurlijke uitdrukkingen: *iemand bij een' ander zwart maken*, ſchen-
den, lasteren, in het middeleeuw. latijn *denigrare.*
Bij iemand met eene zwarte kool geteekend zijn, door
hem voor een ſlecht of ſchadelijk lid der maatſchappij
gehouden worden. *Zwart op wit hebben*, iets ſchrif-
telijk hebben; waar *zwart* den inkt, en *wit* het papier
beteekent. *In den nacht zijn alle katten zwart* (ook
graauw), ſpreekw., in den donker kan men geen on-
derſcheid tuſchen mooi en leelijk zien. *Zwarte no-*
ten zijn die muzijknoten, welke eenen gevulden kop
hebben. *Zwarte zondag*, in de roomſche kerk, de
zondag *judica*; dewijl weleer, op dien dag, de altaren en kerken met zwart behangen waren.

Ook wordt het als zelfſtandig gebezigd, in het onzijdig geſlacht: *het zwart: in het zwart gekleed. De*
geestelijken gaan in het zwart gekleed. Een schoon
zwart. Het zwart in de oogen, in tegenſtelling van
het wit, de oogappel. In het mannelijke geſlacht: *een*
zwarte, een neger, een inwoner van de zuidelijke helft
van Afrika, wegens de zwarte kleur van het ligchaam, en inzonderheid van het aangezigt.

In eene ruimere beteekenis wordt *zwart* voor donker, als ook met zwart vermengd, gebezigd, *terwijl*
men vele dingen *zwart* noemt, waarin de *zwarte* verw
uitſteekt: *zwarte oogen*, donkerbruine. *Zwarte ker-*
sen, donkerroode. *Zwart brood*, het welk van grof,
zwartachtig meel gebakken wordt; ook roggebrood.
Zwart beteekent ook dikwerf, van de zon verbrand,
zwartachtig geel, zwartachtig bruin: *hij is zwart in*
het gezigt. Wijders, *de zwarte kunst*, zekere ets- of
ſchraapkunst, ter vervaardiging van prentwerk; van
hier het zamengeſtelde *zwartekunstprent.* Ook voor
duister, van veel licht beroofd: *de lucht was zwart*,
met donkere wolken bezet.

Fi-

Figuurlijk: *de zwarte kunst*, tooverij, hekferij. In
eene bepaaldere beteekenis, die foort van tooverij,
waarbij bovennatuurlijke werkingen, door hulp van
booze geesten, voortgebragt worden, in onderscheiding van *de witte kunst*, witte tooverij, of *theurgie*,
welke tot medewerking van goede geesten gebezigd
werd. Zweed. *fvartkonst*, eng. *blackarts*, van *black*,
zwart. Uit het gr. Νεκρομανϊεια, het welk de kunst
om dooden, door hulp van booze geesten, optewek-
ken, beteekende, heeft men, uit onwetendheid, in
het middeleeuw. latijn, *nigromantia* gemaakt, even als
of de eerste helft des woords van *niger* afstamde. En
hiervan is het hollandsche *zwarte kunst*, of *zwarte-
kunst*, eene woordelijke vertaling. — Wijders, beteekent *zwart*, in den verheven schrijftrant, in eenen hoogen graad, slecht, affchuwelijk: *waarom zag ik uwe
zwarte ziel niet vroeger in hare ganfche affchuwelijk-
heid? Eene zwarte daad*, eene affchuwelijke. Ook
wordt *zwart* voor vuil, bemorst, genomen: *eenzwart
hemd. Wat is de muur zwart geworden!* Van hier
*zwartachtig, zwarten, zwartheid, zwartigheid, zwar-
tin*, moorin. Zamenftell.: *zwartgallig, zwartharig*,
die zwart haar heeft, *zwartkop, zwartoog*, die zwarte
oogen heeft, *zwartverwer*, enz. — *Beenzwart, ivoor-
zwart*, enz.

Zwart, KIL. *fvart*, hoogd. *fchwarz*, reeds bij
ULPHIL. *fwarts*, NOTK. *fuarz*, neders. *fwart*, angels. *fweart*, zweed. *fvart*, deen. *fort*. Het schijnt,
dat dit woord met *zwaar* uit eene bron voortkomt, en
eigenlijk donker, ondoorzigtbaar beteekent, naardien
de donkerheid en ondoorzigtbaarheid gemeenlijk een gevolg der dikte, of eener menigte van deelen is. Het
oude latijnfche *fuafus*, donker, verschilt alleen in den
uitgang. In het mekkelenburgfche heet een zwart ding
ein Nörr, hetwelk met het fr. *noir* en het lat. *niger*
overeenkomt, doch daarvan zekerlijk niet afftamt.

ZWARTEN, bedr. w., gelijkvl. *Ik zwartte, heb ge-
zwart*. Van zwart. Zwart maken: *fchoenen, het leder*, enz. zwarten. De fmeden *zwarten het ijzer*,
wanneer zij het, nog heet zijnde, met pek beftrijken;
waardoor het glanzig zwart wordt. Van hier *zwartfel*, zekere zwarte stof, om zwart te maken, waarvan
zwartfelen, met zwartfel beftrijken, en de zamenftell.:

zwartfeldoos, *zwartfelkwast*, *zwartfelpot*, *zwartfeb-*
ten, enz.

ZWARTHARIG, zie *zwart*.

ZWARTKOP, z. n., m., *des zwartkops*, of *van den*
zwartkop; meerv. *zwartkoppen*. Verkleinw. *zwart-*
kopje. Van *zwart* en *kop*. Een wezen, dat eenen
zwarten kop heeft, b. v.: eene foort van witte meeuwen met eenen zwarten kop. Ook in de gemeenzame
verkeering, een mensch met *zwart*, of donkerbruin,
haar, wenkbraauwen en oogen : *hij is een zwartkop.*
Dat meisje is een allerliefst zwartkopje.

ZWARTOOG, *zwartoogig*, zie *zwart*.

ZWARTSEL, zie *zwarten*.

ZWAVEL, z. n., vr., *der*, of *van de zwavel;* meerv.
zwavels, doch alleen van onderfcheidene foorten. Eene
brandbare ftof, welke uit eene met vitrioolzuur verza-
digde brandbare aarde beftaat, in het vuur vloeibaar
wordt, met eene blaauwe vlam brandt, en eenen onaangenamen fchadelijken damp van zich geeft: *zwavel*
vat terftond vlam. Bloem van zwavel. En fcille ont-
duikt de vlam der zwavel. ANTONID. Van hier *zwa-*
velachtig, *zwavelen*, *zwavelig*. Zamenftell.: *zwavel-*
aarde, aarde, welke zwavel in zich bevat, *zwavel-*
bloem, *zwaveldamp*, damp van aangeftoken zwavel,
zwaveldraad, *zwavelerts*, *zwavelgeest*, *zwavelgreef*,
zwavellever, *zwavellucht*, *zwavelmelk*, *zwavelolie*,
zwaveloven, *zwavelregen*, *zwavelreuk*, *zwavelftok*,
een riet, of fpaantje, in zwavel gedoopt, om aan het
vuur aan te fteken, — *zwavelwater*, *zwavelwortel*, *zwa-*
velzalf, *zwavelzuur*, dat zuur, het welk het voornaamfte beftanddeel der zwavel uitmaakt, en eigenlijk een
vitrioolzuur is, enz.

Zwavel, *zwevel*, anders ook *fulfer*, KIL. *fwavel*, *fwevel*,
hoogd. *fchwefel*, ULPHIL. *fwibla*, ISIDOR. *fuuebul*,
NOTK. *fuebcl*, angelf. *fwefla*, zweed. *fvafvel*, lat.
fulphur; van welk laatfte woord fommigen *zwavel* afleiden.

ZWAVELAARDE, zie *zwavel*.

ZWAVELDAMP, zie *zwavel*.

ZWAVELEN, bedr. w., gelijkvl. *Ik zwavelde, heb ge-*
zwaveld. Van *zwavel*. Met zwavellucht laten door-
trekken: *wijn zwavelen*, een wijnvat met zwavellucht
berooken. *Noten zwavelen. Flefichen zwavelen.* In
de

de zwavel doopen: *aan ftokjes gefneden riet, of platte dunne fpaantjes zwavelen*, en dus zwavelftokken maken.

ZWAVELSTOK, zie *zwavel* en *zwavelen*.

ZWAVELZUUR, zie *zwavel*.

ZWEDEN, z. n., o., *zwedens*, of *van het zweden*; zonder meerv. Het zweedfche Koningrijk: *de Koning van Zweden*. Van hier *zweedsch*, dat tot het zelve behoort: *de zweedfche krijgsbenden*. *Zweedsch koper*. Ook wordt dit *zweedsch* zelfftandig gebezigd, van de zweedfche taal: *het zweedsch*.

ZWEED, z. n., m., *des zweeds*, of *van den zweed*; meerv. *zweden*. Iemand in Zweden geboren, of aldaar woonachtig: *hij is een zweed*.

ZWEEDSCH, zie *zweden*.

ZWEEM, z. n., m., zonder meerv., beteekenende eene geringe gelijkheid, en alleen gebruikelijk in de fpreekwijs: *eenen zweem van iets hebben*. *Die daad had zelfs geenen zweem van edelmoedigheid*. TEN KATE brengt het tot. den verleden tijd van het werkw. *zwijmen*. Anderen tot het oude *famo*, gelijk. Voor *zweem* bezigt men ook *zweemfel*.

ZWEEMEN, o. w., gelijkvl. *Ik zweemde, heb gezweemd*. Eenige gelijkheid hebben: *hij zweemt naar zijnen vader*. *Die gansch naer Acis zweemt*. VOND. Ook met *op: hoe zweemde Goël op den helt*. MOON. Oul. gebruikte men enkel *zweemen*, zonder voorzetfel, even als men *iemand gelijken*, zegt, zoo wel als *op* en *naar iemand, gelijken: dat fij malkander fo wel fwemen*. BREDERODE. *Uw ftem noch anfchijn zweemt geen menfchelijk geflacht*. HOOFT. Van hier *zweemfel*. Van *zween*; zie dit woord.

ZWEEP, z. n., vr., *der*, of *van de zweep*; meerv. *zweepen*. Verkleinw. *zweepje*. Een gedraaid, of gevlochten, van voren fpits toeloopend fnoer, aan eenen fteel van hout, met leder of paardenhaar omwonden, vastgemaakt, om dieren of menfchen daarmede te flaan: *met de zweep klappen*. *Daer is 't geklap der fweepe*. BIJBELV. *Het paard de zweep geven*. *Jaag den hond met de zweep weg*. *Eene zweep voor vier paarden*, eene lange zweep. *Een oud voerman hoort nog gaarne het klappen van de zweep*, fpreekw., beteekenende: een afgeleefde liefhebber van de vrouwen hoort nog gaarne

over

over de fekfe en het minvermaak fpreken. Van hier *zweepig*, zie *zwiepen*. Zamenftell. : *zweepbrok*, iemand, die gedurig flagen verdient, *zweepriet*, *zweepflag*, *zweepflang*, *zweeptol*, anders *drijftol*, — *zweeptouw*, een touwetje, dat men aan het einde eener zweep bindt, om dezelve harder te doen klappen, anders *klapkoord*, enz.

Zweep, ook *zwiep*, bij Kil. *fweepe*. Dit woord fchijnt van het fiffend geluid ontleend te zijn, het welk eene fnel bewogen en door de lucht geflagen zweep maakt, zonder dat men dezelve laat klappen. Het ftaat in verband met het angelf. *whip*, dat de Engelfchen nog behouden hebben in *to whip*, flaan.

ZWEEPEN, bedr. en onz. w., gelijkvl. *Ik zweepte*, *heb gezweept*. Bedrijv., met de zweep flaan: *die paarden moesten duchtig gezweept worden*. *Iemand ergens van daan zweepen*, met de zweep wegjagen. Onzijd., overhellen, zich buigen, even als eene zweep doet, wanneer men daarmede flaat; doch in dezen zin bezigt men doorgaans *zwiepen*. Zie dit woord. Van hier **zweeping**.

ZWEEPTOL, zie *zweep*.

ZWEEPTOUW, zie *zweep*.

ZWEER, z. n., vr., der, of van de *zweer*; meerv. *zweren*. Verkleinw. *zweertje*. Eene verhevenheid der huid, waaronder zich etter verzamelt; anders, volgens Chomel, een verlies van de zelfftandige ftof van de huid en het vet, met toevloeijing van kwade ftoffen: *eene zweer op de hand hebben*. *Hiob werd met booze zweren geflagen*. *Ik heb een zweertje onder mijn eene oog gekregen*. *Eene rijpe zweer*. *Het is tijd de zweer door te fteken*. Wanneer zoodanig een gebrek in het ligchaam plaats heeft, bezigt men het woord *verzwering*. Zamenftell. : *bloedzweer*, *borstzweer*, *hoofdzweer*, enz.

Zweer, hoogd. *fchwären*. Dit woord wordt in de verwante talen niet gevonden. Het behoort hoogstwaarfchijnlijk tot het zweed. *var*, etter, engelf. *wijs*, finl. *weri*, waarvan in het hong. *war*, angelf. *waere*, eene zweer, met voorplaatfing van eene *z*; gelijk ik boven reeds aanmerkte, dat dit dikwerf voor de *w* gefchiedt. Voor het overige wordt dit woord in alle geflachflachten gevonden; doch in het vrouwelijke geflacht wordt het door de netfte fchrijvers gebezigd.

ZWEER, z. n., m., *des zweers*, of *van den zweer*; meerv. *zweren*. Een behuwdvader, fchoonvader: *dat hi zoude varen tfinen fwere.* MELIS ST. *Ick uw fweer Jethro kome tot u, met uwe huijsvrouwe.* BIJBELV. *Die fweer heeft fijns foens wijf qualiken befmet.* BIJB. 1477. Oul. werd het ook voor *zwager*, behuwdbroeder, gebezigd.

Zweer, hoogd. *fchwäher*, bij OTTFRID: en TATIAN. *fuehur*, ULPHIL. *fuaigra*, angelf. *fwaegr*, zweed. *fvär*, wallis. *chwegrwn*, fpaan. *fuegro*, vr. *fuegra*, pool. *fwiekur*, vr. *fwiekra*, alle in de bovengenoemde beteekenis van behuwdvader, waarmede het lat. *focer* en *focrus*, en het gr. ἑκυρος verwant zijn. FRISCH leidt dit woord, gelijk ook *zwager*, van het lat. *focer* af. Doch fchoon deze woorden verwanten zijn, is daarom echter het lat. woord nog het ftamwoord niet, dewijl men daarbij zou moeten onderftellen, dat geene volken hunnen fchoonvader of fchoonbroeder hebben kunnen noemen, voor zij dit van de Romeinen geleerd hadden. Genoegzaam zeker zijn *zwager* en *zweger*, bij verkorting *zweer*, oorfpronkelijk een en het zelfde woord, afkomftig van het oude *wogan*, *nubere*, ten huwelijk nemen; en dus kan, eigenlijk, al wie aangehuwd is, den naam van *zwager*, *zweger*, *zweer* dragen.

ZWEESRIK, *zwezerik*, z. n., vr., *der*, of *van de zweesrik*; meerv. *zweesrikken*. Verkleinw. *zweesrikje*. Een klierachtig deel eens kalfs, bij de borst, anders *borst*, of *borstje*, *kalfsborstje*, genaamd. Zamenftell.: *kalfszweesrik*.

ZWEET, z. n., o., *des zweets*, of *van het zweet*; het meerv. is niet in gebruik. Schertfende bezigt men ook het verkleinw. *zweetje*. In de ruimfte beteekenis; elke zich droppelswijze vertoonende vochtigheid; b. v.: *het zweet op de fteenen, aan de muren*, d. i. de warme dampen, welke zich aan de koude fteenen en muren vasthechten. In eenen bepaalderen zin, de uitwafeming of damp des dierlijken ligchaams, welke zich als water op de huid vertoont: *nat van het zweet zijn. Het zweet afdroogen. In het zweet geraken. Zich in het zweet werken. Het zweet brak hem uit. Het koude,* de, of *klamme* zweet brak hem uit. *Ik dreef in mijn* zweet, ik zweette ongemeen fterk. *In het zweet uws aanfchijns zult gij brood eten.* *Een zweet drijvend middel.* *Zich in het zweet loopen.* *Hij mag zijn zweet niet ruiken*, hij heeft geen' lust tot arbeiden, is lui. Figuurlijk, is zweet ook vermoeijende arbeid: *dat heeft zweet gekost.* *Daar zal een zweetje op zitten*, in het gemeene leven, dat zal wat arbeid vorderen. *Ik heb er een zweetje van gehaald*, ik heb er zwaar aan gearbeid. Ook zegt men: *het luije zweet zal hem uitbreken*, voor: hoe ongaarn hij wil, zal hij toch moeten arbeiden. Wijders plegen de Jagers het bloed der dieren zweet te noemen. Van hier *zweeterig.* Zamenftell. doodzweet, nachtzweet, enz. — zweetdoek, zweetgat, enz.

Zweet, hoogd. *fchweisz*, nederf. *fweet*, angelf. *fwat*, *fwaet*, eng. *fweat*, zweed. *fvet*, ijsl. *fueit*, pool. *fvad*, wall. *chuijs*, lat. *fudor*, fr. *fueur*, gr. ἰδρως. Men heeft voor lang reeds aangemerkt, dat het begrip van vochtigheid in dit woord het heerfchende is, en dat het, door middel van de voorgevoegde z, tot water, hoogd. *wasfer*, nederf. *water*, angelf. *waeta*, zweed. *vätska*, behoort; even als het gr. ἰδρως, zweet, met ὑδωρ, water, vermaagfchapt is.

ZWEETBAD, z. n., o., des zweetbads, of van het zweetbad; meerv. zweetbaden. Van zweet, zweeten, en bad. Een bad, eene kamer, of befloten plaats, waarin een zieke, door uitwendige warmte, tot fterk zweeten gebragt wordt.

ZWEETBANK, zie *zweeten.*

ZWEETDOEK, z. n., m., des zweetdoeks, of van den zweetdoek; meerv. zweetdoeken. Van *zweet* en *doek.* Een doek, gefchikt om het zweet af te droogen: *ende fijn aengeficht was omwonden met eenen fweetdoek.* BIJBELV.

Zweetdoek, KIL. *fweetdoeck*, hoogd. *fchweisztuch*, bij OTTFRID. *fueczduch*, TAT. *fueizlachan.*

ZWEETDRANK, z. n., m., des zweetdranks, of van den zweetdrank; meerv. zweetdranken. Verkleinw. zweetdrankje. Van *zweet*, *zweeten*, en *drank.* Een drank, om te doen zweeten: *ik heb eenen zweetdrank ingenomen.*

ZWEETEN, bedr. en onz. w., gelijkvl. *Ik zweette, heb*

heb gezweet. Bedrijv., in de gedaante van zweet van zich geven: *bloed zweeten.* In de gemeenzame verkeering zegt men, wanneer men zijne meerderheid boven een' ander wil te kennen geven; b. v., wanneer men iemand als fchilder, als advocaat, enz. wil verachten: *zulk een' fchilder — zulk een' advocaat, kan ik wel zweeten.* Onzijd., zweet van zich geven: *wat zweet gij! Ik zweet er al van. Hij zweette van angst. De fteenen zweeten, de muren zweeten*, wanneer de warme uitwafemingen van buiten zich op de koude fteenen, muren, enz. plaatfen; welke uitdrukking uit de oppervlakkige gewaarwording des gezigts ontftaan is. *Het leder zweet*, wanneer het vochtig wordt. *De flesfchen zweeten*, wanneer de vochtigheid zich droppelsgewijze daaraan hecht. *Het ijzer* wordt gezegd *te zweeten*, wanneer het begint te fmelten. Bij de Jagers *zweet het wild*, wanneer het bloedt. Figuurlijk, is *zweeten* zwaren arbeid verrigten, zich door bezigheid afmatten: *den ganfchen dag bij de boeken zweeten.* Van hier *zweeter, zweeting.* Zamenftell.: *zweetbad, zweetbank*, een bank, waarop de foldaten in de wachthuizen flapen, en figuurlijk, eene plaats, waar men eenen hoogen graad van angst gewaarwordt, — *zweetdrank, zweetdroppel, zweetmiddel*, een middel om te doen zweeten, als *zweetdrank — zweetpoeder*, een poeder, om het zweet uit te drijven, *zweetvos*, enz.

Zweeten, KIL. *fwieten*, hoogd. *fchweiszen, fchwitzen*, bij OTTFRID. *fuizzan*, nederf. *fweten*, eng. *to fweat.* Zie *zweet.*

ZWEETGAT, z. n., o., *des zweetgats*, of *van het zweetgat*; meerv. *zweetgaten*. Verkleinw. *zweetgaatje.* Van *zweet* en *gat.* Zeer kleine openingen in de huid, bij menfchen en dieren, waardoor de uitwafemingen en het zweet naar buiten dringen.

ZWEETERIG, *zweetig*, bijv. n. en bijw., *zweeteriger, zweeterigst.* Van *zweet*, zie *ig.* Die, of dat ligt zweet: *ik ben niet zeer zweeterig. Zweeterige muren.* Nat van zweet: *zweeterige handen. Zweeterige voeten.* Van hier *zweeterigheid.*

ZWEETKAMER, zie *zweetbad.*

ZWEETMIDDEL, zie *zweeten.*

ZWEETPOEDER, zie *zweeten.*

ZWEETVOS, z. n., m., *van den zweetvos;* meerv.
zweet-

zweetvossen. Verkleinw.: *zweetvosje.* Van *zweet*, *zweeten*, en *vos.* Eene foort van vosfen, d. i. roodachtige paarden, wier haar zoo met wit gefchakeerd is, dat zij fchijnen met zweet bedekt tè wezen.

ZWEETZIEKTE, z. n., vr., *der*, of *van dé zweetziekte* ; het meerv. is niet in gebruik. Van *zweet*, *zweeten*, en *ziekte.* Eene, in de zestiende eeuw, bekende aanftekende ziekte, welke uit Engeland naar Duitschland, en vervolgens in de Nederlanden kwam, en met onophoudenlijk zweeten gepaard ging. Zij was bekend onder den naam van *engelfche zweetziekte*, ook *engelsch zweet*, *zweetkoorts*, bij KIL. *fweetende fieckte*, *morbus anglicus*, *fudor britannicus.* WAGENAAR maakt, in zijne gefchiedenis van Amfterdam, gewag van deze ziekte ; doch vergist zich met te ftellen, dat dezelve, omtrent het jaar 1529 in Duitschland ontftak; daar zij uit Engeland naar Duitschland overgebrágt was.

ZWEI, z. n., vr., *der*, of *van de zwei;* meerv. *zweijen.* Een fchuinfche winkelhaak; bij HALMA.

ZWELEN, bedr. w., gelijkvl. *Ik zweelde, heb gezweeld.* Bij KIL. en anderen, met een vork, of gaffel, omkeeren, inzonderheid van het hooi: *het hooi zwelen.* Van hier *zweler.*

ZWELG, zie *zwelgen.*

ZWELGEN, onz. en b. w., ongelijkvl. *Ik zwolg, heb gezwolgen.* Eigenlijk, flokken; eene bij ons reeds verouderde beteekenis, welke echter in het zweed. *fvälja*, angelf. *fvelgan*, eng. *to fwallow*, en deen. *fvälge*, nog voorkomt. Wij hebben hiervan nog het zamengeftelde *verzwelgen*, nederf. *verfchwelgen: de zee heeft hem verzwolgen.* Figuurlijk, zich in eten en drinken aan onmatigheid overgeven: *zij doen niets, dan brasfen en zwelgen.* Van hier *zwelger*, *zwelgerij*, het zwelgen — onmatig gebruik van fpijs en drank — *zwelging*, *zwelgfter.* Zamenftell.: *inzwelgen*, *verzwelgen*, enz. Van het zelfftandige *zwelg*, een' flok, oul. de keel.

ZWELGERIJ, zie *zwelgen.*

ZWELKENBOOM, z. n., m., *des zwelkenbooms*, of *van den zwelkenboom;* meerv. *zwelkenboomen.* Watervlierboom. Zamenftell.: *zwelkenboomenhout*, ook *zwelkenhout.*

ZWEL-

ZWELLEN, onz. w., ongelijkvl. *Ik zwol, ben ge-zwollen*, uitzetten, vooral in de hoogte. Eigenlijk: *de rivier is gezwollen. Dat /pek zwelt in den ketel.* Van menfchelijke en dierlijke ligchamen, wanneer eene inwendige oorzaak dezelve op eene onnatuurlijke wijze uitzet en verdikt: *gezwollen voeten hebben. Mijne eene hand is gezwollen. Dat kind heeft eenen gezwollen buik.* Figuurlijk: *mijn hart zwol van vreugde. Zijn moed begon te zwellen.* · *Hij zwol van gramfchap;* anders *hij zwol op;* en, in de gemeenzame verkeering: *hij werd dik,* of *maakte zich dik.* KIL. bezigt hiervoor ook *zwillen,* of *fwillen;* zoo ook VOND: *dan zwilt mijne blaackende lever van overloopende galle.* Van hier *zwelling.* Zamenftell.: *opzwellen,* enz.

Zwellen, hoogd. *fchwellen,* OTTFRID. *fuellan,* neéderf. *fwellen* en *fwillen,* angelf. *fwillan,* eng. *to fwell,* zweed. *fvälla.* Het heerfchende begrip dezes woords is de uitzetting van binnen naar alle zijden, bijzonder in de hoogte.

ZWEMBLAAS, zie *zwemmen.*
ZWEMKUNST, zie *zwemmen.*
ZWEMMEN, onz. w., ongelijkvl. *Ik zwom, heb en ben gezwommen.* Dit woord bootst den klank der golvende beweging van iets, dat vloeit, na; in welken zin het in het gemeene leven nog voorkomt: *de wijn zwemt langs den vloer;* of, volgens eene niet ongewone figuur: *de vloer zwemt van wijn.* Zoo ook, in den verheven ftijl: *de traan, die in haar ooge zwemt.* Doch, gelijk men bij fommigen vindt: *haar oog zwom in tranen,* is eene te harde en overdreven figuur. — Wijders, van een vloeibaar ligchaam, (behalve de lucht) gedragen worden, en zich op zulk eene wijze, op en in hetzelve bewegen, of drijven, (in tegenftelling van zinken:) *ijzer zwemt niet. Hout zwemt op het water. De vis-fchen zwemmen in de zee. Hij kan niet zwemmen,* zich door beweging van handen en voeten, in het water niet ophouden. *Leeren zwemmen. Zich met zwemmen redden. Wij hebben den ganfchen dag gezwommen.* Wanneer de rigting van het zwemmen uitgedrukt wordt, gebruikt men het hulpw. zijn: *hij is over de rivier gezwommen. Ik was aan land gezwommen. Wij zijn terug gezwommen.* Oul. bezigde men *zwemde,* waarvoor thands *zwom* in gebruik is: *ende zwemde over tot hem.*

Bijn.

Bijb. 1477. — Figuurlijk, zegt men, bij vergrooting, *in zijn bloed zwemmen. Het eten zwemt in de boter. Wij zwommen in den wijn.* Naar eene andere figuur, *swemt men in vreugde, in droefheid* enz., wanneer men dezelve in eene ruime mate ondervindt, en zich daar aan met alle zijne bewegingen overgeeft: *mijn hart zwemt diep in rouw,* enz. *Maar het Bruitje zwemt in vreugt.* Moon. Van hier *zwemmen, zwemming.* Zamenftell.: *afzwemmen, inzwemmen, opzwemmen,* enz. — *Zwemblaas,* waar door de visfchen zwemmen; ook eene blaas die zij gebruiken, welke niet kunnen zwemmen, om op het water te drijven, *zwemkunst, zwemmergans, zwemplaats, zwemvoet,* een dier, dat zwemvoeten heeft, — *zwemvogel,* enz.

Zwemmen, hoogd. *fchwimmen,* Ottfrid. *fuimman,* eng. *to fwim,* zweed. *fimma,* ijfl. *finna, fvimma.*

ZWEMVOET, zie *zwemmen.*

ZWENDELEN, zie *zwindelen.*

ZWENGEL, z. n., m., *des zwengels,* of *van den zwengel;* meerv. *zwengels.* Het zeil van een' windmolen. Ook eene wip, waarmede men goederen uit en in de fchepen werkt, of de lange dunne balk, of roede, waarmede de emmer, in den waterput neergelaten en weder uitgehaald wordt, anders *zwankroede.* Eindelijk de hevel, of het dwarshout van eene klok, het welk door middel van eenen reep neergetrokken wordt, om de klok in beweging te brengen. Zamenftell.: *molenzwengel, putzwengel,* enz.

Zwengel, Kil. ook *fwingel,* hoogd. *fwängel,* zweed. *fvängel.* Van *zwengen, vibrare;* en dit van *zwenken.*

ZWENK, z. n., m., *des zwenks,* of *van den zwenk;* meerv. *zwenken.* Draai, keer, zwaai: *onverwacht maakte hij eenen zwenk, en verwijderde zich van ons.* Figuurlijk: *in eenen zwenk,* in een oogenblik, zoo fnel als een enkele zwenk van het ligchaam, *was hij uit ons gezigt.* Van *zwenken.*

ZWENKEN, bed. en o., w., gelijkvl. *Ik zwenkte, heb* en *ben gezwenkt.* Bedr., draaijen, zwaaijen, omwenden: *de vaandels zwenken. Een paard zwenken.* Voor *zich zwenken,* wordt dit woord ook onzijd. gebezigd:

Keer eens, zwenk eens, fnel en vlug
Voerman, langs uw baan terug. Tollens. Van

Van geheele rijen foldaten: *zij zwenken zeer gelijk.*
Zwenk! Ook figuurlijk: *toen hij zag, dat zijne bedoe-*
ling zoude missen, zwenkte hij, voegde hij zich bij eene andere partij. *Hij was al schielijk gezwenkt,* van
denk- en handelwijs veranderd. Van hier *zwenker,*
zwenking.

ZWEREN, bedr. en o.; w., ongelijkvl. *Ik zwoor, heb*
gezworen. Over het algemeen, beteekent het met sterke
bewoordingen verzekeren, bevestigen, eenen eed doen:
hij heeft daarop gezworen. Valschelijk zweren. Bedrei-
gende verzekeren: *ik zweer, dat ik het op u verhalen*
zal. Ende hij swoer, dat ick over de jordane niet
foude gaan. BIJBELV. Ook, bij dit verzekeren en be-
dreigen, eenen anderen perfoon, of eene zaak, tot
getuige der waarheid, en tot wreker des bedrogs, aan-
roepen; terwijl de perfoon of zaak, welke daarbij aan-
geroepen wordt, gemeenlijk het woordje *bij* bekomt:
bij iets zweren. Ick sweere bij mij felven, spreekt de
Heere. BIJBELV. *Die sweert bij den throon Gods,* BIJ-
BELV. *Bij God, bij al wat heilig is, zweren. Sweert*
ganschelijck niet, noch bij den hemel. BIJBELV. *Steen*
en been zweren (even als *steen en been klagen*), of *bij*
steen en been zweren, in het gemeene leven. Op gelijke wijze zeiden reeds de Grieken en Romeinen, *jovem*
lapidem jurare; welke spreekwijs bij Cicero, Gellius,
Apulejus en anderen voorkomt, en uit het gebruik
verklaard wordt, daar men weleer, bij eenen plegtigen eed, eenen steen in de hand hield, en daarmede
het daarbij staande offerdier dood smeed. *Been,* in de
spreekwijs *steen en been,* beteekent waarschijnlijk *het*
gebeente der Heiligen, waarbij men, in de roomsche
kerk, pleegt te zweren. *Ik wil daarop niet zweren,*
d. i. ik wil niet zweren, dat het waar is. *Iemand den*
dood zweren. Iemand trouw zweren. Iemands ver-
derf zweren. Hij is mijn gezworen vijand, d. i. die
mij tevens eeuwige vijandschap gezworen heeft — In
eene naauwere beteekenis is *zweren* God plegtiglijk tot
getuige der waarheid en tot wreker des bedrogs aan-
roepen. *Iemand laten zweren. Op het Evangelie zwe-*
ren, den vinger, bij het doen van den eed, op het
Evangelie, of op den bijbel, leggen. *Den eed van*
getrouwheid zweren. In de ziel van een' ander zweren,
in deszelfs naam. *Een gezworene,* iemand, die, in

deze of gene betrekking beëedigd is , *een gezworen klerk*, *makelaar* enz. Ook wordt het, voor vloeken gebezigd: *hij zweert verfchrikkelijk! hij doet niets , dan vloeken en zweren.* Van hier *zweerder*, *zwering*. Zamenftell.: *afzweren, bezweren, verzweren,* enz.

Zweren, KIL. *fweren*, hoogd. *fchwören*, bij ULPHIL. *fwaran*, KERO *fuevran*, OTTFRID. en TAT. *fueran*, nederf. *fwörrn*, angelf. *fwerian*, eng. *to fwear*, zweed. *fvärja*. ijfl. *fveria*. JUNIUS en WACHTER leiden het van het oude gothifche *fveran*, eeren , af; FRISCH van het lat. *jurare*, gelijk de Franfchen ook van *juramentum* hun *ferment* gemaakt hebben; anderen van *feverare*, *adfeverare*; wederom anderen van *zwaar*; en nog anderen van *waar*. ADELUNG brengt het tot het oude *waren*, *wara*, fpreken, met de voorgevoegde z , waarvan misfchien ook ons *woord* en *waar*.

ZWEREN , onz. w., ongelijkvl. *Ik zwoer, heb gezworen.* Van *zweer*, z. n., vr. Etteren : *mijn vinger zweert. Ik vrees, dat het wondje zal zweren.* Van hier *zwering*. Zamenftell. : *afzweren , uitzweren ,* enz.

ZWERK, z. n., o., *des zwerks*, of *van het zwerk*; het meerv. is niet in gebruik. Benaming van wolken , en wel van dikke wolken, welke regen of onweer dreigen : *het zwerk drijft noordwaarts. Wanneer de reij der Pleiaden het zwerk fcheurt.* VOND. *Die fonne deet her met enen fwerke.* LOD. V. VELTH. Figuurl.: *zijne gedachten ftijgen op boven het zwerk*, hij heeft zeer verhevene gedachten. HALMA.

Zwerk, KIL. *fwercke*, hoogd. *fchwark*. ADELUNG acht het uit eene zelfde bron met *zwart* afkomftig. TEN KATE brengt het tot het angelf. *fweorcan*, *fweorcian*, verduisteren.

ZWERM, z. n., m., *des zwerms*, of *van den zwerm*; meerv. *zwermen*. Eigenlijk, een veel beweging en geruisch makende hoop van levende wezens: *een zwerm bijen*, een hoop bij elkander levende bijen. *De ganzen vliegen in geheele zwermen.* Een ongefchikte hoop van flechte menfchen heet insgelijks *een zwerm*. *Een zwerm oproermakers, landloopers* enz.

Zwerm, zwarm, bij KIL. *fwerm*, hoogd. *fchwarm*, en-

angelf. *fwearm*, eng. *fwarm*, zweed. *fvärm*. Van
zwermen.

ZWERMEN, onz. w., gelijkvl. *Ik zwermde, heb ge-*
zwermd. Met veel geruisch, in menigte, heen en weer
vliegen; van de bijen: *de bijen zwermen.* De *flok heeft*
nog niet gezwermd. Ook van menfchen, in ongeregelde hoopen rondzwerven: *de foldaten zwermen ten plat-*
ten lande. Van hier *zwerm*, *zwermer*, landlooper,
ook een voetzoeker, insgelijks een dweeper. Zamenftell.: *zwermgeest*, vrijgeest. HALMA.

Zwermen, KIL. *fwermen*, hoogd. *zwärmen*, nederf. *fwarmen*, angelf. *fwearmian*, eng. *to fwarm*,
zweed. *fvärma.* Dit woord fchijnt van het geluid der
zwermende bijen ontleend te zijn.

ZWERMER, zie *zwermen.*

ZWERVEN, onz. w., ongelijkvl. *Ik zworf, heb ge-*
zworven. Omdolen, geene vaste woonplaats hebben:
achter land zwerven. Ik *heb tien jaren op zee gezwor-*
ven. Van de eene plaats naar de andere zwerven. In
luidruchtige vrolijkheid langs de ftraat loopen: *zij heb-*
ben den ganfchen nacht door de ftad gezworven. Van
hier *zwerver*, iemand, die overal heen zwerft, bij
KIL. ook een werpnet, dat in de rondte geflingerd, en
zoo in het water gegooid wordt.

Dit *zwerven* is na verwant aan het voorgaande *zwer-*
men, eng. *to fwarm* en *to fwerve*, en aan ons *zwieren.*

ZWETSEN, onz. w., gelijkvl. *Ik zwetfte, heb ge-*
zwetst. Eigenlijk, veel en onbedacht fpreken. Doch
in dezen zin is het verouderd. Groot fpreken, pogchen, fnorken: *Hij doet niets, dan zwetfen. Hij zwetst*
altoos op zijnen rijkdom, — *van groote dingen*, enz.
Van hier *zwetfer*, iemand, die de gewoonte heeft van
veel te fpreken, en te pogchen, — *zwetfing*, *zwets-*
fter.

Zwetfen, hoogd. *fchwatzen*, eng. *to twattle*,
zweed. *fvasfa.* Het is ongetwijfeld een klanknabootfend woord.

ZWETSER, zie *zwetfen.*

ZWEVEN, onz. w., gelijkvl. *Ik zweefde, heb ge-*
zweefd. Dit woord bootst, door zijnen klank, de
zachte beweging eenes dings, in een vloeibaar ligchaam,
bijzonderlijk in de lucht, na. *Iets zweeft* in het water, in de lucht, wanneer het daarin eene zachte,

Ff 3 naau-

nauwelijks merkbare, beweging maakt. Aangaande
eene sterkere beweging in het water is *zwemmen*, en in
de lucht, *vliegen* gebruikelijk. *De nevel zweeft op de
oppervlakte des waters, der aarde. De wolken zweven
in de lucht. De geest Godts sweefde op de wateren. Gelijk een arent over sijne jongen zweeft.* BIJBELV. —
De slippen van een gewaad *zweven*, wanneer zij los
slingeren, en in de lucht schijnen te zweven. Figuurlijk, zegt men: *het zweefde mij op de tong*, wanneer
men zich eenen naam, of eene uitdrukking, niet herinneren kan, en echter alle oogenblikken gelooft, dat
men zich dezelve herinneren zal. *Dat zweeft mij im-
mer voor de oogen, voor den geest*, dat komt mij altoos,
als zigtbaar, in de gedachten, — ik herinner mij dat
altoos, als of ik het zage. *Hoog zwevende gedachten.
Zwevende geschillen*, welke nog niet bepaald, of uit-
gewezen zijn.

ZWEZERIK, zie *zweesrik*.

ZWICHTEN, bedr. en onz. w., gelijkvl. *Ik zwichtte,
heb gezwicht*. Bedrijv., de zeilen oprollen: *de zeilen
zwichten*, van schepen en molens: *varen en malen met
gezwichte zeilen*. Figuurlijk, intoomen bedwingen: *om
den moed der ... te zwichten*, HOOFT. Onzijd.,
wijken, onderdoen: *voor iemand moeten zwichten*. Ook
zonder *voor*: *de dood verwint het al; wij moeten ook
haar zwichten*. MOON.

In beide beteekenissen schijnt het tot *wijken*, met eene voorgevoegde *z*, gebragt te kunnen worden; dewijl
het *zwichten* der zeilen alleen bij eenen al te sterken wind plaats heeft, en dus genoegzaam het zelfde
is, als voor den wind doen wijken.

ZWIEP, zie *zweep*.

ZWIEPEN, bedr. en onz. w., gelijkvl. *Ik zwiepte,
heb gezwiept*. Het zelfde als *zweepen*. En van hier
het zelfst. *zwieping*, voor eene overhelling, schuinsche
rigting.

ZWIEPING, zie *zwiepen*.

ZWIER, z. n. m., *des zwiers*, of *van den zwier;*
meerv. *zwieren*. Verkleinw. *zwiertje*. Eigenlijk, draai,
omdraaijing, omkeering: *hij nam eenen zwier, en viel
in het water*. Figuurlijk, rondzwerving. losbandig
leven: *zij gingen aan den zwier. Hij was, geraakte,
aan den zwier*. Wijders, opschik; waarbij men de
klee-

kleederen, als 't ware, laat zwieren, en flingeren, om
zich bevallig voor te doen: *zij houden te veel van den
zwier. Den zwier*, de mode, het gebruik in zich
prachtig te kleeden, *volgen.* Verder, aardigheid, be-
valligheid: *met eenen edelen zwier. Zich met eenen lus-
tigen zwier omkrullen.* VOND. Van hier *zwieren,
zwierig.*

TEN KATE brengt dit woord tot *warren, werren,*
met eene voorgevoegde *z.*

ZWIEREN, onz. en bedr. w., gelijkvl. *Ik zwierde,
heb gezwierd.* Eigenlijk, draaijen, zich wenden: *o
Abram, Abraham! weerhoud uw hand in 't zwieren.*
F. v. DORP. *De vogel zwiert door de lucht. Hij zwierde langs de ftraat, als een dronken-man. De fchaat-
fenrijders zwieren van den eenen naar den anderen kant.*
Figuurlijk, rondzwerven, een losbandig leven leiden:
zij doen niets, dan zuipen en zwieren. Voorheen werd
het ook bedrijv. gebezigd: *wanneer wij die Godin een
kroontje om 't hulfel zwieren.* MOON. Zoo ook bij DULL.
HOOGVL. en anderen. Doch thands wordt het meest
onzijdig gebruikt. Van hier *zwiering.* Van *zwier.*

ZWIERIG, bijv. n. en bijw., *zwieriger, zwierigst.*
Van *zwier,* zie *ig.* Naar den *zwier,* prachtig opge-
fchikt: *een zwierig kleed. Zwierig gekleed zijn, gaan.
Zij is altoos even zwierig.* Bevallig: *hij doet alles zoo
zwierig, dat hij allen menfchen bekoort.* Verheven,
bloemrijk; van den ftijl gesproken: *hij fchrijft eenen
zwierigen ftijl.* Van hier *zwierigheid, zwieriglijk.*

ZWIJDIG, ook *zwindig,* bijv. n. en bijw., *zwijdiger,
zwijdigst.* Oul. gebruikelijk, voor veel, zeer: *zwijdig
volk, zwijdig geld,* voor veel. *Zwijdig groot.* J.-J.
SCHULTENS.

ZWIJGACHTIG, zie *zwijgen.*

ZWIJGEN, bedr. en onz. w,, ongelijkvl. *Ik zweeg,
heb gezwegen.* Eigenlijk, zijne ftem niet laten hooren,
en in eene bepaaldere beteekenis, niet spreken: *als hij
dit gezegd had, zweeg hij. Dat uwe vrouwen fwijghen
in de gemeijnte.* BIJBELV. *Zwijg! zeg ik u. Ik heb
lang genoeg gezwegen. Zich te berften zwijgen,* zoo
lang zwijgen, dat men bijkans berften zou. *Stil zwijgen* is eigenlijk eene overtolligheid, voor enkel *zwijgen. Van iets zwijgen,* daarvan niet spreken. *Op iets
zwijgen,* daarop niets zeggen. *Voor iemand zwijgen,*

in zijne tegenwoordigheid, uit vrees, uit eerbied, voor hem, niet spreken. Wijders, een geheim bewaaren, eene toevertrouwde zaak niet door woorden bekend maken: *kunt gij zwijgen? Hij kan volstrekt niet zwijgen.* — Figuurlijk, ophouden werkzaam te zijn: *in den krijg moeten de wetten zwijgen. Eindelijk zweeg de wind,* het werd stil.—Fraai bezigt VOND. dit woord omtrent eene weegschaal: *De tong der weegschaal zweeg zoo langze in tegenwigt bleef twijfelen.*—Als een bedrijvend werkw., wordt het voor verzwijgen, verbergen, verholen houden, gebezigd: *bij kan zijne eigene schande niet zwijgen. Dat kan ik niet zwijgen.* Van hier *zwijger, zwijging, zwijgster,* enz. Zamenstell.: *verzwijgen,* enz. — Stilzwijgend, stilzwijgendheid.

Zwijgen, KIL. *swijghen,* hoogd. *schweigen,* KERO *suigeen,* OTTFRID. *suigan,* nederf. *swigen,* angelf. *swighan.* ADELUNG houdt *zwijgen* voor eene figuur van *wijken, zwijken, zwichten.* In het zweed. is *sviga* wijken; en OTTFRID. bezigt *suichan,* voor verlaten. Bij HORNEGK komt *dagen* voor *zwijgen,* voor, het welk, even als het zweedsche *tiga,* zwijgen, zijne verwantschap met het lat. *tacere* niet kan verloochenen; gelijk ook het gr. σιγαν daartoe behoort.

ZWIJGER, z. n., m., *des zwijgers,* of *van den zwijger;* meerv. *zwijgers,* Iemand, die zwijgt: *er is geen fpreker, die een' zwijger kan verbeteren,* fpreekw., het is dikwerf beter te zwijgen, dan te spreken.

ZWIJKEN, onz. w., ongelijkvl. *Ik zweek, ben gezweken.* Van *zwijk,* bij KIL. *swijck, defectus, labefactatio.* Het zelfde als *bezwijken,* bij KIL. *swijcken, deorsum flecti, deficere,* angelf. *swican,* ijsl. *svijkia.* Buiten zamenstelling is het niet meer in gebruik. TEN KATE brengt het tot *wijken,* met eene voorgevoegde z.

ZWIJM, z. n., vr., *der* of *van de zwijm;* zonder meerv. Bezwijming, duizeling: *zij lag in zwijm. In zwijm vallen.* Zamenstell.: *katzwijm, zonnezwijm.* Van hier *zwijmen;* zie dit woord.

Zwijm, bij KIL. ook *zwijmel,* of *swijmel,* hoogd. *schweimel,* waarvan *zwijmelen, zwijmeling.*

ZWIJMEL, zie zwijm.

ZWIJMELEN, onz. w., gelijkvl. *Ik zwijmelde, heb gezwijmeld.* Van *zwijmel;* ook het voortdurend werkw. van *zwijmen.* Duizelig worden, in zwijm vallen: *ik draai-*

draaide haar rond, en zij zwijmelde. Van hier *zwijmeling.* Zamenſtell.: *zwijmelgeest*, *zwijmelwijn*, enz.

ZWIJMEN, onz. w., gelijkvl. *Ik zwijmde*, *heb gezwijmd.* Van *zwijm.* Het zelfde als *bezwijmen.* In onmagt vallen: *zij zwijmt*, *als zij maar bloed ziet.* Van hier *zwijming.* Zamenſtell.: *bezwijmen*, enz.

Zwijmen, KIL. *ſwijmen*, hoogd. *ſchweimen*, nederſ. *ſweimen*, *ſwemen*, *ſwimen*, zweed. *ſvimma*, angelſ. *ſwiman*, ijſl. *ſwima*, eng. *to ſwim.* Oul. werd *zwijmen* ook voor *zweemen* gebezigd, waarvan *zwijmſel*, voor *zweemſel: al draagenze eenigh zwijmſel van mij*, HOOFT.

ZWIJMSEL, zie *zwijmen.*

ZWIJN, z. n., o., *des zwijns*, of *van het zwijn*; meerv. *zwijnen.* Verkleinw. *zwijntje.* Een ongehoornd, viervoetig dier, met geſpleten klaauwen, borſtels in in plaats van haar, en eenen harigen gekronkelden ſtaart. Het wentelt zich gaarn in den drek, vreet allerlei ontuig, behoort in Indie te huis, en is van daar tot ons naar Europa gekomen. *Een wild zwijn. Eene kudde zwijnen.* Figuurlijk, een vuil mensch: *een morſig zwijn.* Een vraat, een zuiper: *hij is een regt zwijn.* Van hier *zwijnachtig*, enz. Zamenſtell.: *zwijnegel*, *zwijnendistel*, lat. *ſcolijmus*, een plantengeſlacht, — *zwijnendrek*, *zwijnenhoeder*, *zwijnenjagt*, *zwijnenjongen*, een jongen, die op de zwijnen past, — *zwijnenkot*, *zwijnenſla*, lat. *hijoſeris*, zekere plant, — *zwijnentijd*, de tijd, wanneer de wilde zwijnen vet zijn, — *zwijnenvleesch*, *zwijnsborſtels*, *zwijnshaar*, *zwijnshoofd*, *zwijnskop*, *zwijnſpriet*, ſpeer, die men op de jagt der wilde zwijnen gebruikt, — *zwijnstrog*, enz. — *geltzwijn*, enz.

Zwijn, hoogd. *ſchwein*, bij ULPHIL. *ſweina*, TATIAN. *ſwin*, nederſ. *ſwien*, eng. en angelſ. *ſwine*, zweed. *ſvin*, pool. *ſwinie*, wend. *ſwino.* Het ſchijnt, dat de onreinheid van dit dier aanleiding tot deszelfs benaming heeft gegeven; terwijl het dan tot het oude *wahn*, troebel, en het angelſ. *fenn*, drek, zoude behooren. Men brengt het ook tot het gr. *εΰϊνος*, van *ΰς*, een varken.

ZWIJNDRECHT, zie *zwin.*

ZWIJNENTIJD, zie *zwijn.*

ZWIJNSPRIET, zie *zwijn.*

ZWIK, z. n., m., *des zwiks*, of *van den zwik*; het
meerv.

meerv. is niet in gebruik. Verkleinw. zwikje. Van
zwikken. Knak, verdraaijing, verstuiking: hij heeft
een gebrek in zijne lenden; dat heeft hij door eenen
zwik gekregen. Het verkleinw. zwikje wordt gebezigd
voor een houten pennetje boven in de vaten, om de
lucht daarin te laten komen: doe het zwikje op het vat.

ZWIKKEN, bedr. en onz. w., gelijkvl. Ik zwikte, heb
gezwikt. Bedrijv., knakken, de lenden breken: een
kind, door onvoorzigtigheid zwikken. Figuurl: het gezagh gezwikt en gezwakt was. HOOFT. Doch als bedrijvend wordt het zelden meer gebezigd. Onzijd.,
door te schielijke overhelling, de lenden breken, of
zich verstuiken: een kind laten zwikken. Ik zwikte,
en brak mijn been. Waggelen, niet vast gaan: zij
zwikt, bij aanhoudendheid, onder het gaan. Van hier
zwikking. Zamenstell.: verzwikken.

TEN KATE brengt dit woord tot wikken, met eene
voorgevoegde z.

ZWILG, zwilk, z. n., o., des zwilgs, of van het
zwilg; het meerv. is buiten gebruik. Zeker gegomd
linnen, eene soort van trielje: met swilligh en swart
linnen. BORDER.

Zwilg, zwilk, hoogd. zwillich. Eigenlijk is zwilg
een linnen weeffel uit dubbele draden gemaakt, van
zwillen, twillen, dubbel maken; en trielje, hoogd.
drillich, een weeffel van driedikke draden, van het
oude thrisso, drievoudig.

ZWIN, z. n., o., des zwins, of van het zwin; meerv.
zwinnen. Dezen naam draagt eene kreek, kil, of
geul: men heeft op het koegras nog eenige kreeken, of
zwinnen, gelijk men alhier zegt. PALUDAN. Hiermede overeenkomstig wordt de vlaamsche haven bij
Sluis het zwin genoemd. En hoogstwaarschijnlijk is
de naam van zwindrecht, of zwijndrecht, hiervan ontleend, en niet, gelijk sommigen meenen, van den over-
togt der zwijnen.

ZWINDEL, z. n., m., des zwindels, of van den
zwindel; het meerv. is niet in gebruik. Die zwakheid
van het hoofd, waarbij alles met ons schijnt om te
draaijen. In dezen zin is het reeds buiten gebruik;
bij KIL. swindel, swijmelinghe. Figuurlijk wordt het
somwijlen voor eene onbezonnen handeling gebezigd,
wanneer men, zonder grond, gewaagde ontwerpen ter
                                                    ver-

verkrijging van winst fmeedt. *De zwindel in den handel.* welke den *marchand avanturier* uitmaakt. Van hier *zwindelen.* Zamenftell. : *zwindelgeest : dat een zwindelgeest velen heeft verdraaijt.* H. DE GR. — *zwindelhandel*, enz.

Zwindel, hoogd. *fchwindel*, zweed. *fvindel*, ijfl. *fundia.* Van *zwinden.*

ZWINDELAAR, *zwendelaar*, z. n., m., *des zwindelaars*, of *van den zwindelaar*; meerv. *zwindelaars*, *zwindelaren*. Van *zwindelen*, *zwendelen*. Alleen in den figuurlijken zin gebruikelijk, voor iemand, die zwindelhandel drijft. *Hij is een zwindelaar.* Van hier *zwindelarij*, in de figuurlijke beteekenis van *zwindelhandel.*

ZWINDELARIJ, zie *zwindelaar.*

ZWINDELEN, *zwendelen*, onzijd. w., gelijkvl. ik *zwindelde*, heb *gezwindeld.* Dwarlen, draaijen, duizelig zijn: ik *zwindel op deze hoogte. Sedert zwindelden zijn zinnen vast om en wederom.* VOND. *Alles zwindelt voor mijne oogen.* Wijders, overeenkomftig met de figuurlijke beteekenis van het woord *zwindel*, eenen ongeoorloofden, onbezonnen handel drijven, onwaarfchijnlijke gewaagde ontwerpen fmeden: *hij doet niets, dan zwindelen.* Van hier *zwindelaar*, *zwindelig*, *zwindeligheid*, *zwindeling.*

Zwindelen, hoogd. *fchwindelen*, van *zwindel*, en is, volgens HUIJDECOPER, van eenen oorfprong met *gezwind*, en gelijk *wind* vermaagfchapt met *winden* en *wenden.* Zie verder *zwindel.*

ZWINDELGEEST, zie *zwindel.*

ZWINDELHANDEL, zie *zwindel* en *zwindelaar.*

ZWINDEN, onz. w., ongelijkvl. *Ik zwond*, *ben gezwonden.* Oul. beteekende dit woord fnel in de rondte bewogen worden: *wint, die om de huifen fwint.* H. HOFFER. Van hier *zwindel*, in den zin van draaijing in het hoofd. Figuurlijk, fchielijk ophouden te zijn, vergaan, verdwijnen; in welke beteekenis *verzwinden* thands meest gebruikt wordt. Van hier *gezwind.*

Zwinden, oul. *wijnen*, zonder d; zoo ook bij OTFRID, *fuinen*: nederf. *fwinen*, *fweinen*, en *dwinen*, angelf. *afwinan*, zweed. *fwinna* en *tvina*, ijfl. *fwina* en *dwina*, eng. *te dwine*, *to dwindle*, hoogd. *fchwinden*; *Zwinden* en *gezwind* zijn natuurlijke uitdrukkingen eener ligte fnelle beweging, waartoe ook *wind*, *wenden* enz. behooren.

ZWIN-

ZWINDIG, zie zwijdig.

ZWINGEL, zie zwingelen.

ZWINGELEN, bedr. w., gelijkvl. *Ik zwingelde, heb gezwingeld.* Van *zwingel, zwinge,* eene wip, ook een vlegel, waarmede het vlas gezwingeld wordt: *vlas zwingelen,* anders *zwingen.* Dit *zwingen,* voor slaan, slingeren, komt nog in de BIJBELVERT. voor: *hem aan alle zijden zwingende ghelijck het riet van den wint.* Oul. zeide men ook *het vendel zwingen.* Van hier *zwingeling.* Zamenstell.: *zwingelhout, zwengelhout,* het dwarshout van eenen wagen.

Zwingelen, zwingen, hoogd. *schwingen,* bij UL-PHIL. *swingen.*

ZWINGEN, zie zwingelen.

ZWINKSEL, z. n., o., des *zwinksels,* of van het *zwinksel;* het meerv. is niet in gebruik. Zweemsel, gelijkenis, bij MEIJER.

Dat zelfs der vrienden oogen
't Ellendigh aangezicht noch zwinksel kennen mogen.
VOND.

ZWITSER, z. n., m., des *zwitsers,* of van den *zwitser;* meerv. *zwitsers.* Een in zwitserland geboren persoon; vrouw *zwitserin.* Van hier *zwitsersch,* dat uit zwitserland afkomstig is, of daartoe behoort: *zwitsersche kaas.* Zamenstell.: *zwitserland,* enz. ADE-LUNG zegt, dat dit woord zamengesteld is uit *zwart* en *wit,* ziende op het zwart en wit gestreept haar.

ZWITSERSCH, zie zwitser.

ZWOEGEN, onz. w., gelijkvl. *Ik zwoegde, heb gezwoegd.* Klank nabootsend woord. Hijgen, sterk ademhalen: *hij zwoegde van vermoeidheid.* Sterk arbeiden, vermoeijend bezig zijn: *en slaaft en zwoegt en zweet.* VOND. *Hij zwoegde, onder den last der regering.* Van hier *zwoeging, zwoeger.*

ZWOEL, bijv. n. en bijw., *zwoeler, zwoelst.* Het zelfde, als *zoel. Het is heden zeer zwoel. Eene zwoele lucht. Zwoele winden.* D. SMITS. *Zwoele zonneschijn.* H. DULL. Van hier *zwoelheid.*

Zwoel, ook *zoel,* bij KIL. *soel* en *smoel,* hoogd. *schwül,* nederf. *swool, swolig,* eng. *sweltrij, sultrij,* angelf. *swilic.* Het drukt eene stilte, en afmattende warmte uit, waar bij geene beweging der lucht plaats heeft. Zie *zoel.*

ZWOL,

ZWOL, z. n., o., *van zwol;* zonder meerv. Eene ftad. Van hier *zwollenaar, zwolsch,* enz.

ZWOORD, z. n., o., *des zwoords,* of *van het zwoord;* meerv. *zwoorden.* Eigenlijk, de dikke harde huid van een varken: *men hakt onder het zult ook een gedeelte zwoord. Zwoord van fpek, ham. Dat fpek heeft dik zwoord.* Van eenen hardhoorigen, of iemand, die veinst, niet wel te kunnen hooren, zegt men: *het is, of hij zwoord achter zijne ooren heeft.* Figuurlijk: *'s zwoord van den velde overloopen met zandt.* HOOFT.

Zwoord, KIL. *fwaarde,* hoogd. *fchwärte,* nederf. *fwaarde, fware,* angelf. *fweard,* eng. *fward,* zweed. *fvard,* ijfl. *fuærdr.* WACHTER leidt het van *waren, bewaren,* af, als het begrip van dekken, en dus bewaren, in zich bevattende. Daar het echter van een hard en dik dekfel gebruikt wordt, acht ADELUNG het van *zwaar* afkomftig.

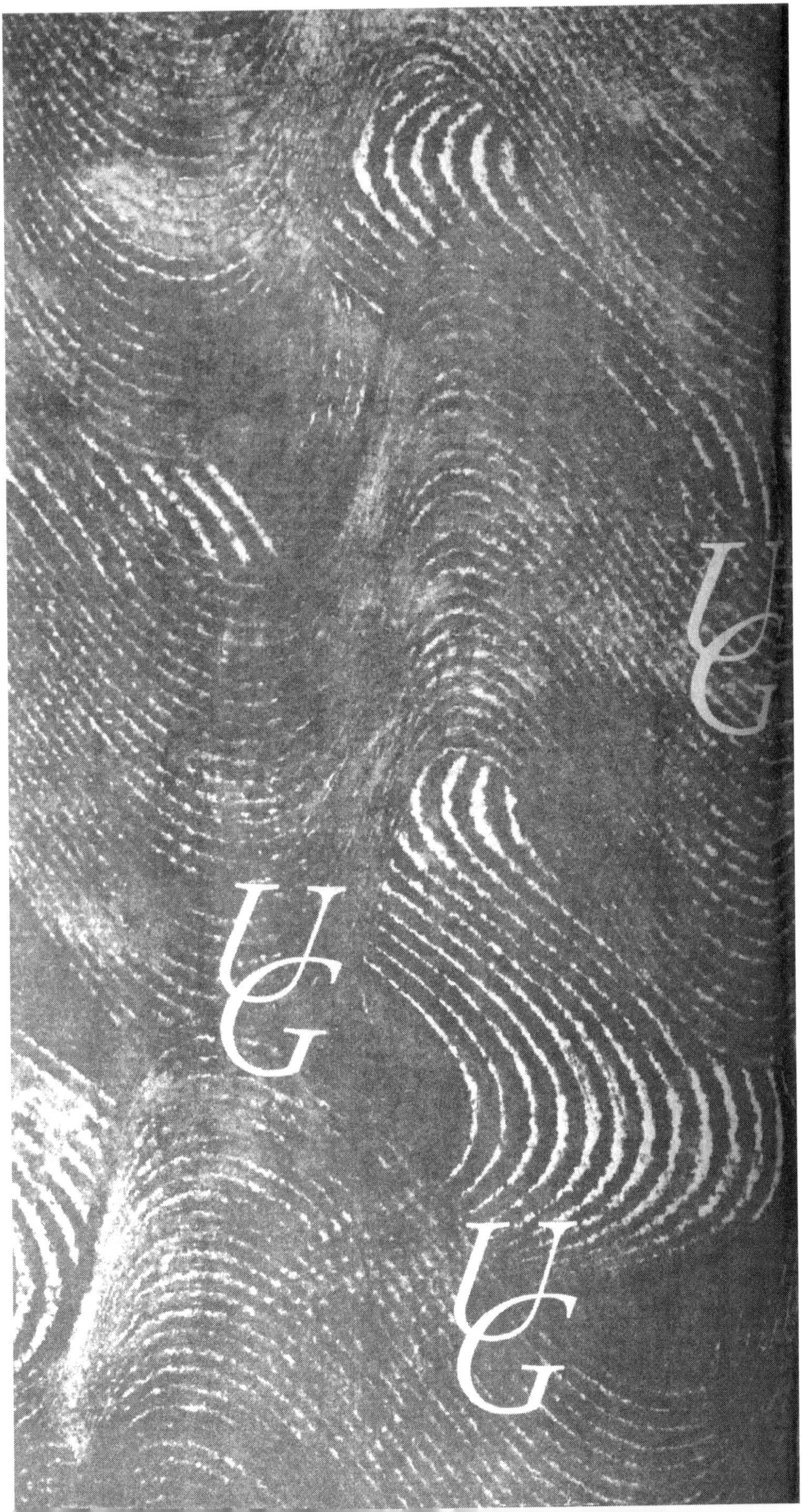